本书受中国工程科技发展战略湖北研究院重点咨询研究项目
——“双水双绿”发展战略研究项目（编号：HB2018ZD12）资助

“双水双绿”产业发展的理论与实践

张启发　主编

科学出版社
北京

内 容 简 介

稻田综合种养在我国蓬勃发展，其经济、生态和社会效益显著，成为我国生态循环农业的典型范例。2018 年本书作者提出“双水双绿”理念，成为稻田综合种养产业发展升级的模式和目标。本书深入剖析“双水双绿”科学内涵与基本特征，分析“双水双绿”产业基础及理论依据，解读国外相关产业发展，对“双水双绿”体系下绿色水稻生产、小龙虾绿色养殖、水资源利用与保护、健康土壤培育与管理、主要模式及技术、绿色生产技术及标准、产业发展的支撑及保障体系，以及示范推广进行了全面的阐述和讨论，对未来“双水双绿”发展综合效益及前景进行展望，对推进我国“双水双绿”产业发展提出了建议。

本书可供农业、水产、经济管理领域的科技工作者、管理工作者、高等院校师生参考使用。

审图号：GS（2021）3441 号

图书在版编目 (CIP) 数据

“双水双绿”产业发展的理论与实践/张启发主编. —北京：科学出版社, 2021.6

ISBN 978-7-03-067492-0

Ⅰ. ①双… Ⅱ. ①张… Ⅲ. ①稻田–种养结合–农业产业–产业发展–研究–中国 Ⅳ. ①F326.11

中国版本图书馆 CIP 数据核字(2020)第 256689 号

责任编辑：李 迪 付丽娜 / 责任校对：严 娜
责任印制：吴兆东 / 封面设计：无极书装

科 学 出 版 社 出版
北京东黄城根北街 16 号
邮政编码: 100717
http://www.sciencep.com

北京虎彩文化传播有限公司 印刷
科学出版社发行 各地新华书店经销
*
2021 年 6 月第 一 版 开本：720×1000 1/16
2021 年 6 月第一次印刷 印张：25
字数：504 000

定价：258.00 元

(如有印装质量问题，我社负责调换)

《“双水双绿”产业发展的理论与实践》编写委员会

主　　编　张启发

副 主 编　曹凑贵　顾泽茂

编写人员及分工

第 1 章　肖景华　张启发

第 2 章　曹凑贵　顾泽茂　佘四斌

第 3 章　白旭峰　顾泽茂　佘四斌　陈瑶湖　河野元信

第 4 章　佘四斌　何予卿　张庆路　华红霞　曹凑贵

第 5 章　顾泽茂　白旭峰　袁勇超

第 6 章　汪金平　曹凑贵　袁勇超

第 7 章　李小坤　曹凑贵　张万洋　戴志刚　鲁剑巍

第 8 章　曹凑贵　汪金平　江　洋　袁勇超

第 9 章　曹凑贵　江　洋　袁勇超

第10章　齐振宏　刘　可　陈新忠　易春雨　王小琳　周翔华　李　琳

第11章　顾泽茂　曹凑贵　梅方竹

第12章　顾泽茂　华红霞　李小坤　齐振宏

第13章　张启发　顾泽茂　李　琳

第14章　曹凑贵　佘四斌　张启发

前　言

“饭稻羹鱼”是对鱼米之乡人民古朴生活的形象写照。在中国数千年的农业文明中，鱼与稻和谐相处、共存共生的可持续发展体系，在为人类提供丰富食品的同时，也产生了美丽的自然景观，是鱼米之乡农业生态的主要特征之一。

然而，近代以来由于工业革命和科技进步，农药、化肥等农业生产资料产能和施用均大幅度提高。过去的半个多世纪中，水稻矮秆抗倒伏品种的大规模推广应用，农药化肥的高投入，使得稻鱼共生的鱼米之乡生态体系渐趋消亡。取而代之的是渔稻分离：池塘养鱼，稻田种稻。种稻和养鱼各自走上了高投入、高产量、高污染的道路，化肥、农药、渔药、饲料投入巨量，水土污染严重。虽然稻和鱼的产量都得到了极大的提高，为人口发展和解决温饱问题做出了巨大贡献，但是也给资源与环境的可持续性带来了严峻的挑战。稻鱼产品污染物残留，鱼米之乡无水可饮，严重地影响了人民生活。

为应对这种局面，我国科学家做出了一系列的努力。2005 年，我们提出了绿色超级稻的理念，指出水稻遗传改良的目标除高产、优质外，还应致力于减少农药、化肥和水的用量，使水稻生产能“少打农药、少施化肥、节水抗旱、优质高产”。《绿色超级稻的构想与实践》的出版，明确了绿色超级稻的理论及发展思路。目前，绿色超级稻新品种推广示范面积累计已逾 1 亿亩①，减少了农药和化肥的施用量，节约灌溉用水，社会经济效益明显，生态环境效益显著，为水稻绿色发展探索了新的路径。

2015 年，笔者牵头组织专家完成了中国科学院学部咨询报告《资源节约型、环境友好型农业生产体系建设》，撰写了《资源节约型、环境友好型农业生产体系的理论与实践》，系统研究了“资源节约型、环境友好型（两型）农业”的科学内涵及基本特征，阐述了两型农业的理论体系及实践模式，为农业绿色发展描绘了新的前景。

近年来，我国兴起了模式多样的稻田种养，对绿色农业及其发展方式的转变进行了有益探索和实践，同时也为鱼米之乡的重塑提供了契机。然而在稻田种养模式呈“井喷式”快速发展过程中，由于追求规模和利益，重养轻稻，出现了种稻与养鱼争地争水现象，以及稻田不合理的养殖、水环境恶化、土壤退化等问题，偏离绿色发展的现象已现端倪。为促进稻田种养产业迈上新台阶，实现可持续发

---

① 1 亩≈$666.7m^2$

展，我们提出了“双水双绿”概念，即充分利用平原湖区稻田和水资源的优势，采用绿色品种、绿色新技术实行稻田种养，使“绿色水稻”和“绿色水产”协同发展，做大做强水稻、水产“双水”产业，做优做特绿色稻米、绿色水产等“双绿”产品，让生产过程来洁净水源、优化环境，实现产业兴旺、农民富庶、乡村美丽的目标。笔者曾于2018年撰文《以“双水双绿”重塑“鱼米之乡”》，阐述了稻田种养的发展方向，并提出了若干举措与建议，迅速受到相关企业、科技部门、政府等诸方面的响应与关注。

中共湖北省委、省政府提出要大力推广“双水双绿”种养体系，将其作为国家农业绿色发展理念、实施乡村振兴战略的重要之举、落地之策。为指导相关产业科学发展，中国工程科技发展战略湖北研究院设立咨询研究项目——“双水双绿”发展战略研究。本书是“双水双绿”发展战略研究项目的成果，目标是要建立“双水双绿”产业绿色发展的理论体系及支撑保障体系，推动水稻、水产产业转型升级，确保绿色发展，让古老的鱼米之乡焕发新的光彩。

本书在绿色超级稻、两型农业体系等绿色理念理论的基础上，通过调查考察、查阅文献资料、分析大数据、座谈咨询、跟踪调查、试点示范及案例分析等方法开展研究，以明确“双水双绿”产业发展方向；研究“双水双绿”产业内涵、模式特征及技术规范，以明晰“双水双绿”的理论及技术体系；研究绿色水稻和绿色水产的产业要素、产业链基础，以构建湖北省“双水双绿”产业体系；研究水稻、水产市场及效益，创新机制、体制，以构建“双水双绿”经营体系。通过项目研究形成“双水双绿”的理论及技术体系，构建“双水双绿”的产业体系，以创新“双水双绿”的政策制度保障体系。

我们本着理论与实践相结合的原则，在注重科普性与实用性的同时，尽可能深入浅出地阐述相关发展背景，写明发展举措，写作语言力求简明扼要、通俗易懂。编写委员会各位同仁在新冠病毒疫情肆虐的日子里不辞辛劳地撰稿，在书稿即将付梓之际，对大家的贡献致以诚挚的谢意。“双水双绿”产业发展涉及社会、科学、经济、文化的诸多方面，但由于编者的学术、认知水平和生产经验所限，国内外可资借鉴的资料较少，不足之处在所难免，恳请读者批评指正。

张启发

2021年5月1日

目　　录

第 1 章　“双水双绿”科学内涵与基本特征

摘要：稻田综合种养在我国蓬勃发展，其经济、生态和社会效益显著，成为我国生态循环农业的典型范例。2018 年我们提出“双水双绿”理念，成为稻田综合种养产业发展升级的模式和目标。本章简要回顾了我国农业和水产养殖的绿色发展趋势，稻田种养产业发展现状和存在的问题，剖析了“双水双绿”理念的科学内涵，对“双水双绿”基本特征进行了全面的阐述和解析。

习近平总书记在党的十九大报告中强调实施乡村振兴战略，加快推进农业供给侧结构性改革，深入推进农业转方式调结构，深入推进农业绿色发展。以稻田综合种养为代表的农业供给侧结构性改革近年来蓬勃发展，稻田实现一水两用、一田多产、稳粮增收，大大提高了农业生产的经济效益、社会效益和生态环境效益。张启发院士提出的“双水双绿”理念作为产业发展升级的模式和目标，以“双水双绿”重塑“鱼米之乡”。其基本思想是依靠科技创新开发适用的绿色技术和绿色品种，充分利用平原湖区稻田和水资源的优势实行稻田种养，使“绿色水稻”和“绿色水产”协同发展，做大做强水稻、水产“双水”产业，做优做特绿色稻米、绿色水产等“双绿产品”，让生产过程来洁净水源、优化环境，实现产业兴旺、农民富庶、乡村美丽的目标（张启发，2018）。“双水双绿”的模式和目标使稻田综合种养发展步入战略机遇期。

1.1　我国农业转型及绿色发展：从绿色超级稻到绿色农业

长期以来，为保障粮食安全，高产稳产一直是农业生产的首要目标。我国粮食生产实现了持续的增产稳产，成功地解决了我国人民的温饱问题，2020 年我国脱贫攻坚取得了全面胜利。但是，农业生产“高投入、高产出、高污染、高效益”的生产模式，已经造成资源环境的沉重负担。当前，我国正在推动农业生产方式全面向资源节约、环境友好、绿色发展的方向转变。

1.1.1 农业生产取得巨大成就，正由追求产量向提升质量转变

改革开放以来，经过近40多年的努力，我国农业生产与发展取得了巨大的成就。主要农产品的总量、单产及人均占有量均有很大程度的提高。我国粮食生产不断迈上新台阶，由供给全面短缺转变为供求总量总体平衡。2018年粮食总产量达到6578.9亿kg，比新中国成立初增加了5000多亿千克。1949年人均粮食占有量209kg，2018年增加到470多千克，人均占有量高于世界平均水平（农业农村部种植业管理司，2019a）。棉花、糖料、蔬菜和水果等经济作物综合生产能力显著增强，从供给不足到平衡有余。以蔬菜为例，2018年蔬菜产量近7亿t，是新中国成立初期的2.7倍（农业农村部种植业管理司，2019b）。水产品市场极大丰富，从“吃鱼难”到“年年有鱼”，水产品人均占有量达到世界人均水平的2倍（农业农村部渔业渔政管理局，2019）。

随着温饱问题的解决和生活水平的提高，人们对口粮总量的需求逐渐下降，食品多样化、食品安全、食品质量和健康元素上升为需求的重点。以水稻为例，人均稻米食用需求持续下降。2018年我国人均稻米消费量为81.7kg，较2012年下降10.3kg。日本和韩国是以稻米为主食的发达国家，日本目前人均稻米消费量为54kg，韩国2018年人均稻米消费量为61.3kg。参考日本和韩国的发展过程，预测未来我国人均稻米口粮需求下降空间较大。另外，对优质稻米的需求却快速增加。2018年，我国高端稻米中的有机稻米产量约161.3万t，较2011年增加118.4万t，年复合增长率21%左右。优质稻米消费升级不断加快，选择健康、美味高品质稻米的人群越来越多（郑红明，2019）。

1.1.2 农业生产与资源、环境矛盾尖锐，可持续发展面临重大挑战

长期以来，我国以占世界约8%的耕地消耗了世界30%以上的化肥和农药（图1-1）。联合国粮食及农业组织（FAO，以下简称联合国粮农组织）统计数据显示（http: //www.fao.org/faostat/zh/#data/EF/visualize），1961年我国肥料用量72.8万t，到1987年达到2268.78万t，增长了约30倍，占世界肥料用量的30%。自2002年起，我国的氮肥施用量一直保持在全球氮肥总用量的30%，为世界第一氮肥消费大国。氮肥投入高、利用率低。于飞和施卫明（2015）对2004年以来我国主要粮食作物水稻、小麦、玉米氮肥效应研究相关文献及数据进行统计分析，结果表明我国三大粮食作物不施氮肥的基础产量已处于较高水平，可达到施氮条件下最高产量的67.9%～75.9%。化肥投入所带来的粮食增产效应已经非常有限。在我国很多地区，肥料用量已经超过了土地的承受能力，大量氮素通过氨挥发、硝

化与反硝化作用和硝酸盐淋溶等途径流失，造成严重的面源污染。过量施肥是造成土壤退化、江河湖海富营养化等问题的主要因素。过量化肥投入已经导致地下水的严重污染，我国多地区地下水硝酸盐含量超标且浓度逐年上升（潘昭隆等，2019）。我国是世界第一农药生产和使用国，单位面积农药用量是世界平均水平的4～6 倍（FAO，http://www.fao.org/faostat/zh/#data/EP/visualize）。2015 年我国水稻、玉米、小麦三大粮食作物农药利用率为 36.6%，随着化肥、农药减量增效行动的实施，2019 年农药利用率提高到 39.8%（农业农村部新闻办公室，2019），但总体来讲，依然是投入高效益低。大量农药通过飘移、渗漏和径流等方式流失，污染水体、大气和土壤，危害生态环境安全。

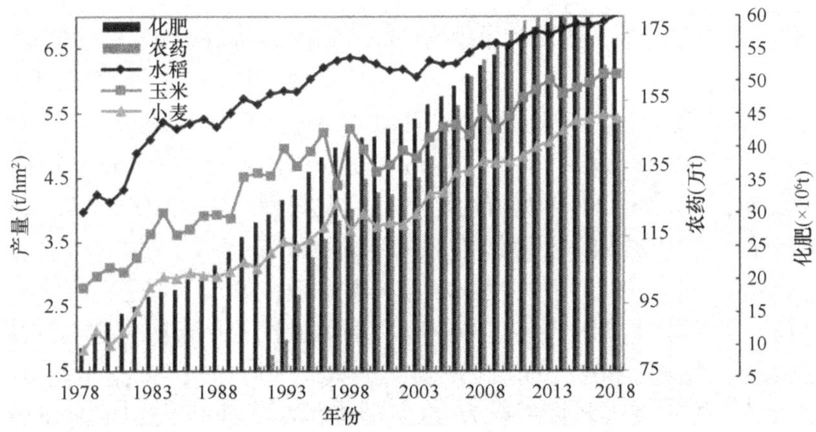

图 1-1 中国三大粮食作物产量和农药、化肥使用量（1978～2018 年）（国家统计局数据，http://data.stats.gov.cn/）

农业已经成为环境污染的主要来源之一。由于过量使用化肥、农药及污水灌溉等，土壤环境受到严重破坏。一些农业污染严重的地区，出现了农作物减产、耕地质量退化甚至农作物无法继续种植的局面。还需要指出的是，生产化肥的磷矿、钾盐等是重要的不可再生资源；化肥、农药生产和使用还消耗了大量的能源。此外，农药、化肥的投入不断地增加农业投入和成本，降低了种田收益，严重影响了农民种田的积极性。

此外，我国水资源贫乏，农业用水压力大。2017 年灌溉耕地占总耕地面积的 50%，灌溉耕地大约生产了全国 70%的粮食产量。由于粮食生产与水资源分布利用之间存在地区上南北方分布不均、时间上不断变化的特点，部分地区水资源难以保证长期可持续地支撑粮食生产。在粮食生产的水资源供给增量方面，1949～2017 年全国水资源开发指数不断增加，即需水量与水资源量的比值增大，超过了 20%的水资源压力警戒线，但仍处于 40%的极大水资源压力水平以下（杨鑫和穆月英，2019）。

1.1.3 绿色超级稻与绿色农业发展

针对农业生产严重依赖化肥、农药以及水资源等严峻形势，我国农业领域科学家经过多年的探索和讨论，提出要通过具有新特征的品种培育与推广，减少化肥、农药、水及劳动力的投入，做到资源节约、环境友好，实现作物生产方式的根本转变。

20 世纪 90 年代末，我国农业科学家通过讨论和辩论将"第二次绿色革命"的目标凝练成 10 个字的共识：少投入、多产出、保护环境。21 世纪初，张启发院士等提出了"绿色超级稻"培育的构想，即在不断提高产量、改良品质的基础上，实现基本不打农药，少施化肥，节水抗旱（张启发，2005），倡导践行"资源节约、环境友好"的生产模式。"绿色超级稻"的理念和生产模式，强调水稻品种除要求高产、优质外，还应具有抗病虫性、抗旱性或抗逆性、营养高效利用等特性，应用功能基因组的成果和技术，培育出"少打农药、少施化肥、节水抗旱、优质高产"的"绿色超级稻"品种，促进农业的绿色发展（Zhang，2007）。2015 年我国农业科学家提出了"资源节约型、环境友好型"农业生产体系的理念，并积极建言献策，倡导农业的绿色发展（张启发，2015）。

在国家相关计划的支持下，我国水稻科学家积极开展了绿色性状的种质资源发掘与创新、绿色性状基因的鉴定与克隆、基因组技术平台的创建与应用，以及绿色超级稻品种的培育和应用研究，取得了大量原创性的成果。据不完全统计（部分数据来源于中国种业大数据平台），绿色超级稻新品种在 2014～2018 年度累计推广面积超过 1.1 亿亩。绿色超级稻品种配套高效栽培技术，表现出高产稳产的同时，可使农药和化肥的施用量减少 30%以上，在具备灌溉条件的地区种植，节约灌溉用水至少 30%；同时可降低播种、插秧等用工投入，每亩节本增收近 270 元，新增产值近 300 亿元。通过具有优良性状的绿色新品种培育和新技术的推广，减少化肥、农药、水及劳动力的投入，绿色超级稻引领其他作物向绿色方向发展。2018 年，"绿色超级稻"入选庆祝改革开放 40 周年大型展览。

绿色超级稻的培育与应用作为农业绿色发展的一种重要模式，对国家绿色农业发展战略和政策的形成发挥了积极的影响。2017 年，中共中央办公厅、国务院办公厅印发了《关于创新体制机制推进农业绿色发展的实施意见》，专门提到了要选育推广绿色、节肥、节水、抗病新品种。国家农作物品种审定委员会 2017 年印发的《主要农作物品种审定标准（国家级）》，提出了"突出绿色发展，有利于节水、节肥、节药的品种审定"等原则，并将审定品种分为"高产稳产、绿色优质、特殊用途"三类，为绿色品种的选育和农作物绿色品种指标体系的建立打开了官方认证通道。2019 年，农业农村部正式颁发"水稻、玉米、小麦、大豆绿色品种指标体系"，明确指出"少打农药、少施化肥、节水抗旱、优质高产"是我国主要农作物今后的育种目标和方向。

1.1.4 水产养殖业向绿色转型是发展的必然趋势

新中国成立以来，我国水产业发展迅猛。1949 年，我国淡水养殖面积约为 1000 万亩，平均产量约 10kg/亩，2000 年养殖面积增加到 7897 万亩，平均亩增加到 182kg（1999 年）。2000 年人均水产品占有量达 33.8kg，远远高于世界平均水平（22kg）（解绶启等，2015）。2018 年我国水产品总产量达 6458 万 t，人均占有量达世界人均水平的 2 倍（农业农村部渔业渔政管理局，2019）。

与种植业相似，我国的水产养殖业也经历了高投入、高污染的历程。因为饵料和药物投入量大，残留饵料和药物引起水体水质普遍恶化；各种消毒杀菌等化学药物等的滥用，使水体环境失衡、水产品污染现象严重，不仅对水产养殖自身影响严重，也破坏了养殖水体周边地区的生态环境。有鉴于此，水产专家呼吁建立“资源节约型和环境友好型”的水产养殖业，加强相关的基础研究和技术开发，研发新饲料和新养殖与疫病防治技术，净化水体，推动和促进水产养殖业绿色发展。此外，过度捕捞导致渔业生物资源枯竭，有的鱼类甚至物种灭绝，严重影响了可持续发展。近二十年来，国家出台了一系列法规条例，为水产业的绿色可持续发展提供了法律保障。

1.2 稻田种养产业的迅速兴起与发展

稻田综合种养是在传统的稻田养鱼模式基础上逐步发展起来的生态循环农业模式，指通过对稻田实施工程化改造，构建稻渔共作或连作系统，通过规模开发、产业经营、标准生产、品牌运作，实现水稻稳产、水产品新增、经济效益提高、农药化肥施用量显著减少的一种生态循环农业发展模式[①]。目前我国各地已形成稻—虾、稻—蟹、稻—鱼、稻—鳖、稻—蛙、稻—鳝、稻—鳅等多种模式，其中稻—虾（克氏原螯虾，俗称淡水小龙虾）模式规模最大，最受欢迎。2010 年以来，稻渔综合种养在全国蓬勃发展（图 1-2）。国务院办公厅印发的《关于加快转变农业发展方式的意见》（2015）提出“把稻田综合种养，作为发展生态循环农业的重要内容”。2016 年、2017 年和 2018 年连续 3 年中央一号文件中均提到了大力发展绿色生态健康养殖。《全国农业可持续发展规划（2015-2030 年）》《农业部关于进一步调整优化农业结构的指导意见》《全国农业现代化规划（2016-2020 年）》等均对稻渔综合种养提出了明确要求。农业农村部将稻渔综合种养列入以绿色生态为导向的农业主推技术。

① 中国稻渔综合种养产业发展报告（2018）

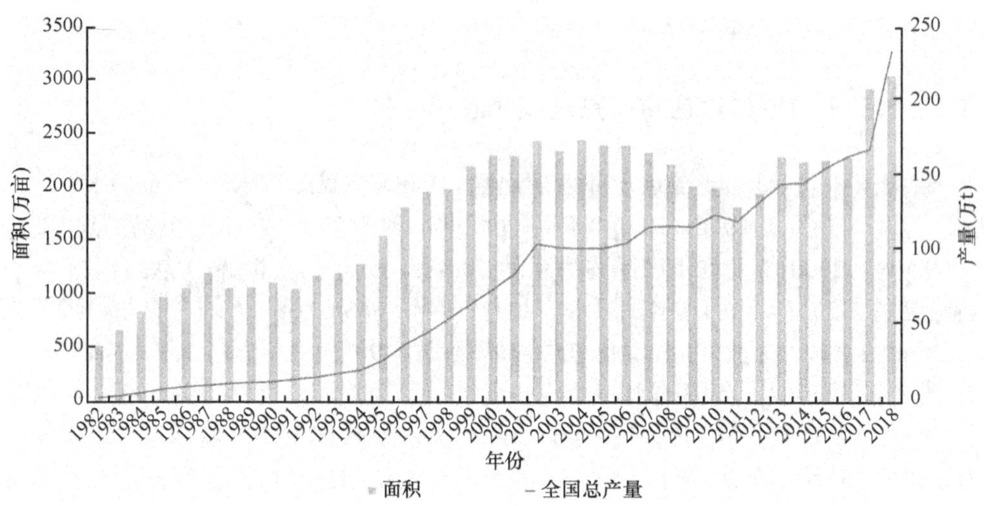

图1-2　1982～2018年我国稻渔综合种养面积和水产品产量[引自中国稻渔综合种养产业发展报告（2019）]

《中国稻渔综合种养产业发展报告（2019）》统计显示，2018年我国发展稻渔综合种养的省份共27个（图1-3）。全国稻渔综合种养面积达到3200万亩，当年投入生产的有3042.39万亩，生产面积同比增长8.66%。湖北、四川、湖南、江苏、安徽、贵州、云南、江西8省稻渔综合种养面积超过100万亩，其中湖北589.75万亩、四川468.34万亩、湖南450.22万亩。据推测，全国稻虾种养比单产稻米综合效益普遍提升50%以上。以湖北省为例，“虾稻生态种养”模式可使稻田综合效益提高80%以上。2018年湖北省“虾稻生态种养”模式小龙虾平均亩产量约120kg；与同等条件下水稻单作对比，单位面积化肥、农药施用量平均减少30%以上；亩均效益约3000元，较水稻单作提高2500元左右①。稻田中鱼、虾、蟹类活动和摄食可有效减少杂草的滋生，节省人力并减少农药的使用。稻田温室气体排放也大大减少，甲烷排放降低7.3%～27.2%，二氧化碳降低了5.9%～12.5%。稻渔综合种养促进乡村振兴、农民富裕，有效保障粮食安全、食品安全，促进农民增收，推进产业融合，并有利于农村防洪蓄水、抗旱保收，体现了多功能性，是美丽乡村建设的重要支撑。稻渔综合种养提高了稻田能量和物质利用效率，减少了农业面源污染、废水废物排放和病虫草害发生，显著改善了农村的生态环境，也是发展生态农业旅游的生态循环农业模式②。

目前，全国稻田面积4.5亿亩，保守估计其中15%以上适宜发展稻田综合种养，产业存在巨大发展空间。虽然国家和地方政府对稻渔综合种养提出了政策支

① 中国稻渔综合种养产业发展报告（2019）
② 中国稻渔综合种养产业发展报告（2018）

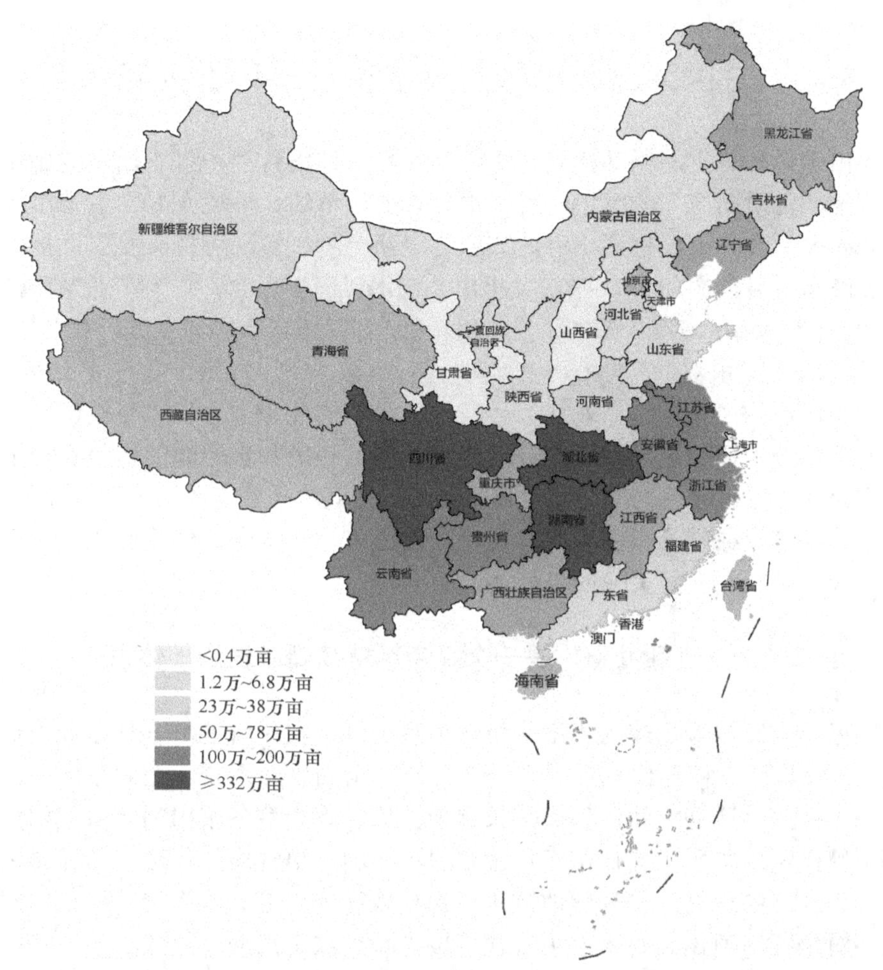

图 1-3 全国稻渔综合种养面积分布图[引自中国稻渔综合种养产业发展报告（2018）]
（彩图请扫封底二维码）

持，但对稻渔综合种养产业发展布局的整体规划跟不上产业发展，难以保证产业持续健康发展。一些地区只注重短期利益，对稻渔综合种养的特性认识不够、研究不深，简单复制。稻田综合种养相应的科技支撑和基础理论研究不足：专用水稻品种和水产品种严重缺乏；病虫草害生态管理技术缺乏创新；缺乏新模式新技术，管理更多停留在经验水平。需要建立产业联盟，实现“产、学、研、推、用”五位一体，构建跨学科、跨领域的专家团队和联合协作机制，针对稻渔综合种养产业发展中的关键问题，开展联合攻关，加快主导模式和配套关键技术的集成与示范，加快稻—虾等模式标准的制定①②。

① 中国稻渔综合种养产业发展报告（2018）
② 中国稻渔综合种养产业发展报告（2019）

1.3 “双水双绿”：基本特征与科学内涵

稻田综合种养生态循环模式与绿色超级稻强调培育“少打农药、少施化肥、节水抗旱、优质高产”的绿色品种，倡导“资源节约、环境友好”生产模式的理念内涵高度契合。为促进稻田种养产业迈上新台阶，实现可持续发展，扩大并充分释放潜在效益，2018年，张启发提出“双水双绿”理念，作为产业发展升级的模式和目标。“双水双绿”即“绿色水稻”和“绿色水产”协同发展，双水是模式，双绿是目标。“双水双绿”的第一个“双”，指水稻、水产“双水产业”；第二个“双”，是要求绿色加倍（李炜等，2019）。“双水双绿”的理念倡导依靠科技创新，开发适用的绿色技术和绿色品种，充分利用平原湖区稻田和水资源的优势实行稻田种养，使绿色水稻和绿色水产协同发展，做大做强双水产业，在做优做特绿色稻米、绿色小龙虾等双绿产品稻的同时，让生产过程来洁净水源、优化环境，实现产业兴旺、农民富庶、乡村美丽的目标。

1.3.1 稻虾（渔）互利共赢，是一个绿色可持续健康发展的体系

以近年来发展最迅速的“稻—虾”体系为例，与传统的单一种稻或养虾的体系相比，“稻-虾”种养体系提供了一个稻虾互利的生态系统。在此系统中，广阔的稻田为虾提供活动空间，使虾生长健壮；稻谷收获后冬季田间淹水，稻秆不仅为虾苗提供栖息场所，对虾苗孵化也有保温作用；稻秆腐烂促进水体浮游生物生长，既为虾提供食物，又有效地解决了长期被视为“老大难”的秸秆还田问题；小龙虾对稻秆的消化利用杀灭了残存害虫，减少次年虫源，降低虫害；虾的排泄物为稻提供有机肥料；虾的存在制约了农药、化肥的施用。由上可见，这种“虾—稻—土（壤）—微（生物）”互利共生体系能有效地实现资源节约、环境友好、生态平衡，具有引领农业生产范式变革的巨大潜力。

在对“双水双绿”体系稻—虾互利的认识的基础上，我们可将“双水双绿”体系实施的基本原则概括为：不打农药、不施化肥、不用渔药、精准饵料，即三不一精准。在种稻养虾的全过程中禁止农药、化肥、渔药的使用，充分认识和利用稻田自身的自然资源，辅之以精准定量的虾饲料投入，来实现稻田养分的收入与产出的平衡，确保双水产品和水土环境全面绿色。

1.3.2 应多学科联合攻关，建立稻虾（渔）综合种养理论和技术体系

“双水双绿”及其产业链，包括水稻和水产动物两大生物门类（分类学上称为界），在学科分类上涉及遗传育种、食品营养、作物栽培耕作、水产养殖、植物保

护、疫病防治、水土气环境、品牌打造与产品营销等诸多学科，需要多学科联合攻关，因此，学科交叉与融合是“双水双绿”研究的基本特点。应该将水稻和水产（以小龙虾为代表）作为一个完整体系，围绕绿色水稻、绿色小龙虾，稻虾复合产业化发展的总体目标，瞄准学科前沿，以技术和产品开发为主线，以稻—虾互作作为主要科学问题，将生物技术与常规技术相结合，从绿色水稻、绿色小龙虾的生物学特性、遗传改良、美食味栽培与健康养殖、稻虾生理生态、稻虾营养供给、绿色防控、重金属治理等不同方面开展研究，形成理论体系。开发绿色栽培、绿色养殖和绿色防控技术，集成技术体系。

与上述目标相适应，多学科交叉融合的“双水双绿”研究体系应注重以下方面：①适合“双水双绿”种养体系专用的特色优质水稻品种培育；②小龙虾养殖新品种/系的选育（含肉率、抗病和抗逆性状）；③绿色种养模式、种养技术与绿色防控，包括绿色水稻品种的优质栽培技术体系和小龙虾绿色生态养殖模式，稻虾种养体系内病虫害发生发展规律和病虫害绿色防控技术体系；④稻—虾生态系统内营养元素循环和能量流动变化规律，土壤理化特性、结构、碳库的影响，土壤肥力评价和高效利用技术；⑤“双水双绿”的经济、环境、生态、社会效益及政策选项分析。

通过协同攻关，制订与推广“双水双绿”标准化生产技术体系和技术规程。

1.3.3 三产融合打造“稻虾田园综合体”，贯穿全产业链，引领发展新格局

为使“双水双绿”模式促进产业体系提档升级和绿色发展，形成产业优势，应该深入研究相关产业政策问题，提出创新体制机制。建立“双水双绿”产业联盟，实行“研（科研单位）—产（生产合作社）—销（米业、虾业）”一体化，实现科研驱动产业、创新引领市场的新格局。通过延长和变革产业链，三产融合打造“稻虾田园综合体”。建立若干个“双水双绿”产业基地，打造若干个百亿产业，建立一批地理标志的绿色稻米、绿色小龙虾品牌。

重视发掘、弘扬和营造稻田种养文化，以“双水双绿”重塑鱼米之乡，建设美丽富饶的社会主义新农村。

参 考 文 献

李炜, 何红卫, 乐明凯. 2019-1-18. “双水双绿”：新时期的稻之道——访中国科学院院士、华中农业大学教授张启发. 农民日报, 8.

农业农村部新闻办公室. 2019. 化肥农药利用率稳步提高. http://www.moa.gov.cn/xw/zwdt/201912/ t20191218_6333443.htm. [2020-10-19].

农业农村部渔业渔政管理局. 2019. 从“吃鱼难”到“年年有鱼”——新中国成立 70 年来我国

渔业发展成就和经验. http://www.moa.gov.cn/ztzl/70zncj/201909/t20190916_6327997.htm. [2020-10-19].

农业农村部种植业管理司. 2019a. 新中国成立 70 年来我国粮食生产情况. http://www.moa.gov.cn/ztzl/70zncj/201909/t20190917_6328044.htm. [2020-10-19].

农业农村部种植业管理司. 2019b. 新中国成立70年来我国经济作物产业情况. http://www.moa.gov.cn/ztzl/70zncj/201909/t20190917_6328041.htm. [2020-10-19].

潘昭隆, 李婷玉, 马林, 等. 2019. 美国农田养分管理体系的发展及启示. 土壤通报, 50(4): 965-973.

解绶启, 梁旭方, 何建国, 等. 2015. “两型农业”与中国水产养殖业生产体系研究//张启发. 资源节约型、环境友好型农业生产体系的理论与实践. 北京: 科学出版社: 186-187.

杨鑫, 穆月英. 2019. 中国粮食生产与水资源的时空匹配格局. 华南农业大学学报(社会科学版), 18(4): 91-100.

于飞, 施卫明. 2015. 近10年中国大陆主要粮食作物氮肥利用率分析. 土壤学报, 52(6): 1311-1324.

张启发. 2005. 绿色超级稻培育的设想. 分子植物育种, 3(5): 601-602.

张启发. 2015. 资源节约型、环境友好型农业生产体系的理论与实践. 北京: 科学出版社.

张启发. 2018-6-13. 以“双水双绿”重塑“鱼米之乡”. 湖北日报, 15.

郑红明. 2019-10-26. 2019年中国稻谷(大米)产业报告. 粮油市场报, T25.

Zhang Q. 2007. Strategies for developing Green Super Rice. Proc Natl Acad Sci USA, 104(42): 16402-16409.

第2章 “双水双绿”产业基础及理论依据

摘要：本章分别从绿色超级稻、绿色水产和稻田综合种养阐明了“双水双绿”的产业基础及理论依据。“绿色超级稻”理念主张培育“少打农药、少施化肥、节水抗旱、优质高产”的“绿色超级稻”新品种，倡导高产、高效、生态、安全的绿色栽培管理模式，促进农业的绿色发展；绿色水产倡导节水、高效、生态、健康型养殖；稻田种养历史悠久，是我国传统农业的精华之一，稻田综合种养把水稻、水产种养有机结合，实行共生互利，为水稻、水产绿色协同发展提供了可能。

农业绿色发展已成为新时代全社会的共识和追求的目标。近年来，为了优化稻田种养结构、实现优质稻米供给侧结构性改革、改善稻田生态环境，不断满足人们对绿色优质农产品的需求，稻田综合种养模式得到快速发展。为促进稻田种养迈上新台阶，实现可持续发展，必须采用新品种、新技术，促进水稻水产协同，实行绿色生产，并建立“双水双绿”理论体系。绿色超级稻、两型农业、绿色水产，以及生态农业的理论与实践为“双水双绿”提供了良好的理论基础。

2.1 绿色超级稻的发展及应用

水稻是我国最重要的粮食作物之一，水稻生产的可持续发展对保障我国粮食安全举足轻重。20 世纪 60～70 年代作物矮秆品种和杂交稻的培育与应用，使我国粮食产量实现了两次飞跃。20 世纪 80 年代中后期，水稻产量出现过一个徘徊不前的阶段，并有下降的趋势。因此，世界各产稻国及国际研究机构纷纷提出水稻超高产育种计划（余四斌等，2016）。由于人口增长的持续压力以及粮食安全等问题，我国一直将水稻的高产育种放在首要位置。但大量半矮秆、耐肥高产品种的培育和大面积推广应用，引发了化肥、农药、水资源以及劳动力的投入激增，产量增长与环境污染和资源消耗不成比例，导致农业生产与资源环境的严重矛盾（Zhang，2007）。据统计，我国农药用量是世界平均水平的 4 倍以上；化肥用量已接近世界化肥总量的 40%，利用率极低（彭少兵，2014）。特别是，这种长期以高产为目标，逐渐形成的“高投入、高消耗、高污染、低效益”生产方式，已经不符合当前“两型农业”以及农业可持续发展的要求。针对水稻生产面临的日益严重的病虫害、农药化肥过量使用、水资源匮乏与干旱普遍发生等资源环境问题，我国科学家提出了“绿色超级稻”（Green Super Rice，GSR）的理念（张启发，2005；Zhang，2007），主张以功能基因组研究成果为基础，大力培育“少打农药、少施化肥、节水抗旱、优质高产”的“绿色超级稻”新品种，并倡导高产、高效、生态、安全的绿色栽培管理模式，从而实现作物生产方式的根本转变，促进农业的绿色发展。绿色超级稻理念得到国内外同行的积极响应和实践。2010～2018年，我国科技部立项支持“绿色超级稻新品种选育”项目。同时，比尔及梅琳达·盖茨基金会也连续资助了“为非洲和亚洲资源贫瘠地区培育绿色超级稻”（Green Super Rice for Resource-poor Farmers of Africa and Asia）国际合作重大项目。在国家高科技研究发展计划（863计划）等大力支持下，“绿色超级稻”项目围绕“少打农药、少施化肥、节水抗旱、优质高产”的育种目标，开展了包括绿色超级稻设计育种的理论与体系、全基因组育种技术平台、绿色性状基因聚合与种质创新、绿色超级稻新品种培育，以及绿色超级稻高效栽培模式等在内的研究工作（Yu et al.，2020），取得了一系列重要进展和重大成果。

据2014～2018年不完全统计，“绿色超级稻”品种在中国、东南亚和非洲等水稻产区累计推广面积超过1.5亿亩，产生了显著的社会效益和经济效益。2018年，“绿色超级稻”入选中共中央宣传部、中央全面深化改革委员会办公室等单位举办的“伟大的变革——庆祝改革开放40周年大型展览”。2019年，农业农村部正式颁发“水稻、玉米、小麦、大豆绿色品种指标体系”，明确指出“少打农药、少施化肥、节水抗旱、优质高产”是我国农作物今后主要的育种目标和方向。最近，针对南方稻田的水资源优势和农业提质增效的目标，我国科学家在绿色超级稻的研究基础上提出“双水双绿”的稻田种养模式，倡导“绿色水稻”和“绿色水产”协同发展，促进绿色品种—绿色生产体系—绿色产业的建设。伴随“一带一路”的实施推进，“绿色超级稻”也在国际上引领着作物育种的方向，提供了中国与“一带一路”沿线国家合作共享农业科技成果的范例。本节就绿色超级稻研究所取得的主要进展做简要介绍。

2.1.1 绿色超级稻育种的理论与技术体系

与传统超级稻的育种有所不同，绿色超级稻更为突出“绿色”二字，强调以培育绿色优质品种为基础的“绿色”方式来进行水稻生产，达到“少打农药、少施化肥、节水抗旱、优质高产”的目的。围绕这一育种目标，张启发等提出绿色超级稻选育的基本策略和思路（Zhang，2007），即以目前最优的品种为起点，综合应用品种资源研究和功能基因组研究的新成果，充分利用水稻和非水稻来源的各种基因资源，有机整合分子标记技术、转基因技术、杂交等育种手段与技术，从基因组水平上优化组合各种有利基因，培育“绿色超级稻”品种。

近十年来，随着水稻基因组学的飞速发展，水稻功能基因组研究取得了重大进展，包括功能基因组研究体系的建立、一大批功能基因的分离克隆以及复杂性状的遗传调控网络解析。特别是，利用大量基因组重测序的水稻品种资源（包括野生稻）进行大规模的高通量表型分析，建立水稻核心种质的全基因组变异库，发掘和鉴定野生种与栽培稻中自然发生的许多优异有利基因，开发了一批符合绿色超级稻育种目标的有利基因，如抗病虫、抗逆、营养高效利用、增产和优质等基因，并针对不同性状基因的功能特征，提出了相应的基因组设计育种策略和选择方案（Wing et al.，2018），为绿色超级稻设计育种奠定了理论和实践基础。培育绿色超级稻，需要整合利用大量基因组学技术成果和种质资源，建立水稻种质资源的基因组信息平台。

2.1.1.1 构建水稻核心种质基因组变异信息数据库

为了充分揭示亚洲栽培稻种内基因组遗传多样性和群体遗传结构，项目引进全球水稻核心种质 2400 余份，完成了 3010（3K）份水稻基因组重测序及其分析工作。这 3000 多份材料来自 89 个国家，代表全球水稻种质资源 95%的遗传多样性。基于 3K 水稻基因组计划（3000 Rice Genome Project，3K RGP）的基因组测序数据，发现水稻存在超过 2900 万个单核苷酸多肽性（single nucleotide polymorphism，SNP）和 25 万多个插入缺失突变（indel mutation）及大量的基因突变/缺失变异（presence/absence variation，PAV）。同时从 3000 多份材料中鉴定出 12 000 多个水稻新基因和 10 万余个结构变异（缺失、易位、倒位和重复），构建了稻种的泛基因组。亚洲栽培稻的泛基因组包含 23 876 个基因家族，由 14 826 个（62.1%）核心基因家族和 9050 个（37.9%）分散式基因家族组成（Wang et al.，2018），建立了 2859 份水稻基因组的 SNP 及 indel 多态性信息检索、基因组浏览器可视化系统、特定区段基因组数据导出系统等子数据库（Alexandrov et al.，2015；郑天清等，2015），整合了基因组变异数据、基因功能注释数据、表型数据及全基因组关联分析数据，完善了水稻基因组序列变异数据库 RiceVarMap v2.0（http: //ricevarmap.ncpgr.cn/v2/），分析了全球 6000 余份水稻基因组重测序数据，对全基因组的结构变异进行基因单倍型指纹分析，并对水稻育种过程中受选择性位点进行研究，建立了水稻种质资源基因指纹数据库（http: //variation.ic4r.org/search/?dbld=&q=rice）。这些研究成果提供了更加全面的水稻遗传多样性信息，将促进水稻功能基因组合分子设计育种的研究，为培育绿色超级稻新品种提供了丰富的基因信息和资源平台。

利用 3000 多份水稻核心种质及关联分析规模化发掘出了影响重要性状的大量基因，如抗病虫性（稻瘟病、白叶枯、纹枯病、褐飞虱、黑条矮缩病等）、抗逆性（抗旱、耐盐碱、高温、低温、厌氧萌发）、营养（氮、磷、钾）高效、微量元素缺乏耐性、毒性，以及主要产量性状、品质和育种相关性状等，并应用于水稻分子育种改良（Yu et al.，2020），极大地推动了水稻种质资源优异基因的规模化发掘和水稻分子育种技术的突破。

2.1.1.2 创建水稻全基因组育种技术平台

利用基因组学研究成果，我国科学家以高通量测序方法和育种芯片技术为核心构建了水稻全基因组选择育种技术平台。其中，研发的多款水稻基因育种芯片，如 RICE6K、RICE60K、RICE90K 等，包含的高质量 SNP 标记位点数分别达 4473 个、43 386 个以及 85 000 个。近年来，以这些育种芯片为基础，开展了染色体区段鉴定、基因单倍体型分析和特定性状基因定向改良的精准筛选。利用这些 SNP 芯片可进行水稻的性状位点全基因关联分析、基因定位及其群体基因型鉴定等（Chen et al.，2014；Yu et al.，2014）。利用基因组育种策略和基因组选择技术平台，实现了对抗稻瘟病以及抗褐飞虱等重要基因的精确导入，在不改变水稻亲本综合性状的条件下，显著提高了亲本对病虫害的抗性；将带有不同抗稻瘟病基因的多个近等基因系组合可以得到农艺性状一致、抗性水平高的多系品种，为培育抗广谱且抗性持久的新品种奠定了基础。利用该平台可以实现 3 年 5 个世代对水稻绿色性状定向改良的目标。Mi 等（2016）通过基因组育种技术，成功将来源于 Dular 的广亲和基因定向导入 9311 中，创制了具有广亲性的 9311，且与典型粳稻品种 Balilla 杂交后，杂种 F_1 代结实率显著提高。利用育种芯片技术还可以建立高分辨率的品种基因指纹身份证，用于品种权保护和品种系谱溯源分析。

基于 Hiseq 4000 和 BGISEQ-500 测序平台，结合标签技术、内切酶打断技术和批量建库技术，建成了高通量、低成本的 GBS（genotyping by sequencing）基因分型平台。GBS 是一种 SNP 发掘和基因分型技术平台，不受参考基因组的限制，具有效率高、成本低等特点（Sonah et al.，2013）。建成年通量大于 5 万样品的植物基因组提取工作站，实现了单个样品提取成本低于 30 元，提取基因组 DNA 质量满足芯片和高通量测序建库的需求。利用 GBS 技术平台开展了约 35 000 份水稻材料的基因分型工作，开展了遗传连锁图谱构建、遗传多样性、种质鉴定和基因定位等研究。精细定位到多个水稻抗白背飞虱、抗稻瘟病、耐冷、高光效、氮高效利用率，以及穗粒数、直链淀粉含量等重要性状新位点（邱树青等，2018），完成了如 *qGL7*（籽粒大小）、*GW8*（粒型）、*fgr*（香味）、*Chalk5*（垩白）、*Pb*（黑米）、*Rc*（果皮色泽）、*GIF1*（籽粒充实）、*ALK*（糊化温度）、*Wx*（蜡质基因）、*Du1*（直链淀粉含量）等重要性状的已知基因序列分析和基因功能变异等信息的收集工作（国家科技报告服务系统，https: //www.nstrs.cn/）。针对具有育种价值的绿色性状基因，如高产、株型、优质、抗病、抗虫、耐高温、耐冷、营养高效利用等功能基因，新设计了一批基因的单倍型标记或功能标记，完善了优良基因型鉴定和选择的高通量分子标记技术体系。

2.1.2 绿色性状基因挖掘与种质创新

对测序水稻核心种质、绿色超级稻亲本以及导入系材料进行表型鉴定和基因型分析，通过关联分析方法精细定位和克隆到包括水稻叶绿素含量、抗旱、抗褐飞虱、耐冷、中胚轴延长、粒长、粒宽及产量等重要农艺性状在内的位点/基因，鉴定分离到氮利用高效的主效基因 *NRT1.1B/OsNPF6.5*、调控稻米品质的新基因 *ssIIIa* 和控制水稻每穗粒数的 *GNP1* 等一批具有重要育种价值的基因，发现水稻育种过程中存在大量受选择的位点及关键基因组区域。这些研究结果为全基因组分子设计培育绿色超级稻新品种提供了丰富的基因资源和理论基础。

值得提出的是，*NRT1.1B* 具有硝酸盐转运活性且受到硝酸盐的强烈诱导。该基因的等位变异可能是导致籼粳品种氮利用能力差异的重要原因。*NRT1.1B* 在籼稻与粳稻间呈现显著分化。群体遗传学分析表明，籼稻等位基因 *NRT1.1B-indica* 可能在水稻驯化过程中受到人工选择（Hu et al.，2015），这解释了水稻亚种间氮利用能力的分化。*NRT1.1B-indica* 不仅增强硝酸盐的吸收及转运，还显著上调硝酸盐同化基因的表达，表明 *NRT1.1B* 对硝酸盐利用具有重要调控作用。通过基因组育种技术将基因 *NRT1.1B-indica* 导入浙江晚粳稻最大品种秀水 134 中，培育出多个水稻新品系。鉴定结果表明，*NRT1.1B-indica* 基因能够提高氮肥利用效率。选育的含有 *NRT1.1B-indica* 的秀优 5013 等 4 个品系在中氮水平下，即每公顷施肥 100kg（相比试验地平均施肥水平，减氮 80kg），每公顷产量最高可达 10.18t，表现出较好的氮肥高效利用效果。

我国科学家利用重测序技术和 RICE60K 芯片技术，建立了水稻品种系谱溯源技术平台。利用水稻品种系谱溯源技术平台，可快速获得系谱材料的基因型信息。通过分析选育品种的系谱信息，能够准确地挖掘出育种过程中与农艺性状相关的基因，对作物的育种改良具有重要价值（Huang et al.，2018）。例如，黄华占是一个被认定的在国内大面积推广的绿色超级稻品种。研究人员通过对 21 份黄华占的核心谱系品种和 96 份衍生谱系材料的全基因组基因数据进行系谱信息溯源分析，发掘出一系列与重要农艺性状相关的基因位点，发现 1113 个保守且可追溯的染色体区域与品质改良和产量提高相关（Zhou et al.，2016）。黄华占衍生系谱材料的基因型溯源分析显示，黄华占的血缘中有 18.21%来自祖先特青，其余来自后续引入的青六矮、丰青矮、长丝占等（Zhou et al.，2016；Chen et al.，2017）。研究还发现，黄华占育种过程中存在大量染色体保守区域与受选择位点，如控制株高的 *sd1*、控制抽穗期的 *Ehd4*、控制分蘖高度和矮化的 *htd1*、控制可溶性淀粉合成的 *SSIIa*、控制籽粒大小的 *GS3*、控制 α-淀粉酶活性的 *Amy3A*、控制籽粒数的 *Gn1a*、控制分蘖角度的 *TAC1* 等，表明这些等位基因在黄华占培育过程中是被选择固定的基因。在从黄华占育种谱系中发现的受选择基因组区域中，还能够看到有不同年代的特异基因导入等痕迹，如早期的株型和适应性改良（株高、花期）及后期的抗性改良（生物及非生物抗性）。以黄华占的蜡质基因 *Wx* 为例，其核心亲本之一的特青，因未含有优质等位基因而口感较差，而长丝占和华丝占 *Wx* 的可能有利变异为黄华占提供了优质等位基因，且在随后的系谱育种过程中，该变异被固定。类似的一些受选择区域的基因分别在不同的育种阶段有目的性地导入黄华占的基因组中。这些选择区段包含 *RFT1*、*Hd3a* 和 *Ehd1* 等生育期相关基因，以及 *Pi21*、*Pb1*、*GS5* 和 *ALK* 等抗病及品质性状等优良基因。推测这些有利的等位基因的选择与固定是黄华占表现优良的重要原因（Zhou et al.，2016；Chen et al.，2017）。受选择保守区域的发现对水稻分子设计育种具有重要的参考价值和指导意义。

同样，基于高质量的 SNP 数据系统分析大量水稻育成品种的群体结构，可以鉴别出籼稻存在两大主要的亚群 indica Ⅰ 和 indica Ⅱ，具有不同的地理起源。其形成可能与“绿色革命”早期中国及国际水稻研究所独立的育种工作有关。此外，三系杂交水稻中的保持系和恢复系分别属于这两个亚群，可能对应于籼稻中的两个杂种优势群。进一步研究发现，两个亚群间存在受到不同选择的 200 个基因组区段。这些区段包括与产量、株型、抗性以及营养吸收等绿色性状相关的许多已知功能基因和大量未知功能位点（Xie et al.，2015）。由于它们与育种千丝万缕的关系，故称其为“育种印迹”。随着育种印迹的累积，品种的产量得到稳步提高，表明一个品种中育种印迹的数量或许可用于预测该品种的育种潜力。这些育种印迹为进一步改良水稻提供了重要靶点。

2.1.3 绿色性状基因聚合与种质创新

绿色超级稻项目以不同生态区的优良水稻品种，如龙粳 31、空育 131、川 106B、旱恢 3 号、黄华占、9311、福恢 676 等为受体，以含绿色性状的水稻核心种质和野生稻资源为供体，采用大规模杂交和回交育种策略，开展了以优良品种为背景的大量导入系群体构建，并在大田环境下对导入系群体进行各种逆境筛选和鉴定；结合分子标记鉴定，选育出具有抗病虫、氮磷营养高效、节水抗旱、高产优质等绿色性状的新种质。截至 2018 年年底，项目组共获得高世代稳定株系数约 2.76 万份。将广泛收集的遗传多样性丰富的优良保持系、恢复系和常规品种以及导入系，与显性核不育材料杂交，构建轮回亲本群体。目前以显性核不育材料为桥梁，已构建轮回亲本群体 11 个（https: //www.nstrs.cn/）。对这些群体的低磷、低氮、抗干旱、抗稻瘟病、抗白叶枯病、抗稻曲病、抗稻飞虱等性状进行大规模的筛选与鉴定，创造了一批具有多抗、营养高效利用、节水抗旱、高产优质等绿色性状的新种质，培育出聚合多种绿色性状的新品系。例如，以优良品种黄华占和 9311 为受体，已经培育出含多个主效抗褐飞虱基因（如 *Bph1*、*Bph14*、*Bph15*）和抗病基因（如 *Pi2*、*Pi9*、*Pikm*）的系列抗病虫近等基因系，创建了含有抗稻瘟病、抗飞虱、抗白叶枯病等基因聚合的恢复系和不育系（Jiang et al.，2016；Wang et al.，2016）。以显性核不育系佳辐占为受体，创制了含有 *Pi1*、*Pi2*、*Xa21*、*Xa23* 等多个抗病基因的新种质；创制了含有多个抗病虫基因（如 *Pi2*、*Pi9*、*Pikm*、*Bph3*、*Bph14*、*Bph32*、*Xa7*、*Xa21*、*Xa23*）与香味等优质基因的两系不育系 Y58S、华 1017S 和华 1037S 等具有重要应用前景的新材料，为绿色性状基因的利用和品种改良提供了丰富的基础材料。同时，在开展分子标记辅助选择实现不同优良绿色基因向优良骨干品种转移和累加的过程中，为解决绿色超级稻育种中存在的绿色性状受多基因控制且性状中有着关联性的问题，建立了用于优异等位基因挖掘和遗传效应估计的多性状联合关联分析方法（Xu et al.，2016）。为预测理想基因型和选择育种亲本，创建了全基因组最佳线性无偏预测，提高了育种选择的预见性和育种选择效率。

2.1.4　绿色超级稻品种选育与应用

利用系谱育种、回交育种，结合基因组学和生物信息学的最新成果，开发适合的基因标记，采用分子标记辅助选择和全基因组选择育种技术等，将水稻产量、品质、抗病、抗虫、耐旱、营养高效等有利基因进行转移或聚合，创建了多个优良基因聚合的新材料，培育出一批富含绿色性状的水稻新品系。截至 2018 年年底，项目组培育的 66 个新品种通过国家审定和省级审定。同时通过多种途径开展绿色超级稻的示范试验和现场展示活动，在湖北、福建、江西、四川等省建立了数十个百亩示范点、千亩示范片以及万亩生产辐射区。绿色超级稻新品种试验示范加强了我国不同生态区的水稻育种协作网以及水稻优势育种和科研单位的合作，而且对绿色超级稻的推广应用起到了良好的作用。

为了利于绿色超级稻品种的培育和推广应用，我国科学家制定了绿色超级稻品种的认定程序和方法，规定了绿色超级稻在产量、品质、氮磷肥利用率和抗病虫等方面的要求，并将现阶段的绿色超级稻品种分为 5 种类型。据此，项目组以绿色超级稻候选品种为试验材料，分别在湖北和安徽中籼稻区、江苏中粳稻区及湖南与广东双季稻区进行了多年的试验，进而筛选出一批可适应不同生态区种植的具有绿色性状的新品种。根据不同稻作生态区开展的减施 30%氮肥条件下水稻品种的田间试验表现和综合评价，项目组认定 41 个品种为氮高效的绿色超级稻品种（表 2-1）。许多新品种在 2014～2018 年推广应用面积累计超过 100 万亩，表现出较好的应用前景。例如，安徽省农业科学院水稻研究所培育的徽两优 630 于 2015 年通过国家审定，该品种氮肥偏生产力较对照品种增加 10.2%，达到绿色超级稻品种认定标准（氮肥利用率增加 10%，磷肥利用率增加 10%，水分利用率增加 10%，中抗 1 种或以上主要病虫害），同时兼具优质、抗稻瘟病（综合抗指 5.4）和抗白叶枯病（抗性 3 级）等特点。该品种 2015～2018 年累计推广 316.7 万亩，新增产值 1.7 亿元。袁隆平农业高科技股份有限公司等培育的晶两优华占通过了长江中下游中稻、长江上游中稻、武陵山区中稻、华南晚稻等国家四大稻区的品种审定，表现出较好的广适性。在 2015 年和 2016 年减氮 30%（晚季每公顷 120kg 氮）的品种评价试验鉴定中，两年平均氮肥偏生产力较对照高 23.2%。另外，晶两优华占具有稻米镉低积累特点，2016 年被湖南省农业厅认定为应急性镉低积累水稻品种，并列为湖南省重金属污染耕地修复及农作物种植结构调整政府采购品种。该品种 2016～2018 年累计推广面积超过 800 万亩，增产稻谷 3.2 亿 kg，同时每亩减少农药、化肥投入约 20 元，共减少农药、化肥投入约 1.6 亿元，经济与社会效益明显。

表 2-1　绿色超级稻项目组认定的第一批绿色超级稻品种（2019 年）

品种名称	品种来源	育种单位	证书编号
旱优 549	沪旱 5A×旱恢 49	上海市农业生物基因中心	绿超稻 201901
川优 5727	川 345A×成恢 727	中国种子集团有限公司等	绿超稻 201902
吉优 225	吉丰 A×R225	江西省农业科学院水稻研究所等	绿超稻 201903
隆两优华占	隆科 638S×华占	袁隆平农业高科技股份有限公司等	绿超稻 201904
川种优 3263	川种 3A×川种恢 2263	中国种子集团有限公司等	绿超稻 201905
德优 4727	德香 074A×成恢 727	四川省农业科学院水稻高粱研究所等	绿超稻 201906
荃优 868	荃 9311A×R868	安徽省农业科学院水稻研究所等	绿超稻 201907
徽两优 630	1892S×M630	安徽省农业科学院水稻研究所	绿超稻 201908
荃优 6 号	荃 9311A×RC6	中国农业科学院作物科学研究所等	绿超稻 201909
黄华占	黄新占×丰华占	广东省农业科学院水稻研究所	绿超稻 201910
华两优 2817	华 1228S×R2817	华中农业大学	绿超稻 201911
巨 2 优 60	巨风 2A×R60	湖北省农业科学院粮食作物研究所	绿超稻 201912
徽两优 858	1892S×M858	安徽省农业科学院水稻研究所	绿超稻 201913
赣优 810	赣香 A×东南恢 810	福建省农业科学院水稻研究所等	绿超稻 201914
荃优 683	荃 9311A×R683	中国水稻研究所	绿超稻 201915
秀优 5013	K50A×XR13	浙江省嘉兴市农业科学院、中国科学院遗传与发育生物学研究所等	绿超稻 201916
秀优 7113	K71A×XR13	浙江省嘉兴市农业科学院、中国科学院遗传与发育生物学研究所等	绿超稻 201917
秀优 4913	K49A×XR13	浙江省嘉兴市农业科学院、中国科学院遗传与发育生物学研究所等	绿超稻 201918
Y 优 278	Y58S×278	湖南省杂交水稻研究中心	绿超稻 201919

续表

品种名称	品种来源	育种单位	证书编号
珈优 1880	珈红 2A×1880	武汉大学	绿超稻 201920
旱两优 743	沪旱 1S×华 743	华中农业大学	绿超稻 201921
旱优 73	沪旱 7S×旱恢 3 号	上海市农业生物基因中心	绿超稻 201922
金优 463	金 23A×R0463	湖南省衡阳市农业科学研究所	绿超稻 201923
陵两优 104	湘陵 750S×华 104	袁隆平农业高科技股份有限公司等	绿超稻 201924
陵两优 268	湘陵 628S×华 268	湖南亚华种业科学研究院	绿超稻 201925
陵两优 942	湘陵 628S×怀 94-2	怀化市农业科学研究所、湖南亚华种业科学研究院	绿超稻 201926
陆两优 996	陆 18S×R996	湖南农业大学	绿超稻 201927
晶两优华占	晶 4155S×华占	袁隆平农业高科技股份有限公司等	绿超稻 201928
盛泰优 722	盛泰 A×9722	湖南洞庭高科种业股份有限公司、中国水稻研究所等	绿超稻 201929
丰田优 553	丰田 1A×桂恢 553	广西农业科学院水稻研究所	绿超稻 201930
荃优 672	9311A×R672	中国水稻研究所	绿超稻 201931
深优 513	深 95A×R513	湖南农业大学等	绿超稻 201932
聚两优 751	GD-7S×V5128	广东省农业科学院水稻研究所	绿超稻 201933
黄丝莉占	黄丝占×丰莉丝苗	广东省农业科学院水稻研究所	绿超稻 201934
旱优 983	沪旱 9A×旱恢 83	上海市农业生物基因中心	绿超稻 201935
恒丰优 7011	恒丰 A×福恢 7011	福建省农业科学院水稻研究所	绿超稻 201936
春 9 两优华占	春 199s×华占	中国农业科学院作物科学研究所等	绿超稻 201937
荃香优 6 号	荃香 9A×RC6	中国农业科学院作物科学研究所	绿超稻 201938
国优 9113	3301A×9113	湖南杂交水稻研究中心	绿超稻 201939
4HD005	皖 28S×DT505	中国农业科学院作物科学研究所	绿超稻 201940
两优 66		湖南农业大学	绿超稻 201941

2.1.5 建立绿色超级稻栽培技术体系

绿色优良品种的选育是实现高产优质高效的遗传途径，栽培技术体系是实现高产高效的技术途径。我国科学家系统研究了绿色超级稻绿色性状的评价体系及其形成机制，建立了绿色性状鉴定指标体系。针对不同生态域，科学家开展了实地养分管理模式、精确灌溉模式，以及节水节肥栽培模式和秸秆还田等“两型”关键栽培技术研究，组装并集成 5 套“两型”栽培技术模式。创建的绿色超级稻栽培和田间管理技术体系，以及建立的绿色超级稻主要病虫害的综合防控技术体系，为在高产稳产的基础上大幅度提高资源利用效率，实现环境友好与可持续发展提供了支撑。

目前，具备绿色性状的超级稻品种配套“两型”栽培技术模式在湖北、湖南、安徽、江苏和广东等省大面积示范推广已超过 5200 万亩，节本增收 123.4 亿元。湖南省开展绿色超级稻黄华占轻简化（免耕撒播、免耕机插、免耕抛秧等）绿色栽培的大面积试验示范，取得了明显的经济效益和社会效益。试验表明，绿色超级稻百亩示范方的平均测产产量为 11.5t/hm^2，较当地高产栽培增加了 16.6%，氮肥施用量较当地高产栽培减少了 10%，氮肥偏生产力提高了 30.4%（https: //www.nstrs.cn/）。华中农业大学等建立的机收再生稻生产高效技术，因具有省工、省种、省肥、节水高效的特点，已成为农业农村部主推的增绿技术。绿色超级稻品种和配套绿色栽培技术的应用，极大地推动了农业生产方式的转变。

同时，绿色超级稻也走进了非洲和东南亚等地区。项目组培育出适应非洲和东南亚等水稻产区的多个绿色超级稻品种，其中 20 多个品种已经通过莫桑比克、菲律宾、巴基斯坦、越南和印度尼西亚等国家的区域试验与品种审定（Yu et al.，2020）。据不完全统计，绿色超级稻品种在非洲和东南亚等水稻产区累计示范推广面积 3520 万亩，对这些国家的稻作发展和粮食安全做出了重要的贡献。

2.2 绿色水产的创新及发展

2.2.1 我国渔业发展简史

2.2.1.1 新中国成立前的渔业发展

我国是世界上最早开展渔业活动的国家。考古发现，旧石器时代晚期就有古人利用潮汐规律，捡拾搁浅在河滩上的鱼虾贝类维持生活。进入新石器时代后，原始社会的人类利用制作的鱼镖、鱼叉、鱼钩和石、陶网坠等工具捕鱼，逐渐形成了原始捕捞渔业（丛子明和李挺，1993）。

殷商时代，传统渔业进一步发展，诞生了养殖渔业。依据殷墟出土的甲骨文卜辞，其上能见"圃渔"两字，其中两条记载了"贞其雨，在圃渔""在圃渔，十一月"等文字，证明了商王于秋冬季在圃捕鱼的史实（丛子明和李挺，1993）。

春秋战国时期，池塘养鱼发展到东部的郑、宋、齐、吴、越等国，养鱼成为富民强国之业。越国大夫范蠡根据人们养殖鲤的经验写出了著名的《养鱼经》，是我国乃至世界上最古老的养鱼专著。受到品种和技术限制，隋唐之前的水产养殖以鲤为主（徐忠和徐开新，2008）。从唐朝开始，随着社会生产力的快速发展，单一鱼类的养殖已经不能满足人们的需求，又因唐朝帝王姓"李"与"鲤"同音而避讳，养鲤业受到严重影响。唐末宋初，人们从江河捕苗养殖，青鱼、草鱼、鲢、鳙成为主要养殖品种，也成为人们的"家鱼"（伍献文和钟麟，1964）。

明朝至清朝，四大家鱼的养殖技术更加系统化。池塘构造、放养密度、投饵施肥、鱼病防治、鱼类习性、鱼苗运输等养殖技术更加精进，我国池塘养鱼从粗养逐步向精养发展（丛子明和李挺，1993）。

2.2.1.2 新中国的渔业发展

新中国成立后，我国的渔业发生了巨大转变，从以捕为主，到养捕兼顾，再到以养为主，取得了举世瞩目的成绩（唐启升等，2014a）。我国水产养殖总量从1949 年的 44.8 万 t 到 2018 年的 4857 万 t，增长了 107 倍，养殖面积从 1954 年的601.4 万亩到 2018 年的 10 784 万亩[①]，增长了 17 倍（图 2-1）。这期间，我国渔业发展大致可以分为三个阶段：恢复建设期、艰难转型期及改革发展期（卢素红，2011）。

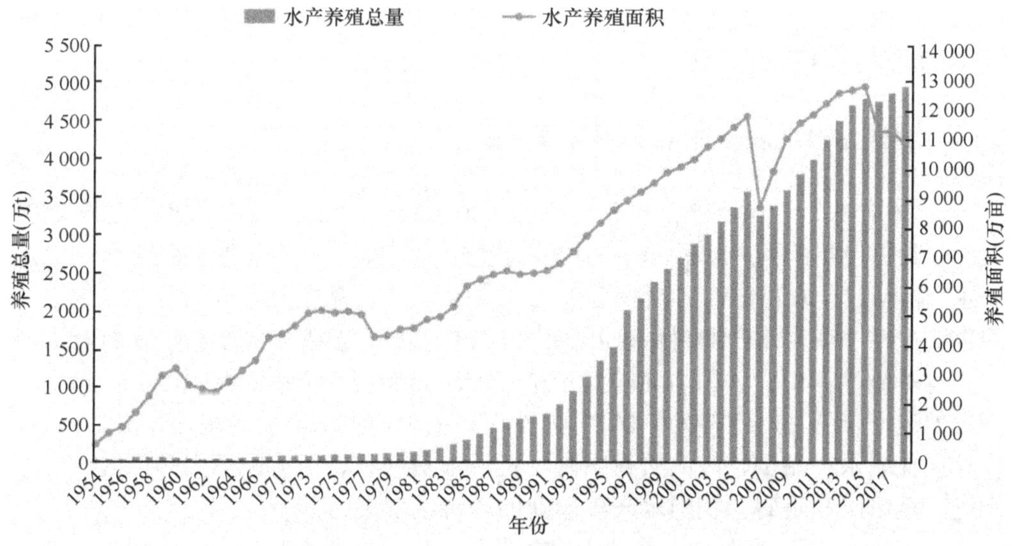

图 2-1 我国水产养殖面积及其养殖总量变化图[①]

1）恢复建设期（1949～1957 年） 新中国成立初期百废待兴，为尽快恢复生产，全国集中力量发展水产捕捞业。1954～1957 年，我国机动渔船从 347 艘发展到 1485 艘，极大地促进了捕捞业的发展，1957 年的捕捞量为 243 万 t[①]，占水产品总量的 78%，捕捞业是这一时期水产业的支柱。

2）艰难转型期（1958～1978 年） 由于过度捕捞，我国渔业资源迅速下降，发展人工养殖成为渔业的出路。这一时期，鱼类繁育和池塘养殖技术有了重大突破。1958 年，钟麟等用流水刺激加上脑垂体催情，第一次实现了鲢、

① 数据来源：中国渔业统计年鉴，1954-2019

鳙的人工繁育。1960 年，草鱼和青鱼的人工繁殖技术也获得成功。四大家鱼人工繁殖技术的突破，结束了从江河湖泊中捕捞野生鱼苗的历史，促进了我国水产养殖业的快速发展。1965 年，我国池塘养殖产量达到 51 万 t①，第一次超越了捕捞量。

3）改革发展期（1978～2018 年） 1985 年发布的《关于放宽政策、加速发展水产业的指示》，明确了渔业发展“以养殖为主，养殖、捕捞、加工并举，因地制宜，各有侧重”的方针，确定了渔业发展的方向，传统渔业开始向现代渔业转变。90 年代，渔用饲料技术及工业化的快速发展，推动了水产养殖的规模化，养殖方式由简单向集约化转变，形成了池塘养殖、浅海滩涂养殖、稻田养殖、大水面养殖等多种养殖模式。养殖品类从大宗淡水鱼向特色淡水鱼、海水鱼、虾蟹类及贝类拓展，到 2014 年已有 143 个品种、296 个品系开始养殖（唐启升等，2016）。据统计，水产养殖产量占水产品总量的比例从 1978 年的 29%上升到 2018 年的 77%，提升了 48 个百分点①。

2.2.2 我国水产业发展中的资源环境问题

近 30 年来，我国水产品产量一直位居世界第一。2017 年水产养殖总量 4905 万 t①，约占世界的 40%（FAO，2017）。我国人民食品中约 1/3 的动物性蛋白来源于水产品（农业农村部渔业渔政管理局，2019），水产品生产已成为我国食物安全的重要支柱产业。水产业对保证我国经济社会发展、改善人民生活、保持社会稳定具有基础性作用。全国 46%的鱼类产品来源于淡水养殖①，淡水养殖产量占全世界养殖产量的 26%（FAO，2017）。然而，我国淡水水产业在快速发展的同时，也存在优质水产品少、产品质量下降、资源浪费严重、环境破坏大等问题，这些问题严重影响和阻碍了我国水产养殖业的可持续发展。

1）天然资源过度利用，养殖无序化发展。我国早期水产品产量的增加主要以扩展养殖面积实现，湖泊、水库、河滩等都成了养殖区（渔业局，2016）。湖泊过度捕捞，名贵鱼类绝迹，产量和产品质量大幅度下降；湖泊、水库等放养模式缺乏科学管理，造成资源破坏，如草鱼、河蟹的过度放养，导致湖泊水草消失，清澈的草型湖泊演变成浑浊的藻型湖泊，底栖生物资源严重匮乏（闫云君等，2005），生物多样性下降，名贵鱼类产量下降，鱼类小型化，天然渔业资源枯竭，水质恶化，水生态系统被破坏（杨再福等，2003），甚至一些湖泊如太湖每年都会暴发蓝藻水华（中国水产科学研究院，2018）。

2）健康养殖技术水平低，水产品质量低下。近 30 年来，我国水产养殖是一种“高投入换取高产量”的发展模式，严重依赖饲料、渔药及水资源等生产要素。

① 数据来源：中国渔业统计年鉴，1954-2019

同时，池塘集约化养殖水平低，饲料、水处理、防疫水平低，导致病害频发，严重浪费农业、粮食和水资源（董双林，2011a）。随着养殖强度的增加，养殖过程中的投入品（饲料、渔药等）逐渐增加，导致养殖过程中向水体排放的营养物如氮磷过多，造成水体污染，不仅严重浪费粮食资源，造成养殖成本上升，反过来又影响鱼类健康，导致疾病暴发，增加渔药等投入，还会引起渔药的不合理使用，形成药物残留，影响食品安全（苗卫卫和江敏，2007）。

3）养殖模式单一，产品结构不合理。水产养殖以池塘养殖为主，养殖模式是以大宗淡水鱼中的 1～2 个品种为主，搭配其他少量品种。模式和品种单一，优质品种缺乏，市场竞争力不强（唐玉萍，2019）。在水产品总量迅速增加的形势下，水产品市场竞争空前激烈，市场呈现类同型、资源型、低质型的状态，处于结构性和区域性产品相对过剩、销售价格普遍下降的时期，造成农民增产不增收（张成，2015）。

4）生产技术不规范，绿色产品生产保障技术差。养殖生产过程缺乏规范操作技术，产品质量达不到安全要求。例如，斑点叉尾鮰是我国重要的加工出口水产品，2005 年在湖北省产量达到 5 万 t，部分池塘养殖的斑点叉尾鮰因存在药物残留和重金属超标，达不到出口产品标准，根本原因是没有采用绿色生产技术，在病害防控中不合理使用限量药物，导致肌肉存在药物残留，美国检测出中国出口的冷冻鱼片中喹诺酮类残留超标后，已下令商店停止贩售，严重影响了斑点叉尾鮰养殖产业和加工出口（陈昌福，2007）。

2.2.3 对水产业绿色发展的期待

随着人民生活水平的提高，消费者对食品的需求也逐步升档，已经超越了追求数量和品种的阶段，在营养卫生和质量安全方面提出了更高要求。就水产品消费而言，我国经历了“食鱼难”“食有鱼”“食好鱼”三个阶段，现在迎来了第四个阶段，即绿色水产阶段，人们对绿色水产品的需求逐渐增加，消费者也愿意为绿色产品支付更高的价格（陈都前，2004）。

而且，随着经济的高速发展和人口的急剧增加，生态环境和淡水资源保护也越来越受到重视。“绿水青山就是金山银山”，在保护生态环境的前提下，发展绿色水产显得尤为重要。绿色水产是以绿色、低碳为发展理念，以“高效、优质、生态、健康、安全”为发展目标，运用生态学手段发展资源节约型与环境友好型的水产养殖（赵明森，2006）。绿色水产发展需要解决养殖模式、养殖密度、养殖尾水、养殖设施、养殖饲料与精准投喂、病害防控等关键问题。

2.2.3.1 绿色水产的目标

1）绿色饲料。2019 年，我国水产饲料生产总量达到 2203 万 t。现代饲料工业对中国水产养殖的飞速发展起到了决定性作用（麦康森，2010），但水产饲料对生态环境的危害也逐渐被认知，绿色水产需要饲料向“低污染、低浪费、高效率、高转化”的标准发展（徐倩，2017）。因此，绿色饲料发展需要深入研究水生动物的营养生理、代谢机制，根据营养需要量配制低成本、低污染、高效实用的饲料（唐启升等，2014b）；需要研发膨化饲料，取代常规颗粒饲料；需要根据养殖动物不同生长阶段的营养需求，开发不同生长阶段的精准饲料（麦康森 2010）；需要根据水产品品质形成机理，开发营养调控技术；需要开发酶制剂、寡聚糖、中草药等绿色饲料添加剂，提高饲料利用效率（何志刚，2011）；需要根据品种、生长阶段、健康体征、养殖环境、气候变化设计最佳投饲频率和投饲量，做到精准投喂。

2）绿色防控。根据水产病害发生危害的特点和预防控制的实际，坚持以防为主、防治结合的原则，做好绿色防控。一是研制“高效、低毒、易降解、无残留、无抗性”绿色渔药，减少药物对水生动物的毒性，降低对养殖水体的污染程度。二是发展生态养殖，减少用药，提高生态防病的综合水平。三是使用优质苗种，减少用药。指导合法生产优质苗种，确保苗种质量和不携带疫病，做好苗种产地检疫和病害防控等技术措施。四是指导规范用药减少用药。指导养殖者按照渔药说明书的用量、用法、休药期等使用渔药，避免滥用药、减少用药量。开展水产养殖动物病原菌耐药性监测，制定适合的水产用药抗菌谱，形成科学用药。五是加强生产管理减少用药。指导养殖者加强养殖生产管理，按照《水产养殖质量安全管理规定》（中华人民共和国农业部，2003），完善水产养殖生产记录和用药记录制度，建立从养殖用水、生产管理、苗种质量、生产记录、饲料渔药到药残监测等全过程的水产品质量安全监控体系。

3）绿色水体。绿色水体是水体内各种生物种类比例适中、养殖生态系统处于良好的物质和能量循环，水体理化指标能够满足养殖生物的生长繁殖需求，最终实现“零排放、无污染、保健康、促生态”目标。一是根据养殖水域的容纳量评估及生态环境条件和主要养殖种类的生物学特性与生态习性，合理降低养殖密度，确定合适的混养品种（唐启升等，2014b）；二是减少饲料、渔药等投入品的使用，严禁向水库湖泊内投入化肥、农家肥、禽畜粪便，降低水体污染风险；三是养殖池塘按照标准化改造，完善水处理设施，采用生态沟渠、生态塘、潜流湿地等处理养殖尾水；四是创新养殖模式，形成物质和能量的循环与综合利用（农业农村部等，2019）。

4）绿色水产品。绿色水产品的概念是从绿色食品衍生而来的，绿色水产品具有“无污染”的鲜明质量特征（岳冬冬和王鲁民，2018）。一方面，绿色水产品在养殖模式、产地环境、生产过程、产品运输等方面全部符合相应的绿色食品标准要求，真正做到“从水体到餐桌”全过程质量控制，系统性地规避药物残留、重金属污染、口感不佳等问题；另一方面，建立健全水产品质量可追溯体系，设立企业、政府、消费者三方可追溯查询平台，解决水产品市场存在的质量安全信息不对称问题（郑建明等，2016），预防水产品安全事故，开发让人们放心、愿意消费的绿色水产品（张静宜等，2019）。

2.2.3.2 绿色养殖模式的创新与发展

绿色水产的发展首先是养殖模式的创新，“高效、优质、生态、健康、安全”的绿色可持续水产养殖模式，需要兼顾环境保护和经济发展。

（1）工厂化养殖

工厂化养殖，也称循环水养殖，是运用建筑、机电、化学、自动控制学等学科原理，对水产养殖生产中的水质、水温、水流、投饵、排污等实行半自动或全自动化管理，始终维持鱼类的最佳生理、生态环境，从而达到健康、快速生长和最大限度提高单位水体鱼产量与质量，且不产生养殖系统内外污染的一种高效养殖方式（戚翠战等，2014）。其特点：一是用水量少，循环利用率高，对水资源要求较低；二是占地少，空间利用率高，减少土地资源浪费；三是养殖密度高，单位体积水产量高；四是生产环节可控，减少有害物质输入；五是饲料利用率高，水产品生长速度快，生长周期短；六是排放的废水废物少，能集中处理，对环境无压力或很小；七是不受外界气候的影响，可实现常年生产。

但是，工厂化养殖并不是现阶段最经济的绿色养殖模式，在工程造价、运行系统、适宜品种与病害防控等方面还存在一些缺陷。首先是工程造价及运营费用昂贵，一个标准车间（600m^3）的罗非鱼工厂化养殖系统，初始投资就需要 160 万元（韩云峰等，2008），运行中的能耗，如电费都是高成本运转。其次是养殖品种受限，因为成本高，只能选择生长周期短、产品价格高、生长速度快、肉质鲜美、养殖技术成熟的名优品种，如鲆鲽类、鳗鱼、鲑鳟类等（陈军等，2009）。其他品种如加州鲈、草鱼，虽然可养，但盈利空间不大，发展受到了限制。最后就是疾病防控，疾病也是限制工厂化养殖发展的一个重要因素。在工厂化养殖系统中，虽然养殖水环境可控、病害发生概率降低，但一旦出现某种暴发疾病，高密度高循环的养殖特点会让病害传播更快，控制难度更大。工厂化养殖作为一种代表未来发展方向的养殖方式，已经日益受到关注和认可，但其内在的特点和中国现阶段的国情决定了其发展的曲折性与复杂性。

（2）大水面生态渔业

大水面生态渔业是指利用水库、湖泊、江河进行水产品增养殖或捕捞的一种渔业模式，是我国渔业的重要组成部分。我国大水面生态渔业先后经历了天然捕捞、人工增殖、集约化“三网”养殖和基于生态系统管理的生态渔业等发展过程。目前湖泊和水库的养殖面积约占全国淡水养殖面积的 52%，超过了一半，产量占全国淡水渔业产量的 20%左右（曾诗淇，2019）。但是，部分地区大水面生态渔业生产仍以追求经济效益为主，对江河、湖泊和水库过度利用，造成水体富营养化和水环境破坏，导致生态失衡。解决大水面生态渔业与生态环境保护的矛盾，探索出一条生态优先、科学利用、创新机制、融合发展的新路，是发展大水面生态渔业的迫切需要。

大水面生态渔业是我国实施渔业绿色可持续发展的重大举措之一。2019 年 9 月，全国大水面生态渔业现场推进会在浙江省召开，专门对推进大水面生态渔业发展进行了部署，要求坚持绿色发展、合理利用，坚持因地制宜、分类施策，坚持科技引领、创新驱动，坚持质量兴渔、三产融合，走出一条水域生态保护和渔业生产相协调的高质量绿色发展道路，要求更加突出大水面生态渔业的生态属性、美化效果、富民功能（曾诗淇，2019）。事实上，大水面生态渔业需要根据水体自身特征，估算水体环境容纳量和养殖容量，科学增养殖，促进水域生态、生产和生活协调发展，是一种“以鱼保水”“以鱼治水”的生态保护和保水渔业发展模式（曾诗淇，2019）。

（3）多营养层次综合水产养殖

多营养层次综合水产养殖（integrated multi-trophic aquaculture，IMTA）是近年来国际水产学界提出的一种健康、高效、可持续的养殖模式，由不同营养级生物（如投饵类动物、滤食性贝类、大型海藻和沉积食性动物等）组成多品种立体综合养殖系统，系统中一些生物排泄到水体中的废物成为另一些生物的营养物质来源，以充分利用输入养殖系统中的营养物质和能量，把营养损耗及潜在的经济损耗降到最低，使养殖系统具有较高的养殖容量和可持续的食物产出能力（张彩明和陈应华，2012）。与中国传统混养模式相比，此模式中加入了水生植物、无脊椎动物这两级，让能量流动与物质循环更加完整（董双林，2011b）。多营养层次综合养殖系统中对各要素进行了循环利用，提高了养殖产量和生态效益，降低了规模化养殖对水域环境所产生的负面影响。

（4）绿色综合种养

绿色综合种养继承了我国传统生态种养技艺，吸收了当今渔业成果，是从生态系统层面去发展绿色水产、充分利用养殖空间，是一种高效低碳、绿色环保的养殖模式（Edwards，2015）。该模式遵循了自然界物质循环和能量流动的规律，将污染物在养殖系统中循环吸收（董双林，2011b）。传统的综合种养包括以下两种模式。

1）池塘鱼菜共生是将水产养殖与水耕栽培有机结合的一种模式，以菜养水、以水养鱼、以鱼种菜，水生蔬菜能够有效地吸收鱼类的粪便和残饵（Nahlik and Mitsch，2006）。鱼菜共生常见的养殖鱼类以罗非鱼、鲤、鲫、鲈、乌鳢等为主（吴雅丽等，2019），水生蔬菜以茭白、水芹菜、空心菜、藕等为主（董海，2010；龚攀等，2013；邢阿宝等，2018）。研究表明，茭白对水体中的 N、P 具有较高的吸收能力，对 NH_4^+-N 和总氮的去除性能尤为突出（周振兴等，2007），水芹菜、空心菜等漂浮植物对悬浮颗粒有快速吸收的能力（孙瑞莲等，2009）。同时，水生蔬菜能够有效地改善养殖环境中的微生态平衡，提高有益菌、氮循环细菌、浮游动植物的含量（李建柱等，2016），为鱼类提供了更好的生存环境和更优质的天然饵料。以工厂化养殖和传统鱼菜共生结合的池塘鱼菜共生在我国台湾、上海等地区发展较快，也比较适合在水资源缺乏的地方发展，如我国的西北部地区。

2）稻田种养是一种跨生产系统的种养模式，充分利用稻田浅水环境，应用生态经济学原理以及现代技术手段，对稻田生态系统的结构和功能进行改造，实现水稻与水生动物的共生互利，形成“稻田养鱼鱼养稻、粮食增产鱼丰收”的复合生态农业模式（Zajdband，2011）。

2.3 稻田种养的发展与“双水双绿”

稻田种养是以水田稻作为基础，在水田中放养鱼、虾、蟹、鸭等，充分利用稻田光、热、水及生物资源，通过水稻与水产动物互惠互利而形成的复合种养生态农业模式。这种模式促进了种养结合、良性循环，为绿色水稻、绿色水产协同发展提供了基础。

2.3.1 稻田种养的历史及发展形势

2.3.1.1 稻田种养的历史

稻田养殖模式在世界上很多国家和地区都有分布，但是其起源时间和地点目前仍有争论（Halwart and Gupta，2004）。据报道，稻田养鱼在东南亚有长达 6000 年的历史，至 20 世纪中期，世界六大洲共 28 个国家有了稻田养殖的复合生产方式（Lu and Li，2006）。中国稻田养殖历史悠久，秦汉时代就开始了稻田养殖，已有 2000 多年历史，从有稻田养殖文献记载的三国时期算起，至今也有 1700 多年（杨星星，2010）。公元 220～265 年，《魏武四时食制》记载：郫县子鱼，黄鳞赤尾，出稻田，可以为酱，魏武即曹操，郫县即现今四川成都西北的郫都区，黄鳞赤尾即鲤。公元 890～904 年，唐朝的刘恂所著《岭表录异》载：新泷等州山田，拣荒平处，以锄锹，开为町畽。伺春雨，丘中贮水，即先买鲩鱼子散于田内。一、二年后，鱼儿长大，食草根并尽。既为熟田，又收鱼利。乃种稻，且无稗草，乃齐民之上术也。新泷等州即现今广东省西江下游的新兴县和罗定市一带，鲩鱼即草鱼，这种养鱼开荒种稻的方法，不但养鱼治田一举两得，而且是我国利用生物防治杂草的创举。

明清时期一些报道反映了中国稻田养鱼在各地已有较深入的发展，明洪武二十四年（公元 1391 年）《青田县志》记载：田鱼，有红、黑、驳数色，土人于稻田及圩池养之。这说明至少 600 年前，浙江青田已经开始稻田养殖。明代万历年间的《顺德县志》记载：圃中凿池养鱼，春则涸之插秧。大则数十亩。这说明 400 年以前，在中国广东省顺德一带已展开大面积稻鱼轮作。

根据 1934 年报道（中国农业科学院和中国水产科学研究院，1990），江苏省稻作试验场曾在松江繁殖区进行稻田养鱼试验，鱼种为青鱼、草鱼、鲇、鲫、鲤等。同年 8 月投放，至 10 月鲇体重增长 5 倍，鲤增长 20 倍，最大的个体达半斤[①]以上。1937 年该试验场孵育出 2 万鱼苗，提供给农民在稻田中饲养，说明这一阶段已出现生产指导性机构和总结出科学经验，无疑是稻田养鱼技术发展的证明。

从西汉的“饭稻羹鱼”到东汉的“稻田养鱼”，从明朝的“养鸭治蝗”到清朝的“桑基鱼塘”（徐旺生，2007）无不蕴含着先人的农耕智慧。传统稻鱼共生系统被联合国粮食及农业组织授予全球重要农业文化遗产。其发展变化可分为 4 个阶段。①传统农耕阶段，东汉汉中、巴蜀等地山区水稻种植，利用山间流水和降雨养鱼；②稻田养鱼阶段，新中国成立初，曾号召“发展稻田养鱼”，发展上千万亩；③生态工程阶段，20 世纪 90 年代中国生态农业发展，大力推行农林牧渔复合生态工程；④综合种养阶段，进入 21 世纪，生态环境问题、“三农”问题和食品安全问题突出，农业转型，深入推进农业供给侧结构性改革，稻田养殖向生态化、规模化、标准化、专业化、产业化发展（曹凑贵和蔡明历，2017）。

2.3.1.2 稻田种养的现状

改革开放以来，我国稻田种养特别是稻田养鱼迅速恢复并获得长足发展。1983 年在四川省成都市召开了全国第一次稻田养鱼经验交流会后，全国稻田养殖面积为 4.07 万 hm^2，到 1989 年稻田养殖面积发展到 74.67 万 hm^2。1990 年农业部在重庆市召开了全国第二次稻田养鱼经验交流会，把我国稻田养鱼生产推向了一个新的水平。至 1993 年，全国稻田养殖面积发展到 81.33 万 hm^2。根据《中国渔业统计年鉴》资料的分析，2000 年全国稻田种养面积为 1 532 381hm^2，比 1985 年的 648 660hm^2 增加 136.24%（图 2-2）。

21 世纪以来，我国稻田养殖产量占淡水养殖总产量的比例保持在 5%左右，但养殖面积、产量和单产水平增加明显。自 2005 年开始，农业部先后在 13 个省（区）建立了 19 个稻田综合种养示范点，示范面积 100 多万亩，辐射带动近 1000 万亩。从示范效果看，水稻亩产稳定在 500kg 以上，稻田增效接近 100%。

---

① 1 斤=0.5kg

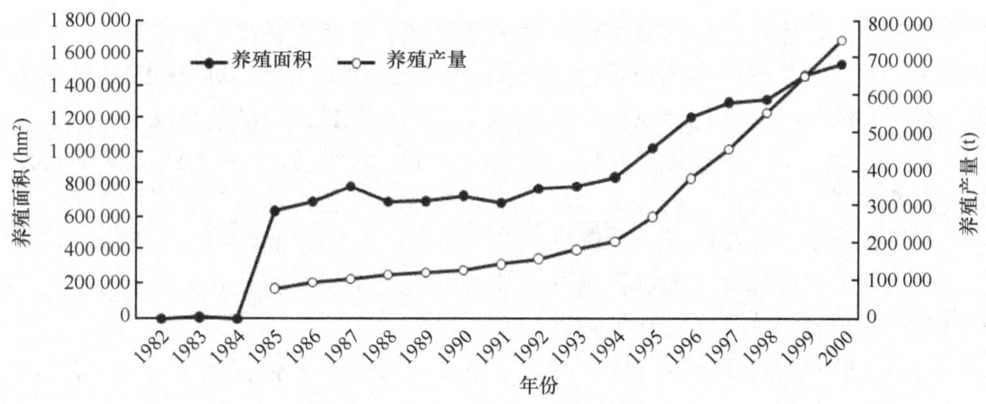

图 2-2 我国稻田水产养殖面积及其产量增长情况

数据来源：中国渔业统计年鉴（1983-2001）

2012 年，农业部在全国范围开展了新一轮稻田综合种养技术示范，各地根据自身的自然条件，结合劳动力、资金和技术储备等生产要素，探索出具有地方特色的稻田养殖模式，开创出“稻蟹共生”“稻鳖共生”“稻鱼鸭共生”“稻鳅共生”等新模式。2015 年，全国稻田养鱼面积达到 150.16 万 hm^2，产量为 155.82 万 t，与 2010 年相比，分别增加 13.24%和 25.38%。目前，稻田综合种养正逐步成为具有“稳粮、促渔、增效、提质、生态”等多方面功能的现代农业发展新模式，掀起了新一轮发展的热潮。

2.3.1.3 稻田种养的趋势

近年来，稻田种养模式被农业部誉为“现代农业发展的成功典范”，实现了“一水两用、一田双收、稳粮增收、一举多赢”，有效提高了农田利用率和产出效益，拓展了发展空间，促进了传统农业的改造升级，并引起了各级党委和政府的高度重视，全国许多地方把发展稻田养殖作为农村经济发展新的增长点来抓，全国不少地方开发稻田养殖热情之高、行动之快、范围之广、规模之大、标准之高都是空前的。目前稻田综合种养正引领现代农业的发展。

1）模式不断丰富。随着农村经济的发展和科技的进步，稻田种养模式不断完善和升级。一方面是满足生态循环的需要，保证生物多样性，使稻田种养的物种越来越丰富；另一方面是满足市场的需要，在稻田引入高档经济鱼类、禽类和菌类，如龟、鳖、羊肚菌等。这使种植模式越来越丰富，稻田种养由最传统的稻鱼发展为稻鳖、稻鳅、稻鳝、稻虾、稻蟹、稻龟、稻蛙、稻鸭、稻虾蟹混养、稻田鱼蚌混养、稻鸭鱼混养等。

2）技术不断更新。传统的稻田养殖为平板式养殖，人放天养，自产自销。近年来，稻田养殖的技术含量得到不断提高，根据种稻和养殖的要求，人们在稻田中开挖鱼沟，将挖出的田泥堆在沟的两侧形成垄，在垄上种稻，沟内养鱼。具体表现在：①种养品种的生物技术改造；②种养条件的规模化、标准化改造；③田间设施的专业化、标准化建设；④生产技术规程的工艺及产品标准化。

3）产业化发展。随着我国农村土地流转政策不断明确，农业产业化步伐加快，稻田规模经营成为可能，稻田综合种养的稳粮增效功能再次得到了各地重视。各地纷纷结合实际，探索新模式和新技术，并涌现出一大批以特种经济品种为主导，以标准化生产、规模化开发、产业化经营为特征的千亩、万亩连片的稻田综合种养典型，其主要特征是产业化发展。

4）区域化发展。稻田种养综合效益良好，广受关注，使其不断向全国范围扩展，目前全国稻田种养有 4 个方面的拓展。一是从热量丰富的中低纬度向高纬度拓展，以往稻田种养主要局限在西南、中南和华东等地，现在扩展到东北、华北、西北各个地区；二是从地形地貌上的转移，以往主要在丘陵山区，现在转向平原、城郊；三是养殖规模上的扩大，以往主要满足农民自食需求，养殖分散，粗放经营，现在由自然经济向商品经济发展，生产相对集中，经过多年的发展，稻田养殖在全国初步形成了区域化布局，专业化生产，规模化开发，产业化经营；四是地区上的转移，不但在贫困地区发展稻田养殖，进行脱贫致富，而且在发达地区也开展稻田养殖。

2.3.2 稻田种养是我国传统农业的精华之一

稻田种养在我国已有记载 2000 多年，经久不衰，有其明显的合理性，是我国传统农业的精华之一。例如，浙江青田稻鱼共生系统，该县自公元 9 世纪开始一直保持着传统的农业生产方式——“稻田养鱼”，并不断发展出独具特色的稻鱼文化，2005 年 6 月该系统被联合国粮农组织列为首批全球重要农业文化遗产（GIAHS），成为中国第一个全球重要农业文化遗产；贵州从江侗乡稻鱼鸭系统，距今已有 1400 多年，2011 年，被联合国粮农组织认定为全球重要农业文化遗产。

稻田是一个典型的人工湿地生态系统，与自然生态系统不同，它处于人们有意识的管理和控制之下。传统稻作仅利用了其中的植物生产，忽略了这一系统中众多其他生物的功能及关系，这些生物有的自生自灭，有的白白流失，有的被人为排除。引进稻田养殖后，形成种养结合共生系统，这种稻田复合生态系统，组成得到充实、环境得到改善、结构得到优化、湿地生态功能得到强化，通过水稻与水产动物互惠互利，充分利用稻田水面、土壤和生物资源开展种养结合，稻利渔、渔利稻，是一种典型的生态农业模式。

2.3.2.1 稻田种养维持自然生态系统功能

动物生产在农业生态系统中极为重要，人们不仅需要粮食，还需要动物蛋白。

一方面，农业生态系统的重要目标是为人类提供充足的粮食和丰富的食品；另一方面，缺少动物生产导致农业生态系统能量、物质的巨大浪费。另外，单一的植物生产缺乏动物生产的调节，系统的稳定性、抗风险性下降。植物生产、动物生产、微生物生产相互衔接是“三个车间”学说的核心内容（傅拉采松等，1954），以至于科学家很早就提出“农牧结合”“猪多—肥多—粮多”等良性循环理论。在稻田生态系统中引入动物养殖，改善了生态系统结构、保证了系统生物多样性，有利于强化生态机能、提升生态功能。

2.3.2.2 利稻行为

稻田种养是一种种养结合、稻渔共生、稻渔互补的生态农业种养模式。引进的动物一方面可通过改变系统组成，影响能量流、食物营养关系来影响水稻生长；另一方面可直接影响，或通过环境条件的改善来影响水稻生产（图 2-3）。大量研究报道证实了稻田养殖对水稻群体结构和生长状况的改善，为水稻增产提质奠定了基础（禹盛苗等，2005）。我们把它归结为“利稻行为”，主要体现在“一增二改三防控”，即增肥，改土、改水，控草、控病、控虫。这种“利稻行为”具有明显的减肥减药、稳产增效、资源节约、环境友好的综合效应。

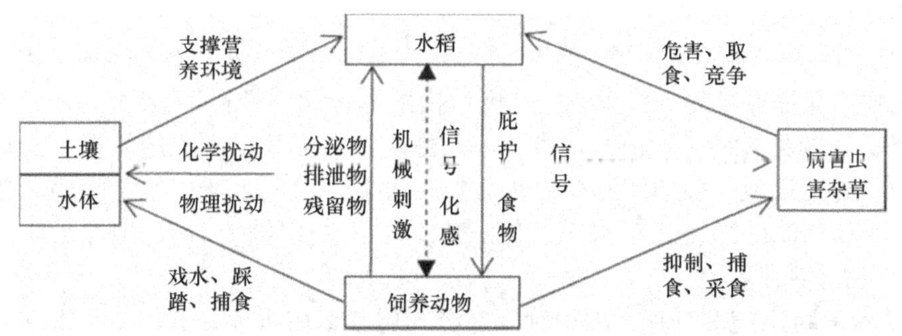

图 2-3 稻田种养系统水稻与动物相互作用关系框图

2.3.2.3 庇护作用

稻田和池塘、湖泊等水体不一样，是典型的人工湿地，生物多样性复杂，一方面，有水稻优势群体控制整体环境，水稻、稻田生物对养殖动物起到了庇护作用，遮阴、调温、提供氧气（李学军等，2001），为动物生活提供生活场所及良好的生存环境；另一方面，稻田生物资源丰富、捕食食物链简单、碎屑食物链多样，为养殖动物提供丰富的食物。这为减少饵料、控制病害、实现绿色水产健康养殖提供了可能。

2.3.3 稻田种养发展中存在的问题

理论上，稻田种养作为一种新型生态种养技术，遵照生物共生、互惠互利原理，充分利用稻田水面、土壤和生物资源实行种养结合，实现了“一水两用、一田双收、稳粮增收、一举多赢”，能有效提高农田利用率和产出效益；实践上，稻田综合种养作为一种产出高效、资源节约、环境友好的生态农业模式，促进农业转方式、供给侧结构性改革，受到高度重视，许多地方把发展稻田综合种养作为农村经济发展新的增长点来抓，致使一些地方快速扩张发展，有些县市80%的稻田应用稻田种养，其发展势头可用“井喷”来形容。在快速发展中，由于理论和技术落后于生产实际，缺乏科学指导；同时，由于受水产和水稻的比较效益影响，优质品种和绿色生产技术未受重视，发展不规范的问题突出，偏离绿色可持续要求的现象严重，如重虾轻稻、争地争水，不合理的养殖也造成水资源浪费、生物多样性破坏、水环境恶化、土壤退化、产品品质下降等问题。因此，要实现稻田种养的“双水双绿”目标，必须解决相关的理论、技术、政策等问题。

1）水稻的种植效益问题。受小龙虾和稻米的比较效益影响，如小龙虾市场高价位及稻米低价位，出现重虾轻稻的现象，致使稻田种养重水产养殖、轻水稻种植，种养协同较差。要发挥种养互利共生的作用必须种好水稻，种好水稻一方面要选用高档优质稻品种，另一方面要绿色生产技术降低成本。因此，必须研究水稻种质资源、培育适合稻虾种养的优质和专用型水稻品种，生产高档优质稻米，创建高档稻米品牌。

2）水产的健康养殖问题。一方面，养殖市场所需的水产品种类和优质品种，如小龙虾，其种质衰退（头大尾小、肉质松散），档次不高、品质不优，尚未形成种质资源，以及品种（种苗）培育、产品生产与加工等全产业链的整合创新。另一方面，养殖粗放，投饵不科学、配合饲料过多，造成水质变差。因此，必须研究水产种质资源、培育优质水产品种，开发稻田水体植物饵料，调控水质，建立绿色健康养殖技术。

3）种养技术配套问题。稻田种养充分利用了稻田水面、土壤和生物资源开展种养结合，是一种利渔利稻的生产方法，但实际生产中，由于涉及水稻种植和动物养殖两大产业，常有矛盾的地方，如重养轻稻、争地争水等，如何协调矛盾、实现双赢，仍缺乏规范化标准化生产体系，因此，必须研究稻田种养的适宜条件、田间结构及绿色种养技术。

4）种养关系及环境影响问题。总体上，稻虾共作，实现了水稻、小龙虾共赢，水稻对小龙虾具有庇护作用，小龙虾养殖具有“利稻行为”，体现在“一增二改三防控”，即增肥，改土、改水，控草、控病、控虫。但如何发挥其互作效应仍缺乏理论基础，特别是对于大范围的耕作改制对水、土及生物多样性的影响仍缺乏正确认识。因此，必须加强相关理论研究，以便更好地发挥其互作效应。

5）产业体系及政策配套问题。水稻生产关乎粮食安全，水产养殖关乎食品供给，两大产业都有各自的产业政策；稻田种养作为一种新型产业，共同利用稻田资源，协调发展仍缺乏政策保障。全国有上万家稻田综合种养专业合作社和 1000 多个千亩标准化连片示范基地，涉及全产业链从业人员近 2000 万人，经济总产值上万亿元，初步形成了规模优势，但为了保证水稻水产产品质量、保护稻田资源与环境安全、保障从业者权益，仍需建立科学的产业体系及配套政策。

2.3.4 “双水双绿”的产生及目标

党的十九大报告从推动绿色发展，着力解决环境问题，加大生态系统保护力度，改革生态环境监管体制等方面系统描绘了中国生态文明建设和绿色发展的路线图。绿色发展一是要实现经济增长与资源环境负荷的脱钩，也即经济增长不会引起资源环境负荷的增加，解决好突出生态环境问题，改善可持续性；二是要使可持续性成为生产力，让绿色、生态有利可图，生态优势能够转化为经济优势，实现绿水青山成为金山银山。绿色发展的实现路径是产业生态化和生态产业化，构建绿色经济体系。习近平总书记指出，绿色发展是构建高质量现代化经济体系的必然要求，是解决污染问题的根本之策（中共生态环境部党组，2018）。

20 世纪 90 年代，张启发院士等我国农业科学家呼唤第二次绿色革命：“少投入、多产出、保护环境”。2005 年，张启发院士团队提出了“绿色超级稻”理念，培育出“少打农药、少施化肥、节水抗旱、优质高产”的“绿色超级稻”品种，促进农业的绿色发展。2015 年，他们提出的构建“资源节约型、环境友好型”的两型农业生产框架体系，是转变农业发展方式的理念、理论和方法，是实现中国农业可持续发展的根本路径（张启发，2015）。2017 年 9 月，中共中央办公厅、国务院办公厅印发了《关于创新体制机制推进农业绿色发展的意见》，文件中专门提到了要选育推广节肥、节水、抗病新品种。

近年来，我国稻田综合种养快速发展，在促进乡村振兴、脱贫攻坚和农业高质量发展等方面发挥了重要作用。各地突破传统方式，通过项目扶持、示范带动、技术培训等方式，迅速扩大稻田综合种养面积。据初步统计，2015 年全国稻田综合种养应用面积突破 1000 万亩，2016 年达到 1200 万亩，2018 年达到 2800 万亩，可用“井喷”来形容其发展。稻田综合种养模式的综合效益主要体现在农业增效上，实现了“一水两用、一田双收、稳粮增收、一举多赢”，有效提高了农田利用率和产出效益，拓展了发展空间，促进了农业的改造升级，该模式被农业农村部誉为“现代农业发展的成功典范，现代农业的一次革命”。

2017 年，张启发院士带队赴监利、潜江、阳新等地调研，发现实际生产中，稻田种养模式下的水稻种植和动物养殖常有矛盾的地方，如重养轻稻、争地争水，不合理的养殖也造成水资源浪费、生物多样性破坏、水环境恶化、土壤退化等问题。为促进稻田种养产业迈上新台阶，实现可持续发展，扩大并充分释放潜在效益，张启发提出了新时期的“稻之道”理念，其中一个重要的方向为“双水双绿”，即在利用平原湖区稻田和水资源的优势实行综合种养的基础上，使“绿色水稻”和“绿色水产”协同发展（李炜等，2019）。

2018年春节前后，时任湖北省委常委、常务副省长黄楚平及湖北省副省长周先旺先后来到华中农业大学走访看望专家院士时，张启发教授进一步阐明了“双水双绿”理念，得到两位领导高度认可。2018年3月，湖北省副省长周先旺到荆州市监利县调研春耕备耕，并在现场召开“双水双绿”专题研讨会，听取农民专业合作社、种养大户、专家教授代表的意见。他指出，推进“双水双绿”种养体系，是贯彻落实习近平总书记“三农思想”的具体体现，是实施乡村振兴战略的重要抓手，是农业供给侧结构性改革的必然选择，是生态建设的刚性要求（湖北省人民政府，2018）。要求在适宜地区大力推进“双水双绿”种养体系，以绿色水稻、绿色水产为抓手，实现农业绿色发展。

“双水双绿”不是简单的稻田种养模式的升级，而是一种产业发展模式、理念和目标，也是稻田种养等绿色生产模式可持续发展的根本保障。“双水双绿”就是要充分利用平原湖区稻田和水资源的优势实行稻田种养，使“绿色水稻”和“绿色水产”协同发展，做大做强水稻、水产“双水”产业，做优做特绿色稻米、绿色小龙虾等“双绿”产品，让生产过程来洁净水源、优化环境，实现产业兴旺、农民富庶、乡村美丽的目标（张启发，2018）。

1）生产环境绿色。环境绿色包括产前产地绿色和产后绿色产地。“双水双绿”的重要特征是实行无公害绿色生产，生产绿色稻米和绿色水产品，因此，其产地环境优良，要求生产环境水、气、土壤等环境本底无污染、无残留，符合相关要求标准；“双水双绿”产业的目标对接鱼米之乡及乡村振兴，因此，随产业发展还需要不断净化环境、美化环境、优化环境，实现乡村美丽的目标。

2）生产过程绿色。过程绿色主要是清洁生产，清洁生产从本质上来说，就是对生产过程与产品采取整体预防的环境策略，减少或者消除它们对环境的可能危害，同时充分满足人类需要，使社会、经济效益最大化的一种生产模式。“双水双绿”的清洁生产包括投入品绿色、减量、高效、无废物、无残留。要求采用先进的工艺技术与设备，改善管理，综合利用，从源头削减污染，提高资源利用效率，减少或者避免生产、服务和产品使用过程中污染物的产生与排放。

3）生产产品绿色。产品绿色是“双水双绿”产业的基本要求，主要是稻米、水产品等相关产业链的产品符合绿色产品要求。人民生活水平的提升带来消费需求的变化，促进了水稻由“增产”向“提质”转变，优质稻米生产必将带来更大效益，“双水双绿”的稻米优质、美味、营养、安全，蕴藏着巨大的潜在价值。

参 考 文 献

曹凑贵, 蔡明历. 2017. 稻田种养生态农业模式与技术. 北京: 科学出版社.

陈昌福. 2007. 斑点叉尾鮰出口产品在美国遭拒呼唤我国水产执业兽医制度早日出台. 渔业致富指南, (12): 15-17.

陈都前. 2004. 绿色水产品发展思考. 中国渔业经济, 3: 23-24.

陈军, 徐皓, 倪琦, 等. 2009. 我国工厂化循环水养殖发展研究报告. 渔业现代化, 36(4): 1-7.

丛子明, 李挺. 1993. 中国渔业史. 北京: 中国科学技术出版社.

董海. 2010. 北京市将进一步推广鱼塘水面种菜技术. 渔业信息与战略, (9): 29.

董双林. 2011a. 高效低碳——中国水产养殖业发展的必由之路. 水产学报, 35(10): 1595-1600.

董双林. 2011b. 中国综合水产养殖的发展历史、原理和分类. 中国水产科学, 18(5): 1202-1209.

傅拉采松 B A, 尹崇仁, 陈廷伟. 1954. B. P. 威廉姆斯的土壤肥力学说及其发展途径. 土壤学报, (4): 331-342.

龚攀, 陈曼, 梁峥. 2013. 鱼塘种植空心菜的关键技术. 长江蔬菜, (5): 24-25.

韩云峰, 刘晃, 鲍越鼎. 2008. 工厂化循环水养殖系统的盈亏平衡分析研究. 中国渔业经济, 26(6): 75-79.

何志刚. 2011. 水产绿色饲料添加剂使用研究. 湖南饲料, (4): 26-29.

湖北省人民政府. 2018. 周先旺要求推进“双水双绿”种养体系 实现绿色发展. http://www.hubei.gov.cn/zwgk/hbyw/hbywqb/201803/t20180321_1265084.shtml [2020-4-21].

李建柱, 侯杰, 张鹏飞, 等. 2016. 空心菜浮床对鱼塘水质和微生物多样性的影响. 中国环境科学, 36(10): 3071-3080.

李炜, 何红卫, 乐明凯. 2019-1-18. “双水双绿”: 新时期的稻之道——访中国科学院院士、华中农业大学教授张启发. 农民日报.

李学军, 乔志刚, 聂国兴. 2001. 稻-鱼-蛙立体农业生态效益的研究. 生态学杂志, 20(2): 37-40.

卢素红. 2011. 中国渔业发展六十年回顾. 学理论, (3): 75-76.

麦康森. 2010. 中国水产养殖与水产饲料工业的成就与展望. 科学养鱼, (11): 9-10.

苗卫卫, 江敏. 2007. 我国水产养殖对环境的影响及其可持续发展. 农业环境科学学报, B3: 319-323.

农业部渔业局. 2011. 中国渔业统计年鉴 2011. 北京: 中国农业出版社.

农业农村部, 生态环境部, 自然资源部, 等. 2019. 关于加快推进水产养殖业绿色发展的若干意见(农渔发〔2019〕1 号).

农业农村部办公厅. 2020. 农业农村部办公厅关于实施 2020 年水产绿色健康养殖“五大行动”的通知(农办渔〔2020〕8 号).

农业农村部渔业渔政管理局. 2019. 从“吃鱼难”到“年年有鱼”——新中国成立 70 年来我国渔业发展成就和经验. http://www.moa.gov.cn/ztzl/70zncj/201909/t20190916_6327997.htm [2020-3-25].

彭少兵. 2014. 对转型时期水稻生产的战略思考. 中国科学: 生命科学, 44: 845-850.
戚翠战, 韩世成, 曹广斌, 等. 2014. 应用于冷水鱼工厂化循环水养殖的自动化系统. 广东农业科学, 41(13): 182-185.
邱树青, 陆青, 喻辉辉, 等. 2018. 水稻全基因组选择育种技术平台构建与应用. 生命科学, 30(10): 1120-1128.
孙瑞莲, 张建, 王文兴. 2009. 8 种挺水植物对污染水体的净化效果比较. 山东大学学报(理学版), 44(1): 12-16.
唐启升, 丁晓明, 刘世禄, 等. 2014a. 我国水产养殖业绿色、可持续发展战略与任务. 中国渔业经济, 32(1): 6-14.
唐启升, 丁晓明, 刘世禄, 等. 2014b. 我国水产养殖业绿色、可持续发展保障措施与政策建议. 中国渔业经济, 32(2): 5-11.
唐启升, 韩冬, 毛玉泽, 等. 2016. 中国水产养殖种类组成、不投饵率和营养级. 中国水产科学, 4: 729-758.
唐玉萍. 2019. 淡水水产养殖存在的问题及对策. 江西农业, (8): 136.
吴雅丽, 黄龙, 韦木莲, 等. 2019. 漂浮式鱼菜共生系统的成本和收益. 渔业致富指南, 514(10): 37-39.
伍献文, 钟麟. 1964. 鲩、青、鲢、鳙的人工繁殖在我国的进展和成就. 科学通报, (10): 900-907.
邢阿宝, 崔海峰, 俞晓平, 等. 2018. 茭白田套养中华鳖多级种养模式的作用与功能评价. 核农学报, 32(5): 1031-1039.
徐倩. 2017. 水产饲料膨化技术与应用创新. 广东饲料, 26(7): 18-20.
徐旺生. 2007. 从间作套种到稻田养鱼、养鸭——中国环境历史演变过程中两个不计成本下的生态应对. 农业考古, (4): 203-211.
徐忠, 徐开新. 2008. 中国渔业生产历史、发展过程和对外贸易. 中国渔业经济, (5): 43-47.
闫云君, 李晓宇, 梁彦龄. 2005. 草型湖泊和藻型湖泊中大型底栖动物群落结构的比较. 湖泊科学, (2): 176-182.
杨星星, 陈坚. 2012. 单季水稻高效生态养殖技术. 北京: 科学出版社.
杨再福, 施炜刚, 陈立侨, 等. 2003. 东太湖生态环境的演变与对策. 中国环境科学, 23(1): 64-68.
余四斌, 熊银, 肖景华, 等. 2016. 杂交稻与绿色超级稻. 科学通报, 61: 1-7.
渔业局. 2016. 全国渔业渔政工作会议领导讲话. http://www.moa.gov.cn/govpublic/YYJ/201604/t20160426_5107394.htm[2020-4-3].
禹盛苗, 欧阳由男, 张秋英, 等. 2005. 稻鸭共育复合系统对水稻生长与产量的影响. 应用生态学报, 16(7): 1252-1256.
岳冬冬, 王鲁民. 2018. 我国水产养殖绿色发展战略研究. 中国水产, (7): 34-37.
曾诗淇. 2019. 大水面渔业走出绿色发展新路. 农产品市场周刊, 19: 8-11.
张彩明, 陈应华. 2012. 海水健康养殖研究进展. 中国渔业质量与标准, 2(3): 16-20.
张成. 2015. 中国水产品供需问题研究. 北京: 中国农业科学院博士学位论文.
张静宜, 陈洁, 刘景景. 2019. 中国水产品消费转型特征及对渔业供给侧结构性改革的启示. 中国渔业经济, 37(3): 8-14.
张启发. 2005. 绿色超级稻培育的设想. 分子植物育种, 3: 601-602.
张启发. 2009. 绿色超级稻的构想与实践. 北京: 科学出版社: 1-5.

张启发. 2015. 资源节约型、环境友好型农业生产体系的理论与实践. 北京: 科学出版社.

张启发. 2018-6-13. 以“双水双绿”重塑“鱼米之乡”. 湖北日报, 15.

赵明森. 2006. 水产养殖业转变增长方式的途径、方法与对策的探讨. 渔业经济研究, (5): 14-18.

郑建明, 王上, 徐忠. 2016. 可追溯水产品消费者支付意愿的实证分析及其政策启示——基于北上广的调查. 农村经济, (2): 77-82.

郑天清, 余泓, 张洪亮, 等. 2015. 水稻功能基因组育种数据库(RFGB): 3K 水稻 SNP 与 InDel 子数据库. 科学通报, 4: 367-371.

中共生态环境部党组. 2018. 以习近平生态文明思想为指导 坚决打好打胜污染防治攻坚战. http://theory.people.com.cn/n1/2018/0615/c40531-30061476.html[2020-4-20].

中共中央办公厅, 国务院办公厅. 2017. 印发《关于创新体制机制推进农业绿色发展的意见》(国务院公报 2017 年第 29 号). http://www.gov.cn/gongbao/content/2017/content_5232360.htm [2020-4-20].

中共中央办公厅和国务院. 1985. 关于放宽政策、加速发展水产业的指示(中发〔1985〕5 号).

中国农业科学院, 中国水产科学研究院. 1990. 稻田养鱼技术新进展. 北京: 农业出版社.

中国水产科学研究院. 2018. 中国渔业生态环境状况公报(2018).

中华人民共和国农业部. 2003. 水产养殖质量安全管理规定(农业部令 31 号).

钟麟. 1958. 鲢鳙的池塘繁殖. 科学通报, (21): 658-659.

周振兴, 黄田, 张劲, 等. 2007. 浮床栽培茭白的生物学特征及水质净化作用研究. 四川环境, 26(5): 1-4.

Alexandrov N, Tai S, Wang W, et al. 2015. SNP-Seek database of SNPs derived from 3000 rice genomes. Nucleic Acids Res, 43: D1023-D1027.

Chen H, Xie W, He H, et al. 2014. A high-density SNP genotyping array for rice biology and molecular breeding. Mol Plant, 7: 541-553.

Chen S, Lin Z, Zhou D, et al. 2017. Genome-wide study of an elite rice pedigree reveals a complex history of genetic architecture for breeding improvement. Sci Rep, 7: 45685.

Edwards P. 2015. Aquaculture environment interactions: past, present and likely future trends. Aquaculture, 447: 2-14.

FAO. 2017. Global Aquaculture Production 1950-2017. http://www.fao.org/fishery/statistics/global-aquaculture-production/query/zh[2020-3-20].

Halwart M, Gupta M V. 2004. Culture of fish in rice fields. Rome & Penang: FAO and The World Fish Center: 83 p.

Hu B, Wang W, Ou S, et al. 2015. Variation in NRT1. 1B contributes to nitrate use divergence between rice subspecies. Nat Genet, 47: 834-838.

Huang J, Li J, Zhou J, et al. 2018. Identifying a large number of high-yield genes in rice by pedigree analysis, whole genome sequencing, and CRISPR-Cas9 gene knockout. Proc Natl Acad Sci USA, 115: E7559- E7567.

Jiang J, Mi J, Ali J, et al. 2016. Development of broad spectrum bacterial blight resistance into thermo-sensitive genic male sterile lines. Plant Breeding, 135: 73-79.

Lu J B, Li X. 2006. Review of rice-fish-farming systems in China—one of the globally important ingenious agricultural heritage systems (GIAHS). Aquaculture, 260: 106-113.

Mi J, Li G, Huang J, et al. 2016. Stacking *S5-n* and *f5-n* to overcome sterility in indica-japonica hybrid rice. Theor Appl Genet, 129: 563-575.

Nahlik A M, Mitsch W J. 2006. Tropical treatment wetlands dominated by free-floating macrophytes for water quality improvement in Costa Rica. Ecological Engineering, 28(3): 246-257.

Sonah H, Bastien M, Iquira E, et al. 2013. An improved genotyping by sequencing (GBS) approach offering increased versatility and efficiency of SNP discovery and genotyping. PLoS One, 8: e54603.

Wang H, Ye S, Mu T. 2016. Molecular breeding of rice restorer lines and hybrids for brown planthopper (BPH) resistance using the *Bph14* and *Bph15* genes. Rice, 9: 53.

Wang W, Mauleon R, Hu Z, et al. 2018. Genomic variation in 3, 010 diverse accessions of Asian cultivated rice. Nature, 557: 43-49.

Wing R A, Purugganan M D, Zhang Q. 2018. The rice genome revolution: from an ancient grain to Green Super Rice. Nat Rev Genet, 19: 505-517.

Xie W B, Wang G W, Yuan M, et al. 2015. Breeding signatures of rice improvement revealed by a genomic variation map from a large germplasm collection. Proc Natl Acad Sci USA, 112: 5411-5419.

Xu Y, Hu W, Yang Z, Xu C. 2016. A multivariate partial least square approach to joint association analysis for multiple correlated traits. Crop J, 4: 21-29.

Yu H, Xie W, Li J, et al. 2014. A whole-genome SNP array (RICE6K) for genomic breeding in rice. Plant Biotechnol J, 12: 28-37.

Yu S, Ali J, Zhang C, et al. 2020. Genomic breeding of Green Super Rice varieties and their deployment in Asia and Africa. Theor Appl Genet, 133: 1427-1442.

Zajdband A D. 2011. Integrated agri-aquaculture systems // Lichtfouse E. Genetics, Biofuels and Local Farming Systems. Dordrecht: Springer.

Zhang Q. 2007. Strategies for developing Green Super Rice. Proc Natl Acad Sci USA, 104: 16402-16409.

Zhou D, Chen W, Lin Z, et al. 2016. Pedigree-based analysis of derivation of genome segments of an elite rice reveals key regions during its breeding. Plant Biotech J, 14: 638-648.

第 3 章　国外相关产业发展的借鉴

摘要：绿色可持续发展是我国农业发展的总体战略目标。“双水双绿”理念旨在通过实行稻田种养，使“绿色水稻”和“绿色水产”协同发展，做大做强水稻、水产“双水”产业，让生产过程来洁净水源、优化环境。稻虾种养是“双水双绿”模式之一。当前，我国小龙虾产业发展较为粗放，稻米产能相对过剩，“双水”产业的发展模式均有待升级优化。本章通过综述世界多国绿色可持续发展的水产养殖模式，介绍小龙虾在世界上的分布与产业发展现状，调研美国小龙虾产业和日本稻米产业的发展模式，为我国“绿色小龙虾”和“绿色水稻”产业持续健康发展提供参考与借鉴。

绿色可持续发展已成为世界多国农业发展的战略目标。我国正在推动农业生产方式全面向资源节约、环境友好、绿色发展的方向转变。张启发院士提出的“双水双绿”理念作为我国产业发展升级的模式和目标。为此，需要通过学习和借鉴国外水稻与水产相关产业的优良发展模式，从而更好地践行“双水双绿”产业发展理念。

水产养殖为人类提供了丰富的动物蛋白质等营养物质。随着人类对水产动物需求的不断增加，水产养殖规模日益壮大。然而，粗放的养殖模式，致使养殖生态环境不断恶化，养殖效益日趋低下。因此，发展绿色可持续水产养殖模式对改善养殖水体环境及养殖效益再提升均具有重要意义。

克氏原螯虾（*Procambarus clarkii*）是世界上众多螯虾（crayfish）中的一种，原产于美国南部和墨西哥东北部（Hobbs，1974）。该物种在我国俗称“小龙虾”，并被广泛养殖与消费。因此，本章中的“小龙虾”特指克氏原螯虾。

3.1　国外绿色水产发展与应用

20 世纪 70 年代世界发达国家开始提出农业可持续发展的理念。1972 年，联合国在瑞典斯德哥尔摩召开人类与环境大会，通过了“联合国人类环境会议宣言”（Declaration of the United Nations Conference on the Human Environment）。1991 年，联合国粮农组织在荷兰登博斯（Den Bosch）召开国际农业与环境大会，向全球发出了“关于可持续农业和农村发展的登博斯宣言和行动纲领”（The Den Bosch Declaration and Agenda for Action on Sustainable Agriculture and Rural Development），提出了发展中国家实施“可持续农业和农村发展”（Sustainable Agriculture and Rural Development，SARD）的新战略，阐明了农业农村可持续发展的基本目标及行动战略。2002 年，联合国粮农组织发出“雷克雅未克宣言”（Reykjavik Declaration on Responsible Fisheries in the Marine Ecosystem），将生态系统纳入渔业管理框架中，并于 2003 年提出了“渔业生态系统方法”（Ecosystem Approach to Fisheries，EAF）。EAF 落实了联合国粮农组织于 1995 年颁布的《负责任渔业行为守则》（*Code of Conduct for Responsible Fisheries*）中的众多条款，为实现渔业可持续发展提供了一条途径。2015 年 9 月，联合国通过了《改变我们的世界：2030 年可持续发展议程》（*Transforming our World：The 2030 Agenda for Sustainable Development*），决定在 2015 年至 2030 年以综合方式彻底解决社会、经济和环境三个维度的发展问题。其中在水产领域将减少污染、终止过度捕捞、增加可持续的水产养殖活动作为重要指标，以保护和可持续利用渔业资源，进而实现可持续发展的目标。

3.1.1 欧洲绿色水产发展概况

工业革命以来，欧洲在水产养殖领域一直处于世界领先地位。挪威、德国、西班牙、意大利、英国、法国、俄罗斯是欧洲的主要水产养殖国（Clarke and Bostock，2017）。水产可持续发展是欧洲水产养殖业的一个重要议题。但西欧和中东欧国家发展绿色水产养殖的方向有一定差异。西欧各国现阶段发展以工厂化循环水养殖系统为主的绿色水产养殖模式（丁建乐等，2011）。该系统的主要设备是高效的水处理系统，通过网过滤、紫外线消毒、臭氧消毒、硝化生物滤器、反硝化生物滤器、二氧化碳去除装置、加热制冷系统、纯氧系统等设备的辅助，完成对养殖水的净化和流通（刘鹰，2006）。据不完全统计，目前欧洲的工厂化循环水养殖系统面积约 30 万 m^2。与传统的流水养殖相比，循环系统可节水 90%以上（张晓双等，2017），减少了水产养殖对水资源的依赖，使缺水地区进行水产养殖成为可能。大西洋鲑（*Salmo salar*）是挪威及欧盟 28 国集约化程度最高的养殖物种（Shepherd and Little，2014），其产量占欧洲总养殖产量的 48%。20 世纪 90 年代，挪威的水产养殖业快速发展，通过改进饲料配方与良种选育等，显著提高了大西洋鲑养殖产量（Rana，2007）。在发展水产养殖的过程中，挪威建立了优秀的农场管理体系，采用工厂化循环水养殖系统生产大西洋鲑。其产量从 2005 年的 35 万尾到 2009 年的

380 万尾，产量增长了约 10 倍（胡金城等，2017）。2000 年以来，挪威政府加速推广工厂化循环水养殖系统，将虾类、贝类、藻类纳入了工厂化循环水养殖系统中进行养殖（Krogh，2016）。

丹麦也是工厂化循环水养殖系统的领导者之一（刘鹰，2006）。在该国养殖户 Hallenbaek 的虹鳟（*Oncorhynchus mykiss*）循环养殖工厂中，有 96%的养殖用水能够被反复使用。养殖中产生的废物被发酵成为沼气或肥料，并除去了废水中的硝酸盐（Cho，2016）。

中东欧的淡水资源相对丰富，其养殖情况与中国类似，养殖物种集中在鲤科鱼类，养殖模式以湖泊、池塘的半精养为主。近年来，中东欧国家也逐渐重视水产养殖的生态问题。他们对旧池进行改造，使其更好地利用自然资源，变得更加环保，社会接受度更高（Váradi et al.，2012）。

随着环境保护压力的不断增加，欧洲开发了多营养综合水产养殖模式（Hughes and Black，2016），并在海藻、贻贝（*Mytilus edulis*）、长牡蛎（*Crassostrea gigas*）以及大西洋鲑的综合多营养养殖中实践成功（Granada et al.，2016）。该模式下，贻贝和牡蛎充分吸收养殖场的有机废物，使物质和能量在养殖区域循环（MacDonald et al.，2011）。也有证据表明该模式下各生产要素产量有一定的提升（Abreu et al.，2011）。

欧洲绿色水产发展的动力源自科技发展。在水产养殖相关技术中，鱼粉、鱼油替代物研究有一定突破（Betancor et al.，2015），流行性鱼病的致病机制及快速诊断的研究有重大突破（Turnbull et al.，2011），深海网箱技术更加完善，水处理设施与技术升级，水产信息化水平也得到了大幅的提升。尤其是立法监管，为欧洲绿色水产顺利实施的重要保障（Clarke and Bostock.，2017）。

3.1.2 北美绿色水产养殖概况

美国的水产养殖起源于 19 世纪中期。1853 年，博物学家 Theodatus Garlick 从加拿大带回鳟（*Salmo playtcephalus*）卵，并人工繁育成功。在之后的 20 年中，越来越多的淡水鱼被人工繁育成功，其中大部分为鲑科鱼类，如虹鳟、褐鳟（*Salmo trutta*）、美洲西鲱（*Alosa sapidissima*）等（Nash，2010）。1914 年，美国首次开始了斑点叉尾鮰（*Ictalurus punctatus*）人工繁育，之后经过几十年的发展，斑点叉尾鮰成为主要的养殖鱼类，占据了水产养殖总规模的 65%左右（Harvey，2017）。此外，虹鳟、大西洋鲑和牡蛎的养殖也有良好的发展潜力。

美国有着严格的环境法规，在《清洁水法》规定下，水产养殖排放的废水必须达到美国环保局的标准。因此，安装有污水处理装置的池塘循环水养殖模式逐渐成为美国淡水养殖的主要方式（钟立强等，2017）。这种模式能减少养殖过程对周边水环境的依赖，降低养殖过程中的污水排放，提高养殖产量和品质，实现绿色养殖。其中，工厂化循环水养殖系统是该养殖模式的典范。20 世纪 60～70 年代开始，高科技的应用使得该养殖模式迅速发展，目前处于世界领先水平。该系统的养殖对象主要为大西洋鲑和虹鳟（薛晓明等，2013）。美国马里兰大学（University of Maryland）海洋生物技术系的科学家开发了一种再循环系统，能实现养殖鱼类的可预测繁殖。该系统通过控制水温、光照和盐度水平，同时给鱼喂食模拟激素的颗粒促使其繁殖，从而实现对鱼类繁殖的预测与控制。此外，通过微生物群落过滤分解废物，使 99%的养殖水被循环利用，并将产生的甲烷用作生物燃料（Cho，2016）。在印第安纳州有一个名为“RDM Aquaculture”的室内咸水虾养殖场，该养殖场采用“异养生物絮凝系统”将细菌、微藻类、虾壳和死虾等有机物保留在水中，虾选择摄食其中的有机物，而细菌则能分解养殖虾的废物，通过多年的循环水养殖试验，表明该系统能实现养殖废水零排放（Cho，2016）。

20 世纪 70 年代，随着工厂化循环水养殖系统的日趋成熟，传统鱼菜共生系统在美国得到了升级改造。现代鱼菜共生系统的诞生归功于北卡罗来纳州立大学（North Carolina State University）Mark McMurtry 博士的研究（Fox et al.，2010）。1979 年，任教于维尔京群岛大学（University of Virgin Islands）的 James Rakocy 博士进一步研究出使用水耕植床的大规模鱼菜共生系统，该系统每年能生产 5t 罗非鱼（如 *Oreochroms mossambcus*），并且根据不同季节生产适时蔬菜。20 世纪 80 年代，在美国马萨诸塞州建立了第一座大型的商用鱼菜共生系统，这套系统目前仍在持续运转与产出（Fox et al.，2010）。

美国南部的路易斯安那州，拥有 18 万 hm^2 的水稻种植面积，是美国稻米的重要产地，同时也是美国最大的小龙虾（*Procambarus clarkii*）产地。20 世纪 50 年代以来，稻米种植和小龙虾养殖在这里有机结合，发展出稻虾共作、稻虾轮作等种养模式。种养的面积从 60 年代的 4046hm^2（赵朝阳等，2009）增加到 2017 年的 9 万 hm^2。在不影响水稻生长的情况下，小龙虾养殖充分填补了水稻耕种的间隙，极大地补充了单种植水稻日益下降的收益。

加拿大水产养殖的产品主要为大西洋鲑、虹鳟等有鳍鱼类。自 1970 年以来，加拿大一直使用开放式网箱养殖大西洋鲑。这种养殖方式简单、成本低，但造成了海水局部污染，是不可持续的养殖模式。为减少网箱养鱼对环境的污染，封闭式养殖系统逐渐取代了传统网箱，这种系统设置了固体废物收集器和海水过滤器，能够收集大部分残留饲料和粪便废物，是一种有效的绿色水产养殖模式（加拿大渔业及海洋部，2019）。

近年来，“鲑—海藻—贝类”模式是加拿大新兴的养殖模式。新不伦瑞克大学（University of New Brunswick）的 Thierry Chopin 教授利用多营养综合水产养殖技术，将不同生态系统中不同食性的物种组合在一起，如将鲑、海藻、贻贝及海胆

（Echinoidea）等按照一定比例放入同一养殖系统中，贻贝以鲑的废物为食，海胆能够消耗海底较大的颗粒废物，海藻吸收水体中的无机养分，并通过吸收二氧化碳降低海洋酸化水平。这个系统中不但能产出多种水产品，而且利用了不同养殖物种的生态互补功能，将物质和能量充分循环与利用，减少了废物排放（Chopin et al.，2012）。

3.1.3　日本绿色水产养殖概况

日本是亚洲最早发展绿色水产养殖的国家之一。20 世纪 60 年代，日本开始发展工厂化循环水养殖系统，将微生物固定化技术用于养殖生产系统，注重养殖系统的整体建设。经过半个多世纪的发展，形成了结构合理、集成化程度高的工厂化养殖系统。该系统管理简单、能耗和成本低，且产量稳定。目前，该系统年产鱼、虾、贝等鲜活水产品达 20 万 t 以上，综合经济效益较高（刘鹰，2011）。

海洋生态牧场是日本绿色水产的另一种形式。第二次世界大战（以下简称二战）后，日本近海的大规模捕捞致使大型肉食性鱼类资源量急剧下降，破坏了食物链导致生态失衡，从而引发了赤潮、绿潮等水华事件的大规模暴发，造成了严重的生态灾难。为解决这一问题，1971 年，日本提出了海洋生态牧场的构想。1973 年，日本政府在冲绳国际海洋博览会上提出：为了人类的生存和发展，在人类的共同管理下，谋求海洋资源的可持续利用与协调发展（刘卓和杨纪明，1995）。1978～1987 年，日本建成了世界上第一个海洋牧场——日本黑潮牧场，开展了鲷类补充机制、人工鱼礁、苗种培育等研究（李忠义等，2019）。日本从保护环境、修复生态做起，通过建设人工鱼礁、增殖放流来构建海洋牧场，为洄游鱼类提供洄游通道和栖息地，使海洋生态资源能得到自我补充，从而实现经济效益和生态效益的统一。

3.1.4　东南亚地区绿色水产养殖概况

东南亚地区以热带气候为主，雨热同期，是世界水产养殖的重要区域，主要养殖对象为中国对虾（*Penaeus orientalis*）、罗非鱼、巴沙鱼（*Pangasius bocourti*）等物种。近年来，森林砍伐、雨水侵蚀、水质污染以及水产养殖业带来的环境问题迫使东南亚地区发展绿色水产养殖模式。

20 世纪 80 年代，泰国农民乱砍滥伐大肆扩张对虾养殖面积，致使养殖环境被过度开发，自然资源和生态环境遭到巨大破坏。同时，高密度养殖与投入品滥用，致使对虾品质下降，严重影响了经济效益。20 世纪 90 年代，泰国政府针对以上问题，果断采取措施，推行对虾的生态养殖，并于1998年颁布了“对虾养殖行为规范”，2001年颁布了“产品质量水产养殖条例”（韩小莲，2009）。

同样是20世纪80年代，越南地区的红树林因围海养虾遭到了严重破坏，依附于红树林生存的哺乳动物与鸟类受到严重威胁。为降低发展水产养殖对环境的破坏，21世纪初，在湄公河流域推广了综合红树林—虾生态养殖模式（Lebel et al.，2002）。在该模式中，将对虾养殖在红树林的水道中，水道与湄公河径流隔绝，让对虾在红树林中自然生长，同时混养蛤蜊、牡蛎等品种，养殖中不投入任何饲料、农药、化肥等物质，形成了水产品和红树林的共生系统。该模式虾的产量虽然低于传统养虾模式，但品质好，销售价格更高。利用该模式养虾不但有效解决了湄公河三角洲农民的收入问题，而且恢复了沿岸红树林植被，具有重要的生态效益和社会效益。

越南沿海地区有大面积的潮滩，由于涨潮该区域定期被淹。在旱季，潮滩盐度通常高于0.5‰，大多数稻田处于休耕期，而在雨季，盐度下降，可以用来种植水稻。沿海地区的农民充分利用咸淡水的季节变化，在雨季种植水稻并套养罗氏沼虾，在旱季单养南美白对虾（*Penaeus vannamei*），形成淡水虾—稻—咸水虾轮作体系。目前，该系统已经从2005年的几万公顷增加到2011年的16万hm^2，目前的面积不能确定。水稻和虾种养结合能够实现净收入提高20%（Nair et al.，2014）。

近年来，其他东南亚国家，如泰国、印度尼西亚、马来西亚、菲律宾等也发展了多种稻渔共作模式。

3.1.5 印度绿色水产养殖概况

印度平原面积广阔，是传统的水稻产地，稻渔共作作为绿色水产的重要模式而被广泛应用。在稻田中种植当地的深水稻品种，在水稻生长过程中稻田被水淹没，为鱼类生长创造了适宜的环境。能与深水稻共作的鱼种类有：鲤（*Cyprinus carpio*）、麦瑞加拉鲮（*Cirrhinus mrigala*）、卡特拉鲃等土著鱼类（Das et al.，2009）。此外，对虾也可以与深水稻共作种养（Chakraborty and Ray，2019）。在雨养低洼稻田中，农民常采用“稻—渔—菜共作系统”（图3-1）。该系统是将卡特拉鲃、鲢（*Hypophthalmichthys molitrix*）、鲮（*Cirrhinus molitorella*）等本地鱼类放入稻田围沟中，田鸭于水稻扬花期前和水稻收割后在稻田中饲养，并在田埂上种植椰子（*Cocos nucifera*）、香蕉（*Musa nana*）、番石榴（*Psidium guajava*）等水果。这样的系统每公顷每年可生产冬稻5～5.5t和秋稻3.5～4t，水产品0.5～0.6t，果蔬2.5～3t。每公顷净收入达到104 760卢比（约合人民币9750元）（Poonam et al.，2019）。

图 3-1　雨养低洼稻田的稻—渔—菜共作系统（Poonam et al.，2019）

3.2　世界小龙虾的分布与产业兴起和发展

目前，由于水产贸易和自然扩张等因素，小龙虾已从原产地逐步扩张到欧洲、亚洲、非洲及南美洲的多个国家和地区。小龙虾产业在世界多地蓬勃发展。但该产业的兴起和发展与法国等欧洲国家的螯虾（*Pacifastacus leniusculus*、*Astacus astacus*、*Austropotamobius italicus*）食用传统文化息息相关。近年来，随着小龙虾产业的不断发展，影响小龙虾产业持续健康发展的因素日益凸显。此外，发展小龙虾废弃甲壳回收再利用等产业，将对环境绿色发展与经济效益再提升具有重要的意义。

3.2.1　世界小龙虾的分布

小龙虾，原产于美国南部和墨西哥东北部（Hobbs，1974）。小龙虾的杂食性与对环境较强的适应性，使得它们的扩张与繁衍异常迅猛。此外，随着人类水产贸易的不断发展，它们被人为引种至世界多地。目前，除大洋洲与南极洲外，小龙虾种群已广泛分布于其他五大洲的 30 多个国家和地区，包括美国的东西部部分地区、哥斯达黎加、墨西哥、日本、中国、德国、英国、意大利、法国、西班牙、葡萄牙与比利时等（Huner and Avault，1979）。

3.2.1.1　美洲的分布

在 19 世纪末，由于小龙虾具有较大的商业价值，美国商人扩大了对它们的贸易范围，这使它们从原产地路易斯安那州分别向东西海岸，以及北方地区扩张。20 世纪初，先在美国西部地区，如帕萨迪纳（Pasadena）、洛杉矶（Los Angeles）、加利福尼亚（California）附近的小溪中发现有小龙虾入侵（Holmes，1924）；之后，它们逐步扩张到内华达州（Nevada）的拉斯维加斯（Las Vegas）、加利福尼亚州的圣巴巴拉（Santa Barbara）与圣罗莎（Santa Rosa）（Hobbs and Zinn，1948）。通常，地理隔离能阻断物种的自然扩张，然而，在远离小龙虾原产地路易斯安那州的加利福尼亚州及内华达州南部的拉斯维加斯河（Las Vegas River）中发现了小龙虾的踪迹。显然，小龙虾不可能从路易斯安那州正常迁徙至此，人为因素是导致该迁徙的最大的可能（Holmes，1924；Hobbs and Zinn，1948）。Penn（1954）调查发现：在 1951 年，Thomas K. Marbury 在佛罗里达州哈得孙帕斯科（Hudson，Pasco County）鳌虾养殖场中投放了约 900 尾小龙虾。诸如此类的人为引种事件可能发生过多次，然而被记载下来的并不多见。不管是人为因素还是自然迁徙，小龙虾已通过不同途径扩张到美国的多个州，如西部地区的新墨西哥州（New Mexico）、亚利桑那州（Arizona）、犹他州（Utah）、俄勒冈州（Oregon），北部地区的俄克拉何马州（Oklahoma）、爱达荷州（Idaho）、印第安纳州（Indiana）、俄亥俄州（Ohio），以及东部地区的佐治亚州（Georgia）、北卡罗来纳州（North Carolina）、南卡罗来纳州（South Carolina）、马里兰州（Maryland）与纽约（New York）（Clark and Wroten，1978；Huner，1986；Johnson，1986；Ruiz et al.，1997；Huner，2002）。

除美国大陆外，小龙虾也被引入夏威夷岛（Hawaii）。1923 年，因渔业需要将小龙虾引入夏威夷岛（Brasher et al.，2006）。1934 年，霍姆斯从加利福尼亚州圣巴巴拉引进约 400 尾小龙虾至夏威夷岛火奴鲁鲁市瓦胡岛（Oahu）的一个农场。后来从此处逃逸出去的小龙虾在洪水淹没的芋头田中幸存并繁衍开来（Penn，1954）。由此，推断夏威夷岛至少两次引入小龙虾种群。

墨西哥西北部的下加利福尼亚州（Baja California）与索诺拉州（Sonora）等地区被报道存在小龙虾（Clark and Ralston，1976）。在 20 世纪 70 年代，墨西哥（Mexico）的小龙虾被人为引种至哥斯达黎加（Costa Rica）的卡塔戈省（Cartago）、埃雷迪亚省（Heredia）、阿拉胡埃拉省（Alajuela）与瓜纳卡斯特省（Guanacaste）等（Peña，1994）。

此外，其他北美国家，如伯利兹（Belize）、波多黎各（Puerto Rico）、多米尼加共和国（Dominican Republic）、危地马拉（Guatemala）、尼加拉瓜（Nicaragua）及南美的委内瑞拉（Venezuela）等也均有小龙虾入侵（Huner 1977，1986；Huner and Avault，1979；Hobbs et al.，1989；Williams et al.，2001）。在 20 世纪 80 年代中期，小龙虾经水产贸易传播至巴西（Huner，1986；Loureiro et al.，2015）。

3.2.1.2　亚洲的分布

1918 年，美国牛蛙（*Rana catesbeiana*）被引入日本后，Kurita 家族在日本神奈川县镰仓市（Kamakura City）附近的奥富纳镇（Ofuna）建立了牛蛙养殖场；1927 年，小龙虾从美国引入该牛蛙养殖场（Sako，1987）。Penn（1954）介绍：1930 年，Yoshinosuke Kono 向 Percy Viosca Jr.索取了 100 尾小龙虾（用作牛蛙饵料），从新奥尔良（New Orleans）经过跨洋轮渡带回日本后，存活了约 20 尾，并将它们投放在奥富纳镇的蛙养殖场。该种群经过几代的繁衍之后，从农场逃脱并沿着镇上的稻田和沟渠不断扩张至东京郊区的沼泽区域，最后一直扩张到日本的主要岛屿本州（Honshu）。到 20 世纪 50 年代，在日本的西南地区（靠太平洋区域）几乎所有的稻田与沟渠中都出现了小龙虾的踪影（Penn，1954）。约 1929 年，小龙虾从日本被引入我国南京地区，并沿着长江流域与淮河流域逐步传播至我国的中南部地区（李家乐等，2007）。近年来，在珠江流域也发现有小龙虾的存在，研究者推测它们有很大可能是人为引种所致（Huang et al.，2017）。此外，由于水产与水族宠物贸易的因素，小龙虾也入侵了我国香港、台湾，以及东南亚国家，如菲律宾、越南、老挝等（Hobbs et al.，1989）。

3.2.1.3　欧洲的分布

1973 年，由于水产贸易，约 100kg 小龙虾首次从路易斯安那州新奥尔良，被合法引入伊比利亚半岛（Iberian Peninsula）西班牙巴达霍斯省（Badajoz）（Hasburgo-Lorena，1986）。1974 年，约 400kg 小龙虾和 100kg 白河螯虾（white river crayfish，*Proctardaarus zonangulus*）被引入西班牙瓜达尔基维尔河（Guadalquivir river）附近的鳗池塘，白河螯虾由于不太适应环境并没有扩繁起来。由于在投放地未设置防逃设施，小龙虾出逃并迅速繁衍传播至附近的沟渠之中（Gutiérrez-Yurrita et al.，1999）。之后，由于小龙虾的商业价值，当地渔民将它们带到了瓜达尔基维尔河附近的多个沼泽与湿地及多尼亚纳国家公园（Doñana National Park）。后来，小龙虾入侵整个伊比利亚半岛，包括亚速尔群岛（the Azores）、巴利阿里群岛（the Balearic）以及加那利群岛（the Canary Islands）；同时传播至欧洲多国，如葡萄牙、法国与意大利，并扩张至整个地中海和欧洲中心区域（Barbaresi and Gherardi，2000；Gherardi，2006）。目前，小龙虾扩张的范围更加广泛，并逐步向不适宜它们栖息的国家和地区迁移，如奥地利、比利时、塞浦路斯、英国、德国、荷兰、瑞士（Souty-Grosset et al.，2016）。相对于低纬度地区，高纬度地区的小龙虾分布极其孤立和稀少（Chucholl et al.，2011）。

3.2.1.4　非洲的分布

20 世纪 60 年代中期，一批小龙虾从路易斯安那州被运往乌干达，1966 年首次从乌干达被引入肯尼亚。之后，小龙虾沿着河流等水系自然扩张，加之水产贸易等人为因素导致小龙虾几乎入侵了整个肯尼亚（Oluoch，1990）。小龙虾于 1980 年被引入埃及之后（Elzein，2005），它们逐步在尼罗河及其不同支流中建立了种群，并陆续传播至非洲的其他国家，如南非、苏丹、赞比亚及津巴布韦等（Fishar，2006）。

3.2.2 小龙虾种群扩张路径的分子遗传鉴定

小龙虾从其起源地美国南部与墨西哥东北部地区，经过自然扩张与人为因素传播至世界 5 个大洲。虽然有些文献记载了部分传播事件，但各地小龙虾的遗传关系并不明晰。基于分子标记与测序技术，研究者通过对 16S rRNA 与 *COI* 基因序列的测定及简单重复序列（SSR）分子标记的检测，鉴定不同地域小龙虾群体的遗传多样性与遗传结构，进而推测它们的入侵路线等。Li 等（2012）采集来自美国路易斯安那州、日本与中国不同地域的小龙虾群体，利用 SSR 标记、线粒体 *COI* 基因序列与 16S rRNA 测序分析不同小龙虾样本的遗传变异；通过对不同地域群体的遗传关系比对分析，推测小龙虾从日本引入我国南京地区后，再沿着河流和因人为因素传播开来。最近，西班牙与法国研究者通过对全球多地（包括原产地和入侵地）122 个小龙虾种群的 *COI* 基因序列测序分析，得出日本与中国的小龙虾种群具有相似的单倍型，遗传多样性相对较低（Oficialdegui et al.，2019），这与较少的小龙虾种群被引入日本的文献记载（Sako，1987；Penn，1954）较为吻合（尽管不能确定引种次数）。此外，研究者还发现单倍型 Hap_28 分别在日本、墨西哥与美国加利福尼亚种群中被检测到，而未在路易斯安那州种群中检测到。研究者推测小龙虾可能被多次从美国或者墨西哥引入日本（Oficialdegui et al.，2019）。该研究者还发现，在欧洲的种群中，遗传多样性为中等水平，低于起源地小龙虾的多样性。有趣的是，在欧洲发现两个独立的单倍型，单倍型 Hap_4 广泛地分布在整个伊比利亚半岛、法国南部和意大利；然而，单倍型 Hap_11 却分布在法国和意大利北部、比利时、荷兰和英国。该研究者推测欧洲至少发生过两次引种事件，这与资料记载（1973 年与 1974 年分 2 次引入西班牙）相吻合，但是，也不能排除从肯尼亚（Kenya）引至欧洲中心的可能（Oficialdegui et al.，2019）。同样，研究者根据种群遗传关系推测美国南加州圣莫尼卡山脉（Santa Monica Mountains）地区的小龙虾种群也是被多次引种所致（Quan et al.，2014）。

3.2.3 小龙虾产业由来与发展历程

在世界范围内存在 640 多个螯虾物种（Crandall and Buhay，2008），它们中仅仅非常小的一部分常见于市场上，如克氏原螯虾（*Procambarus clakii*）、*Pacifastacus leniusculus*，以及 *Astacus astacus* 等 10 多种（Gherardi，2011）。在历史上，螯虾的图案常出现在一些欧洲国家的徽章与钱币上，推测螯虾可能代表着某种文化寓意（Gherardi，2011）。据报道，可能由于宗教信仰或者对螯虾肉过敏，古希腊人不食用螯虾（Gherardi，2011；Patoka et al.，2014）。相反，考古专家在很多古人类生活遗址中发现有螯虾的化石，推测古代人类可能食用过螯虾（Kozlowski，1989；Patoka et al.，2014）。有较清晰记载表明，人类最早食用螯虾大约发生在公元 1 世纪的北美地区（Kuehn，2010）。随着人类文明的发展，在 14～15 世纪时，一部分欧洲人开始较大范围地食用螯虾（Swahn，2004；Hoffmann，2005）。在 16 世纪初，德国巴伐利亚（Bavaria）的修道院每年能消耗 3 万尾螯虾。在 19 世纪下半叶，法国巴黎每年消耗掉 500 万尾螯虾（Gherardi，2011）。

螯虾捕捞渔业的雏形，可追溯到 13 世纪。据记载，意大利费拉拉（Ferrara）地区的一些民众被授权为王室贵族捕捞螯虾（Gherardi，2011）。14～15 世纪，人类群体迅速膨胀，对食物资源需求显著增加，导致渔业捕捞活动急剧增加（Swahn，2004；Hoffmann，2005）。16 世纪初，奥地利蒂罗尔州（Tyrol）的渔民已开始运用多种方式捕虾，如陷阱、撒网与徒手抓捕等。渔民在卫兵的监督下，手持火把捕捞螯虾，表明捕虾是在夜间或光线不够的情况下进行的，符合螯虾昼伏夜出的生活习性，也与现代小龙虾捕捞时间相似（Clavero，2016）。18 世纪以前，关于螯虾的利用，主要发生在王室贵族中。18 世纪后期，有文献记载在一些河畔开始有村民捕捞各种鱼类和虾蟹类（García-Lopez and Perez-Villamil，2000）。

白螯螯虾（*Austropotamobius italicus*）是西班牙等欧洲国家消费者最喜爱的螯虾（Clavero，2016）。19 世纪，西班牙发生了多次白螯螯虾引种事件，导致该螯虾种在西班牙扩张开来。20 世纪 70 年代，该螯虾种在西班牙达到了最大范围的分布（Clavero and Villero，2014）。瑞典是另一个具有螯虾消费习惯的国家。1907 年，螯虾瘟疫（致病菌：*Aphanomyces astaci*）传播到瑞典，致使当地螯虾（noble crayfish）种群几乎灭绝（Unestam，1973）。由于美国西北部的螯虾（signal crayfish）与北欧的螯虾（noble crayfish）非常类似，符合瑞典人的口味，备受青睐。曾经在每年瑞典的螯虾节期间（8 月 8～23 日），美国商人向瑞典出售大量螯虾并从中获得较高利润。1975～1976 年，销往瑞典的螯虾（主要是 signal crayfish）总量达 5 亿磅（约 22.7 万 t）（Comeaux，1978）。然而，瑞典政府为了保护当地螯虾产业的发展，禁止活的螯虾在 8 月 8 日前进入瑞典。后来，一方面由于美国西北地区的螯虾生产旺季（6 月中旬左右）与瑞典的消费时间（8 月 8～23 日）并不匹配，另一方面由于空运至机场的螯虾再向其他各地运送需要较高的费用，因此，空运鲜活螯虾变得非常稀少，多数改为海运。螯虾也从活体运输转变为加工（煮熟、真空包装并速冻）后运出。此外，瑞典也从美国西北部引入了抗病性强的 signal crayfish 进行养殖，为他们实现国内螯虾自供自给提供了可能。同时，美国西部各州对捕捞螯虾个体大小与捕捞量制定了相关条例，致使捕捞产量以及出口量严重降低（Comeaux，1978）。以上多种因素导致美国失去瑞典这个螯虾销售市场。

多数美国人没有食用螯虾的传统习惯，尤其是英籍后裔几乎不食用螯虾，但西班牙、瑞典与法国等国家的后裔有消费螯虾的习惯，在一定程度上推动了美国螯虾消费市场的发展（Comeaux，1978）。据记载，19世纪80年代，纽约是螯虾的主要消费市场（Rathbun，1889），新奥尔良市与旧金山也有较小的消费市场（Comeaux，1978）。到90年代，俄勒冈州曾是美国西北地区最大的螯虾生产地，波特兰（Portland）有专营螯虾的饭店（Philips，1970）。20世纪初，路易斯安那州和威斯康星州开始扩大生产螯虾（Comeaux，1978）。尤其是，威斯康星州的瑞典移民后裔喜欢在酒吧中喝酒的同时食用螯虾（Turner，1926），大大增加了螯虾消费量。直到1958年，主要还是在瑞典移民后裔的饭店中售卖螯虾（Threinen，1958）。20世纪70年代，喜爱食用螯虾的法国后裔居住的路易斯安那州南部变成了螯虾（以小龙虾为主）的主要生产地（Goldman，1973）。这里有年产值几百万美元的螯虾产业基地，据统计，自1965年以来，平均每年收获大于1000万磅（约4535.9t）螯虾（Gary，1974）。

虽然多个国家（如中国、日本、肯尼亚、西班牙和葡萄牙）较早就从原产地引进了小龙虾，但是除中国外，多数国家主要发展了小龙虾捕捞业。小龙虾的养殖业是美国首先兴起的。而中国小龙虾养殖业于2000年以后才逐步兴起与发展。从2003年开始，联合国粮农组织开始统计中国小龙虾产量。2005年以后，小龙虾的生产国主要为中国和美国。世界小龙虾产量，从2002年的2.78万t急剧增长到2003年的7.81万t，之后产量逐年上升，到2016年产量达91.99万t。世界产量平均每年按约26%的速率增长，略低于中国的增长速率，但二者的增长趋势基本相似（图3-2）。2003～2016年，世界小龙虾总产量增长了近12倍，中国小龙虾产量从2003年的5.16万t增长到2016年的85.23万t，产量增长了约15.5倍（图3-2）。据统计，2018年中国小龙虾养殖总面积达到1680万亩，其年产量达到163.87万t，较2016年的产量，产量又增长了92%（农业农村部渔业渔政管理局，2019）。

2000年后，除了中国与美国，西班牙是排名世界第三的小龙虾生产国，平均每年生产3700t，仅占世界总产量的4.1%（MBC，2001）。西班牙生产的小龙虾不仅销往中欧及北欧国家（法国、瑞典、比利时与丹麦），甚至还销往中国和美国（MBC，2001）。葡萄牙、法国和意大利等国家也存在小规模的小龙虾渔业，但其产品主要针对本地市场（Rodrigo et al.，2006；Souty-Grosset et al.，2016；Almerão et al.，2018）。此外，由于尼罗河中小龙虾量多质优，中国商人在埃及建设了多家

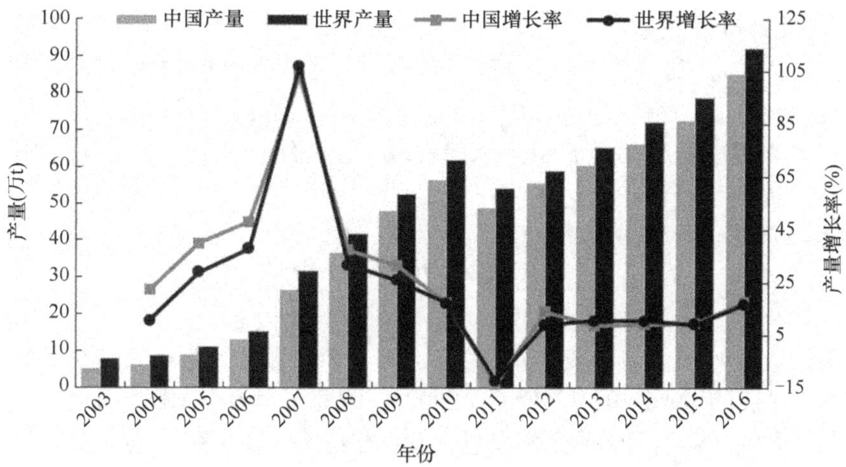

图 3-2　中国与世界小龙虾的产量及产量增长率（2003～2016 年）（农业农村部渔业渔政管理局，2019；FAO，2007）

小龙虾加工厂，加工后的小龙虾再运回中国。其中北京某食品有限公司每年向国内输送 3000 多吨加工好的小龙虾（新华网，2019）。

3.2.4　小龙虾产业发展的局限与拓展

近年来，随着小龙虾产业的不断发展，影响小龙虾产业持续健康发展的因素日益凸显。结合中美两国小龙虾产业现状，具体主要归纳为以下三方面：①小龙虾种苗退化严重，农户过度捕捞野生种质，同时采用自繁自育模式繁育苗种致使小龙虾个头逐年变小，病害频发；②小龙虾集中上市导致价格变低，小龙虾生产具有季节性，在春末至夏季（5～7 月）为供应高峰期，价格通常会大幅下跌，导致效益受损；③小龙虾远距离运输成活率低，鲜活小龙虾运输过程中常为带冰运输，由于温差变化较大，小龙虾应激而死亡率高。

人类文明发展初期，有许多关于螯虾用作药材的记载（Swahn，2004）。据记载，雌性螯虾排出的体液有助于减轻孕妇分娩痛，还对干湿疹、癫痫、胃病与结核病等有治疗作用，此外，螯虾曾被古人认为能预防癌症（Gherardi，2011）。虽然有研究发现，螯虾对实验诱导的肿瘤具有免疫反应（Vogt，2008），但是螯虾的药用机制尚未研究清楚，推测与甲壳素或/和虾青素有关。虾青素具有较强的抗氧化作用，能够增强机体免疫力，降低多种癌的发生概率（Yumiko et al.，2011；Song et al.，2012；Kavitha et al.，2013）。也有报道称，甲壳素对肿瘤有抑制作用（Nishimura et al.，1984），近年来开展了甲壳素用作抗癌药物载体的研究（Shanmuganathan et al.，2019）。除医药应用外，甲壳素与虾青素在其他工业领域也具有重要的应用价值。《小龙虾产业发展报告（2019）》数据显示：2018 年小龙虾产量超过 160 万 t，而其含肉率却不到 20%（白旭峰，待发表），意味着会产生约 128 万 t 废弃甲壳。因此，将大量的废弃甲壳集中回收再利用，不但能减少环境污染，而且为虾青素和甲壳素提取提供了原材料，从而实现小龙虾绿色消费，并拓展了小龙虾的产业，最终提高了经济效益。

3.3 美国小龙虾产业概况

从美国人开始捕捞与养殖小龙虾以来，路易斯安那州一直是美国小龙虾的主产区，产量占全美的 90%～95%（FAO，2007）。因此，美国小龙虾产业的发展与路易斯安那州小龙虾产业的兴起和发展息息相关。路易斯安那州有小龙虾（克氏原螯虾）与白河螯虾两种土著螯虾，在路易斯安那州生产的虾中常含有上述两种虾，但主要为小龙虾（Lutz and Carpenter，2006）。

3.3.1 美国小龙虾的捕捞与养殖

3.3.1.1 捕捞历史

19 世纪末，移居在路易斯安那州的法国后裔开始捕捞与食用小龙虾。在那个年代，小龙虾是他们的食物来源之一，为他们补充能量和营养发挥了非常重要的作用。当捕捞量超过消费量后，路易斯安那州的农民开始将小龙虾作为商品进行交易。较大捕捞量的最早记录是 1880 年在美国阿查法拉亚河盆地（Atchafalaya River Basin）捕获了 23 400 磅（约 10.6t）小龙虾（LA Crawfish Promotion & Research Board，2019）。路易斯安那州具有大量的小龙虾自然种群，捕捞比较容易，而且随着捕捞工具和捕捞技术的发展，小龙虾捕获量逐年上升，1908 年，美国农业部记载路易斯安那州的小龙虾捕获量约为 88 000 磅（约 39.9t）。然而，近年来，受气候、生态环境及河流水位变化的影响，许多传统的小龙虾自然产区的捕获量逐年下降（McClain，2000）。据统计，自 2002 年以来，路易斯安那州的小龙虾仅不到 20%的收成来自野生捕捞（赵朝阳等，2009；LCES，2018）。此外，Christopher Bonvillain 教授研究发现：野生小龙虾的捕捞量随河水水位变化而波动（图 3-3）。然而，起伏波动的捕捞供应很难满足市场的持续需求，因此，人工养殖是小龙虾产业发展必经之路。

3.3.1.2 养殖历史

路易斯安那州小龙虾产业的形成也经历了漫长的发展过程。1927 年以前，农民

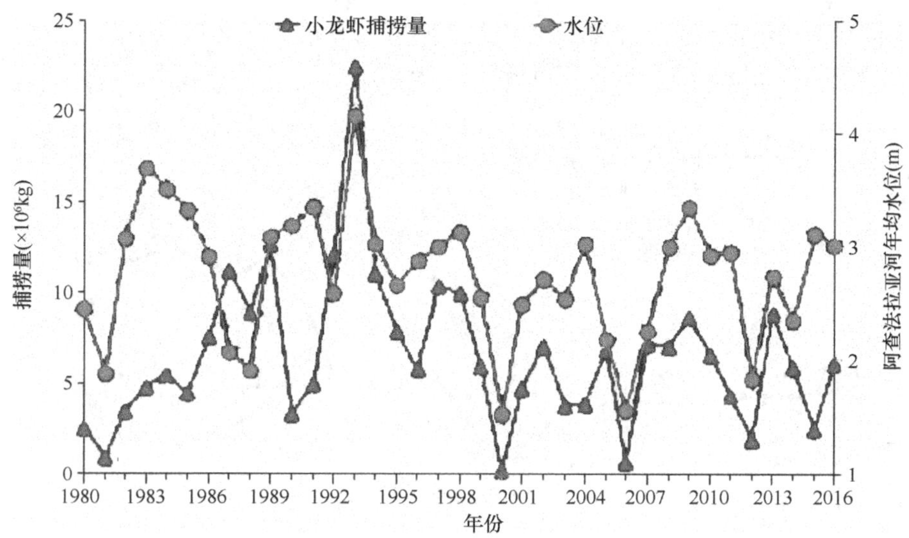

图 3-3　小龙虾年捕捞量与阿查法拉亚河水位的关系（Bonvillain，2019）

仅在密西西比河里捕捞野生的小龙虾，而 1927 年密西西比河中下游发生了巨大的水灾，河边的所有村庄都被河水淹没，有些小龙虾也被冲到了稻田中。后来，这些小龙虾竟在稻田中繁衍了种群，由此，农民发现了在稻田养殖小龙虾的奥秘（Irwin，2014）。1937 年，生物学家 Percy Viosca 撰写了第一部关于螯虾养殖的专著 *Crawfish Culture*，开始推行小龙虾养殖技术，并建议路易斯安那州发展池塘养虾模式（Viosca，1937）。1950 年，路易斯安那州野生动物及渔业局开始研究在小池塘中养殖小龙虾的方法；同期，在收割后的稻田中重新灌水养殖小龙虾也较为常见（赵朝阳等，2009）。此后，小龙虾养殖模式兼有池塘养殖和稻虾轮作等多种养殖模式。

到 20 世纪 60 年代中期，小龙虾养殖面积已经达到 1 万英亩①（约 4047hm^2），70 年代中期为 4.4 万英亩（约 1.8 万 hm^2）（赵朝阳等，2009），到 1990 年养殖面积达到 12.06 万英亩（4.88 万 hm^2），到 2014 年增长到 22.58 万英亩（9.14 万 hm^2）（图 3-4），据 Christopher Bonvillain 教授 2019 年介绍，2017 年仍约有 9 万 hm^2。

1980～1989 年，美国小龙虾的年产量为 1.1 万～3.5 万 t（FAO，2007）。虽然得克萨斯州、加利福尼亚州、阿肯色州、南卡罗来纳州、北卡罗来纳州等也有小龙虾养殖，但路易斯安那州一直是美国小龙虾的主产区，产量占全美的 90%～95%。路易斯安那州小龙虾总产量从 1990 年的 9120 万磅（约 4.14 万 t）增长到 2014 年的 1.45 亿磅（约 6.58 万 t）。小龙虾创造的经济价值也从 1990 年的 3410 万美元增长到 2014 年的 1.721 亿美元，其中，2011 年达到峰值（约 2 亿美元）（图 3-4）。近年来，路易斯安那州每年的总产量在 1.2 亿～1.5 亿磅（5.4 万～6.8

① 1 英亩=0.404 6856hm^2

万 t)，每年的经济产值超过 3 亿美元，超过 7000 人直接或间接从事小龙虾产业（LA Crawfish Promontion & Research Board，2019）。

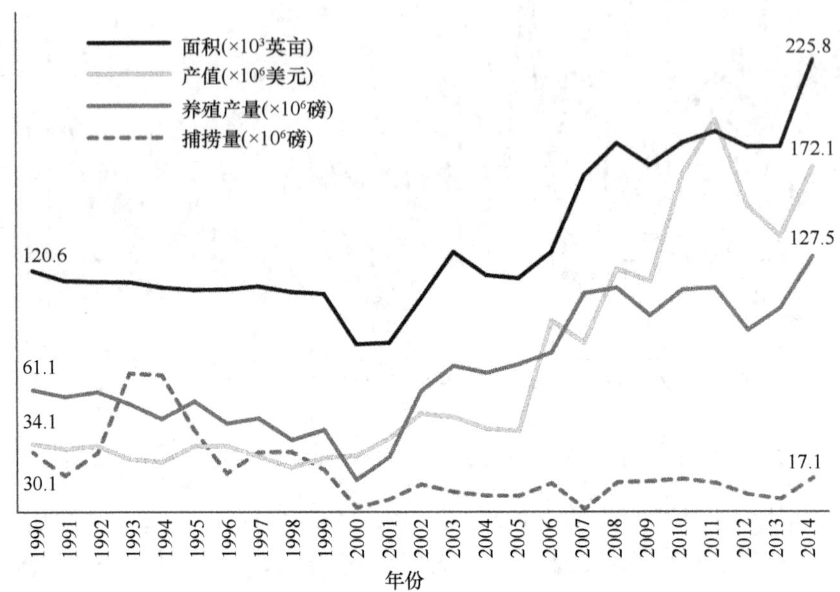

图 3-4 路易斯安那州小龙虾养殖产量、面积及产值、捕捞量（1990～2014 年）（Gould，2017）

3.3.1.3 贸易历史

19 世纪末，在路易斯安那州出现了小龙虾的商业销售。1880 年前后，小龙虾价格约为 9 美分/斤，到 1908 年，小龙虾仅售约 4 美分/斤（LA Crawfish Promontion & Research Board，2019）。此后，随着冷链运输技术的提高，小龙虾市场开始从农村逐步向城市发展，如巴吞鲁日和新奥尔良等城市，价格也开始逐渐上升（Comeaux，1978；Gary，1974）。20 世纪 70～80 年代，美国稻米生产的经济开始衰退，许多稻农意识到可以通过在稻田里养殖小龙虾赚钱，将小龙虾作为一种副产品，纳入已有的农业生产过程（Bretonne and Romaire，1989；Giesler and Salassi，1996）。此外，相对于野外捕获的小龙虾，人工养殖的虾销售价格更好；2010 年以后，对于规格大于 25g 的小龙虾，人工养殖的价格是野外捕捞的价格的 2 倍左右（图 3-5）。无论来自养殖还是自然渔业捕捞，活小龙虾的供应都有高度的季节性，路易斯安那州捕捞高峰为每年的 3 月到 6 月，此时美国小龙虾价格较全年其他时间最低，而在冬季和初春供应量相对低时，价格则最高（FAO，2007）。

近年来，随着消费市场的不断扩大与发展，美国小龙虾产业链逐渐完善。农民可将小龙虾出售给消费者、加工企业、批发或零售商；这些收购的虾，仅一小部分（约占总产量的 1%）出口至国外市场（LCES，2018），而大部分则经过加工

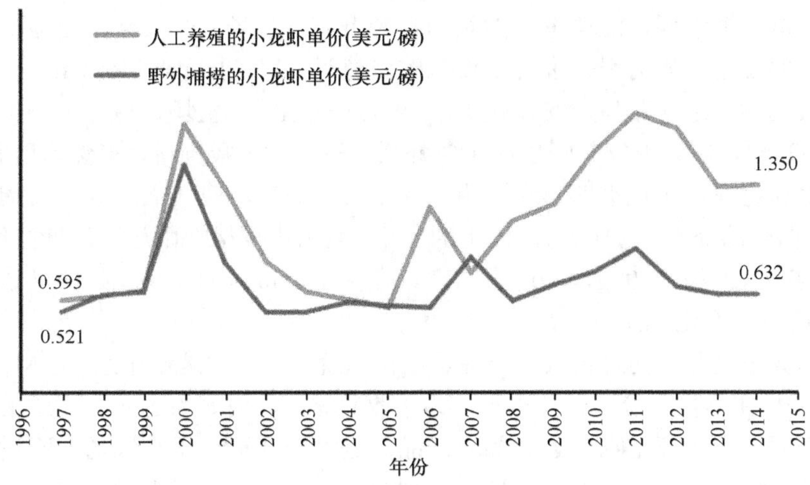

图 3-5　路易斯安那州 25g 以上的野生虾和养殖虾价格统计（1997～2014 年）（Gould，2017）

后流入饭店等餐饮渠道。整体而言，美国小龙虾供不应求，每年仍需要从中国及其他国家进口许多小龙虾。2009 年以来，美国主要进口中国的小龙虾（图 3-6）。

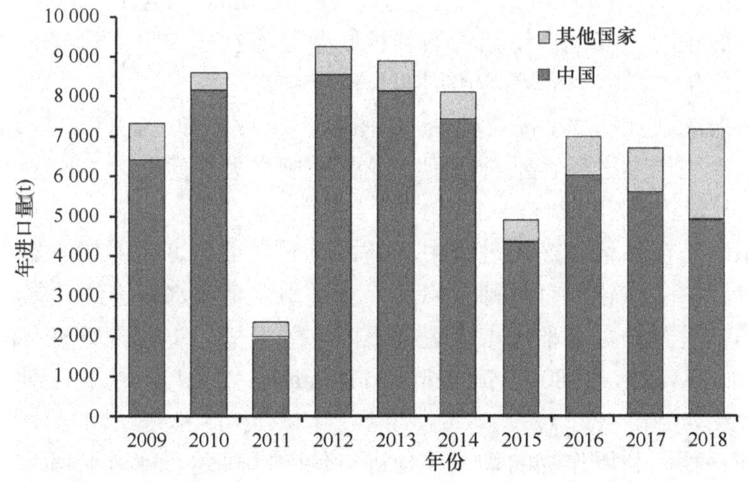

图 3-6　美国小龙虾的年进口量（2009～2018 年）（Bonvillain，2019）

3.3.1.4　养殖模式

路易斯安那州是冲积平原，湖泊沼泽密布，水资源丰富，土壤肥沃，田间工程、灌溉系统发达，农民以水稻种植为主，稻田面积有 45 万英亩（约 18.2 万 hm^2），有着丰富的稻秆资源。因此，路易斯安那州的小龙虾养殖主要分为天然水草塘放养和稻田养殖，养殖面积二者约各占一半。

天然水草塘放养主要适用于一些低洼地区，这些地方不适合种植水稻或者农场主不愿意种植水稻，池塘里自然长满各种野草。农场主一般会根据地形做一些改造或辅助设施，如堤坝、进排水设施的修建等（McClain and Romaire，2004）。孙雅玲（2018）考察路易斯安那州 Jerry Wood 先生的养殖场，该养殖场野草塘占地约 1000hm^2，在塘中放养野生的小龙虾后，不专门投喂饲料，自然繁殖和生长，定期加水和巡塘，防止水塘溢水逃跑。到了收获季节，雇 2 名工人，每周开船捕捞 2 次。捕获的虾中，选择 5 钱[①]以上的上市，剩余小规格虾则放回池塘继续生长。每公顷的产量大约 700kg，不追求高产。在集中上市时间，小龙虾的塘边收购价一般在 1～1.5 美元/kg。

稻田养殖主要有两种模式，一种是单作系统，另一种是轮作系统（McClain et al.，2005）。在单作系统中，种稻不是为了收获稻谷，而是为小龙虾提供栖息场所和食物来源，小龙虾是唯一收获的农产品。这种模式适合于小农场、不适于机械种植水稻的边角土地或者低洼池塘。这种模式下养虾，一般不专门投喂饲料，充分利用稻作产物从而为小龙虾提供食物来源，小龙虾的捕捞可以从 11 月开始，持续到第二年的 8 月。

单作系统的优点有：①小龙虾产量高，粗放养殖产量通常为 225kg/hm^2，精良养殖产量能达到 1300kg/hm^2，甚至超过 2800kg/hm^2（FAO，2007）；②养殖过程简单，不必担心与其他作物相关的各种问题，如农药残留、季节限制等，能专注于小龙虾的生产；③小龙虾捕捞周期长，价格好。

单作系统的缺点有：①需要建造专用池塘；②收入单一，只有小龙虾的产出；③经过几个养殖周期之后，常会出现小龙虾密度过大的问题，难产出大规格高品质虾。

轮作系统是在水稻生产的过程中养虾，有时水稻也可以用其他作物如黄豆或高粱等来取代。多作轮作有两种策略，一种是小龙虾和水稻连续几年在同一物理位置上轮作。另一种是水稻每年会更换不同位置种植，实行典型的农作物田间轮作（Chien and Avault，1980；McClain and Romaire，2004）。以下分别对两种轮作方式展开介绍。

稻—虾—稻：利用作物的季节差异进行轮作，即夏季种植水稻、秋季收获，秋季、冬季和早春养殖小龙虾，第二年夏季继续种植水稻。小龙虾最初生活在稻田低洼区或围沟，水稻种植 30～60 天后，小龙虾随灌水而进入田块内。秋季水稻收割后，灌水、施用氮肥促进水稻再生长，产出更多稻秆资源，供养虾所用。实际操作中，虾的产量取决于农民的需求，当以小龙虾产出为主时，虾的产量和单作系统中虾的产量相当，但稻的产量较低；若以稻为主时，虾的产量和经济效益会下降，因此，很难做到二者效益的最大化。

---

① 1 钱=5g

稻—虾—大豆、稻—虾—高粱或稻—虾—休耕：这种田间轮作的策略适合土地资源丰富的大型农场，其轮作策略是同一种农作物不会在同一块田地里连续种养两年，但同一田地在两年内可实现两种农作物的生产，这种策略能有效防控稻田中杂草和农作物的病害。与“稻—虾—稻”的轮作相比，该模式的优点是：①可以延长小龙虾的生产季节；②能有效管理好每一种作物；③小龙虾密度可控，成虾规格更大、品质更好。该模式的缺点是：①产量较低；②每年需要投放亲虾；③成虾集中上市，价格普遍较低，市场销售困难。

在轮作体系中，小龙虾的收获通常从 1 月开始，4～5 月是高峰期，7 月初基本结束。单作与轮作在虾的上市供应方面有一定的重叠和互补，二者结合能较好地保证小龙虾的市场供应。

3.3.1.5 养殖与捕捞

（1）养殖。小龙虾的生长受水温、密度、食物、水位等因素影响。整个养殖过程中，水位保持在 20～60cm 以维持合适的水温，常用推水机械制造水流使水体增氧（图 3-7）；通常不投喂饲料，将稻秆产物与微生物一起腐烂降解形成的碎屑复合物作为小龙虾的饵料（Caffey et al.，1996）。

（2）捕捞。路易斯安那州的大部分养殖池被水草或植被覆盖较多，当地农民常采用立式陷阱笼捕捞小龙虾。立笼中通常放置切块的杂鱼或牛饲料两种诱饵（图 3-8a）。相比而言，使用杂鱼作为诱饵的成本较高，但水温在 21℃（约 70℉）

图 3-7 大型推水车（McClain et al.，2005）

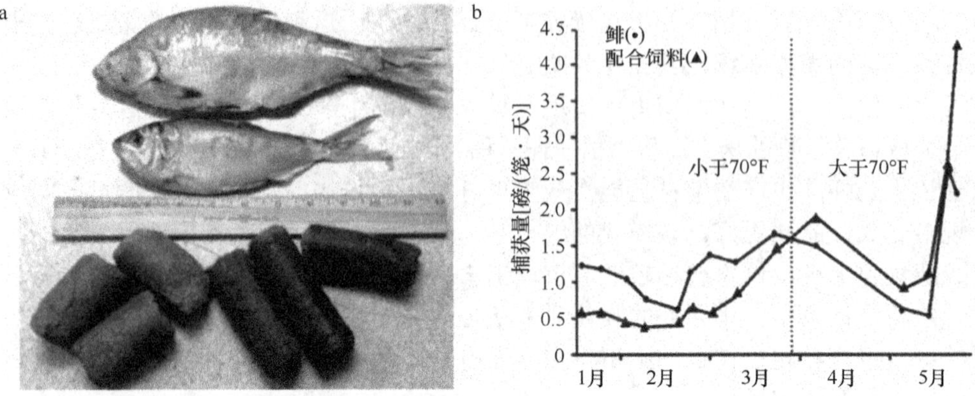

图 3-8 捕捞小龙虾的诱饵与不同诱饵的捕捞量（McClain et al.，2005）

a. 捕捞小龙虾的诱饵：上为鲱；下为牛饲料粒；b. 分别用鲱与配合饲料在 1～5 月诱捕小龙虾（crawfish catch）的重量

以下诱引效果较好。当水温高于 21℃时，则牛饲料诱饵的效果较好，且水温越高捕获量越大（图 3-8b）。工人常乘坐吃水浅的平底动力船收放立笼，船上还配备有抬架，便于工人快速选出不同规格的虾。

在路易斯安那州，捕获虾所需的人工与诱饵是养虾过程中最大的成本支出，占总成本的 50%～70%（Romaire，1995；Boucher and Gillespie，2012）。因此，捕捞成本与虾的价格很大程度上决定了捕捞频率。也有些农场主雇用专业捕虾工人完成捕获工作，并按虾销售额的一定比例支付雇工的费用。

3.3.2 美国小龙虾加工业

路易斯安那州的水产业发达，产业基础良好，尤其南部地区海鲜的收获、加工及流通渠道十分畅通，这为小龙虾的加工流通奠定了良好基础（Huner，1986）。到 20 世纪 60 年代中期，美国小龙虾养殖面积不断增加，导致小龙虾季节性上市，引起阶段性供应过剩，从而致使销售困难。因此，在这个阶段，小龙虾通常被加工厂加工成虾尾肉，放在冷库中储存并在淡季销售。20 世纪 90 年代初，物美价廉的中国小龙虾（虾尾肉）开始大量出口到美国，使路易斯安那州当地加工的小龙虾失去了约 90%的市场。据 Christopher Bonvillain 教授 2019 年介绍，2018 年，路易斯安那州有 54 个获得许可的小龙虾加工厂投入运营。孙雅玲（2018）考察路易斯安那州小龙虾产业发现，当地的小龙虾加工厂规模太小，不能与我国小龙虾加工厂相提并论。现在美国最大的小龙虾加工厂是 Riceland Crawfish 公司，据老板 Dexter Guilory 先生介绍，他共有两家加工厂，雇用了 150 个工人，工人每周工作 36 小时，周薪是 500 美元，日产量最高达到 1.8t，年产虾尾肉约 180t，生产的产品主要针对美国国内市场。

3.3.3 美国小龙虾餐饮与文化

路易斯安那州曾是法国人的领地，在那里居住了很多法国人。由于他们有煮食螯虾的传统习惯，便开始尝试食用当地的小龙虾（Comeaux，1978），并逐步发明了煮食小龙虾的独特食用方法，并沿用至今。孙雅玲（2018）介绍，在路易斯安那州，小龙虾餐馆较为稀少，只在休斯敦和新奥尔良市的唐人街有小龙虾专卖店餐馆。因此，喜爱小龙虾的亲朋好友常常在家中举行聚会，大家一起煮好虾后，边吃虾边喝酒聊天。这种小型的家庭聚会慢慢发展成了后来的节庆活动，并在当地逐步形成了一种聚会文化。1938 年，位于小龙虾主产区中心位置的布罗布里奇（Breaux Bridge）小镇举办了首届龙虾节。20 年后，该镇被当地人视为“世界小龙虾之都”。目前，布罗布里奇龙虾节通常在 5 月的某个周末举行，伴随有旅游、吃虾比赛、多种舞蹈比赛、螯虾烹饪大赛以及多种工艺品展览活动。其活动内容、时间及未来龙虾节举办日期都会在网上提前发布①。

3.4 日本稻米产业概况

稻米是日本人的主食，水稻生产是日本农业的根本。日本稻米以安全、放心、食味好而闻名世界。日本的稻米产业发展与其社会经济、市场需求、粮食政策密切相关。日本稻米生产加工流通过程十分注重安全、放心、食味品质的精细化管理。家庭经营与农协的社会化服务相结合，是日本农业生产的显著特征。

3.4.1 日本水稻生产概况

日本是全球十大稻米生产国之一，其优质稻米生产及商品化水平处于世界领先地位。日本有 10 个农业区，其中，中部地区和北海道是日本优质米的主产地。日本农林水产省的统计资料显示，2018 年日本全国耕地面积为 442.0 万 hm^2，占其国土总面积的 11.9%②。其中，水稻栽培面积 240.5 万 hm^2，占总耕地面积的 54.4%。1960 年以来，水稻单产（糙米）逐年提高，1985 年开始单产超过 5000kg/hm^2。2018 年，日本稻谷（糙米）总产量为 778 万 t，糙米平均单产 5290kg/hm^2。随着水稻的持续高产，加上国民饮食多元化和人口老龄化，日本的稻米消费量减少，日本水稻的栽培面积和总产量呈现出逐年减少的趋势（图 3-9）。水稻栽培面积从 1967 年的 314.9 万 hm^2 减少到 2018 年的 147 万 hm^2，栽培水稻的农户数量从 1965 年的 488.5 万户减少到 2015 年的 95.2 万户③。近几年，水稻栽培面积和糙米总产量基本稳定。

① Breaux Bridge Crawfish Festival. 2020. https://www.lafayettetravel.com/events/festivals/crawfish-festival[2020-4-30]

② 日本农林水产省. 2019. 米をめぐる状況について

③ 日本农林水产省. 2019. 食料需给表（平成 30 年度）

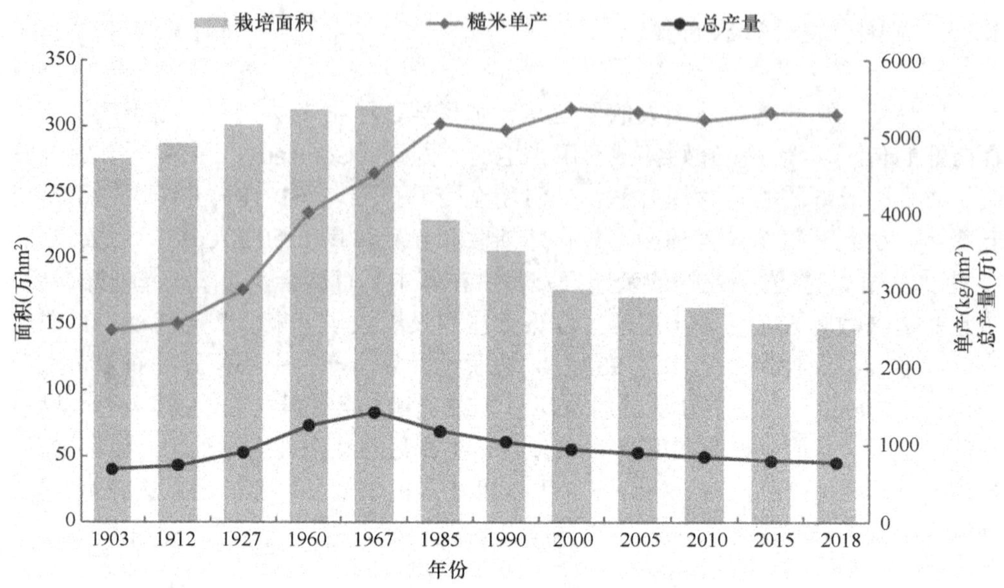

图 3-9 日本水稻栽培面积、糙米单产、总产量的变化[①]

3.4.2 稻米消费量及消费结构的变化

水稻是日本最主要的粮食作物之一，稻米消费对食物的热量贡献率为 22%，位居农产品之首。食用的稻米占消费总量的 88.9%，用作食品加工及饲料的稻米占 11.1%[②]。随着经济的增长和饮食生活受欧美化的影响，日本的消费结构也发生了变化，畜产品和油脂类食品的消费量增加，稻米的消费量总体呈逐年直线下降趋势。日本人均每年稻米消费量从 1962 年的 118.3kg 逐步减少到 2018 年的 53.8kg（图 3-10）。近几年来，在日本作为主食的稻米基本上都是粳稻（短粒米），需求量每年大约减少 8 万 t。在日本国内的稻米消费量不断减少的情况下，农户和流通企业逐渐增加了稻米在海外的出口量，加之日本稻米以安全、放心、食味好而闻名世界，近年稻米出口量大幅增加。2018 年，日本稻米出口量为 1.38 万 t，较 2010 年增长了 6 倍多。如果加上以日本酒为主的稻米加工产品，出口量增加到 3 万多吨。当然，根据世界贸易组织（WTO）的自由贸易措施，日本每年须进口大约 77 万 t 稻米[①]。稻米生产过剩和人均消费量的下降，促进了稻米消费相关其他产业的发展。近年来，饲料用米增加幅度有逐渐增加趋势，出现了专门针对饲料用米的水稻品种研究。

2018 年以前，水稻种植面积完全由政府主导决定，配合政府政策种植水稻的农户，可以享受国家的补贴。2018 年起，日本政府为了加快农业改革调整了稻米

① 日本农林水产省. 2019. 食料需给表（平成 30 年度）
② 日本农林水产省. 2019. 米穀の需給及び価格の安定に関する基本指针

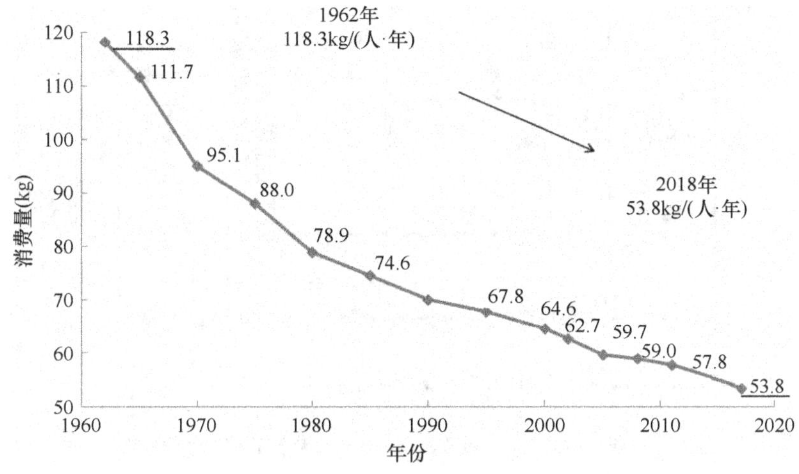

图 3-10　日本年人均稻米消费量（1962～2018 年）[①]

产业政策，通过政策补贴协助农业再生协议会推进水稻的供需和经营稳定，鼓励当地的农业再生协议会根据政府提供的稻米供需信息以及自己的可销售数量制订当地的种植计划和生产。同时，政府大力推进稻米消费扩大政策，鼓励消费者回归米食，开发普及米粉等食品，日本稻米消费减少的趋势正逐步改变，趋于稳定。

3.4.3　稻米流通体系

日本稻米市场流通量占生产总量的 70.0%以上，农户自己消费加工用糙米约占 20.0%，在市场流通的稻米中，通过农协的流通量占市场流通总量的 61.7%（王亚梁等，2016）。日本的稻米流通主要是以糙米形式流通的。日本的稻米烘干储藏及加工体系的最大特点是采用糙米低温储藏流通方式。这与其他稻米生产国采用稻谷常温储藏流通方式完全不同。在日本，通常是将收割的稻谷烘干后，及时砻谷，再装到纸袋或集装袋里保存和运输。就笔者看来，采用糙米低温储藏流通主要有以下优点：①糙米与稻谷相比，容积和运输效率高；②低温仓库容易保持稻米的品质；③糙米比稻谷更容易进行相关品质的直接评价。

日本稻米生产到消费的流通途径，主要通过农协渠道进行稻米加工和销售，然后进入批发和零售，消费者通过超市或其他零售店购买（图 3-11）。稻米从农田到稻谷再到糙米，其烘干储藏过程主要是在农协所有的共同烘干储藏设施以及低温仓库中进行的，然后在农协等所有的稻米加工企业的碾米工厂将糙米加工成大米销售。这种以农协为主、直销为辅的稻米自由流通模式在流通过程中竞争压力较小。农协的一体化服务减少了稻米流通中间环节，流通效率较高，生产者成为

① 日本农林水产省. 2019. 米穀の需給及び価格の安定に関する基本指針

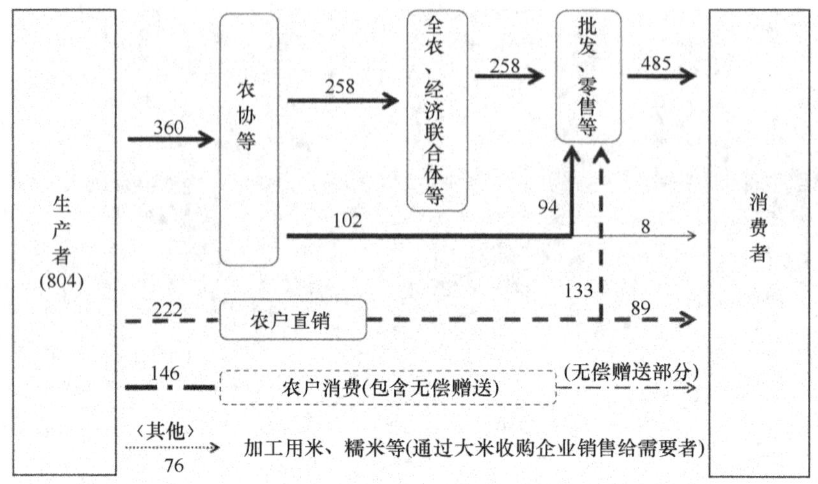

农协：农业协同组合 全农：全国农业协同组合联合会（数据：2016年产大米，单位：万t糙米）

图 3-11　日本稻米流通途径①

生产流通体系中最大的受益者。在稻米流通体系中，日本政府完善了稻米信息可追溯制度，稻米信息实现了全方位公开，消费者对稻米的生产加工品质能做到全面了解，消费者对生产厂家的信任度较高。

另外，糙米一般储藏在农协仓库和大型烘干储藏设施，这些糙米基本上在碾米工厂加工成稻米。因此，大型碾米工厂得到较大发展。同时，稻米流通自由化促使加工流通行业发展，导致了加工企业的合并增加，出现了大型碾米工厂的寡占化的特点。据统计，目前日本建立共同烘干加工储藏设施 4464 座，处理量达到年生产总量的 40%。2016 年，日本拥有大型碾米工厂（年加工能力为 50 万 t）159 家（佐佐木泰弘，2016），其中多家碾米企业有能力开发系列化稻米商品，如开发的免淘米、留胚米、发芽糙米等具有高附加值的稻米商品。

3.4.4　日本水稻生产加工的特色

日本在水稻生产加工方面与其他水稻生产的国家有很多不同，其中高度的农业机械化和农协主导的管理体制尤为突出。根据日本农林水产省 2019 年的农业结构动态调查，一个农业经营体的经营耕地面积，全国平均为 2.99hm^2，北海道平均为 28.52hm^2。不同耕地面积的农业经营体比率分别为 1hm^2 以下占 9.3%，1～5hm^2 占 26.3%，5～10hm^2 占 11.1%，10hm^2 以上占 53.3%②。相比其他亚洲稻作国家，日本农户的生产规模较大，一般农户全家只有 2～3 个劳动力，拥有土地 3～5hm^2，

① 日本农林水产省. 2019. 米穀の需給及び価格の安定に関する基本指針

② 日本农林水产省. 2019. 農業経営に関する統計

一个农户就是一个小型农业企业（或经营体）。日本从事农业的劳动人口逐年减少，在这种情况下，就需要机器来代替人力，从插秧、施肥、除草到收获与加工等，以高性能农业机械为主，形成了高度的机械化生产体系。2010 年，日本农林水产省对 117 万个水稻种植经营体的农业机械所有状况的调查显示，平均每个经营体有拖拉机 1.05 台、插秧机 0.77 台、联合收割机 0.61 台。拖拉机的平均利用面积为 1.2hm^2/台、插秧机 1.6hm^2/台、联合收割机 2.0hm^2/台（https: //www. maff.go.jp）。目前，水稻收获大多采用半喂入联合收割机收获的方式。收获后采用机械烘干等方式非常普遍。从收割面积的比例来看，收获的稻谷约有 10%采用自然烘干，利用小型循环式烘干机烘干的比率约 40%，利用共同烘干储藏设施烘干的比率达 50%。2015 年，日本共有 904 所大型共同烘干储藏设施、3571 所共同烘干设施，基本上遍布了全国每个地区（佐佐木泰弘，2016）。共同烘干设施的建立，一方面为农户节省了劳动时间，另一方面提高了标准化程度，减少由烘干条件不利导致的稻米品质下降。

另一个特点是农协主导的管理体制。日本农业生产的专业分工十分明确。一个地区有一个地区的产业特色，一个农户有一个农户的主导产品，优势互补，相互依存。在生产过程中，日本全国成立了各类农协组织，帮助农民建立互助合作的关系。日本农协是一个民办官助的经济实体，是农产品流通体系中的关键性组织，提供协调农民生产，进行初级产品加工和销售，以及为农户产前提供科技支撑、产中指导、产后销售等服务。政府为农协组织提供资金保障、行政指导和信息服务，通过农协对农民间接管理，生产效率大幅度提升。日本农协已发展成为集经济职能和社会职能于一体的民间团体，不仅负责组织农业生产，购买生产、生活资料，以及出售农产品等经济活动，还负责将政府的各种补助金分发给农户或有关团体，同时代表农民向政府行政部门反映意见，以保护农民的利益。在日本农业管理体制中，农协因其无可替代的作用而得以迅速发展和壮大。

日本农协在整个稻米产业链中都发挥着积极作用，在生产环节，农协组织农民进行标准化生产，通过农协等社会化生产体系已基本实现了 100% 统一供种，日本农协的调控及管理使高效的稻作技术得到了很好的推广，日本水稻生产标准化程度提高，在水稻生产过程中，农药、化肥等施用量较少，单产小幅度逐渐增加，水稻生产模式逐渐向精量化、集约化发展，从根本上保证了稻米的质量。在加工环节，农协制定加工标准，为稻米的加工提供技术指导和技术支持，提供加工设备，保证了稻米的加工和包装的统一化。在销售环节，农协主导稻米的营销，负责与市场对接，农协根据政府的宏观规划制订生产计划，参与生产到储运、加工和流通各个环节，实现优质稻米的优价销售，在稻米的供需稳定中发挥了重要作用。

3.4.5 日本水稻育种目标的变化

日本的水稻育种目标随着社会经济的发展而变化。二战结束后，由于粮食缺乏，日本主要注重产量提高的水稻品种。1970 年起，日本开始进行稻米生产调整，主要以食味为育种目标。进入 21 世纪后，家庭消费减少且消费者的健康意识提高，育种目标朝多样化发展。目前，作为主食用水稻的育种目标主要是优良的食味和外观品质、抗病性、产量性。近年来，全球温度上升等环境变化导致水稻成熟期的高温以及台风等引起成熟期的日照不足、糙米垩白粒增多等问题，育种目标开始考虑成熟期的耐高温等特性。由于减农药或无农药栽培的稻米受消费者欢迎，品种的抗病性也是重要的育种目标。在日本东北、北海道等地区，水稻除了食味还需具有耐寒性（Fujino et al.，2019）。为了满足日益增加的营养健康以及多样化食品的需求，育种机构也在研发具有优良食味，以及各种功能性稻米品种，如饭后血糖上升缓慢的高直链淀粉品种，糙米果皮富含花青素或单宁色素的有色米品种，胚芽富含 γ-氨基丁酸（GABA）并适合加工成发芽糙米的巨大胚品种等。

3.4.6 日本的稻米生产流通动向

水稻产量过剩促使生产者必须种植能满足消费者更高需求的稻米。日本稻米生产流通主要出现了以下几方面的动向。

3.4.6.1 政策转变带来的生产结构变化

2004 年以后，随着《改正食粮法》的实施，日本稻米生产完全转换成依靠生产者自主性调整的生产方式。政府只参与稻米的储备和国家间贸易，在生产调整方面只进行稻米需求量的预测、信息提供、指导咨询。这样使稻米价格出现长期低落的倾向。而且水稻生产成本长期高于稻米收入，直接打击了水稻种植农户，特别是小规模农户的经营。2009 年，日本开始设立“水田综合开发直接奖励补贴”，鼓励改种以饲料、米粉用米和青贮饲料（WCS）为目的的水稻品种。稻米新用途的开发利用能够化解主食用稻米产能过剩，促进畜牧、食品等关联产业发展。此外，在农业经营者高龄化日益严重的情况下，为了扶植核心农户，日本政府大力推进“认定农业者（4hm^2 以上）和集团营农（20hm^2 以上）的规模扩大政策”，同时通过“经营所得安定对策”支持对稻米生产结构的调整[①]。水稻规模化种植比例大幅度增加，农业经营骨干集中的耕地面积占耕地总面积的比例由 1996 年的 17.1%增长到 2014 年的 48.7%。

---

① 日本农林水产省. 2009. 経営所得安定対策

3.4.6.2 高附加值稻米的生产

日本种植的品种多为优质稻，品质已成为日本水稻育种和稻作过程中的第一评价指标，且在水稻收获、储藏、加工过程中形成了一套成熟的以糙米为主体的储藏加工保优技术（佐佐木泰弘和河野元信，2012）。日本商品化稻米品种有 250 多个，但种植面积位居前 10 的品种占水稻总面积的 76%。种植面积最多的优质稻品种是越光（Koshihikari），且一直居日本栽培水稻面积之首，约占该国水稻总面积的 36.2%（Kobayashi et al.，2018）。该品种 1956 年育成，食味品质优异是其最大的特点。据测试，该品种稻米垩白度小于 1%，蛋白质含量在 6.4%左右，直链淀粉含量小于 17%，稻米黏度高，消减值低，外观和口感深受民众喜爱（王亚梁等，2016）。目前，针对日本水稻生产的地域性明显，以及稻米的多样化需求增加，日本的 47 个都道府县中有 33 个都道府县进行水稻的育种研究，都在培育当地的品牌稻米品种。产地间各种品牌稻米的竞争日益激烈。育种机构比较重视具有优良食味的高功能性稻米的水稻新品种研发，一些有特色的水稻品种有所增加，如有机米、减农药和减化肥米、新型优质米（低谷蛋白米、巨大胚芽米、有色米等）。

3.4.6.3 加工销售行业与上游的统合，增加地产地消规模

日本的生产和物流体系从单品、大量生产、长距离运输的集中型开始转换到多品种、少量生产和短距离运输的分散型模式，开始注重食品里程（=运输量×运输距离）以及食农一体化。食农一体化主要是指当地生产的产品在当地加工、当地消费，这种地产地消模式可以增强生产者和消费者之间的交流，增加本地农产品的消费。在日本，超市是消费稻米购买的主要渠道。超市和便利店等流通行业具有资金优势，超市和便利店的稻米销售会对原料稻米的来源与需求产生一定的影响。另外，超市和便利店等流通行业不仅自己建碾米工厂，还将生产农户和农协整合在一起，出现了消费、加工、生产一条龙的趋势。近年来，日本出现了称为“直卖所”的新兴销售模式，由农户或地方农协对稻米直接进行加工，通过“直卖所”供给消费者和零售商。据日本城乡交流振兴组织的调查结果，日本共有 11 814 所地产地消的直卖所，近半数的直卖所还设有饭馆。一个直卖所的平均年销售额大约 7500 万日元（约 486 万元），销售额中除蔬菜和水果外，稻米是主要销售的商品（佐佐木泰弘，2016）。同时，日本年轻一代，由于夫妇双方都有工作或重视业余消遣，用在家庭里的烹调时间缩短，对稻米食用方便性的需求增加，代之而来的是外餐或购买熟食的机会增多。因此，外餐行业用的半加工商品（如咖喱饭、炒饭等）、便当和米饭团子等熟食、无菌米饭、免淘米、半煮米等需求增多。便利店的便当销售量不断增加，促使煮饭工厂的加工量增加，随之相应的加工技术也得到不断发展。

3.4.6.4 稻米商品的高附加值化及多样化

稻米虽然是日本人的主食，但相对于亚洲其他国家，日本却是年人均稻米消费量较低的国家。消费者对稻米的品质和安全性提出了更高的要求。目前，由于不断出现虚假标识的稻米，消费者对稻米等食品的安全性要求日益提高，并且高度关注农药残留和镉等重金属的含量问题。为了保证稻米的安全性，日本采用了一些措施，例如，在残留农药方面，日本于2006年5月制定了“肯定列表制度”，对没有设定基准的农药残量一律采用0.01mg/kg的基准（刘婧等，2018）；在稻米含镉方面，2010年4月将镉的限量基准值定为0.4mg/kg（2011年2月底实施）①；建立品种、产地和碾米加工日期等信息的追溯体系。另外，在超市和便利店，水稻等产品包装要求规格统一，印有产品名称、产地、生产者姓名等信息。

20世纪50～70年代，日本消费者由于饮食结构欧美化，因此热量与脂肪摄取过剩但碳水化合物不足，致使营养失衡而造成“成人病”激增，使国民医疗费大增。从2008年4月起日本开始实施“成人病”诊断，通过推广“日本型的饮食生活”，提倡健康稻米饮食文化，人们提升了对营养健康有利食品的重视程度，并加强了品种繁育。随着人们对营养健康需求的不断增强，各种高功能性稻米（留胚米、发芽糙米、营养包膜米等）需求增加，各加工企业逐渐普及了符合消费者健康需求的功能稻米的加工技术②。

总之，日本稻米生产、消费和加工呈现出一些有别于其他国家及地区的稻米生产与消费的特点，特别是从田间到餐桌体系的建立，稻米商品的高附加值化，稻米副产品的有效利用，以及食用以外的稻米利用等一系列的发展趋势，值得我国从事稻米产业的相关人员关注。分析其稻米产业的发展及经验，对研究我国稻米生产和消费的发展趋势，积极开发产业新模式，带动生产消费的一体化具有重要的现实意义。

3.5 小结与建议

“双水双绿”稻虾种养模式能使稻米和小龙虾产业相互促进发展。目前，该模式已被我国多个地区广泛应用。近年来，我国稻虾种养面积急剧增加，产业规模不断壮大。然而，稻米价格低廉，产值不高，促使形成了“重虾轻稻”的现象。此外，小龙虾产业在快速发展的过程中也逐渐凸显出一系列问题。在此，分别将小龙虾与稻米产业发展中遇到的问题进行归纳总结，并给予一些建议。

当前，小龙虾产业面临种苗退化严重、产品生产与上市高度集中、长距离运

① 日本厚生劳动省. 2010. 食品、添加物等の規格基準の一部を改正する件
② 日本农林水产省. 2008. 加工食品の安全確保

输保鲜技术缺乏等一系列问题（也是美国小龙虾产业发展中遇到的问题），严重制约了小龙虾产业的持续发展。基于这些问题，建议：①收集国内外遗传多样的小龙虾野生种质资源，将其分成不同遗传品系用于传统选育与杂交育种；通过发掘小龙虾重要经济性状基因，开展小龙虾分子辅助育种；同时，探索小龙虾诱变育种与多倍体育种。通过良种繁育，提高成虾规格，增加含肉率，减少病害，从而提高小龙虾养殖效益。②改变养殖模式，使小龙虾错峰上市，从而拓宽小龙虾生产与销售的季节。③加强冷链运输技术的研发，在保证品质的基础上，提高小龙虾远距离运输的成活率。④加大小龙虾食用方法多样化的发展，开发适合不同地区消费者口味的小龙虾菜品，进一步扩大小龙虾消费市场。⑤拓展小龙虾及其相关副产品的加工产业，促使小龙虾经济效益再升级。

水稻是我国的主要粮食作物之一，随着消费者对营养健康与饮食结构需求的不断增强，我国常规稻米产能相对过剩，而缺乏绿色营养的优质稻米。因此，为推动我国水稻产业发展，实现稻米增值，建议：①加强特色优质稻米品种培育；②借鉴日本稻米产业发展模式，实行从田间到餐桌的体系的稻米生产模式；③加大稻米副产品加工业的发展，使稻米经济效益升级。

综上所述，通过小龙虾与稻米产业发展模式升级，稻、虾二者均衡发展，产值不断增加，改善农民收益，最终实现稻虾产业兴旺、农业生态持续绿色发展的新局面。

参 考 文 献

丁建乐, 鲍旭腾, 梁澄. 2011. 欧洲循环水养殖系统研究进展. 渔业现代化, 38(5): 53-57.

韩小莲. 2009. 泰国对虾生态养殖的发展现状. 河北渔业, (4): 63-64.

胡金城, 于学权, 辛乃宏, 等. 2017. 工厂化循环水养殖研究现状及应用前景. 中国水产, (6): 94-97.

加拿大渔业及海洋部. 2019. 国家鲑鱼养殖技术. http://www.dfo-mpo.gc.ca/aquaculture/publications/ssat-ets-eng.html[2020-4-30].

李家乐, 董志国, 李应森, 等. 2007. 中国外来水生动植物. 上海: 上海科学技术出版社.

李忠义, 林群, 李娇, 等. 2019. 中国海洋牧场研究现状与发展. 水产学报, 43(9): 1870-1880.

刘婧, 安晓宁, 王晓明, 等. 2018. 国内外大米农药残留限量标准比较分析. 中国稻米, 24(1): 11-15.

刘鹰. 2006. 欧洲循环水养殖技术综述. 渔业现代化, (6): 38, 47-49.

刘鹰. 2011. 海水工业化循环水养殖技术研究进展. 中国农业科技导报, 13(5): 50-53.

刘卓, 杨纪明. 1995. 日本海洋牧场(Marine Ranching)研究现状及其进展. 现代渔业信息, 10(5): 14-18.

农业农村部渔业渔政管理局. 2019. 小龙虾产业发展报告(2019). http: //www.yyj.moa.gov.cn/gzdt/201909/t20190910_6327557.htm[2020-4-30].

孙雅玲. 2018. 美国路易斯安那州小龙虾产业考察. 水产前沿, 7: 91-92.

王亚梁, 朱德峰, 张玉屏, 等. 2016. 日本水稻生产发展变化及对我国的启示. 中国稻米, 22(4): 1-7.

新华网. 2019. 从尼罗河畔到中国餐桌——一只“洋”小龙虾的36小时旅程. http: //www.xinhuanet.com/world/ 2019-06/18/c_1124639036.htm[2020-4-30].

薛晓明, 罗刚, 李颖. 2013. 美国水产养殖业发展概况. 中国水产, (10): 43-45.

张晓双, 傅玲琳, 吕振明, 等. 2017. 国内外循环式工厂化水产养殖模式研究进展. 饲料工业, 38(6): 61-64.

赵朝阳, 周鑫, 徐增洪, 等. 2009. 美国路易斯安那州的克氏原螯虾产业发展概述. 江西农业学报, 21(2): 94-97.

钟立强, 王明华, 陈校辉, 等. 2017. 世界斑点叉尾鮰产业近况 I：美国斑点叉尾鮰产业现状与展望. 水产养殖, 38(5): 1-5.

佐佐木泰弘, 河野元信. 2012. 日本稻米烘干、储藏、加工、流通、消费中的品质管理及信息追溯. 北方水稻, 42(4): 1-6.

佐佐木泰弘. 2016. お米の力. 农山渔村文化协会.

Abreu M H, Pereira R, Buschmann A H, et al. 2011. Nitrogen uptake responses of *Gracilaria vermiculophylla* (Ohmi) Papenfuss under combined and single addition of nitrate and ammonium. J Exp Mar Biol Ecol, 407(2): 190-199.

Almerão M P, Delaunay C, Coignet A, et al. 2018. Genetic diversity of the invasive crayfish *Procambarus clarkii* in France. Limnologica, 69: 135-141.

Barbaresi S, Gherardi F. 2000. The invasion of the alien crayfish *Procambarus clarkii* in Europe, with particular reference to Italy. Biol Invasions, 2: 259-264.

Betancor M B, Sprague M, Usher S, et al. 2015. A nutritionally-enhanced oil from transgenic *Camelina sativa* effectively replaces fish oil as a source of eicosapentaenoic acid for fish. Sci Rep-UK, 5: 8104.

Bonvillain C. 2019. 第三届中国(国际)小龙虾产业大会. 路易斯安那州的小龙虾生产. https://www.sohu.com/a/303118460_179360[2020-4-30].

Boucher R W, Gillespie J M. 2012. Projected costs and returns for crawfish production in Louisiana. Farm Management Research, Extension Department of Agricultural Economics, Agribusiness A. E. A. Information Series, 286.

Brasher A M D, Luton C D, Goodbred S L, et al. 2006. Invasion patterns along elevation and urbanization gradients in hawaiian streams. T Am Fish Soc, 135: 1109-1129.

Bretonne L J, Romaire R P. 1989. Commercial crawfish cultivation practices: a review. J Shellfish Res, 8: 267-275.

Caffey R H, Romaire R P and Avault J W. 1996. Crawfish farming: an example of sustainable aquaculture. World Aquaculture, 27(2): 18-23.

Chakraborty A, Ray A. 2019. Deep-water rice and indigenous fish co-cultivation to ensure rural livelihood, food security, and ecosystem health. Malda: CEiBa.

Chien Y H, Avault J W. 1980. Production of crayfish in rice fields. Prog Fish Cult, 42(2): 67-71.

Cho R. 2016. Making fish farming more sustainable. Genetic Literacy Project. https: //blogs.ei.columbia.edu/2016/04/13/making-fish-farming-more-sustainable/[2020-4-30].

Chopin T, Cooper J A, Reid G, et al. 2012. Open-water integrated multi-trophic aquaculture: environmental biomitigation and economic diversification of fed aquaculture by extractive aquaculture. Rev Aquacult, 4(4): 209-220.

Chucholl C. 2011. Population ecology of an alien “warm water” crayfish (*Procambarus clarkii*) in a new cold habitat. Knowl Manag Aquat Ec, 401: 29.

Clark W H, Ralston G L. 1976. First record of crayfish from Baja California, Mexico (Decapoda, Astacidea). Crustaceana, 30: 106-107.

Clark W H, Wroten J W. 1978. First record of the crayfish, *Procambarus clarkii*, from Idaho, U.S.A. (Decapoda, Cambaridae). Crustaceana, 35: 317-319.

Clarke R, Bostock J. 2017. Regional review on status and trends in aquaculture development in Europe-2015. Rome: FAO.

Clavero M, Villero D. 2014. Historical ecology and invasion biology: long-term distribution changes of introduced freshwater species. BioScience, 64: 146-153.

Clavero M. 2016. Species substitutions driven by anthropogenic positive feedbacks: Spanish crayfish species as a case study. Biol Conservation, 193: 80-85.

Comeaux M C. 1978. The crawfish industry of California and the Northwest. The California Geographer, 18: 121-135.

Crandall K A, Buhay J E. 2008. Global diversity of crayfish (Astacidae, Cambaridae, and Parastacidae–Decapoda) in freshwater. Hydrobiologia, 595: 295-301.

Das D N, Mandal R N, Mukhopadhyay P K. 2009. Deep water rice-fish integrated culture system: a viable option for increasing fish production as well as natural water harvest. World Aquaculture, 40(3): 58-63.

Elzein G. 2005. Introduction and impact of the crayfish *Procambarus clarkii* in the Egyptian Nile. L'Astaciculteur de France, 84: 1-12.

FAO. 2007. Cultured Aquatic Species Information Programme (Girard, 1852). http: //www.fao.org/fishery/culturedspecies/Procambarus_clarkii/en[2020-4-30].

Fishar M R. 2006. Red swamp crayfish (*Procambarus clarkii*) in River Nile, Egypt. Biodiversity Monitoring and Assessment Project. Cairo, Ministry of State for Egyptian Environmental Affairs Agency.

Fox B K, Howerton R, Tamaru C S. 2010. Construction of automatic bell siphons for backyard aquaponic systems. Biotechnology. http://scholarspace.manoa.hawaii.edu/bitstream/10125/24440/1/BIO-10.pdf.

Fujino K, Hirayama Y, Kaji R. 2019. Marker-assisted selection in rice breeding programs in Hokkaido. Breeding Sci, 69(3): 383-392.

García-Lopez J C, Perez-Villamil M. 2000. Relaciones topográficas de la provincia de Guadalajara. Diputación Provincial, Guadalajara.

Gary D L. 1973. A Geographic Systems Analysis of the Commercial Crawfish Industry in South Louisiana. Corvallis: Oregon State University Press.

Gherardi F. 2006. Crayfish invading Europe: the case study of *Procambarus clarkii*. Mar Freshw Behav Phy, 39(3): 175-191.

Gherardi F. 2011. Towards a sustainable human use of freshwater crayfish (Crustacea, Decapoda, Astacidea). Knowl Manag Aquatic Ecosyst, 401: 2.

Giesler G G, Salassi M E. 1996. Projected costs and returns-rice, Louisiana. Agricultural Economics Agribusiness, Louisiana State University Agricultural Center, 140.

Goldman C R. 1973. Ecology and physiology of the California crayfish *Pacifastacus leniusculus* (Dana) in relation to its suitability for introduction into European waters. Abrahamsson I . Freshwater Crayfish. Lund: Studentlitteratur: 106.

Gould F. 2017. 2016 Louisiana Summary: Agriculture and Nature Resources. LSU AgCenter. http://www.lsuagcenter.com/profiles/aiverson/aiverson/articles/page1499370748877[2020-4-30].

Granada L, Sousa N, Lopes S, et al. 2016. Is integrated multitrophic aquaculture the solution to the sectors' major challenges?—a review. Rev Aquacult, 8: 283-300.

Gutiérrez-Yurrita P J, Martínez J M, Ilhéu M, et al. 1999. The status of crayfish populations in Spain and Portugal. Gherardi F, Holdich D. Crayfish in Europe as Alien Species How to Make the Best of a Bad Situation? Rotterdam: A. A. Balkema/Rotterdam/Brookfield: 161-192.

Harvey B. 2017. Regional review on status and trends in aquaculture development in North America-2015. Rome: FAO.

Hasburgo-Lorena A S. 1986. The status of the *Procambarus clarkii* population in Spain. Freshwater Crayfish, 6: 131-136.

Hobbs H H, Jass J P, Huner J. 1989. A review of global crayfish introductions with particular emphasis on two North American species (Decapoda, Cambaridae). Crustaceana, 56(3): 299-316.

Hobbs H H, Zinn D J. 1948. Crayfish in Southern Nevada. Science, 107(2780): 369.

Hobbs H H. 1974. A checklist of the North and Middle American crayfishes (Decapoda: Astacidae and Cambaridae). Smithsonian Contributions to Zology, 166: 1-161.

Hoffmann R C. 2005. A brief history of aquatic resource use in medieval Europe. Helgoland Mar Res, 59: 22-30.

Holmes S J. 1924. The genus *Cambarus* in California. Science, 60(1555): 358-359.

Huang J, Tang S, Cai F, et al. 2017. Microsatellite evidence of dispersal mechanism of red swamp crayfish (*Procambarus clarkii*) in the Pearl River basin and implications for its management. Sci Rep-UK, 7: 8272.

Hughes A D, Black K D. 2016. Going beyond the search for solutions: understanding trade-offs in European integrated multi-trophic aquaculture development. Aquacult Env Interac, 8: 191-199.

Huner J V, Avault J W. 1979. Introductions of *Procambarus* spp. Freshwater Crayfish, 4: 191-194.

Huner J V. 1977. Introductions of the Louisiana red swamp crayfish, *Procambarus clarkii* (Girard): an update. Freshwater Crayfish, 3: 193-202.

Huner J V. 1986. Crawfish introductions affect Louisiana industry. Crawfish Tales, 5(3): 16-18.

Huner J V. 2002. *Procambarus*. *In*: Holdich D. Biology of Freshwater Crayfish. Oxford: Blackwell: 541-584.

Irwin S. 2014. Louisiana Crawfish: a Succulent History of the Cajun Crustacean. Charleston: History Press: 1-157.

Johnson J E. 1986. Inventory of Utah crayfish with notes on their distribution. Great Basin Nat, 46(4): 625-631.

Kavitha K, Kowshik J, Kishore T K K, et al. 2013. Astaxanthin inhibits NF-κB and Wnt/β-catenin signaling pathways via inactivation of Erk/MAPK and PI3K/Akt to induce intrinsic apoptosis in a hamster model of oral cancer. Bba-Gen Subjects, 1830(10): 4433-4444.

Kobayashi A, Hori K, Yamamoto T, et al. 2018. Koshihikari: a premium short-grain rice cultivar, its expansion and breeding in Japan. Rice, 11: 15.

Kozlowski S K. 1989. Nemrik 9, a PPN neolithic site in Northern Iraq. Paléorient, 15(1): 25-31.

Krogh G. 2016. RAS in salmon farming industry. Presentation given at the European Aquaculture Society industry forum Edinburgh.

Kuehn S R. 2010. Woodland consumption of crayfish in the Illinois River Valley. Illinois Antiquity, 45: 13-14.

LA Crawfish Promotion & Research Board. 2019. History. https: //crawfish.org/history[2020-4-30].

LCES (Louisiana Cooperative Extension Service). 2018. Louisiana summary of agriculture and natural resources. Baton Rouge: Louisiana State University Agricultural Center.

Lebel L, Tri N H, Saengnoree A, et al. 2002. Industrial transformation and shrimp aquaculture in

Thailand and Vietnam: pathways to ecological, social, and economic sustainability? AMBIO, 31(4): 311-323.

Li Y H, Guo X W, Cao X J, et al. 2012. Population genetic structure and post-establishment dispersal patterns of the red swamp crayfish *Procambarus clarkii* in China. PLoS One, 7(7): e40652.

Loureiro T G, Anastácio P M, Bueno S L S, et al. 2015. Distribution, introduction pathway, and invasion risk analysis of the North American crayfish *Procambarus clarkii* (Decapoda: Cambaridae) in southeast Brazil. J Crustacean Biol, 35(1): 88-96.

Lutz C, Carpenter K. 2006. A Brief History of Crawfish Farming in Louisiana. LSU AgCenter.

MacDonald B A, Robinson S M C, Barrington K A. 2011. Feeding activity of mussels (*Mytilus edulis*) held in the field at an integrated multi-trophic aquaculture (IMTA) site (*Salmo salar*) and exposed to fish food in the laboratory. Aquaculture, 314(1-4): 244-251.

MBC (Mediterranean Business Consulting, S.L.). 2001. Estudio sobre el impacto económico del sector de cangrejo de río en Andalucía. Consejería de Agricultura y Pesca. Viceconjeria: Junta de Andalucía.

McClain W R, Romaire R P, Lutz C G, et al. 2005. Louisiana crawfish production manual. Louisiana LSU AgCenter Publication: 2637.

McClain W R, Romaire R P. 2004. Crawfish culture: a Louisiana aquaculture success story. World Aquaculture, 35(4): 31-35.

McClain W R. 2000. Effect of levee reconstruction and rainfall on crawfish, *Procambarus clarkii*, emergence from burrows. J Applied Aquaculture, 10(2): 27-40.

Nair C M, Salin K R, Joseph J, et al. 2014. Organic rice-prawn farming yields 20% higher revenues. Agron Sustain Dev, 34(3): 569-581.

Nash C. 2010. The History of Aquaculture. New Jersey: John Wiley & Sons: 51-68.

Nishimura K, Nishimura S, Nishi N, et al. 1984. Immunological activity of chitin and its derivatives. Vaccine, 2(1): 93-99.

Oficialdegui F J, Clavero M, Sanchez M I, et al. 2019. Unravelling the global invasion routes of a worldwide invader, the red swamp crayfish (*Procambarus clarkii*). Freshwater Biol, 64: 1382-1400.

Oluoch A O. 1990. Breeding biology of the Louisiana red swamp crayfish *Procambarus clarkii* Girard in Lake Naivasha, Kenya. Hydrobiologia, 208: 85-92.

Patoka J, Fišáková M, Kalous L, et al. 2014. Earliest evidence for human consumption of crayfish. Crustaceana, 87(13): 1578-1585.

Peña J C. 1994. Morphometric relationships and yield in Costa Rican *Procambarus clarkii* (Decapoda: Cambaridae). Rev Biol Trop, 42: 743-744.

Penn G H. 1954. Introductions of American crawfishes into foreign lands. Ecology, 35(2): 296.

Philips R H. 1970. Crayfish or crawdad, It's all one small, mean and loved by the Swedes, National Fisherman, 16-A.

Poonam A, Saha S, Nayak P K, et al. 2019. Rice-fish integrated farming systems for eastern India. ICAR-National Rice Research Institute, NRRI Research Bulletin, 17.

Quan A S, Pease K M, Breinholt J W, et al. 2014. Origins of the invasive red swamp crayfish (*Procambarus clarkii*) in the Santa Monica Mountains. Aquat Invasions, 9(2): 211-219.

Rana K J. 2007. Regional review on aquaculture development 6. Western European region-2005. Rome: FAO.

Rathbun R. 1889. Crustaceans, Worms, Radiates, and Sponges. The Fisheries and Fishing Industries of the United States, Section 1 (Washington: Government Printing Office): 759-850.

Rodrigo I, Bandeiras C, Ferreira A P. 2006. Estudo estratégico para a gestão daspescas continentais.

PAMAF Medida 4-IED, Acc, ão 4.4: Estudos estratégicos. Instituto da Conservac, ão da Natureza e das Florestas.

Romaire R P. 1995. Harvesting methods and strategies used in commercial procambarid crawfish aquaculture. J Shellfish Res, 14: 545-551.

Ruiz G M, Carlton J T, Grosholz E D, et al. 1997. Global invasions of marine and estuarine habitats by non-indigenous species: mechanisms, extent, and consequences. Amer Zool, 37(6): 621-632.

Sako N. 1987. *Procambarus clarkii* and *Rana catesbeiana* in Japan: a history. Collect Breed, 49: 396-397. [In Japanese]

Shanmuganathan R, Edison T N J I, LewisOscar F, et al. 2019. Chitosan nanopolymers: an overview of drug delivery against cancer. Int J Biol Macromol, 130: 727-736.

Shepherd C J, Little D C. 2014. Aquaculture: are the criticisms justified? II-Aquaculture's environmental impact and use of resources, with special reference to farming Atlantic salmon. World Agriculture, 4: 37-52.

Song X D, Wang M R, Zhang L X, et al. 2012. Changes in cell ultrastructure and inhibition of JAK1/STAT3 signaling pathway in CBRH-7919 cells with astaxanthin. Toxicol Mech Methods, 22(9): 679-686.

Souty-Grosset C, Anastácio P M, Aquiloni L, et al. 2016. The red swamp crayfish *Procambarus clarkii* in Europe: impacts on aquatic ecosystems and human well-being. Limnologica, 58: 78-93.

Swahn J Ö. 2004. The cultural history of crayfish. B Fr Peche Piscis, 372-373: 243-251.

Threinen C W. 1958. A summary of observations on the commercial harvest of crayfish in northwestern Wisconsin with notes on the life history of *Orconectes virilis*. Wisconsin conservation department, Fish Management Division, Miscellaneous Report, 2: 5.

Turnbull J F, Berrill I K, Green D M, et al. 2011. Applied epidemiology with examples from UK aquaculture. Aquac Res, 42: 21-27.

Turner C L. 1926. The crayfish of Ohio. Ohio Biological Survey Bulletin, 3: 158.

Unestam T. 1973. Significance of diseases on freshwater crayfish. *In*: Abrahamsson I. Freshwater Crayfish. Lund: Studentlitteratur: 141.

Váradi L, Lane A, Harache Y, et al. 2012. Regional review on status and trends in aquaculture development in Europe-2010. FAO Fisheries and Aquaculture Circular, 1061.

Viosca P. 1937. Crawfish Culture, in Pond Fish Culture. New Orleans: The Pelican Publishing Company: 166-170.

Vogt G. 2008. How to minimize formation and growth of tumours: potential benefits of decapod crustaceans for cancer research. Int J Cancer, 123(12): 2727-2734.

Williams E H, Bunkley-Williams L, Lilyestrom C G, et al. 2001. A review of recent introductions of aquatic invertebrates in Puerto Rico and implications for the management of nonindigenous species. Caribb J Sci, 37(3): 246-251.

Yumiko Y, Masashi H, Nana M, et al. 2011. Dietary astaxanthin inhibits colitis and colitis-associated colon carcinogenesis in mice via modulation of the inflammatory cytokines. Chem-Biol Interact, 193(1): 79-87.

第 4 章 “双水双绿”的绿色水稻生产

摘要：如何做优做特绿色水稻产品，提高稻米品质、增加产品效益，是“双水双绿”模式的核心内容。为了满足人民群众日益增长的对优质农产品及绿色生态环境的需求，当前需要围绕绿色优质水稻生产的问题，加强对水稻营养成分和重金属低积累的分子遗传机制的研究，重视美食味、安全、营养健康的水稻品种的选育与应用，强化优质栽培和绿色防控技术体系的综合利用。

水稻是我国乃至世界上最重要的粮食作物之一。水稻增产对保障粮食安全和人民生活水平具有极其重要的作用。近 60 年来，我国水稻育种技术的发展，特别是矮秆等重要基因的发现以及杂种优势技术的创新与利用，极大地提高了水稻的产量水平，影响着水稻的生产方式。近年来，随着我国经济发展和居民收入的提高，粮食需求和消费结构发生了明显变化，人们在解决温饱问题的基础上，对食品安全和营养健康提出了新的要求。

相应地，我国粮食生产的主要矛盾由总量不足转变为结构性矛盾，作物生产开始从追求产量为主，逐步转型到数量、质量、效益并重的方式，但目前农业生产模式仍然无法满足人民群众日益增长的对优质农产品及绿色生态环境的需求。而且，农业生产与资源环境的矛盾依然突出。为此，国内外水稻遗传育种工作者围绕“绿色超级稻”（Green Super Rice，GSR）的理念，展开了培育和大面积应用“少打农药、少施化肥、节水抗旱、优质高产”的“绿色超级稻”新品种研究。2018 年，张启发院士提出了“双水双绿”理念，即要充分利用平原湖区稻田和水资源的优势实行稻田种养，使绿色水稻和绿色水产协同发展，做大做强水稻、水产“双水”产业，做优做特绿色稻米、绿色小龙虾等“双绿”产品，利用生产过程洁净水源、优化环境，实现产业兴旺、农民富庶、乡村美丽的目标。“双水双绿”模式，对促进农业“资源节约、环境友好”的绿色发展具有重要的理论和实践意义。当然，“双水双绿”产业模式也对水稻品种的培育和生产体系提出了更高更新的要求。以绿色高效（抗病虫、节水抗旱、肥料高效利用）、安全（产品无农药残留、低重金属累积）、美味（口感好）、营养健康（适合个性化需求）为标志的绿色优质产品和绿色产业模式将成为现代农业发展的新方向。为了更好地推进绿色优质稻米及其产业发展，明确美味、营养健康稻米的科学内涵，强化绿色优质品种的选育及推广应用，建立绿色高效的水稻种植模式和绿色防控技术体系尤为关键。

4.1 绿色水稻种植的科学问题

4.1.1 绿色水稻的发展

水稻（*Oryza sativa* L.）是广泛种植的粮食作物，提供了全球近 50%人口的食物来源。到 2050 年，全球人口预期将超过 90 亿，要求粮食增长 70%才能满足人口增长的需求。中国是世界上最大的水稻生产国和稻米消费国（Elert，2014），因此，水稻增产对保障我国乃至世界的粮食安全和人民生活水平具有极其重要的作用。作物矮秆品种和杂交稻的培育与应用，使我国粮食产量实现了两次飞跃。此外，农田水利基础设施的建设，灌溉面积的增加，农药、化肥的增加，在水稻增产中均发挥了重大作用（程式华等，1998）。但随着大量半矮秆、耐肥高产品种的培育和大面积推广应用，化肥、农药、水资源以及劳动力投入激增，农业生产面临越来越严峻的挑战（张启发，2009）。由于人口增长的持续压力以及粮食安全等问题，水稻高产和稳产一直是我国育种工作者的首要目标。以高产为目标的生产方式，带来了“高投入、高消耗、高污染、低效益”等一系列的负效应。例如，逐年递增的农药施用量，不仅增加生产投入成本，而且对生态环境和人类健康会产生影响；过量施用化肥，导致肥料利用率偏低，且产生土壤退化、江河湖海的富营养化等。随着农村劳动力结构发生改变以及生产成本的增长，水稻生产的收益收窄，严重影响农民种粮的积极性（彭少兵，2016）。为此，张启发撰文提出“绿色超级稻”（GSR）的理念（Zhang，2007），指出水稻育种的目标除要求高产、优质外，还应致力于减少农药、化肥和水的用量，使水稻生产实现“少打农药、少施化肥、节水抗旱、优质高产”的目标。近十多年来，“绿色超级稻”理念得到了国内外同行的响应和实践，绿色超级稻已经成为我国乃至其他国家或地区的水稻育种新目标。随着功能基因组学研究的快速发展以及“绿色超级稻”的研究与实践，一批绿色超级稻品种已在我国不同生态区域展开试验示范（Yu et al.，2020），通过具有绿色优良性状的新品种培育和绿色技术的推广应用，极大地减少了农药和化肥的施用量，降低了播种、插秧等用工投入，节约了灌溉用水等（彭少兵，2016），为推进绿色农业发展奠定了基础。

4.1.2 水稻品质的内涵与发展

当前，稻米品质已经成为我国水稻优质高效发展的核心问题之一，直接关系到稻米消费市场的提升和水稻产业的可持续发展。稻米品质的评价指标一般包括感官特征和内在特性。根据稻米的用途不同，对稻米品质的要求重点也不尽相同，其中，蒸煮与食味品质（eating and cooking quality，ECQ）是稻米品质构成中的最重要方面。通常，稻米蒸煮与食味品质是以直链淀粉、胶稠度、糊化温度等理化指标来间接反映的。随着我国温饱问题的解决和人民生活水平的快速提高，人们对粮食生产要求已由“吃饱”向“吃好”转变，稻米品质内涵有了新的发展。目前，我国将整精米率、垩白度和食味确定为优质稻谷的核心指标，开始重视食味品质（国家质量监督检验检疫总局和中国国家标准化管理委员会，2018），但“吃好”不但包含对稻米的食味和感官享受，而且包括食品安全和营养健康的要求。稻米优质对食品安全和营养健康提出了更高的要求与个性化需求。因此，利用品种遗传改良和绿色栽培等途径提高稻米的食味、安全、营养与健康等品质，将是水稻育种和生产的一项重要内容。

4.1.3 稻米食味

稻米作为直接蒸煮后食用的主食，食味品质往往与蒸煮品质一起，直接决定米饭的适口性。在水稻品质育种中，食味品质是较难选择的一个性状。这主要是因为评价食味品质的方法较多，如人工品尝、理化指标分析、远红外快速测定等，但大多数测定方法工作烦琐且需要样品量大，无法对育种早期世代材料的食味品质加以准确选择，导致食味优良基因型在早期可能被淘汰，给优质稻育种带来很大的盲目性，常出现好看不好吃的情况。加上由于地域和文化的差异，消费者对米饭食味的偏好性也会不同，因此，在稻米品质改良实践以及食味特性的评鉴中，需求多样化导致食味评价的规范性和标准较难统一。

稻米的主要食用部分为胚乳，主要由直链淀粉和支链淀粉组成。稻米蒸煮和食味品质主要取决于稻米淀粉性质。两类淀粉的比例和结构对稻米品质的优劣起着重要作用。一般认为，直链淀粉含量是影响稻米品质尤其是食味品质的最重要因子。通常高直链淀粉含量的米饭质地较硬，而低直链淀粉含量的米饭软而有弹性。但有研究发现，直链淀粉对米饭的适口性并非起决定性作用，直链淀粉含量相近的品种间食味品质或米饭质地也表现出明显的差异（贺晓鹏等，2010；Zhu et al.，2010）。这种差异可能是由直链（支链）淀粉精细结构或其他成分的差异造成的。

稻米淀粉黏滞性谱[RVA（rapid viscosity analyzer）谱]是指淀粉在加热、高温和冷却过程中黏度随温度变化而形成的曲线。稻米淀粉黏滞性测定能够模拟稻米蒸煮过程中淀粉的动态变化。研究表明，稻米淀粉 RVA 谱与蒸煮品质及食味品质有密切关系。与稻米的其他理化指标相比，RVA 谱中的崩解值、消减值和回复值等特性能够在一定程度上反映稻米蒸煮食味品质与米饭的口感。因此，稻米黏滞性也作为一个重要指标用来反映稻米的食味品质（陈书强，2015；李刚等，2009）。直链淀粉含量越高的品种，崩解值越小，而冷胶黏度、回复值和消减值越大。稻米淀粉RVA谱特征值能较好地区分直链淀粉含量相似的水稻品种间蒸煮食味品质的差异。

稻米中含有一定比例的蛋白质和脂肪，在精米中，淀粉占85%～90%，蛋白质占5%～12%，脂类化合物占0.3%～0.6%（伍时照和黄超武，1985）。稻米蛋白质不但是决定水稻营养品质的重要指标，而且对稻米的外观、加工和食用品质等有着较大的影响。研究显示，稻米蛋白质含量与食味品质呈负相关，过高的蛋白质含量往往使稻米食味变差（徐正进等，2005；Martin and Fitzgerald，2002）。蛋白质含量直接影响米粒的吸水性。稻米中蛋白质含量越高，淀粉细胞中的蛋白体就越多且紧密，致使稻米胚乳的结构紧密坚硬，淀粉粒之间的空隙小，吸水速度慢，吸水量少，导致稻米蒸煮时间长，淀粉不能充分糊化，黏度降低，米饭变得较松散。另外，淀粉颗粒间的蛋白质对淀粉粒的糊化和膨胀起抑制作用，淀粉的糊化温度随着蛋白质含量的增高而升高，从而对食味口感有较大的影响。然而，蛋白质含量的增加导致稻米食味品质的下降，是由稻米蛋白质含量的增加所导致的直接效应，还是通过影响淀粉结构或作用于淀粉糊化过程而产生的间接效应，目前并不清楚，还需要深入研究。

稻米中的脂类物质含量很少，但它的组成及其变化对稻米的储藏、加工和食用品质等也有较大的影响。有研究表明，稻米脂类含量较其他组分对稻米食味品质有更大的影响，稻米中的脂肪含量越高，米饭光泽越好，米粒的延伸性越佳（刘宜柏和黄金英，1989）。在一定范围内，脂肪含量越高，米饭适口性和香气越好，因此，提高稻米脂肪含量可以显著地改善稻米的食味品质（伍时照和黄超武，1985）。江谷驰弘等（2016）对12个粳稻材料的脂肪含量、蛋白质含量、蒸煮食味品质以及加工品质进行相关性分析，评价其脂肪含量与品质的关系，结果表明，粳稻脂肪含量越高，其蒸煮食味品质越好，但对营养品质、碾磨品质和外观品质的影响不大。稻米的脂肪含量较高可能是许多名优水稻品种的食味品质较好的一个因素。然而，稻谷中的蛋白质和脂肪等物质的含量、结构以及比例均属于典型的数量性状，品种间存在较大的差异，其遗传基础比较复杂，易受环境因素和栽培方式的影响。因此，明确稻米中蛋白质和脂肪的含量基础及其与食味品质的关系是今后稻米品质研究以及培育优良食味品种的重要内容之一。

4.1.4 营养与健康问题

随着生活水平的提高和相关慢性病的高发，人们越来越注重膳食的营养与健康。从传统营养角度来看，稻米营养主要来源于其蛋白质及氨基酸。蛋白质及必需氨基酸含量高的稻米具有较好的营养品质（张昌泉等，2016）。人们对稻米的消费以精米为主，精米中的蛋白质主要是谷蛋白和醇溶蛋白。由于精米中谷蛋白含量较高且易被消化吸收，谷蛋白含量与氨基酸组成是稻米营养品质中最重要的成分。不过从健康功能角度来看，低谷蛋白稻米非常适合 1 型和 2 型糖尿病患者食用（Ufaz and Galili，2008）。所以，营养与健康的概念也会随不同消费人群和多样化的需求而变化。

稻米蛋白质含量的增加，也会明显降低稻米的蒸煮与食味品质。谷蛋白、醇溶蛋白、清蛋白和球蛋白 4 种蛋白质组分的增加均会不同程度地降低稻米食味品质，其中，以球蛋白和醇溶蛋白对食味的负效应较为显著（石吕等，2019）。尽管栽培管理等措施可以增加植物中氮元素的水平，显著提高稻米的蛋白质及其组分含量，但关于稻米的蛋白质组分及含量的分子调控基础目前仍不太清楚。如何通过品种的遗传改良协调蛋白质对营养与食味的影响，需要更多的研究。

近年来，稻米中的脂肪酸、维生素类和矿物质元素等营养物质受到了广泛关注。脂质（如磷脂和脂肪）是水稻种子中的重要储藏化合物，在胚和糊粉层中最多，而在胚乳中主要以脂质-直链淀粉复合体的形式存在。脂质不但对种子生长发育具有重要的影响，而且是稻米油的主要来源。稻米油是一种具有高营养价值的食用油。因此，脂质被认为是稻米营养品质的一个重要组成部分。目前，关于植物有关脂类代谢途径，已有较多研究，水稻中很多脂类代谢相关位点被鉴定出来，但克隆的基因数量较少（Ying et al.，2012）。因此，开展影响稻米中蛋白质和脂类及淀粉组成与分布的遗传基础研究，特别是了解蛋白质、脂类与淀粉在稻米蒸煮、加工和储藏过程中的变化，以及它们的相互作用对稻米品质的影响，对从根本上改善稻米品质具有极重要的意义。

稻米的营养成分也包括适量的矿质元素如铁、钙、钾、铜、磷、锰、镁、硫、锌等，但随着加工精度的提高，稻米中的铁、锌等含量损失率会显著增加。因此，增加有益矿质元素（如锌、铁等）的含量能够增加稻米的营养价值（Bouis and Saltzman，2017）。据报道，全球有超过 20 亿人有营养素缺乏症，如缺乏维生素 A 及铁、锌等微量元素。为此，国际农业研究磋商小组等国际机构于 2003 年开始实施了一个生物强化（HarvestPlus）项目，旨在通过植物育种途径提高粮食作物中微量营养元素（如铁、锌等）以及维生素 A 的含量，改善人体微量营养元素的摄入量，以减少微量营养素缺乏对人体的不良影响（https://www.harvestplus.org/）。目前，国内外开展了关于植物对矿质元素的吸收和转运等分子遗传基础的大量研究，已鉴定出许多金属离子的转运相关基因，并且发现大多基因与植物的非生物胁迫反应相关，也有一些直接与稻米矿质营养元素含量相关（Clemens and Ma，2016）。这些研究结果为提高稻米目标矿质营养元素的分子育种提供了一定的理论和实践基础。

另外，稻谷脱壳后得到的糙米主要由果（种）皮、胚乳及胚组成，其中包含

5%～6%糠层、2%～3%胚（芽）和92%左右的胚乳。糙米外层统称为糠层，将糙米进一步碾磨加工得到的精米也称为白米。在稻米加工精制的过程中，果（种）皮、大部分糊粉层以及部分胚和少量的胚乳将被去除，这些组织中的蛋白质和脂质也将一同被除掉。糙米以及米糠层[果（种）皮、大部分糊粉层和胚]中包含许多对人体健康有益的微量物质，如酚类化合物、矿质元素、可溶与不溶膳食纤维、谷维素、维生素B族、维生素E、γ-氨基丁酸等各类生理活性组分（Rohman et al.，2014）。其中，黄酮等酚类化合物可以清除自由基并进一步降低氧化应激反应，保护生物大分子免受潜在损害。酚类化合物的抗氧化特性可预防肥胖、糖尿病、动脉粥样硬化、癌症和心血管疾病等慢性疾病（Bondonno et al.，2019；Panche et al.，2016；Pereira-Caro et al.，2013）。酚类物质常见的有酚酸（对香豆酸、咖啡酸、阿魏酸、香草酸和丁香酸等）和黄酮（黄酮醇、黄酮类、儿茶素、花青素等）等。它们包括可被提取到溶液中的游离态酚类，以及通常通过酯键、醚键与细胞壁组分共价结合的不溶性酚类物质。游离酚酸在人的胃和小肠中被吸收，对低密度脂蛋白和脂肪的氧化有保护作用，不溶性的结合酚酸部分通过酶在小肠中消化，有些在结肠中被结肠微生物消化（Liu et al.，2015a；Okarter and Liu，2010）。米糠也是γ-谷维素的主要来源。谷维素作为稻米中一种重要的生物活性物质，主要由反式阿魏酸与植物甾醇（甾醇和三萜醇）组成，具有降低胆固醇等功能（Tuncel and Lmaz，2011）。在水稻中，已有研究表明，许多营养物质如γ-氨基丁酸、维生素A、花青素等的合成和代谢过程受大量遗传调控因子控制。通过生物技术结合传统的育种途径强化或富集水稻中的相关营养元素成为可能（Zhao et al.，2020）。

我国稻米品种众多，稻米的适度加工是提高稻米感官品质的必要手段。稻米加工过程对稻米品质和营养含量具有较大影响。我国典型的稻米加工通常包括脱壳、碾米、色选和抛光等工艺，这些工艺可以提高稻米的外观和感官品质。不过，上述的大多营养物质主要集中在糙米外层（糠层），稻米碾磨加工会使它们产生大量损失。而且，稻米碾磨过程中的机械力和由此产生的较高温度，会影响稻米中淀粉的结构和稻米品质（吴娜娜等，2019；Champagne et al.，1990）。所以，加工精度不仅对稻米的蒸煮品质和感官品质有影响，也对稻米的营养成分和营养价值产生较大影响（Liu et al.，2015a）。因此，需要改变我国稻米加工长期追求外观品质导致的过度加工现象。为了做到稻米既好吃又有营养，今后水稻品质育种的一个重点目标就是要利用分子遗传育种等手段培育富集营养成分的水稻新品种，同时还要研究适度加工（精度）对稻米营养成分和感官品质的影响。

4.1.5 农药残留问题

长期以来，为保障粮食安全，水稻高产稳产一直放在水稻育种研发的首位，水稻生产也逐渐形成了“以高投入换取高产量”的思路和方式。高产品种的培育与大面积推广应用，使作物生产中化肥、农药等资源的投入激增。据统计，我国的农药用量超过世界平均水平的4 倍以上；化肥用量已接近世界化肥总量的40%，利用率极低（Peng et al.，2006）。产量增长与资源消耗和环境污染不成比例，导致农业生产与资源环境的严重矛盾。大量使用农药、化肥造成的水污染和土壤污染，必然引起农产品的农药残留超标，会对食品安全造成重大隐患（刘婧等，2018）。国家卫生健康委员会、农业农村部、国家市场监督管理总局联合发布了 GB 2763—2019《食品安全国家标准 食品中农药最大残留限量》，作为我国监管食品中有关农药残留的强制性国家标准。我们围绕“绿色超级稻”理念，在水稻生产中开展了“少打农药、少施化肥、优质高产”的卓有成效的研究和实践，为有效地降低稻米农药残留提供了技术保障和基础（Yu et al.，2020；Zhang，2007）。最近在绿色超级稻的基础上，我们提出“双水双绿”理念，即“绿色水稻”和“绿色水产”协同发展的思路（张启发，2018），降低农业生产的面源污染和保护生态环境，特别是在“双水双绿”虾稻共养模式下，水稻对小龙虾具有庇护及提供饵料作用，小龙虾养殖具有“利稻行为”，在增肥、改土、改水、控草、控病、控虫等多方面体现出较好的效果，从而基本实现大量减低农药的施用，也降低了水产养殖抗生素和生产调节剂等农用化学品的大量施用，提高了稻米和水产品的安全性。当然，如何发挥稻虾互作效应仍缺乏理论基础，特别是这种模式对水、土及生物多样性的影响仍缺乏系统研究。就水稻而言，需要选育具有更多抗病虫功能的绿色超级稻优质新品种，适应“双水双绿”模式；同时，需要建立配套的病虫害绿色防控体系，包括自然天敌控害技术以及生物诱导技术等，实现全方位的绿色生产。

4.1.6 重金属问题

目前，我国受重金属污染的耕地面积近 2.0×10^6hm^2，约占耕地总面积的 1/5。我国稻米主产区的西南、华南和中南地区的土壤重金属污染较为突出。常见的重金属污染或生物毒性突出的主要有镉（Cd）、砷（As）①、铅（Pb）、铬（Cr）、汞（Hg）等（庄国泰，2015；Zhao et al.，2015）。农田土壤重金属污染主要源于污水灌溉及含重金属的农药、化肥以及有机肥等的不合理使用。例如，农药、化肥中含有一定的重金属元素，如镉和钴等在过磷酸钙类肥料中含量较高，在硫酸铜类和硫酸亚铁类农药中含有较多的铅，常用的除草剂中镉、铅和镍的水平也较高。在重金属污染的农田种植以及利用被重金属污染的水源灌溉农作物，都会导致重金属在农产品中的蓄积。重金属残留的食品经食物链进入人体后会累积，进而对机体产生慢性损伤，引发生理畸形、癌症等，增加人类的健康风险。由于重金属

① AS 为非金属，但由于其同时有金属性和非金属性，此处作为重金属处理

毒性具有可蓄积、半衰期长等特性，重金属的污染问题成为影响食品安全的重点问题之一（Zhao et al.，2015）。

我国是世界上最大的水稻生产国和消费国。稻米的消费量在总膳食中所占的比例较大，约占我国居民口粮消费结构中的65%。所以，稻米中重金属含量水平对我国居民健康影响至关重要。我国制定的《食品安全国家标准　食品中污染物限量》（GB 2762—2017）规定了在谷物中有毒重金属的最大允许量Cd为0.2mg/kg，Cr为1.0mg/kg，无机As为0.2mg/kg，Pb为0.2mg/kg，Hg为0.02mg/kg。Qian等（2010）分析了2005～2008年从我国20个省份收集的712份精米样品的重金属含量，结果显示，16个样品超过了标准规定的Cd最大允许量（0.2mg/kg）。Fang等（2014）对2009年和2011年收集的92份稻米的重金属含量进行了分析，结果表明，供试样品中3.3%的样品Cd含量超标，4.3%的样品Pb超标，2.2%的样品As超标。近年来，部分水稻产区的稻米重金属含量超标的问题还较严重。2015年我国18个省份的2151份稻米重金属含量的监测数据分析显示，约有20%的样品Cd含量超标，这些超标样品主要来自湖南、四川、广西和安徽的部分地区（Xiao et al.，2018）。徐建民等（2018）报道长江中下游某县级市农田土壤-水稻系统中重金属近10年来的定位监测情况，发现10年间稻米Cd超标率显著增加。重金属污染事件的报道，如“镉米”及“砷毒”等受到公共的普遍关注（张卫星等，2018）（https://baike.baidu.com/item/重金属污染）。所以，稻米重金属含量是当前水稻育种生产中需要高度重视和解决的问题。

稻米重金属污染类型多样，成因复杂。在水稻种植过程中，由于土壤、水、肥、大气等受重金属的污染和胁迫，重金属通过土壤耕作系统进入水稻植株，进而在稻米中积累。研究表明，由于水稻本身对重金属元素具有强吸收的能力，重金属在稻米中富集的可能性是存在的（蒋彬和张慧萍，2002），但不同品种或基因型对重金属的吸收和积累上存在很大差异。当土壤和灌溉水源含有大量重金属，水稻根系对重金属元素的吸收与积累量显著增加。但植株不同部位的积累量不一样，吸收的重金属元素大部分滞留在根部，少量向地上部迁移，重金属元素在水稻植株不同部位中含量的大小顺序是根部>茎叶>稻谷>精米（仲维功等，2006）。不同重金属元素在水稻植株中的迁移能力也不一样。不同品种或基因型对重金属的吸收、转运以及积累能力存在明显的差异，是导致稻米中重金属含量存在显著差异的重要原因（Ueno et al.，2010）。除受水稻品种本身特性影响外，水稻对重金属的吸收还受水稻生长环境如土壤酸碱度（pH）、土壤微生物、根际分泌物，以及不同重金属相互协同与拮抗作用等因素的影响。

以重金属镉为例，不同水稻品种对镉的吸收、转运和积累能力存在较大的变异，通过筛选重金属低积累品种可以有效地降低稻米中重金属含量（Duan et al.，2017a）。研究显示，在相同或相似的大田污染环境下，稻米镉含量高低主要受其基因型的控制。但在重金属污染程度不同的农田中，稻米镉含量变异主要取决于土壤的污染程度，相对于水稻基因型，土壤污染占表型变异的 61.4%，而基因型只决定了表型变异的 16.5%（陈彩艳和唐文帮，2018）。土壤碱性条件会使镉移动性显著下降，从而降低水稻籽粒中镉积累。长期淹水处理的水稻，其根系、茎叶和糙米中镉含量会极显著降低。纪雄辉等（2007）对长期淹水处理水稻的研究表明，长期淹水的水稻根系、茎叶和糙米中镉含量比正常灌溉的极显著降低，其糙米镉含量比间歇灌溉和湿润灌溉平均分别降低 41.3%、70.7%。另外，在生产上施用一些必需元素如硅、锌、铁、锰等制剂，也可能降低稻米的镉积累量（胡召华等，2017）。另外，农艺措施能够有效地调控作物对重金属元素的吸收（沈欣等，2015）。近几年的实践表明，利用镉低积累水稻品种、结合实施全生育期淹水灌溉和调增酸性土壤 pH 等措施可以在一定程度上治理与改善镉污染超标农田，降低稻米对 Cd 的积累（于焕云等，2018；沈欣等，2015）。

科研工作者对植物吸收、转运和累积重金属元素的分子机制开展了深入研究，结果表明，水稻对镉的吸收主要是通过 *OsNRAPM5* 和 *OsNRAMP1* 基因进行的，转运由 *OsHMA3*、*OsHMA2* 和 *OsLCT1* 等基因参与完成（Clemens and Ma，2016）。这些基因既能转运镉，也能转运锌和锰等其他必需元素。例如，水稻转运蛋白 OsNramp5 在转运镉的同时可高效转运锰（Sasaki et al.，2012）。转运蛋白 OsHMA3 可将镉转入液泡中，束缚镉向地上部转运（Sasaki et al.，2014）。OsLCT1 是与韧皮部转运镉有关的重要转运蛋白，可促进镉向韧皮部装载（Uraguchi et al.，2011）。相对于镉和砷的转运与积累途径，对其他重金属如汞和铅在植物中积累的机制还不明确（Clemens and Ma，2016）。

对重金属砷而言，土壤在淹水（还原环境）状态下，土壤中的五价砷 As（V）大量转化为三价砷 As（III），而五价砷被还原为三价砷后，土壤胶体对砷的吸附能力大幅降低，从而导致土壤砷的活化，促进了水稻对砷的吸收（Clemens and Ma，2016）。在还原条件下，土壤中 As（III）主要通过硅的转运通道进入水稻各部位。有研究表明，As（III）首先通过定位在水稻根系内外皮层细胞的远中柱端的硅转运蛋白 OsLsi1 通道进入根系（Zhao et al.，2009），从而将根部细胞外的 As（III）转入细胞中；然后由 OsLsi2 装载到木质部中，进而输送到地上部（Ma et al.，2008）。可以看到，淹水措施能够降低镉的吸收和运输，但同时增加了砷的吸收和转运。为了降低水稻累积砷，目前多采用干湿交替和水稻旱作等农艺措施（纪雄辉等，2007）。综合而言，深入开展植物重金属低积累的机制研究，筛选低吸收和低转运能力的相关基因，特别是寻找向籽粒转移率低的优异等位基因，通过遗传改良等手段培育重金属低吸收和低转运的水稻品种，对降低稻米中重金属的含量具有十分重要的理论和实践意义。

4.2 “双水双绿”水稻育种目标及其遗传改良

4.2.1 “双水双绿”的水稻育种目标

“绿色超级稻”是在不断改良产量和品质的基础上培育的具有多个绿色性状的新水稻品种。对于“双水双绿”水稻新品种，绿色性状主要包括对非生物逆境如低温、高温、淹水等的抗性；具备对土壤逆境因素如缺磷、低氮、盐、碱等的耐性和高效利用土壤营养成分如氮、磷等营养元素；对生物逆境如主要水稻病害如稻瘟病、白叶枯病、纹枯病和稻曲病等的抗性，以及主要虫害如稻螟虫和稻飞虱等的抗性。

为了把绿色超级稻应用于“双水双绿”生产模式，“双水双绿”的育种目标表现为：①优质，即要求直链淀粉含量不高于 15%，蛋白质含量小于 7%，食味值达 85 分以上；②品质功能多样化，即在优质基础上实现香、糯、花青素丰富、不饱和脂肪酸丰富、有利营养元素如铁、锌元素丰富，重金属元素如镉、砷、汞不超标，以及高淀粉、高蛋白质等特殊用途品种；③高产，即在保证优质的前提条件下兼顾高产，要求一般亩产稻谷不低于 500kg；④抗病虫害，即针对我国南方水稻生产病虫害较多的特点，“双水双绿”水稻要求具有抗多种病虫害的能力，特别是稻瘟病、白叶枯病和稻飞虱等抗性，实现水稻生产不喷施任何农药；⑤耐逆境，即针对“双水双绿”在长江流域中晚稻的气候和环境特点，水稻要求具备耐低温和抗高温的能力，增强耐潜育化能力和提高氮、磷利用效率；⑥抗倒伏，即通过栽培管理控氮控肥、控制倒伏，适用于机械化收割。

为了实现“双水双绿”的水稻育种目标，我们提出以目前最优良的品种为起点，综合应用品种资源研究和功能基因组研究的新成果，充分利用水稻的各种基因资源，有机整合常规育种和分子育种技术在基因组水平上优化组合各种有利基因，培育优质、多抗和资源节约、环境友好的绿色水稻新品种。

4.2.2 “双水双绿”要求的主要农艺性状及其基因研究进展

由于作物的农艺性状主要是受多基因控制的数量性状，近 20 多年来，我国科研工作者通过构建大量的遗传群体和绘制分子标记连锁遗传图谱的方法，定位了大量的数量性状基因座（quantitative trait locus，QTL），如产量、品质、抗病虫性和抗非生物逆境等，并克隆了一批优异基因。以下就品质和抗逆性的相关基础研究做简要介绍。

4.2.2.1 稻米品质遗传基础研究进展

1）*GS3* 和 *GW5* 是调控稻米粒长、粒宽的关键基因。栽培稻的粒长、粒宽主

要由 *GS3* 和 *GW5* 决定（Zhou et al.，2017）。Fan 等（2006）首先利用两个籼稻品种川 7 和明恢 63 构建的回交群体定位和克隆了 *GS3*，发现该基因负调控水稻粒长。随后 Fan 等（2009）和 Takano-Kai 等（2009）分析了 *GS3* 的自然变异，发现该基因第二外显子上 C→T 的突变起源于温带粳稻，并且在热带粳稻和籼稻中受到强烈的人工选择。这一发现也解释了大部分籼稻表现为长粒的原因。Mao 等（2010）年发现 *GS3* 存在 4 个功能域且该基因存在多种等位型。其结果表明野生型 *GS3*（*GS3-1*）表现为中等长度粒形，如珍汕 97；突变型 *GS3*（*GS3-3*）表现为长粒，如明恢 63；而 C 端功能域缺失的 *GS3*（*GS3-4*）功能更强，表现为超短粒，如川 7。Trusov 等（2012）鉴定了水稻中的 G 蛋白基因，发现 *GS3* 编码的蛋白质属于 G 蛋白 γ 亚基因。Sun 等（2018a）揭示了 *GS3* 如何参与 G 蛋白途径调控水稻粒长，他们发现有三个 G 蛋白 γ 亚基共同参与水稻粒形的调节，分别是 DEP1、GGC2 和 GS3。其中 *DEP1* 和 *GGC2* 能够与 G 蛋白 β 亚基结合以增加水稻粒长。而 *GS3* 自身不影响粒长，而是通过竞争性地与 β 亚基结合抑制 *DEP1* 和 *GGC2* 的功能，从而负调控水稻粒长。

GW5 是影响水稻籽粒宽度多样性的主要基因。Weng 等（2008）将 *GW5* 确定为主要的粒宽和重量 QTL，并发现 Asominori 中一个 1212bp 缺失与粒长增加有关。Shomura 等（2008）指出，这种缺失会导致栽培水稻籽粒宽度显著增加，在水稻驯化过程中发挥了重要作用。Duan 等（2017b）克隆了 *GW5*，发现它编码了一种含有 IQ 结构域的钙调蛋白。通过对 *GW5* 自然变异的分析，研究者发现栽培水稻存在 3 种主要的单倍型，分别为粳稻缺失 1212bp、籼稻缺失 950bp 及插入 370bp、野生型。Liu 等（2017）进一步发现 *GW5* 可以与 *GSK2* 相互作用，他们提出了 *GW5* 对水稻粒宽的调控模型，指出 GW5 蛋白是通过抑制 GSK2 对 OsBZR1 和 DLT 的激酶活性，从而参与 BR 通路调控种子生长。此外，一系列与水稻籽粒相关基因被克隆和功能验证，如 *GW2*、*GS5*、*qSW5*/*GW5*、*GS2*、*GL7*/*GLW7* 等（ Liu et al.，2017；Si et al.，2016；Hu et al.，2015b；Wang et al.，2015a；Li et al.，2011）。这些基因为水稻产量和品质的遗传改良奠定了重要基础。

2）垩白是影响稻米品质最重要的性状之一。垩白是稻米灌浆过程不充分而形成的白色不透明胚乳，它会影响稻米蒸煮与食味品质、营养品质和整精米率等。水稻垩白是一种对环境敏感、受多基因控制的复杂性状。为了更好地了解水稻籽粒垩白的遗传基础，研究人员进行了大量的研究，并利用不同的材料鉴定了一些与垩白有关的 QTL。目前，只有 *Chalk5* 是通过自然变异克隆而来的（Li et al.，2014）。*Chalk5* 编码一个液泡 H^+-转运焦磷酸酶（V-PPase），在胚乳中特异性表达，是稻米腹白的正向调节因子。*Chalk5* 启动子区多态性与其表达水平和垩白粒率有关。自然变异分析表明，启动子区多态性是籼稻垩白度变化的主要原因。

从粉质胚乳突变体中克隆出十几种与垩白有关的基因，这些基因大多与淀粉合成或淀粉品质有关。*FLO5/SSIIIa* 调控短链淀粉伸长，敲除该基因的功能将导致心白的形成（Ryoo et al.，2007）。*FLO2* 参与了粒形和淀粉品质的调控，*flo2* 突变体中贮藏淀粉相关基因表达水平下降，超表达 *flo2* 能够使种子变大（She et al.，2010）。*FLO6* 突变体种子中的淀粉含量降低且理化性质发生改变。研究人员发现，*FLO6* 可能作为一种淀粉结合蛋白参与淀粉合成和淀粉颗粒的形成（Peng et al.，2014b）。*FLO7* 编码一种功能未知的蛋白质，其 N 端在胚乳细胞发育过程中能够导致直链淀粉的结构变化。突变体 *flo7* 在外围表型上表现为粉白色胚乳，直链淀粉含量降低，支链淀粉结构紊乱（Zhang et al.，2015）。

3）*Waxy* 基因决定稻米的直链淀粉含量、胶稠度和 RVA 特性。稻米胚乳主要由淀粉组成，因此淀粉的组成和结构决定了稻米煮熟前与煮熟后的各种理化性质。*Waxy/GBSSI* 基因位于第 6 号染色体，在稻米胚乳中特异性表达，编码一个颗粒结合型淀粉合成酶，控制胚乳中支链淀粉的合成。*Waxy* 基因存在广泛的自然变异，目前报道有 7 个功能性的变异点，使稻米的直链淀粉含量在 0%～30%变异（图 4-1）。Wang 等（1995）通过对 31 份水稻品种进行分析，认为胚乳的直链淀粉含量在 *Waxy* 转录处理水平上受到调控。第二外显子 23bp 序列发生重复导致终止密码子提前，*Waxy* 功能丧失无法合成直链淀粉，形成糯米的表型（Wanchana et al.，2003）。5′非翻译区（5′-UTR）剪切位点 G→T 的变异导致正常的 mRNA 含量下降，该变异是非糯米水稻直链淀粉含量变异的主要位点（Cai et al.，1998）。第 6 外显子 A→C 的变异导致编码氨基酸从络氨酸到丝氨酸的改变，是非糯米水稻直链淀粉含量变异的次要位点（Larkin and Park，2003）。第 10 外显子 C→T 的变异导致氨基酸从丝氨酸到脯氨酸的变化，是决定稻米胶稠度和黏滞系数 RVA 特

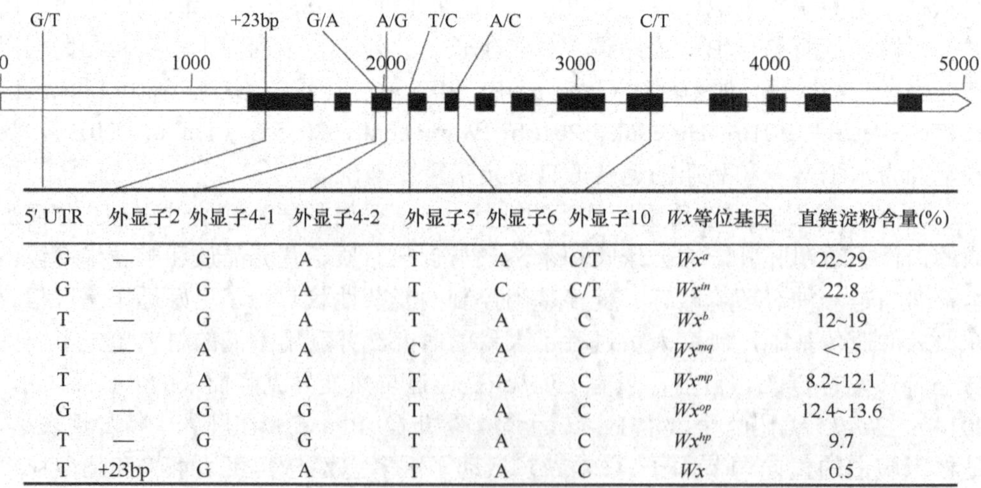

5′ UTR	外显子2	外显子4-1	外显子4-2	外显子5	外显子6	外显子10	Wx等位基因	直链淀粉含量(%)
G	—	G	A	T	A	C/T	Wx^{a}	22~29
G	—	G	A	T	C	C/T	Wx^{in}	22.8
T	—	G	A	T	A	C	Wx^{b}	12~19
T	—	A	A	C	A	C	Wx^{mq}	<15
T	—	A	A	T	A	C	Wx^{mp}	8.2~12.1
G	—	G	G	T	A	C	Wx^{op}	12.4~13.6
T	—	G	G	T	A	C	Wx^{hp}	9.7
T	+23bp	G	A	T	A	C	*Wx*	0.5

图 4-1　7 个功能性变异位点决定了水稻中 *Waxy* 基因不同等位型和直链淀粉含量

性的主要变异（Tran et al.，2011；Traore et al.，2011）。Teng 等（2012）结合以上 4 个变异，在栽培种鉴定了 *Waxy* 的 5 种等位基因，通过构建这 5 种等位基因的染色体片段代换系确认了它们对稻米直链淀粉含量的影响。

除此之外，还有一些稀有的变异。第 4 外显子 G→A 的碱基替换导致天冬氨酸到苏氨酸的氨基酸变异，这个变异并不会影响颗粒结合淀粉合成酶Ⅰ（GBSSⅠ）的酶活，但是会降低 GBSSⅠ与颗粒淀粉的结合能力，最终导致直链淀粉含量的下降，最终形成不透明的表型（Mikami et al.，2008）。另外在日本的低直链淀粉含量水稻品种 Milky Queen 中还检测到两个单核苷酸多态性（SNP）变异，分别是第 4 外显子 G→TA 和第 5 外显子 G→A 的变异（Sato et al.，2002）。

4）*BADH2* 决定稻米的香味。芳香族化合物 2-乙酰-1-吡咯啉（2-AP）是香米中类似爆米花香味的主要成分。早期研究表明，香味（*fgr*）是一个隐性性状，由第 8 号染色体上一个主效 QTL 控制（Lorieux et al.，1996）。Bradbury 等（2005）认为 *badh2* 编码一个甜菜碱醛脱氢酶 2，极有可能是 *fgr* 的功能基因。Chen 等（2008）通过图位克隆的方法证实了 *BADH2* 编码的 BADH2 蛋白通过消耗 2-AP 的前体 4-氨基丁醛（AB-ald）来抑制 2-AP 的生物合成，使水稻不具有香味。进一步研究发现，*BADH2* 有两个隐性等位基因 *badh2-E2* 和 *badh2-E7*，它们分别在第 2 外显子和第 7 外显子有一个 7bp 和 8bp 的缺失（Shi et al.，2008；Bradbury et al.，2005）。

5）蛋白质含量影响稻米食味品质。水稻胚乳中蛋白质主要包含谷蛋白、清蛋白、球蛋白和醇溶蛋白，虽然含量较少，仅占 8%～10%，但对稻米食味品质起决定性的作用。在水稻中已经鉴定了 15 个谷蛋白基因（Kawakatsu et al.，2008）、34 个醇溶蛋白基因（Xu and Messing，2009）、3 个球蛋白基因（Nakase et al.，1996；Sun et al.，1996）和 7 个清蛋白基因（Alvarez et al.，1995），这些基因基本都是通过同源基因预测的方法鉴定到的。前人利用遗传学方法鉴定到许多水稻储藏蛋白的 QTL，但是很少有精细定位或者克隆。Peng 等（2014a）利用图位克隆的方法克隆了 *OsAAP6* 基因，该基因编码一个氨基酸转运蛋白，能够正调控水稻中 4 种储藏蛋白的含量，降低食味品质。Chen 等（2018）通过 527 份多样性栽培品种与 4 种储藏蛋白的全基因组关联分析，鉴定了许多已知和未知的 QTL，并通过分析已克隆蛋白质基因 *OsAAT2*、*RA17*、*RM1*、*RP6* 和已克隆淀粉代谢相关基因 *AGPS2a*、*ISA2*、*PUL*、*Wx* 的不同单倍型对各种储藏蛋白含量的影响，进一步揭示了栽培稻储藏蛋白自然变异的遗传基础。

6）原花青素和花青素对稻米营养健康具有重要作用。原花青素在果皮层积累使糙米呈现红色，受 *Rc* 和 *Rd* 两个基因调控。第 7 号染色体 *Rc* 的第 6 外显子上 14bp 的缺失或者 G→A 的变异均会造成 *Rc* 的功能缺失。*Rc* 和 *Rd* 同时有功能时，果皮表现为红米表型；*Rd* 有功能而 *Rc* 缺失功能，则会形成白米；而 *Rc* 有功能，*Rd* 缺失功能会形成浅棕米（Furukawa et al.，2007；Sweeney et al.，2006）。

花青素是一种具有高抗氧化活性的水溶性色素，其抗氧化性对人体健康有大的益处（Wang and Stoner，2008）。花青素在果皮层积累使糙米呈现紫色或黑色。植物花青素合成受到结构基因和调节基因控制，其中结构基因是指编码花青素合成的各种功能性酶的基因，调节基因主要包括 MYB、bHLH 及 WDR 型 3 类转录因子。植物在不同转录因子以及花青素合成酶的共同作用下，在不同组织中合成和积累花青素，最终表现出不同的颜色（Holton and Cornish，1995）。

水稻中的花青素合成由三类显性基因（*C*、*A* 和 *P*）控制，其中 *C* 为花青素合成基因，*A* 为花青素合成激活基因，*P* 为组织特异性调控子，用于调节 *C* 和 *A* 的表达。目前克隆的水稻花青素相关基因主要有 *OsC1*、*Kala3*、*OsB1*、*OsB2*、*Rb*、*Rc* 以及 *Rd*/*OsDFR*（Oikawa et al.，2015；Furukawa et al.，2007；Saitoh et al.，2004；Sakamoto et al.，2001；Hu et al.，1996），其中 *OsC1* 和 *Kala3* 编码的均为 R2R3-Myb 转录因子，*OsB2*（Kala4）、*OsB1*、*Rb* 以及 *Rc* 均编码 bHLH 类型转录因子，*Rd* 则编码二氢黄烷酮醇-4-还原酶（DFR）。

研究表明，水稻颖壳颜色受C-A-S模型调控，其中C为 *OsC1*，S为 *OsB2/Kala4*，A 为 *Rd/OsDFR*（Sun et al.，2018b）。*OsC1* 位于第 6 号染色体上，存在至少 5 种无义突变，包括第 3 外显子上两个，以及第 1 外显子和第 2 外显子上的两个无义突变（Saitoh et al.，2004）。与红米的形成不同，黑米的形成受三个基因的调控，分别为 *Kala1*、*Kala3* 和 *Kala4*，其中 *Kala1* 编码一个 DFR，即 *Rd* 基因；*Kala3* 为一个 R2R3-Myb 转录因子；*Kala4* 为一个 bHLH 转录因子。*Kala4* 没有功能时，水稻果皮为白色。值得注意的是，野生型 *Rc* 是有功能的，但栽培稻中功能大多缺失；而 *Kala4* 为一个功能获得性的基因，野生型 *Kala4* 是没有功能的，突变型 *Kala4* 的启动子区域有大片段插入引起 *Kala4* 表达量的上升，从而形成有颜色的种子（Oikawa et al.，2015；Maeda et al.，2014）。

4.2.2.2 水稻生物逆境和非生物逆境抗性研究进展

水稻在全生育过程中遭受到一系列的生物逆境如病虫害等和非生物逆境包括干旱、淹涝、盐害、低温、高温等影响，严重影响水稻的品质和产量。水稻生物逆境和非生物逆境抗性有着复杂的遗传与分子基础，发掘这些抗性基因并解析其抗性的机制将有助于抗逆新品种的培育。

1）生物逆境抗性基因。稻瘟病、白叶枯病和纹枯病是水稻的三大病害。目前已经成功分离克隆了 10 余个抗白叶枯病主效基因，如 *Xa1*、*Xa3*/*Xa26*、*xa5*、*Xa10*、*xa13*、*Xa21*、*Xa23*、*Xa27*、*xa25* 和 *Xa41*（*t*）（Hutin et al.，2015；Wang et al.，2015c；Tian et al.，2014；Li et al.，2011；Chu et al.，2006；Gu et al.，2005；Sun et al.，2004；Yoshimura et al.，1998；Song et al.，1995）。与其他抗病基因大多编码 NBS-LRR 不一样，白叶枯病抗性基因编码的蛋白质种类丰富多样。*Xa7* 是受白叶

枯病菌 TALE AvrXa7 诱导表达的主效基因，可能参与水稻维管束细胞次生壁加厚，使水稻表现白叶枯病抗性（Webb et al.，2010）。*Xa10* 是受白叶枯病菌 TALE AvrXa10 诱导表达的主效显性抗病基因，它的抗性与细胞中 Ca^{2+}平衡有关（Tian et al.，2014）。*Xa23* 是受白叶枯病菌 TALE AvrXa23 诱导表达的主效显性抗病基因，能够表现出广谱的抗性，这主要是因为 AvrXa23 在所有白叶枯病菌中几乎都存在（Wang et al.，2015a）。*Xa7*、*Xa10* 和 *Xa23* 均为一类受 TALE 诱导的显性抗病基因。*xa13*、*xa25*、*xa4* 等属一类 TALE 发生突变的隐性抗病基因。水稻隐性白叶枯病抗病基因 *xa5* 编码突变的 $TFIIA\gamma5^{V39E}$，其可以与 TALE 互作同时对细条病产生抗性（Jiang et al.，2006）。*Xa1* 是已克隆抗白叶枯病基因中唯一编码 NBS-LRR 蛋白的基因（Yoshimura et al.，1998）。*Xa21* 是第一个克隆的白叶枯病抗病基因，可以介导对多种生理小种的抗性，编码富亮氨酸重复类受体蛋白激酶（Park et al.，2010）。*Xa3*/*Xa26* 在中国水稻品种中广泛应用，介导对多个白叶枯病生理小种的广谱抗性，与 *Xa21* 不一样（Li et al.，2012）。

目前已经克隆了 20 多个稻瘟病抗性基因：*Pi9*、*Pi2*、*Piz-t*、*Pid3*、*Pi25*、*Pi36*、*Pi5*、*Pik-h*/*Pi54*、*Pik-m*、*Pb1*、*Pik*、*Pik-p*、*Pia*、*Pi1*、*Pi56*、*Pita*、*PiCO39*、*Pi37*、*Pit*、*Pish*、*Pib*、*pi21*、*Pi63*、*Pi64*、*Pid2*①。其中，*Pik-m*、*Pb1*、*Pik*、*Pik-p* 的抗性均由两个并不相同的 NBS-LRR 共同控制，属于典型的复等位基因抗性（Yuan et al.，2011；Zhai et al.，2011；Li et al.，2007）。*Pi5* 和 *Pia* 同样也由双基因控制，其中 *Pi5* 由编码 CC-NBS-LRR 的 *Pi5-1* 和 *Pi5-2* 共同控制，它们结构相似、位置紧密连锁在一起，并且有独特的羧基端序列（Cesari et al.，2013）。*Pia* 由 CC-NBS-LRR 的 *SasRGA4* 和 *SasRGA5* 共同组成，它们共同识别稻瘟病病原菌从而产生抗性。*Pi2*、*Piz-t* 是等位基因，而 *Pi9* 是其旁系基因，这些基因组成编码 NBS-LRR 蛋白的基因簇，具有广谱抗性，在生产上具有较好的应用前景（Liu et al.，2002）。*Pid3* 和 *Pi25* 也是在不同材料中克隆的等位基因（Shang et al.，2009）。*Pi37*、*Pish* 和 *Pi64* 均定位在第 1 号染色体上一个 NBS-LRR 的基因簇中，其中第 2 个基因编码的 CC-NBS-LRR 是 *Pi64*，第 3 个 NBS-LRR 是 *Pi37*，第 4 个 NBS-LRR 是 *Pish*（Lin et al.，2007a）。*Pid2* 来源于水稻品种地谷，其编码 B-凝集素激酶，*pi21* 是唯一已经克隆的隐性稻瘟病抗性基因（Chen et al.，2006）。所以，稻瘟病抗性具有很多的 NBS-LRR 位点，大多数稻瘟病抗性基因具有基因簇的特点，也是稻瘟病基因进化的一个重要原因。

褐飞虱是危害水稻最重要的害虫，自抗褐飞虱基因 *Bph1* 第一次在栽培稻中被证实以来，在水稻中已发现了 31 个抗褐飞虱基因。其中，*Bph1*～*Bph9*、*bph19*（*t*）、*Bph25*、*Bph26* 和 *Bph28* 等 13 个抗褐飞虱基因来源于栽培稻，其余的 18 个

① 国家水稻数据中心. 2015. http://www.ricedata.cn/gene/gene_pi.htm

基因均来源于野生稻。目前，已克隆了 7 个褐飞虱抗性基因，分别是 *Bph14*、*Bph26*、*Bph3*、*bph29*、*Bph18*、*Bph9* 和 *Bph32*（Ji et al.，2016；Liu et al.，2015b；Wang et al.，2015b；Tamura et al.，2014；Du et al.，2009）。稻飞虱基因在水稻中大部分是成簇存在的，如 9 个稻飞虱抗性基因[*Bph1*、*bph2*、*bph7*、*Bph9*、*Bph10*、*Bph18*（*t*）、*bph19*（*t*）、*Bph21*（*t*）和 *Bph26*]成簇排列在水稻第 12 号染色体上 RM7102 和 RM17 的一段约 14Mb 区段内。水稻第 4 号染色体上的分子标记 RM8213～RM5953 包含了 *Bph3*、*Bph12*、*Bph15*、*Bph17*、*Bph20* 和 *bph22* 等 6 个稻飞虱抗性基因。有 4 个基因 *bph11*、*Bph13*、*Bph14* 和 *bph9* 位于水稻第 3 号染色体上。这些稻飞虱基因的定位为水稻抗飞虱基因的分子育种奠定了重要基础。

2）非生物逆境抗性基因。非生物逆境（如干旱、淹涝、盐害、高低温等）是降低水稻产量和品质的主要因素。植物在干旱、盐碱和高低温等逆境下，可以激发内源信号传递系统，调节非生物胁迫应答和适应相关基因表达，进而适应不利环境。*SKC1* 是从耐盐水稻品种 Nona Bokra 中筛选出的一个主效 QTL，其对水稻耐盐表型变异的贡献率达 40.1%（Ren et al.，2005）。*COLD1* 是水稻感受低温的重要 QTL，该基因编码一个 G 蛋白信号调节因子，粳稻特异的 SNP2 影响了 COLD1 蛋白活性而赋予粳稻耐寒性（Ma et al.，2015）。水稻中多个转录因子 bZIP 家族基因参与抗旱性调控，如超表达 bZIP 转录因子基因 *OsbZIP16*、*OsbZIP23*、*OsbZIP46*、*OsbZIP71* 和 *OsbZIP72* 等均能提高水稻的抗旱性（Park et al.，2015；Chen et al.，2012）。另外，水稻 NAC 基因家族也是一类具有高度保守的 DNA 结构域的植物特异性转录因子。*SNAC1* 的抗旱性与水稻气孔开度明显有关，其他 NAC 家族成员，如 *OsNAC6*、*OsNAC10*、*OsNAC9* 和 *OsNAC5* 等与水稻抗旱性也相关（Lin et al.，2007b）。

3）氮、磷资源等高效利用基因。长期以来，水肥的大量投入是粮食增产的关键，而肥料的大量施用不但增加了农业成本，而且大量化肥因未能被作物吸收而进入环境，直接导致土壤酸化、水体富营养化等严重的环境污染问题。提高作物养分利用效率、保护生态环境是保持我国农业可持续发展的重要解决方法。

氮是植物需求量最大的元素，土壤中非常有限。植物主要通过铵转运蛋白吸收土壤中的铵态氮，水稻中 *OsAMT1;1*、*OsAMT1;2*、*OsAMT2;1* 和 *OsAMT5;1* 均具有转移铵态氮的能力（Sonoda et al.，2003）。Sun 等（2014）在水稻中克隆了氮介导生长反应的 QTL（*qNGR9*），其显性等位基因 *dep1-1* 能显著提高水稻氮的同化效率，提高收获指数和产量（Huang et al.，2009）。Hu 等（2015a）从籼稻中克隆出高氮利用效率基因 *NRT1.1B*，它编码一个硝酸盐转运蛋白，在籼稻与粳稻间只有一个氨基酸的差别，且籼稻与粳稻呈现出显著的分化，籼稻型具有更高的硝酸盐吸收及转运活性。*OsPTF1* 是第一个被报道的在植物中有明确提高磷效率功能的转录因子，该基因为磷胁迫诱导转录因子表达调控、高亲和磷转运体及控制根系发生发育的激素代谢过程机制奠定了重要基础（Yi et al.，2005）。*Pup1* 是国际水稻研究所在 Kasalath 中鉴定的一个与磷缺乏耐性相关的主要数量性状位点，该基因是一个 *Pup1* 特异的蛋白激酶基因（*PSTOL1*），当种植在磷缺乏土壤时，*PSTOL1* 在现代水稻品种中的超表达可以提高谷物产量（Rico et al.，2012）。

总之，我国农作物品种资源丰富，作物资源中具有大量与产量、品质、抗性和营养高效利用等有关的有利性状。这些性状和基因在现代遗传改良过程中追求产量且在高肥水农药环境下选择，直接导致大多有益基因被丢失，使得目前生产上的推广品种单一化，而不具备这些有益基因。随着测序技术的发展和测序成本的降低，利用新一代测序技术进行种质资源分析、基因定位和基因克隆及其功能分析将更加容易，未来品种需要利用功能基因组学将作物资源中具有的水肥利用效率、抗性等重要基因加以发掘并利用，为“双水双绿”水稻分子育种培育产出高效、产品安全、资源节约和环境友好的现代化绿色水稻新品种提供坚实的基因、技术与材料基础。

4.2.3 “双水双绿”利用的重要种质资源及骨干亲本

根据“双水双绿”稻米要求的品质性状，我们将其分为三类：①蒸煮食味优等白米，此类种质资源应在具抗病虫或抗逆等绿色性状的前提下，注重稻米蒸煮食味的提升；②高含油量超软米，此类种质资源富含不饱和脂肪酸及超软口感，应注重绿色性状导入及其他营养健康品质的聚合；③彩色米，此类种质资源富含原花青素或花青素，应注重绿色性状导入及稻米蒸煮食味的提升。

4.2.3.1 扬稻 6 号（又称 93-11）

扬稻 6 号是江苏里下河地区农业科学研究所从扬州 4 号和盐 3021 的杂交后代经 γ 射线辐照后选育而成的。扬稻 6 号属中籼迟熟常规水稻品种，全生育期略长于汕优 63。茎秆粗壮，叶挺色深，株叶形态好，米质优良，稳产性好，抗倒性强，后期熟相好。适宜在江苏、安徽和湖北作一季中稻种植。该品种株高 115cm，幼苗矮壮，分蘖力较弱，总叶片数 17 或 18 片，单株成穗 7 或 8 个，穗层整齐，穗长 24cm，每穗 165 粒，结实率 90%以上，谷粒顶端有芒或短芒，千粒重 30g 以上[①]米质主要指标：精米率 74.7%，整精米率 44.8%、垩白粒率 26%、垩白度 5.0%、胶稠度 94mm，直链淀粉含量 17.6%。在江苏省表现抗稻瘟病、抗白叶枯病；在安徽省表现抗稻瘟病、中感白叶枯病；在湖北省表现抗白叶枯病、感稻瘟病。大面积生产一般亩产 600kg 左右。

---

① 国家水稻数据中心. 2021. http://www.ricedata.cn/variety/varis/600611.htm

4.2.3.2 黄华占

黄华占是广东省农业科学院水稻研究所从黄新占和丰华占的杂交后代中选育而来的。黄华占属感温型常规稻品种，株型适中，植株较矮，茎秆韧性好，抗倒性较强。叶片较窄，叶姿挺直。分蘖力强，有效穗多，结实率高，但千粒重较低；谷粒细长，稃尖无色、无芒。早造全生育期 129～131 天，株型较好，叶片长、直，转色顺调，结实率较高。株高 93.8～102.8cm，穗长 21.0～21.8cm，亩有效穗 21.4 万，每穗总粒数 118.3～123 粒，结实率 80.5%～86.8%，千粒重 22.2～23.1g。稻米米质达到国标一级，外观品质鉴定为早造特二级，整精米率 40.0%～55.2%，垩白粒率 4%～6%，垩白度 0.6%～3.2%，直链淀粉含量 13.8%～14.0%，胶稠度 67～88mm。抗稻瘟病，中 B、中 C 群和总抗性频率分别为 80%、100%、83.9%，病圃穗颈瘟为 3.5 级，叶瘟为 3.3 级；抗白叶枯病（2 级）[①]。

4.2.3.3 鄂香 2 号

鄂香 2 号是由湖北中香农业科技股份有限公司、孝感市孝南区农业科学研究所和湖北省农业科学院粮食作物研究所从“香恢 66//培矮 64S/鄂晚 17///R187”籼粳交的后代经系谱法选育而成的常规晚稻品种。鄂香 2 号株型适中，植株较矮，分蘖力较强。剑叶中长、直立。穗层较整齐，小穗型，着粒均匀，千粒重较大。谷粒长形，颖壳淡褐色，茸毛较多，稃尖紫色，部分谷粒有短芒。区域试验中株高 84.8cm，亩有效穗数 23.1 万，千粒重 29.66g。全生育期 120.6 天，比鄂晚 17 短 6.2 天。病害鉴定为稻瘟病综合指数 4.1，稻瘟损失率最高 3 级，中抗稻瘟病；白叶枯病 9 级，高感白叶枯病；纹枯病 7 级，感纹枯病；稻曲病 7 级，感稻曲病。鄂香 2 号主要理化指标达到国标二级优质稻谷标准，出糙率 82.6%，整精米率 66.3%，垩白粒率 14%，垩白度 2.4%，直链淀粉含量 16.3%，胶稠度 60mm，长宽比 3.2[②]。鄂香 2 号适于在湖北省作晚稻种植，但白叶枯病和稻曲病常发区和重发区不宜种植。

4.2.3.4 鄂中 5 号

鄂中 5 号是由湖北省农科院作物育种栽培研究所、湖北省优质水稻研究开发中心用从西班牙引进的水稻种子中选择的变异单株，经系谱法选择育成的中稻品种。其商品名为润珠 537。鄂中 5 号株型紧凑，分蘖力较强，田间生长势较弱，耐寒性较差。叶色淡绿，剑叶窄、长、挺。穗型较松散，穗颈节短，有包颈现象；一次枝梗较长，二次枝梗较少，枝梗基部着粒少，上部着粒较密，孕穗期遇低温

① 国家水稻数据中心. 2021. http://www.ricedata.cn/variety/varis/600877.htm
② 国家水稻数据中心. 2020. http://www.ricedata.cn/variety/varis/618646.htm

有颖花退化现象。区域试验中亩有效穗数 18.7 万，株高 117.9cm，穗长 24.5cm，每穗总粒数 140.9 粒，实粒数 105.3 粒，结实率 74.7%，千粒重 23.99g。全生育期 147.9 天，比Ⅱ优 725 长 11.9 天。抗病性鉴定为高感穗颈稻瘟病。鄂中 5 号主要理化指标达到国标三级优质稻谷质量标准，出糙率 78.1%，整精米率 60.0%，长宽比 3.6，垩白粒率 0.0%，垩白度 0.0%，直链淀粉含量 15.1%，胶稠度 83mm。鄂中 5 号适于在湖北省鄂西南山区以外的地区作中稻种植。

4.2.3.5 华贵 1 号

华贵 1 号是华中农业大学利用贵州禾（苟当 2 号）经过甲基磺酸乙酯（EMS）诱变，多代自交选育的富含不饱和脂肪酸的超软米。该品种属感光型品种。武汉 5 月 30 日播种，9 月 15 日左右齐穗。株型较松散，分蘖力中等，田间生长势较弱，耐寒性强。叶色淡绿偏黄，剑叶长、宽、披散。穗型较松散，穗颈节长，有叶上禾现象；一次枝梗较长，二次枝梗较少，枝梗基部着粒少，上部着粒较密。亩有效穗数 12.5 万，株高 123.2cm，穗长 21.9cm，每穗总粒数 162.6 粒，实粒数 136.3 粒，结实率 84.0%，千粒重 26.25g，平均亩产 510kg。抗病性鉴定为高感穗颈稻瘟病。稻米米质：出糙率 81.6%，整精米率 60.6%，长宽比 1.7，直链淀粉含量 0.5%，胶稠度 100mm，碱消值级 7 级，崩解值 80.8，消减值–73.1，回复值 7.8，硫酸甲醇甲酯化气相色谱法测定糙米含油量 4.60%，精米含油量 1.80%。

4.2.4 “双水双绿”水稻新品种定向改良策略

按照“双水双绿”理念，绿色超级稻与绿色水产品协同发展，绿色超级稻主要以优质为基础，逐步实现功能多样化，具备抗多种病虫害、高效的养分吸收效率和对生物逆境的抗性能力，真正实现不打农药、少施化肥、稻虾互利互作、环境友好健康的水稻新品种。

在遗传上，绿色性状涉及大量的有利基因，将这些基因聚合在一起培育抗病虫优质高产的绿色超级稻将面临极大的挑战。针对这一目标，我国科学家在 1998 年就启动了“参与全球水稻分子育种计划”项目，20 多年来，我国 10 多个研究单位的科学家充分利用来源于世界水稻核心种质资源中的丰富遗传多样性，通过大规模杂交、回交和目标性状的定向选择与改良，将这些微核心种质中与高产、优质、抗性等绿色性状相关的有利基因导入目前大面积生产上推广的优良品种中。同时结合抗病虫以及耐逆境等选择，培育出一大批优良遗传背景下的导入系群体，建立了最大的全球水稻分子育种材料平台，为绿色超级稻的培育奠定了重要材料基础（黎志康，2005）。随着水稻功能基因组研究的深入，科学家发掘、定位和克隆了大量的优异基因，而这些基因优势分布在不同的品种资源中，难以将这些优异基因聚合在同一背景下并加以利用，形成了常规育种与功能基因组研究的严重脱节。为了解决这些问题，华中农业大学研究团队建立了基因组育种技术平台，核心是以基因的遗传、功能和表型信息为基础，以对 DNA 多态性高通量检测为手段，根据育种目标，对目的基因（性状）、非目的基因（性状）和遗传背景在全基因组水平上进行选择，从而提高育种选择效率和精确性（张超普等，2018）。简单地说，就是同时选择目的基因和遗传背景，开展定向改良，力求只改变一个性状，同时保持优良综合性状不变。图 4-2 展示了通过基因组育种方法导入一个抗稻瘟病基因定向改良品种抗病性的例子（Wing et al.，2018）。

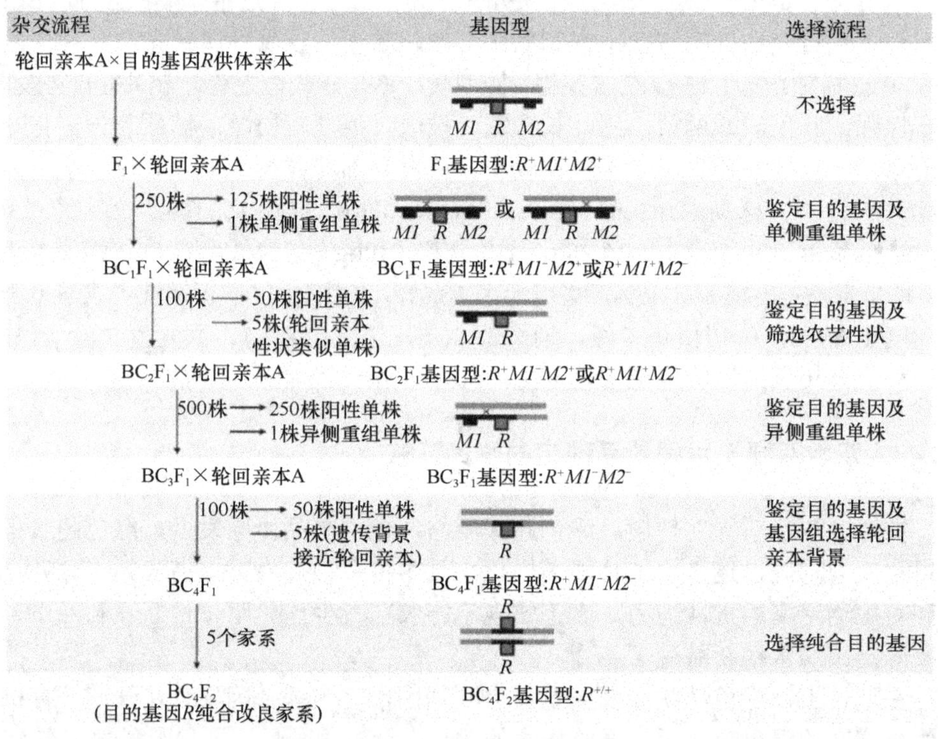

图 4-2　稻瘟病定向改良策略（引自 Wing et al.，2018，略有修改）

$R^+M1^+M2^+$代表供体亲本的基因型，$M1^-M2^-$代表轮回亲本 A 的基因型

具体技术策略包括，将具有优良功能基因（如 *R*）的材料作供体，与需要改良的材料 A 杂交，并与 A 亲本回交，BC_1F_1 回交后代先选目的基因，并对这些阳性单株同时选一侧交换的单株，要求交换单株片段小于 100kb，再与 A 亲本回交，同样选 *R* 基因并另一侧交换片段小于 100kb 的单株，连续 4 次回交。在回交过程中，全基因组芯片选择背景与改良亲本完全一样且带有优良基因 *R* 的外来片段小于 200kb。全程只选择 12 株进行杂交，约 2.5 年时间，大大缩短育种选择年限并

提高选择效率和精确性。该技术策略可以根据改良亲本存在的问题，实现改良亲本的品质、抗病虫性、抗非生物逆境以及产量等全面改良，极大地减少连锁累赘的不利影响，同时实现优异基因在优良轮回亲本背景下的多基因聚合，为绿色超级稻和“双水双绿”提供重要的基因资源及材料。

4.3 “双水双绿”水稻绿色栽培

稻田种养的实际生产中，经营者为了获得更大的经济效益，往往重养轻稻，只重视水产养殖，比较忽视水稻栽培，对水产饲料药物的投入较多，使水环境变差、效益反而下降，致使种养整体效益不高。因此，发挥种养互利共生的优势，实行绿色美味栽培，挖掘稻米的潜在价值，生产优质、美味、营养、安全的稻米，提高种养体系整体效益，是“双水双绿”模式的关键。

4.3.1 “双水双绿”水稻绿色栽培目标

水稻绿色栽培是在选用绿色超级稻品种的基础上，应用绿色生产技术，如稻田种养、精准施肥、绿色防控等技术，实行无公害水稻生产。与普通水稻相比，水稻绿色栽培的生产过程清洁，生产的稻米食用安全、品质优良、营养丰富，可获得更高的经济效益。因此，水稻绿色栽培的目标主要包括三个方面，一是栽培管理绿色环保，二是稻米品质优良，三是稳产高效。

4.3.1.1 水稻清洁生产目标

水稻清洁生产是改善稻米安全卫生质量和农田环境的根本途径，从源头减少污染、合理进行田间管理、减少面源污染的排放等是保证水稻优质、安全的实用性生产措施（彭春瑞等，2010)。“双水双绿”的水稻清洁生产，包括投入品绿色、减量、高效、无废物、无残留。要求采用先进的农艺与设备，改善管理，综合利用，对水稻全生命周期进行控制，提高资源利用效率，减少或者避免生产、服务和产品使用过程中污染物的产生及排放。

1）适宜清洁生产的材料替代。一是品种替代，采用抗病虫、需肥少、优质的绿色超级稻品种；二是化肥替代，用绿肥、生物有机肥替代化肥，提高饵料的肥料效应，减少生物投入品、控制化学投入品；三是农药替代，不用化学农药或用生物农药。

2）秸秆循环利用。稻田种养系统中水稻秸秆是养殖动物能量和物质的重要来源，生产中保证秸秆全量还田，结合水分管理，使其转化成微生物生物量，为动物提供饵料；避免秸秆腐化变质、破坏水体。

3）水稻健身栽培。水稻健身栽培就是在构建合理群体的基础上，通过合理的栽培管理，改善农田生态环境，创建一个不利于有害生物发生而有利于提高水稻抗性的生长环境，减少水稻对投入品的依赖。

4）稻田水体净化。稻田种养的田面水体氮、磷相关指标偏高，有水体富营养化的风险，对其水体的净化是水稻清洁生产的重要方面。一是灌溉用水清洁；二是投入品减量、安全、健康、清洁，保证田面水体水质指标正常；三是田间种草，强化水草、水稻对水质的净化作用；四是减少排放到环境中的污染负荷，最终从源头上控制农业面源污染。

4.3.1.2 水稻优质栽培目标

稻米品质除受到本身的品种特性影响外，生态和栽培因素对稻米品质的影响也十分重要。施肥措施、田间气候条件、水分管理、秸秆的利用都是影响水稻品质的重要因素。稻田种养生态条件下，如何发挥品种特性、生产优质稻米，栽培管理是关键。因此，稻米的优质化栽培是“双水双绿”水稻栽培的方向。

1）安全优质栽培。常规水稻种植为保证粮食高产稳产，施用大量的化肥、农药，给农田生态、环境和稻米品质带来了大量污染，危害人体健康。稻田种养是一种高产、优质、安全、高效的水稻种植技术，将水稻种植和养殖有机结合，对化肥、农药严格控制，依靠养殖物的食物链关系进行病虫草害的防治，提倡并践行不打农药，利用有机肥和养殖物排泄物代替化肥，生产绿色、无公害的稻米。

2）美食味栽培。影响稻米食味的因素包括品种、产地（地势、土质、水质）、气象条件（气温、日照、降雨）、栽培方法（施肥、农药、田间管理）、收获、干燥、糙米粒选、贮藏、精米加工、蒸煮（淘洗、浸泡、焖饭）等。稻米含有多种成分，其中碳水化合物、蛋白质、脂质、无机质等和食味有关。研究表明，直链淀粉含量和蛋白质与食味负相关，无论粳米还是籼米，稻米蛋白质含量越高食味值越低（Huang et al.，2020；张祖建，2019）。我国水稻栽培为追求高产，氮肥用量偏高，稻米蛋白质普遍较高；朱智伟（2006）采样分析结果，籼稻蛋白质含量为 7.6%～10.8%，平均值为 9.3%，粳米蛋白质含量为 7.9%～9.8%，平均值为 8.8%。Wakamatsu 等（2008）通过氮肥处理栽培实验表明，稻米蛋白质含量在 6%～7%食味较好，超过 7%则食味下降。稻田种养改变了土壤养分动态特性，动物饲料、排泄物可有效保障水稻氮素等养分需求（Xie et al.，2011），从而可以大量减少氮肥使用，配合相应的田间管理，降低稻米蛋白质含量，生产美食味稻米。

3）特营养栽培。营养品质指稻米中的营养成分，包括淀粉（直链淀粉和支链淀粉）、植物纤维、游离糖、蛋白质、氨基酸、脂类、无机质、维生素和其他药用价值成分。稻米中维生素 B_1、维生素 B_2、维生素 B_6 等 B 族维生素和烟酸等含量不高，还可通过生物强化（biofortification）生产特用营养稻米，如 HarvestPlus，通过作物育种增加稻米中微量元素含量，可增加铁、锌、维生素 A 等含量（Bouis and Saltzman，2017）；通过生物技术，培育营养稻米品种，如黄金稻米、富含花青素的黑色胚乳水稻等（李丹，2007）。稻田种养采用特营养水稻品种，结合独特的生态条件、栽培措施，可生产相应营养要求的特营养稻米。

4.3.1.3 水稻稳产目标

随着人们生活水平不断提高，需求也由“吃饱”转变为“吃好”，这对稻米品质提出了新的要求。而高产优质的实现需要同时兼顾绿色发展，即高效、生态和安全。这一目标实现的前提是在总产不降低甚至增加的前提下，降低劳动力投入和减轻劳动强度，不增加农资投入，稳定地保障水稻生产利润（王飞和彭少兵，2018）。未来水稻栽培需要因地制宜地通过模式创新和管理措施优化，解决高产与高效、高产与优质、用地与养地之间的矛盾，协调环境因素与高产、优质、安全之间的相互关系，从而实现“少打农药、少施化肥、节水抗旱、优质高产”的绿色目标。

“双水双绿”体系中水稻的生产目标是安全、美味、营养的优质稻米。结合稻田种养体系，兼顾水产养殖的效益，考虑常规优质稻品种替代高产杂交稻品质，减少生产投入。为保证获得较高的效益，必须协调水稻产量与品质的平衡关系，稳定水稻的产量水平。实践证明，良好的稻田种养体系，水稻绿色栽培实现亩产千斤稻，亩增收两千元，不用农药，氮肥用量减少 50%以上，降低稻米中主要重金属（镉、铬、铅等）含量，是可行的。

4.3.2 “双水双绿”水稻绿色栽培原理

稻田种养是一种种养结合，稻渔共生、稻渔互补的生态农业种养模式。一方面由于种养结合，养殖动物对水稻生长发育产生直接影响，另一方面由于环境条件及农艺措施的变革，对水稻生长发育产生间接影响，从而影响水稻产量及品质。“双水双绿”水稻栽培就是通过对种养体系中水稻常规栽培技术的调整，协调解决稻、渔矛盾，促使稻、渔互利共生，达到“稻田养鱼，鱼养稻，水稻增产鱼丰收”的目的。

4.3.2.1 “双水双绿”水稻栽培有利于保障水稻产量

在稻田种养新的生态环境条件下，水稻与养殖动物互惠互利，一方面，水稻和稻田植物为养殖动物提供了庇护与食物；另一方面，养殖动物的活动改造了环境，使环境因素有利于水稻生长，形成“稻田养鱼鱼养稻、稻鱼共生”的复合生态系统（倪达书和汪建国，1990）。有研究表明，稻田种植的水稻生长发育比传统稻田要好，主要表现在稻株浓绿茂盛、植株高大、抽穗整齐，水稻穗长、有效穗数、总粒数、实粒数等产量构成因素发生变化，并提高光合作用率、水稻根系活力等，进而提高水稻产量，稻谷平均增产达 5%～24%（曾和期，1979）。高洪生（2006）研究发现，稻—鱼模式能促进水稻提早抽穗 2～3 天，分蘖期、孕穗期和抽穗期的株高也比对照组分别高 3.5%、20.6%和 15.5%；赵连胜（1996）报道，稻田养殖动物后，水稻分蘖率比对照田增加 7%左右，成穗率增加 4.6%～5.2%，千粒重增加 0.3～0.4g。Yang 等（2006）试验表明，稻田养鱼可延长水稻生长期，增加干物质和叶面积指数，提升水稻植株重心，增加茎干直径，促进根系的生长和延伸，增加基部节间长度和数量，延缓叶片功能衰退。这些研究报道证实了稻田养殖对水稻群体结构和生长状况的改善作用，其主要原因是改善了水稻生产环境及土壤养分供给能力。

1）增肥。稻田养鱼、养鸭后，鱼、鸭通过取食稻田中的杂草、昆虫虫卵、水稻枯枝落叶等，将各种田间“废物”变成水稻生长发育所需的肥料，有利于促进养分循环，为水稻生长提高系统生产力（刘月敏，2006）。定位测定分析显示：稻田产鱼达 2 250kg/hm^2，土壤有机质含量由 2.43%提高到 4.2%；全氮由 0.109%提高到 0.26%；全磷由 0.09% 提高到 0.13%；全钾由 1.09%增加到 2.09%（蒋艳萍，2007）。黄国勤（2009）的研究表明，养鱼稻田每亩产生的鱼沟肥泥，相当于 10～20kg 标准化肥的肥效，可为下茬作物提供一季基肥。鱼粪是一种优质高效的肥料，鱼粪的氮、磷含量高于其他畜类粪便，水产生物的排泄物直接增加了稻田水体和土壤有效养分，同时排泄物中所含的丰富有机质有利于微生物增殖，进而促进养分循环和土壤原有养分的活化（王清，2011）。

2）改土。稻田种养动物的活动可以改善土壤养分、结构和通气条件，从而显著影响土壤肥力。鱼、虾、蟹、鳖、鸭等在稻田中的活动起到了中耕松土作用，可以改善稻田耕作层土壤物理化学性质，减小了土壤容重，增大了土壤孔隙度。Yang 等（2006）的研究表明，与对照相比，养鱼田土壤容重减少 15.15%，总孔隙度增加 14.64%；Frei 和 Becker（2005）研究提出，由于鱼类对土壤的搅动作用，提高了土壤氧化还原电位、降低土壤 pH，抑制了甲烷的产生和排放。林孝丽和周应恒（2012）报道，种养稻田影响土壤水稳性团聚体的特性和组成，促进土壤有机质分解、容重减少、孔隙度增加，通透性改善，其水、肥、气、热状况均优于一般水稻单作田。

3）调水。稻田种养的调水效应体现在三个方面，一是溶解氧；二是水质；三是水中养分状况，且三者相互联系，影响着动物生存和植物生长。研究表明，稻—鱼和稻—鸭模式的稻田水体溶解氧含量分别比单一种植水稻增加 56.0%、54.0%（王缨和雷慰慈，2000）。动物的嬉戏、捕食等活动，搅动田间水和表层土，提高水的溶氧量（Frei and Becker，2005）。溶氧量的增加既有利于鱼类生长，又改善了土壤通气状况，有利于水稻根系生长发育。鸭子在取食过程中对土壤有类似于中耕的作用，鳅、蟹、虾、鳖有打洞特性，可以增加稻田土透气性（王强盛，2004），鸭在稻田经常性游动和搅拌，增加了水体的溶解氧，稻鸭共作区的溶解氧比灌溉水增加 17.3%～23.9%，氧化还原电位升高 20.9%～21.6%，氧化还原电位的升高有利于水体和土壤对物质的分解，不利于有害物质积累，从而有助于稻株对营养物质的吸收；稻鸭共作区水体中的总氮、总磷和总钾显著高于对照区和灌溉水，比对照区分别增加 44.52%～51.75%、43.75%～44.83%和 41.86%～47.93%，说明鸭子粪便可显著提高稻田水体养分含量。

4）增密减损。通常稻田养殖采用宽行窄株，扩大行距、缩小株距，适当保持和增加密度，可充分利用水稻的边行优势，改善稻田中的通风条件、增加有效光照面积、降低相对湿度。周明明（2019）在养蟹稻田采取大垄双行、边行加密的水稻种植新模式，观察到大垄双行通风良好，光能利用率高，充分发挥边际效应，加快水稻生长，减少病害发生，同时增强了叶片光合作用，水稻茎蘖发生量大，分蘖成穗率高，对提高产量有明显效果。同时，养殖生物可以去除稻田杂草，减少竞争，控制病虫害，减少水稻损失（李娜娜，2013），整体作用是稻田稳产增效或增产增效。

4.3.2.2 “双水双绿”水稻栽培有利于改善稻米品质

稻田种养下稻米品质形成的主要影响因素有遗传因素、气候条件、土壤条件和农艺措施。稻田种养下，田间动物活动可以有效改善稻田小气候和生态环境，减少病虫草的危害。水稻在改善后的环境中吸收养分、进行光合作用、生长发育、积累营养物质，形成较为优质的稻米。

1）稻田种养田间小气候与稻米品质。水稻抽穗开花到灌浆结实期高温将导致稻米品质下降（彭国照等，2004）。齐穗后 10 天的平均气温对稻米品质影响显著，温度过高或过低均不利于优质稻米的形成（段斌等，2019）。水稻灌浆期温度与崩解值、蛋白质含量显著正相关，与直链淀粉含量极显著负相关（松江勇次等，2014）；灌浆期温度超过 26℃将导致垩白和不成熟粒形成，直接导致食味显著下降，最适温度在 25℃左右。光照增强，温度也相应会有所升高，其对稻米品质的影响类似于高温；光照不足时，光合作用减弱，在抽穗灌浆期，植株茂盛遮阴效果强，透光性差，营养物质积累不充分，秕粒、垩白增多。周立宏等（2016）研究认为糙米率、垩白粒率和蛋白质含量与透光率正相关，整精米率、食味值和直链淀粉含量与透光率负相关。随着水稻进入灌浆结实期，养殖动物长大，取食杂草害虫能力增强，活动范围扩大。动物的活动、捕食，对去除田间杂草、植株下部老化病残叶效果良好，对稻田通风透光降低温度进行持续调优，有利于水稻生长和优质稻米的形成。

2）稻田种养土壤变化与稻米品质。稻田种养系统由于水分管理和农艺措施的改变，影响着土壤理化特性及养分动态特性，改变了土壤氮素供给、转化、利用和平衡。Oehme 等（2007）通过在稻田养鱼系统中施加不同含氮（N）水平的鱼饲料和尿素对水稻与不同品种的鱼的 N 利用情况进行了检测，结果表明鱼的存在可以提高水稻的 N 吸收效率，同时鱼饲料的补充和稻鱼系统中鱼的代谢产物对水稻有肥料的作用；陈欣和唐建军（2013）亦发现，传统稻鱼共生系统中水稻和鱼之间存在化肥氮和饲料氮的互补利用，未被鱼利用的饲料氮还可以被水稻吸收，水稻对饲料的利用率达到 31.8%，稻鱼共作处理施用的氮肥水平较水稻单作减少 30%，稻鱼系统中鱼可以提高稻鱼共培养系统的生产力而不增加对环境的 N 损失（Hu et al.，2013）。因此，通过系统氮素减少，可降低稻米蛋白质含量，从而改善稻米食味和营养品质。

4.3.2.3 “双水双绿”水稻栽培有利于保证食品安全

稻田种养优化了水稻生产环境，将水稻种植和养殖有机结合，对化肥、农药严格控制，依靠养殖物的食物链关系进行病虫草害的防治，基本实现不打农药，利用农家有机肥和养殖物排泄物代替化肥，实现绿色、无公害的稻米生产；稻田种养优化了田间生态环境，改善了土壤的理化性质，提高了土壤肥力，优化了水体环境，减少杂草数量的同时增加了稻田物种的种类，增加了物种丰富度，提高了稻田生态系统的自我调节能力，维持了生态系统的平衡，降低了生物灾害的发生。

1）减少农药。常规水稻生产中，为了抑制病虫草害，施用大量的化学药剂，造成了严重的环境污染。在稻田种养中，杂草虫类可以成为养殖动物的食物来源。肖筱成等（2001）研究表明稻鱼种养一般能减少 34.56%～46.26%的稻飞虱，二化螟危害率减少 33.3%～40%。稻鸭、稻虾、稻鳖防效杂草率分别为 96.67%、82.25%、69.76%，稻虾、稻鳖、稻鱼、稻鸭对纹枯病防治不理想，但稻鸭、稻鱼可以显著降低稻瘟病和稻曲病的发生（强润等，2016）。白远飞等（2014）表明稻田养鸭可以减轻纹枯病的危害，防除稻飞虱和稻纵卷叶螟的效果优于农药，除草效果显著高于除草剂。

2）减少化肥。常规水稻以化肥求高产稳产，导致土壤板结，水体富营养化严重污染自然环境。稻田种养通过饲料等有机物料投入可减少化肥的投入，肥料主要来源为稻田养殖动物的排泄物、食物残渣、还田秸秆等。禹盛苗等（2014）研究表明，稻鸭种养的土壤有机质比多施肥稻田高 4.02%，全氮比普通稻田高 4.52%，速效氮、速效磷、速效钾比增量施肥田分别高 1.61%、3.40%、3.80%。多位学者也认为稻田种养可以增加肥力（张浪等，2018），减少田间化肥的施用。

3）减少重金属。镉、铬、汞等重金属是农田土壤重金属的主要污染物，其生物有效性受土壤条件影响，稻田种养改变土壤 pH、增加土壤有机物质和还原性物质，可降低部分重金属的生物有效性。土壤镉的形态与水稻稻米镉含量显著相关（彭华等，2013），土壤 pH、有机质含量对稻米镉含量有显著影响，分别呈正相关和负相关（田茂苑等，2019）。在稻田施用石灰能提高土壤 pH，促进交换态镉稳定，有利于镉固定，效果显著（胡召华等，2017）。

4.3.3 “双水双绿”水稻绿色栽培技术

“双水双绿”水稻绿色生产主要利用稻田种养体系，按照清洁生产原理、优质栽培措施，保障稳产优质，重点把握基地的选择、品种的确定、健康群体的构建、减量施肥、水分管理、适时收获等环节。

4.3.3.1 选择绿色优质稻品种

适宜的品种选择是确保品质的前提条件，作为优质食味稻米品种，其稻米基本理化特性应符合以下标准：糙米含水率在 14.0%～15.0%，整粒率在 75%以上，糙米平均厚度在同一品种情况下越厚越好，蛋白质含量在 7.0%以下，直链淀粉量小于或等于 15%，淀粉糊化特性的最高黏度和崩解值分别在 300B.U.和 150B.U.以上（崔晶等，2019）。优质食味稻米品种的筛选可以按以下方法进行：采用快速成分流动分析仪分析稻米直链淀粉、蛋白质含量，采用淀粉糊化特性分析仪分析淀粉糊化特性，采用高压灭菌锅烧杯快速煮饭法，结合可定时式电饭锅的应用来评价食味，该方法具有简单、高效、快速的特点（刘建等，2013）。同时应根据生产目标和种植区域综合考虑品种的产量水平、抗病、抗倒以及生态适应性等特点，保证品种在各种环境条件下都能稳定发挥其优质特性。从目前生产所应用的品种情况来看，大多数优质食味米品种均为常规稻品种，产量水平并不高（亩产为 300～500kg），稻米蛋白质含量为 5.5%～7.0%，食味值在 85 分以上。在“双水双绿”模式中因需考虑到与水产养殖的配合问题，水稻品种生育期应在 120 天以上，适合一季晚种植，抗病性强。

4.3.3.2 构建健康群体

健康的群体和理想的株型有利于品质的改善，生产优质稻米的理想株型应具备以下特征：有效茎数比率高，“秆长+穗长”长的主茎，具有低节位、低位次发生的粗大分蘖，二次枝梗着生粒数少的穗型。为了使低节位和低位次分蘖稳定发生，首要条件是移栽时秧苗植伤率低和移栽成活率高。为了促进移栽后秧苗返青成活，重要的是需要培育壮矮、茎叶质量大和充实（苗茎叶干物重/苗长）、发根力强的健苗，以及控制适宜的插秧深度（2～3cm）。为了培育移栽后成活率高的健苗，须减少播种量，增加幼苗叶龄，科学合理地进行苗床水分和温度管理。同时，避免移栽时发生极端高温和低温，这样则可以促进返青成活，使有效茎数增加，也有利于低节位、低位次的强势分蘖发生。栽插密度也间接地影响品质。在极端稀植的情况下，因为单位面积植株密度小，所以高节位、高位次分蘖发生多，为了补偿单位面积穗数不足，二次枝梗粒数增加。这些高节位、高位次分蘖生产的稻米和二次枝梗谷粒米的千粒重小，蛋白质含量高，食味品质变差。反之，栽培密度越大，单位面积穗数越多，平均每穗获得的氮素量减少，蛋白质含量降低，直链淀粉含量也降低，因此，从提升食味品质的角度来讲，应适当密植。

4.3.3.3 减施氮肥

水稻优质栽培中氮肥施用量及施用时期与稻米品质关系密切，氮肥用量过多容易使稻米中蛋白质含量增加而影响食味（石吕等，2019）；同时，穗肥氮肥施用时期过晚、用量过多，不但会引起稻米中蛋白质含量增加，而且会致使植株贪青、倒伏，影响品质和产量。因此适量减少氮肥的施用量是提高品质的有效措施。减少氮肥的施用量可以从减少氮肥的总施用量和减少氮肥的穗肥施用量两个方面着手。另外，要注意的是一般的水稻品种对于食味形成所需要的最适宜氮素施用量要比产量形成所需要的最适宜施氮量略低一些，因此在减施氮肥的同时需要考虑品质改善与产量形成之间的平衡关系。

1）优质栽培氮肥精确定量。根据目标产量来确定氮肥总施用量，可用斯坦福（Stanford）的差值法求取（凌启鸿，2006，2010），其基本公式为

目标产量施氮量=（目标产量需氮量–土壤供氮量）/ 氮肥利用率

斯坦福（Stanford）公式可以根据目标要求和参数条件进行改进（梁智，2003），通过对该公式参数的转换，将公式中目标产量的需氮量转换为：籽粒含氮量/氮素收获指数，即可在该公式中既体现对产量的要求，也可以体现对稻米中N含量（蛋白质含量）的要求，通过该公式可以计算品质与产量平衡改善条件下的施N量，转换后的公式为

目标品质和产量施氮量=（籽粒含氮量/氮素收获指数–土壤供氮量）/ 氮肥利用率

2）优质栽培穗肥施用量的调整。水稻自幼穗形成期正式进入生殖生长期，此时植株吸收和前期积累的氮素开始往穗部转移。此时追施氮肥，尤其在生育中后期追施，势必增加稻米中的蛋白质含量。剑叶期以后追施的氮肥向稻米的转移率更高。水稻在生产过程中是否需要追肥，依然需要综合考虑产量和品质的平衡，根据水稻植株营养诊断决定，通过营养诊断籽粒数不足时就必须考虑追肥，另外，幼穗叶色值与稻米蛋白质含量之间存在显著正相关关系，因此通过叶色诊断，可设计出在蛋白质含量不过高的范围内而确保产量的施肥方法。有研究指出幼穗形

成期当叶片中氮含量高于 3.2%时，则表明氮肥施用过多，会导致食味不良，此时需调减或不施穗肥；当氮含量低于 3.2%时，则表明氮肥施用过少，会导致产量不足，此时需调增穗肥施用量（图 4-3）。

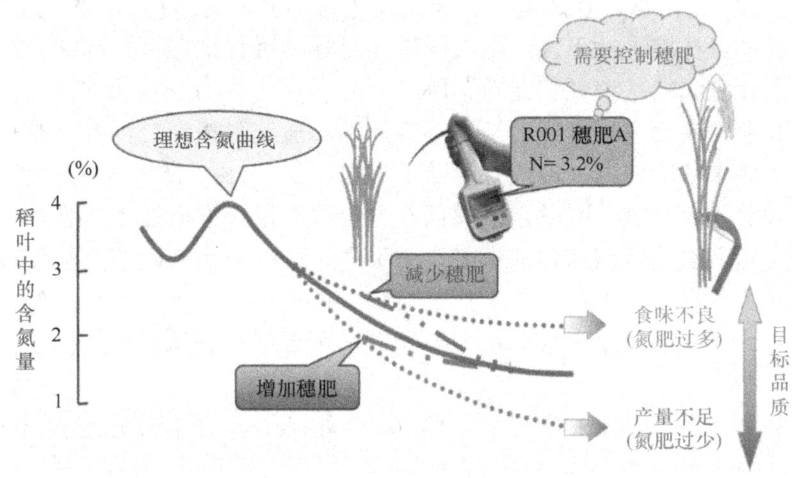

图 4-3 叶色诊断调整穗肥施用（河野元信提供）

在“双水双绿”模式中，由于水产养殖饵料与物料投入、秸秆还田等因素，会改变土壤的供氮能力，但同样可以通过以上精确定量施肥方式在“双水双绿”模式中实现品质和产量平衡改善的目标。

4.3.3.4 水分管理

对于优质稻米的生产来说，抽穗前水分管理尤为重要，即在分蘖盛期前后，停止灌溉、实施晒田到稻田土壤表面出现龟裂再行灌水。在分蘖盛期前后进行充分晒田，可以向土壤中供给氧气，使还原性得到改善，同时也可以控制无效分蘖发生，抑制植株徒长，从而提高根系活力，增加有效茎比例，防止节间过度伸长和倒伏，这与形成理想株型密切相关。抽穗后水分管理的重点是要防止早期断水，直到抽穗期后 30～35 天实行间歇灌水，即每隔 4～5 天进行一次排水和灌水的水分管理，以保持土壤水分张力（pF）在 1.5 左右，也可以在水稻抽穗 20 天之后采取土壤饱水管理，即维持稻田水分在饱和状态（土壤水分在 pF 1.0 以下）。通过抽穗期后间歇灌溉或饱水管理，可以维持植株体内正常水分，保持根系旺盛吸水能力和叶片光合作用，从而抑制籽粒含水率下降，回避成熟中断现象发生，也就是说，通过适当间歇灌溉维持根系活力的同时，可以防止水稻植株源和库机能的减退。

4.3.3.5 适时收获和干燥

水稻产量构成要素中的穗数和每穗粒数在抽穗期之前就已确定，所以在千粒重的增加停止后，即使延期收割产量也不会增加。千粒重停止增加时稻谷的含水率约为25%。因稻谷含水率与糙米含水率基本一致，当稻谷含水率在25%以下时，产量不再增加但糙米水分开始减少，米饭物理特性开始变差。综上，在糙米含水率25%时收割，无论从产量还是从食味角度考虑都应该是最佳的。收获后的水稻，首先以稻谷状态直接进行干燥，稻谷干燥的目标是确保储藏性，如果直接储藏，会因呼吸作用造成能量消耗和淀粉分解。同时，也会因为发霉或细菌及昆虫等的危害而出现腐败或食害。这样的结果不但外观品质遭到损坏，而且食味也会大大下降。对于食味品质来说，最适宜的糙米含水率是14%～15%，因为糙米含水率和稻谷含水率基本一致，所以在干燥稻谷时含水率也应掌握在15%左右，优质食味米干燥温度因收获时稻谷含水率多少而不同，稻谷含水率及干燥温度越高，稻米食味越容易下降。在稻谷含水率在25%左右时收获，然后在45～50℃比较低温的通风温度下进行干燥使含水率在15%左右，可以保持稻米较优的品质。

4.4 “稻田综合种养”模式下病虫草害的绿色防控

“稻田综合种养”模式下，稻田生态环境中引入了小龙虾、鱼等水产养殖动物，使稻田的土壤、水分、有机质及碳循环、氮循环、农事操作等方面发生了改变，与常规水稻单作田相比，稻田病虫草害发生特点必定会相应发生变化。因此，制定适合“稻田综合种养”的防控策略，建立绿色病虫草害防控技术体系非常重要。

4.4.1 “稻田综合种养”对稻田害虫发生的影响

目前，关于“稻田综合种养”模式下害虫发生规律的报道较少，其中“稻虾”与“稻鱼”模式下，节肢动物发生规律的研究报道较多且比较系统。

4.4.1.1 稻虾模式对水稻害虫发生的影响

小龙虾是杂食性动物。Correia在1991～1993年的2～10月，在沟渠的不同位置放置地笼，每天早上捕获小龙虾，并解剖小龙虾肠道，鉴定小龙虾肠道中的食物种类。结果表明，小龙虾肠道内容物包括无脊椎动物（约35%）、植物（约30%，绿色植物、种子）、腐殖质（约35%）。无脊椎动物包括腹足纲、寡毛纲、甲壳纲、昆虫纲，其中昆虫纲包括丝蟌科、划蝽科、水黾蝽科、小仰蝽科、龙虱科、水龟虫科、大蚊科、细蚊科、摇蚊科、蚊科等是水生昆虫（Correia，2002，2003）。因此，小龙虾引入稻田之后，可能取食稻田里的节肢动物及杂草，对稻田害虫及杂草的发生造成直接影响；同时，稻虾田生态环境与稻单田相比，田间湿度变大、淹水时间变长，农药的投入上也有很大不同，必然也会对稻田病虫草害造成间接影响。

2015～2016 年，在潜江关山白鹭湖农场、后湖农场、积玉口镇，通过区域调查及小区控制试验，开展了稻虾模式（稻虾种养为 1～10 年）对水稻主要害虫及天敌发生量影响的田间试验。通过吸虫器法采集稻田节肢动物，利用剥查法调查稻纵卷叶螟、二化螟危害率及幼虫数量。水、肥、农药的管理参照当地常规。主要试验结果包括：①稻虾种养对稻田二化螟的控制作用非常明显。稻虾田冬季覆水养虾，稻桩之中的越冬二化螟幼虫全部死亡，显著降低了第二年二化螟虫源基数，使水稻生长季节二化螟发生量下降。与稻单田相比，稻虾田第一代二化螟幼虫种群密度降低 40%左右，第二代二化螟幼虫种群密度降低 70%左右；稻虾种养模式不仅能降低稻虾田的二化螟种群密度，还可以降低稻虾田周围稻单田的二化螟种群密度，开展稻虾种养模式的区域，稻单田第一代二化螟种群密度比湖北省稻田二化螟平均密度降低 20%左右；稻虾种养对二化螟的控制作用与稻虾模式开展的年限没有相关性。②稻田的其他主要害虫如稻飞虱、稻纵卷叶螟、稻叶蝉等的发生也受到稻虾模式的影响。与稻单田相比，开展稻虾模式 1～2 年时，稻虾田稻飞虱、稻纵卷叶螟、稻叶蝉的种群密度呈下降趋势；开展稻虾模式 5 年时，稻虾田稻飞虱、稻纵卷叶螟、稻叶蝉的种群密度与稻单田相比，持平或者略有上升；开展稻虾模式 9～10 年时，稻虾田稻飞虱、稻纵卷叶螟、稻叶蝉的种群密度明显升高（肖求清，2017）。③稻田主要捕食性天敌蜘蛛和蜻蜓、寄生性昆虫、中性昆虫种群密度变化趋势与稻飞虱、稻纵卷叶螟、稻叶蝉相似（曹凑贵等，2017；肖求清，2017）。

强润等（2016）在安徽省繁昌县开展的 1 年的小区试验表明：稻虾种养对稻飞虱的防效约 35%，对稻纵卷叶螟不同世代的防效为 10%～30%，与肖求清（2017）试验中稻虾种养开展 1 年的调查结果类似。

因此，稻虾种养对水稻二化螟的控制作用最强，可以预计，如果某一地区开展稻虾种养的稻田面积占比越来越大，该地区二化螟就不需要防治。稻虾模式对二化螟的控制作用主要是由于冬季稻田淹水大幅度降低了越冬虫源。稻虾模式对稻飞虱、稻纵卷叶螟两种迁飞性害虫的种群数量也有一定的抑制作用。目前没有小龙虾捕食稻飞虱、稻纵卷叶螟的直接证据，小龙虾与稻飞虱、稻纵卷叶螟的互作机制值得深入研究。

4.4.1.2 稻鱼模式对水稻害虫发生的影响

除了中国，在东南亚及南亚国家稻鱼模式也是一种常见的耕作模式。各国的科研工作者系统研究了稻鱼种养对稻田害虫的影响。

稻鱼（黄鳝+泥鳅）模式显著降低稻田植食性昆虫的种群密度。Wan 等于 2016～2018 年在上海崇明岛开展稻鱼种养田间试验。鱼为黄鳝与泥鳅。稻鱼田、稻单田肥料施用量一致。当病虫害超过防治指标，施用化学农药进行防治，不施用任何除草剂。利用盆拍法调查节肢动物，利用剥查法调查钻蛀性螟虫及稻纵卷叶螟的危害，每隔 15～20 天取样。结果表明，种植模式对节肢动物（稻飞虱、螟虫、捕食性天敌）的种群密度有显著影响；与稻单田相比，稻鱼田植食性昆虫总种群密度降低 24%，稻飞虱种群密度下降 24%，稻纵卷叶螟种群密度下降 18%，钻蛀性螟虫种群密度下降 25%，而捕食性天敌种群密度增加 19%（Wan et al., 2019）。

稻鱼模式（瓯江彩鲤）显著降低稻田稻飞虱的数量，但是不影响二化螟与稻纵卷叶螟发生量。浙江省青田县、永嘉县、瑞安市和景宁县等地是开展稻鱼模式的传统区域，1200 年之前就有稻鱼共作模式的记载。Xie 等（2011）在 2005～2010 年随机选取 31 个村庄开展普查，同时开展小区控制试验。水稻品种为中稻，或者少部分农家种糯稻、粳稻、芒稻和红米等。稻鱼共作田中的鱼是土著鱼种瓯江彩鲤（又称田鱼），长期在稻田养殖，适应稻田环境，而且具有高的遗传多样性（5 种基因型）。田鱼生长快，适温范围广，能耐高温与低温，可自然越冬。除了水稻移栽与收获时鱼不在稻田，其余时间鱼都栖息在稻田里。利用平行线跳跃法剥查水稻纵卷叶螟、钻蛀性螟虫危害率及幼虫数量，利用吸虫器法采集稻飞虱。结果表明，在稻飞虱发生盛期（8 月下旬至 9 月上旬）稻鱼田稻飞虱显著低于稻单田，种群密度下降 44%。二化螟与稻纵卷叶螟发生量在两种稻田中没有差异。

关于稻鱼模式降低害虫种群密度的作用机制，目前已有一些相关报道。Vromant 等于 1995～1998 年在越南芹苴（Can Tho）省 Co Do 稻鱼种养基地开展田间试验。该地水稻一年三季：两季直播稻（11 月至翌年 2 月，4～7 月），一季再生稻（7～8 月）。三种鱼分别为银钩鱼 *Barbodes gonionotus*、鲤 *Cyprinus carpio*、罗非鱼 *Oreochromis niloticus*。水稻刚刚播种时，鱼被隔离在沟里。播种 25 天后，沟与稻田打通，鱼可以在稻田中自由活动。水稻整个生育期不施用任何农药。利用扫网法，每周采集一次节肢动物。结果表明，3 种稻鱼系统对褐飞虱、白背飞虱、二点黑尾叶蝉、电光叶蝉、稻纵卷叶螟无控制作用，但是对稻三点水螟（*Nymphula depunctalis*）有明显的控制效果。*N. depunctalis* 是在南亚、东南亚普遍存在的一种水稻害虫，取食水稻叶片，造成白斑，其幼虫有在水面活动的习性。因此，这 3 种稻鱼系统中引进的鱼只能控制行动迟缓、在水里或者水面栖息的昆虫。

捕食性鱼类对水稻害虫的捕食能力高于草食性鱼类。将水稻、鱼、褐飞虱（5 龄若虫或短翅成虫）同时置于水族箱内，观察鲤 *C. carpio*、罗非鱼 *O. niloticus*、鲈 *Anabas testudineus*、七星刀鱼对褐飞虱的捕食作用。鲤与罗非鱼是滤食性、杂食性鱼类，也是稻鱼种养中常见的鱼。鲈和七星刀鱼为本地捕食性鱼类。研究结果表明，草鱼与罗非鱼很少捕食水面之上的褐飞虱，七星刀鱼大部分时间在水底活动，基本也不捕食褐飞虱。鲈在水面上活动最多，试图捕食稻茎上褐飞虱的次数最多，吃掉的褐飞虱数量也最多。小鲈、中等大小的鲈捕食褐飞虱的能力强于大鲈（Quoc et al.，2012）。

除了通过鱼的直接捕食作用降低稻飞虱的数量，鱼在田间活动时对水稻的撞击作用，也是降低稻飞虱种群密度的原因之一。用摄像机拍摄瓯江彩鲤碰撞水稻茎秆的次数、稻飞虱跳到水面的次数，记录每小时跳到水面上的稻飞虱数量，发现瓯江彩鲤与水稻之间存在互惠关系。一方面，在鱼密度为 0.8 尾/m^2 的情况下，每丛水稻每天被瓯江彩鲤碰撞 26 次，导致稻飞虱多次被惊扰、落入水面，从而降低稻飞虱种群数量；另一方面，水稻为瓯江彩鲤遮阴，即使在水稻生长的高温季节，瓯江彩鲤也能保持旺盛的取食活动（Xie et al.，2011）。

因此，引入稻田的鱼的种类不同、习性不同，对水稻害虫的影响程度也不同。例如，Vromant 等（2002，2003）研究的稻鱼系统中，引进的 3 种鱼都不是稻田的土著种类，这 3 种鱼的原生栖息地是池塘，稻田里的节肢动物并不是它们理想的猎物，它们与其他捕食性节肢动物竞争猎物时，竞争力也较弱，它们只能取食在水面活动且行动迟缓的节肢动物。泥鳅、鳝、瓯江彩鲤都是稻田的土著鱼种，它们生性活泼，稻田中的节肢动物已经成为它们的理想猎物，与水稻共同进化后形成了稳定的互惠关系：它们直接捕食或者撞击水稻上的植食性昆虫，降低害虫种群密度，水稻为它们遮阴，改良生存环境。

4.4.1.3 稻蟹模式对水稻害虫发生的影响

杨勇等 2001～2002 年在江苏兴化市 2 年多点调查稻鱼（以河蟹为主，搭配青虾和少量的鲢及银鲫等）共作田与常规麦茬稻区病虫草害发生情况，每种稻田各调查 10 块。稻蟹田水稻品种一般为苏香粳 1 号。秧田期调查大螟、二化螟、三化螟落卵量和灰飞虱数量。大田期调查两次：6 月下旬调查螟害率（枯鞘、枯心）、稻飞虱发生情况；7 月调查螟虫、稻飞虱发生情况，在产卵高峰期调查螟虫产卵量。结果表明：稻蟹田白背飞虱、褐飞虱高峰期百蔸虫量比稻单田分别减少 77%和 74%。稻蟹田稻纵卷叶螟发生高峰期落卵量比稻单田低 37%。但是三化螟的发生，稻蟹共作田明显重于稻单田，一代、二代、三代三化螟落卵量较稻单田分别高 54%、18%、74%（杨勇等，2004）。稻蟹田三化螟发生量升高原因可能在于：稻蟹田水稻品种一般为迟熟品种，二代三化螟成虫产卵高峰期正好为水稻孕穗期，三代三化螟卵孵化高峰期正好为水稻抽穗期，适合三化螟幼虫侵入；而稻麦轮作田水稻生育期早于稻蟹田，此时不是二化螟成虫产卵的最佳选择（杨勇，2004）。

江苏省通州区植保站通过系统调查和大田普查，调查了养蟹稻田和非养蟹稻田稻飞虱的发生情况。结果表明：完全不施农药的前提下，在稻飞虱发生高峰期

（9 月上中旬），稻蟹田与稻单田稻飞虱发生量相差达 4 倍，而且养蟹稻田的稻飞虱密度与到养殖沟的距离呈正相关，离养殖沟越远，稻飞虱种群密度越高（薛智华等，2001）。强润等（2016）在安徽省繁昌县 1 年的小区控制试验证明：稻鳖模式对稻纵卷叶螟、二化螟有明显控制作用，卷叶率下降 80%左右，二化螟被害株率下降 78%左右，稻飞虱种群密度下降 52%左右（强润等，2016）。

综上所述，稻蟹模式对二化螟、稻飞虱、稻纵卷叶螟有明显的控制作用，但是稻蟹模式对三化螟的发生有促进作用。三化螟与二化螟生活习性非常相似，处于稻田的同一生态位，为何稻蟹共作对两者的影响截然相反，值得进一步深入研究。目前，缺乏蟹对水稻害虫捕食或惊扰作用的直接证据。稻蟹模式中，蟹与水稻害虫的互作关系也值得深入探究。

4.4.2 "稻田综合种养"对水稻病害发生的影响

4.4.2.1 "稻田综合种养"对稻田土壤微生物群落结构的影响

土壤微生物的数量和结构变化在一定程度上反映土壤肥力转化与调控水平、动植物残体及腐殖质矿化水平，直接影响土壤养分的供应和有效性，同时也会影响作物病害的发生程度。稻田引入小龙虾之后，田间浸水时间与深度有明显的变化，土壤理化性质相应也会发生一些变化，因此，稻田土壤微生物群落也会发生一些变化。

潜江白鹭湖农场的定位试验揭示了稻虾种养对土壤微生物群落结构的影响。稻虾田在水稻收割之后 15 天投放小龙虾，小龙虾密度为 1.5×10^5 尾/hm^2，此后每年适当补充一些亲虾，每天投放适量虾食。每年 6 月上旬捕捞成虾。田里剩余的小龙虾在水稻种植前迁移到虾沟里。稻单田与稻虾田化肥用量相同。稻单田与稻虾田均秸秆还田。10 年后，利用磷脂脂肪酸（PLFA）作为指标，分析 0～10cm、10～20cm、20～30cm、30～40cm 土层中微生物群落变化。主要研究结果包括：①稻虾田好氧菌、革兰氏阴性细菌、丛枝菌根真菌数量显著高于稻单田，20～30cm 土层中分别高 25.6%、28.6%、43.2%，30～40cm 土层中分别高 85.9%、83.9%、106.5%；②20～40cm 土层中，稻虾田革兰氏阳性/革兰氏阴性细菌的比率显著低于稻单田；③0～10cm 土层中，稻虾田放线菌数量明显高于稻单田，但是真菌与细菌 PLFA 比例显著低于稻单田；④稻虾田与稻单田革兰氏阳性细菌、厌氧菌数量在所有土层中均没有显著差异；⑤小龙虾的打洞习性使深层土壤孔隙度增加，深层土壤与表层土壤之间的气体、液体通道增多，使营养物质及氧气更容易到达底层土壤，从而使 20～40cm 土层中好氧菌、革兰氏阴性细菌、丛枝菌根真菌增多，0～10cm 放线菌增多，促进了深层土壤营养循环；⑥冬季长期淹水也使 0～10cm 土层真菌与细菌 PLFA 比例下降，降低了该土层微生物群利用碳源的能力（Si et al.，2017）。

华中农业大学黄俊斌团队采集江汉平原稻虾田及稻单田 20～30cm 土层，通过测序分析土壤菌群的多样性。结果表明：稻虾田 20～30cm 土层中，变形菌门、放线菌门和酸杆菌门的相对丰度提高；土壤硝化螺旋菌属和硫杆菌属的相对丰度提高；地杆菌属和厌氧粘细菌属的相对丰度降低；亚硝化单胞菌属、脱硫单胞菌属、脱硫杆菌属和固氮螺菌属是稻虾田特有的菌群，说明稻虾田土壤菌群对土壤动植物残体的分解能力提高、除氨和土壤重金属修复能力提高，促进了氮循环和污染物的降解，但是参与变价重金属的氧化还原及有机卤化物的生物代谢能力减弱（黄俊斌和郑露，私人通信）。稻虾田土壤中病原菌数量变化、稻虾田土壤微生物多样性变化与水稻主要病害的发生之间的关系，需要进一步深入研究。

4.4.2.2 “稻田综合种养”对稻田病害发生的影响

虾、鳖、鱼、蛙等水生动物引入水稻田之后，对病害的发生有两方面的影响：一方面，水生动物在田间活动，可能会传播病原菌，取食和攀附的习性可以引起水稻茎基部叶鞘受伤，传播病菌的菌丝和菌核，从而有利于病害的发生；另一方面，水生动物的活动可提高稻田的通风透气性，改良土壤理化性质，增加水体中的溶氧量，从而促进水稻根的生长，提高抗病能力（佀国涵，2017；Teng et al.，2016；王缨和雷慰慈，2000）。

浙江省青田县、永嘉县、瑞安市和景宁县是稻鱼传统种植区，谢坚（2011）在该区域开展了连续 5 年田间调查及小区控制试验。结果表明：与水稻单作田相比，稻鱼田（水稻—田鱼）纹枯病发病率比稻单田低 54%左右；在水稻生长早期（6～8 月上旬），两种稻田稻瘟病发生率没有明显差异，但是水稻生长后期（8 月下旬至 9 月上旬），稻鱼田发病率低于稻单田；两种稻田稻曲病发病率没有显著差异（Xie et al.，2011；谢坚，2011）。

杨勇等 2001～2002 年在江苏兴化市 2 年多点的田间调查表明，稻蟹共作田（以河蟹为主，搭配青虾和少量的鲢及银鲫等）与常规稻麦轮作稻单田相比，稻蟹田纹枯病发病时间迟 10 天左右，病情指数上升速度慢 60%、发生率低 40%。稻蟹田播种早，导致灰飞虱传毒的水稻条纹叶枯病发生早，栽入大田后发病相对较重，发病时间比稻单田早 10 天左右，发病率高 23%。细菌性基腐病在稻单田暴发，造成产量损失 30%～50%，但是稻蟹田未见明显发病田块；稻单田赤枯病、稻瘟病、稻曲病等发病率高于稻单田（杨勇等，2004）。

稻虾模式、稻鳖模式对水稻主要病害的影响，目前还未见多年多点田间试验的报道，有一些一年一点的田间试验的报道。稻鳖、稻虾田纹枯病发病程度有所加重，比稻单田高 30%左右（黄俊斌团队，私人通信；强润等，2016）。稻虾、稻鳖种养模式对稻瘟病、稻曲病的发生没有显著影响（陈文辉等，2019；

强润等，2016）。

4.4.3 “稻田综合种养”对稻田草害的影响

徐大兵等 2014 年在湖北省潜江市白鹭湖农场分别选择稻虾种养 7～8 年、稻虾种养 2～3 年和稻单田，调查水稻分蘖期稻田杂草种类、数量、干重。结果表明：①对于双子叶阔叶杂草而言，稻虾共作田最主要的双子叶与单子叶杂草为陌上菜和千金子，稻虾田无牛毛毡和铁苋菜，稻单田最主要的双子叶与单子叶杂草为丁香蓼、千金子和稗草；②稻虾种养 2～3 年时，稻虾田杂草总密度、主要双子叶阔叶和单子叶禾本科杂草密度分别比稻单田降低 52%、73%和 63%，稻虾种养 7～8 年时，杂草密度有所回升，但是仍然显著低于稻单田；③随着稻虾种养时间的推进，杂草频度、干物质重呈现先下降再上升的趋势；④稻虾田杂草丰富度指数、香农-维纳多样性指数（Shannon-Wiener 指数）、Pielou 均匀度指数和辛普森指数（Simpson 指数）均下降 50%左右，而生态优势度则增加了 50%左右；⑤莎草密度随着稻虾模式的推进而增加，稻虾种养 7～8 年时密度最大，预示着长期开展稻虾种养的田块，莎草可能成为稻虾田主要杂草（徐大兵等，2015）。郭瑶等（2020）在潜江市白鹭湖开展的区域调查及小区控制试验结果与徐大兵等（2015）得出的结论相似：稻虾共作稻田的 Simpson 指数、Shannon-Wiener 指数显著低于稻单田，并且随稻虾种养的推进，呈现先降低后增加的趋势；稻虾田千金子、稗草、双穗雀稗和飘拂草的 *I* 值（importance value）随稻虾种养的推进先降低后增加，而稻虾田通泉草、空心莲子草、鳢肠、鸭舌草等的 *I* 值低于稻单田，并逐年降低（郭瑶等，2020）。因此，稻虾模式可以显著降低杂草的危害，但是随着稻虾模式的继续推进，杂草群落逐渐适应稻虾田环境，会形成新的群落结构特点。

Wan 等于 2016～2017 年 7 月上旬、8 月中旬、9 月下旬在上海崇明岛调查稻鱼田（泥鳅、黄鳝）与稻单田杂草发生情况。在不施用任何除草剂的前提下，稻鱼田杂草种类、杂草数量、杂草鲜重显著低于稻单田，分别降低 62%、67%、58%。浙江省青田县、永嘉县、瑞安市和景宁县稻鱼（瓯江彩鲤，即田鱼）是稻鱼共作的传统种植区，连续 5 年的田间调查及定位试验结果表明，稻鱼模式下，杂草密度、杂草发生量分别比稻单田降低 97%、90%左右（谢坚等，2009）。因此，稻鱼模式可以明显抑制杂草的发生。不同的鱼对田间何种杂草控制效果好，目前没有系统的研究，只见零星报道，如草鱼对牛毛毡、浮萍和稗草防效好，鲤对浮萍防效好（栾浩文和辛国芹，2003；高洪生，2006）；在水稻生长前期，草鱼对稗草防效好，在水稻生长后期，草鱼取食量加大，对稗草、慈姑、眼子菜、水马齿和莎草科等杂草有良好的控制作用（栾浩文和辛国芹，2003）。不同鱼类对不同水稻杂草的控制作用还需要进一步系统调查与验证。

在辽宁盘锦市稻蟹（辽蟹）基地开展田间小区控制试验，设置养蟹投饵、养蟹不投饵、不养蟹不投饵 3 个处理，在水稻分蘖期、拔节期、孕穗期、齐穗期、成熟期调查杂草种类、株数、鲜重，3 个处理均不使用除草剂和化学农药。结果表明：①稻田杂草种类有鸭舌草、水葫芦、稗草、苦草、眼子菜、野慈姑、陌上菜、节节菜、异型莎草、千金子、丁香蓼、牛毛毡，优势种为鸭舌草、稗草、水葫芦、苦草、眼子菜和野慈姑；②在水稻生长期（分蘖期、拔节期、孕穗期、齐穗期），养蟹不投饵处理的杂草总密度、眼子菜、鸭舌草、稗草、野慈姑、水葫芦的密度均显著低于不养蟹不投饵处理，养蟹投饵处理在大多数情况下显著低于不养蟹不投饵处理，显著低于养蟹不投饵处理；③养蟹不投饵处理的水绵及浮萍密度在大多数取样点显著低于不养蟹不投饵处理；④在水稻分蘖期、拔节期、孕穗期、齐穗期和成熟期，养蟹不投饵处理稻田杂草鲜重及干重均显著低于不养蟹不投饵处理，对杂草株防效和鲜重防效达 50%～60%，养蟹投饵处理对杂草也有 30%左右的防效，防效低于养蟹不投饵处理（吕东锋等，2011）。另一个辽宁盘锦市的多点田间试验表明：盘锦稻区的优势杂草为稗草、水葱、扁秆藨草、水绵，另外鸭舌草、萤蔺、苦草、慈姑、浮萍、牛毛毡也是较丰富的杂草种类。稻蟹田（扣蟹）稗草、水葱、扁秆藨草和水绵密度显著低于对照田（不除草、不放蟹）（刘圆等，2019）。

在浙江海宁设置稻鳖共生（200 只中华鳖/亩）、不放鳖化学除草、不放鳖不除草 3 个处理，调查稻田杂草发生情况，结果表明，稻鳖共生对阔叶草、莎草、禾本科杂草的株防效分别达到 85%、75%和 62%，总株防效为 84%，与化学控草的防效没有显著差异（沈建庆等，2013）。

以上研究证明，不同稻渔种养模式对杂草均有良好的防效，从对杂草的控制效果上看：稻鱼、稻鳖模式优于稻蟹与稻虾模式。但是也可能因为杂草的发生具有明显的地域性，而每种水生动物对杂草的取食偏好性不同，造成控草效果的差异。因此，为了提高控草效果，必须要弄清楚两个问题：①当地主要杂草的种类及其优势度；②引入的水产动物对每种杂草的取食偏好性。在此基础上，推荐最优水产动物或者水产动物组合。

4.4.4 “稻田综合种养”模式下水稻病虫害绿色防控技术

4.4.4.1 抗性品种

培育与应用抗性品种是防治病虫害的最经济有效的手段。研究表明，8%的水稻基因与抗虫性或抗病性有关。在水稻中已鉴定出 11 个抗白叶枯病基因和 27 个抗稻瘟病基因以用于抗病育种（Wing et al.，2018）。30 个抗褐飞虱基因，其中 12 个已经被克隆出来（Hu et al.，2016；Zhao et al.，2016）。将抗病基因及抗虫基因导入水稻主栽品种，可以大大提高水稻对病虫害的抗性。例如，国际水稻研究所（IRRI）的水稻品种 IR26、IR36、IR50、IR72 含有 *Bph1*、*Bph2*、*Bph3* 和 *Bph4* 等基因。*Bph14* 和 *Bph15* 已经被中国育种学家导入几个超级稻品种中（Hu et al.，2016）。将水稻抗病虫基因聚合与培育多系品种是解决水稻抗性持久性的有效策略。华中农业大学作物遗传改良国家重点实验室水稻团队已经将 *Bph3*、*Bph6*、*Bph9*、*Bph14*、*Bph15*、*Bph10*、*Bph18*、*Bph20*、*QBph4*、*QBph3* 分别导入 9311，培育了一系列含有不同抗稻飞虱基因的 9311 近等基因系，为多系品种的培育提供了很好的实验材料。除此之外，还将抗稻瘟病基因与抗稻飞虱基因聚合导入 9311，培育近等基因系，为培育广谱抗虫与抗病品种提供了重要材料（Yu et al.，2020；双水双绿研究院未发表数据）。

4.4.4.2 均衡施肥，健康栽培

20 世纪 60 年代水稻“绿色革命”开始之后，水稻氮肥施用量成倍增长，水稻产量也大幅度提高。在我国水稻生产中，偏施氮肥的情况非常严重。中国消耗了全世界氮肥的 37%，氮肥施用量比世界平均水平高 75%，氮肥利用率仅为 30%～35%（Peng et al.，2002）。我国稻田氮肥的平均施用量为 180kg/hm^2，实际上氮肥施用量达到 60～120kg/hm^2 时，产量已经达到最高，超施的氮肥既提高成本，又污染环境（Peng et al.，2006）。而且研究表明，过量施用氮肥能促进稻飞虱、叶蝉、稻纵卷叶螟、钻蛀性螟虫、纹枯病、稻瘟病的发生（吕仲贤等，2006）。与此同时，过量施用氮肥还降低捕食者的捕食能力，如黑肩绿盲蝽对褐飞虱卵和若虫的捕食量均与寄主植物的含氮量呈显著负相关。黑肩绿盲蝽对褐飞虱自然控制作用的下降是稻田过量施用氮肥后褐飞虱种群增加的主要原因之一（吕仲贤等，2005）。

因此，控制氮肥施用量、控制水稻分蘖数、控制害虫种群数量，实施“三控”技术，健康栽培非常必要。氮肥施用量控制在 60～120kg/hm^2，施肥量以氮肥为标准，按氮：磷：钾=1：0.3：（0.6～0.8）来确定磷钾肥的用量。重施基肥、早施追蘖肥（郑许松等，2017a；陈桂华等，2016；钟旭华等，2007），既保证水稻生长的需要，又尽量降低氮肥的施用量，使水稻生长健壮，对病虫害的抗逆性提高，创造有利于天敌繁衍的生态环境，提高生态控制因子的控害能力。

4.4.4.3 生态调控技术

稻田中有很多自然控制因子，但是在传统的病虫害防治模式下，由于过分注重化学防治，这些自然控制因子的作用基本没有发挥出来。通过在稻田生态系统中引入陷阱植物、蜜源植物、天敌载体植物，提高田埂上生物多样性，可以显著降低稻田有害生物的发生量。

1）田埂或者稻田周围种植蜜源植物。在田埂上或者稻田周围种植蜜源植物，可以显著增加主要害虫寄生性及捕食性天敌的种群数量，如芝麻、大豆等农作物，万寿菊、矢车菊等花卉植物和酢浆草等。芝麻花期时可以为缨小蜂提供花蜜，延长寄生蜂成虫寿命，提高繁殖力，显著提高田间稻飞虱卵寄生率（Zhu et al.，2013）。田埂种植芝麻花可以提高稻螟赤眼蜂的寄生和扩散能力，寄生能力提高约 30%，使更多的蜂能够扩散至距田埂 20～25m 的距离（田俊策等，2018）。酢浆草多年生、花期长、花蜜含量高，可以为稻螟赤眼蜂提供蜜源，显著提高寄生蜂的生态功能，同时酢浆草花仅在白天开放，不会引诱夜间活动的鳞翅目成虫，生态风险低（赵燕燕等，2017）。此外，万寿菊、矢车菊也是比较好的蜜源植物（汪庚伟等，2014；朱平阳等，2013）。除了作为蜜源植物，菊花还可以美化稻田景观，为美丽乡村增景添色。蜜源植物除了为寄生蜂提供蜜源，有些捕食性天敌也会取食蜜源植物的花粉与花蜜，提高自身的捕食能力。例如，黑肩绿盲蝽成虫取食芝麻花之后，其后代的发育加快，捕食能力提高（朱平阳等，2013）。

2）田埂上种植陷阱植物。苏丹草和香根草能够引诱二化螟雌成虫产卵，在这两种植物上的落卵量是水稻上的 3.02 倍和 4.56 倍。二化螟幼虫能够在苏丹草和香根草上正常孵化，但是存活率低，发育至 4 龄时，幼虫全部死亡，不能完成世代。稻田周围种植苏丹草和香根草后，水稻枯心率明显降低（郑许松等，2009）。稻田四周田埂或路边种植香根草控制水稻二化螟的最佳田间布局为：从间距 3～5m、行间距 50～60m（郑许松等，2017b）。

秕谷草可作为稻纵卷叶螟的陷阱植物（郑许松等，2017b）。稻纵卷叶螟除了取食水稻，还可以取食禾本科杂草。研究表明：相对于水稻，稻纵卷叶螟雌虫更趋向于在秕谷草上产卵，稻纵卷叶螟能在秕谷草上完成世代。引诱稻纵卷叶螟在秕谷草上产卵后，人工释放寄生蜂寄生于秕谷草上的稻纵卷叶螟卵，既可以降低田间稻纵卷叶螟的数量，又可以使秕谷草成为赤眼蜂的繁殖场所。

3）天敌繁育系统。“秕谷草—伪褐飞虱—中华淡翅盲蝽”载体植物系统。中华淡翅盲蝽和黑肩绿盲蝽是我国稻田中常见的捕食性盲蝽（黄德超等，2005；郝树广等，2000）。中华淡翅盲蝽能够在本地越冬，始见期在 6 月（乔飞，2014），灰飞虱是本地越冬中华淡翅盲蝽的主要猎物（祝梓杰，2015）。黑肩绿盲蝽有远近距离迁飞习性，与稻飞虱相伴迁飞（齐会会等，2014；邓望喜，1981）。因此，中华淡翅盲蝽能够作为稻飞虱迁入地的捕食性天敌储备，在稻飞虱迁入初期，快速控制稻飞虱的种群数量。因此可以在田埂上构建秕谷草—伪褐飞虱—中华淡翅盲蝽繁育系统。

秕谷草是稻田田埂及水边湿地上的常见禾本科杂草。伪褐飞虱是褐飞虱的近缘种，在本地越冬，秕谷草是其寄主，水稻并不是伪褐飞虱的寄主（崔亚丽等，2013）。中华淡翅盲蝽能以秕谷草上的伪褐飞虱为猎物，建立种群。研究结果表明，秕谷草—伪褐飞虱—中华淡翅盲蝽繁育系统培育出来的中华淡翅盲蝽种群，与水稻—褐飞虱—中华淡翅盲蝽繁育系统培育出来的种群相比，种群增长能力强，雌虫、雄虫和若虫对褐飞虱卵捕食能力没有明显差异（郑许松等，2017b）。

茭白—长绿飞虱—稻虱缨小蜂繁育系统。茭白属禾本科菰属，与水稻的亲缘关系近。在南方稻区的沟渠中常见野生茭白，茭白也是南方人工种植的水生蔬菜。茭白是长绿飞虱的寄主；水稻不是长绿飞虱的寄主，虽然长绿飞虱可以取食水稻，但是不能在水稻上完成世代。长绿飞虱冬天在本地越冬。稻虱缨小蜂是褐飞虱、白背飞虱、灰飞虱卵期的重要寄生性天敌，也可寄生于长绿飞虱的卵。茭白田中长绿飞虱的卵可作为缨小蜂的寄主，使稻虱缨小蜂6月中旬至8月初的种群数量达到比较高的水平，作为迁入地稻飞虱的寄生性天敌储备，茭白田周围稻田的缨小蜂种群数量是对照稻田的2倍（俞晓平等，1999）。江汉平原水资源丰富，在稻田周围的低湖田及沟渠中少量种植茭白，适合构建茭白—长绿飞虱—稻虱缨小蜂繁育系统。

水稻病虫害生态调控技术已经成功应用于病虫害防治，并在浙江省金华市汤溪镇寺平村、浙江省宁波市东吴镇小白村等地成功推广，取得良好的应用效果（郑许松等，2017a；陈桂华等，2016）。

从2008年开始，浙江省农业科学院植物保护与微生物研究所、国际水稻研究所、浙江省金华市植保站3家单位在浙江省金华市汤溪镇寺平村的丘陵稻田里，联合开展“应用水稻生态工程技术控制水稻主要病虫害”试验示范（陈桂华等，2016）。本试验示范的目标为，减少化学农药使用量60%～80%，产量损失控制在3%以内，逐步恢复稻田生态控害功能。

生态工程控制水稻害虫技术方案：①健身栽培。生态培肥，合理使用化肥；实施“三控”施肥；工厂化育秧，防虫网育秧，防灰飞虱与白背飞虱传病；根据水稻不同生育期的水分需求，加强田间水分管理，控虫控草护苗。②冬季灌水翻耕，杀灭越冬螟虫。③调节生物多样性，促进天敌种群发展，如田块间插花种植芝麻、大豆等显花植物吸引天敌、田边留草及种植少量茭白作为天敌的庇护所等措施。④种植香根草引诱二化螟及大螟产卵。⑤释放赤眼蜂。在二化螟及稻纵卷叶螟产卵高峰期，释放螟黄赤眼蜂及稻螟赤眼蜂。⑥利用性引诱剂诱杀二化螟及稻纵卷叶螟成虫。

害虫应急防治方案：按照 GB/T 15790—2009、GB/T 15792—2009 和 GB/T 15794—2009，准确监测稻田病虫害发生动态，综合考虑水稻生育期、害虫和天敌三者之间的平衡，按照地方制定的防治指标，确定是否进行应急防治。

经过连续6年的试验示范，生态控害效果明显，试验示范点稻田生态功能明显得到恢复与提升。具体表现在：①生态防控田天敌种群密度明显上升，是农民自防田的两倍以上。其中稻虱缨小蜂数量可达农民自防田的数十倍，豆娘是农民自防田的 2～6 倍，泽蛙的数量是农民自防田的 5～6 倍。②稻飞虱的控制效果。农民自防田每年用药 2～4 次，生态控害区未使用任何防治稻飞虱的药剂，虽然在某些时间点生态控害区稻飞虱密度高于农民自防田，但是在水稻乳熟期，两种稻田的稻飞虱种群数量并没有显著差异。③稻纵卷叶螟的控制效果。生态控害区在水稻分蘖期及乳熟期，卷叶率高于农民自防田，但是水稻生长后期，生态控害区的幼虫数量反而低于农民自防田，说明生态控害区水稻分蘖期可以弃治。④二化螟防控效果。随着生态调控的推进，二化螟发生量越来越低，农民自防田二化螟虫量与白穗率和生态控害区没有差异，甚至略高于生态控害区。

生态工程控制害虫技术的经济效益与生态效益。生态控害区与农民自防田产量无显著差异，但是生态控害区农药用量减少 75%，农田生态得到显著改善，天敌数量增长 10～20 倍。除了生态效益，生态控害区也获得了可观的经济效益：芝麻、茭白的额外收益，生态控害区稻米获得绿色食品认证，稻米价格升高。

4.4.4.4 应急化学防治

当病虫害发生数量过大的时候，需要适当运用应急化学防治，快速将病虫害数量控制在经济阈值以下。

病害应急防治。在苗期和成株期对稻瘟病进行实时监测，最初发现病斑时可用 47%春雷霉素可湿性粉剂 1.2～1.8g/亩进行预防和治疗；稻曲病的发生主要根据生育期和降雨条件进行判断，不同年份稻曲病发生程度可能差异较大，如在孕穗后期至破口期监测有连续降雨，则需要在破口前 5～7 天用 2.5%纹曲灵水剂（井冈霉素和枯草芽孢杆菌复配）250ml/亩喷施保护，如在孕穗后期至破口期天气预报无降雨可不用防治；水稻纹枯病则可在水稻分蘖末期丛发病率达 5%或拔节至孕穗期丛发病率达 10%时，及时施用 5%井冈霉素水剂 10～15g/亩。

害虫应急防治。除了上述生态调控措施，选用对小龙虾安全、对目标害虫高效而对其他生物低毒的杀虫剂。可以选用的杀虫剂有：苦参碱、Bt 杀虫蛋白、乙基多杀菌素、烯啶虫胺、噻虫嗪、康宽等。稻渔种养模式下，稻田生态系统中引入了养殖动物，在进行化学防治时，要比稻单田更为慎重。以下几点必须重视。

1）防治指标可以适当放宽。作物在被昆虫取食之后，具有一定补偿能力。没有达到防治指标时，可以不用防治，不能盲目用药。例如，水稻生长早期可以弃治稻纵卷叶螟（杨亚军等，2015）。通过剪叶模拟稻纵卷叶螟为害的实验表明：水稻分蘖期剪叶 10%～20%，水稻生长指标、叶绿素含量与对照均无显著差异，反而增产；拔节期剪叶 40%，叶绿素含量显著升高，虽然每穗实粒数下降，但是产量与对照无显著差异（田卉，2013；吴降星等，2013）。

2）使用农药之前，需要评估农药对水生养殖动物的安全性。关于农药对水生动物的安全性，应该参照有关国标进行系统的评价。尽量选用低毒或微毒的农药。例如，农药对小龙虾的安全性评价，应参考《化学农药环境安全评价试验准则　第21部分：大型甲壳类生物毒性试验》（GB/T 31270.21-2014）进行评价。

3）尽量选用生物源、高效低毒且对水生养殖动物安全的农药。

4.4.4.5　草害化学防治

近年来，由于机械化、直播稻的推广，草害已经上升为稻田有害生物最难防控的一种，特别是直播稻田，草害尤为严重。在长江流域的“双水双绿”体系中，我们推荐采用一季晚稻机插秧模式。

在播种前旋耕除草，苗期可不用除草剂。水稻苗期后，看稻田杂草的发生情况，若杂草有暴发的可能性，在水稻第一次施追肥的时候，施一次除草剂。根据杂草种类、草龄选择对口药剂和剂量。五氟磺草胺或二氯喹啉酸加吡嘧磺隆可防除苗后绝大多数的杂草。千金子严重的田块，可选用氰氟草酯。抗性稗草、莎草、双穗雀稗，可选用双草醚。施除草剂的时候，养殖动物与水稻应相互隔离。除草剂的使用方法及剂量参考商品说明书。

4.5　小　　结

稻米营养及其农药残留、重金属超标等问题关系到食品安全和人类健康。因此，如何提高稻米的营养成分和价值，减低产品的农药残留和重金属污染，促进绿色高效稻米产业的发展，是当前水稻科研工作者面临的重大挑战。为了应对这一挑战，我们需要加强对水稻营养成分和重金属低积累的分子遗传机制的研究，重视品种的筛选与培育以及强化田间农艺措施的综合利用。建议当前重点加强以下5个方面的研究：①加快筛选、培育和推广营养、美味、重金属低积累的水稻品种；②加强土壤-水稻重金属含量的动态变化研究；③建立并优化水稻绿色美味栽培技术体系；④结合水稻抗病虫品种培育，研究稻田综合种养生态系统的自然控害能力、研发实用高效的绿色生态调控技术；⑤推行特色产业模式（如稻田种养——“双水双绿”模式），实现水稻产业的资源利用高效化、农业投入减量化、生产过程清洁化和产品效益最大化。

参考文献

白远飞，田飞，余顺波. 2014. 稻田养鸭密度对水稻病虫草害及经济效益的影响. 湖南农业科学，19: 20-23.

曹凑贵, 江洋, 汪金平, 等. 2017. 稻虾共作模式的“双刃性”及可持续发展策略. 中国生态农业学报, 25(9): 1245-1253.
车正明, 朱楚波, 李春, 等. 2019. 元阳县稻、鱼、鸭种养模式推广效益分析. 云南农业科技, 3: 34-36.
陈彩艳, 唐文帮. 2018. 筛选和培育镉低积累水稻品种的进展和问题探讨. 农业现代化研究, 39(6): 1044-1051.
陈桂华, 朱平阳, 郑许松, 等. 2016. 应用生态工程控制水稻害虫技术在金华的实践. 中国植保导刊, 36(1): 31-36.
陈书强. 2015. 粳稻米蒸煮食味品质与其他品质性状的典型相关分析. 西北农业学报, 24(1): 60-67.
陈文辉, 彭亮, 刘莹莹, 等. 2019. 江汉平原稻虾综合种养模式经济效益和生态效益分析. 湖北农业科学, 58(14): 160-166.
陈欣, 唐建军. 2013. 农业系统中生物多样性利用的研究现状与未来思考. 中国生态农业学报, 21(1): 54-60.
程式华, 廖西元, 闵绍楷. 1998. 中国超级稻研究: 背景、目标和有关问题的思考. 中国稻米, 1: 3-5.
崔晶, 松江勇次, 楠谷彰人. 2019. 优质食味米生产理论与技术. 北京: 中国农业出版社.
崔亚丽, 何佳春, 罗举, 等. 2013. 褐飞虱近似种伪褐飞虱和拟褐飞虱的寄主植物. 中国水稻科学, 27(1): 105-110.
邓望喜. 1981. 褐飞虱及白背飞虱空中迁飞规律的研究. 植物保护学报, 2: 73-82.
段斌, 方玲, 何世界, 等. 2019. 播期及灌浆期温度对豫南粳稻稻米品质的影响. 中国稻米, 25(1): 65-69.
高洪生. 2006. 北方寒地稻田养鱼对农田生态环境的影响初报. 中国农学通报, 22(7): 470-472.
郭瑶, 肖求清, 曹凑贵, 等. 2020. 稻虾共作对稻田杂草群落组成及物种多样性的影响. 华中农业大学学报, 39(2): 17-24.
国家卫生和计划生育委员会, 国家食品药品监督管理总局. 2017. 食品安全国家标准　食品中污染物限量 GB 2762—2017.
国家质量监督检验检疫总局, 中国国家标准化管理委员会. 2018. 优质稻谷 GB/T 17891—2017.
郝树广, 张孝羲, 程遐年. 2000. 稻田节肢动物群落优势功能集团的垂直分布、数量动态及天敌作用估计. 应用生态学报, 1: 104-108.
贺晓鹏, 朱昌兰, 刘玲珑, 等. 2010. 不同水稻品种支链淀粉结构的差异及其与淀粉理化特性的关系. 作物学报, 36(2): 276-284.
胡小军. 2015. 稻渔共作水稻生态生理特征及优质高产无公害生产技术研究. 扬州: 扬州大学硕士学位论文.
胡召华, 靳磊, 朱捍华. 2017. 石灰降低稻米镉含量的效果及其影响因素. 湖南农业科学, 8: 20-23.
黄德超, 曾玲, 梁广文, 等. 2005. 不同耕种稻田害虫及天敌的种群动态. 应用生态学报, 11: 118-121.
黄国勤. 2009. 稻田养鱼的价值与效益. 耕作与栽培, (4): 49-51.
黄毅斌, 翁伯奇, 唐建阳, 等. 2001. 稻-萍-鱼体系对稻田土壤环境的影响. 中国生态农业学报, 9(1): 84-86.
纪雄辉, 梁永超, 鲁艳红, 等. 2007. 污染稻田水分管理对水稻吸收积累镉的影响及其作用机制.

生态学报, 27(9): 3930-3939.
江谷驰弘, 雷小波, 兰艳, 等. 2016. 粳稻脂肪含量对稻米品质的影响. 华南农业大学学报, 37(6): 98-104.
蒋彬, 张慧萍. 2002. 水稻精米中铅镉砷含量基因型差异的研究. 云南师范大学学报(自然科学版): 22(3): 37-40.
蒋艳萍, 章家恩, 朱可峰. 2007. 稻田养鱼的生态效应研究进展. 仲恺农业工程学院学报, 20(4): 71-75.
黎志康. 2005 我国水稻分子育种计划的策略. 分子植物育种, 5: 10-15.
李丹, 王建龙, 陈光辉. 2007. 稻米营养品质研究现状与展望. 中国稻米, 2: 5-9.
李刚, 邓其明, 李双成, 等. 2009. 稻米淀粉 RVA 谱特征与品质性状的相关性. 中国水稻科学, 23(1): 99-102.
李丽娜. 2018. 环境因素对水稻土中发酵微生物群落及铁还原过程的调控. 杨凌: 西北农林科技大学博士学位论文.
李娜娜. 2013. 中国主要稻田种养模式生态分析. 杭州: 浙江大学硕士学位论文.
梁智. 2003. 对斯坦福施肥量估算公式的改进. 新疆农业大学学报, 26(1): 34-35.
林孝丽, 周应恒. 2012. 稻田种养结合循环农业模式生态环境效应实证分析——以南方稻区稻-鱼模式为例. 中国人口·资源与环境, 22(3): 37-42.
凌启鸿. 2006. 水稻精确定量栽培. 北京: 中国农业出版社.
凌启鸿. 2010. 水稻精确定量栽培原理与技术. 第一届中国杂交水稻大会论文集. 杂交水稻, (25): 27-34.
刘建, 张欣, 崔晶, 等. 2013. 水稻品质分析仪在食味育种中的应用研究. 种子, 10: 18-23.
刘婧, 安晓宁, 王晓明, 等. 2018. 国内外大米农药残留限量标准比较分析. 中国稻米, 24(1): 11-15.
刘小燕, 肖调义, 黄璜, 等. 2006. 稻-鸭-鱼共栖生态系统中水稻纹枯病的发生规律与分析. 华中农业大学学报, 2: 138-141.
刘宜柏, 黄金英. 1989. 稻米食味品质的相关性研究. 江西农业大学学报, 11(4): 1-5.
刘圆, 马晓慧, 李春泉. 2019. 盘锦稻区稻蟹共养对优势杂草的防控作用研究. 北方水稻, 49(1): 24-26.
刘月敏, 吴丽萍, 钟远. 2006. 城郊稻田生态系统高效生产模式的研究与评价. 生态与农村环境学报, 22(3): 15-18.
栾浩文, 辛国芹. 2003. 稻田养鱼除草试验. 现代化农业, 10: 11-12.
吕东锋, 王武, 马旭洲, 等. 2011. 稻蟹共生对稻田杂草的生态防控试验研究. 湖北农业科学, 50(8): 1574-1578.
吕仲贤, 俞晓平, Heong K L, 等. 2005. 稻田氮肥施用量对黑肩绿盲蝽捕食功能的影响. 昆虫学报, 48(1): 48-56.
吕仲贤, 俞晓平, Heong K L, 等. 2006. 氮肥对植食性昆虫的影响及其对水稻主要害虫种群的诱导. 中国水稻科学, 20(6): 649-656.
倪达书, 汪建国. 1990. 稻田养鱼的理论与实践. 北京: 中国农业出版社.
彭春瑞, 罗奇祥, 陈先茂, 等. 2010. 双季稻丰产栽培的清洁生产技术. 杂交水稻, 25(1): 41-44.
彭国照, 柏建, 王景波. 2004. 安宁河流域稻米蛋白质、氨基酸含量与气象条件的关系. 中国农业气象, 3: 45-48.

彭华, 戴金鹏, 纪雄辉, 等. 2013. 稻田土壤与稻米中的镉含量关系初探. 湖南农业科学, 7: 68-72.

彭少兵. 2016. 转型时期杂交水稻的困境与出路. 作物学报, 42: 313-319.

齐会会, 张云慧, 蒋春先, 等. 2014. 黑肩绿盲蝽与褐飞虱的伴迁行为研究. 中国生物防治学报, 30(2): 171-177.

强润, 洪猛, 王家彬, 等. 2016. 几种种养模式对水稻主要病虫草害的影响. 农业灾害研究, 6(5): 7-9, 50.

乔飞. 2014. 稻田生态系统捕食性天敌群内捕食作用研究. 杭州: 浙江大学博士学位论文.

沈建庆, 方志峰, 程勤海, 等. 2013. 机插稻田稻鳖共生生态控草技术. 浙江农业科学, 6: 698-699.

沈欣, 朱奇宏, 朱捍华, 等. 2015. 农艺调控措施对水稻镉积累的影响及其机理研究. 农业环境科学学报, 34(8): 1449-1454.

石吕, 张新月, 孙惠艳, 等. 2019. 不同类型水稻品种稻米蛋白质含量与蒸煮食味品质的关系及后期氮肥的效应. 中国水稻科学, 33(6): 541-552.

佀国涵. 2017. 长期稻虾共作模式下稻田土壤肥力变化特征研究. 武汉: 华中农业大学博士学位论文.

松江勇次, 楠谷彰人, 崔晶. 2014. 高温环境下的优质食味稻米生产技术研究战略. 2014 年中国作物学会学术年会论文集. 中国作物学会: 150-151.

田卉. 2013. 重庆稻区主栽水稻品种对稻纵卷叶螟的抗性评价及防治指标研究. 重庆: 西南大学硕士学位论文.

田俊策, 王国荣, 郑许松, 等. 2018. 芝麻花对稻螟赤眼蜂寄生和扩散能力的影响. 中国生物防治学报, 34(6): 807-812.

田茂苑, 何腾兵, 付天岭, 等. 2019. 稻田土壤和稻米镉含量关系的研究进展. 江苏农业科学, 47(8): 25-28, 40.

汪庚伟, 田俊策, 朱平阳, 等. 2014. 蜜源食物对节肢动物天敌寿命、繁殖力和控害能力的影响. 昆虫学报, 57(8): 979-990.

王飞, 彭少兵. 2018. 水稻绿色高产栽培技术研究进展. 生命科学, 30(10): 1129-1135.

王强盛, 黄丕生, 甄若宏. 2004. 稻鸭共作对稻田营养生态及稻米品质的影响. 应用生态学报, 15(4): 639-645.

王清. 2011. 稻蟹共作对土壤理化性质和土壤有效养分影响的初步研究. 上海: 上海海洋大学硕士学位论文.

王缨, 雷慰慈. 2000. 稻田种养模式生态效益研究. 生态学报, 20(2): 311-316.

吴降星, 郑许松, 周光华, 等. 2013. 不同生育期剪叶对水稻生长、产量及生理的影响. 应用昆虫学报, 50(3): 651-658.

吴娜娜, 马占倩, 谭斌, 等. 2019. 不同加工精度稻米的营养物质含量、米粉特性及米饭品质研究进展. 粮油食品科技, 27(6): 40-45.

伍时照, 黄超武. 1985. 水稻品种品质性状的研究. 中国农业科学, 8(5): 1-7.

肖求清. 2017. 稻虾共作对稻田生物多样性的影响. 武汉: 华中农业大学硕士学位论文.

肖筱成, 谌学珑, 刘永华, 等. 2001. 稻田主养彭泽鲫防治水稻病虫草害的效果观测. 江西农业科技, 4: 45-46.

谢坚. 2011. 农田物种间相互作用的生态系统功能——以全球重要农业文化遗产稻鱼系统为研

究范例. 杭州: 浙江大学博士学位论文.
徐大兵, 贾平安, 彭成林, 等. 2015. 稻虾共作模式下稻田杂草生长和群落多样性的调查. 湖北农业科学, 54(22): 5599-5602.
徐建明, 孟俊, 刘杏梅, 等. 2018. 我国农田土壤重金属污染防治与粮食安全保障. 中国科学院院刊, 33(2): 153-159.
徐正进, 陈温福, 马殿荣, 等. 2005. 辽宁水稻食味值及其与品质性状的关系. 作物学报, 31(8): 1092-1094.
薛智华, 杨慕林, 任巧云, 等. 2001. 养蟹稻田稻飞虱发生规律研究. 植保技术与推广, 1: 3-5.
杨亚军, 徐红星, 郑许松, 等. 2015. 中国水稻纵卷叶螟防控技术进展. 植物保护学报, 42(5): 691-701.
杨勇, 胡小军, 张洪程, 等. 2004. 稻渔(蟹)共作系统中水稻安全优质高效栽培的研究——病虫草发生特点与无公害防治. 江苏农业科学, 6: 21-26.
杨勇. 2004. 稻渔共作生态特征与安全优质高效生产技术研究. 扬州: 扬州大学博士学位论文.
于焕云, 崔江虎, 乔江涛, 等. 2018. 稻田镉砷污染阻控原理与技术应用. 农业环境科学学报, 37(7): 1418-1426.
俞晓平, 郑许松, 陈建明, 等. 1999. 茭白害虫长绿飞虱与稻田缨小蜂关系的研究. 昆虫学报, 42(4): 52-58.
禹盛苗, 朱练峰, 欧阳由男, 等. 2014. 稻鸭种养模式对稻田土壤理化性状、肥力因素及水稻产量的影响. 土壤通报, 45(1): 151-156.
曾和期. 1979. 浅论“稻田养鱼、稻鱼双丰收”的生态学原理. 淡水渔业, (6): 20-24.
张昌泉, 赵冬生, 李钱峰, 等. 2016. 稻米品质性状基因的克隆与功能研究进展. 中国农业科学, 49(22): 4267-4283.
张超普, 余四斌, 张启发. 2018. 绿色超级稻新品种选育研究进展. 生命科学, 30(10): 57-63.
张浪, 周玲红, 魏甲彬, 等. 2018. 冬季种养结合对双季稻生长与土壤肥力的影响. 中国水稻科学, 32(3): 226-236.
张启发. 2009. 绿色超级稻的构想与实践. 北京: 科学出版社.
张启发. 2018-6-13. 以“双水双绿”重塑“鱼米之乡”. 湖北日报, 15.
张卫星, 毛雪飞, 刘仲齐, 等. 2018. 我国稻米分类控镉思路及生产控制技术研究. 农产品质量与安全, 1: 8-11.
张祖建. 2019. 不同类型水稻品种稻米蛋白质含量与蒸煮食味品质的关系及后期氮肥的效应. 中国水稻科学, 33(6): 541-552.
赵连胜. 1996. 稻田养鱼效益的生物学分析和评价. 渔业研究, 1: 65-69.
赵燕燕, 田俊策, 郑许松, 等. 2017. 酢浆草和车轴草作为螟黄赤眼蜂田间蜜源植物的可行性分析. 浙江农业学报, 29(1): 106-112.
郑许松, 刘桂良, 陈宇博, 等. 2017a. 单季晚稻区应用生态工程技术控制水稻主要害虫的实践. 植物保护学报, 44(6): 950-957.
郑许松, 田俊策, 杨亚军, 等. 2017b. 禾本科杂草作为防治稻纵卷叶螟的功能性植物的可行性. 中国农业科学, 50(21): 4129-4137.
郑许松, 徐红星, 陈桂华, 等. 2009. 苏丹草和香根草作为诱虫植物对稻田二化螟种群的抑制作用评估. 中国生物防治, 25(4): 299-303.
钟旭华, 黄农荣, 郑海波, 等. 2007. 水稻“三控”施肥技术规程. 广东农业科学, 5: 13-15, 43.

仲维功, 杨杰, 陈志德, 等. 2006. 水稻品种及其器官对土壤重金属元素 Pb、Cd、Hg、As 积累的差异. 江苏农业学报, 22(4): 331-338.

周立宏, 李秀芬, 王伯伦, 等. 2016. 稻田小气候特征及其对水稻产量和品质的影响. 江苏农业科学, 44(5): 81-85.

周明明. 2019. 稻田养蟹“大垄双行, 边沟加密”栽培模式研究. 北方水稻, 6: 34-36.

朱平阳, 盛仙俏, 方德华, 等. 2013. 黑肩绿盲蝽成虫取食植物花后对下一代生长和捕食能力的影响. 中国植保导刊, 33(10): 17-21.

朱智伟. 2006. 当前我国稻米品质状况分析. 中国稻米, 1: 1-4.

祝梓杰. 2015. 中华淡翅盲蝽种群生物学——生物与非生物环境因素对发育、存活和繁殖的影响. 杭州: 浙江大学硕士学位论文.

庄国泰. 2015. 我国土壤污染现状与防控策略. 中国科学院院刊, 30(4): 477-483.

Alvarez A, Adachi T, Nakase M, et al. 1995. Classification of rice allergenic protein cDNAs belonging to the α-amylase/trypsin inhibitor gene family. Biochimica et Biophysica Acta-Protein Structure, 1251(2): 201-204.

Bondonno N, Dalgaard F, Kyrø C, et al. 2019. Flavonoid intake is associated with lower mortality in the Danish diet cancer and health cohort. Nat Commun, 10: 3651.

Bouis H, Saltzman A. 2017. Improving nutrition through biofortification: a review of evidence from HarvestPlus, 2003 through 2016. Global Food Security, 12: 49-58.

Bradbury L, Fitzgerald T, Henry R, et al. 2005. The gene for fragrance in rice. Plant Biotech J, 3 (3): 363-370.

Buhler D, Hartzler R, Forcella F. 1997. Implications of weed seedbank dynamics to weed management. Weed Sci, 45(3): 329-336.

Cai X, Wang Z, Xing Y, et al. 1998. Aberrant splicing of intron 1 leads to the heterogeneous 5′-UTR and decreased expression of waxy gene in rice cultivars of intermediate amylose content. Plant J, 14 (4): 459-465.

Cesari S, Thilliez G, Ribot C, et al. 2013. The rice resistance protein pair RGA4/RGA5 recognizes the *Magnaporthe oryzae* effectors AVR-Pia and AVR1-CO39 by direct binding. Plant Cell, 25 (4): 1463-1481.

Champagne E, Marshall W, Goynes W. 1990. Effects of degree of milling and lipid removal on starch gelatinization in the brown rice kernel. Cereal Chemistry, 67(6): 570-574.

Chen H, Chen W, Zhou J, et al. 2012. Basic leucine zipper transcription factor OsbZIP16 positively regulates drought resistance in rice. Int J Exp Plant Biol, 193-194: 8-17.

Chen P, Shen Z, Ming L, et al. 2018. Genetic basis of variation in rice seed storage protein (Albumin, Globulin, Prolamin, and Glutelin) content revealed by genome-wide association analysis. Front in Plant Sci, 9: 612.

Chen S, Yang Y, Shi W, et al. 2008. Badh2, encoding betaine aldehyde dehydrogenase, inhibits the biosynthesis of 2-acetyl-1-pyrroline, a major component in rice fragrance. Plant Cell, 20 (7): 1850-1861.

Chen X, Shang J, Chen D, et al. 2006. A B-lectin receptor kinase gene conferring rice blast resistance. Plant Journal, 46(5): 794-804.

Chu Z, Yuan M, Yao J, et al. 2006. Promoter mutations of an essential gene for pollen development result in disease resistance in rice. Genes Dev, 20: 1250-1255.

Clemens S, Ma J. 2016. Toxic heavy metal and metalloid accumulation in crop plants and foods. Annu Rev Plant Biol, 67: 489-512.

Correia A. 2002. Niche breadth and trophic diversity: feeding behavior of the red swamp crayfish (*Procambarus clarkii*) towards environmental availability of aquatic macroinvertebrates in a rice field (Portugal). Acta Oecol, 23(6): 421-429.

Correia A. 2003. Food choice by the introduced crayfish *Procambarus clarkii*. Annales Zool Fennici, 40(6): 517-528.

Deng Y, Zhai K, Xie Z, et al. 2017. Epigenetic regulation of antagonistic receptors confers rice blast resistance with yield balance. Science, 355: 962-965.

Du B, Zhang W, Liu B, et al. 2009. Identification and characterization of *Bph14*, a gene conferring resistance to brown planthopper in rice. Proc Natl Acad Sci USA, 106 (52): 22163-22168.

Duan G, Shao G, Tang Z, et al. 2017a. Genotypic and environmental variations in grain cadmium and arsenic concentrations among a panel of high yielding rice cultivars. Rice, 10: 9.

Duan P, Xu J, Zeng D, et al. 2017b. Natural variation in the promoter of GSE5 contributes to grain size diversity in rice. Mol Plant, 10(5): 685-694.

Elert E. 2014. Rice by the numbers: a good grain. Nature, 514: S50-S51.

Fan C, Xing Y, Mao H, et al. 2006. GS3, a major QTL for grain length and weight and minor QTL for grain width and thickness in rice, encodes a putative transmembrane protein. Theor Appl Genet, 112 (6): 1164-1171.

Fan C, Yu S, Wang C, et al. 2009. A causal C-A mutation in the second exon of GS3 highly associated with rice grain length and validated as a functional marker. Theor Appl Genet, 118: 465-472.

Fang Y, Sun X, Yang W, et al. 2014. Concentrations and health risks of lead, cadmium, arsenic, and mercury in rice and edible mushrooms in China. Food Chemistry, 147: 147-151.

Frei M, Becker K. 2005. A greenhouse experiment on growth and yield effects in integrated rice-fish culture. Aquaculture, 244(4): 119-128.

Furukawa T, Maekawa M, Oki T, et al. 2007. The *Rc* and *Rd* genes are involved in proanthocyanidin synthesis in rice pericarp. Plant J, 49: 91-102.

Gu K, Yang B, Tian D, et al. 2005. *R* gene expression induced by a type-III effector triggers disease resistance in rice. Nature, 435: 1122-1125.

Holton T A, Cornish T C. 1995. Genetics and biochemistry of anthocyanin biosynthesis. Plant Cell, 7: 1071-1083.

Hu B, Wang W, Ou S, et al. 2015a. Variation in NRT1.1B contributes to nitrate-use divergence between rice subspecies. Nat Genet, 47(7): 834-838.

Hu J, Anderson B, Wessler S. 1996. Isolation and characterization of rice *R* genes: evidence for distinct evolutionary paths in rice and maize. Genetics, 142: 1021-1031.

Hu J, Wang Y, Fang Y, et al. 2015b. A rare allele of GS2 enhances grain size and grain yield in rice. Mol Plant, 8 (10): 1455-1465.

Hu J, Xiao C, He Y. 2016. Recent progress on the genetics and molecular breeding of brown planthopper resistance in rice. Rice, 9: 30.

Hu K, Cao J, Zhang J, et al. 2017. Improvement of multiple agronomic traits by a disease resistance gene via cell wall reinforcement. Nat Plants, 3: 17009.

Hu L, Ren W, Tang J, et al. 2013. The productivity of traditional rice-fish co-culture can be increased without increasing nitrogen loss to the environment. Agr Ecosyst Environ, 117: 28-34.

Huang S, Zhao C, Zhu Z, et al. 2020. Characterization of eating quality and starch properties of two Wx alleles japonica rice cultivars under different nitrogen treatments. J Integr Agric, 19(4): 988-998.

Huang X, Qian Q, Liu Z, et al. 2009. Natural variation at the DEP1 locus enhances grain yield in rice. Nat Genet, 41 (4): 494-497.

Hutin M, Sabot F, Ghesquière A, et al. 2015. A knowledge-based molecular screen uncovers a broad-spectrum OsSWEET14 resistance allele to bacterial blight from wild rice. Plant J, 84: 694-703.

Ji H, Kim S, Kim Y, et al. 2016. Map-based cloning and characterization of the *BPH18* gene from wild rice conferring resistance to brown planthopper (BPH) insect pest. Sci Rep, 6: 34376.

Jiang G, Xia Z, Zhou Y, et al. 2006. Testifying the rice bacterial blight resistance gene *xa5* by genetic complementation and further analyzing *xa5* (*Xa5*) in comparison with its homolog *TFIIAγ1*. Mol Genet Genom, 275(4): 354-366.

Kanokratana P, Uengwetwanit T, Rattanachomsri U, et al. 2011. Insights into the phylogeny and metabolic potential of a primary tropical peat swamp forest microbial community by metagenomic analysis. Microbial Ecol, 61(3): 518-528.

Kawakatsu T, Yamamoto M, Hirose S, et al. 2008. Characterization of a new rice glutelin gene *GluD-1* expressed in the starchy endosperm. J Exp Bot, 59(15): 4233-4245.

Larkin P, Park W. 2003. Association of waxy gene single nucleotide polymorphisms with starch characteristics in rice (*Oryza sativa* L.). Mol Breed, 12(4): 335-339.

Li H, Li X, Xiao J, et al. 2012. Ortholog alleles at Xa3/Xa26 locus confer conserved race-specific resistance against *Xanthomonas oryzae* in rice. Mol Plant, 5(1): 281-290.

Li L Wang L, Jing J, et al. 2007. The *Pikm* gene, conferring stable resistance to isolates of *Magnaporthe oryzae*, was finely mapped in a crossover-cold region on rice chromosome 11. Mol Breed, 20(2): 179-188.

Li W, Zhu Z, Chern M, et al. 2017. A natural allele of a transcription factor in rice confers broad-spectrum blast resistance. Cell, 170: 114-126.

Li Y, Fan C, Xing Y, et al. 2011. Natural variation in GS5 plays an important role in regulating grain size and yield in rice. Nat Genet, 43(12): 1266.

Li Y, Fan C, Xing Y, et al. 2014. Chalk5 encodes a vacuolar H^+-translocating pyrophosphatase influencing grain chalkiness in rice. Nat Genet, 46(4): 398.

Li, Q, Yuan M, Zhou Y, et al. 2011. A paralog of the MtN3/saliva family recessively confers race-specific resistance to *Xanthomonas oryzae* in rice. Plant Cell Environ, 34: 1958-1969.

Lin F, Chen S, Que Z, et al. 2007a. The blast resistance gene *Pi37* encodes a nucleotide binding site leucine-rich repeat protein and is a member of a resistance gene cluster on rice chromosome 1. Genetics, 177 (3): 1871-1880.

Lin R, Zhao W, Meng X, et al. 2007b. Rice gene *OsNAC19* encodes a novel NAC-domain transcription factor and responds to infection by *Magnaporthe grisea*. Plant Science, 172(1): 120-130.

Liu G, Lu G, Zeng L, et al. 2002. Two broad-spectrum blast resistance genes, *Pi9*(*t*) and *Pi2*(*t*), are physically linked on rice chromosome 6. Mol Genet Genom, 267(4): 472-480.

Liu J, Chen J, Zheng X, et al. 2017. GW5 acts in the brassinosteroid signalling pathway to regulate grain width and weight in rice. Nat Plants, 3(5): 17043.

Liu L, Guo J, Zhang R. 2015a. Effect of degree of milling on phenolic profiles and cellular antioxidant activity of whole brown rice. Food Chemistry, 185: 318-325.

Liu Y, Wu H, Chen H, et al. 2015b. A gene cluster encoding lectin receptor kinases confers broad-spectrum and durable insect resistance in rice. Nat Biotech, 33(3): 301-305.

Lorieux M, Petrov M, Huang N, et al. 1996. Aroma in rice: genetic analysis of a quantitative trait. Theor Appl Genet, 93(7): 1145-1151.

Ma J, Yamaji N, Mitani N, et al. 2008. Transporters of arsenite in rice and their role in arsenic accumulation in rice grain. Proc Natl Acad Sci USA, 105: 9931-9935.

Ma Y, Dai X, Xu Y, et al. 2015. COLD1 confers chilling tolerance in rice. Cell, 160 (6): 1209-1221.

Maeda H, Yamaguchi T, Omoteno M, et al. 2014. Genetic dissection of black grain rice by the development of a near isogenic line. Breeding Sci, 64(2): 134-141.

Mao H, Sun S, Yao J, et al. 2010. Linking differential domain functions of the GS3 protein to natural variation of grain size in rice. Proc Natl Acad Sci USA, 107(45): 19579-19584.

Martin M, Fitzgerald M. 2002. Proteins in rice grains influence cooking properties. J Cereal Sci, 36(3): 285-294.

Martiny A, Albrechtsen H, Arvin E, et al. 2005. Identification of bacteria in biofilm and bulk water samples from a nonchlorinated model drinking water distribution system: detection of a large nitrite-oxidizing population associated with *Nitrospira* spp. Appl Environ Microb, 71(12): 8611-8617.

Mikami I, Uwatoko N, Ikeda Y, et al. 2008. Allelic diversification at the wx locus in landraces of Asian rice. Theor Appl Genet, 116(7): 979-989.

Nakase M, Hotta H, Adachi T, et al. 1996. Cloning of the rice seed α-globulin-encoding gene: sequence similarity of the 5′-flanking region to those of the genes encoding wheat high-molecular-weight glutenin and barley D hordein. Gene, 170(2): 223-226.

Oehme M, Frei M, Razzak M, et al. 2007. Studies on nitrogen cycling under different nitrogen inputs in integrated rice-fish culture in Bangladesh. Nutr Cycl Agroecosyst, 79: 181-191.

Oikawa T, Maeda H, Oguchi T, et al. 2015. The birth of a black rice gene and its local spread by introgression. Plant Cell, 27(9): 2401-2414.

Okarter N, Liu R. 2010. Health benefits of whole grain phytochemicals. Crit Rev Food Sci Nutr, 50(3): 193-208.

Panche A, Diwan A, Chandra S. 2016. Flavonoids: an overview. J Nutri Sci, 5: 1-15.

Park C, Lee S, Chern M, et al. 2010. Ectopic expression of rice *Xa21* overcomes developmentally controlled resistance to *Xanthomonas oryzae* pv. oryzae. Int J Exp Plant Biol, 179(5): 466-471.

Park S, Jeong J, Lee K, et al. 2015. OsbZIP23 and OsbZIP45, members of the rice basic leucine zipper transcription factor family, are involved in drought tolerance. Plant Biotech Rep, 9(2): 89-96.

Peng B, Kong H, Li Y, et al. 2014a. OsAAP6 functions as an important regulator of grain protein content and nutritional quality in rice. Nature Commun, 5: 4847.

Peng C, Wang Y, Liu F, et al. 2014b. FLOURY ENDOSPERM 6 encodes a CBM 48 domain—containing protein involved in compound granule formation and starch synthesis in rice endosperm. Plant J, 77(6): 917-930.

Peng S, Huang J, Zhong X, et al. 2002. Challenge and opportunity in improving fertilizer-nitrogen use efficiency of irrigated rice in China. Agric Sci in China, 1(7): 776-785.

Peng S, Roland J, Huang J, et al. 2006. Strategies for overcoming low agronomic nitrogen use efficiency in irrigated rice systems in China. Field Crops Res, 96(1): 37-47.

Pereira-Caro G, Shin W, Alan C, et al. 2013. Phytochemical profile of a Japanese black–purple rice. Food Chemistry, 141: 2821-2827.

Qian Y, Chen C, Zhang Q, et al. 2010. Concentrations of cadmium, lead, mercury and arsenic in Chinese market milled rice and associated population health risk. Food Control, 21: 1757-1763.

Quoc N, Vromant N, Thanh B, et al. 2012. Investigation of the predation potential of different fish species on brown planthopper (*Nilaparvata lugens* (Stål)) in experimental rice-fish aquariums and tanks. Crop Prot, 38: 95-102.

Ren Z, Gao J, Li L, et al. 2005. A rice quantitative trait locus for salt tolerance encodes a sodium transporter. Nat Genet, 37(10): 1141-1146.

Rico G, Joong H, Juan P, et al. 2012. The protein kinase Pstol1 from traditional rice confers tolerance of phosphorus deficiency. Nature, 488: 535-539.

Rohman A, Helmiyati S, Hapsari M, et al. 2014. Rice in health and nutrition. Int Food Res J, 21(1): 13-24.

Rothuis A, Vromant N, Xuan V, et al. 1999. The effect of rice seeding rate on rice and fish production and weed abundance in direct-seeded ricefish culture. Aquaculture, 172(3-4): 255-274.

Ryoo N, Yu C, Park C, et al. 2007. Knockout of a starch synthase gene *OsSSIIIa/Flo5* causes white-core floury endosperm in rice (*Oryza sativa* L.). Plant Cell Rep, 26(7): 1083-1095.

Saitoh K, Onishi K, Mikami I, et al. 2004. Allelic diversification at the C (*OsC1*) locus of wild and cultivated rice: nucleotide changes associated with phenotypes. Genetics, 168: 997-1007.

Sakamoto W, Ohmori T, Kageyama K, et al. 2001. The purple leaf (*Pl*) locus of rice: the *Plw* allele has a complex organization and includes two genes encoding basic helix-loop-helix proteins involved in anthocyanin biosynthesis. Plant Cell Physiol, 42: 982-991.

Sasaki A, Yamaji N, Ma J F. 2014. Overexpression of *OsHMA3* enhances Cd tolerance and expression of Zn transporter genes in rice. J Exp Bot, 65(20): 6013-6021.

Sasaki A, Yamaji N, Yokosho K, et al. 2012. Nramp5 is a major transporter responsible for manganese and cadmium uptake in rice. Plant Cell, 24: 2155-2167.

Sato H, Suzuki Y, Sakai M, et al. 2002. Molecular characterization of Wx-mq, a novel mutant gene for low-amylose content in endosperm of rice (*Oryza sativa* L.). Breeding Sci, 52(2): 131-135.

Shang J, Tao Y, Chen X, et al. 2009. Identification of a new rice blast resistance gene, *Pid3*, by genome wide comparison of paired nucleotide-binding site-leucine-rich repeat genes and their pseudogene alleles between the two sequenced rice genomes. Genetics, 182(4): 1303-1311.

She K C, Kusano H, Koizumi K, et al. 2010. A novel factor FLOURY ENDOSPERM2 is involved in regulation of rice grain size and starch quality. Plant Cell, 22(10): 3280-3294.

Shi W, Yang Y, Chen S, et al. 2008. Discovery of a new fragrance allele and the development of functional markers for the breeding of fragrant rice varieties. Mol Breed, 22(2): 185-192.

Shomura A, Izawa T, Ebana K, et al. 2008. Deletion in a gene associated with grain size increased yields during rice domestication. Nat Genet, 40(8): 1023.

Si G, Peng C, Yuan J, et al. 2017. Changes in soil microbial community composition and organic carbon fractions in an integrated rice-crayfish farming system in subtropical China. Sci Rep, 7: 2856.

Si L, Chen J, Huang X, et al. 2016. *OsSPL13* controls grain size in cultivated rice. Nat Genet, 48(4): 447-456.

Song W, Wang G, Chen L, et al. 1995. A receptor kinase-like protein encoded by the rice disease resistance gene, *Xa21*. Science, 70: 1804-1806.

Sonoda Y, Ikeda A, Saiki S, et al. 2003. Distinct expression and function of three ammonium transporter genes *OsAMT1*; *1-1*; *3* in rice. Plant Cell Physiol, 44(7): 726-734.

Sun H, Qian Q, Wu K, et al. 2014. Heterotrimeric G proteins regulate nitrogen-use efficiency in rice. Nat Genet, 46: 652-656.

Sun J, Nakagawa H, Karita S, et al. 1996. Rice embryo globulins: amino-terminal amino acid sequences, cDNA cloning and expression. Plant Cell Physiol, 37(5): 612-620.

Sun S, Wang L, Mao H, et al. 2018a. A G-protein pathway determines grain size in rice. Nat Commun, 9(1): 851.

Sun X, Cao Y, Yang Z, et al. 2004. *Xa26*, a gene conferring resistance to *Xanthomonas oryzae* pv. oryzae in rice, encodes an LRR receptor kinase-like protein. Plant J, 37: 517-527.

Sun X, Zhang Z, Chen C, et al. 2018b. The *C-S-A* gene system regulates hull pigmentation and reveals evolution of anthocyanin biosynthesis pathway in rice. J Exp Bot, 69(7): 1485-1498.

Sweeney M, Thomson M, Pfeil B, et al. 2006. Caught red-handed: Rc encodes a basic helix-loop-helix protein conditioning red pericarp in rice. Plant Cell, 18(2): 283-294.

Takano-Kai N, Jiang H, Kubo T, et al. 2009. Evolutionary history of *GS3*, a gene conferring grain length in rice. Genetics, 182(4): 1323-1334.

Tamura Y, Hattori M, Yoshioka H, et al. 2014. Map-based cloning and characterization of a brown planthopper resistance gene *BPH26* from *Oryza sativa* L. ssp. *indica* cultivar ADR52. Sci Rep, 4: 5872.

Teng B, Zeng R, Wang Y, et al. 2012. Detection of allelic variation at the *Wx* locus with single-segment substitution lines in rice (*Oryza sativa* L.). Mol Breed, 30(1): 583-595.

Teng Q, Hu X, Luo F, et al. 2016. Influences of introducing frogs in the paddy fields on soil properties and rice growth. J Soils and Sediments, 16(1): 51-61.

Tian D, Wang J, Zeng X, et al. 2014. The rice TAL effector-dependent resistance protein XA10 triggers cell death and calcium depletion in the endoplasmic reticulum. Plant Cell, 26(1): 497-515.

Tran N, Daygon V, Resurreccion A, et al. 2011. A single nucleotide polymorphism in the *Waxy* gene explains a significant component of gel consistency. Theor Appl Genet, 123(4): 519-525.

Traore K, McClung A, Chen M, et al. 2011. Inheritance of flour paste viscosity is associated with a rice *Waxy* gene exon 10 SNP marker. J Cereal Sci, 53(1): 37-44.

Trusov Y, Chakravorty D, Botella J. 2012. Diversity of heterotrimeric G-protein γ subunits in plants. BMC Res Notes, 5(1): 608.

Tuncel N, Lmaz N. 2011. Gamma-oryzanol content, phenolic acid profiles and antioxidant activity of rice milling fractions. European Food Res Technol, 233(4): 577-585.

Ueno D, Yamaji N, Kono I, et al. 2010. Gene limiting cadmium accumulation in rice. Proc Natl Acad Sci USA, 107(38): 16500-16505.

Ufaz S, Galili G. 2008. Improving the content of essential amino acids in crop plants: goals and opportunities. Plant Physiol, 147(3): 954-961.

Uraguchi S, Kamiya T, Sakamoto T, et al. 2011. Low-affinity cation transporter (OsLCT1) regulates cadmium transport into rice grains. Proc Natl Acad Sci USA, 108(52): 20959-20964.

Vromant N, Nhan D, Chau N, et al. 2002. Can fish control planthopper and leafhopper populations in intensive rice culture? Biocontrol Sci Technol, 12(6): 695-703.

Vromant N, Nhan D, Chau N, et al. 2003. Effect of stocked fish on rice leaffolder *Cnaphalocrocis medinalis* and rice caseworm *Nymphula depunctalis* populations in intensive rice culture. Biocontrol Sci Technol, 13(3): 285-297.

Wakamatsu K, Sasaki O, Uezono I, et al. 2008. Effect of the amount of nitrogen application on occurrence of white-back kernels during ripening of rice (*Oryza Sativa*) under high-temperature conditions. Japan J Crop Sci, 77(4): 424-433.

Wan N, Li S, Li T, et al. 2019. Ecological intensification of rice production through rice-fish co-culture. J Clean Prod, 234: 1002-1012.

Wanchana S, Toojinda T, Tragoonrung S, et al. 2003. Duplicated coding sequence in the waxy allele of tropical glutinous rice (*Oryza sativa* L.). Plant Sci, 165(6): 1193-1199.

Wang C, Zhang X, Fan Y, et al. 2015c. XA23 is an executor R protein and confers broad-spectrum disease resistance in rice. Mol Plant, 8: 290-302.

Wang L, Stoner G. 2008. Anthocyanins and their role in cancer prevention. Cancer Lett, 269(2): 281-290.

Wang Y, Cao L, Zhang Y, et al. 2015b. Map-based cloning and characterization of *BPH29*, a B3 domain-containing recessive gene conferring brown planthopper resistance in rice. J Exp Bot, 66: 6035-6045.

Wang Y, Xiong G, Hu J, et al. 2015a. Copy number variation at the GL7 locus contributes to grain size diversity in rice. Nat Genet, 47(8): 944-949.

Wang Z, Zheng F, Shen G, et al. 1995. The amylose content in rice endosperm is related to the post transcriptional regulation of the waxy gene. Plant J, 7(4): 613-622.

Webb K, Oña I, Bai J, et al. 2010. A benefit of high temperature: increased effectiveness of a rice bacterial blight disease resistance gene. New Phytol, 185(2): 568-576.

Weng J, Gu S, Wan X, et al. 2008. Isolation and initial characterization of GW5, a major QTL associated with rice grain width and weight. Cell Res, 18(12): 1199.

Wing R, Purugganan M, Zhang Q. 2018. The rice genome revolution: from an ancient grain to Green Super Rice. Nat Rev Genet, 19: 505-517.

Xiao G, Hu Y, Li N, et al. 2018. Spatial autocorrelation analysis of monitoring data of heavy metals in rice in China. Food Control, 89: 32-37.

Xie J, Hu L, Tang J, et al. 2011. Ecological mechanisms underlying the sustainability of the agricultural heritage rice-fish coculture system. Proc Natl Acad Sci USA, 108(50): E1381-E1387.

Xu J, Messing J. 2009. Amplification of prolamin storage protein genes in different subfamilies of the Poaceae. Theor Appl Genet, 119 (8): 1397.

Xu W, Dubos C, Lepiniec L. 2015. Transcriptional control of flavonoid biosynthesis by Myb-bHLH-WDR complexes. Trends in Plant Sci, 20: 176-185.

Yang Y, Zhang H C, Hu X J. 2006. Characteristics of growth and yield formation of rice in rice-fish farming system. J Integr Agric, 5(2): 103-110.

Yi K, Wu Z, Zhou J, et al. 2005. OsPTF1, a novel transcription factor involved in tolerance to phosphate starvation in rice. Plant Physiol, 138(4): 2087-2096.

Ying J, Shan J, Gao J, et al. 2012. Identification of quantitative trait loci for lipid metabolism in rice seeds. Mol Plant, 5(4): 865-875.

Yoshimura S, Yamanouchi U, Katayose Y, et al. 1998. Expression of *Xa1*, a bacterial blight-resistance gene in rice, is induced by bacterial inoculation. Proc Natl Acad Sci USA, 95(4): 1663-1668.

Yu S, Ali J, Zhang C, et al. 2020. Genomic breeding of Green Super Rice varieties and their deployment in Asia and Africa. Theor Appl Genet, 133: 1427-1442.

Yuan B, Zhai C, Wang W, et al. 2011. The *Pik-p* resistance to *Magnaporthe oryzae* in rice is mediated by a pair of closely linked CC-NBS-LRR genes. Theor Appl Genet, 122(5): 1017-1028.

Zhai C, Lin F, Dong Z, et al. 2011. The isolation and characterization of *Pik*, a rice blast resistance gene which emerged after rice domestication. New Phytol, 189(1): 321-334.

Zhang H, Wang S. 2016. Progress in functional genomic studies of rice disease resistance. Chinese Bulletin of Life Sciences, 28: 1189-1199.

Zhang L, Ren Y, Lu B, et al. 2015. FLOURY ENDOSPERM7 encodes a regulator of starch synthesis and amyloplast development essential for peripheral endosperm development in rice. J Exp Bot, 67(3): 633-647.

Zhang Q. 2007. Strategies for developing Green Super Rice. Proc Natl Acad Sci USA, 104(42): 16402-16409.

Zhang W, Zhang G, Liu G, et al. 2012. Bacterial diversity and distribution in the southeast edge of the Tengger desert and their correlation with soil enzyme activities. J Envir Sci, 24(11): 2004-2011.

Zhao F, Ma J, Meharg A, et al. 2009. Arsenic uptake and metabolism in plants. New Phytol, 181: 777-794.

Zhao F, Ma Y, Zhu Y, et al. 2015. Soil contamination in China: current status and mitigation strategies.

Environ Sci Technol, 49(2): 750-759.

Zhao M, Lin Y, Chen H. 2020. Improving nutritional quality of rice for human health. Theor Appl Genet, 133: 1397-1413.

Zhao Y, Huang J, Wang Z, et al. 2016. Allelic diversity in an NLR gene *BPH9* enables rice to combat planthopper variation. Proc Natl Acad Sci USA, 113: 12850-12855.

Zhou H, Li P, Xie W, et al. 2017. Genome-wide association analyses reveal the genetic basis of stigma exsertion in rice. Mol Plant, 10(4): 634-644.

Zhu L, Liu Q, Sang Y, et al. 2010. Underlying reasons for waxy rice flours having different pasting properties. Food Chemistry, 120(1): 94-100.

Zhu P, Gurr G, Lu Z, et al. 2013. Laboratory screening supports the selection of sesame (*Sesamum indicum*) to enhance *Anagrus* spp. parasitoids (Hymenoptera: Mymaridae) of rice planthoppers. Biol Control, 64(1): 83-89.

第 5 章 “双水双绿”的小龙虾绿色养殖

摘要：小龙虾是“双水双绿”种养体系中的重要水产养殖动物，做好其绿色养殖，对实现农业绿色可持续发展具有重要意义。本章综述了小龙虾的形态特征、生活习性、繁殖和栖息习性等生物学特性，提出了小龙虾养殖新品种的选育方案，介绍了小龙虾营养需求及水草养护、苗种投放、水质调控等养殖技术，分析了小龙虾主要病害，并给出了绿色防控措施和建议，为小龙虾的绿色健康养殖提供了技术支撑。

《中国小龙虾产业发展报告（2020）》显示，2019 年中国小龙虾养殖面积达 1929 万亩，产量 208 万 t，形成了一个千亿产业[①]。但是，由于小龙虾养殖业发展迅猛，养殖技术滞后于产业发展，目前小龙虾养殖面临着严峻挑战，诸如病害频发、种质资源衰退、绿色优质饲料及精准投喂技术缺乏，导致小龙虾品质下降，影响产业的可持续发展。因此，了解小龙虾的生物学特性，加强小龙虾良种选育，开展小龙虾营养饲料及投喂技术研究，建立小龙虾病害绿色防控技术体系，对发展小龙虾的绿色养殖具有重要意义。

5.1 小龙虾的生物学特性

5.1.1 小龙虾的分类地位

小龙虾，学名克氏原螯虾（*Procambarus clarkii*），隶属于节肢动物门（Arthropoda）甲壳纲（Crustacea）十足目（Decapoda）爬行亚目（Reptantia）蝲蛄科（Cambaridae）原螯虾属（*Procambarus*）（魏青山，1985）。小龙虾适应范围广、适应能力强、生长迅速，已经成为我国重要的淡水经济虾类，广泛分布于我国 20 多个省（自治区、直辖市）（李艳和，2013）。

① 中国小龙虾产业发展报告（2020）

5.1.2 小龙虾的形态特征

5.1.2.1 外部形态特征

小龙虾体表具坚硬的外骨骼，身体分为头胸部和腹部，21 体节，19 对附肢。头胸部由头部 6 节和胸部 8 节愈合而成，外被头胸甲。头胸甲坚硬，长度约占体长的一半。背侧向前伸出两侧具锯齿的额剑，超过复眼。头胸甲背面与胸壁相连，两侧游离形成鳃腔。头胸甲背部中央有一条横沟，即颈沟，是头部与颈部的分界线。额剑基部两侧各有一带眼柄的复眼，能自由转动。头胸部附肢有 13 对。头部 5 对，前 2 对为触角，后 3 对为口肢，分别为大颚和第 1、第 2 小颚。胸部附肢 8 对，前 3 对为颚足，后 5 对为步足。步足单肢型，前 3 对步足均呈钳状，称螯足，可以活动；后 2 对步足末端呈爪状。腹部分节明显，包括尾节共计 7 节，节间有膜，尾节扁平。腹部附肢 6 对，双肢型，称为腹肢或游泳肢，不发达。雄虾第一、二对腹肢特化为管状交接器，雌虾第一对腹肢退化。尾肢强壮，与尾柄一起合称尾扇（堵南山，1993）。

5.1.2.2 内部结构

小龙虾内部结构有呼吸系统、消化系统、循环系统、排泄系统、生殖系统、肌肉运动系统、内分泌系统和神经系统（堵南山，1993；薛俊增等，1998）。呼吸器官为丝状鳃，位于鳃腔中。足鳃 6 对，着生于第 2 颚足至第 4 步足基部两侧；关节鳃 11 对，着生于第 2 颚足至第 4 步足附肢与体壁关节膜上，其中第 2 颚足一对，其他各两对。

消化系统由口、食道、胃、中肠、后肠、肝胰脏、直肠和肛门组成。口位于两大颚之间，食道较短，下接胃，胃囊状，内壁上有 3 个几丁质齿状突起，称为胃磨。中肠很短，前接胃，后至腹部前。肝胰脏位于胸部及腹部前端消化道两侧，是与中肠相通的一对大型腺体，具有分泌消化酶、免疫及解毒功能。后肠位于腹部的背面、细长，肉眼不可见，开口于尾节基部下方，称为肛门。

循环系统为半开放式，血液由心脏经血管输出至全身各器官，再经心脏的心孔流回，完成营养物质、排泄废物、氧气及二氧化碳的输送。小龙虾血液中溶有血清素，故血液呈淡蓝色或无色。排泄器官为一对小颚腺，由肾管变化而来，位于第二触角的基部，称为触角腺，包括腺体部和囊状部（膀胱），由短的输尿管开口于体外。主要排泄物为绿色鸟氨酸，故又称其为绿腺。

雄性小龙虾有 1 对很细的精巢，左右对称，位于心脏下方、消化道上方，呈 H 形，左右精巢各发出 1 条输精管，从心脏下方经过围心窦壁汇合于第 3 腹节，与交接器相通。在输精管的远端，精子在输精管内聚集成簇，外包薄膜，形成精荚，呈管状。精荚成对存在，位于精囊中，它由输精管上皮细胞分泌物包被精子而形成，包括精荚壁、精荚基质及精子团三部分。雌性生殖系统由 1 对卵巢和 2 根输卵管组成。卵巢位于心脏下方、肠道上方，被肝胰脏覆盖，占满整个围心腔。整个卵巢呈 Y 字形，头胸甲与腹部交汇处的卵巢呈粗棒状，1 对输卵管沿两侧围心腔壁汇合于腹部的第 3 步足（即雌虾的生殖孔）。

肌肉运动系统由肌肉和甲壳组成，甲壳即外骨骼，起着支撑和保护身体的作用，在肌肉的牵动下行使运动功能。小龙虾的体节为异律分节，体节既分化，又组合，增强运动，提高其对环境条件的趋避能力。小龙虾的肌纤维是横纹肌，两端着生在外骨骼上，伸缩力强。每个体节有躯干肌和附肢肌两种，每个附肢有 3 对附肢肌，可使附肢朝前后、上下、内外各种不同方位活动。

神经系统为链状。脑位于食道上方，由胚胎时期头部前 3 对神经节愈合而成。一对食道神经连索由脑的后端中央附近发出，向食道下方延伸与食道下神经节相接。食道下神经节又与腹神经索相连，由头部后 3 对神经节和胸部前 3 对神经节组成，其神经分布到大颚、小颚和颚足。腹神经索位于消化道背面，由两条神经干组成，深入附肢与肌肉内，在胸直动脉穿过处，肉眼清晰可见。内分泌系统主要由脑、眼柄、大颚组织和生长器官组成，通过分泌生长激素、蜕皮激素、性激素等来调节机体的生长蜕壳和性腺发育等生命活动。

5.1.3 小龙虾的生活习性

5.1.3.1 栖息习性

底栖性。小龙虾喜阴怕光，喜栖息于各种水草、水稻等隐蔽物中。在正常条件下，白天多隐藏在水中较深处或隐蔽物中，活动较少，傍晚太阳下山后开始活动，多聚集在浅水边爬行觅食或寻偶，若受惊吓，迅速逃回水中（谢文星等，2008）。

趋水性。小龙虾集群生活，趋水流，能逆水上溯，常成群聚集在池塘进水口周围。下大雨时，可逆水流上岸边作短暂停留或逃逸，水环境不适时也会爬上岸边，因此养殖池塘要设防逃网，避免小龙虾逃逸。

5.1.3.2 运动习性

夜行性。小龙虾为夜行性动物，正常情况下，白天躲藏、夜晚出来摄食和活动。养殖过程中，如果白天或晚上看到小龙虾频繁“趴边、爬草”，表明养殖池塘可能出现了底质变坏、水体缺氧或者食物缺乏等问题，需要根据症状寻找解决问题的方法。

争斗性。小龙虾具有领域特性，养殖密度过大、饲料不足或争栖息洞穴时，会出现凌强欺弱和掠食现象。研究表明，在缺少食物时大虾一天可以吃掉 20 多只幼虾（熊青海，2012）。在打斗或逃逸过程中，小龙虾容易出现断肢现象，但它们具有自切与再生能力。幼虾的再生能力强，损失的附肢在第 2 次蜕皮时再生一部分，不过新生的附肢比原先的要短小，几次蜕皮后才会全部恢复（江河和汪留全，2002）。因此，养殖过程中，常会发现螯足缺失或一只较小现象。

攀缘性。小龙虾有较强的爬行及逆水上溯能力，24h 可爬行 2km，在天气突变的阴雨天或水体缺氧、缺食、环境受到污染时，小龙虾会爬出水面躲避。

5.1.3.3 掘洞习性

小龙虾的掘洞行为具有明显的季节性，研究表明，8～10 月的掘洞强度最高，洞穴分布密度也相应大。小龙虾的洞穴主要分为两种：一种是生殖洞穴，主要用于交配繁殖和孵化幼体；另一种是生活洞穴，主要用于躲避掠食者、逃避高温和水质不良环境（徐增洪等，2014）。洞穴内环境潮湿、温度适宜，能让虾度过枯水、高温及低温季节（Guo et al.，2019）。小龙虾掘洞大部分时间都是在夜间进行的，需要数天方可完成。

5.1.3.4 食性

小龙虾是偏肉食性的杂食性动物。自然条件下，小龙虾能摄食微生物、浮游植物、浮游动物、底栖动物及种植植物，也能摄食小鱼、小虾等动物（周正等，2020）。养殖过程中，小龙虾在不同生长阶段对食物和营养的需求不一样，尤其是幼虾喜摄食动物性物质或其他高蛋白与高能量食物（Correia，2003；Paloma et al.，2004；李浪平，2006）。当其他食物来源供应不足时，大规格幼虾和成虾也会喜食肥嫩多汁的植物，尤其种植的水草（Yu et al.，2019）。此外，腐烂的植物及其附带微生物也是小龙虾的食物来源（但丽等，2007）。

5.1.4 小龙虾的生活史

小龙虾是雌雄异体，卵生，环境适应能力较强，在涨水期和干旱期都能存活、生长与繁殖。干旱期可以挖掘或撤退到洞穴内获得生存所需的水分，同时有利于躲避捕食者，可以顺利完成繁殖过程。

5.1.4.1 雌雄鉴别

性成熟的小龙虾有明显的第二性征，雌雄个体存在如下差异（董卫军等，2007）。

1）体型：达到性成熟的同龄个体，雄性大于雌性，颜色较深。

2）螯足：规格相近的性成熟个体，雄虾螯足发达、有力，螯足上有倒刺，两端外侧有明亮的红色软疣。雌虾螯足小，没有倒刺。

3）交配器：雄虾第 1、第 2 腹肢特化成白色钙质的管状交配器，生殖孔则在第 5 对步足的基部，不明显。雌虾第 1 腹肢退化，很细小，第 2 腹肢正常呈羽状，便于激动水流，腹足即腹肢，第 3 对步足基部有很明显的生殖孔。

5.1.4.2 性腺发育

自然状态下，解剖头胸甲与腹部的连接处，就可以观察卵巢发育状态。根据形态、大小及颜色，可将卵巢分为 6 个时期，Ⅰ期呈乳白色；Ⅱ期和Ⅲ期颜色逐渐变黄并加深，卵粒明显增大；Ⅳ期和Ⅴ期颜色呈褐色并加深，卵粒均匀饱满，开始产卵；Ⅵ期是产卵后的恢复期，卵巢外观呈管状空腔，仅有少量未成熟卵粒残存。成熟的卵粒经输卵管排出，与贮精囊的精子结合完成体外受精，受精卵黏附在游泳足之间（曹昆，2015）。

5.1.4.3 交配繁殖

小龙虾的交配过程分为交配前期和交配期。交配行为一般发生在开放水域，在交配前期，雄虾不断尝试接近雌虾，二者熟悉后，雄虾靠近雌虾，用大螯快速钳住雌虾螯足，顺势将雌虾翻转过来，并用第 2 至第 5 对步足抱住雌虾的头胸部，雌虾的所有步足都已并拢起来，同时雄虾用步足不断调整与雌虾的结合部位。交配期可分为钳夹、翻转、横跨、交尾和分离 5 个阶段。交配期两虾抱紧处于平躺或一上一下状态，雄虾尾部抵住雌虾的尾部，使雌虾的腹部伸直，随后雄虾把交配器插入雌虾腹环沟内，并把精荚送入腹环沟。交配过程中，雄虾的触须和附肢不断摆动。在交配结束后，雌虾步足稍微颤动，然后雄虾松开大螯，二者由平躺或上下状态迅速分离，翻转为正常状态，整个交配过程从十几分钟到几小时不等（邱高峰等，1995）。

小龙虾的交配体制属于一雄多雌和一雌多雄的混合交配制，即乱交制（尚玉昌，1998；徐增洪等，2014）。交配对象的选择较为松散，普遍存在重复交配现象，即在交配期一尾雄虾会与多尾雌虾发生多次交配，同时一尾雌虾也会与多尾雄虾完成多次交配。研究表明，在一个成熟期，每尾虾的交配频率平均在 3.35 次以上（寇祥明等，2010）。从自然选择和进化意义的角度看，重复交配或乱交制的交配行为有利于提高种群繁殖效率和种群子代的遗传多样性。

5.1.4.4 产卵

小龙虾生长快、性成熟早。当年孵出的虾苗经 6～12 个月的生长，大部分能达到初次性成熟。小龙虾是季节性产卵，产卵高峰期分别为 5 月前后和 9～10 月中下旬两个时期，以 9～10 月繁殖期为主，水温 12℃以上就可见到少量抱卵虾，

21℃时最适宜小龙虾产卵（徐增洪等，2014；Jin et al.，2019）。雌虾可在开放水域或洞穴内产卵。在开放水域产卵的风险较大，如遇掠食者的攻击，抱卵或抱幼的亲本无法迅速逃走，容易被掠杀。因此，大部分雌虾选择洞穴内孵化和育幼。排出的受精卵黏附在雌体腹肢发育，即抱卵孵化。与其他淡水虾相比，小龙虾的产卵量较少，雌虾怀卵量通常在300～400粒，个体比较小的雌虾一次抱卵量甚至不到100粒（董卫军等，2007）。

5.1.4.5 孵化

受精卵的孵化时间与水温呈正相关。水温为17℃时，孵化需要85天；21℃时，孵化需29天；25℃时，21天便可孵化出膜（Jin et al.，2019）。小龙虾具有“抱仔”习性，刚出膜的幼虾黏附在母体的游泳足上。一段时间后，幼虾离开母体，但仍然在母体附近活动。在食物缺乏情况下，母体会捕食幼虾，幼虾也会相互残杀（Aquiloni and Francesca，2008）。因此，产卵后，母体必须尽快离开洞穴，寻找食物。养殖过程中，发现池塘有抱幼虾或幼虾自由活动的时候，必须尽快投喂适口饵料，防止相互残杀或苗种被捕食，提高虾苗成活率和产量。

5.1.4.6 蜕壳

蜕壳受水温、水质、营养、种群密度、溶氧等因素的影响较大，受遗传因素的影响较小（Yu et al.，2020）。幼体阶段，每2～4天蜕壳1次，蜕壳3次后进入幼虾阶段；幼虾阶段，体长1～2cm的虾每3～5天蜕壳1次，体长2～4cm的虾每4～8天蜕壳1次，体长大于4cm的虾每8～15天蜕壳1次，由幼虾到成虾阶段一般需完成11次蜕壳；性成熟的雌、雄虾，蜕壳次数急剧减少，老龄虾基本上一年蜕壳1～2次（殷海成和张训蒲，2007）。小龙虾生长过程依靠蜕壳来完成。因此，养殖条件下，饵料充足、营养丰富、环境适宜，小龙虾蜕壳频次变快，所以生长速度快。

5.2 小龙虾种质资源品种及良种繁育

5.2.1 我国小龙虾产业与种苗现状

种质资源和品种选育是小龙虾产业稳固发展的基石，优良种苗是保证整个产业链健康持续发展的关键。当前小龙虾的种苗繁育模式主要是养殖户在稻田中自繁自育；养殖过程中，养殖户习惯捕大留小，逆向选择可能导致它们的个头逐年变小，出现种质资源退化。近年来，随着养殖面积的进一步增加，养殖户对优质种苗的需求量大幅度增加，培育生长快速、肉质饱满与抗病能力强的小龙虾新品种显得尤为紧迫。

遗传育种是培育小龙虾新品种/系的主要途径，丰富的种质资源是遗传育种的重要基础材料。据报道，日本引入的小龙虾仅约 20 尾（Penn，1954），我国现有种群是 1929 年从日本引进的。理论上，由于引入种群较小，产生遗传漂变和瓶颈效应，引入我国的小龙虾种群遗传多样性相对较窄。另外，野生小龙虾遭遇强度大的捕捞，也出现了野生资源多样性不断降低现象。但遗传信息研究表明我国境内的小龙虾仍有较高的多样性（Li et al.，2012；李喜莲等，2016）。收集与保护我国野生小龙虾种质群体对遗传育种仍具有重要的意义。

5.2.2 小龙虾遗传基础与种质资源多样性研究

早在 1984 年，日本研究者就已对小龙虾染色体数目及其核型进行了研究，发现小龙虾有 94 对染色体（Murofushi et al.，1984）。张莎等（2018）验证了其结果，并证实小龙虾为二倍体物种。最近，小龙虾基因组草图测序完成，获得了小龙虾基因组的 DNA 片段序列（Shi et al.，2018），为小龙虾的遗传与分子研究提供了序列基础。简单序列重复（simple sequence repeat，SSR）分子标记是常用于动植物遗传分析与分子育种的重要工具。早期仅报道了 18 个可用的小龙虾 SSR 标记（Belfiore and May，2000）。我们的研究已开发了 1546 个 SSR 标记，其中 721 个在我国部分种质中检测到有多态性（未发表数据）。Li 等（2012）利用 12 个 SSR 标记对我国 37 个小龙虾群体进行遗传分析，结果发现：我国的小龙虾遗传多样性较高，并推测小龙虾是从南京地区进入我国的。李喜莲等（2016）对国内 8 个不同地域的野生群体进行采样，并利用 10 个 SSR 标记对其基因型进行鉴定，发现各地域小龙虾遗传结构出现分化，形成不同的地理群体，且遗传多样性丰富。这与前人的研究结果较吻合（曹玲亮等，2010；李艳和，2013；李喜莲等，2016）。综上研究表明：中国小龙虾具有一定的遗传多样性，能为遗传育种提供一定的种质资源。

5.2.3 小龙虾育种相关研究进展

生长性状与含肉率是小龙虾的重要经济性状。尤其，含肉率高的小龙虾不仅受消费者的青睐，更是加工企业的关注焦点。20 世纪 80 年代，很多专家提出了提升含肉率的育种建议。Lutz 和 Wolters（1989）报道小龙虾含肉率存在显著的遗传力差异，认为存在含肉率的加性变异，遗传改良小龙虾的生长性状与含肉率是可行的，同时认为减小螯的大小、增加腹部大小比例是提高含肉率的最好育种策略（Lutz and Wolters，1989）。研究者还发现螯长和螯宽与含肉率呈显著负相关，并建议选育螯较小、相应的含肉率高的螯虾（Craig and Wolters，1988）。不同品系的评估与杂交通常是遗传改良家畜动物重要经济性状的有效途径（Gjedrem，1983）。在水产领域，家系选育是最被推荐的育种策略之一，许多育种家运用家系选育对水产动物进行遗传育种（Argue et al.，2002；Zhang et al.，2005；Yang et al.，2008；Gjedrem，2010）。在家系选育中，目标性状的遗传参数估算对育种策略、选择强度及育种值等的评估均具有重要作用（Falconer and MacKay，1996）。起初，研究者发现小龙虾不同家系间的生长性状变异较大，表明它们受到了遗传调控（Falconer，1981）；后来，通过完全双列杂交实验，证实小龙虾的含肉率存在显著的杂种优势与家系效应（Bosworth et al.，1994），表明对于含肉率性状，利用家系选育及杂交育种是可行的（Falconer，1981；Bosworth et al.，1994）。此外，小龙虾个体大小与含肉量密切相关。小龙虾性成熟后即基本停止生长（Huner and Barr，1984）。性早熟导致小个体虾，是小龙虾养殖中普遍存在的问题（Lutz and Wolters，1989），通过延长它们的性成熟时间，便可使其长成大个体虾（Bosworth et al.，1994）。

对目标育种性状的遗传力估算是水产动物高效育种的前提。小龙虾的生长速率与含肉率等表型变异很大程度上受遗传调控。估算这些性状的遗传力，可寻求遗传改良它们的最优策略。在水产动物中，构建家系是估算性状遗传力的重要途径之一，通过对半同胞家系的比较可一定程度上克服环境因素对遗传力估算的干扰（Benzie et al.，1997；Kenway et al.，2006；Kocour et al.，2007；Hung et al.，2013）。研究者利用全同胞与半同胞家系对中国小龙虾体重、体长与头胸甲长等性状进行了狭义遗传力估算，结果发现 5 月龄螯虾的上述 3 个性状的狭义遗传力几乎为 0，而 10 月龄螯虾的遗传力也相对较低（0.14～0.17）（Li et al.，2016）。水产动物中，生长性状的遗传力大于 0.4 为高水平，0.2～0.4 为中等水平，小于 0.2 为低水平（楼允东，1999）。最近，研究者利用非完全双列杂交，通过对来自江苏省的 3 个地理群体（盱眙县官滩镇、宿迁市洋河镇与宜兴市大浦镇）进行杂交配组获得全同胞与半同胞家系。对家系进行遗传分析，结果得出：雌性的体长狭义遗传力最大，含肉率次之，分别为 0.32 与 0.30；雄性（成熟与非成熟）也是体长的狭义遗传力最大（>0.29），含肉率为 0.21 以上。此外，小龙虾两性体长的显性效应值也均达到 0.25 以上。总之，研究者认为小龙虾的体长与含肉率性状具有较高的遗传力，通过选择育种对其进行适度改良是完全有可能的（Li et al.，2016；Wang et al.，2019）。此外，多数水产动物的含肉率常常因性别不同而异（Craig，1985）。对于性成熟小龙虾，雌性个体的腹肌肉与含肉率均显著高于雄性个体（未发表数据）。因此，对种苗性别的控制也是小龙虾遗传育种的重要方向。

综上研究进展，建议小龙虾选育目标大致分为 3 个阶段：第一阶段提高生长速率、含肉率与规格整齐度；第二阶段提高抗病性与抗逆性（耐低氧性）；第三阶段提升腹肌肉的品质与口感。

5.2.4 小龙虾的育种策略与方案

我们已收集了洞庭湖（岳阳）、鄱阳湖、微山湖、洪泽湖、洪湖与南洞庭湖（沅江）6 个地域的野生小龙虾种质资源，均保种于华中农业大学双水双绿研究院基地（湖北省监利县新沟镇）。利用小龙虾特异的 SSR 标记对各个群体的遗传变异进行了评估与分析，弄清了它们的遗传多样性与遗传结构，为遗传育种提供了种质资源。我们按以下方案开展育种研究：①对不同地域品系的体长、生长速率、含肉率与抗病性等性状选择繁育 2～3 代；②将选择出的不同优良品系分别进行杂交选育 2～3 代，聚合不同优良性状；③将聚合不同优良性状的杂交品系纯化繁育 2～3 代，稳定各优良性状。此外，通过遗传作图与全基因组关联分析（genome-wide association study，GWAS）解析小龙虾重要经济性状的遗传基础，可为分子辅助选择与设计育种打下基础，同时探索多倍体育种与诱变育种。

5.2.4.1 选择育种

水产动物中，重要经济性状大多由数量性状基因控制。因此，选择育种的本质为通过逐代选择与杂交，将优良基因不断聚合与积累的过程。小龙虾选择育种同样符合这一选育规律。选择育种通常有 3 种方法：个体选育（individual selection）、家系选育（family selection）、综合选育（combined selection）。但对于不同的性状，适合的选育方法也不尽相同。体长等性状具有较高的遗传力（Falconer，1981；Lutz and Wolters，1989；Bosworth et al.，1994），适合个体选育，但是含肉率、抗病与抗逆性等需将螯虾处死来鉴定的性状，则不能采用个体选育，需要采用家系选育。因此，可以对不同性状分别采用不同的方法来选育。此外，在家系选育中，由于难以对小龙虾不同家系进行标记。因此，在同环境下，不同家系应使用网箱等设施分区养殖。

目前，我们采用个体选育对小龙虾体长与生长速率性状选育改良，选择压设为 5%左右。选择群体大小为 1 万尾左右（选出个体均为 500 尾以上）。当前已完成 6 个地域品系的第 1 代选育。另外，对不同地域品系的含肉率性状进行了初步评估，为选育含肉率高的品种/系打下了基础。

5.2.4.2 杂交育种

小龙虾杂交育种可以从聚合有利基因、利用杂种优势、尝试远缘杂交等方面开展。首先，对不同品系中性状优良的个体进行选择，使其系内近交 2～3 代后，稳定优良性状，再采用家系间轮转杂交避免近交衰退（Camacho et al.，2001）。通过对杂交后代优良性状逐代选择与再杂交，将不同品系的优异基因聚合起来，培育出优良的杂交品系。其次，适度纯化不同优良品系，通过杂交充分利用杂种优势；同时尝试单倍体诱导与染色体加倍获得纯合的不同品系后，再进行杂交配组，可能会获得更大的杂种优势。最后，利用精荚移植与人工授精技术（Lin and Ting，1986），力求实现种间杂交，进而利用种间杂种优势培育新品种。

5.2.4.3 分子辅助选择与设计育种

基于表型的选择育种中，被选个体的基因型组成与群体内部的谱系关系并不清楚。利用分子辅助选择则能克服这些弊端。大多数重要经济性状常由数量性状基因控制。然而，关于小龙虾重要性状调控基因却研究得甚少。因此，发掘小龙虾重要经济性状的调控基因是分子辅助选择与设计育种的前提。通常，采用遗传作图鉴定重要性状基因。目前，小龙虾分子遗传研究较为薄弱。具体可从以下几个方面开展研究。

1）分子标记开发。利用已经测序的小龙虾基因组 DNA 片段（Shi et al.，2018），设计与开发分子标记（已开发了 1546 个 SSR 标记）。

2）遗传群体构建。利用前期收集的我国不同地域的小龙虾群体，通过系列近交与杂交获得 F_2 分离群体。

3）遗传图谱构建与重要经济性状评估。利用开发的分子标记检测 F_2 分离群体，根据重组率换算成标记间的遗传距离，从而构建遗传图谱。同时，收集作图群体的重要经济性状（生长速率、体长、含肉率与抗病性等）表型。

4）基因定位分析。结合遗传图谱与性状表型值进行基因定位分析，发掘与其紧密连锁的分子标记。

5）分子辅助选择与设计育种。利用与主效基因紧密连锁的分子标记，检测不同家系，发掘各基因的优异等位基因，通过杂交设计与逐代选择，聚合优异基因，最终培育出优良品系。

5.2.4.4 多倍体育种

通常多倍体动物较二倍体动物具有诸多优势。例如，三倍体水产动物常具有生长快与个体大等优势，倍受育种者青睐（Cassani et al.，1984；Qiu et al.，1997）。二倍体可被诱导形成四倍体，四倍体与二倍体杂交又能获得三倍体。小龙虾为二倍体，培育三倍体小龙虾可借鉴鱼虾类中的多倍体诱导方法：利用静水压或者冷热休克法处理小龙虾受精卵获得四倍体，再将其与二倍体进行杂交获得三倍体。

5.2.4.5 诱变育种

利用高强度紫外线等物理射线辐射或者甲基磺酸乙酯（EMS）与乙酰基亚硝

基脲（ENU）等化学诱变剂处理受精卵能使其染色体重组或基因突变（Balling，2001）。可利用上述理化因子处理小龙虾受精卵使之发生遗传变异，待受精卵孵化生长至成虾后，筛选出具有优良性状的突变个体。将其与野生型个体杂交，通过几代繁育与筛选使突变性状能稳定遗传，进而培育成新品种/系。

5.2.5 小龙虾育种的意义与展望

近十几年来，中国小龙虾产业发展非常迅猛，并且仍具有较强的发展潜力。然而，当前小龙虾种苗自繁自育的模式致使其种质退化严重，养殖区种苗呈现“头大尾小”、含肉率低且病害频发的现象。为此，通过遗传育种改良小龙虾种苗显得迫在眉睫。通过收集国内外不同地域的小龙虾种质，利用选择育种与杂交育种，并积极探索多倍体育种与诱变。同时，开展小龙虾重要经济性状遗传基础研究，鉴定控制重要经济性状的基因，发掘优异等位基因，借助分子辅助选择与设计育种，力争培育出具有生长快、含肉率高、抗病与抗逆性强的小龙虾新品种/系，为小龙虾产业持续绿色健康发展提供新动力。

5.3 小龙虾的营养需求及健康养殖技术

5.3.1 小龙虾对营养物质的需求

5.3.1.1 蛋白质的营养需求

蛋白质是小龙虾生长发育所需的必要成分，也是饲料原料中成本最高的组成成分。小龙虾不同养殖阶段，对蛋白质的需求也存在一定差异，一般成体阶段的营养需求量要低于幼体生长阶段。我们将小龙虾分为三个生长阶段（0.026g、1.04g 和 5.08g），发现它们对饲料蛋白质的最适需求分别为 40.33%、35.88%和 30.56%（未发表数据）。于宁（2011）发现，用 5 种不同蛋白质水平的饲料投喂初始体重为（8.41±1.12）g 的小龙虾，蛋白质最适含量为 33%～36%。因此，仔幼虾阶段（体重≤5.0g）推荐饲料蛋白质水平为 35%～40%，中虾阶段（体重 5.0～20.0g）为 30%～35%，成虾阶段（体重 20～40.0g）为 26%～30%。

此外，近几年研究发现小龙虾饲料中适宜精氨酸、赖氨酸和蛋氨酸需求量分别为 2.04%、1.66%和 0.94%，分别占饲料蛋白质的 7.28%、5.87%和 3.36%（张微微等，2013；朱杰等，2014）。也有研究发现经植物酶处理的豆粕、发酵豆粕或昆虫粉，可以作为小龙虾的潜在优质蛋白原料，能补充氨基酸（程东海和颉志刚，2012；Wan et al.，2017；Tan et al.，2018）。

5.3.1.2 脂类的营养需求

小龙虾体内脂质水平很低，对饲料中脂质的需求也较低。小龙虾饲料中脂质需求量以4%～7%为宜（张家宏等，2012；宋光同等，2015），饲料中适宜的脂肪含量能促进小龙虾的生长，但随着饲料中脂肪含量的增加，小龙虾肌肉中蛋白质水平反而降低、脂肪水平上升，过高的脂肪水平可能会降低小龙虾的相对抱卵率。由于虾蟹类的脂肪酶活力很低，过高的脂肪水平会降低小龙虾的增重率和存活率。不同的脂肪源对小龙虾的生长也有一定的影响，以豆油为脂肪源时，小龙虾的生长以及亲虾的卵黄成熟较好。饲料中的大豆磷脂对雌虾卵巢具有促进发育的作用，建议小龙虾亲本饲料中在含有2%～3%鱼油和2%～3%豆油的基础上再补充1%～2%的大豆磷脂，以促进雌虾卵巢的快速发育。

5.3.1.3 碳水化合物的营养需求

糖类是虾类生长发育过程中所必需的能源物质。虾类饲料中含有适量的糖类可以对虾类的生长起到促进作用，同时节约蛋白质的用量，提高饲料的利用率。小龙虾不同生长阶段对营养的需求明显不同，幼虾期阶段对饵料蛋白质等营养物质要求较高，中虾阶段饵料蛋白质和脂肪含量逐步降低，饵料中碳水化合物含量逐步增加。因此，推荐饲料中糖类水平幼虾期为20%，育成前期为25%，育成中后期为30%。再者，甲壳素是虾蟹类动物外壳的主要成分，在虾类蜕壳、生长过程中起到支撑保护及提高免疫力作用，建议小龙虾饲料中添加0.5%～1.0%的甲壳素。此外，在虾类饲料生产过程中，原料都要经过制粒前的高温调质处理使淀粉糊化，这样既可以提高糖类的利用率，同时又可以起到黏结作用，提高了颗粒的水稳定性。纤维素含量在虾类饲料中应受到限制，虾肠道短，虽然虾体内有纤维素分解酶，但消化量相当有限。因此，小龙虾饲料中粗纤维含量一般控制在2.0%～4.0%较为适宜。

5.3.1.4 维生素的营养需求

维生素是维持机体健康所必需的一类有机化合物。这类物质在体内既不是构成身体组织的原料，也不是能量的来源，而是一类调节物质，在物质代谢中起重要作用。这类物质由于体内不能合成或合成量不足，虽然需要量很少，但必须经常由食物供给。因此，饲料里维生素是必须添加的。参照中国对虾等其他虾类的研究成果，结合现有实验研究和养殖实践对小龙虾饲料中维生素的需求，推荐用量分别为：维生素A（10 000U/kg）、维生素D（5000U/kg）、维生素E（300mg/kg）、维生素K_3（5mg/kg）、维生素C（1000mg/kg）、维生素B_1（50mg/kg）、维生素B_2（40mg/kg）、维生素B_6（5mg/kg）、维生素B_{12}（0.1mg/kg）、泛酸（75mg/kg）、生物素（1mg/kg）、烟酸（200mg/kg）、叶酸（10mg/kg）、胆碱（400mg/kg）、肌醇（300mg/kg）（宋光同等，2015；邵光明等，2017）。然而，饲料在加工和储存过程中均会损失部分维生素，因此，在小龙虾的快速生长阶段，特别是养殖中后期，可通过拌料方式定期再补充 0.5%的复合维生素，提高小龙虾的免疫和抗应激能力。

5.3.1.5 矿物质的营养需求

矿物质是虾蟹类营养中必需的无机营养素，对其生长、蜕壳和健康状况具有重要意义。虾蟹类生长过程是通过多次蜕壳实现的，每次蜕壳会损耗大量矿质元素，虽然虾蟹类可以通过鳃和外壳等从水体中直接吸收部分矿质元素，但是天然水体中有些矿质元素的浓度很低，仅靠从水体吸收不能满足其生长发育的需要，必须通过食物补充多种矿质元素满足虾类健康快速生长的需要。现有研究发现，小龙虾对饲料中钙、有效磷和硒的适宜需求量分别为 1.5%、1%和 3～6μg/kg（杨文平等，2012；李强，2012；Mo et al.，2019）。

5.3.1.6 饲料添加剂

在饲料中添加免疫增强剂或者一些营养物质可以促进小龙虾生长且增强其免疫力。研究发现，在小龙虾饲料中添加 1%的雨生红球藻可以提高小龙虾的存活率、抗氧化能力、蜕壳率以及非特异性免疫力。在饲料中添加 0.4%～0.8%的黄芪多糖能够提高小龙虾的存活率、脱壳率以及非特异性免疫力（洪徐鹏等，2013）。在饲料中添加 0.5%～1.5%的低分子壳聚糖能够提高小龙虾的消化酶活性、免疫力以及抗氧化能力，降低小龙虾体内脂肪和胆固醇的含量，增加蛋白质的含量（樊冰心，2013；任秀芳，2013）。在饲料中添加 1%左右的复方中草药（金银花、黄芪等）能够提高小龙虾的非特异性免疫力（丁建英等，2012）。在饲料中添加 0.3%的大黄、0.3%的淫羊藿、0.2%的黄芪、0.2%的板蓝根能有效提高小龙虾的存活率、免疫力以及抗白斑病综合征病毒的能力（郝忱等，2014）。益生菌制剂是以动物有益微生物为原料制成的活菌剂，其中枯草芽孢杆菌是应用研究比较成熟的益生菌，小龙虾饲料中添加（1～5）$\times 10^9$ 个/kg 的枯草芽孢杆菌对其免疫机能有促进作用，提高生长性能（谢佳磊等，2013）。

5.3.2 小龙虾营养与饲料研究现状及未来发展方向

小龙虾养殖业发展十分迅猛，饲料需要量很大，科研滞后于产业发展。小龙虾营养与饲料方面的研究虽然取得了一定的进展，但基础营养方面的研究比较薄弱，导致养殖过程中对饲料的选择和精准投喂方面还存在很多问题，终端市场上小龙虾饲料质量参差不齐，稳定性有待提高，养殖户在养成阶段更倾向于选择黄豆、小麦、玉米等粮食替代人工配合饲料，导致小龙虾商品虾规格偏小、品质不优，因此小龙虾绿色优质饲料的研制和配套的精准投喂技术的推广十分重要。

小龙虾营养与饲料方面需要开展以下工作。

1）完善小龙虾营养需求数据库，建立其营养需求标准。特别是基于资源高效利用的理念，研究“双水双绿”模式下小龙虾不同生长阶段的最适营养需求，建立小龙虾的营养需求标准。

2）小龙虾营养生态学研究。利用小龙虾不同生长阶段对食物的喜好性和易得性，通过秸秆还田、微藻培育、生物絮团等技术，研究“双水双绿”模式下小龙虾不同生长阶段绿色优质饲料的精准投喂技术，提高饲料氮、磷等营养元素的利用率，实现减少小龙虾养殖的病害发生率，洁净水源。

3）小龙虾功能性饲料的研究及推广。从营养角度看，研究具有抗应激、提高免疫力、促进蜕壳等功能的饲料，开发功能性饲料产品，为小龙虾产业健康有序发展提供保障。

4）精准投喂技术研究及应用。开展小龙虾精准投喂策略及体系研究，做到精准投喂，建立科学、合理、环保的投饲技术体系，解决饲料投喂时间和频率、投喂方法等方面的问题，制定具体的投饲标准（投饲时间、频率、投饲率等），解决饲料浪费、污染环境、虾苗自残等问题。

5.3.3 小龙虾的健康养殖技术

5.3.3.1 水草的种植与养护技术

水草对小龙虾养殖具有十分重要的作用：①提供躲避场所，在小龙虾生活尤其蜕壳期间起到隐蔽和保护作用；②夏天遮光降低水温，保护小龙虾栖息与生存环境；③光合作用，提供充足溶氧；④净化水体、改良底质；⑤提供植物性饵料，补充生长中所需的部分维生素、蛋白质及各种矿物质，促进小龙虾的健康生长。

小龙虾养殖池塘可以栽植的水草有：伊乐藻（吃不败）、轮叶黑藻（灯笼泡）、苦草、水花生、金鱼藻、凤眼莲、水浮萍等。其中以伊乐藻、轮叶黑藻的种植最为常见。不同水草的种植方式差异很大，养护技术与管理措施也有差异。以伊乐藻为例，种植和养护方式如下：①水草栽种前，施用基肥，采用发酵生物有机肥每亩 200～300 斤，水稻收割后施用于田中；②种植时间，一般选择 11 月至次年 2 月种植，具体根据苗种放养时间和养殖模式来决定；③种植距离，江汉平原地区肥沃稻田行距 8～10m，株距 6～8m；④水草养护，定期割草打头，防止过旺生长，定期补肥，保持水草活力，水草总面积不能超过池塘水面的 50%。

5.3.3.2 亲本虾投放和苗种培育

5～9 月为小龙虾交配季节，其中 6～8 月为高峰期。因此，稻虾模式下，6～9 月是留种、选种和投放亲本的适宜时节。为了培育优质的小龙虾虾苗，首选要选留优质的小龙虾亲本，尽量要提前选留，避免捕大留小作亲本。7～9 月，做好塘口准备，亲本虾应尽量选择体重大于 30g、颜色暗红或深红色、有光泽、体表光滑、无损伤、健康的个体，雌、雄亲虾按（2～3）∶1，投放量为 30～40 斤/亩。待水稻收割后，完成 1～2 周的晒田处理后，即 10 月底或 11 月初可灌水将小龙虾亲本或虾苗赶出洞穴进行培育。此时，可以利用生物肥培育水体浮游生物，为小龙虾提供天然饵料，同时投喂优质的人工配合饲料，强化培育虾苗，让虾苗具有更健康的体质安全越冬。

5.3.3.3 放养密度

小龙虾具有很强的领域和打斗行为，尤其是在其蜕壳期间，存在很明显的残食现象，因此，放养密度对小龙虾的养殖成活率和养殖效益至关重要。本章作者经实践研究发现，稻虾种养模式下小龙虾虾苗的适宜放养密度为 40～60 斤/亩（虾苗规格为 80～120 尾/斤）。在塘口水质和水草管理良好的情况下，大约 28 天，有 30%的虾可达到商品规格（30g 以上），此时应及早捕捞上市，捕成留幼，待大部分小龙虾起捕后，选择留种或补投少量虾苗，可以有效提高小龙虾的养成规格和成活率，实现提高养殖效益的目标。

5.3.3.4 水质调控

小龙虾养殖期间尽可能保持养殖水体“肥、活、嫩、爽”，达到既可以为小龙虾提供良好的生活生长环境，又可以减少尾水排放，实现洁净水源。养殖期间根据池中水质情况，每 5～7 天加注 1 次新水 8～10cm，每 15 天调换池水 1 次，换水量为池水的 30%，保持水质清新；10～15 天泼洒生石灰 20～30 斤/亩进行水质改良，既可以调节水体碱度和硬度，又可以起到补充钙的作用。养殖中后期，5～9 月每隔 10～15 天泼洒含有芽孢杆菌和光合细菌等有益菌群的调水产品分解有机质，进行水质改良。

5.3.3.5 饲料精准投喂

食物不足或营养不均衡会导致小龙虾的自相残杀。根据小龙虾的摄食、生长规律，合理调控投喂量与投喂方式，最大限度地减少饲料浪费和水质环境的污染，提高饲料的摄食利用率和消化吸收率，降低饲料系数，保证小龙虾健康快速生长。小龙虾优质饲料的使用准则及精准投喂技术参考如下。

1）投饲计划。仔虾或幼虾前期阶段根据养殖水温每天按小龙虾存塘量总体重的 4%～8%进行投喂人工配合饲料，中虾阶段每天按小龙虾存塘量总体重的 4%～6%进行投喂人工配合饲料，成虾阶段每天按小龙虾存塘量总体重的 2%～4%进行投喂人工配合饲料。

2）投喂方式。小龙虾仔虾或幼虾早期阶段活动能力弱，常采用豆浆或破碎料进行全池遍洒方式进行投喂。虾苗养成过程中，小龙虾的投喂方式采用人工投料机全池投喂，可根据饵料台来观察摄食活动情况，调整投喂量和投喂频率。

3）投喂频率和投喂时间。根据小龙虾的摄食和消化吸收等特点，我们研究发现仔虾或幼虾前期阶段，每天投喂 3 次，小龙虾的生长速度和存活率要显著性高于 1～2 次，建议虾苗投放前期日投喂次数控制在 3 次，分别为早晨 5～7 时第一次投喂，投喂量占日总投喂量的 30%，中午 12 时投喂第二次，投喂量占日总投喂量的 20%，下午 6～7 时投喂第三次，投喂量占日总投喂量的 50%。投喂量可以根据小龙虾的具体摄食情况进行适当调整。养殖中后期，中虾和成虾的日投喂次数可以控制在 2 次，早晨 5～7 时第一次投喂，投喂量占日总投喂量的 30%，下午 6～7 时投喂第二次，投喂量占日总投喂量的 70%。投喂量可以根据小龙虾的具体摄食情况进行适当调整。

5.4 小龙虾病害绿色防控

近年来，小龙虾养殖面积不断扩大，养殖密度也相应增加，同时受气候、水环境、营养、病原及养殖技术等多方面因素影响，小龙虾养殖过程中的病害也逐渐增多，养殖高峰期形成暴发性疾病，对养殖生产造成了极大的经济损失，同时造成环境污染，影响小龙虾的品质安全。小龙虾的病害主要分为病原性病害和非病原性病害。

5.4.1 小龙虾的病原性病害与防控技术

引起病原性病害的主要有病毒、真菌、细菌、寄生虫等病原生物。不同病原生物的侵袭及致病机制不一样，引发病害的防控策略也存在一定差异。

5.4.1.1 病毒性疾病与防控技术

病毒病是小龙虾的主要病害之一，已经报道的小龙虾病毒有：澳大利亚红螯螯虾杆状病毒（*Cherax quadricarinatus* bacilliform virus，CqBV）、佛罗里达螯虾（蓝魔虾）杆状病毒（*Cherax destructor* bacilliform virus，CdBV）、奥斯塔欧洲螯虾（北欧螯虾）杆状病毒（*Astacus astacus* bacilliform virus，AaBV）、白斑综合征

病毒（white spot syndrome virus，WSSV）、蓝虾系统类病毒（*Cherax destructor* systemic parvo-like virus，CdSPV）、红螯螯虾鳃细小病毒（*Cherax quadricarinatus* putative gill parvovirus，CqGPV）、卵分离死亡病毒（spawner-isolated mortality virus，SMV）、传染性胰腺坏死病毒（infectious pancreatic necrosis virus，IPNV）、红螯螯虾肝胰腺呼肠孤样病毒（*Cherax quadricarinatus* hepatopancreatic reo-like virus，CqHRV）和螯虾盖蒂病毒样病毒（Cherax Giardiavirus-like virus，CGV）等（陈昌福等，2009）。其中 WSSV 对小龙虾危害最大，能导致小龙虾的大量死亡（李青彬等，2019）。

WSSV 属于线头病毒科（*Nimaviridae*）白斑病毒属（*Whispovirus*），病毒粒子呈杆状[（80～120）nm ×（250～380）nm]，具囊膜（Huang et al.，2015；Feng et al.，2017）。WSSV 感染发生起源在中胚层和外胚层（鳃、淋巴器官、角化上皮、角质层下的结缔组织）的所有组织中，在自然环境中可进行垂直传播和水平传播（王甜甜，2016；李青彬，2018）。WSSV 在 12℃以下很难增殖，其发病温度为 15～28℃，在虾体内增殖的最适温度为 25℃，水温 12℃以下或 35℃以上时病毒的增殖被抑制在一定水平，虾存活时间被延长（罗淑娅，2010；徐进，2018）。有研究表明，低温时感染病毒的细胞数目较常温和高温显著减少，但低温只能短时间延缓而不能降低原有的增殖水平；高温对于 WSSV 中国株的热抑制能力在降低温度后仅能短暂维持，但随着 WSSV 的不断感染，转移后虾仍较快死亡（罗淑娅，2010）。

WSSV 是小龙虾白斑综合征（white spot disease，WSD）的主要病原。小龙虾白斑综合征具有发病快、死亡率高的季节性特点。患病后，小龙虾螯足与附肢无力、行动迟缓、摄食量下降，趴在水草上或伏于池边水底不动，口中吐泡泡，容易被捕捉，受惊吓反应迟钝；患病小龙虾腹部脏污，头胸甲及腹节甲壳易剥离，内层有软甲壳，体内有积液，肝胰腺萎缩，鳃丝发黑，肠道空虚、分节、无食物，有蓝色出血点，血淋巴不易凝固（李青彬，2018）。我们采用聚合酶链反应（PCR）方法跟踪监测了 2016～2018 年湖北省主要养殖地区小龙虾病毒感染情况，发现 2～11 月均能检测到病毒感染，但病毒载量有很大差异，4～6 月病毒载量较高，尤其 5 月最高，发病率也最高，发病时整体死亡率超过 70%（未发表数据）。因此，该病通常被养殖户称为“五月瘟”。

小龙虾的病毒病以预防为主，主要根据小龙虾的生物学特性，采取优化养殖模式、改善养殖环境、饲喂优质饵料和提升免疫力等方法实现，建议采取以下措施。

1）合理控制密度。小龙虾具有领域性，养殖密度不能太高，建议养殖密度控制在 8～10 尾/m^2，有利于小龙虾的生长、摄食及活动，保证健康体质。

2）加强水草养护。水草养护对小龙虾养殖至关重要，调整水草栽种时间，控制水草的行距与株距，控制水草的生长速度，让水草生长与小龙虾生长同步。增加水草间的通透性，保证水体溶氧充足，留足小龙虾的活动空间。

3）调控水质与改良底质。定期采用生石灰等物质进行水质调控与底质改良，适时补充有机质和微生物菌，调控水体浮游生物种群，稳定生态系统，生石灰使用方法见前文的水质调控部分。

4）投喂优质饵料，保证充足营养。选择营养均衡的优质绿色小龙虾饲料，按照养殖技术，精准投喂，保障小龙虾摄食充足，不会相互打斗和残杀。

5）中草药预防。中草药具有抗菌、止炎、镇静等作用，小龙虾是甲壳动物，以非特异性免疫为主，在“五月瘟”发病前期，可以采用甘草、黄芪、板蓝根、茵陈等中草药提取物拌饲料投喂，增强小龙虾的免疫力及抗病能力，预防小龙虾的白斑综合征的发生。我们研究发现，饲料中添加由甘草、板蓝根、黄芪多糖构成的复方中草药制剂可以显著提高克氏原螯虾的生长性能和免疫功能，改善肝胰腺组织结构和功能。并且不同的药物配比效果不尽相同，其中 0.13%甘草+0.14%板蓝根+0.03%黄芪多糖可以获得较好的生长性能，0.21%甘草+0.06%板蓝根+0.03%黄芪多糖对克氏原螯虾免疫功能提升效果较好，各复方组均能改善肝胰腺组织结构和功能（孟愔等，2019）。

6）采用“双水双绿”种养模式。“双水双绿”种养模式中，虾稻是一个共生系统，水稻充分利用饲料残渣和小龙虾粪便，在增加水稻肥力的同时减少了池塘底部有机物质的沉积，为小龙虾提供了舒适的底质环境。另外，在两次晒田的过程中，池塘底部充分暴露在外，加强了与阳光接触的机会，底质进行了充分氧化和消毒，减少了底泥中的病原体，有利于小龙虾的健康养殖。

5.4.1.2　细菌性疾病与防控技术

小龙虾细菌病是最常见、分布最广的一类病害，由许多兼性寄生细菌侵染引起。大多数情况下，细菌性疾病与病毒性疾病是共感染的（Edgerton，2002）。当养殖池塘环境恶化或营养不良时，各种细菌均有可能成为致病菌，形成继发性感染或导致暴发性疾病，引起小龙虾大量死亡。

我国从患病小龙虾中分离到的细菌大部分属于气单胞菌属，如嗜水气单胞菌（*Aeromonas hydrophila*）（马小荣等，2012）、豚鼠气单胞菌（*A. caviae*）（曹海鹏等，2014）、维氏气单胞菌（*A. veronii*）（姜光明等，2016；彭博文等，2018；胡骞等，2020）、异常嗜糖气单胞菌（*A. allosaccharophila*）（张立强等，2018）等。气单胞菌普遍存在于各种淡水环境中，其致病范围广，是水生动物的常见致病菌（Jiravanichpaisal et al.，2009）。柠檬酸杆菌属中的弗氏柠檬酸杆菌（*Citrobacter freundii*）（肖宁等，2016）、布氏柠檬酸杆菌（*Citrobacter braakii*）（朱若林等，2018）及弧菌属的副溶血弧菌（*Vibrio parahemolyticus*）（陈昌福，2009）等细菌病原也对小龙虾具有较强的致病力。

小龙虾细菌性疾病最显著的特点是发病前期通常死亡率不高，但随着水温的上升患病率会增加，如果错过最佳治疗时机，后期传染速度极快，会引发大量死亡，造成严重的经济损失。不同细菌感染、发病后的症状均十分相似，主要表现为螯足无力、烂鳃、烂壳、甲壳溃疡、烂尾、肠炎等症状，少数出现全身发红、肝胰腺腐烂的现象（曹海鹏等，2014）。然而，细菌感染后小龙虾并不一定发病且出现上述症状。螯虾普遍存在无症状的菌血症，Webster（1995）发现养殖场或实验室养殖的表面健康的螯虾无症状菌血症的感染率为 41%～70%。检测养殖池塘内的小龙虾，发现 42.6%（664/1560）的小龙虾血淋巴内有不动杆菌属（*Acinetobacter*）、气单胞菌属（*Aeromonas*）、芽孢杆菌属（*Bacillus*）、柠檬酸杆菌属（*Citrobacter*）、棒状杆菌属（*Corynebacterium*）、黄杆菌属（*Flavobacterium*）、微球菌属（*Micrococcus*）、假单胞菌属（*Pseudomonas*）、葡萄球菌属（*Staphylococcus*）和弧菌属（*Vibrio*）等细菌，而且发现，在水温超过 24℃时细菌检出率显著增加，温度超过 28℃时其体内细菌浓度显著增加（Edgerton，2002）。目前，螯虾菌血症的病因和病理尚不完全清楚，部分学者认为菌血症是受环境胁迫的结果，如在水温增加、溶氧降低、水质污染等环境胁迫下，池塘养殖螯虾的菌血症感染率会升高（Madetoja and Jussila，1996）。

因此，小龙虾细菌性疾病同样以预防为主，建议采取如下措施。

1）规范操作，防止机械损伤。小龙虾属于甲壳动物，苗种时期壳薄且软，苗种在捕捞、运输过程中容易受到挂伤、挤压和创伤，投入池塘后容易受到细菌侵袭和感染，导致病害发生。因此，在苗种捕捞、运输和投放过程中需严格按照技术规程操作，防止虾壳受损，造成继发性感染；同时，在放苗前，池塘需要做好水草养护、水质调控工作，营造舒适的养殖环境。

2）做好水草养护，保证充足溶氧。水草具有净化水体、提供庇护环境等作用。小龙虾养殖过程中，需要保证水草嫩绿、根系发达、密度合适，不能出现草叶挂脏、根系腐烂及满塘水草的现象，否则水质恶化，池塘溶氧低下，发病率上升。

3）做好水质调控，稳定生态系统。养殖期间勤注新水，保持充足水体溶氧和良好水质环境；定期采用生石灰或漂白粉全池泼洒，适时补充有机质和微生物菌，调控水体浮游生物种群，稳定生态系统。

4）保证营养，增强免疫力。养殖过程中，选择营养均衡的优质饲料，精准投喂，满足小龙虾正常生长需求。同时，在病害流行前期，可采用中草药提取物定期拌饲料投喂，预防疾病发生。

5）加大捕捞频次，降低养殖密度。小龙虾生长到一定规格后，需要捕捞上市，加大捕捞频次，降低池塘养殖密度，增加小龙虾的相对活动空间。

6）加强生产管理，实现种养结合。养殖过程中勤观察，维持水体的“肥、活、嫩、爽”，多巡塘，观看虾的摄食与活动情况，发现虾上草、爬坡等行为，及时加注新水，调控水质；如发现有死亡现象，应及时捞出死虾，做好养殖记录；虾稻塘实行两次晒塘，种植水稻，底质充分暴晒，有条件的情况下，实行翻耕田地。

5.4.1.3 真菌性疾病与防控技术

小龙虾真菌性疾病的发生与养殖水体息息相关，已经报道的小龙虾真菌有柱隔孢菌属（*Ramularia*）、头孢菌属（*Cephalosporium*）、螯虾钙皮菌（*Didymaria cambari*）、镰刀菌属（*Fusarium*）、丝囊霉菌属（*Aphanomyces*）等（陈昌福，2009）。其中，最常见、危害最大的是由变形藻丝囊霉（*Aphanomyces astaci*）引起的小龙虾“瘟疫病”，俗称偷死病，是一种侵染性病害，感染几周后死亡，死亡率较高（赵楠等，2018）。

变形藻丝囊霉（*Aphanomyces astaci*）属于水霉科（Saprolegniaceae）丝囊霉属（*Aphanomyces*），营养菌丝无隔膜，生长菌丝致密，多分支，具有粗颗粒状的细胞质团和高折射状的球形体。该菌可以通过水源进行水平传播（Oldtmann et al.，2002），最适释放温度为16～24℃（Alderman and Polglase，2010）。受感染的小龙虾活动性减弱或活动不正常，在前腹部和足关节处等透明的上皮下可见肌肉组织有白色与棕色的坏死斑点，真菌在未钙化的软壳部位迅速生长，在虾壳上形成褐色或黑色斑点，尾部肌肉坏死变白，尾部下面的软壳处有黑色细线（许如苏等，2015；赵楠等，2018）。

建议采取以下措施防控小龙虾的真菌性疾病。

1）切断传染源。避免从虾瘟病流行区向未感染区域转移虾苗，对患病群体进行彻底消杀，注意引进具有抗病力的虾苗。

2）做好水质管理。彻底清塘消毒，保持饲养水体清新，并维持正常的水色和透明度是防控小龙虾瘟疫病的有效方法。

3）增强虾体免疫。养殖管理过程中，可采用中草药提取物定期拌饲料投喂，预防疾病发生。

5.4.1.4 寄生虫病与防控技术

小龙虾寄生虫病的主要病原是固着类纤毛虫，这类寄生虫以细菌或有机碎屑为食，主要附着于小龙虾的壳、附肢和鳃组织，以附着器官为生活基地，因而属于共栖生物（王建国等，2016；周彤，2019）。

小龙虾体表常见的固着类纤毛虫主要包括钟虫科（Vorticellidae）、聚缩虫科（Zoothamniidae）、盖虫科（Operculariidae）和累枝虫科（Epistylididae）（周彤，2019）。它们共栖在小龙虾生活史的各个时期，当附着的寄生虫量少时，肉眼看不到明显症状，也没有严重危害（Hunn，1996）；当附着的寄生虫量大时，虾体表、鳃、附肢、眼柄及卵表面附着有灰黑色绒毛状物，虫体之间黏附有单细胞藻类、有机碎屑和污物等，这些虫体和污物阻断了水体在鳃丝间及鳃表面的气体交换，会妨碍虾的呼吸、活动、摄食和蜕壳机能，影响生长发育，发病池塘主要表现为有机质丰富、水体透明度高、悬浮物多等现象，虾体表沾满了泥脏物，导致壳增厚、挂脏、红壳等，并拖着絮状物，俗称"拖泥病"（周彤，2019）。同时，病虾的鳃、附肢等外观呈黑色浮于水面，反应迟钝，不摄食，不蜕壳，生长受阻，影响虾的呼吸，因此在水体溶氧量低的情况下死亡更快。固着类纤毛虫还可附着于虾卵，造成大量卵死亡的现象（Romero and Roberto，1997）。

小龙虾的寄生虫病对幼虾的危害较严重，但直接致死率不高，主要影响虾的蜕壳、生长、摄食及商品价值。因此，对小龙虾寄生虫病的防控，建议采取以下措施。

1）做好水质管理。改良池塘底质，保持水质清新，勤注新水，加强水的流动及交换，增强水体活力，保持水体肥度。

2）用微生物菌改良水质，分解消耗悬浮有机物，转变成无机盐类，被浮游生物利用，净化水体。

3）加强生产管理。种虾或虾苗放养前，用 1%食盐水浸洗 3～5min；养殖过程中勤观察，如果发现有纤毛虫病，将病虾、死虾及时捞出。

5.4.2 小龙虾的非病原性病害与防控技术

在养殖生产过程中，由于人为操作管理不当，造成虾体损伤或水体恶化，继而引发小龙虾一系列病理变化和组织器官衰竭，这类疾病为小龙虾的非病原性疾病，主要由水温剧变、水质恶化、缺氧、营养不良、机械损伤、重金属或药物敏感等非生物因素造成。

5.4.2.1 环境因子胁迫

温度、溶氧、pH、氨态氮、亚硝酸盐、硫化氢等环境因子是养殖过程中经常检测的指标。小龙虾正常生长要求的溶氧应该在 3mg/L 以上，pH 在 7.0～8.5，总硬度高于 50ppm[①]，总碱度高于 50ppm，二价铁低于 0.1ppm，硫化氢低于 0.002ppm，氨态氮低于 0.06ppm，亚硝酸盐低于 0.6ppm，盐度低于 6ppt[②]（6‰）（鲁耀鹏等，2017）。当这些指标出现问题时，水质会恶化，影响小龙虾的生长，甚至导致死亡。

在养殖过程中，为了防止小龙虾出现环境应激性死亡，一定要注意做好日常养殖管理。

1）定期检测和监测水质。平时每月对水质检测 1 次，高温季节每月两次，遇

① 1ppm=10^{-6}
② 1ppt=10^{-12}

特殊情况及时检测。根据检测结果，对水质采取必要的调控措施，如补水、增氧等，确保整个养殖过程中的水质始终处在一个良好的状态。

2）使用微生态制剂。适时补充有机质和有益微生物菌，调控水体浮游生物种群，保持充足的溶氧和良好的水体环境，抑制致病菌生长，提高小龙虾抗病与免疫力、促其生长。

3）养护好水草。水草总覆盖率控制在池塘总面积的40%左右，控制水草的行距与株距，增加水草间的通透性，营造良好的水质条件。

4）精准投喂。为了保持养殖过程中水质良好、养殖健康高效，必须进行精准投喂。选择优质绿色小龙虾饲料，全池均匀投喂，并根据天气、气温、水质、摄食情况及时增减。

5.4.2.2 药物胁迫

水稻的病虫害常需要使用各种农药来预防。目前，我国稻田种植常用农药主要包括有机磷农药、拟除虫菊酯类农药、植物源农药、阿维菌素农药、氰虫腈类农药、除草剂及混合型农药等（何志刚等，2017）。小龙虾对杀虫剂及其他农药比较敏感（熊战之和陈香华，2019），研究表明小龙虾对常用农药的安全浓度分别为阿维菌素 0.117mg/L（徐滨等，2014）、有机磷类农药毒死蜱 0.0027mg/L（丁正峰等，2012）、敌百虫 0.528mg/L（钟君伟等，2014）、溴氰菊酯 0.0056mg/L 和氯氰菊酯 0.0063mg/L（魏华等，2010；黄婷，2014），氰虫腈类为 0.014mg/L（Schlenk et al.，2001），所有农药均具有较高毒性。另外，有机硫杀菌剂稻瘟灵的安全浓度为 6.34mg/L（徐滨等，2014），植物源农药百草一号的安全浓度为 4.16mg/L（徐怡等，2010），除草剂草甘膦的安全浓度为 0.0659mg/L（徐怡等，2010），对小龙虾也具有一定毒性。因此，在稻虾种养体系中，农民为了小龙虾的经济效益，减少了农药尤其是剧毒农药的使用。

在“双水双绿”种养体系中，我们建议采取以下措施。

1）选择具有抗（耐）病虫优势的绿色超级稻品种。

2）利用自然天敌控害技术，在田埂种植芝麻、大豆等显花植物，保护和提高蜘蛛、寄生蜂、黑肩绿盲蝽等天敌的控害能力。

3）利用生物诱导技术，如深耕灌水灭蛹控螟、性信息素诱杀害虫、杀虫灯诱杀成虫等。

4）利用生态诱导技术，田边种植香根草等诱集植物，植物株丛距 4～6m，减少二化螟和大螟的种群基数等。

5.4.2.3 人为胁迫

人为胁迫包括投饲量、投饲频次、放养密度、捕捞和运输等（刘国兴，2014）。

在自然环境中，虾类由于受到食物的种类、丰富度、时空分布以及生态环境等诸多因素的影响，在其生命周期中经常受到饥饿的胁迫作用（Sánchez-Paz et al., 2008）。即使在养殖条件下，虾类也会在不同时段因食物供给不足而遭受饥饿胁迫。饥饿是影响虾类摄食行为最重要的胁迫因子之一，对虾类的蜕皮、运动等行为有较大的影响（孟庆武等，2006；闫智恒等，2008）。

在养殖过程中，要做好日常管理，避免因人为操作不当导致小龙虾营养不良、机械损伤等，从而影响其正常生长。建议采取以下措施。

1）投喂管理。根据小龙虾的摄食、生长规律，合理调控投喂量与投喂方式，最大限度地减少饲料浪费和水质环境的污染，提高饲料的摄食利用率和消化吸收率，降低饲料系数，保证小龙虾健康快速生长。

2）运输操作。最好是夜间或阴天运输，选择恒温保湿干运，要轻拿轻放，以防对虾体造成机械损伤。

3）养殖密度。合理控制养殖密度，养殖密度大的塘口，应及早捕捞上市，捕成留幼，有效提高小龙虾的养成规格和成活率，提高养殖效益。

参考文献

包振民, 张全启, 王海, 等. 1993. 中国对虾三倍体的诱导研究. 海洋学报, 15(3): 101-105.

曹海鹏, 温乐夫, 杨移斌. 2014. 克氏原螯虾源致病性豚鼠气单胞菌的分离及其生物学特性. 水生生物学报, 38(6): 1047-1053.

曹昆. 2015. 克氏原螯虾性腺发育观察及其繁育后代. 苏州: 苏州大学硕士学位论文.

曹玲亮, 周立志, 张保卫. 2010. 安徽三人水系入侵物种克氏原螯虾的种群遗传格局. 生物多样性, 18(4): 398-407.

陈昌福, 杨军, 刘远高, 等. 2008. 克氏原螯虾暴发性疾病病原及其传播途径的初步研究. 华中农业大学学报, 27(6): 763-767.

陈昌福. 2009. 淡水螯虾传染性疾病的研究进展. 华中农业大学学报, 28(4): 501-512.

程东海, 颉志刚. 2012. 饲料蛋白水平和动物蛋白源对克氏原螯虾存活和生长的影响. 安徽农业科学, 40(22): 11311-11313.

但丽, 张世萍, 羊茜, 等. 2007. 克氏原螯虾食性和摄食活动的研究. 湖北农业科学, 3: 436-438.

丁建英, 邵菁, 徐建荣, 等. 2012. 复方中草药饲料添加剂对克氏原螯虾非特异性免疫功能的影响. 安徽农业科学, 40(31): 15266-15267.

丁正峰, 薛晖, 王晓丰, 等. 2012. 毒死蜱(CPF)对克氏原螯虾的急性毒性及组织病理观察. 生态与农村环境学报, 4: 462-467.

董卫军, 李铭, 徐加元, 等. 2007. 克氏原螯虾繁殖生物学的研究. 水利渔业, 27(6): 27-104.

堵南山. 1993. 甲壳动物学(下). 北京: 科学出版社.

樊冰心. 2013. 低分子量壳聚糖对克氏原螯虾生长代谢的研究. 太原: 山西大学硕士学位论文.

桂建芳, 肖武汉, 梁绍昌, 等. 1995. 静水压休克诱导水晶彩鲫三倍体和四倍体的细胞学机理初探. 水生生物学报, 19(1): 49-55.

郝忱, 万金娟, 沈美芳, 等. 2014. 中草药添加剂对克氏原螯虾生长及免疫力的影响. 江苏农业学报, 30(2): 363-369.

何志刚, 王冬武, 杨品红, 等. 2017. 农药对稻田养殖克氏原螯虾毒性影响研究进展. 湖南饲料, (3): 41-45.

洪徐鹏, 夏思瑶, 唐嘉苠, 等. 2013. 黄芪多糖对克氏原螯虾生长和非特异性免疫指标的影响. 上海海洋大学学报, 22(4): 571-576.

胡超群. 2017. 正金阳 1 号. 中国: GS-01-006-2017.

胡骞, 胡瑞雪, 金玉立, 等. 2020. 克氏原螯虾源维氏气单胞菌的分离鉴定及组织病理学观察. 水生生物学报, 44(4): 811-818.

黄海燕, 王爱民, 石耀华. 2009. 转基因技术在水产动物中的运用. 基因组学与应用生物学, 28(2): 398-404.

黄婷. 2014. 氯氰菊酯和吡虫啉对克氏原螯虾 AchE 和 Na^+-K^+-ATPase 活性的影响. 科技经济市场, (7): 101-102.

黄羽, 戴银根, 毕成武, 等. 2011. 长江下游地区 6 个克氏原螯虾群体的遗传多样性分析. 南昌大学学报, 33(3): 243-247.

江河, 汪留全. 2002. 克氏螯虾的生物学特性. 安徽农业, (8): 29-30.

姜光明, 钱彩源, 顾雪林. 2016. 中华绒螯蟹和克氏原螯虾细菌性败血症病原学研究. 水产养殖, 37: 46-51.

寇祥明, 张家宏, 王守红, 等. 2010. 克氏原螯虾交配行为的初步研究. 江西农业学报, 22(12): 150-152.

李建, 刘萍, 何玉英, 等. 2005. 中国对虾快速生长新品种“黄海 1 号”的人工选育. 水产学报, 29(1): 1-4.

李建, 刘萍, 王清印, 等. 2016. 中国对虾和三疣梭子蟹遗传育种. 青岛: 中国海洋大学出版社.

李浪平. 2006. 克氏原螯虾食性、生长与掘洞行为的研究. 武汉: 华中农业大学硕士学位论文.

李强. 2012. 克氏原螯虾对饲料中蛋白质与磷适宜需求量的研究. 武汉: 华中农业大学硕士学位论文.

李青彬, 李艳和, 王卫民, 等. 2019. 湖北省不同克氏原螯虾群体携带白斑综合征病毒情况调查. 中国农学通报, 35(12): 157-164.

李青彬. 2018. 克氏原螯虾白斑综合征病毒的活体检测及流行病学调查. 武汉: 华中农业大学硕士学位论文.

李喜莲, 李飞, 朱俊杰, 等. 2016. 基于 SSR 标记的克氏原螯虾种质资源遗传多样性研究. 华中农业大学学报, 2: 63-68.

李艳和. 2013. 克氏原螯虾在我国的入侵遗传学研究. 武汉: 华中农业大学博士学位论文.

林峰, 蔡难儿. 1996. 中国对虾三倍体诱导研究. 海洋科学集刊, 37: 79-89.

刘国兴, 李玲, 彭刚, 等. 2014. 放养密度对克氏原螯虾生长和养殖水质的影响. 江西农业学报, 26(4): 86-89.

刘萍, 孔杰, 李健, 等. 1996. 中国对虾精子做载体将生长激素基因导入受精卵的研究. 中国水产科学, 1: 6-10.

刘萍, 孔杰, 王清印, 等. 1996. 显微注射生长激素基因导入中国对虾受精卵的研究. 中国水产科学, 4: 36-39.

刘志毅. 2001. 利用基因枪和电穿孔仪将外源 DNA 转入中国对虾的初步研究. 青岛: 中国科学

院海洋研究所硕士学位论文.
楼允东. 1999. 鱼类育种学. 北京: 中国农业出版社: 10-29.
鲁耀鹏, 王冬梅, 张秀霞, 等. 2017. 淡水螯虾生理生态学与环境毒理学研究进展. 生物安全学报, 26(4): 266-272.
陆全平, 吕佳, 潘建林, 等. 2004. 秋水仙素诱导青虾次级卵母细胞二倍体初探. 南京大学学报(自然科学版), 4: 510-516.
罗淑娅. 2010. 水温对对虾白斑综合症病毒(WSSV)感染克氏螯虾的影响. 厦门: 国家海洋局第三海洋研究所硕士学位论文.
马小荣, 薛晖, 唐建清. 2012. 克氏原螯虾致病性嗜水气单胞菌的分离鉴定及药敏试验. 水产养殖, 33: 45-47.
孟庆武, 张秀梅, 张沛东, 等. 2006. 饥饿对凡纳滨对虾仔虾摄食行为和消化酶活力的影响. 海洋水产研究, 27(5): 44-50.
孟愔, 胡骞, 金玉立, 等. 2019. 复方中草药制剂对克氏原螯虾生长、免疫功能及肝胰腺组织的影响. 中国饲料, 21: 60-65.
彭博文, 杨移斌, 艾晓辉, 等. 2018. 克氏原螯虾源维氏气单胞菌分离鉴定及药敏特性研究. 海洋湖沼通报, 4: 108-114.
钱国英, 朱秋华, 汪财生, 等. 2006. 细胞松弛素 B 对日本沼虾四倍体的适宜诱导条件的研究. 水生生物学报, 30(5): 587-592.
邱高峰, 堵南山, 赖伟. 1995. 克氏原螯虾交配行为的研究. 上海水产大学学报, 4(1): 39-44.
任秀芳, 周鑫, 赵朝阳, 等. 2013. 壳聚糖对克氏原螯虾生长、血清相关免疫因子、肌肉成分和消化酶的影响. 大连海洋大学学报, 28(5): 468-474.
尚玉昌. 1998. 行为生态学. 北京: 北京大学出版社: 58-110.
邵光明, 谭红月, 王玉凤. 2017. 饲料中添加维生素 A、C 和 E 对克氏原螯虾生长和免疫力的影响. 水产养殖, 38(4): 46-52.
沈锦玉, 顾志敏, 潘晓艺. 2005. 红螯螯虾弗氏柠檬酸杆菌病病原的分离与鉴定. 中国水产科学, 2: 197-200.
宋光同, 丁凤琴, 武松, 等. 2015. 维生素 C、E 及高度不饱和脂肪酸交互作用对克氏原螯虾繁殖性能的影响. 水产科学, 34(1): 43-47.
宋立, 杨毅, 王卫民, 等. 2010. 热休克诱导黄颡鱼三倍体的研究. 水产科学, 29(6): 352-355.
孙远东, 谭立军, 唐新科, 等. 2008. 鱼类多倍体育种的研究进展. 现代生物医学进展, 8(9): 1778-1779.
王偲, 周莉, 彭金霞, 等. 2012. 异源四倍体银鲫外周血和精巢的组织学特征. 水生生物学报, 36(2): 229-235.
王建国, 冯亚明, 王洲, 等. 2016. 克氏原螯虾体表固着类纤毛虫种类调查及硫酸锌对其药效研究. 淡水渔业, 46: 54-59.
王甜甜. 2016. 红螯螯虾虹彩病毒(CQIV)与白斑综合症病毒(WSSV)感染的组织细胞特异性以及感染途径的研究. 厦门: 国家海洋局第三海洋研究所硕士学位论文.
王晓娟. 2008. X 射线在鲤鱼雌核发育研究中的应用. 南京: 南京农业大学硕士学位论文.
魏华, 吴楠, 沈竑, 等. 2010. 溴氰菊酯对克氏原螯虾的氧化胁迫效应. 水产学报, 34(5): 733-739.
魏青山. 1985. 武汉地区克氏原螯虾的生物学研究. 华中农学院学报, 4(1): 16-24.

肖宁, 孔令严, 周昊, 等. 2016. 克氏原螯虾病原弗氏柠檬酸杆菌的分离鉴定及其药敏与黏附特性. 水产学报, 40: 946-955.

谢佳磊, 肖丹, 殷蝶, 等. 2007. 枯草芽孢杆菌对克氏原螯虾免疫机能的影响. 淡水渔业, 37(6): 24-27.

谢文星, 董方勇, 谢山, 等. 2008. 克氏原螯虾的食性、繁殖和栖息习性研究. 水利渔业, (7): 63-65.

熊青海. 2012. 克氏原螯虾种类斗争的四种行为观察及其应用基础. 南京: 南京大学硕士学位论文.

熊战之, 陈香华. 2019. 常用农药对稻田养殖小龙虾的影响浅析. 南方农业, 13(6): 142-143.

徐滨, 朱祥云, 魏开金. 2014. 四种稻田农药对克氏原螯虾的急性毒性研究. 淡水渔业, 44(5): 38-42.

徐进, 魏开金, 卢建超. 2018. 高温应激对克氏原螯虾免疫酶活性及抗 WSSV 感染的影响. 淡水渔业, 49(2): 107-111.

徐怡, 刘其根, 胡忠军, 等. 2010. 10 种农药对克氏原螯虾幼虾的急性毒性. 生态毒理学报, 5(1): 50-56.

徐增洪, 周鑫, 水燕, 等. 2014. 克氏原螯虾繁殖行为生态学的实验研究. 中国水产科学, 21(2): 382-389.

许如苏, 刘中勇, 周广彪, 等. 2015. 螯//虾//瘟. 中国兽医杂志, 51(9): 70-72.

薛俊增, 吴惠仙, 张丽萍. 1998. 克氏原螯虾外部形态和各器官系统的解剖. 杭州师范学院学报, 6: 67-70.

闫智恒, 刘存歧, 王军霞, 等. 2008. 饥饿对日本沼虾摄食节律的影响. 四川动物, 27(5): 843-847.

杨文平, 於叶兵, 杨兴华, 等. 2012. 饲料中钙磷水平对克氏原螯虾生长、营养物质表观消化率和水环境的影响. 盐城工程学报(自然科学版), 25(1): 6-10.

殷海成, 张训蒲. 2007. 克氏原螯虾仔虾蜕皮与生长研究. 安徽农业科学, 35(15): 4539-4559.

于宁. 2011. 克氏原螯虾对饲料中蛋白质和能蛋比需求的研究. 上海: 上海海洋大学硕士学位论文.

张家宏, 王守红, 寇祥明, 等. 2012. 饲料中蛋白质和脂肪水平对克氏原螯虾生长的影响研究. 江西农业学报, 24(8): 88-93.

张立强, 李媛, 魏朝辉, 等. 2018. 克氏原螯虾源异常嗜糖气单胞菌的分离鉴定. 水产科技情报, 45: 155-157, 161.

张莎, 俞树惠, 邱高峰. 2018. 克氏原螯虾染色体及其核型. 水产学报, 42(10): 1513-1519.

张天澍, 杨晓菁, 邹中菊, 等. 2005. 罗氏沼虾四倍体的诱导研究. 水生生物学报, 29(5): 538-542.

张天澍. 2003. 罗氏沼虾多倍体育种的研究. 武汉: 华中师范大学硕士学位论文.

张微微, 徐维娜, 王莹, 等. 2013. 饲料中赖氨酸水平对克氏原螯虾生长、体组成与消化酶活性的影响. 中国水产科学, 2: 402-410.

赵楠, 武秀丽, 赵桂华. 2018. 小龙虾瘟疫病研究进展. 浙江农业科学, 59(5): 840-842.

赵婷. 2009. 低渗诱导虾夷扇贝三倍体的研究. 青岛: 中国海洋大学硕士学位论文.

郑楚龙. 1995. 淡水龙虾人工繁殖技术. 中国水产, 8: 24.

钟君伟, 朱永安, 孟庆磊, 等. 2014. 敌百虫胁迫对克氏原螯虾免疫学相关指标的影响. 水生态学杂志, 35(2): 95-100.

周彤. 2019. 克氏原螯虾体表固着类纤毛虫的物种鉴定和周年变化. 武汉: 华中农业大学硕士学位论文.

周小燕, 魏育红, 杨贺, 等. 2011. LAMP 和巢式 PCR 检测克氏原螯虾白斑综合征病毒(WSSV)的比较. 江苏农业科学, 1: 27-30.

周正, 米武娟, 许元钊, 等. 2020. 克氏原螯虾两种养殖模式的食物网结构及其食性比较. 水生生物学报, 44(1): 133-142.

朱杰, 徐维娜, 张微微, 等. 2014. 克氏原螯虾的适宜蛋氨酸需求量. 中国水产科学, 2: 300-309.

朱若林, 杨彩桥, 蒋东书, 等. 2018. 克氏原螯虾布氏柠檬酸杆菌的分离鉴定及药敏分析. 安徽农业大学学报, 45(4): 617-620.

Alderman D J, Polglase J L. 2010. *Aphanomyces astaci*: isolation and culture. Journal of Fish Diseases, 9(5): 367-379.

Alderman D J. 1996. Geographical spread of bacterial and fungal diseases of crustaceans. Revue Scientifique et Technique, 15(2): 603-632.

Almerão M P, Delaunay C, Coignet A, et al. 2018. Genetic diversity of the invasive crayfish *Procambarus clarkii* in France. Limnologica, 69: 135-141.

Aquiloni L, Francesca G. 2008. Extended mother-offspring relationships in crayfish: the return behaviour of juvenile *Procambarus clarkii*. Ecology, 114: 946-954.

Argue B J, Arce S M, Lotz J M. 2002. Selective breeding of Pacific white shrimp (*Litopenaeus vannamei*) for growth and resistance to Taura syndrome virus. Aquaculture, 204: 447-460.

Balling R. 2001. ENU mutagenesis: analyzing gene function in mice. Annual Review of Genomics Human Genetics, 2: 463-492.

Belfiore N M, May B. 2000. Variable microsatellite loci in red swamp crayfish, *Procambarus clarkii*, and their characterization in other crayfish taxa. Molecular Ecology, 9(12): 2231-2234.

Benzie J A H, Kenway M, Trott L. 1997. Estimates for the heritability of size in juvenile *Penaeus monodon* prawns from half-sib matings. Aquaculture, 152: 49-53.

Bidwell C A, Chrisman C L, Libey G S. 1985. Polyploid induced by heat shock in channel catfish. Aquaculture, 51: 25-32.

Bosworth B G, Wolters W R, Saxton A M. 1994. Analysis of a diallel cross to estimate effects of crossing on performance of red swamp crayfish, *Procambarus clarkii*. Aquaculture, 121: 301-312.

Camacho A S, Abella T, Tayamen M M. 2001. Fish genetics. ICLARM Conf Proc, 64: 71-76.

Cassani J R, Caton W E, Clark B. 1984. Morphological comparison of diploid and triploid hybrid grass carp, *Ctenopharngodon idella*♀×*Hypopthalmichthys nobillis*♂. Journal of Fish Biology, 25(3): 269-278.

Correia A M. 2003. Food choice by the introduced crayfish *Procambarus clarkii*. Annales Zoologici Fennici, 40(6): 717-728.

Craig R J, Wolters W R. 1988. Source of variation in body size traits, dressout percentage and their correlations for the crayfish, *Procambarus clarkii*. Aquaculture, 72: 49-58.

Craig R J. 1985. Sources of variation in body size traits and dressout percentage and their correlations in *Procambarus clarkii*. Master's Thesis, Louisiana State University, Baton Rouge, 77.

Edgerton B F, Henttonen P, Jussila J, et al. 2004. Understanding the causes of disease in European freshwater crayfish. Conserv Biol, 18: 1466-1474.

Edgerton B F. 2002. Hazard analysis of exotic pathogens of potential threat to European freshwater crayfish. Bull Fr Pêche Piscic, 367: 813-820.

Falconer D S, MacKay T F C. 1996. Introduction to Quantitative Genetics. 4th ed. San Francisco: Benjamin Cummings.

Falconer D S. 1981. Introduction to Quantitative Genetics. New York: Longman: 340.

Feng S, Wang C, Hu S, et al. 2017. Recent progress in the development of white spot syndrome virus vaccines for protecting shrimp against viral infection. Arch Virol, 162(10): 2923-2936.

Gardner E J, Snustad D P. 1981. Principles of Genetics. New York: John Wiley and Sons, Inc.: 611.

Gjedrem T. 1983. Genetic variation in quantitative traits and selective breeding in fish and shellfish. Aquaculture, 38: 51-72.

Gjedrem T. 2010. The first family-based breeding program in aquaculture. Rev Aquac, 2(1): 2-15.

Gui J F, Xiao W H, Liang S C, et al. 1995. Preliminary study on the cytological mechanism of triploidy and tetraploidy induced by hydrostatic pressure shock in transparent colored crucian carp. Acta Hydrobiologica Sinica, 19(1): 49-55.

Guo W, Kubec J, Veselý L, et al. 2019. High air humidity is sufficient for successful egg incubation and early post-embryonic development in the marbled crayfish (*Procambarus virginalis*). Freshwater Biology, 64(9): 1603-1612.

Hobbs H H. 1974. A checklist of the North and Middle American crayfishes (Decapoda: Astacidae and Cambaridae). Smithsonian Contributions to Zoology, 166: 1-161.

Huang J, Li F, Wu J, et al. 2015. White spot syndrome virus enters crayfish hematopoietic tissue cells via clathrin-mediated endocytosis. Virology, 486: 35-43.

Hulata G, Wohlfarth G W, Halevy A. 1986. Mass selection for growth rate in the Nile tilapia (*Oreochromis niloticus*). Aquaculture, 57: 177-184.

Huner J V, Barr J E. 1984. Red swamp crawfish. Biology and exploitation. Louisiana sea grant college program, center for wetland resources, Louisiana state university, Baton Rouge: 136.

Huner J V, Romaire R P. 1978. Size at sexual maturity as a means of comparing populations of *Procambarus clarkii* (Girard) (Crustacea, Decapoda) from different habitats. Freshwater Crayfish, 4: 53-64.

Hung D, Hurwood D A, Nguyen N H, et al. 2013. Quantitative genetic parameter estimates for body and carcass traits in a cultured stock of giant freshwater prawn (*Macrobrachium rosenbergii*) selected for harvest weight in Vietnam. Aquaculture, 404: 122-129.

Hunn J B. 1996. Two peritrichous ciliates from the gills of the blue crab. Chesapeake Science, 7: 171-173.

Jin S Y, Lisa J, Huang F, et al. 2019. Optimizing reproductive performance and embryonic development of red swamp crayfish *Procambarus clarkii* by manipulating water temperature. Aquaculture, 510: 32-42.

Jiravanichpaisal P, Roos S, Edsman L, et al. 2009. A highly virulent pathogen, *Aeromonas hydrophila*, from the freshwater crayfish *Pacifastacus leniusculus*. Journal of Invertebrate Pathology, 101: 56-66.

Kenway M, Macbeth M, Salmon M, et al. 2006. Heritability and genetic correlations of growth and survival in black tiger prawn *Penaeus monodon* reared in tanks. Aquaculture, 259: 138-145.

Kocour M, Mauger S, Rodina M, et al. 2007. Heritability estimates for processing and quality traits in common carp (*Cyprinus carpio* L.) using a molecular pedigree. Aquaculture, 270: 43-50.

Li F, Gu Z M, Li X L, Guo J L, et al. 2016. Estimates of genetic parameters for growth-related traits of the red swamp crayfish, *Procambarus clarkii*. Aquacult Int, 24: 1-10.

Li Y H, Guo X W, Cao X J, et al. 2012. Population genetic structure and post-establishment dispersal patterns of the red swamp crayfish *Procambarus Clarkii* in China. PLoS One, 7(7): e40652.

Lin M N, Ting Y. 1986. Spermatophore transplantation and artificial fertilization in grass shrimp.

Nippon Suisan Gakkaishi, 52: 585-590.

Lutz C G, Wolters W R. 1989. Estimates of heritabilities for growth, body size and processing traits in red swamp crayfish, *Procambarus clarkii* (Girard). Aquaculture, 78: 21-33.

Madetoja M, Jussila J. 1996. Gram negative bacteria in the hemolymph of noble crayfish, *Astacus astacus*, in an intensive crayfish culture system. Freshwater Res, 72: 88-90.

Mo A J, Wang J H, Yuan M R, et al. 2019. Effect of dietary L-selenomethionine exposure on reproductive performance of red swamp crayfish, (*Procambarus clarkii*). Environ Pollu, 253: 749-758.

Murofushi M, Deguchi Y, Yosida T H. 1984. Study of the red swamp crayfish and the Japanese lobster by air-drying method. Proceedings Japan Academy, 60(8): 306-309.

Oldtmann B, Heitz E, Rogers D, et al. 2002. Transmission of crayfish plague. Diseases of Aquatic Organisms, 52(2): 159.

Paloma A, Walter G, Mariua O. 2004. Feeding preferences and food selection of the red swamp crayfish (*Procambarus clarkii*) in habitats differing in food item diversity. Crustaceana, 76(9): 1055-1069.

Penn G H. 1954. Introductions of American crawfishes into foreign lands. Ecology, 35(2): 296.

Ponzoni R W, Nguyen N H, Khaw H L. 2006. Importance and implementation of simple and advanced selective breeding programs for aquaculture species in developing countries. The 8th World Congress on Genetics Applied to Livestock Production, 8: 13-18.

Qiu G F, Du N S, Lai W. 1997. A preliminary study on induction of tetraploidy in the freshwater prawn *Macrobrachium nippenense* by heat shock. Journal of Fisheries of China, 21(1): 13-18.

Reynolds J D. 1988. Crayfish extinctions and crayfish plague in central Ireland. Biological Conservation, 45(4): 279-285.

Rezk M. 2004. Overview of world fish center’s work on genetic improvement. World Fish Center Report: 48-52.

Romero X, Roberto J. 1997. *Epistylis* sp. (Ciliata: Peritrichida) Infestation on the eggs of berried red claw crayfish *Cherax quadricarinatus* females in Ecuador. World Aquaculture Society, 28: 432-435.

Rubessa M, Lotti S N, Kandel M E, et al. 2019. SLIM microscopy allows for visualization of DNA-containing liposomes designed for sperm-mediated gene transfer in cattle. Molecular Biology Reports, 46(1): 695-703.

Sánchez-Paz A, Soňanez-Organis J G, Peregrino-Uriarte A B. 2008. Response of the phosphofructokinase and pyruvate kinase genes expressed in the midgut gland of the Pacific white shrimp *Litopenaeus vannamei* during short-term starvation. Journal Experimental Marine Biology and Ecology, 362(2): 79-89.

Schlenk D, Huggett D B, Allgood J, et al. 2001. Toxicity of Fipronil and its degradation products to *Procambarus* sp.: field and laboratory studies. Archives of Environmental Contamination and Toxicology, 41(3): 325-332.

Scott J R, Thune R L. 1986. Bacterial flora of hemolymph from red swamp crawfish, *Procambarus clarkii* (Girard), from commercial ponds. Aquaculture, 58: 161-165.

Shi L L, Yi S K, Li Y H. 2018. Genome survey sequencing of red swamp crayfish *Procambarus clarkii*. Molecular Biology Reports, 45(5): 799-806.

Tan Q, Song D, Chen X, et al. 2018. An 8-week growth trial was conducted to investigate the effects of dietary fish meal replacement with a vegetable mixture of soybean meal and rapeseed meal (1: 1) on growth of juvenile red swamp crayfish. Aquaculture Nutrition, 24(2): 858-864.

Tave D. 1986. Genetics for Fish Hatchery Managers. Westport: AVI Publishing Company Inc.

Wan J J, Shen M F, Tang J Q, et al. 2017. Effects of soybean meal processing treatments on growth performance, nutrient digestibility, nitrogen and phosphorus excretion in red swamp crayfish, *Procambarus clarkii*. Aquaculture International, 25(2): 543-554.

Wang H, Wang L, Shi W J, et al. 2019. Estimates of heritability based on additive-dominance genetic analysis model in red swamp crayfish, *Procambarus clarkii*. Aquaculture, 504: 1-6.

Webster N S. 1995. The isolation and identification of bacterial flora from the red claw crayfish, *Cherax quadrincarinatus*. Townsville: James Cook University of North Queensland.

Yang G L, Wang J Y, Kong J, et al. 2008. Study on large-scale family construction and rearing techniques for *Macrobrachium rosenbergii*. Mar Fish Res, 29(3): 62-66.

Yu J X, Lisa J, Ren Y, et al. 2019. Growth performance and muscle composition response to reduced feeding levels in juvenile red swamp crayfish *Procambarus clarkii* (Girard, 1852). Aquaculture Research, 50: 934-943.

Yu J X, Xiong M T, Ye S W, et al. 2020. Effects of stocking density and artificial macrophyte shelter on survival, growth and molting of juvenile red swamp crayfish (*Procambarus clarkii*) under experimental conditions. Aquaculture, 521: 735001.

Zhang T S, Kong J, Liu P, et al. 2005. Preliminary study of establishment of families and their growth and development for *Fenneropenaeus chinensis.* Acta Oceanol Sin, 29(3): 120-124.

Zhu Z, Li G, He L, et al. 1985. Novel gene transfer into the fertilized eggs of gold fish. J Appl Ichthyol, 1(1): 31-34.

第 6 章 “双水双绿”的水资源利用与保护

摘要：水资源紧缺、水质污染及农业面源污染严重一直是制约我国农业可持续发展的重要问题，做好稻田种养水资源利用与保护是发展“绿色水稻”和“绿色水产”的前提及保障。本章分析了我国稻田种养模式下水资源利用现状和存在的问题，研究了“双水双绿”水资源利用特点、要求和小龙虾养殖健康水体特征及水质调控技术，提出了“双水双绿”立体用水理论与技术，并构建了“双水双绿”稻虾共作立体用水关键技术体系，为我国稻田种养产业可持续发展提供了理论依据和技术支持。

我国是水资源短缺的国家，节约水资源、提高水资源利用率一直是我国水资源利用和管理的重点。2018 年《中国水资源公报》显示，2018 年我国农业用水 3693.1 亿 m^3，占全国总用水量的 61.4%，其中，面积 3330 万 hm^2 的稻田（占耕地面积 28%）灌溉水量约占全国农业用水的 70%（张自常，2012）。可见，做好稻田水资源的利用和管理对我国农业用水管理具有举足轻重的作用。

稻田种养模式下稻田水体是水稻生产和水产（禽）动物生活的场所与食物源泉，稻田水体质量的好坏决定着水稻和水产动物的产量与质量，而为满足水产（禽）动物的生活，稻田种养需水量一般要明显高于常规水稻单作，合理的水分管理与利用方式将会有效地提升稻田种养的生态效益和经济效益（曹凑贵和蔡明历，2017）。然而，当前我国很多种养户在生产过程中存在“重养殖轻种稻”“重经济轻生态”的片面思想和行为，生产养殖过程中肥料、饲料等投入品含量偏高，以及不合理的灌排管理，使得大量元素如 N、P 等从稻田进入周边环境，加剧了农业面源污染，阻碍着稻田种养产业的持续发展（曹凑贵等，2017）。因此，本章就我国稻田种养水资源利用方面存在的问题进行分析和总结，提出“双水双绿”的水资源利用和水质保护理论与技术体系，为我国稻田种养发展提供理论依据和技术支持。

6.1 稻田种养的水分利用及面源污染问题

农业面源污染是指在农业生产活动中，氮素和磷素等营养物质、农药以及其他有机或无机污染物质，通过农田的地表径流和农田渗漏形成的环境污染，主要包括化肥污染、农药污染、畜禽粪便污染等。农业面源污染是导致目前河流、水库、湖泊等水体水质恶化的重要原因（李秀芬等，2010）。随着我国经济和社会的发展，我国水环境污染现象日益严重，农业面源污染是我国很多湖泊、水库等主要水源地的主要污染源，农业面源污染防控已成为现代农业和经济、社会可持续发展的重大课题。

稻田种养因水产动物的养殖需要，对水资源用量和质量的要求比水稻单作更高，不合理的稻田水分管理方式和养殖方式会导致水资源浪费，稻田水体环境受到破坏，进而造成农业面源污染。本节以现阶段具有代表性的稻虾、稻鱼、稻鸭和稻蟹等 4 种稻田种养模式为代表，就当前我国稻田种养水分管理现状及问题进行分析和梳理，为“双水双绿”稻田种养水分管理及水质调控技术与模式发展提供方向和思路。

6.1.1 稻田种养的水分管理与利用模式

不同的水产（禽）动物在稻田中的生活习性和需求不同，与水稻产生了不同的互利共生关系，由此对水体环境的要求不同，产生了不同的田间工程结构，水分管理与水资源利用方式亦会有所差别。

6.1.1.1 稻虾共作模式

稻虾种养稻田多采用环形养殖沟（宽 3～6m，深 0.8～1.5m）田间工程模式进行水稻种植和小龙虾养殖，养殖沟面积占稻田总面积的 10%～30%，由于缺少相关管理措施，很多稻虾田养殖沟的比例超过了国家行业标准规定的 10%，导致稻虾模式用水量增大，水稻产量下降（朱泽闻等，2017）。稻虾田水分管理可分为稻季和非稻季两部分。在稻季，小龙虾“让位”于水稻，稻田水稻种植区的水位管理与水稻单作类似，采用“前期浅水促蘖，后期干湿交替”田间水分管理措施，此期小龙虾主要在养殖沟活动（打洞），养殖沟水位随着水稻用水的排灌增减，多保持在半沟水（深 50～60cm）。在非稻季，水位的调控主要根据水体的温度来确定，越冬前期（9～11 月），稻田水位以不超过 30cm 为宜；越冬期间（12 月至翌年 2 月），要适当提高水位进行保温，水位在 40～50cm；3 月（温度回升期），为促使小龙虾尽早出洞，稻田水位一般控制在 30cm 左右；4 月中旬至退水种稻期间，稻田水温基本稳定，为避免温度过高，则逐渐提高水位到 50～60cm。在农户实际操作中，往往为了改进水体环境，增加水体的溶氧量，排灌水次数增加，加大了稻虾模式用水量和排水量，从而增加了稻田面源污染的风险，这是稻虾田水资源管理和利用需要认真思考的问题（曹凑贵等，2017）。

6.1.1.2 稻鱼共作模式

稻鱼种养稻田以开挖鱼沟、鱼坑（溜）的方式进行稻鱼共作，鱼沟（坑）占稻田面积的 10%左右，沟坑连通，便于鱼的活动。在稻鱼共作期间，稻田保持 5～25cm 水层或浅水湿润露田、保持鱼沟有水，在南方山地水源紧张的地区，水位深 10cm 时可以开展稻田养鱼。在不影响水稻正常生长的前提下，随着稻苗的生长，逐步加深水位，保持足够的养鱼水量水源充足的地区，水深 25cm 稻田养鱼优势明显，同时也不影响水稻正常生长发育（杨星星等，2010）。稻田水浅，天然饵料有限，为提高鱼的产量，须定期补充人工饵料，如糠麸或配合饲料。水稻收割前 15～20 天逐渐排水，使鱼游回鱼沟、鱼溜中待捕捞。由于稻田养鱼水层较浅，热容量较低，水温的变化容易受到气温的影响，为了防止夏季温度过高，农民往往采用流动水灌溉降温、加宽加深养殖沟等方式来降低水温的增幅，从而有利于鱼的生长。这样就增加了稻鱼系统水资源的消耗，需要在今后稻鱼共作系统水分管理上加以思考和改进，提高对水分的循环利用。

6.1.1.3 稻鸭共作模式

稻鸭共作稻田四周有一个宽约 0.8m、深约 0.2m 的丰产沟，用于鸭子活动，丰产沟在稻鸭共作期间全程保持蓄水状态。水稻移栽后 15 天左右开始放鸭子进田，水稻抽穗后收鸭，整个稻鸭共作期约 2 个月，在稻鸭共作期间始终保持田面有水层，不晒田。稻田水体水位根据水稻生长和鸭子活动两方面来考虑，灌水深度以鸭脚刚好能接触到泥土为宜，使鸭在活动过程中充分搅拌泥土，因此要求在鸭子不同生长阶段实行不同的水分管理方式。放鸭初期以 3～5cm 水层为宜，既可防止天敌袭击，又可保证鸭子游戏；放鸭中后期，为保证鸭子在稻田正常活动，以 5～8cm 水层为宜，水过深则会影响鸭子的除草除虫效果。在抽穗收鸭之后排掉田间水层，保持干湿交替，有利于水稻灌浆充实（甄若宏等，2004）。由于稻鸭共作期间稻田全程淹水，四周建有丰产沟，因此，在管理中要提高稻田的保水蓄水能力，一方面可选择保水性好的稻田，另一方面可通过加高加固围埂以减小径流失及侧漏。

6.1.1.4 稻蟹共作模式

稻蟹种养稻田一般建有进、排水沟（宽 150cm 左右，深 80～100cm）和“口”字形蟹沟，沟的总面积占稻田总面积的 8%～15%。由于河蟹对水温以及水质的变化比较敏感，在种养过程中保持较深的水位使螃蟹可以正常生长活动，并视水质变化情况换水，或者使用微生物抑制剂等调节水质。养蟹稻田经常维持田面有 5～6cm 深的水体，不晒田，每 3～5 天换一次水，每次换水量掌握在田间正常规定水体的 1/3～1/2，换水时间一般在上午 10 时前后为宜，换水时要注意水温差不超过

3℃，并防止急水冲灌而干扰河蟹正常生活（刘福会，2019）。在高温季节，水草不耐高温，容易死亡且发生腐烂，败坏水质，造成水体溶解氧含量降低，产生大量的氨氮有害物，使得河蟹死亡，此时需要及时捞出死亡水草，并且加深水位15～20cm，可在环形沟水面种植水生植物如浮萍、空心菜等来稳定水体环境（赵曙光，2019）。

6.1.2 稻田种养对稻田水质的影响

稻田水体水质指标有很多，主要包括温度、pH、溶氧量和 N、P 等营养物质等，稻田种养因为水产（禽）动物取食、活动及粪便排放等，影响着稻田水体的理化特性，不同种养模式产生的效果亦不相同。

6.1.2.1 稻虾共作模式

稻虾共作模式由于环形养殖沟的存在，水温变化幅度要小于常规稻作模式，田面水和沟渠水的变化趋势保持一致，1 月温度最低，随后呈上升趋势，并在 4 月底到 5 月中旬下降，随后开始上升，6 月底至 7 月初达到最高温度，随后开始下降（刘卿君，2017）。水体溶解氧变化明显受到水温的影响，高温天气会使水体溶解氧含量大幅度下降，4～11 月水体溶解氧含量为 4.32～6.97mg/L（杨智景等，2018）。稻虾模式能提高稻田水体 pH，田面水 pH 呈现出先升后降的变化趋势，总体来说田面水 pH 保持在较为稳定的状态。投食和施肥会显著提高田面水与养殖沟水中营养物质的含量，且存在季节性变化。总氮（TN）和 NH_4^+-N 在每年 12 至翌年 2 月含量最高，NH_4^+-N 在 8～9 月最低，达 0.21mg/L，而在 12 月上升到 1.14mg/L；总磷（TP）和 NO_2^--N 高峰期为每年的 5～7 月，分别达到 0.22mg/L 和 0.052mg/L（Yu et al.，2018；陈万明等，2019）。

6.1.2.2 稻鱼共作模式

在稻鱼共作模式下，由于水稻的生长而降低了田面水的光照强度，从而能在高温季节降低稻田水温，有利于鱼的生长活动，提升水体溶解氧的含量（丁伟华等，2013）。稻鱼田 pH 受肥料影响大，在施肥之后 pH 迅速升高，在一个月左右恢复到施肥前的水平，与常规水稻单作相比，稻鱼共作模式下的 pH 较高。稻鱼共作模式能增加稻田水体中 N、P 等营养物质的含量，李成芳等（2008）研究表明，由于鱼在水中的活动能够搅动土壤和水体，促进土壤营养物质溶解，加上鱼饲料的投放及其代谢产物增加了田面水的 N、P、K 含量，并且鱼类可以以杂草和浮游生物为食，减少了它们对水体中 NH_4^+-N 的吸收，稻鱼共作模式下田面水中的 NH_4^+-N 含量要高于水稻单作模式。刘元生等（2013）研究亦证明，稻鱼共作模式显著提高了稻田水体的水溶性 N、P、K 含量，平均分别比对照田高 1.012mg/L、0.248mg/L 和 6.560mg/L。

6.1.2.3 稻鸭共作模式

在稻鸭共作模式下，鸭子的频繁活动搅动水体，使得上下水层充分混合，增加了水体的浊度，降低了稻田水体温度，增加了水体的溶解氧，特别是明显提高了后期稻田水体溶解氧含量。稻田水体 pH 略低于常规稻作，总体处于 6～8。稻鸭共作能够显著提高稻田表层水体中 TN、TP 和 TK 的含量，分别比常规稻作水体增加 1.85～5.06 倍、2.01～8.70 倍和 42.79%～109.18%（甄若宏等，2008；全国明等，2008）。王强盛等（2004）研究表明，稻鸭共作水体中的总氮、总磷和总钾分别比对照区增加 44.52%～51.75%、43.75%～44.83%和 41.86%～47.93%，溶解氧比灌溉水增加 17.3%～23.9%。稻鸭共作稻田水体理化性质的变化，对稻鸭田水体水生生物亦会造成影响。汪金平等（2006，2009）研究发现稻鸭共育显著降低了水生动物的种类、数目和生物量，抑制了绿藻、硅藻、原生动物等优势种群的增长，提高了裸藻、枝角类等亚优势种群的数量，提高了稻田水体生物多样性。

6.1.2.4 稻蟹共作模式

稻蟹共作模式下稻田水温随着大气温度的变化而呈现出“上升—下降—上升”的周期性变化，在江苏省泰州市 4 月水温基本维持在 20℃左右，5～6 月快速升温，到了 8 月达到最高温度，9 月之后水温开始下降，11～12 月水温下降到 7℃左右，已不利于河蟹生长（杨智景等，2018）。河蟹代谢和粪便分解，降低了水体 pH，但养蟹田环形沟和田间 pH 差异不显著。稻蟹田水体中的溶解氧含量前期变化不大，维持在 4mg/L 以上，能够保证河蟹的正常生产，而到了水稻拔节期，水体中的溶解氧含量呈现较快的下降趋势。稻蟹共作稻田在水稻分蘖期，NH_4^+-N、NO_3^--N、NO_2^--N 的含量处在一个较高的水平，随着水稻的生长，水体中 N、P 的含量会逐渐降低，到了水稻拔节期和扬花期，水体中的 N、P 含量变化逐渐趋于稳定。稻蟹田环形沟中的 N、P 含量均高于水稻种植田面水（原因是河蟹主要活动于环形沟中，粪便和残饵增加了水体中的营养物质），而水稻种植区因水稻生长对营养物质的吸收而降低了水体中的 N、P 含量（张云杰等，2013）。

6.1.3 稻田种养对农业面源污染的影响

稻田种养面源污染主要通过径流和渗漏形式向环境排放。不同稻田种养模式因水分管理方式、水产（禽）动物养殖方式等的不同，对稻田周围环境产生不同的影响。

6.1.3.1 稻虾共作模式

在稻虾共作模式下，小龙虾饲料、水稻肥料等营养物质的投入和水分管理是影响稻田农业面源污染的主要因素。稻虾田小龙虾饲料投入量一般要在 1500kg/hm^{2}以上，折合纯 N 75kg/hm^{2}以上，投喂时期主要集中在每年的 3～5 月，有些农户在 10～12 月也会投放饲料，采取直接向稻田水体投放的方式进行喂养。在小龙虾饲料投放时期，稻田处在淹水状态，饲料分解、残饵及小龙虾排泄物等造成水体氮、磷等营养物质含量增加。而且，在小龙虾生长过程中投喂大量的饲料，未食用的饲料会以不同形式的 N、P 溶解于水中，通过地表径流、地下渗漏等方式进入周围水体，造成严重的农业面源污染（Yu et al.，2018）。因此，为降低稻虾田农业面源污染，在非稻季小龙虾养殖期间，需要有合理的投喂和水分管理方式，通过饲料的精准定量投放提高饲料利用率的同时，做好稻田水体水质调控和水文管理，减少稻虾田水分排放也尤为重要。在水稻栽培管理中，充分利用小龙虾养殖所带来的营养物质，采取减肥减药管理，是减少稻季稻虾共作模式农业面源污染的重要措施。此外，因稻季小龙虾主要在环形养殖沟活动，做好稻季养殖沟水分管理和再循环利用，也是稻季面源污染调控的重要措施。

6.1.3.2 稻鱼共作模式

在稻鱼共作模式下，稻鱼的水分管理相对简单，降低面源污染的影响关键在于建立适宜的稻鱼产量目标，主要通过控制稻田养鱼的密度和饲料的投入来实现。在适宜的稻鱼产量范围内，在理想的稻田养鱼密度下，稻鱼共作模式可以利用鱼的捕食减少杂草和害虫的危害，提升水中营养元素的含量，减少化肥和农药的投入，更好地利用稻田水土资源，实现稻田污染零排放。丁伟华等（2013）研究亦发现，稻鱼共作系统在一定密度范围内水体中的化学需氧量、TN、TP 及 NH_4^+-N 含量没有明显的差异，但随着鱼密度的增加以及投饵量的增加，水体中的化学需氧量、TN、TP 及 NH_4^+-N 含量会显著上升，面源污染的危险性增加，究其原因是未被利用的鱼饲料和鱼排泄物中含有大量的营养物质。Xie 等（2011）研究揭示，在稻鱼系统中，投入的饲料被系统吸收利用的仅有 42.9%，约 57.1%直接或间接地流入环境中。因此，在稻鱼共作模式中，控制鱼的养殖密度和物料投入是减少农业面源污染的关键。

6.1.3.3 稻鸭共作模式

在稻鸭共作模式下，影响农业面源污染的主要是稻鸭田肥水管理。稻鸭共作模式鸭子放养密度约为 300 只/hm^2，5 亩为一个放养单元，且鸭子是集群动物，鸭子对稻田土壤具有非常强的扰动作用，改善土壤氧化还原状况，促进土壤矿化作用，使得水中混有大量的含氮含磷化合物，加上鸭子粪便在水中的分解（1 只鸭排泄在稻田里的粪便约 10kg，相当于氮 47g、磷 70g、钾 31g），导致稻鸭共作模式下水体中 N、P 以及化学需氧量的含量要高于水稻单作模式（李成芳等，2008；谢俊龙和熊国远，2010）。稻鸭共作模式下水稻肥料运筹方式也会影响农业面源污染，李成芳等（2008）研究表明，水稻施用 N 肥会显著增加田面水中各种形式的 N 含量，并导致渗漏水中 N 含量增加；在施入 P 肥后的一周内是控制磷素流失的关键，此时水体排灌会产生较为严重的农业面源污染。随着鸭子的生长，鸭子的土壤扰动作用加强，田面水营养物质含量增加，特别是水体中 P 的浓度显著增加。因此，需要在稻鸭共作的生产、推广中加强后期水分管理，可采用收鸭后自然落干田间水分或延迟排水的方式，使水稻充分吸收水体中的 N、P 等营养元素来降低农田面源污染（李成芳等，2008；全国明等，2008）。

6.1.3.4 稻蟹共作模式

在稻蟹共作模式中，合理的水肥管理是控制稻田面源污染的关键。稻蟹共作模式可以有效地降低稻田肥料 N 素的淋溶损失，NO_3^--N 是淋溶水 N 素的主要形态，占全氮淋溶量的 58.5%（王昂等，2019）。稻蟹稻田系统中 N、P 淋失主要发生在水稻生长前期，约一半的 N 素淋失发生在水稻秧苗期。在水稻生长前期，基肥的施入显著增加了水中 N、P 含量，由于水稻根系吸收慢，大部分溶解于水中，造成淋溶水 N、P 含量高，并且一部分 N、P 在换水的过程中流失。随着水稻生长，特别是在水稻拔节期以后，河蟹活动日益旺盛，促进了水稻对 N、P 的吸收，水体氮、磷含量随之逐渐减少，淋溶水 N、P 含量不断下降（张云杰等，2013；王昂等，2019）。可见，减少水稻前期施肥量，并做好稻田前期的水分管理，是解决稻蟹共作模式面源污染的重要措施。此外，在有环沟的稻田中，河蟹活动较为集中，从而增加了局部水体的 N、P 含量，做好养殖沟水分管理和利用，也是稻蟹共作模式面源污染调控的重要措施。

6.1.4 小结

我国稻田种养模式多样，水分管理也千差万别，对水资源利用、稻田水体环境和农业面源污染的作用也各不相同，有利有弊。总体而言，当前稻田种养水体和管理还存在不少问题，为促进稻田种养技术推广，提高稻田种养水分利用率，减小种田种养对农业面源污染的影响，需要从以下几方面加以改进和提高。

1）坚持水稻和水产（禽）动物并重，在稳定水稻产量和不破坏稻田环境的前提下，开展稻田水产（禽）动物养殖，确定适宜的目标产量和经济收益，合理安排小龙虾、鱼等动物的密度，充分利用稻田生物资源，适当投放饲料，并开展对应的水分管理和保护。

2）坚持因地制宜的水分管理原则，稻田种养的水分管理要根据不同的区域资源环境、不同的稻田土壤环境和不同的种养模式采取不同的水分管理策略。

3）充分利用水稻和水产（禽）动物互惠互利的关系，水产（禽）动物利用稻田空间和水、生物资源进行生态养殖，水稻可通过鱼、鸭等对杂草和昆虫的取食而减少农药的使用，利用水产动物的排泄物而减少肥料的投入，实现“一水两用”，提高稻田水分利用率，降低农业面源污染。

6.2 “双水双绿”的水资源利用特点及要求

6.2.1 “双水双绿”的需水及水分要求

稻田种养用水量大，用水量受到降水量、蒸发量、下渗量、水稻品种、鱼类品质、种养殖制度、田间设施、种养殖管理等众多因素的影响。稻田种养虽然可以实现“一水两用、一田双收、稳粮增效”，但用水量加大，对水资源要求高，不合理的水分管理还会增加面源污染的风险，因此，“双水双绿”生产必须因地制宜，保证水源充足、水质优良、科学管水，提高水资源利用效率。

6.2.1.1 水源要求

水源是稻田养殖的基本条件，也是稻田种养成败的关键。要求：水源充足、排灌方便、水质清新。

一是水源充足。雨季不淹、旱季不涸，特别是田内的沟不能干涸，要求灌得进，排得出，落水快，避旱涝。平原地区一般水源较好，排灌系统比较完善，抗洪抗旱能力也比较强，大多数稻田可以用于种养结合；平坝地区稻田水源较好的也适合稻田养殖；丘陵山区水利条件较差的地方，如果大雨时不淹没田埂、干旱时能维持长时间抗旱的稻田也宜养殖。

二是排灌方便。水利条件好，排灌系统也较完善，抗洪抗旱能力强。实行养殖的稻田必须有配套的水利设施，排灌方便，且能保证一昼夜 80～150m^3 的排灌量；天旱（大旱 30 天不缺水）不干，洪水不淹（日降雨量 100mm，田埂不会被水冲垮）的基本条件。丘陵和山区水利条件往往较差，雨大时，容易山洪暴发，冲垮田埂，造成养殖动物跑散，天旱时，又会形成缺水使田干养殖动物死亡。因而，在丘陵和山区更要选择那些既有水源保证，又不会受山洪影响的稻田养殖，切不可不讲条件，盲目扩大稻田种养面积，真正做到有放有收。

三是水质清新。无工业污染，符合渔业用水标准，pH 在 6.5～8.5，呈中性或弱碱性，一般河、湖、塘、库的水都可引用，这些水源水温较高，水质较肥，既有利于水稻又有利于鱼类的健康成长；有些山溪、泉水的水温较低，但经过一段流程，提高水温后引入稻田，也可引用。有毒的工业废水切忌引灌，城市生活污水成分复杂，使用时要谨慎，应先做好调查和测定。

6.2.1.2 水质要求

稻田养殖的用水要求：①稻田水体不得带有异色、异臭、异味；②水面不得出现明显油膜或浮沫；③水中的悬浮物质人为增加的量不得超过 10mg/L，而且悬浮物质沉积于底部后不得对鱼、虾、贝类产生有害影响；④用水的 pH 以 6.5～8.5 为宜；⑤水中的溶解氧一天中 16h 以上必须>5mg/L，其余任何时候不得<3mg/L；⑥水中总大肠菌群不超过 5000 个/L。部分指标超过水质标准，可通过补水、换水来调节（陶忠虎等，2013）。

水质可部分通过水色得到反映，一般动物养殖要求田中水色透明度控制在 25～30cm，透明度大于 30cm 达到 40cm 时，水为瘦水，水中没有营养，称为清汤寡水；小于 25cm 达到 20cm 以上为老水，老水有的是水质太肥，有的是水质已坏，不鲜艳透明。因此，透明度小于 25cm 则加水，稀释过浓的水质，让其达到 25～30cm；如果水质已变为黑、灰、白色时要换水。

6.2.1.3 水位要求

在水稻的生长过程中，自插秧后至收获，要经过活棵、分蘖、拔节、抽穗、灌浆及成熟几个阶段，每个阶段对水的需求不同，总体而言，一般要求前期浅水，中后期适当加深水。前期因动物小、水浅对动物的活动和生长影响不大，以后随养殖动物的长大而逐渐加深水位，做到基本符合鱼类的活动要求而又不影响水稻的生长为宜。因此稻田养殖供水要求可大致分成两个阶段，注意两个环节。

第一个阶段，浅水活秧。水稻插秧后，保持 4～6cm 浅水层有利于为秧苗创造一个比较稳定的温度条件而发根活棵。返青分蘖，此时刚插的秧苗弱，矮小，还没有返青，不能让鱼类进田。

第二个阶段，深水养殖。秧苗返青后，田里的浮游生物数量较多，可适当加高水位至 10cm 或者以上，让鱼类进田取食，割稻时，只割稻穗，留长茬灌深水（可深到 1.5m 左右），淹青禾肥水养殖。

晒田环节。水稻群体达到有效分蘖数以后，避免无效分蘖，应注意晒田。早稻晒田时，鱼类规格还小，相对密度不大，且此时水温也不很高，进行一定程度的晒田对鱼类生存不会有大的影响，晒田时，鱼类在开挖的沟、坑中生长；一季中稻和晚稻田晒田时，水温比较高，鱼类可集中到沟、坑，短暂降低水位，进行晒田；如果温度过高，且鱼类规格较大，相对密度较大，怕引起“浮头”时，可用深水灌溉控制无效分蘖，将田水水位提高到 10～12cm；如稻田发现无效分蘖过多，或茎秆柔弱有可能倒伏，或预测将发生稻瘟病，则需要晒田，晒田时，鱼类栖息在沟、坑中，此时应减少投饲量并特别注意预防“浮头”。

成熟环节。水稻成熟期最好湿润灌溉，成熟后也需要晒干收获，对于早稻、中稻来讲，抽穗成熟期正值水温高，鱼类规格较大、生长处于旺盛期，因此湿润灌溉不利于虾类生长。此时水浆管理宜以鱼类需求为主，采用深灌保水直到收割，也可尽量缩短晒干时间，在收获前短期晒干到收获；对于宽沟式养殖，可通过内埂，让大田晒干，保证沟内水位；对于连作晚稻或单季晚稻，成熟季节已到 10 月，此时水温已下降，虾类生长速度减慢，罗氏沼虾可以干田收捕，青虾可以捕大留小，稻田可按水稻需求进行湿润灌溉至成熟收获。

6.2.2 “双水双绿”的需水特点及环境调节

稻田种养系统和池塘、湖泊等水体不一样，水浅、水位变化大。实际生产中既要满足水稻对水分的生理生态需求，又要满足水产动物的需水，还要保护水体环境，因此科学管水、发挥水分调节功能极为重要。

6.2.2.1 水稻需水及环境调节

水稻是一种沼泽植物，一生需要较多的水分，但其根不是水生根，为满足稻根对氧气的要求，水不是越多越好，也不必长期处在有水层的淹水环境下生长发育。在水稻生长期间须调节灌水深度及时间，在水稻种植期有浅水与深水两个阶段，浅水期水深 3～4cm，深水期也只有 12～15cm，一般要求是寸水插秧，薄水分蘖，放水晒田，覆水孕穗，湿润灌浆，干田收割。据测定，水稻通过根系从土壤中吸入体内的水分，在各种作物中并非最多，需水量蒸腾系数为 395～473g，与小麦、玉米、大豆等旱作物比较并未增加。水稻生育期田内的水分，大部分被蒸发和渗漏，所以在田内土壤保水的条件下并不需大量灌水（赵江辉等，2015）。水稻用水量较多的原因是其生态用水，水稻的生态需水是指用于调节空气、温度、湿度、养料、抑制杂草等生态因子，创造适于水稻生长发育田间环境所需的水分。

以水调温。水可以保温也可降温，这是因为水的比热比土壤和空气大，升降温慢。生产上利用这一特点，在春季寒潮期间，稻（秧）田灌水可保温，防烂苗（秧）；在夏季酷热期间，稻田灌水可降温，防早稻生长后期高温逼熟；在秋季寒露期间，稻田灌水可升（保）温，防晚稻不抽穗、降低结实率。

以水调气。稻田土壤中存在水与气的矛盾，即“淹水则气少、湿润则气多”。生产上利用这一特点，采取间歇灌溉、烤田、喷灌等，不但能节约用水，而且能有效地解决土中水和气的矛盾，使土壤中增加氧气，有利于水稻根系的发育，进而促进地上部分健壮生长获得高产。

以水调肥。无机营养元素必须溶解在水中才能被水稻吸收，同时，水层又能提高水稻对氮、磷、硅、铁等元素的吸收，所以“水是肥进入水稻体内的总开关”。生产上利用这一特点，在水稻生长前期采用浅水灌溉使土温提高促进水稻对氮、磷等元素的吸收以有利于早生快发；够苗适时晒田能降低水稻对氮、磷元素的吸收而促进钾的吸收以有利于控制无效分蘖促进壮秆大穗。

6.2.2.2 动物适应性及水环境调节

稻田养殖和池塘及其他水体养殖有一定差异，稻田蓄水浅、时间不长，鱼类活动余地小；水温高、变化大；其天然饵料生物的组成和池塘也不同，浮游生物量有限，主要是稻田杂草、底栖生物、昆虫、水生小动物及水稻昆虫等。因此，稻田最适宜养殖耐浅水、高温、杂食性或草食性鱼类等；养殖鱼类对水的要求是水质肥而不浓、爽而不死，水位越高越好；通过田间工程改造，形成小范围的沟坑、水凼、宽沟等，增加蓄水量，创造更宽松的水体，使适应稻田种养的动物较多；虽然可供养殖的水产动物比较多，但具体生产中应因地制宜，可根据稻田里的水温、饵料和田块的地势、大小，因地制宜地选择和调整品种与规格。

水位水量与水温调节。稻田水位较浅，水温变化要比池塘大，水温受气温、光照和风的影响较大，昼夜温差大，其中 8 月的昼夜变化尤为显著。在水稻生长茂密的稻田中，适当保持深水层，受气温的影响不大。稻田养殖水位的升降变化是根据水稻不同发育阶段的需要而人为调控的，一方面，可以根据需要调控水位；另一方面，稻田养殖常配套相应的田间工程，如沟坑、水凼、养殖沟等，可保证高温季节浅水不影响养殖动物的活动。例如，早春水体过深不易升温，影响动物生长；夏季水浅，容易升温，影响鱼类活动；秋季水深可保温，水浅温度下降快；冬季水体过浅，容易低温伤害，通过调节水位，可影响不同时期的水温，尽量满足水稻、鱼类生产需求。

溶解氧与水深调节。水稻是生态系统的生产者，利用光能制造氧气，稻田还有大量植物及藻类进行光合作用，产生大量的氧气；同时稻田水浅，水面上氧气充足，一经风吹稻动，氧气就溶入水中，从而提升了稻田水中的溶氧量。稻田还经常进行换水，水体交换大，也保证了水中特别是夜间的溶氧量。水体越深，水中溶解氧越少，因此，稻田养殖田间工程不宜开挖过深，一方面，稻田养殖的鱼类多是不需深水类型；另一方面，沟坑过深，溶解氧少，鱼类活动不多。深沟造成工程量大、破坏稻田。

水体更新及水质调节。水体小，容易导致水质变差，若水质不良，既会导致鱼类抗病力下降，又将促使病原微生物的大量繁殖引发鱼病。严格控制水源，防治污水流入稻田，必要时对水质进行监测。根据天气、水色的变化以及鱼类的活动情况，经常加注新水，适时增氧，保证水质清新，氧气足。同时做到合理施肥，种植水草，并使用改善水体环境的微生物剂如光合细菌、有益微生物菌种（EM）、利生素、芽孢杆菌等，净化水质，降低水中氨态氮，调节水质。

水体生物饵料及食性。稻田养殖的天然饵料生物的组成和池塘也不同，相对来讲，浅水中鱼类的饵料种类多，浮游生物量有限，主要是稻田杂草、底栖生物、昆虫、水生动物及水稻昆虫等。所以，稻田中适宜养殖草食性或杂食性鱼类，而不以稻田里的浮游生物为食的鱼类不适合在稻田里养殖。为了保证浮游生物量及植物性饵料，可在非水稻生长季节提高水位，并种植水草。

生活习性及水体调节。适合稻田养殖的鱼类除具有耐浅水、耐高温、食性广等特点外，性情温和、不易外逃也是选择的重要条件。不同类型养殖动物习性差别很大：甲壳类，如蟹、虾会打洞；一些鱼类，如黄鳝、泥鳅喜欢淤泥、会打洞；一些鱼类，如草鱼、团头鲂、鳊、鲤、鲫、罗非鱼、鲢、鳙、革胡子鲇、淡水白鲳等相对温和；两栖类如蛙，爬行类如鳖、龟，禽类如鸭等易逃逸。适当的补水及水位调节，可影响其生活习性。

6.2.2.3 种养体系需水及田间蓄水工程

在稻田种养系统中，为了保证养殖动物的正常活动，解决由于田面水浅而带来的对鱼类的不良影响，往往要配套田间工程建设，如稻田养鱼的“垄稻沟鱼”系统，以及沟坑式、水凼式、筑坝式等系统；稻田养虾（蟹、鳖）等的养殖沟、回型沟、十字沟、一字沟等。这些沟、坑、凼，与稻田田面形成典型的人工湿地，具有自身特殊的水文循环和调节功能（曹凑贵和蔡明历，2017），如对调节气候、调节水资源、控制侵蚀、净化水质、处理废弃物、调控鱼类生存环境等都具有显著的作用。

沟坑式。沟坑式的主要特点是“沟”与“坑”结合，鱼沟、鱼坑是稻田水较深的地方，是鱼类栖息和生长的场所。开挖鱼沟、鱼坑是解决稻田动物养殖与施肥、打农药及晒田矛盾的一项重要措施，也有利于鱼类夏季高温时避暑、定点投饵及收获时排水集鱼和捕捞。这种方式是在我国传统稻田养鱼基础上改进的一种稻田种养方式，主要适于各种鱼类养殖，也是稻田种养的基本模式。

水凼式。水凼式的主要特点是“沟”与“池”结合，水凼式稻田养殖，也称田头坑养殖，在稻田中或田边修建水凼（生态池），水凼与田中的鱼沟相通，既有利于养殖，又可增强稻田的抗旱保收能力。水凼比鱼溜、鱼坑要大、要深，深可在 1m 以上，面积在 10～100m^2，大的可达上千平方米，是一个微型养殖池塘，通常占稻田面积的 5%～8%，有的开挖面积达到 13%，若有特殊需要，最大开挖面积可达 15%～17%。

宽沟式。宽沟式是将以往的窄沟浅凼改为沟凼合一的深而宽的永久性鱼沟，也称养殖沟，将低洼低产田的四周，开挖一圈沟，使沟与田埂呈“回”字形，这样田外加宽加高的田埂是外埂，保证水位调节，田内设有内埂。一般沟深 1.5～2m，沟宽视提坝提土量而定，一般为 3～4m，有的达 6～8m，田中种稻，沟内养鱼，待水稻返青后提高水位，使鱼可以游逸出沟，在整个稻田内觅食和活动。为了保证稻鱼共生，田内也可设置少量鱼沟、鱼溜，“回”形沟及鱼沟总面积占稻田面积的 10%～15%。此形式由于水体宽大，适合于平原大田块，放养量比普通的沟、溜式要大得多，而且可以采用池塘精养法作业，轮捕轮放，收稻后还可继续养殖，延长了生长期，可以提高产量和出池的规格，适合于名特优水产养殖，如虾、蟹、鳖、龟等，也可以多种动物混养。

6.2.3 “双水双绿”的调蓄功能及水分利用效率

稻田种养系统水分循环受到降水量、蒸发量、下渗量、排水、灌溉、田间设施、种养殖管理等众多因素的影响。特别是种养的田间工程结构，一方面增加了稻田养殖需水量，延长了蓄水时间；另一方面田间结构直接影响了水体循环过程，以及库存、途径及参数，从而改变了稻田水文特征及调蓄功能。

6.2.3.1 提高山区稻田水分利用效率

截留用水。山区梯田、丘陵岗地的垄田、山垅田实行稻田种养，有利于稻田蓄水、提高水分利用效率。例如，贵州山区梯田分散蓄水与扩容蓄水、即时蓄水与重复蓄水、分级截留与设阻截留等实行稻田养鱼，增加了水分利用效率，减少了体表径流水分损失。稻田里实行养鱼，田埂会比传统单一稻作模式稻田更高、更牢固，因养鱼开挖的沟凼，大大增加了蓄水能力，起到抗旱防洪的作用。在一些丘陵地区，实施稻鱼工程，每亩稻田蓄水量可增加 200m^3，大大增强了抗旱能力。养鱼稻田蓄水量大，对干旱多的缺水地区，可在很大程度上延缓旱情。防涝方面，据计算，假定湖南适合养鱼稻田全部实行稻田养鱼，每年蓄水 4 次，每次蓄水 30cm，则湖南宜鱼稻田可以蓄水 107.9 亿 m^3，其蓄水量相当于湖南水库的 27.5%（向继恩等，2016）。以雨季 1 次降水 10 天计算，湖南宜鱼稻田通过渗漏、蒸发作用，转移洪水至地下和大气的水量为 9.1 亿 m^3，可在很大程度上减少洪涝灾害。因此，稻田养鱼增大了稻田本身对自然灾害的自我调节和防御能力，创造了一个减灾、避灾的人工生态防灾系统。

6.2.3.2 减少平原稻田水分损失

贮存用水。水源充足的丘陵区、平原稻田，常采用沟凼式养殖，加高加固田埂，一是有利于稻田蓄水，增加鱼类的活动水体，增强抗旱能力；二是防止暴雨时漫过田埂逃鱼和鱼类的顶水越埂。田埂高度一般在 45～60cm，宽 35～40cm。不同地区和土质，田埂高度和宽度略有不同。丘陵山区田埂高出田面 40～45cm，平原地区高出田面 50～60cm，冬囤水田埂应高出 80cm 以上，有利于贮水。郭灿

（2019）研究稻田养虾稻虾田平均调蓄水量为 769.92mm，相比于高邮灌区水稻单作丰水年的平均蓄水量（679.6mm）（王传娟，2017）还要多 90.32mm；田间蓄水量较高的地区有枝江、潜江、监利，平均为 1117.29mm；一般蓄水量的地区有宜城和蕲春，平均为 874.01mm；蓄水量较低的地区为天门和武穴，平均为 480.86mm；而在北方下辽河平原的水稻主产区，其水稻季节的田间变化量平均仅 139.5mm。

6.2.3.3 降低湖区涝渍地地下水位

开沟用水。在一些地下水位低的涝渍地、低湖田、冷浸田、烂泥田，往往采用宽沟式，通过挖低填高，低作塘（沟）、高作基，一般沟深可达 1.5～2m，基高田面 1m 以上，地下水位降低、地下水变成地表水，形成完整的水体体系。传统稻田水分循环是开放式的，稻田保持一定水层，分蘖后期、成熟期要排水晒田，平时水多即排、水少即灌（图 6-1）；稻田复合种养系统水分循环是封闭式的，针对水稻生产所需的排水和灌水主要来自养殖沟。蒸腾量减少，下渗量增加，田面水量增加，地下水位降低，排水下降，灌溉水增加，水分利用效率提高。整体而言，系统内沟沟相连、沟田相通，水离开系统少，多在系统内交流，水分利用效率提高，贮水功能增强，沟渠连通、排蓄结合，排水、防渍已不是主要矛盾（曹凑贵和蔡明历，2017）。

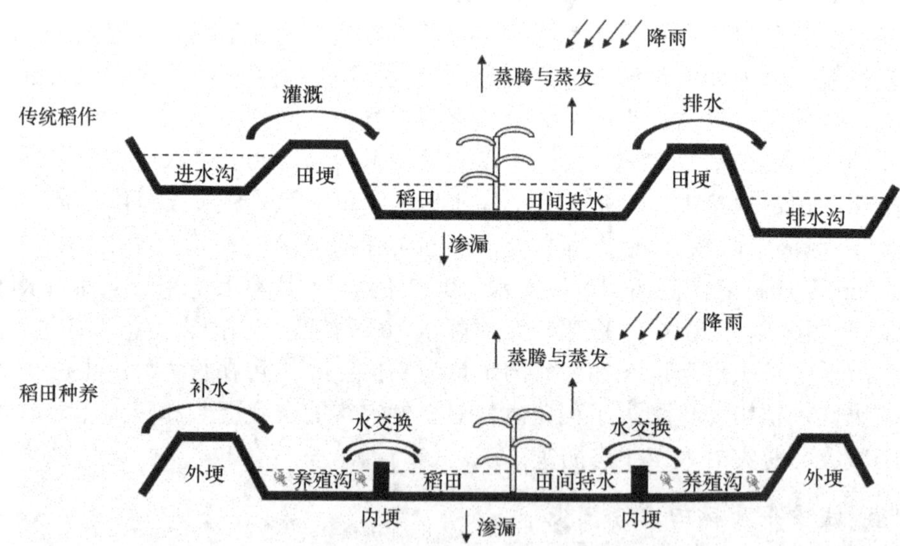

图 6-1 传统稻作系统与稻田种养系统水分循环模式比较（曹凑贵和蔡明历，2017）

6.2.4 水资源特点及模式适应性

早期稻田养鱼主要在山区、丘陵，随着社会需求的增加及经济的发展，稻田养殖动物多样化，并迅速扩展稻平原湖区，向规模化、专业化、产业化方向发展。

目前，大面积稻田种养主要集中在长江中下游平原，这与稻田资源和水资源条件是分不开的，而且因稻田水土资源特点不同，区域种养模式有很大不同。

6.2.4.1　我国稻田种养模式分布

我国稻田面积 3161.4 万 hm^2，按稻田水资源测算，适合开展稻田种养面积近 1000 万 hm^2，其进一步发展的潜力还很大（李娜娜，2013）。不同区域规模和潜力以及种养模式的选择有较大差异，主要与水资源相关。据统计，我国稻田主要种养模式面积较大的有稻鱼模式、稻鳖模式、稻虾模式和稻蟹模式等 4 种，其中，稻鱼模式主要分布在水资源丰富的华南双季稻稻作区和华中单双季稻稻作区，包括四川、湖南、江西、福建、广东、广西等；稻鳖模式分布在浙江和福建，稻虾模式分布在湖北、江西和安徽，稻蟹模式主要分布在吉林、辽宁和宁夏三省（自治区），此外，稻鳅模式在长江中下游地区亦有较大规模的发展。近年来湖北以潜江为代表的稻虾共作稻田小龙虾养殖模式和辽宁以盘山为代表的稻蟹共作稻田河蟹养殖模式发展迅速，形成了“南鄂北辽”“南潜北盘”的稻田种养新局面，极大地提升了稻田种养模式的社会、经济和生态效益。

6.2.4.2　田间水分条件与养殖种类

山区、丘陵地区田块小，水资源相对不足，主要是平板式、沟凼式，用于聚水、截留水，适合不同规格的常规鱼类养殖；平原地区，水源充足、地势平坦、田块宽大，主要采用沟凼式、宽沟式，适合各种名优动物养殖；山谷田、冷浸田，泥深、水冷，适合垄稻沟鱼半旱式种养，适合养殖虹鳟等冷水性鱼类；水网地带、低湖田，水资源丰富，主要采用宽沟式，适合各种名优动物养殖。表 6-1 是不同区域田块面积大小、田间工程条件、水分条件影响的养殖种类差异。

表 6-1　不同区域田块面积大小、田间工程条件、水分条件影响的养殖种类差异

地形地貌	田块面积	适应田间工程	水分条件	养殖类型及模式
山区、丘陵	<1 亩	平板式	聚水、截留水	养鱼、养蛙
丘陵	1～3 亩	平板式、沟凼式	聚水、贮水	鳅、鳝、螺、蛙
丘陵、岗地	5 亩	平板式、沟凼式	水源丰富	鸭、稻虾连作
岗地、平原	5～10 亩	平板式、沟凼式	水源丰富	蟹、鳖、鸭（5 亩一个单元）、稻虾连作、稻虾生态池
平原	10～30 亩	沟凼式	水源充足	鸭（5 亩一个单元）稻虾连作、稻虾生态池
平原、湖区	>30 亩	宽沟式	地下水位高	稻虾共作

6.2.4.3　区域水资源条件与适应模式

稻虾模式操作简单、收益较高，目前已经成为我国最受欢迎的稻渔综合种养模式，并且已经成为小龙虾的主要养殖方式之一，面积约占全国稻渔综合种养模式的一半，主要分布在湖北、安徽、江苏、湖南、江西、浙江、云南、四川等省份，已形成典型的湖北稻—小龙虾连作、共作模式。但由于不同区域稻田水土资源条件差异大，其模式变化很多，就湖北省来看，主要稻虾模式有 3 种，分别适应不同的水资源条件（陈松文等，2020）。

1）沟凼模式。“稻虾连作”，在稻田不挖沟或开挖简易围沟，配置一定的水凼，沟田连通，在沟凼内放养小龙虾，收稻后稻田储水养虾，每年可收获“一稻一虾”。该模式下小龙虾养殖强度不大、产量不高，适合于丘陵、岗地地区及土壤条件良好、地下水位低、水资源相对不足的中小型田块。实行育苗和养殖分离。

2）宽沟模式。“稻虾共作”，在稻田开挖环沟，宽 4m、深 1.5m 大沟，水稻生长期间田沟相通，虾稻共生。可实现“一稻两虾”“一稻多虾”。该模式下小龙虾养殖强度大、产量高，适合于冲积平原、水网地带，以及地下水位高、水资源充足、50 亩以上的大田块。

3）生态池模式。“稻虾共作”，田块小，采用宽沟模式，往往造成养殖面积超过稻田的 10%，为了保证稻虾共作，采用生态池模式。沿稻田四周开挖小沟，便于水分循环管理，并按每 5 亩开挖一个水池（即生态池）。该模式有利于稻虾共作、可“一稻多虾”，适应性广。

6.3 小龙虾养殖的健康水体质量特征

水环境是水产养殖动物赖以生存与生活的基本条件，水环境的好坏直接影响养殖是否成功、养殖产量、产品质量及养殖效益。小龙虾养殖水体调控的目的是将养殖水体内有害于小龙虾和藻类等生长的农药、重金属、寄生虫、细菌和病毒等污染物和有害生物去除或加以控制，主要通过降解来净化水质，并提供有利于小龙虾生长的高溶氧、有益藻类和菌相保持平衡等。藻相平衡指养殖水体中藻类数量及藻类种类的比例，不同藻类都由有益藻类占优势，主要反映指标为透明度和水色。养殖水体藻类光合作用产氧旺盛，而且一部分作为小龙虾的食物易于消化，藻类不能过度生长形成水华。菌相平衡指有益菌类，如芽孢杆菌、光合细菌、硝化细菌等对养殖水体有益的菌类占据优势菌群，厌氧菌等致病菌较少。

6.3.1 水体理化指标

6.3.1.1 水温

温度是一个非常重要的非生物因子，调节许多种生物的生长和繁殖。同样温度对虾类的生长发育也有重要的意义。实践养殖表明，小龙虾生存水温下限为 1℃

左右，开始少量活动并摄食的水温为 4℃以上，多为 12℃以上；最适生长水温和繁殖适温为 24～28℃。由此可见，小龙虾生活在水温较稳定的环境，对水温变化的适应能力较差。李铭等（2006）对小龙虾幼虾的研究表明，在适当的低温条件下，小龙虾幼体生长比较缓慢，但其成活率较高。在一定范围内，提高温度可明显促进幼虾的生长，而死亡率也随着温度的升高而升高。为了保证高的生长速度和较低的死亡率，研究结果表明，25℃左右是比较适合小龙虾生长发育的温度。因此，在小龙虾的养殖生产过程中，根据不同的养殖季节通过调控小龙虾养殖水体的水深为小龙虾的适宜生长水温创造有利条件，如早春季节，可以适当地降低田面水位 30～40cm，有利于吸收太阳光能并较快地提高水温，促进小龙虾苗种的生长；高温季节 7～8 月，为了降低小龙虾的高温应激，养殖环沟的水深要保证 1.2～1.5m 或栽种部分水花生等水草，可以有效降低高温应激带来的生长缓慢或性早熟等问题的影响。

6.3.1.2 溶氧

水中溶解氧（溶氧）是水产养殖动物生存和生长的重要环境条件，被称为水产养殖动物的生命线。溶解氧是限制单位养殖水体产出的关键因子之一，是优质养殖水质的核心指标。养殖水体溶解氧供给与耗氧需求在空间上不同位和时间上不同步的矛盾，是“氧债”形成的主要原因。“氧债”长期积累是小龙虾“爬边”“爬草”和“泛塘”的直接原因，是水产养殖中最急迫的安全威胁，直接影响水产养殖生产安全、水产品质量安全和渔业水域生态安全。实践养殖表明，水中溶氧量达 5.0mg/L 以上时，多数养殖动物摄食强度大，饲料效率高（饲料系数低），生长速度快；溶氧量低于 2～3mg/L 时，摄食强度低，生长缓慢，饲料系数高；溶氧量低于 1～2mg/L 时开始出现缺氧浮头，甚至窒息死亡。建议小龙虾养殖水环境适宜的溶氧量应达到 4.0mg/L 以上。

6.3.1.3 光照

光照是影响水生动物生长的一个重要的生态物理因子，光照周期对包括甲壳动物在内的水生经济动物生长的影响国内外研究报道的较多，影响也因动物种类而不同。虾类的生长不仅受光照时间、光照强度的影响，还受光源的影响，如金卤灯照明相对于白炽灯照明的条件下，中国明对虾具有更高的虾青素含量和较高的增长率（游奎等，2005），而且不同的物种也具有不同的影响，但对同一物种来说，有的也因不同的发育时期而有所不同，如延长光照时间可促进罗氏沼虾幼体的生长（林小涛等，1998）。基于养殖水体需要有充足的阳光保障浮游植物的光合作用发挥产氧功能，小龙虾养殖池水体种植挺水水草的适宜面积以不超过 30%为宜。另外，小龙虾有很明显的夜间摄食习性，建议小龙虾日投喂量的 70%左右在下午近黄昏时投喂。

6.3.1.4 pH

pH 表示池塘水体中氢氧根离子浓度，也称酸碱度。pH 是水生生物养殖环境中非常重要的水化学指标，也是水生动物不同地域引种的主要障碍因子。水中的 pH 在多种生物的生长中起着重要的作用。建议通过适当地调水和改水措施，维持小龙虾养殖池 pH 在 6.5～8.5 比较适宜。

6.3.1.5 钙离子

钙是动物体内无机质中含量较高的成分之一，对于水生动物来说，其体内的钙主要来源于食物和水。钙是甲壳及多种组织的重要组成部分，是多种酶的激活剂，具有维持体液的酸碱平衡、参与肌肉的收缩作用、调节渗透平衡、抗过敏等作用。钙也是甲壳动物一种重要的组成元素，是外骨骼的重要组成成分，甲壳动物均是蜕壳生长，即只有在蜕一次壳之后，才长大一次。在蜕壳周期中，Ca^{2+}起着十分重要的作用。虾蜕皮后身体会变得比较软，钙以碳酸钙的形式贮存在外骨骼中，使外骨骼变得逐渐坚硬（Bourget and Crisp，1975）。甲壳动物的周期性蜕壳需要大量的钙，这些钙必须从饵料中或生长环境中通过体表吸收得到补充。可见水中一定的 Ca^{2+}浓度是甲壳动物甲壳钙化所必需的。很多研究者对钙在甲壳动物生长过程中所起的作用及有利于甲壳动物生长的最适宜的钙浓度进行过研究（Cheng et al.，2006）。Digby（1980）指出，甲壳动物的甲壳钙化和水中 Ca^{2+}浓度有关。Hammond 等（2006）的研究表明，水中钙离子浓度达到 10mg/L 以上时，才能保证淡水龙虾（*Paranephrops zealandicus*）的成活率，随着钙离子浓度的增加，其成活率也增加，然而当钙离子浓度达到 80mg/L 时，其生长率没有随钙浓度的增加而显著提高。当 Ca^{2+}与 Mg^{2+}比值为 1∶3 时、凡纳滨对虾的生长和存活率随着 Ca^{2+}、Mg^{2+}质量浓度的增加而上升，但达到一定浓度后，又随着 Ca^{2+}、Mg^{2+}浓度的继续增加而下降（陈昌生等，2004）。可见不同的物种对钙离子的浓度要求也有所不同。但甲壳动物的正常生长发育需要水体中维持一定浓度的钙离子。

6.3.1.6 氨和亚硝酸盐

亚硝酸盐（NO_2-N）是氮素（主要是有机氮和氨态氮）在自然界循环过程中（硝化作用在低溶氧条件下）的中间产物，对水生动物具有毒性。养鱼水体中非离子氨应小于 0.02mg/L，亚硝酸盐应小于 0.1mg/L。较高水平的亚硝酸盐（NO_2-N）使水产养殖动物血液中的载氧蛋白氧化，血液的载氧能力下降造成机体组织缺氧、神经麻痹，甚至窒息死亡（王明学和吴卫东，1997）。研究发现，小龙虾对亚硝酸盐的耐受性随着接触时间的增加而明显降低，亚硝酸盐对小龙虾仔虾 24h、48h、

72h 和 96h 的半致死浓度（LC_{50}）分别为 28.69mg/L、22.69mg/L、18.92mg/L 和 15.19mg/L，安全浓度为 1.52mg/L（罗静波等，2005）。小龙虾仔虾在高 NO_2-N 浓度条件下，3h 即表现出毒性作用并表现出狂游逃逸的现象。究其原因，推测虾属甲壳动物，其血液中含铜的血蓝蛋白，水中亚硝酸盐通过虾的呼吸由鳃丝进入血液，可能发生与血红蛋白相似的反应，影响甚至破坏虾的摄氧能力，所以虽然养殖水体中溶氧丰富，但虾仍出现组织缺氧从而导致小龙虾缺氧，引起呼吸障碍甚至窒息，进而造成虾出现死亡。小龙虾仔虾对 NO_2-N 的耐受性较南美白对虾和日本对虾幼虾要弱。这可能与虾的品种、体质、不同生长阶段以及试验环境等因素有关。

6.3.1.7 硫化氢

硫化氢是具有剧毒的可溶性气体。当鱼塘中硫化氢浓度升高时，鱼的生长速度、免疫能力会减弱，严重时会损坏鱼的中枢神经，造成鱼的中毒死亡，死鱼无光泽，浮于水的表层。硫化氢的产生在很大程度上受水的 pH 所制约。按硫化氢解离常数计算，当 pH 为 9 时，约有 90%的硫化氢呈 HS^-状态，硫化氢的比例很小，毒性小，当 pH 为 7 时，HS^-和硫化氢各占一半。当 pH 降至 5 时，则有 99%呈硫化氢状态，也就是说在低 pH 水中，未解离的硫化氢比例大，毒性大。一些国外实验的结果也表明，不同生物种类甚至同种生物处于不同发育阶段的个体，均有其不同硫化氢的安全浓度要求。当硫化氢含量超过 2.0μg/L，将会造成慢性危害。

6.3.1.8 盐度、碳酸盐类、碱度、硬度和钙离子、镁离子

池水盐度也称矿化度，指水中钠离子、钾离子、钙离子、镁离子、碳酸氢根离子、硫酸根离子和氯离子等 7 种离子的总量。淡水的盐度小于 0.5，在此标准以上的为半咸水和盐水水体。淡水鱼虾对盐度忍耐程度很差，所以只能在盐度为 5 以下的水中生活（李家乐，2011）。天然水中钙离子、镁离子与水生生物的生命活动有密切关系。钙是动物骨骼、介壳和细胞壁的组成元素之一。它对蛋白质的合成代谢、碳水化合物的转化、氮及磷元素的吸收转化以及细胞的穿透性均有重要的影响。由于鱼类骨骼和甲壳类外骨骼的形成需要钙，正常的渗透压调节钙也是必需的。钙离子也可以降低重金属离子和一价金属离子的毒性。甲壳类在蜕皮时需要从水中吸收钙，水中钙离子浓度必须高到足以满足这种需求，因而小龙虾在正常生长时需要有足够高的钙离子、镁离子，此外足够的钙离子、镁离子还可以抑制水生生物从环境中吸收某些重金属，从而降低其毒性。所以钙离子、镁离子是养殖水体的水质及底质的改良剂。

6.3.2 水质调控

放苗前 7～10 天，施用经过完全发酵腐熟的有机肥 50～60kg 作为基肥，使水

呈黄褐色，透明度控制在25～30cm，中后期可施用光合细菌来调节水质，降低水中的氨态氮及亚硝酸盐。前期以有机肥保持水体肥力，同时根据水质情况，每半月左右加换一次新水，每次加水10～20cm，高温时每5～7天换水一次，使池水保持在1m左右，中后期水温升高时，每7～10天施用一次光合细菌，同时交替泼洒一些生石灰，调节水中pH，增加水体钙质，促进小龙虾脱壳。每天坚持巡塘，特别是早晚巡塘，观察水色变化、小龙虾生长摄食状况，定时检测水的溶解氧、氨态氮、pH等生化指标，检查围栏，防止逃跑。

按照“春浅、夏满、秋稳”的原则，3～5月种植水稻之前保持水深50cm，提高水温促进生长，以后逐渐提高水位，到高温季节加满水位，中后期由于摄食量大，水质变化较快，应加大换新水的频次。前期水体要有一定的肥度，中后期应适当瘦些，透明度30～40cm，溶解氧保持在4mg/L以上，pH 7.5～9.0，每月定期泼洒氧化底改剂和“EM菌”生物制剂调节水体。养殖期间保持小龙虾养殖的水质指标应符合渔业水质标准。

6.4 “双水双绿”立体用水理论与技术

“双水双绿”立体用水理论与技术是遵循“双水双绿”“三不一精准”（不打农药、不施化肥、不施渔药、精准投食）的总原则，以水资源可持续利用为目标，坚持“节约用水和清洁用水”两条用水主线，提出的“双水双绿”水分利用及水质管理理论与技术。该技术能充分利用平原湖区稻田和水资源的优势发展稻田种养，实现“一水两用”“一田两收”，提高水分利用率，在生产过程中洁净水源、优化环境，“绿色水稻”和“绿色水产”协同发展，实现产业兴旺、农民富庶、乡村美丽的目标（张启发，2018）。本节就“双水双绿”立体用水理论与技术展开论述，提出“双水双绿”稻虾共作立体用水关键技术体系，为“双水双绿”水分利用和管理提供理论与技术支撑。

6.4.1 “双水双绿”立体用水理论

6.4.1.1 基本概念

立体用水是一种多维、全方位的用水理论和技术，主要包括空间、时间和产业链等三维立位用水。“双水双绿”立体用水理论是在“双水双绿”理念的基础上，综合产—流—汇理论、循环利用理论、区域时空论等理论研究，坚持“节约用水”和“清洁用水”并重，运用系统学的方法，一种适合稻田种养系统的集“空间、时间和产业”于一体的三维立体水分利用及水质管理理论。其核心思想是在全空间结构（包括水平结构和垂直结构，重点是区域水平结构）、全时间范围（一年四季周年管控)、全产业链过程(源头控制、过程管理、终端维护)中都坚持节水和洁水，在收获“绿色水稻”和“绿色水产”的同时，也洁净了水源、优化了环境，实现产业兴旺、农民富庶、乡村美丽的目标。“双水双绿”立体用水理论主要由区域空间用水理论、周年水分管理理论和全产业链用水理论等 3 个方面构成。

6.4.1.2 区域空间用水理论

区域空间用水理论是指根据区域空间结构和水资源分布特点开展水资源管理与利用，其核心是空间均衡，通过“以水定需”实现水资源空间均衡。

区域空间用水理论包括两方面含义，一方面要求根据不同的区域特点(如山地、丘陵、平原)和水资源状况采用不同的水管理利用策略，因地制宜地发展“双水双绿”稻田种养模式；另一方面针对特定的区域，采用整体观进行水资源统一管理和调控，首先，明确水源区水资源总量和可供水量，并确保水质符合《绿色食品 产地环境质量》(NY/T 391—2013)所规定的水田灌溉及养殖用水水质基本控制项目标准值；其次，做好水源区、供水渠道、种养稻田、排水沟渠，以道路、居民生活区等的空间布局，进行优化配置以更好地利用水资源；最后，根据区域内不同用水单元的需水预报和可供水量进行平衡，提出区域水资源空间均衡分配方案(郦建强等，2019)。

6.4.1.3 周年水分管理理论

周年水分管理理论是根据“双水双绿”稻田绿色水稻种植和绿色水产养殖对水资源量与水质要求的周年需求变化特点，并根据稻田种养系统水体水质周年变化和农业面源污染周年变化规律，提出的适合周年变化的水分管理理论。该理论要求稻田种养水分管理不能只关注水稻和水产动物共作期间，要周年全时间段做好稻田水体利用和管理，做到周年节约用水和清洁用水，在生产出绿色水稻和绿色水产的同时，发挥稻田湿地的生态功能，全年稻田水体环境得以改善。

“双水双绿”周年水分管理可分为两种类型，第一种类型的种养模式下水产动物在稻田养殖时间短，只利用水稻季进行养殖，如稻鱼、稻鸭共作模式等。这种类型的水分管理相对简单，重点在于做好水稻季水资源利用和水质调控，特别是共作期间的水分管理，当然在非稻季也要做到节水和水质保护，应根据不同茬口需要进行水分管理。第二种类型的种养模式下水产动物全年在稻田里进行养殖，如稻虾、稻蟹共作模式等。此类型的水分管理相对复杂，可分为稻季水稻—水产动物共作期和非稻季水产动物养殖期进行不同的水分管理。

6.4.1.4 全产业链用水理论

全产业链用水理论是针对农业面源污染发生与发展的“产—流—汇”三个阶段，同时根据“双水双绿”“三不一精准”总原则和面源污染零排放的目标，而提出源头减量、过程截留与终端再利用（reduce-retain-reuse，3R）理论（吴永红等，2011）。该理论的核心是全程管控，循环利用，即对稻田面源污染产生与发展过程进行全程管控、拦截和阻断，不破坏灌溉水源水质，径流、渗漏流失水循环利用，提高水分利用率。

“双水双绿”全产业链用水理论利用系统论的观点，需要对稻田种养系统农业面源污染物（主要指氮、磷等营养物质）投入、转化与输出再利用过程进行研究和综合管控。首先，在源头进行控制，要求把控投入，以产定投，根据目标产量确定投入总量，采取精准投食，生态种养，提高饲料中氮、磷等营养物质的利用率，减肥增效，同时做好灌溉水、饲料、有机肥等投入品的质量标准，严格把控重金属等污染物随饲料等投入进入稻田系统，确保产品质量绿色安全。其次，在稻田种养系统内部，充分利用稻田光、温、水及生物资源，建立一个适合水稻种植和水产（禽）动物养殖的水体环境，利用水稻和水产（禽）动物互惠互利的共生关系发展绿色水稻和绿色水产（禽）动物的生产，并根据稻田水质变化及农业面源污染发生规律建立一个稻田水资源周年水分管理技术体系，达到节水减排保肥增效绿色环保的效果。最后，在终端进行修复再利用，“双水双绿”种养稻田径流、渗漏水已满足水田灌溉水质量标准，经过生态沟渠的作用已完全满足水资源再利用，既节约了水资源又进一步消除了农业面源污染风险。另外，养殖沟、凼、鱼坑等是水产动物活动的重要场所，往往含有丰富的氮、磷等营养物质，该部分的水资源再利用是稻田种养水资源利用的重要方面（杨林章等，2005）。

6.4.2 “双水双绿”立体用水技术

2019 年我国稻田种养面积近 3000 万亩，区域范围广，时空差异大，水资源利用和管理是一个复杂的系统工程，需要多学科共同参与。“双水双绿”立体用水技术可分为信息技术、工程技术、生物技术和管理技术。

6.4.2.1 “双水双绿”水分管理信息技术

水资源的系统调查、利用和高效管理离不开信息技术的支持。“双水双绿”水分管理信息技术主要分为两种，分别为 3S（指遥感、全球定位系统和地理信息系统）技术和物联网技术。

应用 3S 技术对区域水资源供给能力和水质状况进行实时监控，为稻田种养水资源的有效供给水平（包括供给量和水质要求）提供预测和分析。利用遥感（RS）技术进行降水量的监测，高效率地识别地下水、地表水等水体分布，监测水质变化；利用全球定位系统（GPS）可以快速、准确地采集并传输不同区域空间的水位变化和水质动态；利用地理信息系统（GIS）将空间数据库作为水文水资源领域的信息储存中心，结合计算机技术、RS 技术和 GPS 技术，在水文情报预报、水质污染评价及规划与控制和水文资源决策等方面都起到了关键性的作用（李颖，2018）。

应用物联网技术可通过传感器和视觉采集终端等各类感知设备全面感知采集水稻种植、水产养殖与水体水文水质等领域的现场信息，利用无线传感器网络、互联网等多种信息传输通道实现农业信息多尺度的可靠传输，并将获取的信息进行融合、处理后通过智能化操作终端实现稻田水分资源生态利用和管理目标。将物联网技术结合 GIS 技术强大的数据展示及空间分析功能可实现对蒸发蒸散量分布、土壤水分、作物需耗水以及可用水资源的管理，结合水文模型对灌溉实施和管理进行辅助决策，有利于实现稻田的“真实节水”（陈晓栋等，2015；田宏武等，2016）。

6.4.2.2 “双水双绿”水分管理工程技术

稻田种养水分管理工程技术可分为灌溉工程技术、排水工程技术和田间工程技术等三部分，承担着对农业水资源的拦蓄、调控、分配和使用等职责。“双水双绿”水分管理工程技术的目的是充分利用稻田清洁水资源生产绿色水稻和绿色水产品的同时，节约用水和减少稻田面源污染。主要工程技术包括：①田间工程建设技术，根据稻田种养模式进行田间工程建设，为水产动物提供一个适宜的水体环境，提高水资源利用率，同时通过加高加固田埂，减少地表径流和侧渗的损失；②生态沟渠工程技术，利用生态沟渠截留和吸收利用农田排水中的氮、磷等径流污染物，提高水体水质，确保水分再利用。生态沟渠构造参照《农田径流氮磷生态拦截沟渠构建技术规范》中的生态沟渠设计，生态沟渠建设密度应能满足农田排水要求和生态拦截需要，具体沟渠长度可根据水质变化而定。渠底种植 N、P 高富集、具有利用价值、不影响排灌的水生植物，如石菖蒲、水芹、狐尾草、铜钱草等；渠侧种植 N、P 高富集、不影响排灌的小型藤本植物，如常春藤和络石藤等（徐红灯等，2007）。

6.4.2.3 “双水双绿”水分管理生物技术

“双水双绿”水分管理生物技术主要用于水体水质的调节，利用水生生物、微生物对水体氮、磷等污染物的吸收和分解，进行水质调节。主要包括：①在稻田种植水草等水生植物，可充分利用稻田中的光、温度、水资源为水产动物提供食源，同时可以增加水体溶解氧，改善水质、养殖绿色水产动物；②在田埂和生态沟渠里种植水生植物去除氮、磷等污染物，改善水质以循环利用；③微生物技术，利用微生物分解水体污染物，如利用去污能力优良、生命力和繁殖能力超强的高效芽孢杆菌进行水体修复。当微生物制剂被投入污水体后，芽孢杆菌在一定的温度条件下利用水体中营养物质快速生长、繁殖，同时产生大量的代谢产物（活性酶、有机酸等）分解水体中营养物质。微生物制剂不但对水体水质有高效净化作用，而且能对底泥产生一定程度的削减，在稻田水质调控上发挥了重要作用。

6.4.3 “双水双绿”稻虾共作立体用水技术

6.4.3.1 “双水双绿”稻虾共作区域水资源配置技术

应用3S技术探明区域内水资源分布及水质状况，利用物联网技术采集不同区域、空间稻虾田水体水文和水质状况，模拟稻虾田周年需水动态，应用水生态足迹，提出“双水双绿”稻虾共作区域发展规划和水资源配置技术。

6.4.3.2 “双水双绿”稻虾共作区域氮、磷等面源污染物的系统管理技术

遵循“双水双绿”“三不一精准”的总原则，依据全程管控、循环利用的全产业链用水理论，建立稻虾共作系统氮、磷等营养物质平衡（氮素循环利用平衡见图6-2），依据水稻和小龙虾的目标产量计算所需要的氮、磷等营养物的质量，最

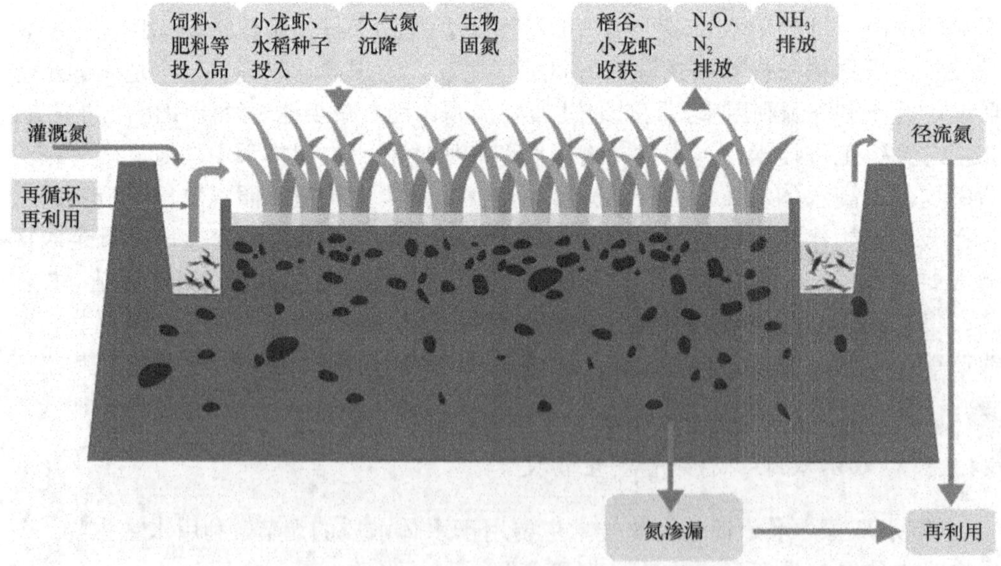

图6-2 “双水双绿”稻虾共作氮素循环利用平衡图（李明灏，李琳绘制）

终明确氮、磷等营养物质的输入输出量、途径和时期，并据此来控制氮、磷等营养物质的输入和输出，全过程进行清洁生产，在稻季把养殖沟里的富含营养物质的水分抽到水稻种植区进行再循环利用，地表径流中的水（符合《农田灌溉水质标准》）可作为灌溉水再利用，做到面源污染物零排放。

6.4.3.3 “双水双绿”稻虾工程节水、减排和控污技术

“双水双绿”稻虾工程建设主要包括田间工程建设和生态沟渠建设两方面。用于水分管理的田间工程建设主要有环形养殖沟和田埂，环形养殖沟沿稻田埂外缘向稻田内 8～10m 处开挖，堤脚距沟 4～5m 开挖，沟面开口约 4m，沟底部宽约 1m，沟深约 1m，坡比 1～2.25。在不影响水稻和小龙虾生长的前提下，为节约水资源，养殖沟深不超过 1.2m，沟面宽以不超过 5m 为宜。田埂分为外埂和内埂，外埂高于田面 1.0～1.2m，田埂顶部宽 1～2m，夯实田埂，以保水和维持水位，不渗水、不漏水；内埂宽 0.3～0.4m，高 0.3～0.4m，夯实以维持水稻种植期田内水位管理。为了确保径流和渗漏水质符合《农田灌溉水质标准》，在稻田排水口建设生态沟渠以截留和吸收农田排水中的氮、磷等径流污染物，水质得以改善后再循环利用。

6.4.3.4 “双水双绿”稻虾共作生物增肥减投控污技术

“双水双绿”稻虾共作生物增肥减投控污技术有田间种草技术、生态浮床技术和微生物制剂技术。田间种草技术指在稻田和环沟内种植伊乐藻，为小龙虾提供饲料和增加溶解氧，可以起到增肥减投增效改质的作用。生态浮床技术指将水生植物移植到人工构造浮床上并置于养殖沟中，通过植物对水体氮、磷污染物吸收利用以及利用植物根系吸附水体悬浮物质，降低水体富营养化程度以净化水体（李先宁等，2007）。微生物制剂技术具有稻田水体培肥改质的作用，有利于绿色小龙虾的健康养殖。

6.4.3.5 “双水双绿”稻虾共作周年水位管理技术

“双水双绿”稻虾共作周年水位管理技术将稻田水分管理分为 4 个阶段，分别为越冬前期、越冬期、小龙虾精养期和稻作期（图 6-3）。越冬前期（9～11 月）在水稻收获后至越冬期之间，稻田水位不超过 0.3m，让稻蔸露出水面 10cm 左右，此期可利用稻桩和微生物制剂培水培肥养小龙虾苗；越冬期（12 月至翌年 2 月）水位保持在 0.4～0.5m，深水保温以保小龙虾苗度过越冬期；小龙虾精养期（3～5 月）在越冬期至稻作期之间，此期对小龙虾进行精准投食，是小龙虾的快速养殖期，也是稻田水分利用和水质管理的关键期。此期的稻田水位要随着温度的变化而变化，3 月温度回升，稻田水位控制在 30cm 左右促使小龙虾尽早出洞；4 月中

旬至 5 月稻田水温基本稳定，提高水位到 50～60cm 以避免温度对小龙虾生长的影响。稻作期（6～9 月）小龙虾随着退水至环形养殖沟进行养殖。此期稻田水位管理分为水稻种植区和环形养殖沟，水稻种植区按水稻栽培管理方式进行，环形养殖沟水位管理采取分 2 轮、3 层水位管理方式进行。2 轮分别在水稻移栽后和水稻齐穗灌浆始期开始；3 层即分 3 次排水，每隔 9～12 天排去环形虾沟水位的 1/3，3 次排完养殖沟水。第一轮排干水后上水，第二轮排干后则保持虾沟无水的状态，直至水稻收获后覆水养虾。在养殖沟排水时，应把水分抽到水稻种植田面，利用水体中氮、磷等营养物质以供水稻生长，减少氮、磷等营养物质排放而污染环境，同时节约用水以提高水分循环率。

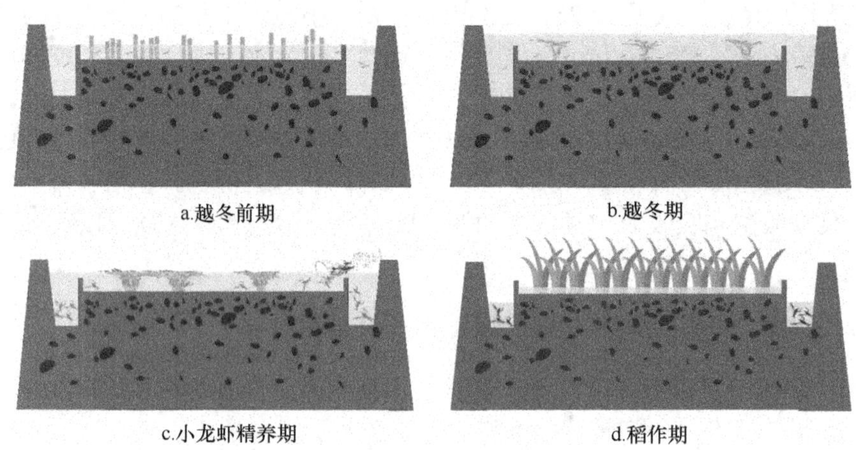

图 6-3 “双水双绿”稻虾共作水位周年管理变化（李明灏，李琳绘制）

6.4.4 小结

水资源的利用和保护是“双水双绿”稻田种养发展的重要方面，充分利用稻田水资源发展水产（禽）动物，保护环境，生产出绿色水稻和绿色水产品，需要做好以下几个方面。

1）要坚持立体用水的原则，做好区域水资源的空间配置和周年利用，节水优先，以水定产，提高水资源利用率。

2）要坚持“双水双绿”发展理念，全程不打农药、不施化肥、不施渔药、精准投食，系统管控氮、磷等营养物质的投入和排出，减投减排，循环利用，从而消除农业面源污染。

3）要坚持现代技术和传统技术结合，将现代信息技术、微生物菌剂技术等与传统农艺工程技术全面结合，采用生态学、系统工程学等进行“双水双绿”稻田水分利用和管理，达到节水减投降污增效的目的。

4）要坚持政府引导和市场推动的结合，“双水双绿”稻田种养水资源利用和管理技术能充分利用稻田水资源，节水和洁水并重，全过程零污染，优化了水环境，是一个可持续的稻田种养水分管理技术。该技术的推广应用需要政府的宣传引导，同时要加强“双水双绿”产品的市场宣传和推动。

参考文献

曹凑贵, 蔡明历. 2017. 稻田种养生态农业模式与技术. 北京: 科学出版社.

曹凑贵, 江洋, 汪金平, 等. 2017. 稻虾共作模式的“双刃性”及可持续发展策略. 中国生态农业学报, 25(9): 1245-1253.

陈昌生, 纪德华, 王兴标, 等. 2004. Ca^{2+}、Mg^{2+}对凡纳滨对虾存活及生长的影响. 水产学报, 28(4): 413-418.

陈松文, 江洋, 汪金平, 等. 2020. 湖北省稻虾模式发展现状与对策分析. 华中农业大学学报, 39(2): 1-7.

陈万明, 郝慧娟, 廖中建, 等. 2019. 稻虾养殖生态模式对产地环境及农产品质量安全风险的影响. 湖南农业科学, (4): 64-69.

陈晓栋, 原向阳, 郭平毅. 2015. 农业物联网研究进展与前景展望. 中国农业科技导报, 17(2): 8-16.

丁伟华, 李娜娜, 任伟征, 等. 2013. 传统稻鱼系统生产力提升对稻田水体环境的影响. 中国生态农业学报, 21(3): 308-314.

郭灿. 2019. 稻虾共作系统的水文特征及水分生产效率分析. 武汉: 华中农业大学硕士学位论文.

李成芳, 曹凑贵, 汪金平, 等. 2008. 稻鸭、稻鱼共作生态系统中稻田田面水的N素动态变化及淋溶损失. 环境科学学报, (10): 2125-2132.

李家乐. 2011. 池塘养鱼学. 北京: 中国农业出版社.

李铭, 董卫军, 邢迎春, 等. 2006. 王玉凤温度对克氏原鳌虾幼虾发育和存活的影响. 水利渔业, 26(2): 36-37.

李娜娜. 2013. 中国主要稻田种养模式生态分析. 杭州: 浙江大学硕士学位论文.

李先宁, 宋海亮, 朱光灿, 等. 2007. 组合型浮床生态系统的构建及其改善湖泊水源地水质的效果. 湖泊科学, 19(4): 367-372.

李秀芬, 朱金兆, 顾晓君, 等. 2010. 农业面源污染现状与防治进展. 中国人口资源与环境, 20(4): 81-84.

李颖. 2018. 水文水资源领域中现代信息技术应用. 中国战略新兴产业, 32: 18-19.

郦建强, 王平, 何君, 等. 2019. 水资源空间均衡理论方法与对策措施研究. 中国水利, (23): 23-25.

林小涛, 杞桑, 曹双俊, 等. 1998. 光周期对罗氏沼虾幼体生长及能量收支的影响. 海洋与湖沼, 29(2): 119-127.

刘福会. 2019. 鹤岗市稻渔综合种养技术规范. 黑龙江水产, 1: 21-23.

刘卿君. 2017. 秸秆还田与投食对稻虾共作水质的影响. 武汉: 华中农业大学硕士学位论文.

刘元生, 孟庆红, 何腾兵, 等. 2003. 稻田生态养鱼水质动态与水稻生长及经济效益研究. 耕作与栽培, (5): 5-6, 20.

罗静波, 曹志华, 温小波, 等. 2005. 亚硝酸盐氮对克氏原螯虾仔虾的急性毒性效应. 长江大学学报(自科版), 2 (11): 64-66.

全国明, 章家恩, 陈瑞, 等. 2008. 稻鸭共作对稻田水体环境的影响. 应用生态学报, (9): 2023-2028.

陶忠虎, 周浠, 周多勇, 等. 2013. 虾稻共生生态高效模式及技术. 中国水产, (7): 68-70.

田宏武, 郑文刚, 李寒. 2016. 大田农业节水物联网技术应用现状与发展趋势. 农业工程学报, 32(21): 1-12.

汪金平, 曹凑贵, 金晖, 等. 2006. 稻鸭共生对稻田水生生物群落的影响. 中国农业科学, 39(10): 2001-2008.

汪金平, 曹凑贵, 李成芳, 等. 2009. 稻鸭共育稻田水体藻类动态变化. 生态学报, 29(8): 4353-4360.

王昂, 戴丹超, 马旭洲, 等. 2019. 北方稻蟹共作对水体氮素淋溶损失的影响. 浙江大学学报(农业与生命科学版), 45(3): 332-342.

王传娟. 2017. 稻田水量调蓄能力分析与管理对策研究. 北京: 中国水利水电科学研究院硕士学位论文.

王芳, 张建东, 董双林, 等. 2005. 光照强度和光照周期对中国明对虾稚虾生长的影响. 中国海洋大学学报, 35(5): 765-772.

王明学, 吴卫东. 1997. NO_2-N 对鱼类毒性的研究概况. 中国水产科学, 4(5): 85-90.

王强盛, 黄丕生, 甄若宏, 等. 2004. 稻鸭共作对稻田营养生态及稻米品质的影响. 应用生态学报, 15: 639-645.

吴永红, 胡正义, 杨林章. 2011. 农业面源污染控制工程的“减源-拦截-修复”(3R)理论与实践. 农业工程学报, 27(5): 1-6.

向继恩, 陈灿, 黄璜. 2016. 稻田养鱼农业文化遗产综合效益评价. 遗产与保护研究, 1(5): 111-117.

谢达祥, 陈晓汉, 黄均, 等. 2007. 水体中钙和镁对凡纳滨对虾幼体成活率和生长的影响. 水利渔业, 27(5): 46-51.

谢俊龙, 熊国远. 2010. 稻鸭共生技术对水体生态环境的影响研究. 畜牧与饲料科学, 31(3): 141-142.

邢克智, 刘茂春, 王金华. 1997. 温度、盐度对青虾幼体生长发育的影响. 南开大学学报(自然科学版), 30(3): 55-93.

徐红灯, 席北斗, 王京刚, 等. 2007. 水生植物对农田排水沟渠中氮、磷的截留效应. 环境科学研究, 20(2): 84-88.

杨富亿, 李秀军, 杨欣乔. 2005. 日本沼虾幼虾对碱度和 pH 的适应性. 动物学杂志, 40(6): 74-79.

杨林章, 周小平, 王建国, 等. 2005. 用于农田非点源污染控制的生态拦截型沟渠系统及其效果. 生态学杂志, 24(11): 1371-1374.

杨星星, 谢坚, 陈欣, 等. 2010. 稻鱼共生系统不同水深对水稻和鱼的效应. 贵州农业科学, 38(2): 73-74.

杨智景, 顾海龙, 唐建清, 等. 2018. 稻-虾与稻-蟹种养模式下的水质及虾、蟹生长动态. 贵州农业科学, 46(2): 84-88.

游奎, 杨红生, 刘鹰, 等. 2005. 不同光源及光照时间对凡纳滨对虾(*Litopenaeus vannamoo*)游离虾青素含量及生长的影响. 海洋与湖沼, 36(4): 296-301.

张启发. 2018. 以“双水双绿”重塑“鱼米之乡”. 湖北日报, 15.

张云杰, 王昂, 马旭洲, 等. 2013. 稻蟹共作模式稻田水质水平变化初步研究. 广东农业科学, 40(14): 16-19.

张自常. 2012. 水稻高产优质节水灌溉技术及其生理基础. 扬州: 扬州大学博士学位论文.

赵江辉, 秦伟, 沈国浩. 2015. 稻田人工湿地生态环境需水量研究. 水资源开发与管理, 4: 48-50.

赵曙光. 2019. 稻蟹生态种养水环境的管理. 现代农业科技, 2: 169-173.

甄若宏, 王强盛, 沈晓昆, 等. 2004. 我国稻鸭共作生态农业的发展现状与技术展望. 农村生态环境, 20(4): 1-5.

甄若宏, 王强盛, 周建涛, 等. 2008. 稻鸭共作复合系统的生态环境效应研究. 安徽农业科学, (21): 150-153, 163.

朱泽闻, 李可心, 陈欣, 等. 2017. 稻渔综合种养技术规范通则(SC/T 1135.1—2017). 农业农村部行业标准.

Bourget E, Crisp D J. 1975. Factors affects deposition of shell in *Balanus balanoides* (L.). J Mar Biol Assoc UK, 55: 231-250.

Cheng K M, Hu C Q, Liu Y N, et al. 2006. Effects of dietary calcium, phosphorus and calcium/phosphorus ratio on the growth and tissue mineralization of *Litopenaeus vannamei* reared in low-salinity water. Aquaculture, 251: 472-483.

Digby P S B. 1980. Calcification in crustacean: the fundamental process. Physiologist, 23: 105.

Hammond K S, Hollows J W, Townsend C R, et al. 2006. Effects of temperature and water calcium concentration on growth, survival and molting of freshwater crayfish *Paranephrops zealandicus*. Aquaculture, 251: 271-279.

Xie J, Hu L L, Tang J J, et al. 2011. Ecological mechanisms underlying the sustainability of the agricultural heritage rice-fish coculture system. Proc Natl Acad Sci USA, 108(50): 1381-1387.

Yu J X, Ren Y, Xu T, et al. 2018. Physicochemical water quality parameters in typical rice-crayfish integrated systems (RCIS) in China. Int J Agric & Biol Eng, 11(3): 54-60.

第 7 章 “双水双绿”的健康土壤培育与管理

摘要：水稻土是在长期种植水稻条件下，经人为的水耕熟化和自然成土因素的双重作用，产生水耕熟化和氧化还原过程而形成具有特有剖面构型的土壤。近几十年来，由于化肥用量的不断增加和不合理施用等引发的一系列农业环境质量问题日益凸现。“双水双绿”要求根据光、水、土、气、热等自然资源的特点，把水稻种植和水产养殖有机地组合在同一生态系统中。养殖动物的活动、田间工程的建设和种养农艺措施的变革影响了系统的理化及生态学过程，进而对土壤物理、化学和生物学性质，以及养分循环和肥力等产生影响。土壤肥力是土壤为植物生长供应和协调养分、水分、空气及热量的能力，是土壤物理、化学和生物学性质的综合反应。培肥是维持农业肥力水平最主要的措施之一，土壤培肥改良就是对土壤颗粒、酸碱度等理化性质的改良及对土壤营养状况的改善。

土壤是指地球表面的一层疏松的物质，由各种颗粒状矿物质、有机物质、水分、空气、微生物等组成，能生长植物（黄昌勇，2000）。中国主要土壤发生类型可概括为红壤、棕壤、褐土、黑土、栗钙土、漠土、潮土（包括砂姜黑土）、灌淤土、水稻土、湿土（草甸、沼泽土）、盐碱土、岩性土和高山土等系列（张维理等，2014）。水稻土是在长期种植水稻条件下，经人为的水耕熟化和自然成土因素的双重作用，产生水耕熟化和氧化还原过程而形成具有水耕熟化层（W）—犁底层（Ap2）—渗育层（Be）—水耕淀积层（Bshg）—潜育层（Br）的特有剖面构型的土壤，属人为土纲水成土亚纲（李庆逵，1991）。水稻土作为一个独立的土类，在于它有与其他土壤不同的形成条件、形成过程和土壤特征。水稻土是我国重要的耕作土壤之一。我国水稻土分布很广，南起海南三亚，北至黑龙江漠河；东起东海之滨，西至云贵川海拔 2700m 以下的高原。在暖温带以北的水稻土约占全国水稻土的 8.2%，多分布于河谷平原地区，属于北方稻区，多实行单季稻耕作制；北亚热带地区的水稻土占全国的 39.5%，属长江中下游稻区，主要实行稻麦两熟或双季稻耕作制；中亚热带以南的水稻土占全国的 52.3%，包括华中稻区、华南稻区和西南稻区，主要耕作制为双季稻、冬季种油菜或绿肥；从全国范围看，我国水稻土有 92%集中于秦岭—淮河一线以南，且以东南部最为密集（龚子同和张效朴，1988）。

7.1 水稻种植的土壤质量现状与问题

20 世纪 70 年代后，随着人口增长对土地压力的增大，人类对土壤资源的过度开发利用导致了土壤资源退化加剧，并对农业可持续发展以及生态环境、全球变化造成严重威胁，土壤质量这一概念是在这种情况下提出来的（Warkentin，1995；Staben et al.，1997）。土壤质量不仅涉及土壤的主要功能、类型和所处的地域，还与土地利用、土壤管理、生态环境系统、社会经济、政治状况以及人的认识等外界因素有关（刘世梁等，2006）。

近几十年来，水稻产量的不断增加得益于化肥的高投入。联合国粮农组织（FAO）统计数据显示，1961 年我国氮磷钾肥料用量为 72.8 万 t，到 1987 年达到 2268.78 万 t，增长了约 30 倍；2014 年达到峰值，为 5561.89 万 t，占世界氮磷钾肥料总用量的 29.60%（图 7-1）。自 1995 年起，我国农业氮肥用量一直保持在全球氮肥总用量的 30%左右，为世界第一氮肥消费大国。2014 年氮肥用量达到峰值，为 3114.52 万 t，占世界氮肥总用量的 29.01%。近几年来有逐渐下降的趋势，2017 年为 2978.19 万 t，与峰值相比降低 4.38%，占全球氮肥总用量的 27.29%（图 7-2）。我国水稻氮肥的平均施用量为 180kg/hm^2，比世界稻田氮肥单位面积平均用量高 75%左右（彭少兵等，2002）。由化肥用量的不断增加和不合理施用等引起的一

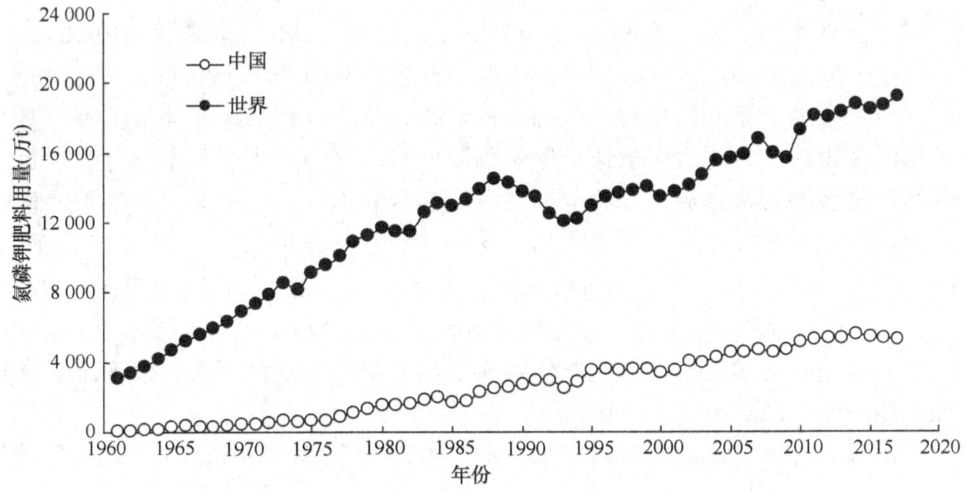

图 7-1 中国和世界农用氮磷钾肥料（折纯）用量（1961～2017 年）
FAO 统计数据：http://www.fao.org/faostat/en/#data/RFN

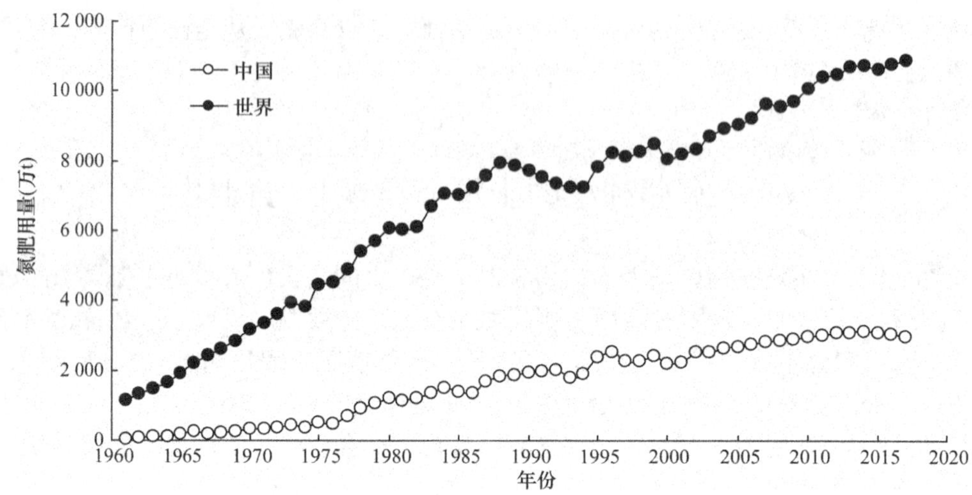

图 7-2　中国和世界农用氮肥（N）用量（1961～2017 年）

FAO 统计数据：http://www.fao.org/faostat/en/#data/RFN

系列农业环境质量问题日益凸现。特别是稻田土壤酸化、土壤板结、土壤污染等与土壤质量有关的问题逐渐引起关注。由于土壤在农业生态系统中不可替代的基础性作用，可持续农业的前提就是土壤的可持续性，因此关注我国稻田土壤质量现状与问题是重中之重。

7.1.1　土壤酸化

土壤酸化是指土壤吸收性复合体接受了一定数量的交换性氢离子或铝离子，使土壤中盐基性离子淋失的过程（van Breemen et al.，1983；潘根兴，1990）。土壤中存在一些天然酸的形成过程，如土壤中动植物呼吸作用产生并形成的碳酸，还有动植物残体经微生物分解产生的有机酸等。这一过程的速度非常缓慢，但人为的影响使得这一过程大大加速。影响稻田土壤酸化的人为因素主要有两方面，一是酸性气体的大量排放，排放到空气中的 SO_2 和 NO_x，一部分直接渗入地表形成干沉降，另一部分经过一系列的化学反应最后形成强酸 H_2SO_4 和 HNO_3，雨水 pH 随之下降形成酸雨（van Breemen et al.，1984；徐仁扣，2015）；二是不合理的农业措施，如化学肥料特别是铵态氮肥通过硝化作用释放质子（Malhi et al.，1998）、不当的施肥量和施肥方式，以及农作物收获从土壤中移走钙、镁、钾等盐基养分加速土壤酸化（Guo et al.，2010）。

中国农田土壤普遍酸化问题非常严重，从 20 世纪 80 年代到 21 世纪，全国农田土壤的 pH 平均下降了 0.5 个单位（张福锁，2016）。全国农业技术推广服务中心于 2015 年公布的《测土配方施肥　土壤基础养分数据集（2005-2014）》显示，湖南省（120 个县市区）、广西壮族自治区（104 个县市区）、浙江省（74 个县市区）和广东省（94 个县市区）的农田土壤平均 pH 低于 6.0 的分别占 60.8%、70.2%、75.7%和 93.6%，其中土壤平均 pH 低于 5.5 的分别占 29.2%、28.8%、41.9%和 54.3%。江西省 91 个县市区中有 90 个土壤平均 pH 低于 6.0，其中土壤平均 pH 低于 5.5 的占 92.3%，还有 18.7%的县市区的土壤平均 pH 低于 5.0；福建省已公布的 41 个县市区的农田土壤平均 pH 均低于 6.0，其中 85.4%的土壤平均 pH 低于 5.5，31.7%的土壤平均 pH 低于 5.0。以上调查分析数据表明，我国亚热带地区土壤酸化问题已十分突出，其中江西、福建和广东等省土壤酸化尤为严重。目前的研究已经确认，化学氮肥的长期过量施用是我国农田土壤加速酸化的主要原因（Guo et al., 2010），并且土壤酸化是一个持续进行的过程（图 7-3），若仍广泛沿用目前的农田管理模式，我国亚热带地区农田土壤酸化问题还将进一步加剧。

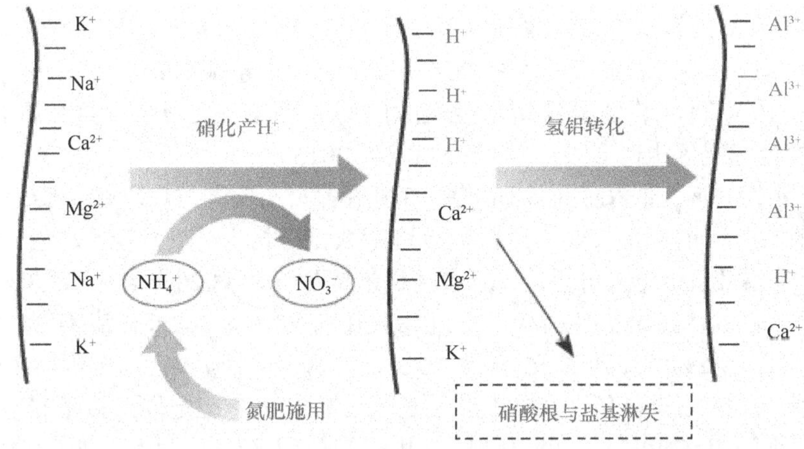

图 7-3 土壤酸化与铝活化示意图（徐仁扣等，2018）（彩图请扫封底二维码）

周晓阳等（2015）选择中国南方江苏、湖南、广东、广西、四川和云南 6 个省（自治区）的 20 个水稻土长期定位监测点，统计分析水稻土 pH 演变特征及阶段性变化趋势，1988～2013 年中国南方水稻土显著酸化，水稻土 pH 由 1988 年的 6.64 下降至 2013 年的 6.05，25 年间土壤 pH 下降 0.59 个单位，平均每年下降 0.023 个单位。从整体上看，土壤 pH 呈现先显著下降后趋于平稳的变化趋势，具有明显的阶段性特征。起始的 14 年中水稻土 pH 急速下降，平均每年可下降 0.051 个单位；近 10 年间，土壤 pH 趋于平稳。除化学氮肥的过量施用是导致水稻土酸化的重要因素外；另一个不可忽视的施肥因素是有机肥施用量的减少，施用有机肥能够提高土壤缓冲容量（张永春等，2010），增强水稻土的酸缓冲能力。长期施用有机肥可补充作物收获而带走的土壤盐基离子，避免土壤碱性物质的过度消耗（孟红旗等，2012）。

7.1.2 重金属污染

2014 年 4 月 17 日的《全国土壤污染状况调查公报》显示，我国约有 2000 万 hm^2 耕地受到了不同程度的重金属污染，其中重度、中度污染面积近 333.3 万 hm^2，且大多分布在经济发达地区和鱼米之乡，其主要污染物为镉、砷、铅等元素。土壤重金属超标带来的水稻、小麦等粮食作物重金属超标问题也令人担忧（路子显，2016）。日益加剧的土壤重金属污染问题是目前严重制约我国农业可持续稳健发展的重要因子。

水稻是我国种植面积最大、单产最高的粮食作物，也是对重金属吸收最强的大宗谷类作物。镉作为对人体危害性最强的重金属元素之一，加上很多水稻品种对镉具有超富集能力，使其成为影响稻米质量安全的重要限制性因素。农业部稻米及制品质量监督检验测试中心对我国部分地区稻米质量安全的普查结果表明，约有 10%的稻米中 Cd 含量超过限定标准值（0.2mg/kg）（徐建明等，2018）。通过对长江中下游某县级市农田土壤—水稻系统中重金属近 10 年来的定位监测，发现 2006 年、2011 年和 2016 年采集的稻米中 Cd 的点位超标率分别为 9.3%、22.2%和 20.7%，10 年间稻米 Cd 超标率显著增加。除镉污染外，稻米中重金属 Pb、Hg 和 As 含量超标现象也时有发生（Zhao et al.，2015）。

中国科学院亚热带农业生态研究所和湖南省农业资源与环境保护管理站对湖南省 60 个农业环境质量长期定位监测点进行数据分析，结果发现，水稻、蔬菜等农副产品重金属超标愈来愈重。一般农区稻米镉超标率由 2006 年的 33.3%上升到 2015 年的 54.2%，蔬菜镉超标率由 25.0%上升到 58.3%，稻米和蔬菜总的超标率由 2006 年的 29.2%上升到 2015 年的 56.3%；工矿区和城郊区重金属污染更严重（黄道友等，2018）。Rao 等（2018）通过长期（30 年）施肥定位试验研究了不施肥（CK）、常规施肥（NPK）、高氮化肥+常规磷钾化肥（HN）、常规施肥+秸秆还田（ST）、低量有机肥（LM）、高量有机肥（HM）等 6 个处理镉的积累、分布及其活性等，发现长期施用有机肥会导致土壤镉的积累，LM 处理表层土壤（0～10cm）的全镉量较 CK 增加了 36.2%（$P<0.05$），HM 处理的则增加了 81.2%（$P<0.01$），这两个处理土壤有效态 Cd（CdDTPA）含量较 CK 分别增加了 17.3%（$P<0.05$）和 87.8%（$P<0.01$）且 HM 处理在较深土壤层中的累积明显，其活性也大幅增加；10～40cm 土层中的全镉量较 CK 增加 28.3%～225%（$P<0.01$），CdDTPA 含量较 CK 增加 116%～158%（$P<0.01$）。

农田土壤生态系统中，土壤重金属的积累与粮食作物吸收之间的关系复杂多样。大多数相关研究局限在盆栽试验或田间小区尺度，控制条件与大田实际产地环境和生产操作存在较大的差异，难以对全国土壤污染状况调查结果与粮食作物重金属超标之间进行统计学上的相关性分析，尤其是二者的空间对应定量关系尚不清楚（徐建明等，2018）。

7.1.3 肥力现状

水稻土是我国面积最大、分布最广的耕地土壤类型，明确水稻土养分演变规律对其质量建设和生产力输出有重要意义。武红亮等（2018）以 136 个国家级水稻土长期定位监测点为平台，对 20 世纪 80 年代以来近 30 年的水稻土肥力和生产力水平进行分析发现，与监测初期相比，近 30 年常规施肥下水稻土有机质（31.3～32.2g/kg）和全氮（1.88～1.92g/kg）含量基本稳定，土壤速效养分含量明显升高。2012～2016 年水稻土有效磷平均含量（20.1mg/kg）比监测初期平均值（15.2mg/kg）提高了 32.2%；2012～2016 年水稻土速效钾平均含量（92.1mg/kg）比监测初期（77.8mg/kg）提高了 18.4%。李建军等（2015）对长江中下游水稻主产区 20 世纪 80 年代以来水稻土长期动态监测数据进行了整理分析，结果显示我国长江中下游地区稻田土壤有机质、全氮和碱解氮含量与监测初期相比均略有升高（图 7-4～图 7-6），

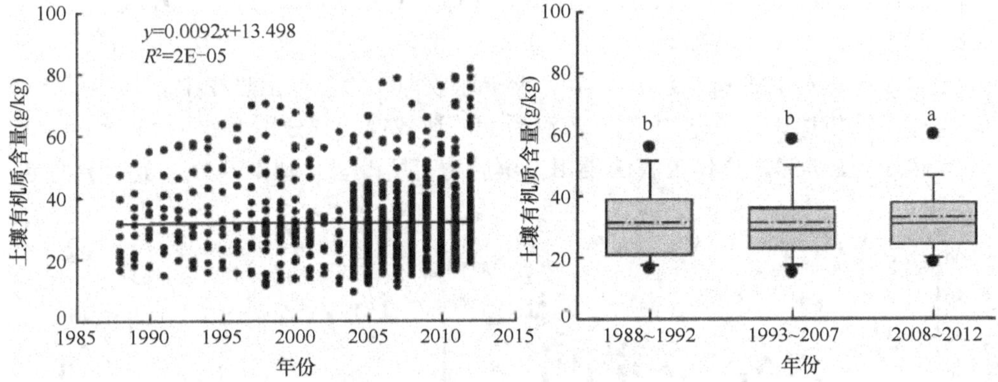

图 7-4 长江中下游稻田土壤有机质含量变化趋势（李建军等，2015）

不同字母表示不同监测时期在 0.05 水平差异显著

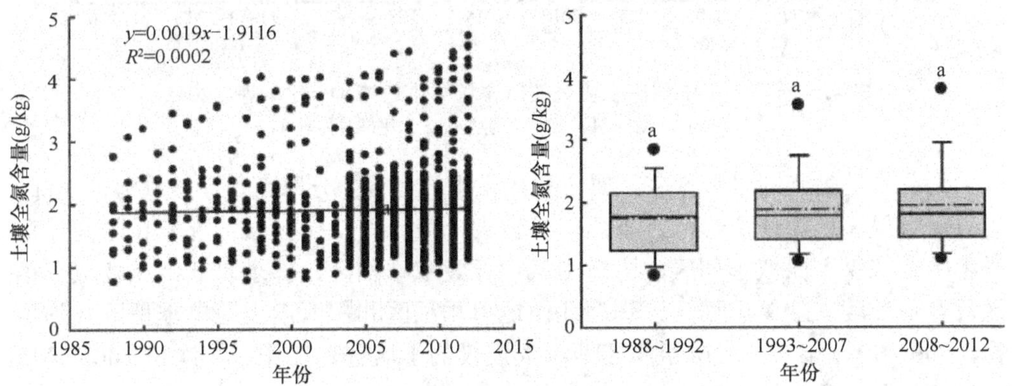

图 7-5 长江中下游稻田土壤全氮含量变化趋势（李建军等，2015）

不同字母表示不同监测时期在 0.05 水平差异显著

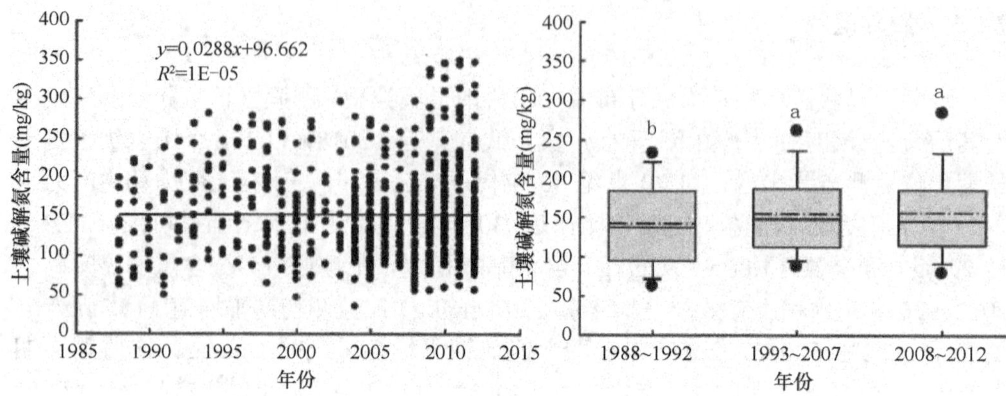

图 7-6 长江中下游稻田土壤碱解氮含量变化趋势（李建军等，2015）
不同字母表示不同监测时期在 0.05 水平差异显著

其中有机质含量从监测中期到监测后期上升趋势明显（$P<0.05$），碱解氮从监测初期到中期也呈显著性增加趋势（$P<0.05$）；监测 25 年来，土壤有效磷含量从 12.4mg/kg 增加到 12.9mg/kg（图 7-7），土壤速效钾含量总体上呈稳中有升的变化趋势，与监测初期相比，监测中期和监测后期的速效钾含量分别增加了 13.9mg/kg 和 17.9mg/kg（图 7-8），总体上我国稻田土壤肥力有所改善，基本养分含量趋于稳定。

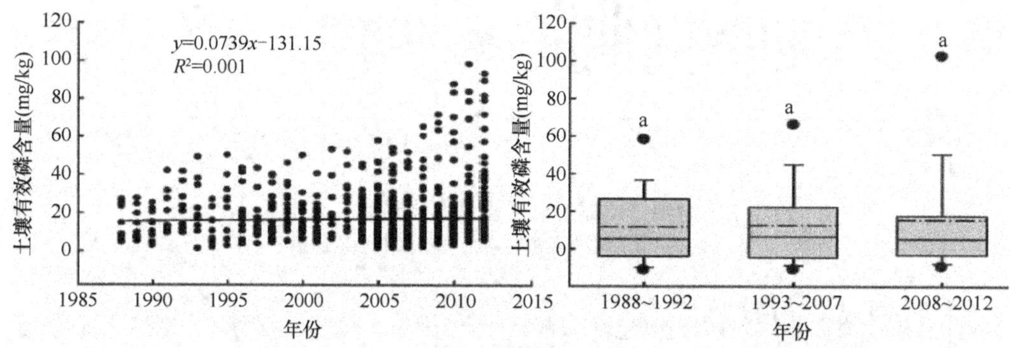

图 7-7 长江中下游稻田土壤有效磷含量变化趋势（李建军等，2015）
不同字母表示不同监测时期在 0.05 水平差异显著

湖北省地处南北过渡地带，属于亚热带季风气候，光照充足、热量雨水充沛。全省受气候、地貌地形影响，东西差异较大，可分为 7 个区域：鄂东丘陵岗地双季稻区、江汉平原双季稻区、鄂东南低山丘陵双季稻区、鄂东北低山丘陵双季稻区、鄂中丘陵岗地单季稻区、鄂西北山地单季稻区和鄂西南山地单季稻区（陈柏槐，2004）。近年来，我国组织了两次大规模的土壤普查工作：一次是 2005 年启动实施的测土配方施肥工作，由最初的 11 个试点县，到 2009 年覆盖全省农业县（市、区），初步摸清了全省土壤养分状况，为科学施肥提供了重要依据；另一次

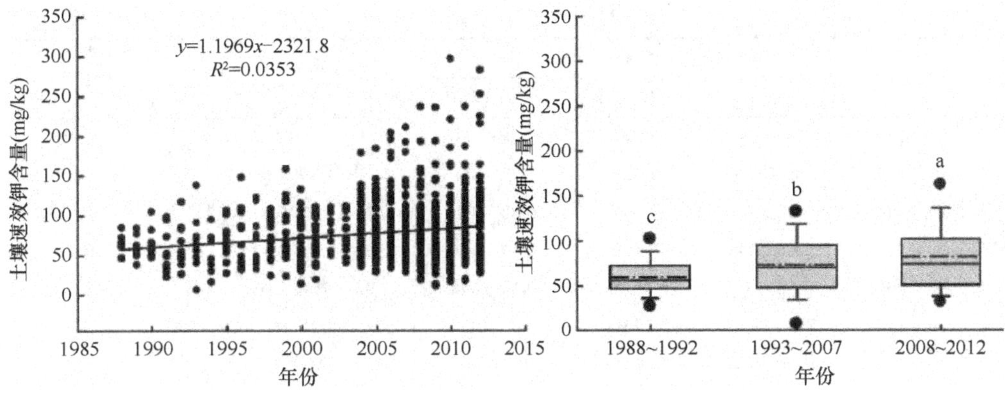

图 7-8 长江中下游稻田土壤速效钾含量变化趋势（李建军等，2015）

不同字母表示不同监测时期在 0.05 水平差异显著

是 1979 年 10 个县启动土壤普查试点，到 1985 年全部完成普查工作，史称第二次土壤普查工作。两次土壤状况普查相隔 30 年。根据两次土壤普查结果，对两次普查土壤养分进行对比（表 7-1），分析土壤质量变化情况：全省水稻土土壤有机质含量呈下降趋势，降低了 1.43g/kg，主要原因是随着化肥工业的发展，化肥用量 30 年间增加了近 7 倍，而传统的绿肥种植面积从 20 世纪 70 年代的 2000 多万亩，降低到现在不足 200 万亩，同时大量的农作物秸秆没有得到充分的还田利用，造成了水稻田有机碳投入严重不足。化肥的大量施用，尤其是磷肥的施用，大幅度提高了土壤有效磷和全磷含量，在一定程度上缓解了水稻僵苗状况。土壤速效钾和全钾含量呈减少的趋势，随着水稻新品种的推广应用，作物产量得到提高，吸钾量也增加，从土壤中带走的钾素增加；多年来重氮重磷轻钾肥的施肥策略，导致农田钾素处于长期亏缺，土壤速效钾和全钾量降低。30 年间土壤有效硼增加了 0.12mg/kg，有效锌增加了 0.92mg/kg，有效铜增加了 0.61mg/kg，有效铁增加了 25.9mg/kg。一方面土壤微量元素有效性增加，为作物生产提供较为充足的微量元素，在一定程度上可减少微肥的施用，但是另一方面也增加了农作物铜、锌等超标问题（湖北省耕地质量与肥料工作总站，2016）。

表 7-1 水稻土主要理化性状变化情况（湖北省耕地质量与肥料工作总站，2016）

项目名称	测土配方施肥数据（2007 年）			第二次土壤普查数据（1985 年）	变化情况
	指标	变异系数	范围		
有机质（g/kg）	24.37±7.8	31.98%	4.779～72.500	25.8±6.6	−1.43
全氮（g/kg）	1.365±0.46	33.59%	0.258～3.66	1.5±0.37	−0.135
碱解氮（mg/kg）	116±38.56	33.32%	20～299	无	
全磷（g/kg）	0.879±0.31	35.61%	0.2～1.990	0.5±0.19	+0.379
有效磷（mg/kg）	12.027±8.59	71.46%	2.0～50.00	6.3±2.6	+5.727

续表

项目名称	测土配方施肥数据（2007 年）			第二次土壤普查数据（1985 年）	变化情况
	指标	变异系数	范围		
全钾（g/kg）	17.45±8.42	48.29%	2.0～47.6	17.9±3.75	–0.45
速效钾（mg/kg）	96±49.71	51.72%	20～300	99±31	–3
有效硼（mg/kg）	0.45±0.33	73.56%	0.02～4.49	0.33（变幅 0.07～2.24）	+0.12
有效锌（mg/kg）	1.68±1.06	62.99%	0.10～4.99	0.76（变幅 0.43～2.11）	+0.92
有效铜（mg/kg）	3.56±2.06	57.81%	0.2～10.00	2.95（变幅 2.03～4.72）	+0.61
有效铁（mg/kg）	77.0±69.09	89.76%	5.0～482.3	51.1（变幅 24.0～117.7）	+25.9
有效锰（mg/kg）	29.8±20.64	69.30%	1～99.3	33.6（变幅 5.7～85.7）	
pH	6.3±0.87	13.90%	4.0～8.5	无（5.5～8.3）	下限扩大
容重（g/cm^3）	1.25±0.14	10.89%	0.8～1.7	1.18±0.14	+0.07

7.2 稻田种养的土壤影响及适应性

扰动是土壤一个非常重要的过程，动物活动及农艺措施直接或间接改变环境状态，影响土壤物质循环过程及其他生物的种群动态特征（Meysman et al.，2006）。稻田种养引入养殖动物后，形成种养复合生态系统，其组成、结构、功能及过程发生一系列变化，如动物的掘穴、摄食、蜕皮及排泄等活动使土壤物理、化学及生物性状发生改变，从而影响生态系统的物质循环，对土壤形成及土壤肥力产生重要影响。

7.2.1 稻田种养对土壤理化特性及肥力特性的影响

稻田土质松软，溶氧充足，水温适宜，营养盐类充足，松软的土质为鱼类的活动提供了方便；鱼类在稻田中来回游动觅食，使泥土翻松通气，有利于肥料的分解，也有利于土壤的通透性，从而促进水稻分蘖和根系发育，为水稻生长创造了良好环境条件（倪达书和汪建国，1983）。

7.2.1.1 土壤理化特性

稻田种养模式下，土壤中大型动物的挖洞筑穴、觅食、繁殖等活动可能会降低土壤容重，增加土壤孔隙度，加强土壤—水体—大气之间的气体交换，进而改变土壤溶氧量。已有试验表明，螃蟹的掘穴活动可以降低土壤容重，使表层 20cm 以内沉积物的渗透性提高，表层 30cm 以内的紧实度降低（陈友媛等，2007；Wang et al.，2010）。土壤动物的掘穴活动不但能够降低土壤容重，增加土壤孔隙度，而且提高了水分的渗透率（Sarr et al.，2001）。禹盛苗等（2014）研究表明稻鸭种养模式可以有效降低土壤容重，尤其是表层土壤容重比不养鸭的常规栽培及高产栽培分别降低了 2.38%和 5.38%；分蘖高峰期养鸭稻田的土壤氧化还原电位比不养鸭的常规栽培及高产栽培分别提高 31.7%和 4.25%；鸭的粪便等排泄物可分别提高土壤有机质含量 2.04g/kg 和 1.36g/kg。

土壤容重和孔隙度是土壤的重要物理性质，受到气候、土壤动物、微生物及耕作方式等的影响，对土壤透气性能、持水量、抗侵蚀能力和根系生长阻力有非常大的影响（郑纪勇等，2004）。蔡晨等（2019）采集水稻单作和稻虾连作（1 年、3 年、7 年、13 年、18 年和 23 年）的 3 个土层深度（0～20cm、20～40cm 和 40～60cm）原状土样，分析其相应的理化指标。结果显示，长期稻虾连作会显著降低土壤 0～40cm 土层的容重，与中稻单作相比，稻虾连作 23 年后，0～20cm、20～40cm 和 40～60cm 土层的容重分别降低了 12.2%、14.8%和 1.26%；与中稻单作相比，轮作 1 年的毛管孔隙度和非毛管孔隙度缓慢增加，总孔隙度显著增加；轮作 1～13 年的毛管孔隙度、1～18 年的非毛管孔隙度和总孔隙度显著增加，随后趋于稳定；此外，稻虾连作 1 年后土壤 pH、全氮和易氧化有机碳含量显著增加。华中农业大学刘天奇等在湖北省潜江市长期稻虾种养模式定点观测试验的结果也发现，稻虾共作模式下 0～40cm 土层土壤容重显著低于中稻单作模式 13.38%，土壤总孔隙度和毛管孔隙度显著高于中稻单作模式 15.06%（表 7-2）。

表 7-2 稻虾共作模式下土壤理化性质变化（刘天奇等，私人通信）

稻作模式	孔隙度（%）	容重（g/cm^3）	溶氧量（mg/L）	氧化还原电位（mV）	pH
水稻单作	33.2±3.1b	1.3±0.2a	3.7±0.4b	−52.7±5.6a	6.9±0.3b
稻虾共作	38.2±5.2a	1.1±0.3b	4.2±0.2a	−88.3±6.2b	7.8±0.6a

注：不同小写字母表示在 0.05 水平差异显著，下同

土壤大型节肢动物均有蜕壳习性，蜕壳中富含的甲壳素等物质对土壤团粒结构具有一定的促进作用。壳聚糖能够提高土壤>0.25mm 水稳性团聚体含量（Oades and Waters，1991），克氏原螯虾的蜕壳中约含有 50.5%的壳聚糖（Musgrove and Geddes，1995），因此节肢动物的蜕壳有利于水稳性团聚体稳定性的提高。García-Orenes 等（2005）研究表明，团聚体稳定性与碳水化合物含量密切相关，植物残茬中的有机物质有利于土壤结构稳定性的提高。汪清（2011）的试验提出，稻田养蟹显著增加了粒径>0.2mm 土壤团聚体的含量，显著降低了粒径<0.002mm 粒级土壤微团聚体的含量，稻田土壤水稳性团聚体数量增加，土壤团聚化程度加强，降低了土壤容重，改善了土壤质地。由于中小型土壤动物如跳虫、螨类等的排泄物加速了土壤腐殖质的形成，因此改善了土壤结构（Bossuyt et al.，2005）。

7.2.1.2 土壤还原特性及次生潜育化

除了动物活动，动物养殖相关的生产活动也影响土壤，如田间工程建设、地

下水位变化、水分管理模式等都会影响土壤理化性质、结构与土壤肥力特性。稻虾共作模式下常年稻田淹水的田间管理方式，会造成稻田渍水环境，土壤中还原性增加。佀国涵（2017）通过定位试验比较中稻单作和稻虾共作的土壤影响，结果表明：随着土层的加深，土壤中 Fe^{2+}和 Mn^{2+}含量均呈先增加后下降的趋势，其中以 20～30cm 土层含量最高；中稻单作模式下土壤还原性物质总量随着土壤深度的增加呈逐渐下降的趋势，而稻虾共作模式则呈先增加后降低的趋势；稻虾共作模式下土壤 Fe^{2+}含量在 0～10cm、10～20cm 和 30～40cm 中显著高于中稻单作模式；在 0～10cm 土层，稻虾共作模式下土壤还原性物质总量显著低于中稻单作模式，而在 20～30cm 土层，稻虾共作模式下土壤还原性物质总量显著高于中稻单作模式（表 7-3）。水稻土中活性还原物质（如 Fe^{2+}和 Mn^{2+}）的变化涉及土壤的化学变化和生物化学变化，其高低反映了水稻土潜育化和质量退化程度，可见长期稻虾共作可能会增加潜育化的风险（潘淑贞，1997）。

表 7-3　稻虾共作模式对不同土层深度土壤还原性物质的影响（佀国涵，2017）

土层深度（cm）	Fe^{2+}含量（cmol/kg）		Mn^{2+}含量（cmol/kg）		还原性物质总量（cmol/kg）	
	MR	CR	MR	CR	MR	CR
0～10	0.062±0.009b	0.075±0.005a	0.022±0.004a	0.018±0.003a	0.214±0.032a	0.131±0.014b
10～20	0.062±0.007b	0.100±0.010a	0.020±0.003a	0.023±0.004a	0.171±0.024a	0.184±0.024a
20～30	0.084±0.010a	0.097±0.009a	0.028±0.005a	0.025±0.005a	0.141±0.022b	0.286±0.513a
30～40	0.048±0.007b	0.073±0.009a	0.017±0.002a	0.020±0.002a	0.094±0.016a	0.122±0.019a

CR. 稻虾共作模式；MR. 中稻单作模式。同行数据后不同字母表示处理间差异达 0.05 显著水平

华中农业大学袁鹏丽（2016）在稻虾共作模式长期定点的观测也显示土壤还原性升高的趋势，在 40～60cm 和 60～80cm 稻虾田土壤剖面还原性物质含量浓度显著增加，其中相对于水稻单作模式，在 40～60cm 和 60～80cm 土壤剖面，Fe^{2+}分别显著升高 15.6%～18.7%和 21.3%～25.8%，Mn^{2+}分别显著升高 12.1%～15.2%和 18.3%～21.4%（图 7-9）。

佀国涵（2017）的长期稻虾共作模式试验结果显示，15～30cm 土层的土壤紧实度显著降低，土壤 15cm、20cm、25cm 和 30cm 处的土壤紧实度较中稻单作模式分别降低了 20.9%、29.9%、24.8%和 14.7%，增加了 10cm 以下土层潜育化的风险。曹凑贵等（2017）发现稻虾共作的长期淹水管理使其土壤结构紧实，潜育化明显，土壤颜色变暗；低价铁形成蓝铁矿、硫化亚铁等，使土壤呈还原状态特征的蓝灰色或青灰色，形成 10～60cm 的潜育层（图 7-10）。潜育层在淹水和低价铁存在的情况下，土壤结构受到破坏，土体呈分散的软糊状。同时随着养虾年限的增加，土壤剖面的潜育化随着剖面的深度由耕作层向下延伸。

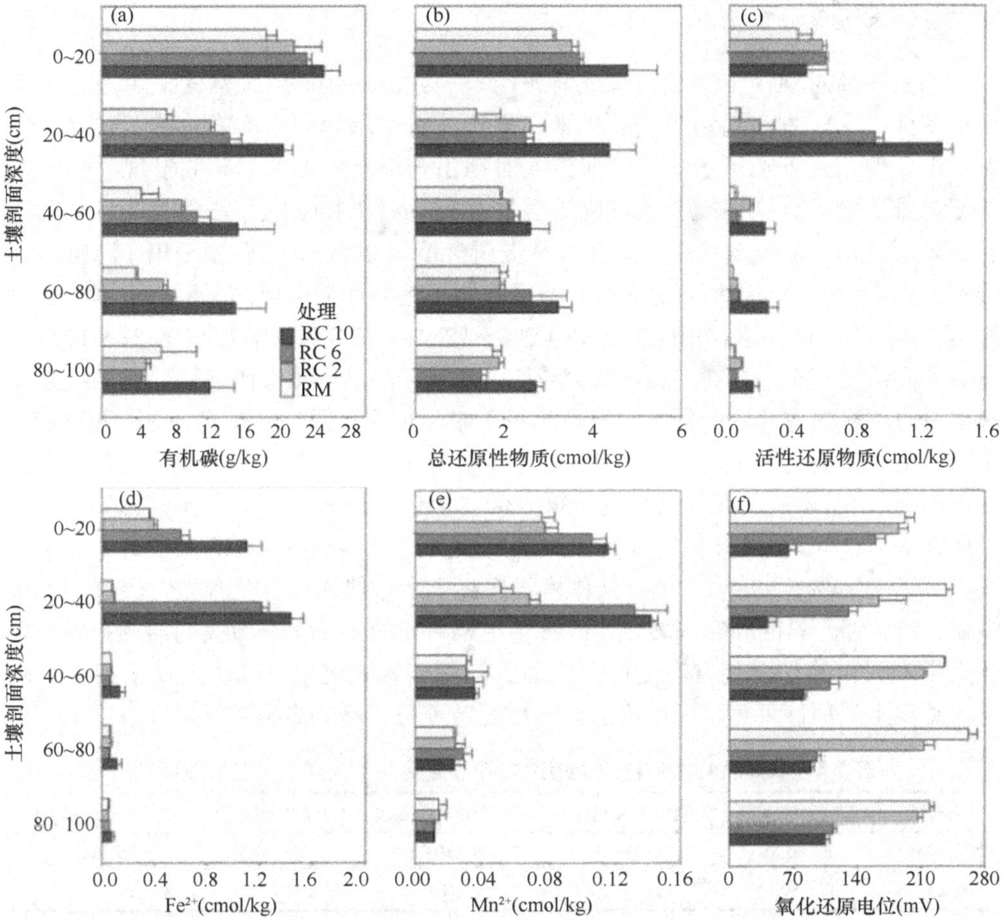

图 7-9 稻虾共作模式土壤还原特性（袁鹏丽等，私人通信）

RM. 对照组为水稻单作模式的稻田；RC. 实验组为不同养虾年限的稻虾共作模式的稻田；RC 后面数字表示养虾年限

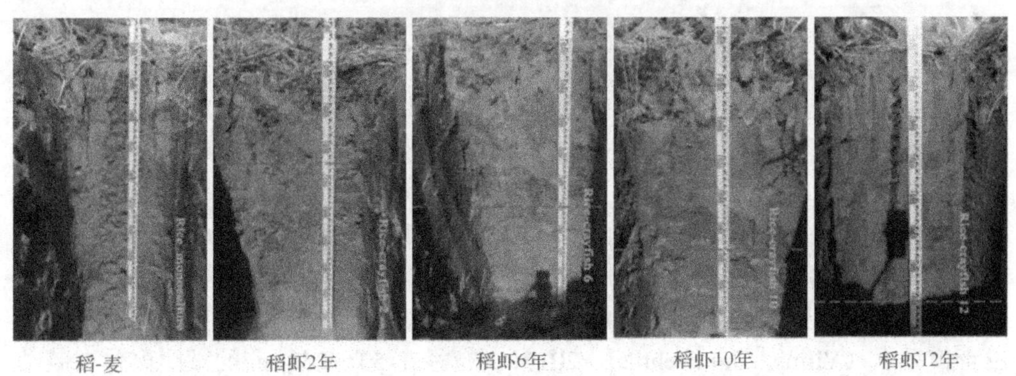

图 7-10 不同年限稻虾共作模式土层潜育化（曹凑贵等，2017）（彩图请扫封底二维码）

7.2.1.3 土壤养分及肥力

稻田养殖对稻田土壤肥力有重要作用，一方面动物频繁地活动，可改善土壤物理条件；另一方面动物粪便的积累可直接补充土壤养分。禹盛苗等（2014）针对稻田养鸭模式下鸭子活动和饲料投入对稻田土壤肥力影响的研究发现，鸭子的粪便等排泄物可分别提高土壤有机质含量 2.1g/kg 和 1.4g/kg。汪清（2011）比较了不养蟹稻田、粗养蟹稻田（河蟹饵料蛋白含量为 20%）、精养蟹稻田（河蟹饵料蛋白含量为 30%）的土壤养分差异，结果表明稻蟹共作显著提高了稻田土壤养分含量，养蟹稻田比单种水稻田全氮提高 4.0%～12.5%，有效磷含量增加 3.1%～11.5%，速效钾含量提高 5.6%～11.7%。易芙蓉等（2019）在湖南省益阳市研究了稻虾共作对稻田土壤耕作层养分的影响，发现相对于中稻单作，稻虾共作模式下土壤全氮、全磷含量分别提高了 18.3%～35.1%、3.1%～25.7%；碱解氮、有效磷、速效钾含量分别提高了 3.3%～22.2%、29.9%～34.1%、8.7%～15.0%；稻虾共作模式下土壤有机质含量呈先降后升的趋势，较中稻单作模式第 1 年降低 12.3%，第 2 年、3 年分别提高了 29.4%、38.9%。稻虾共作模式提高了土壤耕作层养分含量，促进了土壤中氮、磷、钾元素的固定和转化，改善了中稻单作模式下养分流失的问题；华中农业大学刘天奇等在湖北省潜江市开展的长期稻虾模式定位试验也表现出相类似趋势，总体上随稻虾种养年限的增加，土壤速效养分含量均有显著提高（表 7-4）。

表 7-4　长期稻虾共作模式土壤速效养分变化（刘天奇等，私人通信）

稻作模式	铵态氮（mg/kg）	硝态氮（mg/kg）	有效磷（mg/kg）	速效钾（mg/kg）	有机质（g/kg）
水稻单作	8.7±0.3b	5.1±0.5b	9.2±0.2b	88.2±7.8b	19.2±2.1b
稻虾共作	12.3±0.7a	7.2±0.3a	13.2±0.9a	123.6±8.8a	21.1±3.2a

7.2.2 稻田种养对土壤碳氮转化及生物学特性的影响

7.2.2.1 土壤碳库特性

土壤团聚体为土壤储存有机碳最小的物理结构单元，有机碳颗粒通过腐殖质等胶结物被团聚体吸附后会在其内部形成具有不同活性的有机碳组分，进而被团聚体固定或被其内部微生物利用。同时团聚体裂解后其内部有机碳颗粒会再次被释放到外界环境中，从而实现团聚体对土壤有机碳的周转作用（Mikha et al.，2015）。稻田种养由于水生养殖动物生长活动和排泄物对稻田土壤环境的扰动，会通过提高土壤腐殖质含量加速土壤团聚体中有机碳周转速率。根据“团聚体周转发育模型”（Yilmaz and Mehmet，2017），粒径在 53～250μm 的微团聚体在胶结物的作用下吸附土壤中的颗粒态有机碳，并逐级形成大于 2000μm 的大团聚体。

随着大团聚体内部受物理化学机制联合保护的闭蓄态有机碳含量的升高，团聚体内部微生物群落的碳源供应会降低，微生物会加速分解团聚体内的多糖等胶结物，胶结物含量的降低会诱导大团聚体裂解并释放有机碳。

根据 Si 等（2017）和 Sun 等（2019）对稻虾共作模式下团聚体固碳的研究，稻虾共作模式相比水稻单作模式促进了大团聚体的形成，稻虾共作模式提高了 0～20cm 和 30～40cm 土层中粒径>2mm 的大团聚体含量，降低了 0～10cm 土层中粒径在 0.25～2mm 的小团聚体以及粒径<0.053mm 的粉-黏团聚体含量，稻虾共作模式通过促进大团聚体的形成综合改变了土壤团聚体层级结构。大团聚体占比的升高会加快土壤有机碳的周转速率，促进土壤有机碳的释放。以稻虾共作模式为例，相比水稻单作模式，稻虾共作模式显著提高大团聚体占比 22.6%～35.7%，其促进大团聚体形成的同时，也促进了土壤团聚体固碳。相比水稻单作模式，稻虾共作模式提高闭蓄态有机质含量 22.28%，提高自由轻组颗粒有机质含量 13.30%（表 7-5）。

表 7-5　稻虾共作模式土壤团聚体有机质组分碳含量（Si et al.，2017）（单位：g/kg）

稻作模式	fPOM	iPOM	Intra-SC	Free-SC
水稻单作	75.2±6.2b	19.3±3.8b	13.1±4.2b	11.6±2.2b
稻虾共作	85.2±5.5a	23.6±2.1a	15.7±3.6a	13.2±3.1a

注：fPOM. 自由轻组颗粒有机质；iPOM. 微团聚体内物理-化学保护颗粒有机质；Intra-SC. 微团聚体内受保护粉黏粒；Free-SC. 非闭蓄态微团聚体粉黏粒

土壤微生物种类多样性和丰度是稻田生产力的关键评判指标，土壤碳作为能源物质，直接影响微生物群落代谢，进而对土壤微生物多样性产生影响。稻田种养模式土壤团聚体有机碳周转速率的加快会促进土壤微生物活性碳源的供应，活性碳源供应的加强会通过促进微生物量碳的合成，诱导微生物多样性的提高（王强盛等，2019）。根据 Si 等（2017，2018）针对稻虾共作模式下小龙虾饲料和粪便对稻田土壤微生群落结构影响的研究，结果显示，与水稻单作相比，稻虾共作显著提高土壤整体微生物丰度 16.90%，显著提高土壤微生物群落均匀度 10.61%，显著提高土壤微生物多样性指数 12.22%，进而综合增强了土壤肥力（表 7-6）。

表 7-6　稻虾共作模式下土壤微生物群落变化（Si et al.，2017，2018）

稻作模式	优势度	多样性指数	均匀度	丰度指数
水稻单作	0.90±0.02b	3.19±0.11b	0.66±0.02b	3.55±0.32b
稻虾共作	0.96±0.03a	3.58±0.25a	0.73±0.06a	4.15±0.61a

7.2.2.2　土壤功能微生物

土壤硝化作用是土壤 NH_4^+在氨氧化微生物作用下转化为 NO_2^-，并进一步在亚硝化功能微生物作用下将 NO_2^-氧化为 NO_3^-的过程，其中氨氧化作用为硝化作用的限速环节，其决定着硝化作用的速率（Di et al.，2014）。氨氧化作用主要由氨氧化古菌（ammonia-oxidizing archaea，AOA）和氨氧化细菌（ammonia-oxidizing bacteria，AOB）驱动。与水稻单作模式相比，稻田种养模式还田的秸秆和额外输入的饲料提高了土壤无机氮含量；环形养殖沟的挖掘改变了稻田微地形，促使更多的氮素向养殖沟内富集。佀国涵等（2016）针对常规稻虾复合种养模式的研究发现，稻虾共作投入的饲料和秸秆 35.5%～75.5%没有被虾体与水稻利用，且虾壳、虾体排泄物等留存于土壤环境中，使得土壤氮含量显著升高 13.2%～21.3%。王蓉等（2019）针对湖北省荆州市稻虾共作模式的试验结果表明，硝化作用功能微生物 AOA 和 AOB 的对土壤速效氮底物含量变化敏感，土壤速效氮底物含量的升高会激发 AOA 和 AOB 的代谢。相比水稻单作模式，稻虾共作模式提高稻田 AOA 丰度 36.3%～46.7%，提高稻田 AOB 丰度 31.8%～43.2%。

土壤反硝化作用为土壤 NO_3^-在硝酸根离子还原微生物作用下还原为 NO_2^-，并在亚硝酸根离子还原菌等微生物作用下进一步还原为气态氮化物和氮气的过程，其中亚硝酸盐还原过程为土壤反硝化作用的关键环节和限速过程，主要由 nirK 型亚硝酸盐还原菌（nirK）和 nirS 型亚硝酸盐还原菌（nirS）驱动（Dandie et al.，2011）。同时，nosZ 型氧化亚氮还原菌（nosZ）也是影响反硝化作用速率的主要微生物群落。虽然稻田种养模式提高了土壤溶氧量，但是养殖饲料的投入可以为反硝化作用 nirK、nirS 和 nosZ 功能微生物提供更多的氮循环作用底物（Si et al.，2017）。以稻虾共作模式为例，相比水稻单作模式，稻虾共作过程中使用的生石灰和小龙虾脱壳形成的含钙较多的壳灰、贝壳粉等施入农田后可中和田间 H^+，引起土壤 pH 缓慢升高。在偏碱性、中性土壤中，nirS 微生物群落表现出对环境极强的适应性，相对于水稻单作模式，稻虾共作模式提高稻田 nirK 丰度 26.1%～36.2%，提高稻田 nirS 丰度 31.8%～40.2%，提高稻田 nosZ 丰度 22.4%～32.7%（朱杰等，2018）。

土壤硝化作用和反硝化作用为土壤氮循环的主要作用环节，稻田种养由于土壤理化性质的变化所产生的稻田硝化作用和反硝化作用功能微生物丰度变化会诱导土壤硝化作用与反硝化作用速率变化，同时硝化作用和反硝化作用的耦合会影响水稻根际 NH_4^+和 NO_3^-供应，进一步影响稻田种养模式稻田生产。

7.2.2.3 土壤氮循环和水稻速效氮供应

土壤硝化作用和反硝化作用为土壤氮循环的主体。土壤 NH_4^+和 NO_3^-是水稻主要吸收利用的氮源，二者在根际的供给情况是影响水稻氮吸收量的关键因子。影响土壤速效氮供应速率的因素有根系最大速效氮流入量、根际土壤溶液速效氮含量、土壤速效氮传导率与根际土壤硝化作用速率和反硝化作用速率等（Huang et al.，2016），硝化作用和反硝化作用是主要的影响因子，二者的耦合会影响水稻根际 NH_4^+和 NO_3^-供应。针对湖北省潜江市稻虾种养模式的长期定点观测显示（曹凑贵等，2017），与水稻单作模式相比，稻田种养模式由于秸秆和饲料的输入提高了土壤无机氮含量，对土壤氮循环功能微生物群落产生影响的同时会对硝化作用和反硝化作用产生影响。以稻虾共作模式为例，相比水稻单作模式，由于氨氧化古菌和氨氧化细菌群落丰度的显著升高，稻虾共作模式显著提高了土壤硝化作用速率 18.6%～26.9%，同时由于反硝化作用 nirK、nirS 和 nosZ 功能微生物群落丰度的显著升高，以及硝化作用所提供的硝态氮作用底物升高，稻虾共作模式表现出反硝化作用速率显著升高 12.6%～19.8%（朱杰等，2018）。

NH_4^+为土壤硝化作用的转化底物，根际 NH_4^+供应主要受到硝化作用的反向调控。另外，由于 NO_3^-为土壤硝化作用的最终产物和土壤反硝化作用的转化底物，根际 NO_3^-供应主要受硝化作用和反硝化作用的耦合调控（Huang et al.，2016）。针对湖北省主要稻虾共作模式生产区的研究显示（王蓉等，2019），稻虾共作模式下土壤速效氮含量的升高会激发 AOA 和 AOB 群落代谢，提高土壤硝化作用速率，进而促进土壤硝化作用对 NH_4^+向 NO_3^-的转化，但是由于稻虾共作模式外源氮的输入，利用土壤速效氮供应模型计算，稻田 NH_4^+供应速率相比水稻单作模式显著升高 14.2%～19.6%。另外，硝化作用速率的提高会促进土壤 NO_3^-供应，同时通过提高土壤 NO_3^-底物浓度促进反硝化作用，加大 NO_3^-底物的消耗，综合稻虾共作模式相关土壤氮循环研究数据报道（Si et al.，2017；Sun et al.，2019），利用土壤速效氮供应模型计算，稻虾共作模式相比水稻单作模式显著提高土壤 NO_3^-供应速率 11.4%～17.2%。

7.2.3 稻田种养对土壤重金属的影响

重金属元素进入土壤系统后，通过与土壤中其他物质如矿物质、有机物及微生物等发生氧化-还原、络合、矿化、吸附-解吸、溶解-沉淀等各种反应，伴随有能量的变化，从而引起重金属赋存形态的改变及其迁移的变化。环境体系中的 pH 会强烈地影响土壤重金属的形态分布（杨秀敏等，2017）。稻田种养模式所使用的养殖沟消毒剂，如生石灰等物质会诱导土壤 pH 升高（曹凑贵等，2017）。易芙蓉等（2019）的稻虾共作模式试验结果表明，在 0～40cm 土层，稻虾共作模式下土壤 pH 较中稻单作模式呈升高趋势。在 1 年、2 年、3 年及以上的种养年限下，稻虾共作模式 pH 较中稻单作模式增量显著，分别提高了 8.9%、10.9%和 11.4%。

在通常条件下，重金属在土壤中的溶解度主要取决于土壤对它们的吸附性能，土壤对交换态重金属的吸附量随 pH 的升高而增加，pH 的高低与重金属的专性吸附能力有关；随着土壤环境 pH 的升高，土壤中有机质表面、黏土矿物和水合氧化物的负电荷增加，土壤有机质和氧化物胶体对重金属有很大的吸附容量，且随pH升高而显著增大；升高pH，充分发挥土壤有机质和氧化物胶体对重金属的净化作用，可能是控制酸性土壤重金属污染的一个可行措施（王孝堂，1991）。土壤有机质也能直接与重金属离子形成具有不同化学和生物学特性的物质，进而影响重金属的移动性和形态分布。有机质具有羧基、羟基、羰基和氨基等基团，能与Cd发生络合，降低Cd的生物有效性，不同稻作模式管理所引起的土壤pH升高和土壤有机质含量升高会造成重金属Cd含量的明显降低（刘忠诚，2016）。

稻田种养的动物扰动作用及农艺活动还可能会改变水体和土壤的pH与氧化还原条件。佀国涵（2017）等研究了稻虾共作对稻田土壤的影响，汪清（2011）等研究稻蟹共作对稻田土壤的影响，结果均显示，稻田养虾、蟹能降低土壤容重，提高了20～30cm土层中还原性物质总量，Fe^{2+}、Me^{2+}等浓度升高，有机碳及有机质增加，这些土壤理化特性的变化，均可能影响重金属的生物有效性（图7-11）。

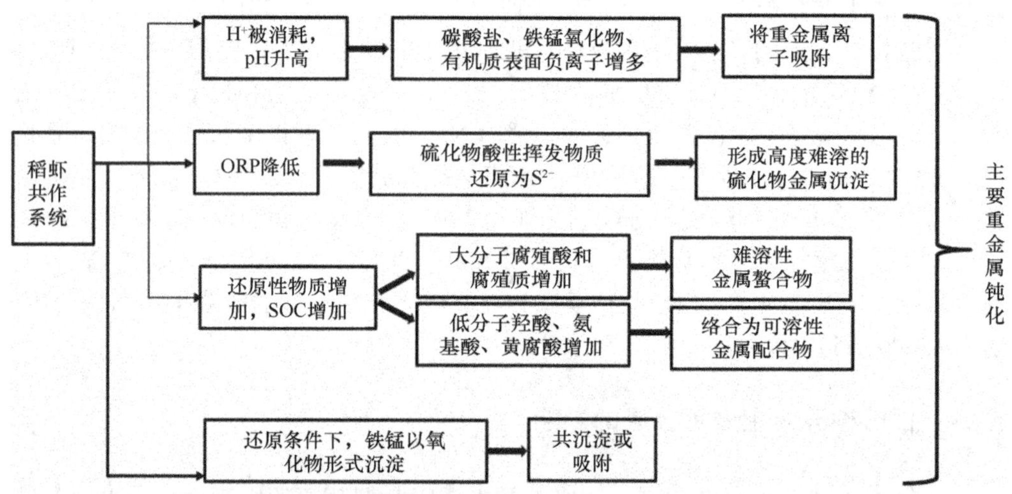

图7-11　稻虾共作系统土壤变化及对重金属生物有效性的影响

7.2.4　土地资源利用及适应性

7.2.4.1　土地资源利用

稻田是典型的人工湿地，是经灌溉渍水而形成的农田，其起源有二，一是在自然湿地基础上开垦形成的湿地，即地下水型稻田；二是经人工灌溉形成的稻田，即地表水型稻田。稻田分类一般根据地形、灌溉水源与土壤类型综合分析予以分类，一般可将稻田分为低洼稻田、平原稻田、梯级稻田三类，很多低洼稻田，如滩涂田、坑田的土壤质量并不好，水稻生产效率不高（郭立新和郭静云，2016），但用作稻田种养会增加稻田生物多样性，强化湿地功能，保护稻田；稻田种养能够挖掘稻田生态系统的生产潜力，充分利用稻田资源（王勃然和傅志强，2019）。

稻田种养的适应性比较广，山区的山谷田、冷浸田，丘陵岗地的滂田、梯田，平原湖区的落河田、涝渍地、烂泥田等均可开展不同类型的稻田种养。例如，我国西南山区梯田，有水源均可养鱼，贵州从江侗乡稻鱼鸭系统历史悠久，2011 年被联合国粮农组织认定为全球重要农业文化遗产（侯玉婷，2018）；有水源条件的丘陵地区稻田也可养蛙、养螺、养鳝、养鳅等；稻田养蟹、养鳖、养虾等模式，则要求水资源丰富，田块大，地下水位高，特别适合于平原湖区稻田，稻田种养模式的分布主要受到降雨量和灌溉面积的影响；中国大陆稻田种养总面积 1332900km^2，占水稻总面积的 4.48%，61.5%分布在降水量丰富的华中单双季稻稻作区，其中湖北省和四川省稻田种养面积最大（李娜娜，2013）。湖北省各类中低产田面积比较大，冷浸潜育型中低产田，如冲垅冷浸田、低湖田（烂泥田）、落河田，主要分布在鄂东南低山丘陵和江汉平原河流湖泊区，面积 476 440km^2；次生潜育化田，主要分布在平原湖区，面积 19 870km^2；障碍层次中低产田，如夹黏层田，主要分布在沿江冲积平原，全省面积 17 770km^2；渍涝排水型中低产田主要分布在长江、汉江及支流两侧和江汉平原与湖泊水库的周围，全省面积 443 330km^2（湖北省耕地质量与肥料工作总站，2018），这些稻田面积近千万亩，均可发展稻虾共作，潜力巨大。

7.2.4.2 土壤条件要求

虽然稻田种养适应性广，在各种稻田条件下均可进行，但一方面考虑具体养殖动物的相关条件要求，另一方面考虑“双水双绿”绿色产品生产的要求，应选择土质好、水源好、保水力强、无污染、无浸水、不漏水、土壤肥沃、呈弱碱性、有机质丰富、光照条件好的田块。

一是土质肥沃。土质肥沃的稻田，不仅有利于稻的生长，也有利于浮游生物的繁育生长，增加水中的营养成分，有利于鱼类的生长（吕东锋等，2010）。种养稻田要选择高度熟化、高肥力的土壤，呈中性或微碱性的壤土为好。新开稻田，土壤贫瘠，田间饵料生物少，养殖效果差。

二是保水保肥。一般壤土、黏土保水能力强，肥力水平高，具有优良的农业耕种性状，湿时不泥泞，干时不板结，灌水后易起浆，断水后不板结，干旱时开“麻丝拆”，灌溉后易闭合，容水多，不滞水，能使田间水层保持较长的时间，不漏水，不跑肥（黄昌勇，2000）；这种土壤有利于鱼沟、鱼坑里的水保持适当的水位，不但可以减少稻田灌溉次数，节约成本，而且可使鱼沟、鱼坑的水量变化幅度小，水温较稳定，有利于鱼类正常生长。一些沙性土壤，漏水漏肥，湿时板，干时散，土温不稳定，肥料分解快，土壤比较瘠瘦；砂质土壤渗漏性强，耗水量多，除水源充足并自备自流灌溉的条件以外，一般不宜进行稻田种养（谭威，2017）；一些需要打洞的养殖动物，如小龙虾、螃蟹、黄鳝等，也不适合在砂质土壤的稻田养殖，一方面容易漏水，另一方面洞容易崩塌导致动物死亡。

三是土壤健康。一般稻田种养实行无公害生产，要求土壤符合相关的质量标准，一方面无污染，如重金属、固液废弃物污染（汤文光等，2011）；另一方面无病害，如稻瘟病、纹枯病等，水稻白叶枯病对水稻产量影响很大，而且目前还没有特效药剂防治。养殖稻田因为淹水时间相对较长，更有利于这种病害的发生蔓延（廖怀生等，2017）。因此，白叶枯病区的稻田不宜进行养殖。

7.2.4.3 土壤调节管理

良好的土壤条件及健康的土壤环境是稻田种养的基础，不仅关系到水产养殖的效益，还关系到粮食安全，也是“双水双绿”的重要保障。实际生产中往往通过耕作、控水、调肥、改土（调理剂、物料、晒田……）等措施来调节土壤，维护良好的土壤环境。例如，由于稻田施放有机肥料和鱼类粪便等排泄物以及投饵等，稻田中有机酸增多，有时稻田水 pH 可能小于 7，不利于鱼类生活，也容易滋生病虫害，可施用生石灰调节。一般每亩用生石灰 25kg，均匀撒于田表，再耙平，有利于土中有机物的分解和土壤酸碱度的调节。在水稻移栽前对稻田进行清田消毒，一般撒施适量的生石灰或漂白粉，消除有害生物，消灭病菌源。插秧时按鱼沟、鱼凼水体容量计算施用，施用生石灰 200g/m^3 或漂白粉 20g/m^3，方法为用水溶解后均匀泼洒，消毒 7～10 天后方可放鱼（曹凑贵和蔡明历，2017）。

实际上，稻田种养模式对土壤的影响来自多个方面，一是养殖动物的活动，二是田间工程建设，三是种养农艺措施的变革。相对于常规稻田水稻栽培及耕作，这些变化影响土壤理化及生态学过程（图 7-12），从而对土壤理化及生物学特性、养分及元素循环乃至土壤肥力、结构及演化产生影响。一些影响及变化有利于提

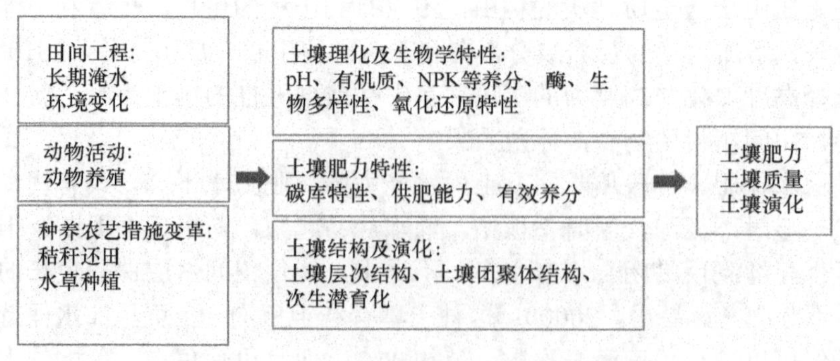

图 7-12 稻田种养对土壤影响的关系框图

升土壤肥力、促进水稻生产、保护土壤环境，也有一些变化可能不利于土壤改良及环境优化，或部分土壤条件不适合稻田种养。因此，因地制宜、趋利避害，种养协同对于“双水双绿”具有重要意义。

7.3 “双水双绿”的健康土壤质量特征

“双水双绿”要求利用不同农业生物的生态特性，根据光、水、土、气、热等自然资源的特点，把水稻种植和水产养殖有机地组合在同一生态系统中，建立多物种共栖、多层次配置、多级物质利用和能量循环的立体农业模式，从而合理地利用自然资源、生物资源和人类生产技能，获得较高的物质生产量和经济效益，同时可防止土壤肥力减退，减少环境污染，维护生态平衡，使农业生态系统处于良性循环之中。土壤健康是生态系统健康的重要组成部分。世界可持续农业协会主席 Madden（1989）指出，只有健康的土壤才可以生产出健康的作物，进而造就健康的人群和健康的社会。周启星（2005）认为，土壤健康的最为基本的判断标准，首先是能生产出对人体具有健康效益的动植物产品，其次是应该具有改善水和大气质量的能力以及有一定程度的抵抗污染物的能力，更为重要的是，还应该能够直接或间接地促进植物、动物、微生物以及人体的健康。可见，土壤健康是一个综合量度，除了与农业生产有关的基本功能，还强调了土壤生物对生态系统服务的重要性，以及其改善环境质量和提高动植物健康的能力。

一般而言，健康的土壤应具有以下特点：易于农业耕作、具有足够的土层厚度以支撑植物生长、足够但不过量的养分、病原菌和害虫较少、排水优良、有益土壤生物数量较多、杂草较少、无有害和有毒物质、可减少和防止土壤退化、对不利环境具有一定的抵抗性（盛丰，2014）。由于土壤健康取决于土地利用方式、生态系统类型、地理位置、土壤类型及土壤内部各种特征的相互作用，因此无法被直接测定。主要通过一些与土壤性质相联系的指标体系来定量评价土壤的健康状况（Andrews et al.，2004）。土壤健康理化性状评价指标应同时具有以下特征（Schindelbeck et al.，2008；Kinoshita et al.，2012）：①敏感性，即选取的指标对土壤利用方式、气候和管理的变化有比较敏感的反应；②主导性，即应从影响土壤健康的因素中选取主要的、有代表性的物理和化学性质，以正确反映土壤的基本功能，避免使指标体系复杂化，同时降低检测分析成本；③独立性，即要求所选的指标间不能出现因果关系，避免重复评价；④实用性，即选取的指标应该容易定量测定，无论是在田间还是在实验室测定，都具有较高的再现性和适宜的精度水平。综合来看，土壤健康主要表现在土壤理化性状优越、土壤营养丰富、土壤生物活跃、土壤水分和空气含量适宜、土壤环境稳定等几方面。

7.3.1 土壤理化性状

土壤理化性状指土壤物理性状和土壤化学性状。土壤物理性状主要包括土壤质地、孔隙性、结构性、力学性质和耕性；土壤化学性状主要包括土壤吸附性能、电性与离子交换、酸碱性和氧化还原状况等（黄昌勇，2000）。土壤物理性状决定土壤功能及耕地用途，直接或间接地影响作物生长。吴国港等（1984）的试验调查结果显示，土壤旱测容重达 1.4g/cm^3 或水测容重 1.3g/cm^3 以上时，稻苗发根受到明显的抑制，单株发根数减少 37.4%，根系烘干重降低 50%，表明土壤机械阻力的大小对根系发育影响较大。当土壤容重为 1.3g/cm^3 以下时，其影响显著减小。范业成和叶厚专（1998）通过对江西红壤性水稻土的肥力特征进行比较研究，提出高产水稻土的熟化程度高，其耕层土壤厚度一般达到 15cm。一般情况下，健康的土壤应具有一定厚度和结构的土体（章家恩，2004），土壤固、液、气三相比例适当，土壤质地疏松，较高的水稳性团聚体含量，良好的土壤孔隙性，保水保肥性好，透气性好，土壤温度适宜，酸碱性适中，缓冲环境变化的能力强，耕性良好，能够为水稻根系的生长提供相对稳定的环境（杨洪强，2014）。

7.3.2 土壤营养

土壤营养健康主要体现在土壤养分丰富，肥力水平高。土壤肥力是土壤为植物生长提供和协调营养条件与环境条件的能力，是土壤各种基本性质的综合表现，稻田土壤肥力是水稻生产可持续发展的基础资源，也是影响水稻产量的重要因素（黄晶等，2017）。按照成因，土壤肥力可以分为自然肥力和人为肥力。前者指在气候、生物、母质、地形和年龄等五大成土因素影响下形成的肥力；后者指长期在人为耕作、施肥、灌溉和其他各种农事活动影响下所表现出的肥力（沈仁芳等，2012）。

矿物质是构成土壤肥力的重要因素，一般占土壤固相部分质量的 95%～98%（黄昌勇，2000）。土壤矿物质是岩石经过风化作用形成的不同大小的矿物质颗粒。土壤矿物质种类很多，化学组成复杂，它直接影响土壤的物理、化学性质及生物与生物化学性质，是水稻养分的重要来源之一。营养健康的土壤矿物质种类齐全、比例适宜、含量丰富。

有机质是土壤中由生物残体形成的含碳有机化合物，是土壤肥力的核心组分（Brantley，2008）。通过对土壤结构发育和生物地球化学过程的双重控制，对各种土壤过程起到启动和调节作用，保障土壤提供生物量生产、能源生产、生物多样性保持、水分蓄持及固碳减排等多种生态系统服务，并且以土壤有机质为媒介的生物地球化学过程及生物多样性驱动着土壤提供多种生态系统服务。有充分的理由相信，土壤有机质是地球可持续发展的关键资源和自然资本，无疑是评价土壤自然价值的核心（潘根兴等，2019）。按分解程度可以分为新鲜有机质、半分解有机质和腐殖质，其中腐殖质是新鲜有机质经过微生物分解转化形成的非晶体高分子有机化合物，呈黑色或暗棕色液体状，是土壤有机质的主体成分，具有吸收性能、缓冲性能及络合重金属的性能等，对土壤质量、土壤可持续利用具有重要作用（林先贵和王一明，2010）。多熟制稻田田间定位试验表明，凡松结态腐殖酸类物质较高的土壤，其供肥能力也高（王家玉和计小江，1986）。腐殖酸对促进土壤容纳与吸收、净化污染物质、保护水和空气的洁净具有重要作用，同时具有改良退化土壤和修复污染土壤的能力。在农业实践中，许多腐殖酸被用作肥料和植物激素，对于发展高产农业、有机农业有着重要作用。由此可见，腐殖酸是维持土壤健康质量、保障粮食和农产品安全的重要因子（林先贵和王一明，2010）。

7.3.3 土壤生物

土壤中生活着丰富的生物类群，是一个重要的地下生物资源库，是陆地生态系统中生物种类最丰富、数量最多的亚系统。生活在土壤中的微生物、动物和植物等总称土壤生物（肖能文和高晓奇，2016）。除了参与岩石的风化和原始土壤的生成，土壤生物在土壤形成与发育、土壤结构和肥力保持以及高等植物生长方面起着重要的作用。例如，大型土壤动物通过排泄在土表和土内的粪便，提高土壤孔隙度和土壤入渗率等，促进土壤腐殖质和土壤团粒结构的形成，改善土壤物理质量（王芳，2011）。

土壤生物在自然生态系统中扮演着消费者和分解者的角色，对环境起着天然的“过滤”和“净化”作用，对全球物质循环和能量流动起着不可替代的作用（章家恩，1999）。有些土壤动物与处在分解者地位的土壤微生物一起，对堆积在地表的枯枝落叶、倒地的树木、动物尸体及粪便等进行分解，促进了物质的淋溶、下渗，加速了养分的流动（Barajas-Guzman and Alvarez-Sanchez，2003；武海涛等，2006）。细菌的繁殖能使枯枝落叶软化，从而增加适口性；枯枝落叶经土壤动物吞食变成粪便排出后，又便于微生物的分解。一部分土壤动物是自然界“垃圾”的处理者；另一部分土壤动物是以其他动物为食物的捕食者，构成土壤中的食物链和食物网（王芳，2011）。

健康土壤的土壤生物种类丰富、动植物和微生物多样、土壤生物代谢活跃和功能强、土壤酶及其活性高、土壤生物生物量丰富、食物链结构合理等，能有效维持土壤生态系统的能量流动、物质循环和信息交换。

7.3.4 土壤水分和空气

土壤是一个疏松多孔体，其中布满着大大小小蜂窝状的空隙。直径 0.001～0.1mm 的土壤空隙称毛管空隙，存在于土壤毛管空隙中的水分能被植物直接吸收利用，同时还能溶解和输送土壤养分（黄昌勇，2000）。毛管水可以上下左右移动，但移动的快慢取决于土壤的松紧程度。松紧适宜，移动速度快；过松过紧，移动速度都较慢。进入土壤中的水在不断地运动中，有些可以被植物吸收利用，吸附水和毛管水留在土体里，重力水容易流出土体（王全久和邵明安，2007）。土壤水分是土壤的重要组成部分，也是影响植物生长的主要影响因素。土壤水分直接或间接地影响根系的生长发育，也影响根系的分布。在土壤水分正常的条件下，土壤水分越多，根水势越高，根系的生物量越大，根系的生长势越强（荣秀连等，2009）。水稻是我国最重要的粮食作物之一，在水资源越来越短缺的形势下，对其实施由传统的丰水高产向节水高效的非充分灌溉转变是解决缺水问题的主要途径。水稻生育期前期、中期和后期的最优含水率（即土壤水分最适点）分别为 18.03%、15.78%和 18.17%，占饱和含水率的 50%左右（分别占饱和含水率的 53.32%、46.67%和 53.72%）（王洁，2011）。在非充分灌溉技术体系中，确定水稻土壤水分最适点含水率和适宜控制范围，对合理制定水稻节水型灌溉制度具有重要的现实意义。

土壤空气是土壤的重要组成之一，在土壤形成、土壤肥力培育、植物的生命活动和微生物活动过程中都有十分重要的作用。在土壤固、液、气三相体系中，土壤空气存在于土体内未被水分占据的空隙中。在一定容积的土体内，如果空隙度不变土壤含水量多了，空气含量必然减少，反之亦然。所以，土壤空气含量随土壤含水量而变化（史立本，1980）。土壤通气状况对作物种子发芽、根系发育、微生物活动及养分转化都有显著的影响。当土壤空气中 O_2 的含量小于 10%，根系发育就会受到影响，O_2 含量低至 5%以下时，绝大多数植物根系停止发育。当 CO_2 含量大于 1%时，根系发育缓慢，至 5%～20%时，则导致植物死亡（荣秀连等，2009）。生产上应采用深耕松土、破除土壤板结层、排水、晒田等措施，以改善土壤通气状况，促使土壤水分和空气含量保持在适宜水平。

7.3.5 土壤环境

土壤环境质量是土壤质量的组成部分。一般而言，它是指在一定的时间和空间范围内，土壤自身性状对其持续利用以及对其他环境要素，特别是对人类或其他生物的生存、繁衍以及社会经济发展的适宜性，是土壤环境“优劣”的一种概念，是特定需要的“环境条件”的量度（陈怀满等，2006）。它与土壤的健康或清洁状态，以及遭受污染的程度密切相关。土壤环境质量依赖于土壤在自然成土过程中所形成的固有的环境条件、与环境质量有关的元素或化合物的组成与含量，以及在利用和管理过程中的动态变化，同时应考虑其作为次生污染源对整体环境质量的影响。

《土壤环境质量标准》的建立是一个相当复杂的系统工程（陈怀满，2002）。以重金属为例，在标准研究中基本上可分为土壤负载容量法和元素背景值法，吴燕玉（1994）将其归纳为生态效应法与地球化学法。在土壤负载容量法或生态效应法中，采用不同的指标体系来确定土壤有害物质负荷值，这些指标包括：①产量指标，将农作物产量（主要指可食部分）减少 5%～10%的土壤有害物质的浓度作为土壤有害物质的最大允许浓度；②微生物与酶学指标，当微生物数量减少 10%～15%或土壤酶活性降低 10%～15%时土壤有害物质的浓度为最大允许浓度；③食品卫生标准指标，即当作物可食部分某元素的含量达到食品卫生指标的限量时，相应土壤中某元素的含量为最大允许浓度；④环境效应指标，包括流行病学法和血液浓度指标，对地面水、地下水及其他环境要素的影响限量等。将上述指标进行综合分析比较，采用最敏感因子作为土壤中有害物质的最大允许浓度（陈怀满，2002）。

土壤环境质量标准是国家为防止土壤污染、保护生态系统、维护人体健康所制定的土壤中污染物在一定的时间和空间范围的容许含量值（夏家淇和骆永明，2006）。《土壤环境质量标准》的制定应基于以下原则（温晓倩等，2010）：保护陆地生态安全，主要是指土壤自身、植物/农作物、土壤无脊椎动物、野生动物等生态受体以及大气、水等其他环境要素暴露于土壤污染物时不产生有害影响；保护人体健康，主要是指人体长期暴露于土壤污染物时不产生显著的健康风险。

7.4 “双水双绿”的土壤培肥与管理

土壤肥力是衡量土壤能够提供作物生长所需的各种养分的能力。它是反映土壤肥沃性的一个重要指标，是土壤各种基本性质的综合表现，是土壤区别于成土母质和其他自然体的最本质特征，也是土壤作为自然资源和农业生产资料的物质基础（黄昌勇，2000）。“双水双绿”体系稻田土壤肥力是水稻生产可持续发展的基础资源，也是影响水稻产量的重要因素。

土壤肥力是土壤物理肥力、化学肥力、生物肥力的综合体现，所以选择有代表性的土壤肥力指标是进行土壤肥力评价的关键，应尽可能地涉及所有主要的物理、化学和生物性质（Bhardwaj et al.，2011）。徐建明等（2010）认为，土壤肥力指标的选定必须遵循主导性、生产性和稳定性的原则，同时尽量选择可靠、可度量和可重复的指标。土壤物理性状决定土壤功能及耕地用途，直接或间接地影响作物生长。对稻田土壤肥力进行综合评价时，土壤容重、总孔隙度、土壤团聚体和黏粒含量可作为土壤物理肥力指标的主要因子（黄晶等，2017）。土壤化学性状直接影响土壤养分形态和浓度，对作物生长和动植物健康产生显著影响。土壤化学性状的指标较丰富，Schoenholtz 等（2000）认为土壤有机碳、全氮、铵态氮、硝态氮、矿化氮、矿化磷、全磷、有效磷、全钾、交换性镁、交换性钙、pH 和土壤阳离子交换量（CEC）等是评价土壤肥力的重要化学指标。水稻土土壤化学肥力评价指标随着施肥、耕作模式和稻作区域的差异而各有侧重，主要集中体现在土壤有机质、有效磷、速效钾、pH、电导率、CEC 和有效硅等指标上（黄晶等，2017）。土壤微生物与土壤肥力有着直接的关系。Lima 等（2013）研究表明，在水稻生态系统中，土壤微生物特性对土壤质量变化的反应比土壤物理、化学属性更为灵敏。潜在可矿化氮、微生物量碳、微生物量氮、土壤呼吸量、生物量、土壤微生物多样性、土壤酶、土壤动物等被认为是主要的土壤生物学指标（Nambiar et al.，2001）。由于分析条件的限制、侧重点不同，选取的土壤生物肥力评价指标难以统一，但主要集中在微生物量碳、微生物氮、酶活性和微生物群落结构等指标。

水稻土是在特殊的土壤管理措施下发育形成的。“淹水条件下耕作”一直是影响水稻土肥力的重要因素，它导致土壤大团聚体被破坏，易溶性养分易淋失（Jiang and Xie，2009）。土壤是水稻生长的主要载体，在水稻生长期间，需要保证养分的持续供应，这就对土壤肥力提出了一定的要求（吴丽萍和张杰，2016）。为了保证水稻的绿色健康，就要注重土壤培肥，采用合理的培肥方式，提高土壤生产能力。目前常用的土壤培肥措施包括科学施肥、秸秆还田、合理轮作、合理施用土壤改良剂等。

7.4.1 科学施肥

在满足作物、水产养分需求、高产稳产基础上，科学施肥是培肥改土、提高土壤肥力质量的重要举措，具体包括有机和无机肥料配合施用、测土配方施肥、配施微生物肥料和种植绿肥。

7.4.1.1 有机和无机肥料配合施用

有机肥料和无机肥料的合理配施是维持农田土壤良好的基本理化性状的有效措施，是维持农业可持续发展的关键土壤培肥措施。周卫军等（2002）的试验结果表明，有机肥与无机肥配施可显著提高红壤稻田土壤有机碳含量。王宏武等（2012）近 20 年的有机-无机肥料配施（厩肥用量 9000kg/hm^2 与复合肥量 450kg/hm^2）试验结果显示，土壤有机质含量由 1989 年的 16.5g/kg 上升到 2007 年的 18.9g/kg，土壤 CEC 上升了 1.76%，达到 11.81cmol/kg，土壤容重从 1.22g/cm^3 降到 1.09g/cm^3，土壤的总孔隙度、毛管孔隙度和田间持水量分别提高 3.7%、5.0%和 3.0%。

土壤酶是土壤中的一类具有催化能力的生物活性物质，是土壤的重要组成成分之一。土壤酶与土壤许多重要的物理、化学和生物学性质之间关系密切，其中，脲酶、磷酸酶和转化酶等土壤酶与植物营养关系密切，是评价土壤肥力水平以及土壤健康的重要指标（黄东风等，2014）。任全（2007）研究了不同培肥模式（包括单施化肥、单施有机肥、不同比例有机肥与化肥配施、间作三叶草）对湖南省红壤土酶活性的影响，结果表明不同培肥措施均能显著提高土壤酶活性；红壤中脲酶、磷酸酶、过氧化氢酶、蔗糖酶活性在有机-无机肥配施和单施有机肥条件下均能明显提高；有机肥营养全面，肥效持久且富含有机质及微生物，对于土壤的地力改善有着明显的效果。

土壤有机碳、氮和磷中活性最高的部分是土壤微生物量碳、微生物量氮和微生物量磷。虽然微生物量碳在土壤全碳中所占比例很小，但它是土壤有机质中的活性部分，可反映土壤有效养分状况和生物活性，能在很大程度上反映土壤微生物数量，是评价土壤微生物数量和活性及土壤肥力的重要指标（Nsabimana et al., 2004）。有机肥和氮磷钾配施与单施有机肥相比，胡敏酸含量提高 22.98%，富里酸含量降低 8.95%，对微生物区系的综合影响效果最好，可以明显提高红壤中细菌、放线菌、固氮菌及氨化细菌的数量，同时反硝化菌也增加了，增强了土壤转化酶、蛋白酶、脲酶、磷酸酶和过氧化氢酶的活性，特别是脲酶和磷酸酶活性大幅度提高，土壤腐殖质品质明显改善。而且有机肥与无机肥配施对提高作物产量效果最佳，增产幅度可达 97%左右，有利于土壤有机质积极参与周转和改善土壤供肥能力，培肥作用较为明显（黄东风等，2014）。要创造良好的土壤结构形态，改善土壤性质，必须增施有机肥，且有机无机配施效果最佳。

7.4.1.2 测土配方施肥

测土配方施肥是国际上普遍采用的科学施肥技术之一，是提高肥料利用率、降低农业生产成本、提高经济效益、增加农民收入的现实需要，是培肥土壤、改善土壤理化性状、培植农业潜在生产能力的关键技术，也是减少化肥流失、减轻水环境和地下水污染、提高农产品安全性、实现农业可持续发展的重要措施（张福锁，2006）。测土配方施肥采取“测土—配方—配肥—供肥—施肥技术指导”一体化的综合服务技术路线，根据土壤测试结果和相关条件，应用配方施肥模型，结合专家经验，提出配方施肥推荐方案，由配肥站按照配方生产配方肥，直接供应农民施用，并提供施肥技术指导。同时通过肥料质量检测手段，保证各种肥料的质量（陈新平和张福锁，2006）。所施肥料包括农家肥和化肥，农家肥主要是补充土壤中的有机质，并利用农家肥中的微生物，改善土壤、水、肥、气、热等状况，使其达到利于作物生产的目的。另外，农家肥中的微量元素也是有益的补充。测土配方施肥技术能够做到有的放矢，避免盲目施肥造成有些元素不足而有些元素过量的浪费情况。通过测土按需配方施肥，能满足作物的各种营养元素需求的均衡供给，同时避免因化肥过量造成土壤板结等问题。

7.4.1.3 配施微生物肥料

复合微生物肥料、生物有机肥内含多种功能性微生物，当微生物进入土壤后，在生长繁殖过程中产生大量次生代谢产物，这些产物能够促进土壤团粒结构的形成（葛诚，1996）。土壤团聚体是土壤结构的基本单元，对土壤的理化性质有着重大影响（Besnard et al.，2010）。土壤团聚体有大团聚体（>0.25mm）和微团聚体（<0.25mm）之分，其数量及分布一方面可以在一定程度上反映土壤的持水性、供储养分等能力的高低；另一方面也是土壤肥力的基础及评价土壤质量高低的关键指标之一（Lal，2000）。顾金凤（2013）试验表明施入微生物菌肥后，由于微生物大量繁殖，促进了土壤中有机质的释放，改善了土壤的理化性质，增加了土壤团粒，改善了土壤结构。微生物肥料的发展是我国食品和粮食安全体系的基础，是改善和保护土壤生态环境的重要措施（许景钢等，2016）。

7.4.1.4 绿肥种植

绿肥是我国传统农业的精华，作为一种生物肥源，有改土培肥、提高农产品品质的作用（李忠义等，2017）。绿肥还田可改善土壤物理性质、增加土壤有机质含量、保持水土、增加土壤氮素，活化和富集土壤磷、钾，增加土壤微生物数量，改善土壤微生物群落结构的功能多样性（Yang et al.，2012；赵秋等，2013）。Sharma 和 Behera（2009）研究发现，玉米—小麦轮作田菁、豇豆、绿豆等豆科绿肥能显著提高土壤有机碳含量；刘立生等（2015）通过 30 年长期定位试验结果表明，稻—稻—油菜、稻—稻—紫云英、稻—稻—黑麦草模式与稻—稻—冬闲处理相比，稻田土壤总有机碳含量在不同颗粒中平均分布比例均明显提高，且长期种植绿肥土壤总有机碳含量、粗黏粒有机碳含量、细黏粒有机碳含量与时间（年）呈极显著线性正相关；王莉等（2012）通过 28 年田间定位试验表明，在常量绿肥还田下稻田系统的耐瘠能力显著高于长期单施化肥处理。

7.4.2 秸秆还田

秸秆作为农业生产的主要副产品，含有丰富的有机碳及大量的氮、磷、钾等农作物生长所必需的营养元素，是一类重要的能直接利用的可再生生物资源。秸秆还田不但能够提高土壤养分含量，而且能够改良土壤结构，还具有一定的提高粮食产量的潜力（Morenocornejo et al.，2014），同时还能增加农田土壤的固碳量，作为化肥的补充甚至替代品改善因化肥的过度使用导致的土壤酸化、板结、地力衰退等。因而广泛推广实施秸秆还田，对保障我国粮食安全、农业可持续发展、生态环境健康具有重要的意义（周先竹等，2014）。

7.4.2.1 物理性质

在稻田土壤中，土壤形态结构、腐殖质含量和土壤的松紧状况影响着土壤颗粒的凝结，体现了土壤中水、肥、气、热等因素的变化和供应情况，一般以土壤容重、孔隙度和团聚体等物理性状来表示，体现了土壤的肥力（曾宪楠等，2018）。研究表明，秸秆还田会降低土壤容重、增加孔隙度和通气状况，有利于形成良好的土壤团粒结构（Guo and Wang，2013）。秸秆还田后，因为秸秆的密度小于土壤，所以土壤密度和容重会降低，同时地表裸露减少，土壤结构不易受到外界影响，使土壤总孔隙度提高，减少土壤“板结”现象（武均等，2014）。

团聚体作为反映土壤物理性质的另一个重要指标，可为土壤水分和养分储存提供重要的场所，在一定程度上团聚体数量越多，土壤养分、水分含量越高，相反团聚体数量越少，土壤养分、水分含量越低（王清奎和汪思龙，2005）。研究发现，秸秆还田对土壤团聚体具有显著影响，但秸秆还田对土壤团聚体粒径分布的影响不大（Limonortega et al.，2009）。同时，秸秆还田主要通过使土壤中的细小土壤颗粒缔结成较大的微团聚体以改变土壤团聚体组成。一方面秸秆释放出的有机物质在微生物作用下形成腐殖质，能提高土壤胶结作用，有利于 0.25～1.00mm 土壤微团聚体的形成；另一方面秸秆分解释放的有机物被矿物颗粒吸附、包被成团聚体内核，增加土壤团粒结构（徐国伟等，2005）。王志强等（2018）进行的冬季不同复种轮作休耕长期定位试验表明，稻田复种轮作及秸秆双重还田，有利于早晚稻田减少微小团聚体而形成大团聚体，早稻季相比晚稻季更为显著，能显著增加早、晚稻田土壤团聚体的稳定性（$P<0.05$），提高早、晚稻产量，这对南方稻田可持续发展具有重要意义。

7.4.2.2 化学性质

土壤有机质作为土壤质量和土地可持续利用的评价指标，不但可以反映土壤肥力，而且可以反映区域土壤生态系统进化。大量研究表明，不同方式的秸秆还田（免耕秸秆覆盖还田、翻耕秸秆粉碎还田）均可提高土壤有机质含量（Duiker and Lal，1999；Wang et al.，2015；Gupta and Sidhu，2009）。根茬和秸秆所形成的土壤有机碳含量高于矿化量时，土壤有机质含量将会提高，与秸秆不还田相比，全量还田和半量还田处理的有机质含量更高（钟杭等，2003）。一定范围内，土壤有机质含量随着秸秆还田量的增加而增加，但存在一个因耕作方式、土壤类型、气候条件而异的最佳还田量。当秸秆还田量为4500～6000kg/hm^{2}时，可稳定土壤有机质含量。另外，耕作方式、还田年限、土层深度、土壤类型、化肥使用均会影响秸秆还田对土壤有机质的影响（Turley et al.，2003；Liu et al.，2010）。

秸秆除有较多的有机质外，还有一定数量的氮、磷、钾，因而也会对土壤氮、磷、钾含量产生影响。王关林等（2017）研究表明，水稻秸秆还田2年以上土壤有机质增加0.89g/kg，增幅8.68%；碱解氮增加3.01mg/kg，增幅2.79%；有效磷增加1.23mg/kg，增幅6.97%；速效钾增加6.87mg/kg，增幅7.05%。但这种增加作用与秸秆种类、秸秆还田量、化肥使用、土壤肥力、秸秆被翻埋的深度有关（van Asten et al.，2005；谭德水等，2008）。

7.4.2.3 生物学性质

秸秆还田不仅改善了土壤的理化性质，也为微生物的生长繁殖提供了良好的环境，而且提高了土壤养分含量，为微生物提供了丰富的碳源、氮源，因而也会对土壤微生物产生影响。研究发现，秸秆还田会增加土壤微生物的数量和活性（沙涛等，2000）。秸秆还田对微生物的影响随着秸秆还田量的增加先增加后减少，即存在一个最佳还田量（谭周进等，2006）。周文新等（2008）研究发现，在不同秸秆还田量处理中，2/3稻秆还田量处理下增加微生物数量的效果最明显。另外，秸秆还田对微生物的影响还与秸秆还田方式、还田深度、化肥配合使用、耕作方式等有关（任万军等，2009；许仁良等，2010）。Gaind和Nain（2007）研究表明，水稻秸秆与化肥配施显著提高了土壤脱氢酶活性。不同稻草量同一时期还田的结果表明，67%稻草还田处理的土壤纤维素酶、蛋白酶和脲酶都表现出最强的活性，而秸秆不还田与100%稻草还田处理由于未能改善土壤的理化性质及微生物状况从而不利于土壤酶活性的提高（肖嫩群等，2008）。此外，耕作方式及秸秆还田方式的不同对土壤酶活性的影响也有显著差异。与常规耕作相比，免耕条件下秸秆还田显著提高了0～10cm土壤蔗糖酶、碱性磷酸酶和脲酶活性，这是由于不同耕作方式对土壤的扰动程度不同，形成了不同的土壤环境，从而造成土壤酶活性的差异（Bergstrom et al.，2000）。

7.4.3 合理轮作

建立与气候条件相适应的轮作制是用地和养地结合的重要方法，也是培肥土壤的有效途径（赵凤贤等，2009）。研究表明，深根和浅根作物的轮换种植，可以充分利用上下土层的养分和水分，增加上下土层的腐殖质（毛家伟等，2011）。豆科作物与其他作物轮作，可以发挥豆科作物的增磷补氮作用，为其他茬作物提供较多的氮素和有效磷（周春来，1991）。块根和块茎作物轮作可疏松土壤，改善下茬作物土壤物理性状，有利于有效养分的释放（崔巨波，2014）。不同作物利用土壤中难溶性营养物质的能力不同，更换作物种类可以提高这些物质的有效性。例如，小麦、青稞对难溶性磷酸盐吸收能力较好，而油菜能够靠自己根系分泌的有机酸溶解难溶性磷供其吸收利用，因此实行不同作物轮作能有效地利用土壤中的各种养分，充分发挥土壤肥力（李积谦，2009）。油豆、粮豆合理轮作可以增加有机物质的生产，从而扩大物质循环，使土壤得到培肥，提高了降水资源利用率、土地利用率。李万斌等（2006）在新修梯田第 1 年种植马铃薯和豆类作物，第 2 年和第 3 年建立小麦和豆、薯、油一定比例的轮作套种的轮作制，其测定结果显示，0～20cm 土壤耕层油豆套种比胡麻茬有机质增加 0.30g/kg，全氮增加 0.01g/kg，碱解氮增加 1.3mg/kg；麦豆混种比麦茬土壤有机质增加 1.60g/kg，全氮增加 0.77g/kg，全磷增加 0.33g/kg。不同作物对土壤理化性质的影响和对土壤中有机质、养分的积累能力，以及残留于土壤中的根系生物量各不相同，可以改善土壤结构和性状，使黏土疏松，沙土团聚，增强土壤蓄水保水能力。

7.4.4 合理施用土壤改良剂

土壤改良剂也是提高农业生产力的重要手段之一（吴增芳，1976）。它可以促进土壤团粒的形成、改良土壤结构、提高肥力和固定表土、保护土壤耕层、防止水土流失以及防止渠道渗漏、固定废弃物等（Daniel，1991）。20 世纪 50 年代，美国首先开发了商品名为 Krilium 的合成类高分子土壤改良剂，之后人们对大量的人工合成材料包括水解聚丙烯腈、聚乙烯醇、聚丙烯酰胺、沥青乳剂及多种共聚物进行了较为深入的研究，其中聚丙烯酰胺是目前应用较多的土壤改良剂之一（龙明杰和曾繁森，2000；朱咏莉等，2001）。随着人们经济意识和环保意识的增强，研发高效低用量的绿色环保型土壤改良剂逐步成为关注的热点。因此，在现代人工制剂中，人们往往根据土壤特性及其主要限制因子，应用植物秸秆、氟石、磷石灰、膨胀土、蛭石、石膏等，并加入植物生长所需要的营养元素，研制出具有特定功效的改良剂，如酸性土壤改良剂、碱性土壤改良剂和营养型土壤改良剂，以发挥改土和促进植物生长的双重作用（张黎明和邓万刚，2005）。

7.4.4.1 土壤物理性质

施用土壤改良剂不仅可以增加土壤中水稳性团聚体的含量、显著提高团聚体的质量，而且还能够增大土壤总孔隙度，降低土壤容重，有效调节三相比，改善通气透水性，从而提高土壤农学价值（孟维忠等，2000）。土壤结构是土壤肥力的重要基础。一般认为直径 10～0.25mm（尤其是 1～4mm）的水稳性土壤结构对土壤肥力有重要意义。施用土壤改良剂可以促使分散的土壤颗粒团聚，形成团粒，增加土壤中水稳性团粒的含量和稳定性，改善通气透水性（朱咏莉等，2001）。孙云秀和张奇珠（1988）的田间试验表明，地表喷施土壤改良剂，可以增加 5cm 耕层内土壤水稳性团粒 0.7～5 倍，提高土壤结构保持率 0.4 倍，同时减少容重 0.01～0.03g/m^3，增加孔隙度 8.0%～8.3%。汪德水和张美荣（1990）试验表明，施用干土重 0.05%～0.3%的聚丙烯酰胺能显著增加土壤中的水稳性团粒，增加数量随施用浓度的增加而增加。在施用量为干土重 0.05%和 0.3%的处理中，粒径>0.25mm 水稳性团粒的数量，较对照分别增加 40%和 54%，且形成的团粒大部分粒径在 1.0mm 以上。同时，土壤容重减轻 6%～10%，透气性增加 0.2～3.5 倍。

从防止水土流失和提高降水资源利用效率的角度出发，国内外学者对改良剂改善土壤表面结构以改变土壤入渗性能进行了研究，将其分为入渗型改良剂和产流型改良剂（Brandsma，2001）。一方面通过改变土壤物理结构，使降雨就地入渗，以减少水土流失；另一方面也可作为人工坡面集雨材料，通过坡面化学处理，在坡地形成人工集流面，使尽可能多的降雨产生径流，进行雨水汇集利用，缓解作物干旱缺水状况（肇普兴和夏海江，1997；龙明杰和张宏伟，2000）。

7.4.4.2 土壤化学性质

改良剂对土壤化学性质的影响主要体现在对氮、磷和钾等养分的保蓄效应上。龙明杰和曾繁森（2000）通过对几类高聚合物土壤改良剂的试验表明，中性和两性聚合物改良剂能有效增加土壤对养分离子的吸附量，大大增强土壤含肥料元素的离子的抗淋溶作用；阴离子聚合物增加土壤对 NH_4^+、K^+的吸附量并增强其抗淋溶作用，降低土壤对 NO_3^-、PO_4^{3-}的吸附量并减弱其抗淋溶作用，并提出了以两性聚合物或阴离子聚合物和阳离子聚合物复合使用，来减少含上述 4 种离子的氮、磷、钾肥料元素流失。

随着具有大量特定功效的土壤改良剂的出现，相关研究不仅仅局限在氮、磷、钾等大量养分元素的分析上，而是逐步地向多指标方向发展，如在酸碱地及贫瘠地改良方面，土壤 pH、电荷量（种类、数量、密度）、CEC、电导率及含盐量等土壤化学指标的变化是人们评价改良剂适宜与否及优劣等级的重要标准（许晓平等，2007；文星等，2014）。使用沸石、石灰和白云石作为土壤改良剂不仅能够显著改善酸性土壤的化学性质，降低土壤酸度和活性铁、铝的含量，减轻铁、铝毒害，提高养分的有效性，同时还能提高土壤盐基饱和度以及土壤对养分的保持能力，改善作物的营养条件（朱宏斌等，2004；Sun et al.，2020）。

近年来，微量元素的分析逐步成为研究的新内容，并日益受到人们的重视（Welikala et al.，2018）。

7.4.4.3 土壤生物学性质

土壤微生物数量直接影响土壤的生物化学活性及土壤养分的组成与转化，土壤酶是土壤中的生物催化剂，它们都是土壤肥力的重要指标（宋长青等，2013）。邢世和等（2005）的田间试验表明，用由石灰、粉煤灰、废菌棒和化肥构成的不同组合改良剂处理过的土壤，其微生物数量、土壤酶活性均较对照有不同程度的提高。虽然土壤改良剂的施用对土壤生物化学特性影响方面的研究相对较少，但随着土壤改良剂的进一步研究与应用，这一方面将日益受到土壤科技工作者的重视。

参 考 文 献

蔡晨, 李谷, 朱建强, 等. 2019. 稻虾轮作模式下江汉平原土壤理化性状特征研究. 土壤学报, 56(1): 217-226.

曹凑贵, 蔡明历. 2017. 稻田种养生态农业模式与技术. 北京: 科学出版社.

曹凑贵, 江洋, 汪金平, 等. 2017. 稻虾共作模式的“双刃性”及可持续发展策略. 中国生态农业学报, 25(9): 1245-1253.

陈柏槐. 2004. 湖北省优质水稻现状与发展思路. 中国稻米, (5): 12-15.

陈怀满, 郑春荣, 周东美, 等. 2006. 土壤环境质量研究回顾与讨论. 农业环境科学学报, (4): 821-827.

陈怀满. 2002. 土壤中化学物质的行为与环境质量. 北京: 科学出版社.

陈新平, 张福锁. 2006. 测土配方施肥工作的几个技术问题. 中国农资, (1): 48-49.

陈友媛, 刘道彬, 贾永刚, 等. 2007. 生物活动对黄河口潮滩表层沉积物扰动作用的研究. 中国海洋大学学报, (5): 829-833.

崔巨波. 2014. 彰武县土壤肥力现状及培肥技术措施. 现代农业科技, (23): 246-248.

范业成, 叶厚专. 1998. 江西红壤性水稻土肥力特性及其管理. 江西农业学报, (3): 71-75.

葛诚. 1996. 微生物肥料的生产应用及其发展. 北京: 中国农业科技出版社.

龚子同, 张效朴. 1988. 我国水稻土资源特点及低产水稻土的增产潜力. 农业现代化研究, (3): 33-36.

顾金凤. 2013. 微生物菌肥对盐渍化土壤的改良研究. 扬州: 扬州大学硕士学位论文.

郭立新, 郭静云. 2016. 早期稻田遗存的类型及其社会相关性. 中国农史, 35(6): 13-28.

侯玉婷. 2018. 基于SWOT分析的贵州从江稻鱼鸭共生系统保护发展对策. 农业考古, (6): 50-55.

湖北省耕地质量与肥料工作总站. 2016. 湖北省耕地质量主要性状数据集. 北京: 中国农业出版社.

湖北省耕地质量与肥料工作总站. 2018. 中低产田土壤障碍及改良技术. 北京: 中国农业出版社.

黄昌勇. 2000. 土壤学. 北京: 中国农业科技出版社.

黄道友, 朱奇宏, 朱捍华, 等. 2018. 重金属污染耕地农业安全利用研究进展与展望. 农业现代化研究, 39(6): 1030-1043.

黄东风, 王利民, 李卫华, 等. 2014. 培肥措施培肥土壤的效果与机理研究进展. 中国生态农业学报, 22(2): 127-135.

黄晶, 蒋先军, 曾跃辉, 等. 2017. 稻田土壤肥力评价方法及指标研究进展. 中国土壤与肥料, (6):

1-8.
李积谦. 2009. 浅论合理轮作倒茬与耕地用养结合. 农业科技通讯, (8): 117-119.
李建军, 辛景树, 张会民, 等. 2015. 长江中下游粮食主产区25年来稻田土壤养分演变特征. 植物营养与肥料学报, 21(1): 92-103.
李娜娜. 2013. 中国主要稻田种养模式生态分析. 杭州: 浙江大学硕士学位论文.
李庆逵. 1991. 中国水稻土. 北京: 科学出版社.
李万斌, 杨进有, 薛凤梅, 等. 2006. 半干旱地区梯田的土壤培肥技术. 内蒙古农业科技, (5): 78-79.
李忠义, 张静静, 蒙炎成, 等. 2017. 绿肥还田腐解特征及培肥地力研究进展. 江苏农业科学, 45(22): 14-18.
廖怀生, 文蓉, 刘春根, 等. 2017. 泥鳅稻田高产养殖技术及效益实例. 江西水产科技, (2): 26-27.
林先贵, 王一明. 2010. 腐植酸类物质是土壤健康的重要保障. 腐植酸, (2): 1-10.
刘立生, 徐明岗, 张璐, 等. 2015. 长期种植绿肥稻田土壤颗粒有机碳演变特征. 植物营养与肥料学报, 21(6): 1439-1446.
刘世梁, 傅伯杰, 刘国华, 等. 2006. 我国土壤质量及其评价研究的进展. 土壤通报, (1): 137-143.
刘忠诚. 2016. 土壤有机质对镉污染土壤修复的影响. 科技展望, 26(30): 73.
龙明杰, 曾繁森. 2000. 高聚合物土壤改良剂研究进展. 土壤通报, 31(5): 199-202, 223.
龙明杰, 张宏伟. 2000. 高聚物土壤结构改良剂的研究Ⅱ. 高聚物对土壤肥料的作用. 土壤肥料, (5): 13-18.
路子显. 2016. 中国粮食重金属污染现状及防控对策. 粮食科技与经济, 41(6): 6-11, 53.
吕东锋, 王武, 马旭洲, 等. 2010. 生态渔业中稻田养鱼(蟹)的生态学效应研究进展. 贵州农业科学, 38(3): 51-55.
毛家伟, 任银玲, 张翔. 2011. 河南省主要林业土壤现状与改良建议. 安徽农业科学, 39(17): 10337-10339.
孟红旗, 吕家珑, 徐明岗, 等. 2012. 有机肥的碱度及其减缓土壤酸化的机制. 植物营养与肥料学报, 18(5): 1153-1160.
孟维忠, 杜尧东, 夏海江. 2000. 聚丙烯酰胺防治坡地土壤侵蚀的室内模拟试验. 水土保持学报, 14(3): 14-17, 83.
倪达书, 汪建国. 1983. 论稻鱼共生生态系统的应用价值. 水产科技情报, (6): 1-4.
潘根兴, 丁元君, 陈硕桐, 等. 2019. 从土壤腐殖质分组到分子有机质组学认识土壤有机质本质. 地球科学进展, 34(5): 451-470.
潘根兴. 1990. 土壤酸化过程的土壤化学分析. 生态学杂志, 9(6): 48-52.
潘淑贞. 1997. 长江中游不同潜育化土壤诊断指标探讨. 长江流域资源与环境, 6: 155-162.
彭少兵, 黄见良, 钟旭华, 等. 2002. 提高中国稻田氮肥利用率的研究策略. 中国农业科学, 35(9): 1095-1103.
任全. 2007. 茶园不同培肥措施对土壤生境及微生物的影响. 长沙: 湖南农业大学博士学位论文.
任万军, 刘代银, 吴锦秀, 等. 2009. 免耕高留茬抛秧对稻田土壤肥力和微生物群落的影响. 应用生态学报, 20(4): 817-822.
荣秀连, 王波, 宋采博, 等. 2009. 土壤某些物理性状对植物根系生长的影响. 草业与畜牧, (10): 1-3, 17.

沙涛, 程立忠, 王国华, 等. 2000. 秸秆还田对植烟土壤中微生物结构和数量的影响. 中国烟草科学, 21(3): 40-42.

沈仁芳, 陈美军, 孔祥斌, 等. 2012. 耕地质量的概念和评价与管理对策. 土壤学报, 49(6): 1210-1217.

盛丰. 2014. 康奈尔土壤健康评价系统及其应用. 土壤通报, 45(6): 1289-1296.

史立本. 1980. 土壤空气、水分及其气水比变化规律的研究. 土壤肥料, (3): 6-11.

佀国涵, 彭成林, 徐祥玉, 等. 2016. 稻–虾共作模式对涝渍稻田土壤微生物群落多样性及土壤肥力的影响. 土壤, 48(3): 503-509.

佀国涵. 2017. 长期稻虾共作模式下稻田土壤肥力变化特征研究. 武汉: 华中农业大学博士学位论文.

宋长青, 吴金水, 陆雅海, 等. 2013. 中国土壤微生物学研究 10 年回顾. 地球科学进展, 28(10): 10.

孙云秀, 张奇珠. 1988. 土壤结构改良剂的改土效果及其使用的研究. 干旱区研究, (3): 51-53.

谭德水, 金继运, 黄绍文, 等. 2008. 长期施钾与秸秆还田对华北潮土和褐土区作物产量及土壤钾素的影响. 植物营养与肥料学报, 14(1): 106-112.

谭威. 2017. 稻田养小龙虾的技术要点和应用价值. 当代水产, 42(3): 90-91.

谭周进, 李倩, 陈冬林, 等. 2006. 稻草还田对晚稻土微生物及酶活性的影响. 生态学报, 26(10): 3385-3392.

汤文光, 唐海明, 罗尊长, 等. 2011. 不同种植模式对稻田土壤重金属含量及晚稻稻米品质的影响. 作物学报, 37(8): 1457-1464.

汪德水, 张美荣. 1990. 土壤结构改良剂的改土、保水、增产效果研究. 土壤肥料, (5): 9-13.

汪清. 2011. 稻蟹共作对土壤理化性质和土壤有效养分影响的初步研究. 青岛: 中国海洋大学硕士学位论文.

王勃然, 傅志强. 2019. 稻田生态种养对系统生物多样性的影响. 作物研究, 33(5): 356-361.

王芳. 2011. 土壤动物在生态循环系统中的作用. 河南科技, (4): 19.

王关林, 苏章锋, 刘东, 等. 2017. 虾稻共作土壤养分空间变异及中稻施肥技术研究. 现代农业科技, (2): 160-162.

王宏武, 冯柱安, 胡钟胜, 等. 2012. 长期施用有机堆肥对土壤性状与烟叶质量的影响. 中国烟草学报, l8(2): 6-11.

王家玉, 计小江. 1986. 多熟制稻田土壤腐殖质特性的研究. 土壤通报, (3): 110-114.

王洁. 2011. 水稻土壤水分最适点及适宜控制范围试验研究. 扬州: 扬州大学博士学位论文.

王莉, 王鑫, 余喜初, 等. 2012. 长期绿肥还田对江南稻田系统生产力及抗逆性的影响. 中国水稻科学, 26(1): 92-100.

王强盛, 王晓莹, 杭玉浩, 等. 2019. 稻田综合种养结合模式及生态效应. 中国农学通报, 35(8): 46-51.

王清奎, 汪思龙. 2005. 土壤团聚体形成与稳定机制及影响因素. 土壤通报, 36(3): 415-421.

王全久, 邵明安. 2007. 土壤中水分运动与溶质迁移. 北京: 中国水利水电出版社.

王蓉, 朱杰, 金涛, 等. 2019. 稻虾共作模式下稻田土壤氨氧化微生物丰度和群落结构的特征. 植物营养与肥料学报, 25(11): 1887-1899.

王孝堂. 1991. 土壤酸度对重金属形态分配的影响. 土壤学报, 28(1): 103-107.

王志强, 刘英, 杨文亭, 等. 2018. 稻田复种轮作休耕对土壤团聚体分布及稳定性的影响. 土壤学报, 55(5): 1143-1155.
温晓倩, 梁成华, 姜彬慧, 等. 2010. 我国土壤环境质量标准存在问题及修订建议. 广东农业科学, 37(3): 89-94.
文星, 李明德, 吴海勇, 等. 2014. 土壤改良剂对酸性水稻土 pH 值、交换性钙镁及有效磷的影响. 农业现代化研究, 35(5): 618-623.
吴国港, 朴莲粉, 玄成奎. 1984. 稻田少耕农艺的研究报告. 延边农学院学报, (1): 21-34.
吴丽萍, 张杰. 2016. 关于农田土壤培肥相关问题的思考. 农业科技与信息, (10): 76, 83.
吴燕玉. 1994. 辽宁省土壤元素背景值. 北京: 中国环境科学出版社.
吴增芳. 1976. 土壤结构改良剂. 北京: 科学出版社.
武海涛, 吕宪国, 杨青, 等. 2006. 土壤动物主要生态特征与生态功能研究进展. 土壤学报, 43(2): 314-323.
武红亮, 王士超, 闫志浩, 等. 2018. 近 30 年我国典型水稻土肥力演变特征. 植物营养与肥料学报, 24(6): 1416-1424.
武均, 蔡立群, 罗珠珠, 等. 2014. 保护性耕作对陇中黄土高原雨养农田土壤物理性状的影响. 水土保持学报, 28(2): 112-117.
夏家淇, 骆永明. 2006. 关于土壤污染的概念和 3 类评价指标的探讨. 生态与农村环境学报, 22(1): 87-90.
肖嫩群, 张杨珠, 谭周进, 等. 2008. 稻草还田翻耕对水稻土微生物及酶的影响研究. 世界科技研究与发展, 30(2): 192-194.
肖能文, 高晓奇. 2016. 形形色色的土壤生物. 世界环境, (S1): 32-33.
邢世和, 熊德中, 周碧青, 等. 2005. 不同土壤改良剂对土壤生化性质与烤烟产量的影响. 土壤通报, 36(1): 72-75.
徐国伟, 常二华, 蔡建. 2005. 秸秆还田的效应及影响因素. 耕作与栽培, (1): 6-9.
徐建明, 孟俊, 刘杏梅, 等. 2018. 我国农田土壤重金属污染防治与粮食安全保障. 中国科学院院刊, 33(2): 153-159.
徐建明, 张甘霖, 谢正苗, 等. 2010. 土壤质量指标与评价. 北京: 科学出版社.
徐仁扣, 李九玉, 周世伟, 等. 2018. 我国农田土壤酸化调控的科学问题与技术措施. 中国科学院院刊, 33(2): 160-167.
徐仁扣. 2015. 土壤酸化及其调控研究进展. 土壤, 47(2): 238-244.
许景钢, 孙涛, 李嵩. 2016. 我国微生物肥料的研发及其在农业生产中的应用. 作物杂志, (1): 1-6.
许仁良, 王建峰, 张国良, 等. 2010. 秸秆、有机肥及氮肥配合使用对水稻土微生物和有机质含量的影响. 生态学报, 30(13): 3584-3590.
许晓平, 汪有科, 冯浩, 等. 2007. 土壤改良剂改土培肥增产效应研究综述. 中国农学通报, (9): 331-334.
杨洪强. 2014. 有机农业生产原理与技术. 北京: 中国农业出版社.
杨秀敏, 任广萌, 李立新, 等. 2017. 土壤 pH 值对重金属形态的影响及其相关性研究. 中国矿业, 26(6): 79-83.
易芙蓉, 杨天娇, 赵宇辰, 等. 2019. 稻虾共作对稻田土壤耕作层养分的影响——基于益阳市南县的实证分析. 作物研究, 33(5): 424-427.
禹盛苗, 朱练峰, 欧阳由男, 等. 2014. 稻鸭种养模式对稻田土壤理化性状、肥力因素及水稻产量的影响. 土壤通报, 45(1): 151-156.

曾宪楠, 高斯倜, 冯延江, 等. 2018. 水稻秸秆还田对土壤培肥及水稻产量的影响研究进展. 江苏农业科学, 46(18): 13-16.

张福锁. 2006. 测土配方施肥技术要览. 北京: 中国农业大学出版社.

张福锁. 2016. 我国农田土壤酸化现状及影响. 民主与科学, (6): 26-27.

张黎明, 邓万刚. 2005. 土壤改良剂的研究与应用现状. 华南热带农业大学学报, 11(2): 32-34.

张维理, 徐爱国, 张认连, 等. 2014. 土壤分类研究回顾与中国土壤分类系统的修编. 中国农业科学, 47(16): 3214-3230.

张永春, 汪吉东, 沈明星, 等. 2010. 长期不同施肥对太湖地区典型土壤酸化的影响. 土壤学报, (3): 465-472.

章家恩. 1999. 土壤生物多样性的研究内容及持续利用展望. 生物多样性, (2): 60-64.

章家恩. 2004. 土壤生态健康与食物安全. 云南地理环境研究, (4): 1-4.

赵凤贤, 张立新, 周月凤. 2009. 谈耕地土壤培肥的基本途径. 现代农业科技, (24): 269, 271.

赵秋, 高贤彪, 宁晓光, 等. 2013. 华北地区春玉米-冬绿肥轮作对碳、氮蓄积和土壤养分以及微生物的影响. 植物营养与肥料学报, 19(4): 1005-1011.

肇普兴, 夏海江. 1997. 聚丙烯酰胺的保土保水保肥及改土增产作用. 水土保持研究, 4(4): 98-104.

郑纪勇, 邵明安, 张兴昌. 2004. 黄土区坡面表层土壤容重和饱和导水率空间变异特征. 水土保持学报, 18(3): 53-56.

钟杭, 张勇勇, 林潮澜, 等. 2003. 麦稻秸秆全量整草免耕还田方法和效果. 土壤肥料, (3): 34-37.

周春来. 1991. 豆科作物轮作的培肥增产效果研究. 西南农业学报, (1): 91-97.

周启星. 2005. 健康土壤学. 北京: 科学出版社.

周卫军, 王凯荣, 张光远, 等. 2002. 有机与无机肥配合对红壤稻田系统生产力及其土壤肥力的影响. 中国农业科学, 35(9): 1109-1113.

周文新, 陈冬林, 卜毓坚, 等. 2008. 稻草还田对土壤微生物群落功能多样性的影响. 环境科学学报, 28(2): 326-330.

周先竹, 鲁剑巍, 王忠良. 2014. 秸秆资源综合利用与还田技术. 北京: 中国农业出版社.

周晓阳, 徐明岗, 周世伟, 等. 2015. 长期施肥下我国南方典型农田土壤的酸化特征. 植物营养与肥料学报, 21(6): 1615-1621.

朱宏斌, 王文军, 武际, 等. 2004. 天然沸石和石灰混用对酸性黄红壤改良及增产效应的研究. 土壤通报, (1): 26-29.

朱杰, 刘海, 吴邦魁, 等. 2018. 稻虾共作对稻田土壤 nirK 反硝化微生物群落结构和多样性的影响. 中国生态农业学报, 26(9): 1324-1332.

朱咏莉, 刘军, 王益权. 2001. 国内外土壤结构改良剂的研究利用综述. 水土保持学报, 15(6): 140-142.

Andrews S, Karlen D, Cambardella C. 2004. The soil management assessment framework. Soil Science Society of America Journal, 68(6): 1945-1962.

Barajas-Guzman G, Alvarez-Sanchez J. 2003. The relationships between litter fauna and rates of litter decomposition in a tropical rain forest. Applied Soil Ecology, 24: 91-100.

Bergstrom D, Monreal C, Tomlin A, et al. 2000. Interpretation of soil enzyme activities in a comparison of tillage practices along a topographic and textural gradient. Canadian Journal of

Soil Science, 80(1): 71-79.

Besnard E, Chenu C, Balesdent J, et al. 2010. Fate of particulate organic matter in soil aggregates during cultivation. European Journal of Soil Science, 47(4): 495-503.

Bhardwaj A, Jasrotian P, Hamiltona S, et al. 2011. Ecological management of intensively cropped agro-ecosystems improves soil quality with sustained productivity. Agriculture Ecosystems Environment, 140: 419-429.

Bossuyt H, Six J, Hendrix P. 2005. Protection of soil carbon by microaggregates within earthworm casts. Soil Biology and Biochemistry, 37(2): 251-258.

Brandsma R T, Fullen M A, Hocking T J. 2001. 土壤结构改良剂对土壤结构和土壤侵蚀的影响. 水土保持科技情报, (2): 14-17.

Brantley S. 2008. Understanding soil time. Science, 321(5895): 1454-1455.

Dandie C, Wertz S, Leclair C, et al. 2011. Abundance, diversity and functional gene expression of denitrifier communities in adjacent riparian and agricultural zones. FEMS Microbiology Ecology, 77(1): 69-82.

Daniel H. 1991. Research in soil physics. Soil Science, 15(1): 151-153.

Di H, Cameron K, Podolyan A, et al. 2014. Effect of soil moisture status and a nitrification inhibitor, dicyandiamide, on ammonia oxidizer and denitrifier growth and nitrous oxide emissions in a grassland soil. Soil Biology & Biochemistry, 73: 59-68.

Duiker S, Lal R. 1999. Crop residue and tillage effects on carbon sequestration in a Luvisol in central Ohio. Soil and Tillage Research, 52(1): 73-81.

Gaind S, Nain L. 2007. Chemical and biological properties of wheat soil in response to paddy straw incorporation and its biodegradation by fungal inoculants. Biodegradation, 18(4): 495-503.

García-Orenes F, Guerrero C, Mataix-Solera J, et al. 2005. Factors controlling the aggregate stability and bulk density in two different degraded soils amended with biosolids. Soil and Tillage Research, 82(1): 65-76.

Guo J, Liu X, Zhang Y, et al. 2010. Significant acidification in major Chinese croplands. Science, 327(5968): 1008-1010.

Guo Z, Wang D. 2013. Long-term effects of returning wheat straw to croplands on soil compaction and nutrient availability under conventional tillage. Plant, Soil and Environment, 59(6): 280-286.

Gupta R, Sidhu H. 2009. Nitrogen and residue management effects on agronomic productivity and nitrogen use efficiency in rice-wheat system in Indian Punjab. Nutrient Cycling in Agroecosystems, 84(2): 141-154.

Huang M, Chen J, Cao F, et al. 2016. Rhizosphere processes associated with the poor nutrient uptake in no-tillage rice (*Oryza sativa* L.) at tillering stage. Soil and Tillage Research, 163: 10-13.

Jiang X, Xie D. 2009. Combining ridge with no-tillage in lowland rice-based cropping system: long-term effect on soil and rice yield. Pedosphere, 19: 515-522.

Kinoshita R, Moebius-Clune B, van Es H, et al. 2012. Strategies for soil quality assessment using visible and near-infrared reflectance spectroscopy in a Western Kenya chronosequence. Soil Science Society of America Journal, 76(5): 1776-1788.

Lal R. 2000. Physical management of soils of the tropics: priorities for the 21st century. Soil Science, 165(3): 191-207.

Lima A, Brussaard L, Totola M, et al. 2013. A function evaluation of three indicator sets for assessing soil quality. Applied Soil Ecology, 64: 194-200.

Limonortega A, Govaerts B, Sayre K. 2009. Crop rotation, wheat straw management, and chicken manure effects on soil quality. Agronomy Journal, 101(3): 600-606.

Liu E, Yan C, Mei X, et al. 2010. Long-term effect of chemical fertilizer, straw, and manure on soil chemical and biological properties in northwest China. Geoderma, 158(3): 173-180.

Madden J. 1989. What is alternative agriculture? American Journal of Alternative Agriculture, 4: 32-34.

Malhi S, Nyborg M, Harapiak J. 1998. Effects of long-term N fertilizer-induced acidification and liming on micronutrients in soil and in bromegrass hay. Soil & Tillage Research, 48(1/2): 91-101.

Meysman F, Middelburg J, Heip C. 2006. Bioturbation: a fresh look at Darwin's last idea. Trends in Ecology & Evolution, 21(12): 688-695.

Mikha M, Hergert G, Benjamin J, et al. 2015. Long-term manure impacts on soil aggregates and aggregate-associated carbon and nitrogen. Soil Science Society of America Journal, 79(2): 626-636.

Morenocornejo J, Zornoza R, Faz A. 2014. Carbon and nitrogen mineralization during decomposition of crop residues in a calcareous soil. Geoderma, 230(7): 58-63.

Musgrove R, Geddes M. 1995. Tissue accumulation and the moult cycle in juveniles of the Australian freshwater crayfish *Cherax destructor*. Freshwater Biology, 34(3): 541-558.

Nambiar K, Gupta A, Fu Q, et al. 2001. Biophysical, chemical and socio-economic indicators for assessing agricultural sustainability in the Chinese coastal zone. Agriculture Ecosystems Environment, 87: 209-214.

Nsabimana D, Haynes R, Walis F. 2004. Size, activity and catabolic diversity of the soil microbial biomass as affected by land use. Applied Soil Ecology, 26(2): 81-92.

Oades J, Waters A. 1991. Aggregate hierarchy in soils. Soil Research, 29(6): 815-828.

Rao Z, Huang D, Wu J, et al. 2018. Distribution and availability of cadmium in profile and aggregates of a paddy soil with 30-year fertilization and its impact on Cd accumulation in rice plant. Environmental Pollution, 239: 198-204.

Sarr M, Agbogba C, Russell-Smith A, et al. 2001. Effects of soil faunal activity and woody shrubs on water infiltration rates in a semi-arid fallow of Senegal. Applied Soil Ecology, 16(3): 283-290.

Schindelbeck R, van Es H, Abawi G, et al. 2008. Comprehensive assessment of soil quality for landscape and urban management. Landscape and Urban Planning, 88(2-4): 73-80.

Schoenholtz S, Miegroet H, Burger J. 2000. A review of chemical and physical properties as indicators of forest soil quality: challenges and opportunities. Forest Ecology and Management, 138: 335-356.

Sharma A R, Behera U K. 2009. Nitrogen contribution through Sesbania green manure and dual-purpose legumes in maize-wheat cropping system: agronomic and economic considerations. Plant and Soil, 325(1-2): 289-304.

Si G, Peng C, Yuan J, et al. 2017. Changes in soil microbial community composition and organic carbon fractions in an integrated rice-crayfish farming system in subtropical China. Scientific Reports, 7(1): 1-10.

Si G, Yuan J, Xu X, et al. 2018. Effects of an integrated rice-crayfish farming system on soil organic carbon, enzyme activity, and microbial diversity in waterlogged paddy soil. Acta Ecologica Sinica, 38: 29-35.

Staben M, Bezdicek D, Smith J, et al. 1997. Assessment of soil quality in conservation reserve program and wheat-fallow soils. Soil Science Society of America Journal, 61: 124-130.

Sun Y, He Z, Wu Q, et al. 2020. Zeolite amendment enhances rice production, nitrogen accumulation and translocation in wetting and drying irrigation paddy field. Agricultural Water Management, 235: 106-126.

Sun Z, Guo Y, Li C, et al. 2019. Effects of straw returning and feeding on greenhouse gas emissions from integrated rice-crayfish farming in Jianghan Plain, China. Environmental Science and Pollution Research, 26(12): 11710-11718.

Turley D, Phillips M, Johnson P, et al. 2003. Long-term straw management effects on yields of sequential wheat (*Triticum aestivum* L.) crops in clay and silty clay loam soils in England. Soil and Tillage Research, 71(1): 59-69.

van Asten P, van Bodegom P, Mulder L, et al. 2005. Effect of straw application on rice yields and nutrient availability on an alkaline and a pH-neutral soil in a Sahelian irrigation scheme. Nutrient Cycling in Agroecosystems, 72(3): 255-266.

van Breemen N, Driscoll C, Mulder J. 1984. Acidic deposition and internal proton sources in acidification of soils and waters. Nature, 307(5952): 599-604.

van Breemen N, Mulder J, Driscoll C. 1983. Acidification and alkalinization of soils. Plant Soil, 75: 283-308.

Wang J, Wang X, Xu M, et al. 2015. Crop yield and soil organic matter after long-term straw return to soil in China. Nutrient Cycling in Agroecosystems, 102(3): 371-381.

Wang J, Zhang X, Jiang L, et al. 2010. Bioturbation of burrowing crabs promotes sediment turnover and carbon and nitrogen movements in an estuarine salt marsh. Ecosystems, 13: 586-599.

Warkentin B. 1995. The changing concept of soil quality. Journal of Soil and Water Conservation, 50(3): 226-228.

Welikala D, Hucker C, Hartland A, et al. 2018. Trace metal mobilization by organic soil amendments: insights gained from analyses of solid and solution phase complexation of cadmium, nickel and zinc. Chemosphere, 199: 684-693.

Yang Z, Xu M, Zheng S, et al. 2012. Effects of long-term winter planted green manure on physical properties of reddish paddy soil under a double-rice cropping system. Journal of Integrative Agriculture, 11(4): 655- 664.

Yilmaz E, Mehmet S. 2017. The role of organic/bio-fertilizer amendment on aggregate stability and organic carbon content in different aggregate scales. Soil and Tillage Research, 168: 118-124.

Zhao F, Ma Y, Zhu Y, et al. 2015. Soil contamination in China: current status and mitigation strategies. Environmental Science & Technology, 49: 750-759.

第 8 章　“双水双绿”主要模式及技术

摘要：稻田综合种养是在传统的稻田养鱼模式基础上逐步发展起来的生态循环农业模式，由于其生态经济的合理性，而成为“双水双绿”模式发展的基础。本章在我国稻田综合种养模式类型认识的基础上，介绍主要稻田综合种养模式特点，结合种养模式和“双水双绿”的目标要求，介绍绿色田间工程、绿色水稻生产、绿色水产养殖等关键技术。

经过长期生产实践，我国农民积累了大量种养结合的经验，技术也不断更新，特别是现代技术与传统农业技术结合，推动稻田综合种养模式与技术日臻成熟。稻田养殖的动物涉及鱼类、甲壳类、两栖类、禽类等，可供稻田养殖的动物繁多，虽然不同养殖动物的习性和环境要求千差万别，生产方式、模式及田间工程差别也比较大，但其关键不外乎水稻的绿色栽培、动物的绿色养殖和环境的绿色管理。

8.1　主要稻田种养模式及特点

在新技术的发展下，稻田养殖品种得到改良和更新，新品种使稻田养殖业取得高产高效，这些品种包括革胡子鲇、罗氏沼虾、淡水青虾、河蟹、牛蛙、甲鱼、泥鳅，甚至鸭子和食用菌等，使稻田生态种养异常活跃。

8.1.1　中国主要稻田种养模式及分布

随着农村经济的发展和科技的进步，稻田综合种养模式不断完善和升级，模式类型越来越丰富，稻田种养由传统稻鱼共生逐渐发展为稻—鳖、稻—鳅、稻—鳝、稻—虾、稻—蟹、稻—龟、稻—蛙、稻—鸭、稻—虾—蟹混养、稻—田鱼—蛙混养、稻—鸭—鱼混养等多种模式。农业农村部初步总结归纳成稻—蟹、稻—虾、稻—龟鳖、稻—鱼、稻—贝、稻—蛙及综合类等七大类 24 种典型模式（全国水产技术推广总站等，2019）（表 8-1）。

表 8-1 中国稻渔综合种养模式类型

类别	具体模式	省（自治区、直辖市）
稻-蟹	稻+中华绒螯蟹（共作）	吉林、辽宁、宁夏、陕西、重庆、广西、黑龙江
稻-虾	稻+小龙虾（共作）	安徽、重庆、湖北、江西、宁夏、广西
	稻+小龙虾（轮作）	江西
	稻+南美白对虾（共作）	广西
	稻+日本沼虾（轮作）	浙江、湖北
稻-龟鳖	稻+中华鳖（共作）	浙江、湖北、江西、宁夏
	稻+中华鳖（轮作）	浙江
	稻+乌龟（共作）	广西
	稻+日本鳖（共作）	安徽
	稻+黄沙鳖（共作）	广西
稻-鱼	稻+鲤（共作）	重庆、福建、贵州、吉林、浙江、四川
	稻+鲫（共作）	重庆、福建、宁夏、四川
	稻+田鱼（土著鱼）（共作）	宁夏、四川
	稻+禾花鱼（土著鱼）（共作）	湖北、宁夏、重庆、黑龙江、四川、辽宁
	稻+大鳞副泥鳅	湖北、宁夏、重庆、黑龙江、四川、辽宁
	稻+黄鳝（共作）	广西
	稻+黄颡鱼（共作）	江西
	稻+草鱼（共作）	贵州、四川
	稻+鲢鳙（共作）	四川
稻-贝	稻+田螺（共作）	广西
	稻+珍珠蚌（共作）	江西
稻-蛙	稻+蛙	广西、江西
综合类	稻+虾+蟹（罗氏沼虾+中华绒螯蟹）	重庆
	稻+鳖+蛙	安徽

资料来源：中国稻渔综合种养产业发展报告（2018）

据统计，2017 年，全国稻田综合种养面积为 168.27 万 hm^{2}①，除北京、海南、西藏和青海等外，其余省（自治区、直辖市）均开展稻田综合种养，全国稻田综合种养面积主要省（自治区、直辖市）为湖北、湖南、江西、四川、安徽、浙江、贵州、江苏、辽宁等地，湖北、四川和湖南三省位列稻田综合种养面积前三名。

国内面积较大的稻田种养模式主要有稻虾模式、稻蟹模式、稻鳖模式、稻鳅模式和稻鱼模式等五大类，2018 年稻虾模式推广面积最大，为 1511.16 万亩，面

①中国渔业统计年鉴（2018）. http://kns.cnki.net/kcms/detail/detail.aspx?dbcode=CYFD&filename= N2018120050000089&dbname=CYFD2018

积占比 49.67%；稻鱼模式面积为 1280.85 万亩，占比 42.10%；稻鳖模式面积占比 1%；稻鳅模式面积占比 1.57%；稻蟹模式面积占比 4.97%；其他模式面积占比 0.69%（全国水产技术推广总站等，2020）。

8.1.2 稻鱼模式

8.1.2.1 稻鱼模式的特点

传统稻鱼模式也是所有其他稻田种养模式的发源，历经多年的发展，大多具有稻田养鱼的地方都采用或部分采用水稻和鱼的组合形式，形成了与各地生产条件和消费习惯相适应的多样化的稻鱼模式，养殖鱼类以草鱼、鲤为主，也养殖鲫、鲢、鳙、鲮等鱼。

草食性鱼类，可采食水生植物，目前稻田里所知的常见杂草有 30～50 种，其中轮叶黑藻、苦草、小茨藻、菹草、眼子菜、聚合草、嫩芦苇和禾本科植物以及淹没在水中的陆生高等植物的茎叶都是草鱼最喜吃的天然饵料；在幼鱼阶段，也可采食动物食料为生，体长 1cm 左右的鱼苗主要还是以小型浮游动物以及小型水生昆虫的幼虫为食，长达夏花鱼种时，就逐步转入草食性；鲤等杂食性鱼类，其摄食和消化器官有助于吃食大量水草、丝状藻类、植物种子和有机腐屑，又可摄食螺蛳、摇蚊幼虫、水丝蚓等动物，从而能够充分利用稻田环境中的潜在自然生产力并发挥耕田除草、吞食害虫的作用；同时鲤也是典型底栖鱼类，其觅食和游动过程可对稻田起着松土增肥、提供氧气的作用（倪达书和汪建国，1990）。

稻田环境为鱼类提供了良好的生活环境，稻田养鱼在提高水稻产量的同时，通过控制病虫害的发生以及充分利用养分来降低化肥农药的使用保证水稻的稳产甚至增产（张剑等，2017），其主要原因是水稻和鱼之间的互惠效应，水稻改善水体环境，提高了鱼的活动频率，增大了鱼的活动范围；同时鱼的活动又促进稻田养分的循环利用，对水稻病虫害和田间杂草发挥了生物控制作用（Xie et al.，2011）。稻田养鱼投入的饲料以及饲料的循环利用是保证水稻稳产、增产所需养分的来源（Berg，2002）；饲料中的残饵容易被微生物分解形成水稻可直接利用的养分，被取食的饲料也会随着鱼排泄物的产生而增加对水稻营养的供应（Hu et al.，2013）。

8.1.2.2 稻鱼模式技术要点

稻田养鱼适应性比较广，平原湖区、山区、丘陵岗地等有分布，除平原高产稻田外，梯田、山垄田、烂泥田（冷浸田）等均可养鱼。因此，稻田养鱼的田间工程复杂多样，可因地制宜开挖田间工程。目前，规模化生产中多采用在稻田中挖鱼沟、鱼溜或鱼凼，在进出水口设置鱼栅的方式进行，在冷浸田可采用垄稻沟鱼模式。

实际生产中有单季稻养鱼、双季稻养鱼，也有冬闲田养鱼。单季稻养鱼，多在中稻田进行，5～8月生长期约110天，此时正是鱼的生长旺季，若养水花（草鱼），应于秧苗返青后鱼开口时放入，8月可长到7cm左右，若养成鱼，应放10cm以上的大鱼种。双季稻养鱼要挖好鱼坑，把鱼坑挖大，挖深1～2m，准备第一次割稻时放鱼进坑继续暂养；第一次放鱼在秧苗插后返青时，把鱼苗放入田坑中，随着加深水位，鱼苗由坑走向沟，由沟走入大田满田放养，一直养到割谷为止，割谷前稻田降低水位，让鱼进鱼坑继续养殖，如果鱼坑不够用，可将鱼转塘养殖；第二次放鱼在割谷后，清整稻田时，要施足基肥，进水插秧，秧苗返青后，投放大规格的罗非鱼及草鱼苗种。冬闲田养鱼，可在秋季稻谷收割后，割稻时留长茬，只割稻穗，接着灌深水，加高水位60～80cm，深茬在池水浸泡下，逐渐腐烂，分解为鱼和浮游生物的饵料，就田养殖，并注意防寒（叶重光等，2003）。

8.1.2.3 稻鱼模式的应用

稻鱼模式在中国稻田种养发展中具有重要地位，2018年全国稻鱼种养面积为1280.85万亩，占稻田综合种养总面积的42.10%（全国水产技术推广总站等，2020）；稻鱼模式主要分布于浙江、四川、湖南、贵州、福建、江西、广西、云南等华南双季稻和华中单双季稻地区，典型稻鱼种养模式有浙江青田稻鱼共作模式、贵州从江稻—鱼—鸭模式、江西万载平原地区稻鱼共作模式等（隆斌庆等，2017；胡亮亮等，2015）。

浙江青田稻鱼共生系统。青田县位于浙江省东南部、瓯江流域的中下游，该县自公元9世纪开始一直保持着传统的农业生产方式——“稻田养鱼”，并不断发展出独具特色的稻鱼文化，2005年6月该系统被联合国粮农组织列为首批全球重要农业文化遗产（GIAHS），成为中国第一个世界农业文化遗产。目前，稻田养鱼产业仍是青田县东部地区农民主要收入来源，面积8万亩，标准化稻田养鱼基地3.5万亩；青田县委、县政府高度重视稻鱼共生产业发展和文化挖掘工作，成立了县“稻鱼共生系统”项目保护和开发领导小组，成立了稻鱼共生农业文化遗产研究推广中心，制定了稻鱼共生产业发展规划，出台了产业发展扶持政策，加快发展传统稻鱼共生产业（农业部乡镇企业局，2013）。

贵州从江侗乡稻鱼鸭系统。从江稻田养鱼鸭历史悠久，距今已有1400多年。2011年，被联合国粮农组织认定为全球重要农业文化遗产。该系统是在水稻田中以“种一季稻、放一批鱼、养一群鸭”为特色而形成的稻鱼鸭共生、鱼米鸭同收的复合生态农业系统。如今，位于黔东南的从江县，现有稻田面积17万多亩，其中保灌面积12万多亩（张丹等，2015）。

8.1.3 稻虾模式

8.1.3.1 稻虾模式的特点

稻田可以养殖沼虾、对虾和螯虾，目前稻虾模式面积较大的是养殖小龙虾（克氏原螯虾），小龙虾具有食性范围广、生长周期短（仅 4 个月）、繁殖能力极强（雌性每年生育 200～600 个后代）、抵抗能力强（掘洞，潮湿环境下能存活三个月）等特性，同时具有较高的观赏价值和经济价值（Hobbs et al.，1989），促进了小龙虾在全球范围内的广泛分布。长江中下游平原的滨湖地区自然条件得天独厚，低洼稻田面积大，推动了小龙虾稻田养殖产业的快速发展。

稻虾模式具有多方面的生态系统效应，利用稻田饵料资源，小龙虾能吃掉稻田中的杂草和水生生物，消灭包括蚊子在内的危害性幼虫；改善土壤条件，排出的粪便起到了增肥的效果，其活动又能改变土壤物理结构及透气性，有利于土壤肥力的释放；节能减排，虾的除草、控虫、增肥作用减少了系统对化肥和农药的使用；一些稻田为低洼潜育化涝渍地，排涝等生产成本高、效益低，一季中稻或双季稻生长季以外多余的水分、热量等气候资源利用不充分，通过稻田养虾，既可以稻虾互惠、充分利用水分、热量资源，实现增产增收，又能够实现稻田立体改造，形成不同于一般稻田的沟、埂、面，增强蓄水，提高稻作系统对旱涝灾害的抵抗能力（佀国涵，2017）。

8.1.3.2 稻虾模式技术要点

小龙虾一年四季均可在长江中下游地区的低洼稻田内生长和繁殖，根据小龙虾和水稻接茬关系、商品虾收获季节和时间，分为稻虾连作和稻虾共作。稻虾连作是在稻田非水稻生产季的冬春养殖小龙虾，既可以在水稻收获后，利用冬闲田繁育虾苗，春天和初夏收获商品虾；也可以在早春投放虾苗，初夏收获商品虾，可实现一虾一稻。稻虾共作是一季水稻加全年小龙虾养殖，水稻生长季有小龙虾与水稻共生，在每年的 4 月中旬至 6 月上旬和 8 月上旬至 9 月底是小龙虾的两段高产出时期，宜集中捕获上市，其他时间也可少量收获，因此，可实现一稻两虾或一稻多虾。稻虾模式适合轮捕轮放，即当虾个体达商品规格时可用地笼捕捞上市，低于商品规格的虾放回水体继续养殖，而发现稻田中苗种数量不够时则需要添加新的苗种。

目前，稻虾共作较普遍，稻虾共作是在稻田中养殖克氏原螯虾并种植一季水稻，在水稻种植期间，克氏原螯虾与水稻在稻田中同生共长，全程养两季虾的种养结合的生态高效模式。为了保证稻虾共同生长，在田间挖掘养殖沟，沟田相通，以保证沟田水体交换、小龙虾进出。该模式在每年的 8 月下旬至 9 月初，中稻收割前投放亲虾，或 9 月至 10 月中稻收割后投放幼虾，第二年的 4 月中旬至 5 月下旬收获成虾，同时补投幼虾。翌年 5 月底 6 月初，整田、插秧，8～9 月收获亲虾或商品虾，如此循环轮替。

8.1.3.3 稻虾模式的应用

稻虾模式居中国稻田种养模式推广面积首位，2018 年面积达 1511.16 万亩，占稻田综合种养总面积的 49.67%；稻虾模式推广面积中的 79%分布在湖北、湖南、江西、安徽、江苏等长江中下游流域（全国水产技术推广总站等，2020）；已经形成以湖北潜江稻虾共作模式、湖南南县稻虾种养模式、江苏盱眙稻虾种养模式等为代表的富有地域特色的稻虾模式。

湖北潜江是长江中下游稻区稻虾模式的发源地。潜江充分发挥水土资源优势，创新性地实现由“稻虾连作”向“稻虾共作”的转型，实现了“一稻一虾”向“一稻两虾”的转变，截至 2018 年全市稻虾共作面积已达 75 万亩，建成了 13 个万亩和 60 个千亩集中连片稻虾共作标准化生态种养基地，围绕小龙虾产业已形成集科研示范、良种选育、苗种繁殖、生态养殖、加工出口、健康餐饮、冷链物流、精深加工、节庆文化、产城融合等于一体的产业融合发展格局，一举成为“中国小龙虾之乡”“中国小龙虾加工出口第一市”“中国虾稻之乡”。

8.1.4 稻蟹模式

8.1.4.1 稻蟹模式的特点

河蟹具有较强的地域性，不同水系的河蟹对环境适应的能力有所不同，目前用于稻田养殖的对象主要是长江水系和辽河水系的河蟹。稻田土质松软、水质清新、水温适宜、氧气充足、可为河蟹提供丰富饵料的浮游生物生长迅速，茂盛的稻株可为河蟹提供隐蔽和栖息的场所，因此，稻田是河蟹理想的生长环境（王坚等，2011）；稻田养蟹可以改善土壤性质、提高土壤肥力，研究表明，与不养蟹稻田相比，养蟹稻田日平均水温提高 0.5℃（高洪生，2006），稻田溶氧量增加 2.07mg/L（朱清海等，1994），土壤有机质含量增加 0.5%～2.6%（王位亭等，2002），养蟹稻田比单种水稻田全氮提高 4.0%～12.5%，速效磷含量增加 3.1%～11.5%，速效钾含量提高 5.6%～11.7%（汪清，2011）。稻田养蟹可以除草、除虫和抑菌，减少农药使用量，养蟹稻田灭草率可达 90%以上（吕东锋等，2011），高峰期飞虱发生率减少 70%以上（杨勇等，2004）。由于蟹壳的抑菌作用，稻株发病率下降，稻纵卷叶螟和纹枯病的危害亦减轻（杨勇等，2004）。稻田养蟹效益高，研究表明养蟹稻田产量提高 12.58%～16.40%（吕东锋等，2011），并由于稻田养蟹对使用农药的严格控制和以有机肥为主的施肥模式，稻米卫生品质和食味品质均显著提高，最低达到无公害稻米标准，有些还能达到绿色甚至有机稻米标准，水稻产值显著提高，河蟹的销售同样能提供丰厚的回报（安辉等，2012）。

8.1.4.2 稻蟹模式技术要点

稻田养蟹一般为一季稻，4～5 月放苗，10～11 月收蟹，目前主要有三种模式：①以培养蟹种为主，蟹苗经过 4～5 个月的饲养，育成规格为每千克 50～200 只的蟹种，一般每公顷产 225～300kg；②以养殖商品蟹为主，蟹种经养殖达到当年上市规格（每只重 125g 以上），一般每公顷产 300～450kg；③以暂养育肥为主，自 7 月开始陆续放养规格为每只 50～100g 的大蟹，进行高密度精养催肥，年底可育成规格较大的商品蟹，一般每公顷产 450～750kg。养蟹稻田不宜过大，一般 5～10 亩，多采用宽沟式，沟面设置一定的坡度，田内可设置蟹岛，以利于蟹活动、觅食，同时注意防逃（何中央等，2000）。

8.1.4.3 稻蟹模式的应用

2018 年，中国稻蟹种养模式发展面积为 151.21 万亩，占稻渔综合种养总面积的 4.97%；稻蟹模式主要分布在黑龙江、吉林、辽宁、宁夏省份，已形成典型的"辽宁盘山模式""宁夏稻蟹共作模式""吉林稻田养蟹技术模式"等（全国水产技术推广总站等，2019）。

辽宁盘山模式。辽宁省盘锦市地处辽河三角洲中心地带，是辽河入海口城市，域内水域面积广阔，是我国北方地区河蟹主要的自然繁育和育肥区域（刘谓，2018）。盘锦稻蟹综合种养模式分为扣蟹（幼蟹）养殖和成蟹养殖两种模式（刘谓，2018）。20 世纪 90 年代，盘锦市在全国率先突破河蟹大规模人工育苗技术和稻田养殖技术后，积极实施"用水不占水、用地不占地、一地两用、一水两养、一季三收"的稻蟹共生原生态种养模式（赵娜，2014；陈卫新，2016），2017 年全市稻蟹种养面积达到 58 万亩[①]，成功地打造出"大垄双行、早放精养、种养结合、稻蟹双赢"的立体生态种养新技术模式——"盘山模式"（赵娜，2014），辐射带动了我国北方地区稻蟹种养新技术的发展。

8.1.5 稻鳖模式

8.1.5.1 稻鳖模式的特点

中华鳖又称甲鱼、团鱼，是一种珍贵的经济动物，其营养成分十分丰富，对人体有较强的滋补作用，又是一种重要的药材，全身各组织部位都能入药，且各

---

① 辽宁盘锦强力推进稻蟹种养模式发展. 中国食品报, 2018. https://www.sohu.com/a/273631199_99927860

有特殊的功能（张丹等，2013，2015）。长江中下游地区中华鳖资源量最为丰富，我国食用鳖主要靠采捕野生自然资源，但是自然种群生长慢、繁殖率低，远远不能满足日益增长的消费需求，因此，其人工养殖的发展已经成为必然的趋势。在这样的背景之下，稻田养鳖因其高效益和高品质的特点，获得了越来越多的关注。

利用稻田进行鳖的立体生态种养具有三大优势，一是中华鳖可以得到更为接近野生生境的生存条件，活动、摄食、晒背范围大，还可以田里的天然饵料为食（如泥鳅、小鱼虾、田螺和水稻害虫），品质得到显著提升，水稻能吸收田中的肥料、净化水环境，有利于鳖的生长发育，稻田鳖与池塘鳖比较，个体增重20%～30%（方小金，1995）；二是稻鳖共生可以达到养鳖不占地、种稻不治虫，鳖的活动还能清除田里的杂草（孟祥杰等，2019），养鳖饲料及鳖排出的粪便可为水稻生长提供丰富的营养物质，稻株为鳖提供稳定的晒背场所，鳖为稻田疏松土壤、捕捉害虫，互惠互利；三是有利于降低生产成本，提高经济效益。

8.1.5.2 稻鳖模式技术要点

稻鳖模式有“稻鳖轮作”和“稻鳖共生”，稻鳖共生模式是选用不需晒田、抗倒伏、抗病虫害、产量高的优质水稻品种和优质中华鳖苗种，通过将插秧技术、调整池塘水位、改变化肥和药物使用种类与使用量、病虫害防治、鳖养殖过程管理等关键技术有机衔接，实现稻鳖互利共生；稻鳖轮作模式在不破坏土壤耕作层的前提下，通过田埂加高等田间工程和水位调节等技术，实现在原鳖池中开展水稻种植，开展“养—轮鳖，种—季稻”的稻鳖轮作（曹凑贵和蔡明历，2017）。

稻鳖共生高产高效模式是以高规格田间工程改造为基础，以绿色或有机农产品生产标准为中心，选择适宜的优质水稻和中华鳖品种，根据当地气候、土壤特点，科学规划、规范操作。稻鳖共生模式稻田不宜过大，一般5～10亩，多采用宽沟式，沟面设置一定的坡度，通常养殖沟占稻田10%，田内可设通行沟及饵料台，以有利于中华鳖的活动、觅食，同时注意防逃。德清县稻鳖共生模式是每年4月在鳖池里放养幼鳖，幼鳖规格每只250～300g，放养密度每公顷7500～9000只，至10月养成商品鳖起捕，商品鳖体重一般单只能达到500～600g。在5月中下旬至6月上旬插种晚稻，10月底或11月初收割，稻鳖共生期为5个月左右。晚稻收割后可以继续种植大麦、小麦和油菜，翌年5月底春花作物收获后可以再实施稻鳖共生模式（李应森，1998）。

8.1.5.3 稻鳖模式的应用

2018年，中国稻鳖种养面积为30.42万亩，占比1%；稻鳖模式主要分布在安徽、湖北、湖南、四川、浙江等地（全国水产技术推广总站等，2020），广泛适应于华南、华中、华北稻作区的所有中稻稻田以及西南的云南省中稻稻田，适宜面积约为 2.7 亿亩（丁伟华，2014），代表性模式有浙江德清稻鳖模式、湖北钟祥“香稻嘉鱼”模式等。

浙江德清稻鳖共生模式。浙江德清县稻鳖共生开始于 20 世纪 90 年代末，2010 年探索出稻鳖共生模式，目前在浙江湖州市德清、长兴、安吉等县市得到推广，能够减肥减药 30%以上，亩产水稻 550kg 和商品鳖 50kg，实现了“百斤鱼、千斤粮、万元钱”。

湖北钟祥“香稻嘉鱼”模式。钟祥市稻田种养历史悠久，早在明代弘治年间（1488～1505 年）就初步形成了“香稻嘉鱼”模式，简言之，是在稻田岸上种植桂花树、稻田中放养甲鱼的一种种养结合模式，其中的“稻”即黄华占常规水稻，因在稻田四周栽植桂花树，金秋水稻成熟佳季，桂花飘香，故得名“香稻”；“嘉鱼”即“甲鱼”，又名中华鳖。2013 年以钟祥市旧口镇鳖虾鱼稻的示范成功为起点，截至 2017 年全市稻鳖共育面积达 2 万多亩。

8.1.6 稻鳅模式

8.1.6.1 稻鳅模式的特点

泥鳅（又名鱼鳅、泥鳅鱼）是小型杂食性鱼类，在我国长江流域和珠江流域分布较为密集，其营养价值高于一般鱼类，具有很高的食用作用和药用价值（蓝嘉等，2016），素有“水中人参”之美誉（江苏新医学院，1992），在国内外都有着巨大的市场需求。

稻田养鳅已是泥鳅养殖的重要方式之一。泥鳅虽然广泛分布于江河、湖泊、水库、沟渠、池塘等天然水域中，但偏向于这些水域淤泥层较厚的浅水区，稻田水浅，淤泥层又厚，是其理想的场所；泥鳅喜阴怕光，长期生活在暗淡的水底，视觉退化，稻田内水稻后期冠层郁闭所营造的阴暗环境正适合其生存和生长；泥鳅营底栖生活，放在稻田中饲养，可以起到松土、促进水稻生长的作用，泥鳅不仅能够取食稻田中的水蚤、水蚯蚓、水草和藻类等天然饵料，还能通过其特殊的胃肠构造有效利用稻田泥土中的微生物和腐殖质；同时它可吃掉部分螟虫卵及褐稻虱，控制水稻的病虫害。泥鳅的上下游动还能加速水层对流、物质交换，成鳅能充分摄取水中的适用饵料和杂草，减少饵料的投喂，而水稻吸收泥鳅的排泄物和剩余饵料补充所需肥料，有利于生长（李艳蕾和晏群，2018），两者间形成了有效的生态互补。稻田养殖泥鳅，能够充分利用稻田资源，有助于降低农药、化肥的使用和污染，同时又能提高稻米产量，生产出优质无公害稻米。

8.1.6.2 稻鳅模式技术要点

稻鳅共作有外购泥鳅苗种和稻田原位秋季繁殖鳅苗 2 种模式（江洋等，2020）。

外购泥鳅苗种通常在4～5月投放，至当年8～9月起捕商品泥鳅；稻田原位秋季繁殖鳅苗可在当年8月从原稻田养殖的商品泥鳅中选留，进行稻田原位秋季繁殖鳅苗，越冬后继续养殖至翌年8月起捕商品泥鳅，稻田原位秋季繁殖鳅苗模式操作简便，省去了苗种购买费用，仅增加了催产药品费和孵化用具费，养殖商品泥鳅经济效益优势明显。养鳅稻田不宜过大，一般1～3亩，多采用沟坑式，设置回形沟，沟壁要陡，同时注意防逃、防鸟（陈德富和计连泉，2000）。

8.1.6.3 稻鳅模式的应用

2018年，中国稻鳅种养面积达47.77万亩，占比1.57%；稻鳅模式主要分布于四川、云南、重庆、湖北、浙江、湖南等地（全国水产技术推广总站等，2020），代表性模式如湖北天门稻鳅共育模式、云南哈尼梯田稻鳅共作模式。

湖北天门稻鳅共育模式。天门市地处江汉平原腹地、汉江下游，河湖众多，鳅资源丰富；当地泥鳅种苗繁育难关的攻克促进了当地泥鳅养殖的快速发展，2013年天门市被全国水产技术推广总站列入全国稻田综合种养示范区，主推稻鳅共育模式，逐渐形成了集“泥鳅种苗供应、稻鳅共育模式生产、泥鳅成品回收、稻谷收购”等于一体的稻鳅共育产业链，近年来，当地将稻鳅共育和稻虾连作相结合，探索推出稻—鳅—虾复合种养模式，提升了亩均效益，促进了天门稻鳅产业稳定发展。

8.2 “双水双绿”田间工程技术

“双水双绿”综合种养在稻田生态系统把绿色水稻种植和绿色水产养殖有机结合起来，实现水稻和水产动物的互利共生，需要有一个适合水稻和水产动物生长与生活的田间环境，良好的田间工程建设为“双水双绿”产业发展奠定了坚实的基础。当前，我国稻田种养模式多样，不同区域生态环境又各具特点，从而形成了各式各样的田间工程结构，产生的经济、生态效益也各不相同（张家宏等，2017）。因此，有必要从“双水双绿”稻田种养角度出发，对“双水双绿”田间工程概念、技术体系进行研究，为完善“双水双绿”稻田种养理论与技术提供支持。

8.2.1 “双水双绿”田间工程概述

8.2.1.1 田间工程

田间工程指最末一级固定渠道（农渠）和固定沟道（农沟）之间条田范围内的临时渠道、排水小沟、田间道路、稻田的田块和田埂、小型建筑物以及土地平整等农田建设工程。田间工程建设，是指在一定区域内依据土地利用总体规划，对田、水、路等进行综合整治，调整土地利用结构，增加可利用土地面积，提高土地利用率和产出率的措施。开展田间工程建设，能改善农田排灌条件和农业生产道路运输条件、提高农机作业效率、降低能耗，对确保国土资源持续利用、建设现代化的社会主义新农村有着十分重要的意义（龚浩如等，2012）。

田间工程建设应以建设高标准农田为目标，围绕农田主要限制性因素或全面质量提升而开展的土地平整、土壤改良与培肥、灌溉与排水、田间道路建设、农田防护与生态环境保持、农田输配电，以及其他工程建设，并保障其高效利用的建设活动。因此，田间工程建设包括土地平整工程、土壤改良与培肥工程、灌溉与排水工程、田间道路建设工程、农田防护与生态环境保持工程、农田输配电工程以及其他工程①。

现代农田田间工程建设要把高标准农田建设和新农村建设结合起来，不仅要发挥农田的生产功能和社会功能，更应发展农田的生态功能，提升农田净化空气、涵养水源、保持水土、消纳废弃物、美化环境的作用。在农田田间工程建设中，坚持生态环境治理和生产条件提升并重，遵循山水林田湖草生命共同体的发展理念，采用低碳型技术对田、水、林、草、路进行综合整治，建设生态道路、沟渠、林网以及农田灌排系统，维护农田生态物质循环利用（刘静文，2019）。

8.2.1.2　“双水双绿”田间工程

稻田种养田间工程指为构建稻渔共作模式而实施的稻田改造，包括进排水系统改造、沟坑开挖、田埂加固、稻田平整、防逃防害防病设施建设、机耕道路和辅助道路建设等内容②。“双水双绿”绿色田间工程是符合现代农田工程建设发展要求，以生产绿色水稻和绿色水产品为目标，为适应水稻和水产动物在稻田中互利共生而建立的田间工程系统，形成具有“双水双绿”特色的稻田景观。与常规稻田种养田间工程相比，“双水双绿”绿色田间工程把水稻和水产动物生产条件建设与生态景观建设结合起来，更强调田间工程的区域性、整体性和系统性，景观生态学是“双水双绿”绿色田间工程结构建设的重要理论。具体而言，“双水双绿”绿色田间工程具有以下几个方面的特点和要求。

1）坚持规划先行原则。“双水双绿”绿色田间工程建设是个系统工程，涉及田、水、路、林、村等各方面，要做好空间布局和时间搭配，形成一个功能整体。

2）坚持为绿色生产服务原则。其包括三方面的内容：第一，在田间工程基地选择上，要求水源水质和稻田土壤质量符合绿色生产的场地标准；第二，要有为绿色生产的空间布局，通过景观生物多样性来控制稻田病虫草害，如田埂和沟渠的利用等；第三，要有为控制农业面源污染的田间工程和绿化工程，从而美化环境。

① 国家行业标准：高标准农田建设通则（GB/T 30600—2014）
② 国家水产行业标准：稻渔综合种养技术规范　第 1 部分：通则（SC/T 1135.1—2017）

3）坚持水稻产业的主体地位。“双水双绿”绿色田间工程不能影响水稻产业的发展，田间工程中为水产动物活动的养殖沟（凼）面积一般不得超过稻田面积的 10%。

4）坚持规模化生产的原则。“双水双绿”绿色田间工程应适应现代农业的发展要求，要有一定的面积规模，走机械化和智能化发展之路，具有一定的空间尺度要求，构成稻田景观。

5）坚持因地制宜的原则。应根据不同区域自然资源特点、经济社会发展水平、土地利用状况和不同水产动物养殖类型，因地制宜地采取建设方式和工程措施。

8.2.2 “双水双绿”田间工程体系

“双水双绿”田间工程建设是一个系统工程，主要包括基地选择、田块整治工程、灌溉与排水工程、田间道路工程、生态环境工程以及其他配套工程，打造成集生产示范、休闲体验、观光旅游、文化教育于一体的田园综合体，形成具有“双水双绿”特色的稻田景观（图 8-1）。

图 8-1 “双水双绿”稻虾模式稻田景观（贾平安提供）

8.2.2.1 基地选择

“双水双绿”稻田种养基地应选择在区域相对集中、水资源有保障、稻田土壤肥沃及生态环境良好、无污染的地区，远离工矿区和公路铁路干线，避开污染源，无潜在土壤污染和地质灾害，地方政府重视程度高，农村集体经济组织和农民积极性高。一般要求“双水双绿”稻田种养基地面积在 300 亩以上，形成规模效益，符合现代农场发展要求。

“双水双绿”稻田要求场地符合《绿色食品 产地环境质量》(NY/T 391—2013)要求，该标准对产地空气环境（表 8-2）、水质要求（见第 6 章）和土壤质量（表 8-3）都做了明确的规定。

表 8-2 “双水双绿”稻田产地空气质量要求（标准状态）

项目	指标		检测方法
	日平均[a]	1 小时[b]	
总悬浮颗粒物（mg/m^3）	≤0.30	—	GB/T 15432—1995
二氧化硫（mg/m^3）	≤0.15	≤0.50	HJ 482—2009
二氧化氮（mg/m^3）	≤0.08	≤0.20	HJ 479—2009
氟化物（$\mu g/m^3$）	≤7	≤20	HJ 480—2009

a 日平均指任何 1 日的平均指标。b 1 小时指任何 1 小时的指标

注：引自《绿色食品 产地环境质量》(NY/T 391—2013)

表 8-3 “双水双绿”稻田土壤质量要求（标准状态）

项目	pH			检测方法
	pH＜6.5	6.5≤pH≤7.5	pH＞7.5	
总镉（mg/kg）	≤0.30	≤0.30	≤0.40	GB/T 17141—1997
总汞（mg/kg）	≤0.30	≤0.40	≤0.40	GB/T 22105.1—2008
总砷（mg/kg）	≤20	≤20	≤15	GB/T 22105.2—2008
总铅（mg/kg）	≤50	≤50	≤50	GB/T 17141—1997
总铬（mg/kg）	≤120	≤120	≤120	HJ 491—2019
总铜（mg/kg）	≤50	≤60	≤60	GB/T 17138—1997

注：引自《绿色食品 产地环境质量》(NY/T 391—2013)

8.2.2.2 田块整治工程

（1）田块大小确定

“双水双绿”稻田田块面积大小主要依据区域自然条件（主要包括局部土地平整度、灌水均匀度和机械化水平）和稻田养殖类型而定，面积在 3～40 亩，丘陵地区田块面积可相对减小，而平原等地势平坦地区可适当增加（黄彦等，2019）。稻虾田田块面积相对较大，一般以 20～40 亩为宜，稻鸭田田块面积 5 亩左右为宜，稻蛙田田块面积相对较小，3 亩左右即可。为便于机械化和操作管理，稻田面积以 5～10 亩为宜。

（2）田块平整

在田块土方平整施工前，先清除开挖区域内的树桩、树根、杂草、垃圾、废渣等，拆除田埂。在田块平整时，先进行表土剥离，将拟进行田块归并的田块表

面取起，推至指定地点堆放，再采用推土机进行大面积粗平，按田块设计高程削高填低，局部高差较大处，采用铲运机铲运土方回填，尽量做到挖填同时进行。等大面平整出来后再采用人工精平，对推土机无法达到的边角、死角以及田块内部不平整区域进行平整，使之与设计相符，然后回填剥离表土。为便于水稻耕作，新造田地表土翻松采用推土机的松土器进行耙松处理或采用拖拉机配合犁进行翻犁。田面平整后，检查田面是否达到水平，田面高差应在±3cm 以内。

（3）修筑田埂

田埂夯筑要密实、线条顺直，田埂须用生土填筑，不能夹有石砾、树根、草皮等杂物，修筑时须逐层推土、逐层夯实，进行放水试验，防止漏水。对于超过1.00m 以上的田埂应种植草皮；当田埂高度较大时，下部应设置砌石护坡或干砌卵石挡土墙，上部采用草皮护坡。

（4）田块工程建设

“双水双绿”稻田需要实施工程化改造为水产动物的稻田养殖提供场所，进而为水稻和水产动物互利共生提供生态环境。稻田养殖水产（禽）动物种类众多，不同水产（禽）动物对水体环境要求不同，导致稻田种养田块田间工程结构差异性很大，一般由环形沟、田间沟和暂养池三部分构成。在具体养殖沟（凼）工程中，首先要确保沟坑占比不超过 10%[①]，同时建立环沟体系，这样有利于稻田水体循环，可为水产动物活动和生长提供良好的水体环境（肖祖国等，2010）。

8.2.2.3 灌溉与排水工程

灌溉与排水工程的作用主要体现在整理区域农田取水输水、灌水排水、调节分配用水等诸多方面。另外，从景观生态学方面来看，灌溉与排水田间工程可以做为生物栖息的场所，生物迁移和污染物质吸收、排放的通道。可见，稻田排水沟渠作为农田生态系统和水域生态系统的过渡地带，其结构、组成对农田生态系统与水域生态系统之间的能量流动和物质交换有重要影响（刘辉，2013）。

根据“双水双绿”稻田用水量偏大的特点，稻田水利工程可采用“一暗一明”（暗渠明沟）或“两明”（明渠明沟）方式进行灌溉与排水工程建设，具体实施可参照《节水灌溉工程技术规范》（GB/T 50363—2018）。

为降低农田排水中氮磷等营养物质对环境的影响，需要对排水沟进行生态拦截，构建生态排水沟。在工程建设中，根据“兼顾农田排水和生态拦截功能，因地制宜，循环利用，生态降解”的原则，建成生态拦截型沟渠系统，使之在具有原有的排水功能基础上，增加对农田排水中所携带氮磷等养分的吸附、吸收和降

① 国家水产行业标准：稻渔综合种养技术规范　第 1 部分：通则（SC/T 1135.1—2017）

解等生态功能。具体实施可参照《农田径流氮磷生态拦截沟渠构建技术规范》（DB3205/T 157—2008）。

8.2.2.4 田间道路工程

田间道路工程指为满足农业物资运输、农业耕作和其他农业生产活动需要所采取的各种措施，包括机耕路和生产路。田间道路布置应适应农业现代化的需要，机耕路的路面宽度宜为 3～6m，生产路的路面宽度不宜超过 3m，在大型机械化作业区，田间道（机耕路）的路面宽度可适当放宽。

8.2.2.5 生态环境工程

生态环境工程指为改善生态条件、防止或减少污染和自然灾害、美化环境等所采取的各种措施，包括农田林网工程、岸坡防护工程、沟渠治理工程、坡面防护工程和道路美化工程，也包括为了绿色防控对道路、沟渠和田埂等所采取的植树、养花和种草（陷阱植物）等。生态环境工程是稻田景观提升的重要方面，应与田、路、渠、沟等相结合，与农村居民点景观建设相协调。

8.2.2.6 其他配套工程

其他配套工程主要包括稻田输配电工程、生产生活配套工程和水产（禽）动物防逃保护工程。稻田输配电工程应与排灌、道路工程相结合，符合电力系统安装与运行相关标准，保证用电质量和安全，同时配备抽水机、泵，必要的增氧设施，搭建饵料台，准备养殖用小船、网箱、工具等，以及建造看管用房等生产生活配套设施。水产（禽）动物防逃保护工程要求进、排水口均用网片过滤以防敌害生物进入和鱼种逃跑，网片孔目视所养鱼规格而定，以不逃鱼、不阻水为原则。

8.2.3 “双水双绿”不同种养模式田块工程

8.2.3.1 稻虾模式田块工程

根据稻田田块面积大小，“双水双绿”稻虾模式田块工程可分为宽沟模式和生态池模式。

（1）宽沟模式

稻虾共作宽沟模式适合于田块面积 20 亩以上的稻田（图 8-2）。该模式下环形养殖沟面宽 3～4m，底宽 1m 左右，沟深 1～1.5m，坡比 1∶1.5；机耕道在靠近交通道边呈 U 形，宽 5～6m，最底部低于田面 0.3～0.5m，方便插秧机和收割机进出稻田。外埂高于田面 1.0～1.2m，田埂顶部宽 1～2m，外埂利用开挖的泥土加固、加高、夯实田埂，不渗水、不漏水；内埂用于维持水稻种植期田内水位、保证田内施肥及种虾繁殖打洞，其在田地边缘筑内埂，宽度 0.3～0.4m，高度 0.3～0.4m，夯实，无坡度。

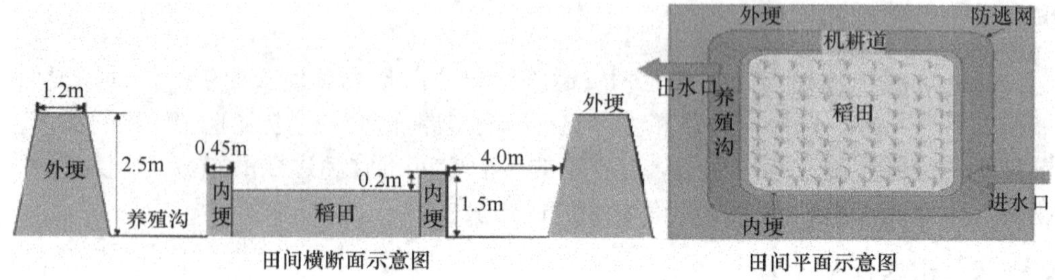

图 8-2 稻虾共作宽沟模式田间结构示意图（江洋等，2020）

（2）生态池模式

稻虾共作生态池模式用于田块面积小于 10 亩的稻田。环形沟沿稻田四周开挖，按深 30～40cm、宽 40～50cm 标准建设，主要作用是稻田水分循环管理，降低稻田土壤潜育化程度。外埂（即稻田四周围埂）按高 0.8～1m、顶部宽约 2m、坡度 1.5∶1 建设，田埂加固时每加一层泥土都要进行夯实，以防渗水或坍塌。生态池建在进水口一侧，距离外埂 4～5m，开挖一个面积 300～500m^2 的长方形水池（占稻田面积的 7%～8%）。生态池深约 1.5m，坡度 2.5∶1，四周筑高 0.3～0.4m、宽 0.4～0.5m 围埂，将水稻种植区和生态池分隔，以方便田面耕整和水稻种植。生态池设有单独的排灌系统，埋有直径 20cm 的 PVC 进排水管道。水稻种植区按照高灌低排的格局布置进、出水口，尽量位于稻田两端，成对角设置。机耕道在稻田靠近道路并方便机械下田的一侧，建一个宽 3～4m 的缓坡，方便机械从外埂上面对稻田进行机械化操作（图 8-3）。

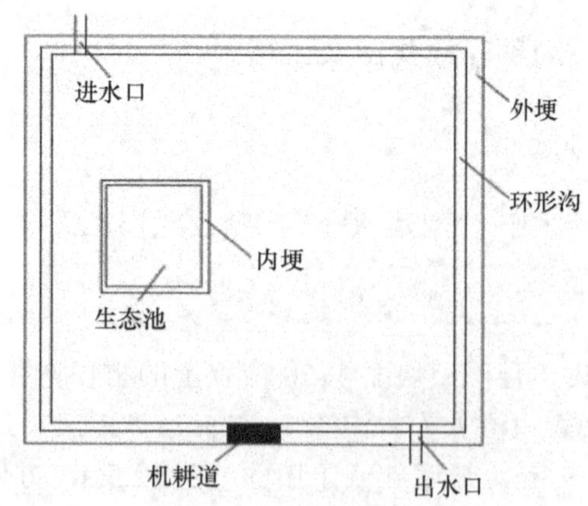

图 8-3 稻虾共作生态池模式田间结构示意图

8.2.3.2 稻鱼模式田间工程

稻田养鱼适应性比较广，平原湖区、山区、丘陵岗地等有分布，除平原高产稻田外，梯田、山垄田、烂泥田（冷浸田）等也可养鱼。因此，稻田养鱼的田间工程复杂多样，可因地制宜地开挖田间工程（Ren et al.，2014；江洋等，2020）。“双水双绿”规模化生产上多采用在稻田中挖鱼沟、鱼溜或鱼凼，在进、出水口设置鱼栅的方式进行（图 8-4）。

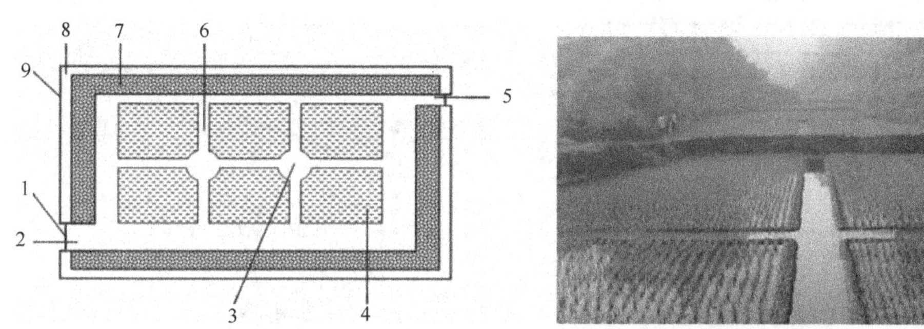

图 8-4 稻鱼共作田间结构示意图（江洋等，2020）

1. 拦鱼栅；2. 进水口；3. 鱼溜；4. 稻田；5. 出水口；6. 鱼沟；7. 稻田；8. 田堤；9. 防逃措施

8.2.3.3 稻鳖模式田间工程

稻鳖模式田间工程要沿着稻田田埂内侧四周进行鳖沟挖掘，并在稻田 4 个拐角处各开挖一个鳖溜，为中华鳖提供活动、觅食、避暑防寒的场所。鳖沟宽 1.5m、深 0.8～1m，鳖溜长 4～6m、宽 3～5m、深 1.2m，根据稻田实际情况，鳖沟也可挖成“田”“井”“口”等形状（图 8-5）。另外，根据中华鳖的生活习性，需要在鳖沟中设置晒背台和饵料台，每隔 10cm 左右放置一块木板在沟中。木板宽 0.6～0.8m、长 1.5～1.8m，一端固定在埂上，另一端没入水中 15cm 左右（孟祥杰等，2019）。

8.2.4 注意事项

当前，我国稻田种养模式类型很多，田间工程技术多种多样，在具体操作中，“双水双绿”绿色田间工程建设应注意以下方面。

1）要做好“双水双绿”基地的选择：“双水双绿”稻田种养对稻田环境质量要求高，空气质量、水资源和土壤重金属含量要达到绿色生产产地要求才能进行田间工程建设。

2）要控制好养殖沟（凼）的比例：稻田的主体还是水稻生产，在稻田种养田间结构工程建设中，水稻的种植面积要得以保障，稻田种养沟、凼等面积一般不得超过稻田面积的 10%。

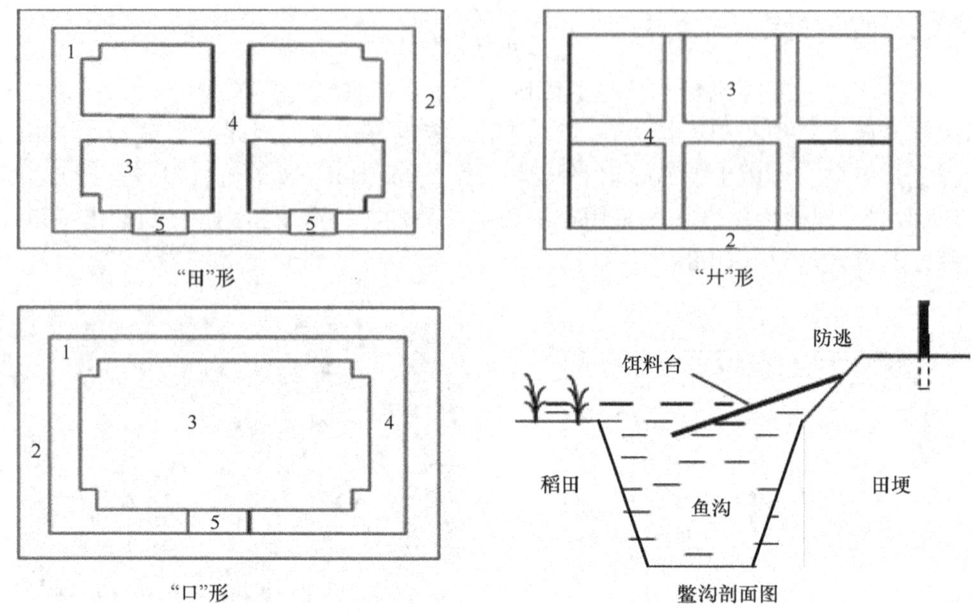

图 8-5 不同稻鳖模式田间工程图（曹凑贵和蔡明历，2017）

1. 鳖溜；2. 田埂；3. 稻田；4. 鳖沟；5. 机耕道

3）要体现不同水产（禽）动物特点和要求：由于稻田不同水产（禽）动物生活习性不同，其正常生长对环境的要求各有差异，因此，稻田种养田间结构的建设应针对水产（禽）动物的活动、取食等特点和要求进行设计与实施。

4）要与现代稻田生产接轨：“双水双绿”稻田田间工程结构一方面为饲养动物提供适宜的生存环境，另一方面与稻田生产接轨，尽量满足农田机械化操作的需求。

5）要做好田块的平整：“双水双绿”生产绿色水稻和绿色小龙虾，遵循“三不一精确”原则。为了控制草间病虫草害（特别是草害），田面的平整对于水稻的绿色生产非常关键。

8.3 水稻绿色生产技术

8.3.1 品种选择

8.3.1.1 品种的生育期要求

要求生育期适宜，在满足稻田综合种养茬口需求的条件下，符合高产优质的标准。同时还兼顾考虑种植方式对水稻生育期的影响，如机插、人工栽插等。目前稻虾综合种养模式最后一次收虾一般在 6 月中下旬，此时移栽，倒推最早播期在 5 月底到 6 月初，此时播种是按一季晚稻种植，水稻生育期在 110～125d 能保证其安全齐穗和成熟。

8.3.1.2　品种的抗性要求

在绿色生产条件下，稻田使用的农药品种及其使用时间具有特定要求，这就对水稻品种的抗性具有更高的要求；所选择品种最好对当地一至几种主要病害具有较强的抗性，一般环境条件下发病较轻，进行适当预防能有效控制病害的发生；由于种养模式的特殊环境条件要求，其淹水灌溉的时间可能加长，倒伏发生的可能性大增，茎秆粗壮和强的抗倒特性尤为重要；对于实施地点在低湖区的，由于易遭遇因暴雨和排水不畅引起的涝害，这就要求品种的耐涝优势明显。

8.3.1.3　对稻米品质的要求

稻田综合种养多个模式中，其中许多模式需要进行田间工程改造、投入动物种苗等方面的投资较大，生产高附加值产品是该模式的必然选项，稻米的高附加值源于按绿色食品标准生产的产品的安全性，但仅有安全性不足以有效提高稻米的市场价格，那么，在稻米具有安全性的基础上，其内在品质包括加工、外观、蒸煮等，特别是食味品质更为重要，要求稻米品质在国标二级及以上，蛋白质含有率在 7.0%以下，直链淀粉含有率在 16%～19%，淀粉糊化特性的最高黏度和崩解值分别在 300B.U.和 150B.U.以上，不仅要求以上各品质指标好，还要求各项品质指标稳定性高。

8.3.2　壮秧培育

8.3.2.1　播种落谷密度

壮秧培育共通的关键技术，首要的是合理的落谷密度，只有合理的落谷密度才能保证形成壮苗所需的土壤营养和接受光照的空间。大量的研究和生产实践表明，培育 3 叶 1 心期的常规稻壮苗合理的落谷密度为 250 粒（芽谷）/dm^2，即每平方厘米两粒半芽谷，折合标准软、硬秧盘（58cm×28cm），每盘破胸露白的芽谷 140～150g（千粒重 26g 左右）。

8.3.2.2　床土培肥

床土是壮秧培育的基础条件。培肥的量因具体取土田块而定，培肥后的床土碱解氮含量以 250～300mg/kg 为宜。若用商用壮秧剂或培肥剂，则务必先做小规模用量试验，以确定合理的培肥用量，以免用量过多烧苗、过少培肥量不足，不能培育出壮秧。按“旋耕培肥→晒（风）干→碾碎→筛选（用 4～6mm 的筛子）→

拌壮秧营养剂”的程序进行盘土的准备。

8.3.2.3 控水盘根

机插小苗育秧过程中无论用何种补水的方式，移栽前 7 天左右开始都必须控制水分供给，床土水分一定要保持在饱和含水量以下，最低可达土壤最大含水量的 85%～90%，以促进根系生长，促成毯状苗盘根。目前生产中应用的部分育秧基质，因质地过分疏松，不仅保水性太差，也不利于盘根，故应加 20%（体积）左右田土拌和其中，以改善质地，保证毯状苗盘根。

8.3.2.4 生长调节物质

目前市售的壮秧剂、育秧专用肥和育秧（苗）基质多数都含有多效唑、烯效唑等抑制秧苗地上部器官伸长的生长调节物质，在配制合理、使用恰当的情况下，有防止徒长和减轻超秧龄危害的良好作用。但抑制过度，秧龄已到期而株高过矮，不能满足机插要求，从而延误农时的情况也是常见的。所以，使用这类商品时必须经多点多次试用，明确其用量和使用方法，确认效果后再大面积应用。

8.3.3 机插秧

8.3.3.1 机插水稻的群体与分蘖特点

机插水稻单位面积穗数和手插稻基本相同，或略高（15 万～20 万穗/亩），仍然应走稳定适宜穗数、主攻大穗的路子。群体培育同样应走“小、壮、高”途径，在合理基本苗基础上，通过促进分蘖，提高茎蘖成穗率（70%～80%）达到高产。机插小苗仍遵循 *N–n* 叶龄期稍前够苗的规律。机插秧与手插秧相比其分蘖特点上有两点主要区别：一是由于苗床密度过大，1、2、3 三个叶位的分蘖芽发育受抑制。二是在 3 叶期移栽的情况下，2、3 叶位的分蘖芽尚能发育分蘖；而在 4 叶期移栽时，这三个分蘖芽全部休眠而成缺位，要到第 7 叶长出时，才在第 4/0 叶位上发生分蘖，从移栽到始蘖要间隔 2 个叶龄。移栽后，多数品种在 8、9、10、11 等 4 个叶位上是分蘖高发生率和高成穗率叶位，这也是计算本田期有效分蘖发生数的重要依据。

8.3.3.2 机插水稻基本苗的确定

机插水稻基本苗的计算公式为

$$X=Y/\mathrm{ES}$$

ES=1（主茎）+（N–n–SN–bn–a）Cr，代入基本公式

$$X=\frac{Y}{1+\left(N-n-\mathrm{SN}-\mathrm{bn}-a\right)Cr}$$

式中，X 为基本苗数；Y 为总穗数；ES 为单株成穗数；N 为总叶片数；n 为伸长节间数；SN 为叶龄；C 为有效分蘖理论发生值；bn 为移栽至始蘖间隔的叶龄数；调节值（a）和分蘖发生率（r）等 3 个参数视具体情况而定。

4 叶期移栽的 bn 值为 2；5 个以上伸长节间品种的 a 值为 1；本田期有效分蘖叶位一般可达 5 个左右；分蘖发生率 r 在播种量适宜、秧龄适当（15～18d）的情况下，可以达到 70%～80%。随着秧龄天数的延长，分蘖率下降，若秧龄达 25d 以上，则分蘖率下降至 50%～60%。根据以上参数，可对机插稻基本苗进行精确定量计算。

8.3.4 精确施肥

8.3.4.1 氮肥施用总量的确定

氮肥施用总量的精确定量公式：施氮总量的求取，可用斯坦福（Stanford）的差值法求取，其基本公式为

$$\text{达到目标产量的施氮总量}\left(\text{kg/亩}\right)=\frac{\text{目标产量的需氮量}\left(\text{kg/亩}\right)-\text{土壤的阶段供氮量}\left(\text{kg/亩}\right)}{\text{氮肥的当季利用率}\left(\text{kg/亩}\right)}$$

阶段施肥量（基蘖肥和穗肥）计算公式为

$$\text{达到目标产量的阶段施氮量}\left(\text{kg/亩}\right)=\frac{\text{达到目标产量的阶段需氮量}\left(\text{kg/亩}\right)-\text{土壤的阶段供氮量}\left(\text{kg/亩}\right)}{\text{氮肥的阶段利用率}\left(\%\right)}$$

公式的实际应用首先要明确目标产量需氮量、土壤供氮量及氮肥当季利用率 3 个参数，确定施氮总量；然后合理确定基肥、分蘖肥与穗肥的分配比例和施用时间。

8.3.4.2 基蘖肥的调节

基肥直接翻入土壤，氮素的损失少，在中苗、大苗移栽的情况下，基肥一般要占基蘖肥总量的 70%～80%；小苗机插，对基肥吸收利用率低，基肥宜减少，以占基蘖肥总量的 20%～30%为宜；在稻田综合种养模式下，因非稻季水产养殖过程中对土壤的培肥作用，可适当降低基肥占基蘖肥的比例，控制在 40%左右。分蘖肥宜早施，一般在栽后 1 个叶龄施下，最迟必须与有效分蘖叶龄期间隔 4 个叶龄。

8.3.4.3 穗肥的调节

在施氮总量和前后分配数量确定并按计划施用了基蘖肥后，至施用穗肥时，必须根据 *N–n* 叶龄期群体总茎蘖数和顶 4 叶、顶 3 叶的叶色差，对穗肥施用的时间和数量做进一步调节。大体可分 4 种苗情作相应调节。

群体适宜，叶色正常。群体在 *N–n* 叶龄期前按时够苗，*N–n* 叶龄期后叶色按时“落黄”，达到预期的发展要求，则可按原定的穗肥用量在倒 4 叶露尖时施用。

群体适宜或较小，叶色“落黄”较早。若群体“落黄”早，出现在 *N–n* 叶龄期，或 *N–n* 叶龄期不够苗，则应提早到倒 5 叶期开始施穗肥，并于倒 4 叶再次施用。氮肥的数量比原计划要增加 10%～15%，2 次施用的比例一般以 7∶3 为好。

群体适宜，叶色过深。若 *N–n* 叶龄期以后顶 4 叶>顶 3 叶，则穗肥一定要推迟到群体叶色“落黄”时才施用，且次数只宜一次，数量要减少。

群体过大，叶色正常。对于 *N–n* 叶龄期总基蘖苗过多（因基本苗多造成茎蘖数过多）、高峰苗达适宜穗数 1.5 倍以上的过大群体，只要在 *N–n*+1 至 *N–n*+2 叶龄期能正常“落黄”的，还应按原计划在倒 4 叶施用穗肥，穗肥数量不能减少。因为这类已经“落黄”的群体需氮量大，有了足够的穗肥，可保证强势茎蘖的需要，能获得较多的穗数。

水稻 *N–n* 叶龄期至穗分化开始是实现肥水调控的关键时期。群体的发展极为多样，但基本上是上述 4 种类型，了解和掌握了这 4 种调节的原则与方法，便可举一反三。

8.3.5 绿色防控

8.3.5.1 病虫草防控原则及农药使用标准

水稻病虫草害的绿色防控依据《绿色食品　农药使用准则》（NY/T 393—2013）执行。

（1）NY/T 393—2013　引用的农药使用标准

《农药安全使用标准》（GB 4285—1989）、《农药合理使用准则（一）》（GB/T 8321.1—2000）、《农药合理使用准则（二）》（GB/T 8321.2—2000）、《农药合理使用准则（三）》（GB 8321.3—2000）、《农药合理使用准则（四）》（GB 8321.4—2006）、《农药合理使用准则（五）》（GB 8321.5—2006）、《农药合理使用准则（六）》（GB 8321.6—2000）、《绿色食品　产地环境质量》（NY/T 391—2013）。

（2）优先采用农业防控

通过选用抗病抗虫品种、非化学药剂种子处理、培育壮苗、加强栽培管理、中耕除草、秋季深翻晒土、清洁田园、轮作倒茬、间作套种等一系列措施起到防治病虫草害的作用。

（3）其他防控手段

采取灯光、色彩诱杀害虫，机械捕捉害虫，以及机械和人工除草等措施。

8.3.5.2 病害绿色防控技术

（1）选用抗病品种

由于绿色防控中少用或不用化学农药，生产实践中在品种选择上除关注产量和品质外，还必须重点考虑选择抗（耐）稻瘟病、稻曲病的品种，及时换去种植年限较长的品种，以防病害的严重发生。

（2）落实好种子处理

做好晒种、选种和符合绿色标准的药物浸种，灭杀种子携带的病菌。

（3）培育壮秧

根据播种期和移栽期确定好秧龄及其播种量，培育稀播壮秧，做好苗期病虫害的预防，施好“送嫁药”，如使用枯草芽孢杆菌防治稻瘟病；用石硫合剂防控其他苗期病虫害。

（4）合理密植

根据品种特性和土壤肥力水平，合理安排移栽密度、株行配置和栽插基本苗，坚持宽行窄株种植，一般行距为 30cm、株距 13～16cm，根据常规稻、杂交稻及其分蘖能力按每穴 2～5 苗的标准栽插。

（5）病害防治

根据水稻生长发育状况，对生长旺盛的秧苗或遇病害易发的气候条件时，及时施用枯草芽孢杆菌防治稻瘟病；利用井冈霉素防治纹枯病和稻曲病；利用农用链霉素防治白叶枯病；病毒病通过防治传染病毒的害虫实现有效防控。所有防病药物也可从《绿色食品 农药使用准则》（NY/T 393—2013）附录 A 中选择。

8.3.5.3 虫害绿色防治

水稻的主要虫害有稻蓟马、三大螟虫、稻飞虱等。苗期主要以防治稻蓟马为主，A 级标准药物可选择吡虫啉，AA 级标准可选择石硫合剂等。大田害虫的防控主要注意以下几方面。

1）性引诱剂诱杀螟虫。用螟虫性引诱剂诱杀螟虫雄蛾，使雌蛾不能正常交配繁殖，减少下代基数，减轻为害发生。5～8 月，每公顷放诱捕器及诱芯 45 个。

2）灯光诱杀害虫。每 $2hm^2$ 稻田安装杀虫灯一盏，诱杀二化螟、三化螟、稻纵卷叶螟、稻飞虱等多种害虫。

3）保护并利用天敌治虫。保护并利用稻田天敌，发挥天敌对害虫的控制作用。常用措施有田埂种豆保护并利用蜘蛛和青蛙等天敌保护青蛙等，还可人工饲养螟黄赤眼蜂，投放大田以灭杀螟虫虫卵。

4）其他防控技术。当稻田飞虱达到防治指标时，使用吡蚜酮防治。利用苏云金杆菌和阿维菌素防治螟虫；或采用《绿色食品　农药使用准则》（NY/T 393—2013）附录A中其他符合的药物防治。

8.3.5.4　杂草绿色防控

采取“两封一杀”的化除方案。

1）第一次封闭。整田后插秧前进行，防除药剂可选丙草胺或《绿色食品　农药使用准则》（NY/T 393—2013）附录A中其他符合的药物。

2）第二次封闭。插秧后7～10天，防除药剂有乙草胺、异丙草胺或采用《绿色食品 农药使用准则》（NY/T 393—2013）附录A中其他符合的药物防控。

3）“一杀”。茎叶处理剂杀灭，栽插后20天左右，杂草3～4叶期是防除最佳适期。防除药剂有6%稻喜，如杂草偏大，可适当加用稻杰或采用《绿色食品 农药使用准则》（NY/T 393—2013）附录A中其他符合的药物防控。

4）注意事项。机插秧田面要平整、保水，栽插后要做到薄水活株、浅水化除，二次封闭后仍要保水5～7天，以发挥“以水控草”的作用。平田后不能及时栽插的田块，要先用药封闭，且应保水增效。用药后遇大雨天气，应及时开好平水缺，降低水位，切忌水层淹没秧心。要严格把握最佳用药期，确保最佳效果。

8.3.6　水分管理

8.3.6.1　活棵分蘖阶段水分管理

活棵分蘖阶段以浅水层（2～3cm）灌溉为主，结合必要的排水露田。移栽苗苗龄不同，水层灌溉也有差异。机插小苗的苗体较小，叶面蒸发量不大。加之根部带部分土移栽，移入大田后，保持土壤湿润即可满足生理需水的要求。其关键点是保持土壤通气，促进秧苗尽快发根。在南方稻区，移栽后一般不宜建立水层，宜采用湿润灌溉的方式。阴天无水层，晴天灌薄水，1～2d后落干，再上薄水。待长出1个叶龄秧苗活棵后，断水露田，田间保持湿润状态，进一步促进发根。待移栽后长出第2片叶时，苗体已较大，此时结合施分蘖肥开始建立以浅水层为辅的水分管理技术体系，并多次落干露田通气，且维持至整个有效分蘖期。

搁田时间始于$N-n-1$叶龄期，持续时间为5～7d。以达到土壤水势指标值–15kPa和叶色“落黄”（顶4叶<顶3叶）为度。例如，一次搁田土壤水势已达到指标值，而叶色尚未“落黄”时，则应及时上跑马水，并进行第2次搁田，达到叶色“落黄”为止。而且这种上跑马水后再次搁田的方式，一直要延续到拔节前（$N-n+2$），这段时间实际上是进行多次适度搁田，切不可一次重搁田。此外，发

苗快、够苗早的田块，则应提早搁田，够苗迟的田块最迟也应在 *N*–*n* 叶龄期搁田。

8.3.6.2 孕穗期水分管理

孕穗期需要进行灌水的最佳（取得最高产量）低限土壤水势值为–5～–8kPa。在上述范围内，地下水位低的和沙土地取上限值；地下水位高的或黏土田取下限值。长穗期灌浅层水后，当土壤水势值达到上述低限指标值时，就需要灌水层 2～3cm，自然落干，待土壤水势再达到低限值时，再灌水 2～3cm。如此周而复始，形成浅水层与湿润交替的灌溉方式。这种灌溉方式也能维持田后土壤沉实而不虚浮，有利于防止倒伏。

8.3.6.3 结实期水分管理

结实期（抽穗至成熟）的灌溉宜选择浅湿交替的灌溉方式，且结实期无水层期土壤水势的低限值较长穗期低。获得高产、优质的结实期灌溉的低限土壤水势指标值为–10～–15kPa，具体的灌水节奏同长穗期。

8.4 水产动物绿色养殖技术

稻田种养模式下动物养殖和池塘等大水体养殖不同，一方面水体环境不稳定、变化大；另一方面种稻与养殖常常会遇到矛盾。因此，稻田动物养殖既要适应稻田环境，又要协调稻渔矛盾。坚持“水稻水产协同”的原则，通过对养殖技术的调整，努力解决稻、渔之间的矛盾，达到“双水双绿”的目的。

8.4.1 苗种准备与放养

苗种放养是稻田养殖成功的关键，劣质苗、放养方法不当都影响种养动物的成活和生长。稻田动物苗种的放养技术包括放养前苗种的健康程度、放养的时间、放养苗种的规格和密度，另外在选购时要鉴别苗种好坏，并做好苗种运输工作。

8.4.1.1 苗种质量

鱼类苗种的质量与亲本的品系、受精卵的质量以及育苗技术水平和育苗条件等因素有关，人工繁殖鱼类苗种的质量参差不齐。鱼类苗种体质好坏是养殖成活率、丰收程度的关键。体质差的，经过运输和放养，再经过放养时拉网，死亡率就很高。好苗种不仅成活率高，死亡少，更重要的是生长速度快，抗病能力强。

在购买鱼类苗种时，必须了解每批苗种的产卵日期、孵化时间，并按上面的质量鉴别标准严格挑选，严禁购买上述劣质苗种，为提高苗种培育成活率创造良好条件。购买时可根据苗种的体色、游泳情况以及顶水能力来区别其优劣，选择体色好、群体组成规格整齐、活动能力强、反应快的苗种，避开杂色苗、“胡子”苗、“困花”苗和畸形苗。

8.4.1.2 苗种运输

苗种易受外界环境的影响，在苗种运输前，要充分考虑运输过程中各个环节的衔接工作和苗种的保护，保证苗种在运输过程中少受影响。运输中要随时注意水温、水质、溶氧量以及苗种的健康程度等，保证苗种运输成活率和健康。

1）注意溶氧量。运输过程中密切关注水体中的溶氧量变化，防止苗种缺氧，尤其在开放式运输中，始终保持水中有足够的溶氧量。当发现小苗浮头严重或水中泡沫过多，水质恶化时，应注意换水、击水、送气和淋水。①换水，换水量为原水量的 1/3～2/3，换入的新水清新无污染，新水温度与装苗种容器的水温不能相差太大，运输苗种温差不超过 3～5℃；②击水、送气和淋水，如换水困难，可采用击水、送气或淋水等方法以增加溶氧量。

2）注意水温。温度与鱼类的活动及耗氧率关系密切，水温升高，鱼类的代谢和活动加强，耗氧率也增加，水中溶氧量降低。所以选择在低温（9～16℃）条件下运输，降低耗氧量，提高成活率。在长途运输过程中要注意换水。

3）注意水质。运输水必须选择水质清新、含有机质和浮游生物少、中性或微碱性、不含有毒物质的水。长途运输中，只可适当投饵，不宜喂得太多，以免水质恶化，同时要及时清除沉积于容器底部的死苗、粪便以及剩余饵料等脏物。

4）注意苗种状况。在运输过程中要经常观察苗种的活动情况，如发现苗种散游乱窜，无一定方向或浮于水面，应及时判明原因，采取换水等措施加以解救。体质瘦弱、受伤或有病的苗种，对缺氧、水质变坏和途中剧烈颠簸的忍耐与抵御能力差，经受不住长距离长时间的运输，运输的成活率很低。

8.4.1.3 苗种放养

苗种放养密度大，则培养的成品的规格小，苗种放养密度小，则培养的成品的规格大。同时稻田生态条件、水利水质条件也限制着养殖密度，影响着养殖方法。气温高、生长期长的水稻品种，养殖条件好的稻田可多放；气温高、生长期短的水稻品种，稻田条件一般的情况应酌情少放。

1）水源好坏、水体的深浅。稻田如果进水方便，如稻田鱼坑、鱼沟深而大，储水量大，这种水源丰富处可以多放。因为这种水田浮游生物丰富，溶氧丰富。反之，水体浅，储水量少，溶氧少，就不能多养。

2）管理水平及养殖目标。条件好、目标高、精细管理，可多放；条件差、粗放经营，可少放。据经验分析，亩产成鱼 100kg 的目标，放养总量为 13～17kg，其中有 50～100g 重的草鱼、鲤、鲢、鳙，总尾数为 250～300 尾；亩产 50kg 的目标，放养总量为 7～10kg，尾数为 120～150 尾。

3）放养时间。一般在秧苗返青后即可放入，早放可延长鱼类在稻田中的生长期；放养隔年苗种不宜过早，在栽秧后 10d 左右放养为宜，放养过早鱼类会吃秧，过迟对鱼、稻生长不利。二龄鱼种指 10cm 以上，一般在 6 月放养，夏花指 3cm 左右，一般放养时间为 4 月下旬到 6 月初。

4）放养条件。放苗种时，要特别注意水温差，即运鱼器具内的水温与稻田的水温相差不能>3℃，因此在运输苗种或器具中，先加入一些稻田清水，使其水温基本一致时，再把苗种缓慢倒入鱼坑或鱼沟里，让苗种自由地游到稻田各处；一般选晴天上午投放，上午 9 时以后，气温升高，水温不冷，稻田里的水温基本上下一致，这时放苗种，容易适应环境；雷雨天、阴天，气温不稳定的时候，不能放苗；气温不稳定，水温也不稳定，人都感到不适应，小小苗种更觉不舒服，容易着凉患病，造成死亡。

8.4.2 饵料投放

“双水双绿”利用稻田里自然生长的饵料生物来养殖各种经济动物，在田块小、产量目标不高、放养密度小的情况下，可不投饵纯粹利用稻田中的天然饵料；但稻田中的饵料生物毕竟有限，且营养不全，因此，在养殖过程中，常常需要补充投喂另外的人工饵料，用以促进养稻养鱼双丰收。

8.4.2.1 水草种植

“双水双绿”应符合生态循环的原则，饵料精准投喂。很多养殖的经济动物以植食性为主，同时喜欢水草生长的环境，如水草即是小龙虾良好的天然植物饵料，又可为小龙虾提供栖息、隐蔽和脱壳场所。因此尽可能地利用天然饵料，种植水草可为养殖动物提供良好的生活环境和饵料来源。适合养殖小龙虾的水草有伊乐藻、轮叶黑藻、菹草、金鱼藻、聚合草、苦草等沉水植物，以及水花生、水葫芦、浮萍等漂浮植物和空心菜等经济蔬菜。

稻田田面可选择移植菹草、伊乐藻等沉水植物和浮萍等漂浮植物，面积分别占 20%；围沟内移植水草可多样化，沉水植物控制在 40%～60%，漂浮植物控制在 20%～30%。养殖小龙虾一定要搞好水草的搭配和管理，保证小龙虾在整个生长阶段都有鲜活的水草。

8.4.2.2 主要养殖动物的投饵

稻田养殖需要补充投饵，补充哪些饵料，应根据投放的鱼种来决定，根据鱼种的大小、生活习性来决定，不能一概而论。

1）草鱼

草鱼补充投喂的饵料有菜籽饼、米糠、麦麸和青饲料，如果是3cm以下的草鱼最好补充浮游生物，在田中勤施肥，每次施清淡肥，培育浮游生物喂苗种，其他苗种同样用这种方法，还可用水浮莲、水花生和水葫芦打浆投喂；3～6cm长的草鱼种，除培育浮游生物外，还可加投水蚯蚓、芜萍、小浮萍和细绿苹；6cm以上的草鱼种加投嫩水草；7cm以上的草鱼以吃草为主。

2）小龙虾

遵循“定时、定位、定质、定量”四定原则和“看天气、看生长、看摄食”三看原则。小龙虾活动范围不大，摄食一般在浅水区域，所以饲料应投在四周的平台上。当夜间观察到有小龙虾出来活动时，就要开始投喂。早春3月以动物性饵料或精料为主，高温季节，以水草和植物性饵料为主。投饲量根据水温、虾的吃食和活动情况来确定。冬天水温低于8℃，小龙虾进入洞穴越冬，夏天水温高于31℃，小龙虾进入洞穴避暑，此阶段可不投或少投；有条件的每周投喂2次鱼糜、绞碎的螺蚌肉1～5kg/亩。每天傍晚投喂一次饲料，如麸皮、豆渣、饼粕或颗粒料等；在田边四周设固定的投饲点进行观察，若2～3h食完，应适当增加投喂量，否则减少其投喂量。另外要经常观察虾的活动情况，当发现大量的虾开始蜕壳或者小龙虾活动异常、有病害发生时，可少投或不投。

3）其他

给鲢、鳙、鲤、罗非鱼补充的饵料为人工配合饵料，也可单喂豆渣、豆饼粉、菜籽饼粉、糖糟、酒糟、麦麸、米糠和鱼粉等。给肉食性鱼类如鲇、乌鳢应补充动物性饵料，应投在鱼坑中，定时投喂，每天清晨7～9时投喂1次，下午3～5时再投喂1次，当天吃完，浮萍不要超过鱼坑的30%。

8.4.3 日常管理

养殖动物的日常管理主要是注意突发事件，如水体变化、鱼病发生、农事操作的矛盾等。稻田养殖期间一般要求每天巡田，对水温、水质、鱼类健康情况等进行检查和记录，能及时地处理出现的问题，使损失最小化。

8.4.3.1 稻田环境的日常巡查

1）水位查巡。注意突发事件，如天气突变、狂风大作、山洪暴发时都会冲垮田埂，要加强维修，时刻提防发生意外事故而造成损失。平时注意进出水口的安全，平水缺（控制水位高低的自动排水口）是否合适，水位高低是否恰当。

2）沟坑查巡。沟、坑是鱼类的通道、游泳觅食的场所，应保持畅通，常疏通以防止堵塞影响鱼类吃食。日常管理时，要不断地把沟、坑里的异物及时取出，因异物既坏水又淤塞通道。

3）水温查巡。注意水温，稻田水浅，在炎热的夏天，如加水不到位，会造成水被晒烫、晒热，致使鱼类不吃食；水温过高还会造成死亡。因此，要管水调温，如在水源充足处，可加高水位，或让水在本田循环流动，流动的水生风降温。

4）水质查巡。保持水质良好，适时投饵，注意防病害水坑中的水色以绿豆汤色或油绿色为好，概括讲像树叶的绿颜色一样最好。水色发黑、发灰、发白都不行，要加水稀释或换水，投饵时加喂大蒜防病与治病。

8.4.3.2 养殖动物的日常检查

养殖动物的取食、戏水、活动都反映其生长状况，因此，可经常检查稻田养殖动物的活动情况。

1）体质检查。检查养殖动物个体的体质好坏，要看它的动向。如不爱吃饵料，就可能有病，要么饵料不适口，饵料变质；又如水体深度不够或天气突变、雷雨闷热，会形成缺氧，浮头嚎水，这时要采取办法加水补救；再如水质太肥，田坑中气泡不断，气泡对糊涂的小苗种来说，会误食而影响其健康。

2）鱼病检查。没病的个体水面上看不见，全在水中游泳与吃食，只有在投喂后出水抢食欢快；有病个体的动向比较特别，有病时如果是细菌性疾病，往往没精打采，在水的下风处漂游，身体变色，或变黑或变白或头嘴变白或皮肤局部变白等；如果身上、鳃上、鳍条上有寄生虫，寄生虫对它们起骚扰作用，会造成病鱼烦躁不安，于是得病个体像疯子一样在水中冲上冲下，忽而打圈圈，忽而水面狂游，用以摆脱害虫的叮咬。

3）取食检查。观察研究投饵取食情况，很快吃光，说明饵料不足；一般抢到 1h 左右养殖动物见饵不抢，说明已吃饱，不要再喂，吃八成饱最好。喂多了浪费又坏水，喂后不吃要考虑出了什么问题。

8.4.4 鱼病绿色防控

稻田养殖中鱼病发生较少，因为稻田水质清新，含氧量高，放养密度较低，天然饵料多，同时稻田病原体少，所以相对来讲，个体抗病力强，不容易生病。但是稻鱼共生系统是一个开放的系统，也容易受到外来病原、大型敌害和陆地的各种小型敌害的侵袭，影响鱼类的健康生长。

8.4.4.1 健康养殖

水产健康养殖是根据养殖品种的生态和生活习性建造适宜的养殖场所；选择

和投放品质健壮、生长快、抗病力强的优质苗种，并采用合理的养殖模式、养殖密度，通过科学管水、科学投喂优质饲料、科学用药防治疾病和科学管理，促进养殖品种健康、快速生长的一种养殖模式。“双水双绿”的稻田动物养殖，应发挥种养复合生态系统的优势，从养殖环境、品种、投入品、疫病防控、生产管理等方面保证动物安全、食品安全，主要体现在“水、种、饵、模、药、管”6 个关键点。

1）水：适宜水质。适合养殖品种生长的水质是关键，稻田种养通过保护稻田生物多样性，利用生物的相生相克、互惠互利，抑制鱼病的发生。

2）种：健康苗种。优良品种、苗种不带致病菌（生物）、无药物残留。

3）饵：优良饲料。营养全价、无不良添加成分的配合饲料和符合健康养殖要求的鲜活生物饲料，稻田种养要充分挖掘稻田天然饵料，减少配合饵料投放。

4）模：合理模式。适合养殖品种生长的养殖模式、合理的养殖密度，以及混养、套养、轮养等养殖方式，发挥水稻的庇护作用。

5）药：标准药物。科学的预防疾病措施、符合国家标准的渔用药物和科学的用药方法，按照无公害、绿色、有机等产品生产要求用药。

6）管：科学管理。用科学的方法对养殖的全程进行质量控制和管理。建立田间巡查管理日志，掌控养殖动物生长动态，避免寒暑、病虫、天敌、灾害等对养殖动物的伤害。

8.4.4.2 鱼类疾病预防

预防工作主要是保证下水前苗种的健康，供给的水和饵料的质量安全无害，日常管理中则要注意提高鱼类的自身免疫力，减少病害的发生，稻田养殖病害防治是以防为主，以治为辅。一方面注意消毒、阻隔病原，另一方面注意日常管理，充分利用稻田水质清新、含氧量高、放养密度低、天然饵料多、病原体少等优势，加强水质管理，提高养殖动物的免疫力。

（1）消毒处理

大田消毒。苗种放养前要对稻田进行清整消毒，一般在沟坑挖好后消毒。用生石灰消毒药，不留残毒，不污染环境，既可以杀灭细菌、病毒、寄生虫等病原体，又可以增加土壤中的钙肥，疏松土壤，改善土壤的团粒结构，增加透气性，提高水稻产量。

苗种消毒。苗种放养前，要用药物消毒，杀灭苗种的病菌和寄生虫，常用消毒药物有硫酸铜、漂白粉、高锰酸钾、敌百虫、食盐等。

食场消毒。食场是鱼类吃食的地方，残饵和鱼类的排泄物较多、病虫害容易滋生，要经常打扫干净，消灭病菌。每隔 7～10d 用漂白粉 12kg，溶水 10～12kg，拌匀后均匀泼洒食台，如果食台设在鱼坑内，可在食场边进行药物挂袋预防，在毛竹架上装 2～3 个竹篓，每篓装漂白粉 100g，半浸在水中，连挂 3d，每天换药 1 次。

饲料肥料消毒。青饲料消毒，如果青饲料比较脏，可在 6ppm 漂白粉溶液中浸 20～30min 捞出投喂；菜籽饼脱毒，可进行简单脱毒处理，在清水中浸 10h，捞出与麦麸混合喂鱼，用热水浸泡，可缩短时间。

工具消毒。用过的渔网、捞海等工具经常在太阳光下曝晒，或者用 5%盐水浸泡 0.5h 消毒。

（2）田间水土环境调理

培育水质。水质对鱼类的生长发育影响很大，良好的水质环境是预防疾病的基础。严格控制水源，防治污水流入稻田，必要时对水质进行监测。根据天气、水色的变化以及鱼类的活动情况，经常加注新水，适时增氧，保证水质清新，氧气足。同时做到合理施肥，并使用改善水体环境的微生物剂，如光合细菌、有益微生物菌种 EM、利生素、芽孢杆菌等，净化水质，降低水中氨态氮，调节水质。

调节土壤。由于在稻田中施放有机肥料和鱼类粪便等排泄物以及投饵等因素，稻田中有机酸增多。有时，稻田水 pH 可能小于 7，不利于鱼类生活，也容易滋生病虫害，可施用生石灰调节。一般每亩用生石灰 25kg，均匀撒于田表，再耙平，有利于土中有机物的分解和土壤酸碱度的调节。

8.4.4.3 鱼类疾病治疗

稻田里养殖的鱼类一旦发病，如果得不到及时处理，病情将迅速蔓延，严重影响养殖产量。因此，除积极预防外，对病害的治疗也是养殖过程中的一项重要技术。治疗过程中不仅要考虑水生生物自身的因素，同时还要考虑周围的环境因素，即要求对使用主体对象和水域其他生物的毒副作用小，在水域中降解快、滞留短、蓄积少的渔药，使用符合国家有关规定的渔药。

渔药使用方法分为三种，有挂袋法、药浴法和全池泼洒法。挂袋法用药浓度应控制在最低有效浓度与回避浓度之间。药浴法每次药浴的水产动物数量不能太多，最好先用小批量试验；药水配制后只能用一次，药浴后连药水一起倒入坑中；药浴容器不能使用金属容器。全池泼洒法要精确计算水体体积，不能超量使用药物。

8.4.4.4 其他敌害及防护

稻田养殖中除微生物、病毒、细菌、寄生虫等病害以外，还有鸟、鼠、蛇、野猪、水生昆虫等敌害，对稻田养殖动物危害极大。对于鸟类、水禽等，主要办法是进行驱赶。为防治鼠类、青蛙、水蛇和鸟类等小龙虾敌害，设置稻草人驱赶鸟类，设置老鼠夹子捕捉老鼠，安装进、排水口的过滤网防止青蛙和水蛇的进入。

参 考 文 献

安辉, 刘鸣达, 王厚鑫, 等. 2012. 不同稻蟹生产模式对稻蟹产量和稻米品质的影响. 核农学报, 26 (3): 581-586.

曹凑贵, 蔡明历. 2017. 稻田种养生态农业模式与技术. 北京: 科学出版社.

陈德富, 计连泉. 2000. 稻田泥鳅养殖技术. 杭州: 浙江科学技术出版社.

陈卫新. 2016. 稻田养蟹模式的战略思考. 中国水产, (1): 45-46.

丁伟华. 2014. 中国稻田水产养殖的潜力和经济效益分析. 杭州: 浙江大学硕士学位论文.

方小金. 1995. 流水式稻田养鳖技术. 安徽农业, (8): 25.

高洪生. 2006. 北方寒地稻田养鱼对农田生态环境的影响初报. 生态农业科学, 22 (7): 470-472.

龚浩如, 张曙光, 陶曙华, 等. 2012. 田间工程建设中存在的问题及解决对策. 湖南农业科学, (5): 149-151.

何中央, 何慧琴, 陆利. 2000. 稻田养蟹新技术. 杭州: 浙江科学技术出版社.

胡亮亮, 唐建军, 张剑, 等. 2015. 稻-鱼系统的发展与未来思考. 中国生态农业学报, 23(3): 268-275.

黄彦, 孙雪梅, 吕纯波. 2019. 黑龙江省灌区田间工程标准化发展的研究. 水利科学与寒区工程, 2 (6): 12-16.

江苏新医学院. 1992. 中药大辞典. 上海: 上海科学技术出版社: 1457-1458.

江洋, 汪金平, 曹凑贵. 2020. 稻田种养绿色发展技术. 作物杂志, (2): 200-204.

蓝嘉, 朱瑜, 覃栋明, 等. 2016. 金泥鳅含肉率及肌肉营养成分分析. 科学养鱼, (5): 76-78.

李艳蕾, 晏群. 2018. 稻鳅共生种养模式试验研究. 中国农业资源与区划, 39(5): 54-60.

李应森. 1998. 名特水产品稻田养殖技术. 北京: 中国农业出版社.

刘辉. 2013. 农田渠系工程景观生态格局. 农业工程, 3(1): 57-62.

刘静文. 2019-7-30. 生态良田也是美丽景观——聚焦生态农田建设和保护. 中国自然资源报, 8.

刘谞. 2018. 辽宁盘锦稻蟹综合种养情况介绍. 科学养鱼, (1): 14-15.

隆斌庆, 陈灿, 黄璜, 等. 2017. 稻田生态种养的发展现状与前景分析. 作物研究, 31(6): 607-612.

吕东锋, 王武, 马旭洲, 等. 2011. 稻蟹共生对稻田杂草的生态防控试验研究. 湖北农业科学, 50(8): 1574-1578.

孟祥杰, 黄璜, 陈灿, 等. 2019. 稻鳖生态种养技术及其研究进展. 作物研究, 33(5): 370-373.

倪达书, 汪建国. 1990. 稻田养鱼的理论与实践. 北京: 中国农业出版社.

农业部乡镇企业局. 2013. 浙江青田稻鱼共生系统. http://www.moa.gov.cn/ztzl/zywhycsl/dypzgz-ywhyc/201305/t20130531_3480248.htm[2020-4-30].

全国水产技术推广总站, 中国水产学会, 上海海洋大学. 2019. 中国稻渔综合种养产业发展报告(2018). 中国水产, (1): 20-27.

全国水产技术推广总站, 中国水产学会, 上海海洋大学. 2020. 中国稻渔综合种养产业发展报告(2019). 中国水产, (1): 16-22.

佀国涵. 2017. 长期稻虾共作模式下稻田土壤肥力变化特征研究. 武汉: 华中农业大学博士学位论文.

汪清. 2011. 稻蟹共作对土壤理化性质和土壤有效养分影响的初步研究. 青岛: 中国海洋大学硕

士学位论文.
王坚, 吴轶宏, 杨明江, 等. 2011. 稻田养蟹研究. 宁夏农林科技, 52 (12): 193-196.
王位亭, 王立海, 耿如意. 2002. 稻田养蟹在绿色食品大米生产中的应用. 河南水产, (3): 7-8.
肖祖国, 李文宽, 李敬伟. 2010. 稻田工程对水环境的影响. 养殖与饲料, (11): 68-69.
杨勇, 胡小军, 张洪程, 等. 2004. 稻渔(蟹)共作系统中水稻安全优质高效栽培的研究Ⅴ. 病虫草发生特点与无公害防治. 江苏农业科学, (6): 21-26.
叶重光, 叶朝阳, 周忠英. 2003. 无公害稻田养鱼综合技术图说. 北京: 中国农业出版社.
张丹, 闵庆文, 邵建成. 2015. 贵州从江侗乡稻-鱼-鸭系统. 北京: 中国农业出版社.
张丹, 王锡昌, 刘源. 2013. 中华鳖营养、风味及功能特性研究进展. 食品工业科技, 34(24): 392-395.
张丹. 2015. 中华鳖营养特征分析及评价. 上海: 上海海洋大学硕士学位论文.
张家宏, 王桂良, 黄维勤, 等. 2017. 江苏里下河地区稻田生态种养创新模式及关键技术. 湖南农业科学, (3): 77-80.
张剑, 胡亮亮, 任伟征, 等. 2017. 稻鱼系统中田鱼对资源的利用及对水稻生长的影响. 应用生态学报, 28(1): 299-307.
赵娜. 2014. 盘山县稻蟹生态种养模式的研究. 延吉: 延边大学硕士学位论文.
朱清海, 李毓鹏, 徐春河, 等. 1994. 稻-萍-蟹立体农业的效益. 生态学杂志, (5): 1-4.
Berg H. 2002. Rice monoculture and integrated rice-fish farming in the Mekong Delta, Vietnam: economic and ecological considerations. Ecological Economics, 41: 95-107.
Hobbs H H, Jass J P, Huner J V. 1989. A review of global crayfish introductions with particular emphasis on 2 North-American species (Decapoda, Cambaridae). Crustaceana, 56: 299-361.
Hu L L, Ren W Z, Tang J J, et al. 2013. The productivity of traditional rice-fish co-culture can be increased without increasing nitrogen loss to the environment. Agriculture, Ecosystems & Environment, 177: 28-34.
Ren W Z, Hu L L, Zhang J, et al. 2014. Can positive interactions between cultivated species help to sustain modern agriculture? Frontiers in Ecology and the Environment, 12(9): 507-514.
Xie J, Hu L L, Tang J J, et al. 2011. Ecological mechanisms underlying the sustainability of the agricultural heritage rice-fish coculture system. Proceedings of the National Academy of Sciences of the United States of America, 108: 1381-1387.

第9章 “双水双绿”绿色生产技术及标准

摘要：随着农业转型升级，我国稻田综合种养迅速发展，2018 年全国稻田综合种养面积达 2800 万亩，其中稻虾共作模式面积最大，接近稻田综合种养总面积的一半，由于其操作简单、收益较高，该模式已成为我国最受欢迎的稻田综合种养模式之一。本章以稻虾共作模式为主体，以“三不一精准”为原则，建立稻虾共作“双水双绿”生产技术体系及标准模式，介绍稻虾共作“双水双绿”模式的生产技术规范和标准，包括“双水双绿”绿色生产技术规程、环境质量标准、投入品及产品质量标准。

“双水双绿”作为一种绿色生产方式，要发挥稻虾互利共生的优势、协调水稻和小龙虾的矛盾，生产过程清洁环保；生产产品优质、安全、美味、营养；生产环境优美、无污染。因此，“双水双绿”稻虾共作绿色生产的原则和绿色目标是，不打农药、不施化肥、不用虾药、精准施用饲料（三不一精准），严格控制投入量及投入品质量，保护环境，使产品无农药残留、无重金属污染。

9.1 “双水双绿”稻虾共作技术体系

稻虾共作是指利用稻田种植一季中稻，全程养殖两季小龙虾（学名为克氏原螯虾）的种养结合生态高效模式。在水稻种植期间，克氏原螯虾与水稻在稻田中同生共长。为了协调水稻种植和小龙虾养殖的矛盾，需在田间挖掘养殖沟，一方面保证小龙虾周年在稻田适合的季节生长繁育，另一方面避免水稻生产操作（诸如整田、水分管理等）对小龙虾活动的影响。

适宜区域：湖北、湖南、安徽、江西、江苏、浙江、四川等水资源丰富、种植水稻的平原地区（全国水产技术推广总站等，2018）。

9.1.1 稻虾共作的优势

稻虾共作模式下平均一亩田地产 200 多斤小龙虾，按规格不同，虾贩出价 10～

30 元/斤，每亩田地小龙虾收益能够达到 3000～6000 元；每亩田能够平均产稻 1200 斤，每斤售价 1.9 元，每亩田水稻产值能达到 2280 元。一年每亩田稻虾总产值能够达到 5000～8000 元，有效提高了农田利用率和产出效益。

1）提高了土地和水资源的利用率，提高了小龙虾的产量、规格，又提高了稻米的品质，生产的稻米是一种接近天然的生态稻。

2）稻田养小龙虾需要开挖养殖沟，占一定稻田面积，但是一年只种一季作物，冬季涵养水土保持了地力，再通过选用优良水稻品种、合理密植等方法，保证了水稻的有效分蘖、穗数和正常穴数，水稻产量比同等面积水稻增产许多。

3）水稻生长过程中为小龙虾提供庇护所和食物，小龙虾产生的排泄物又为水稻生长提供了良好的生物肥，形成了一种优势互补的生物链，使生态环境得到改善，实现生态增值。

9.1.2 规范模式

稻虾双水双绿模式，即在稻田中养殖两季小龙虾并种植一季中稻，在水稻种植期间小龙虾与水稻在稻田中同生共长，为了保证稻虾共同生长，在田间挖掘养殖沟，沟田相通，以保证沟田水体交换、小龙虾进出（图 9-1）。

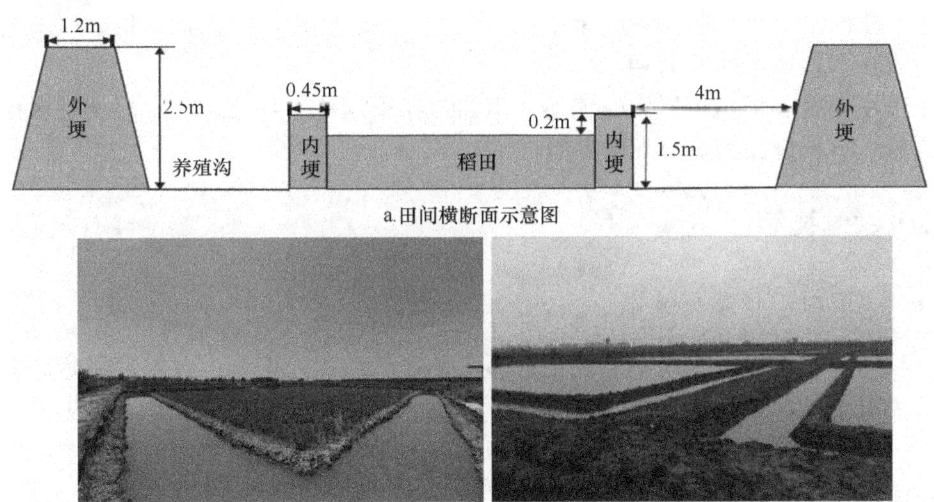

图 9-1 稻虾共作田间结构

该模式在每年的 8 月下旬至 9 月初中稻收割前投放亲虾，或 9 月至 10 月中稻收割后投放幼虾，第二年的 4 月中旬至 5 月下旬收获成虾，同时补投幼虾。翌年 5 月底 6 月初，整田、插秧，8～9 月收获亲虾或商品虾，如此循环轮替（图 9-2）。

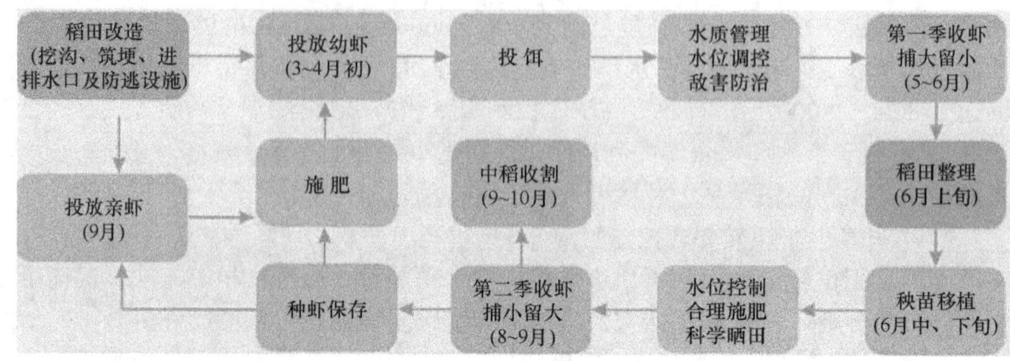

图 9-2 稻虾共作模式技术流程图

9.1.3 稻虾“双水双绿”的特点

该模式的主要特点是：不打农药、不施化肥、不用虾药、精准施用饲料，即“三不一精准”，其主要技术环节是：一沟两草、一稻两虾、一还两晒、一水两用。

一沟两草：在稻田开挖环形养殖沟（一沟），在田埂种草，在田间种沉水植物（两草）。

一稻两虾：收虾后直播或移栽一季晚稻，春季和秋季收两季小龙虾。

一还两晒：水稻收割后稻草还田；至少有两次晒田，一次在水稻分蘖末期，另一次在水稻灌浆结实后期。

一水两用：稻田体系沟田连通，田面与养殖沟水体互通，一方面满足水稻生产需水，另一方面满足小龙虾养殖需水。

9.1.4 关键技术

9.1.4.1 田间工程结构技术

稻虾“双水双绿”模式要求生态环境良好，远离污染源；保水性能好，土质最好为壤土；水源充足、排灌方便、不涝不旱；稻田面积大小均可，一般以 30～50 亩为宜。通常围沟面积应控制在稻田面积的 10%左右；沿稻田内侧开挖环形虾沟，沟宽 3～4m，坡比 1∶1.5，沟深 1～1.5m。利用开挖环形沟挖出的泥土加固、加高、加宽田埂。田埂加固时每加一层泥土都要进行夯实。田埂应高于田面 0.6～0.8m，埂底宽 4～5m，顶部宽 2～3m，可以根据地形地貌设置不同田埂宽度（江洋等，2020）。

9.1.4.2 “一沟两草”技术

1）一沟，在稻田开挖环形养殖沟（见田间工程，图 9-1）。

2）两草，田埂种草，田间种植水草。

田埂种草。冬季，预留田埂面积较大，可种植油菜、小麦，3～4 月可割青投入稻田养虾，5 月可收获油菜、小麦；田埂面积较小，可种植豆科作物（如豌豆、蚕豆）、豆科绿肥（如箭舌豌豆、毛苕子、紫云英等），3～6 月可割青投入稻田养虾，6 月可作绿肥返田种稻；夏季香根草种植，香根草是一种禾本科多年丛生的草本植物，具有适应能力强、生长繁殖快、根系发达、耐旱耐瘠等特性。3 月中下旬，在田埂每隔 3～4 米单排栽种 1 丛，每亩 10～15 丛，若成活率不高，翌年还可分株繁殖栽种，夏季大豆、芝麻、向日葵等可成行、成带种植；田埂面积较大，可种植南瓜等瓜果植物，并生产相应的农产品。

通过田埂种植豆科植物，为小龙虾提供植物饲料，减少配合饲料输入；田埂种植植物，增加生物多样性、改善稻田生态环境，保持生态稳定、维持绿色生产；田埂种植植物，包括香根草、显花植物等，可吸引害虫天敌，减少虫害，实行害虫的绿色防控，保证绿色生产。

田间水草种植。稻虾田种植水草，为小龙虾隐蔽脱壳、遮阴栖息、提供饵料，净化水质、增加溶解氧，对小龙虾养殖及水环境保护有重要作用。水草包括沉水植物（菹草、眼子菜、轮叶黑藻等）和漂浮植物（水葫芦、水花生等）两部分，沉水植物面积应为稻虾田面积的 50%～60%，漂浮植物面积应为稻虾田面积的 30%～40%，且用竹篁固定，有稻茬的可只移植漂浮植物。稻田主要种植伊乐藻，12 月至翌年 2 月，田面移栽行距 10～15m，株距 8～10m，每株直径 0.2～0.4m。水草栽种后，按照 50～75kg/亩施用生物肥，促进水草生长，水深维持在 0.3～0.4m。

9.1.4.3 “一还两晒”技术

1）一还，稻草还田技术。水稻割穗、留高桩收获，秸秆还田，水稻收割后上浅水（8cm 左右），配合施用秸秆腐熟剂加速秸秆无害化腐熟，为小龙虾提供天然饵料。掌握三个环节，一是水稻收获时高留秆，留秆高度在 50cm 以上；二是晒好田，水稻收获后不要急着放水，待秸秆枯黄后再灌水养虾，一般晒田时间 2 周左右；三是灌水的水位要求，越冬前期（9～11 月），稻田水位以不超过 30cm 为宜，让稻蔸上部露出水面 10cm 以上，以减缓秸秆分解速度，防止秸秆的快速分解破坏水质。

2）两晒，稻田两次晒田技术。

够苗晒田。第一次晒在分蘖盛期，晒田的同时晒沟，此次晒田晒沟时间宜轻宜短，晒田晒沟时间为 5～7d，使田面沟底中间不陷脚，田边表土不裂缝和发白。

成熟晒田。第二次晒在水稻收获以后，晒田的同时晒沟，此次晒田晒沟宜重宜长，晒田晒沟时间为 10～15d，使田面产生裂缝和发白。10 月中下旬到翌年 6 月稻田保持 30～50cm 水层。

9.1.4.4 绿色防控技术

绿色超级稻品种具有抗（耐）病虫优势，充分发挥自然天敌的控害作用，采取田埂种植芝麻、大豆等显花植物，保护和提高蜘蛛、寄生蜂、黑肩绿盲蝽等天敌的控害能力；深耕灌水灭蛹控螟技术、性信息素诱杀害虫技术按每 20～30 亩安装一盏杀虫灯，诱杀成虫；田边种植香根草等诱集植物，丛距 4～6m，减少二化螟和大螟的种群基数等，禁止使用农药。水产健康养殖，通过种草净化水体，改善水体环境，提高鱼虾免疫力，禁止使用渔药。

9.1.4.5 水位管理技术

非稻季水位管理：越冬前期（9～11 月），稻田水位以不超过 30cm 为宜，让稻蔸露出水面 10cm 左右；越冬期间，要适当提高水位进行保温，水位在 40～50cm；翌年 3 月温度回升期，为促使小龙虾尽早出洞，稻田水位一般控制在 30cm 左右；4 月中旬至退水种稻期间，稻田水温基本稳定，为避免温度过高，应逐渐提高水位到 50～60cm。

稻季田面水管理：水稻苗期和分蘖期，进行浅水促蘖，自然落干后再灌溉浅水，干湿交替培育健壮群体；当茎蘖数达到穗数的 80%，开始晒田，采用两次晒田，第一次晒田 7d 左右，复水后一周开始第二次晒田，两次均为轻晒；拔节至抽穗始期浅水勤灌，干湿交替；抽穗扬花期保持水层 5～10cm；灌浆期后至乳熟期湿润灌溉，干湿交替，保持田面潮湿。黄熟期自然落干，直至收割前 7d 彻底断水。

在水稻齐穗灌浆期，每隔 9～12d，分 3 次排干养殖沟的水分，直至水稻收获后覆水养虾。

9.1.4.6 小龙虾绿色养殖技术

小龙虾绿色养殖技术主要做好三方面工作：一是水质调控，采用生物有机肥调控水体肥度，培养浮游生物，增加水体生物量及光合作用，定期生石灰调水，水体透明度控制在 30～40cm，pH 在 7.5～8.5，水草茂盛；二是合理投饵，要选择符合国家标准的小龙虾饲料，日投喂量为虾总重量的 3%～6%，具体投喂量根据天气、水质和虾的摄食情况适度增减；三是病害防控，要预防为主，防控结合，调控水质，保持充足溶氧，在小龙虾发病季节拌喂中草药 5～7d，预防“五月瘟”。

9.2 “双水双绿”稻虾共作生产技术规程

本规程（未审定地方标准）针对湖北当地水土资源特点及稻虾共作生产现状，

以“双水双绿”发展理念作为指导，提出并制定了稻虾共作稻田环境条件、水稻品种选择、种子处理、育秧、整地、移栽、养分管理、水分管理、病虫草害防治、收获、秸秆处理、稻米品质、加工包装及贮藏运输，小龙虾幼虾培育与投放管理、亲虾投放和留存管理，以及成虾饲养管理、病害与敌害防治、捕捞、质量标准、贮藏运输的技术标准。

9.2.1 范围

本标准规定了“稻虾共作”与“双水双绿”的定义、稻虾共作稻田环境条件、水稻品种选择、种子处理、育秧、整地、移栽、养分管理、水分管理、病虫草害防治、收获、秸秆处理、稻米品质、加工包装及贮藏运输，小龙虾幼虾培育与投放管理、亲虾投放和留存管理，以及成虾饲养管理、病害与敌害防治、捕捞、质量标准、贮藏运输的技术要求。

本标准适用于湖北省稻虾共作水稻与小龙虾生产。

9.2.2 规范性引用文件

下列文件中的条款通过本标准的引用而成为本标准的条款。凡是注日期的引用文件，其随后所有的修改单（不包括勘误的内容）或修订版均不适用于本标准，凡是不注日期的引用文件，其最新版本适用于本标准。

GB 4404.1—2008《粮食作物种子　第 1 部分：禾谷类》

GB/T 17891—2017《优质稻谷》

GB 2715—2016《食品安全国家标准　粮食》

GB 2761—2017《食品安全国家标准　食品中真菌毒素限量》

GB 2762—2017《食品安全国家标准　食品中污染物限量》

GB 2763—2019《食品安全国家标准　食品中农药最大残留限量》

GB 11607—89《渔业水质标准》

GB 13078—2017《饲料卫生标准》

NY 5051—2001《无公害食品　淡水养殖用水水质》

NY 5071—2002《无公害食品　渔用药物使用准则》

NY 5072—2002《无公害食品　渔用配合饲料安全限量》

NY/T 5117—2002《无公害食品　水稻生产技术规程》

NY/T393—2000《绿色食品　农药使用准则》

SC/T 1009—2006《稻田养鱼技术规范》

DB42/T496—2008《虾稻轮作　克氏原螯虾稻田养殖技术规程》

9.2.3 术语与定义

下列术语和定义适用于本标准。

9.2.3.1 稻虾共作

稻虾共作（Rice-crayfish Co-culture）属于一种稻田种养结合的生态农业模式，即在稻田中养殖小龙虾并种植水稻，在水稻种植期间，小龙虾与水稻在稻田中互利共生。

9.2.3.2 双水双绿

“双水双绿”（Shuangshui Shuanglü）是指充分利用稻田资源和水资源实行稻田种养，使“绿色水稻”和“绿色水产”协同发展，做大做强水稻、水产“双水”产业，做优做特绿色稻米、绿色小龙虾等“双绿”产品。

9.2.4 稻田环境条件

9.2.4.1 自然条件

稻虾共作田应是干净无污染、地势平坦、适宜排灌、保水性强、水资源充足、水质符合 GB 11607—89 和 NY 5051—2001 要求的稻田。

9.2.4.2 田间工程改造

（1）面积

稻虾共作稻田面积以 3335～20 010m^2 为宜。

（2）养殖沟

沿稻田外埂开挖环形沟，沟宽 4m，沟深 1.5m，坡比 1∶1.5。加宽、加高外埂，使外埂高于田面 1m，外埂顶宽 1.2m，同时在环形沟与田面之间筑宽 45cm、高 20cm 的内埂。

（3）排灌水

在外埂底端在稻田对角两端分别埋设口径 20cm PVC 管使环形沟与进排水渠相通，用活动给水管调节水位，作为进、排水管道，进、排水口用 30 目网袋封口，防止敌害生物进入稻田，同时防止小龙虾随水流出。外埂上设置高 40cm 的塑料薄膜作为小龙虾防逃网。

9.2.5 水稻栽培管理

9.2.5.1 水稻品种选择

选用品质优、抗病抗虫、抗倒伏、生育期 120 天左右的一季常规晚稻品种。

9.2.5.2 种子处理

（1）种子质量

种子质量应符合 GB 4404.1—2008 中的水稻良种标准。

（2）晒种

播种前选择晴天通风透光处晾晒 2～3d。严禁在高温地面上直接暴晒，或将种子长期置于高温、湿度高或不透气的环境当中。

（3）浸种催芽

因水稻品种和水温不同，将精选后的种子在清水中浸泡 48h 左右。将经过浸种的种子均匀堆放在一起，保持温度在 26～30℃，淋温水保持水分湿润状态，催芽至整齐破胸。种子露白达到 80%以上后播种。

9.2.5.3 育秧

采用秧盘毯苗育秧方式，秧盘采用环保 PP 硬质秧盘，营养土采用专用水稻育秧基质，播种时间为 6 月 5 日至 10 日，每盘播干种子 70～80g。

9.2.5.4 整地

大田整地应做到“水浅、田平、泥糊、草净”的质量标准，以便立苗、返青。

9.2.5.5 移栽

采取机插秧的方式，移栽秧龄一般为 20d 左右，栽插密度为 30cm ×（14～16）cm，每穴栽插 4～5 苗。移栽时保持田间泥土呈湿润状态即可，插秧深度不超过 2.5cm，每穴秧苗数均匀一致、漏插率不超过 5%。

9.2.5.6 养分管理

在“三不一精准”的管理原则下，稻虾田养分投入产出达到基本平衡，在不过度追求产量的条件下，可不再施用化肥；针对土壤肥力较差或新改造田块，可适当补充少量有机肥。

9.2.5.7 水分管理

（1）分段灌溉

田间水分管理针对播种至 2 叶 1 心期、3 叶期至分蘖盛期、孕穗至抽穗期、灌浆期这 4 个阶段，依据湿润出苗、浅水分蘖、水层孕穗至抽穗、湿润灌浆的水分管理原则操作，防止田面发白，成熟前 5～7d 断水。

（2）分层降水

水稻移栽后，虾沟开始逐步降水，每隔 10d 左右将虾沟中降 1/3 水层，30d 左右后虾沟水排完干底，同时水稻进入分蘖盛期，晒田晒沟结束之后上水。水稻开始灌浆后每隔 10d 左右将虾沟中降 1/3 水层，30d 左右后虾沟水排完干底，同时水稻进入成熟期，这样既有利于小龙虾分层打洞，也有利于虾沟和稻田的晒田管理。

（3）两晒管理

晒田采用“两晒”模式，第一次晒在分蘖盛期，晒田的同时晒沟，此次晒田晒沟宜轻宜短，晒田晒沟时间为 5～7d，使田面沟底中间不陷脚，田边表土不裂缝和发白。第二次晒在水稻收获以后，晒田的同时晒沟，此次晒田晒沟宜重宜长，晒田晒沟时间为 10～15d，使田面产生裂缝和发白。10 月中下旬到翌年 6 月稻田保持 30～50cm 水层。

9.2.5.8 病虫草害防治

病虫草害防治主要通过高抗品种选育与改良，利用自身抗性优势来防御。不使用化学农药，同时运用物理和生物防治的方法，通过杀虫灯、释放天敌、性诱剂、种植香根草来防治虫害。

草害主要通过栽培管理措施进行控制，如诱发旋耕除草、深水抑草、养鱼吃草，少量杂草可通过人工拔除。

9.2.5.9 收获

谷粒成熟度达 95%以上时，及时抢晴收割。收获过早或过迟均会影响产量和稻米品质，故应在蜡熟期，谷壳金黄、稻穗自然沉淀下垂时及时收获。

9.2.5.10 秸秆处理

（1）秸秆留长

水稻收割时稻茬留长（40cm 以上）、稻草碎短，减轻稻草枯衰后集中腐化分解的压力，为后期低温资源持续利用作好铺垫。

（2）晒秆泡秆

暴晒稻草至完全枯衰即可上水。上水后，浸泡 24～36h 后开启排水口，将集中腐化分解的红、黑水排出稻田，同时加注少量的新鲜外源水。然后，抢湿润度全田撒生石灰。一来全田脱毒，二则利用湿润水浅灭杀青苔孢子，三可促进稻草软化。

（3）秸秆分解

当生石灰脱效，pH 至 7.5～8.5 即可利用微生物菌参与分解，最好选择连续三天的晴好天气。首轮按 EM∶枯草芽孢杆菌∶光合菌= 2∶2∶1 施用，施用的目的是抑制杂菌，降解稻草腐殖物，分解毒素，利用有益菌生物群体优势，在消毒后快速重建生物系统。为了确保降解效果和发挥生物降解的持续性，可在 3～7d 后考虑二次补充：应用条件因素相同，菌群配比可按 EM∶枯草芽孢杆菌∶光合菌= 1∶1∶1 进入正常调水操作程序。

9.2.5.11 稻米品质

稻米品质指标应符合 GB/T 17891—2017 中的 2 级及以上标准。

9.2.5.12 食品安全要求

食品安全指标应符合 GB 2715—2016、GB 2761—2017、GB 2762—2017、GB 2763—2019 中的要求。植物检疫按国家有关规定执行。

9.2.5.13 包装、储存和运输

包装要做到牢固、无破损、结实、清洁，无污染和异常气味。储存仓房需防雨、防潮、防虫、干燥、清洁、防虫防鼠、无异味，不能与有害或有毒物质以及水分较高的物质混存。运输工具和容器应符合食品安全要求，运输过程中要防止雨淋和被污染。

9.2.6 小龙虾养殖管理

9.2.6.1 小龙虾幼虾培育与投放管理

（1）育养分区

采用育养分区、以繁供养的方式，用 30 目网片在稻田中围造一个幼虾培育区，每 667m^2 培育区可培育供 13 340m^2 稻田养殖的幼虾。培育区内移植漂浮植物（水葫芦、水花生等），漂浮植物面积应为培育池面积的 40%～50%，供幼虾栖息、蜕壳、躲藏和摄食。

（2）幼虾运输

幼虾采用双层尼龙袋充氧、带水运输，培育区每亩投放规格为 1.0cm 的幼虾 20 万～40 万尾。

（3）幼虾饲养

幼虾投放后即投喂小龙虾专用饲料。饲料应符合 GB 13078—2017 和 NY 5072—2002 的规定。每日投喂 3～4 次，投喂量一般以幼虾总重的 3%～5%为宜。

（4）幼虾投放

经 20～25d 的培育，幼虾规格达到 2.0cm 后即可撤掉围网，让幼虾自行进入

稻田，转入成虾养殖阶段。

9.2.6.2 亲虾投放和留存管理

（1）亲虾投放

亲虾投放时间为8月中旬，每亩投放10～15kg。

亲虾从良种场或天然水域挑选，雌雄亲本不能来自同一群体。亲虾应选择体重在35g以上、颜色暗红或深红色、有光泽、体表光滑、无损伤、无病害的个体，雌、雄亲虾按（3～4）：1投放。

（2）亲虾留存

成虾捕捞时，前期捕大留小，后期捕小留大，作为亲虾留存，亲虾留存每亩不少于15kg。亲虾留存和投放后宜少量投喂小龙虾专用动物性饲料，每日投喂量为亲虾总重的1%。

9.2.6.3 成虾养殖管理

（1）成虾饲养

12月前施一次小龙虾专用有机肥，用量为50～75kg/667m^2。每隔10天投喂一次小龙虾专用动物性饲料，投喂量一般以虾总重量的1%～3%，当水温低于8℃时，可不投喂。翌年3月以后，当水温上升到8℃以上，每天投1次人工配合饲料（粗蛋白含量28%～30%）。小龙虾专用动物性饲料和人工配合饲料应符合GB 13078—2017和NY 5072—2002的要求。

（2）调水控温

11～12月保持田面水深40cm左右，随着气温的下降，逐渐加深水位至60cm左右。通过水深度的控制，调节水温，使水温更适合小龙虾的生长。

（3）水草种植

在10月中下旬至11月上旬，将伊乐藻或菹草切成10cm左右一段在稻田进行插栽，按3m×5m为1束，1束内移栽15株。

9.2.6.4 病害与敌害防治

（1）病害预防

病害主要预防方法有定期加注新水、调节池水水质、及时晒田晒沟、定期用生石灰及二氧化氯等消毒田沟，生石灰用量为10～15kg/667m^2，二氧化氯用量为100g/667m^2。另外要保障饲料新鲜，营养丰富，能量充足，防止相互争斗造成损伤，从而感染病菌。

（2）敌害防治

进、排水口用30目网袋封口，外埂上设置高40cm的塑料薄膜可有效防止敌害生物进入稻田。在 10 月中旬用生石灰消毒同时可施用 20kg/667m^2 茶籽饼或者一定量清塘物料用于环沟中清除杂鱼。

9.2.6.5 捕捞

捕捞时间从 4 月中旬开始，可持续到 7 月中下旬。主要采用地笼进行捕捞。地笼网眼大小为 2.5～3.0cm，保证成虾落网，幼虾可通过网眼跑掉。将地笼布放于稻田内，没入水面以下，每隔 5～7 天更换地笼位置，收虾高峰期可每隔一天收一次地笼，非高峰期可每周收 2～3 次，收地笼时间一般在凌晨 4 点到早晨 6 点之间。捕捞过程中，根据田间幼虾存留情况，适当补放 2～4cm 幼虾。

9.2.6.6 小龙虾质量标准

（1）感观品质

商品龙虾的外观是体色暗红或深红色。有光泽，体表光滑无附着物，无损伤，虾体厚实，反应敏捷。

（2）数量品质

上市的龙虾按个体重量不同，分为特级品、一级品、二级品、三级品。其区分标准应符合表 9-1 规定。

表 9-1 商品龙虾的可数指标

项目	个体重量（g）	损伤率（%）
特级品	≥60	≤5
一级品	45～59	
二级品	30～44	
三级品	25～29	

（3）安全品质

有毒有害物质限量指标如下。

汞按 GB/T 5009.17—2014 规定执行。

无机砷按 GB/T 5009.45—2003 规定执行。

铅按 GB/T 5009.12—2017 规定执行。

镉按 GB/T 5009.15—2014 规定执行。

铜按 GB/T 5009.13—2017 规定执行。

氟按 GB/T 5009.18—2003 规定执行。

六六六、滴滴涕按 GB/T 5009.19—2008 规定执行。

土霉素、氯霉素按 NY 5070—2002 规定执行。

9.2.6.7 贮藏运输

将成品虾冲洗干净，装入卫生、洁净的泡沫塑料箱内。泡沫箱内放适量冰袋。运输过程中避免阳光直射，保持低温环境。同时要防止剧烈震动以免小龙虾相互挤压造成损伤。

9.3 产地环境要求及环境质量标准

“双水双绿”的重要特征是实行无公害绿色生产，通过对稻田改造，加固加高田埂，提高水位，改善稻田种养生态条件，改水稻密植为适当稀植，扩大水产品和禽类活动空间，并改善水稻通风条件，减少水稻病害发生，建立稻田良性循环的生态体系，通过以禽、水生生物控虫、控草，实现不施化肥农药，提高产品品质，实现一水两用、一田多收，生产流程标准，产品绿色生态，生产效益高效。因此，要求生产环境优良、土壤无污染。

9.3.1 产地土壤环境质量及土壤肥力要求

首先必须确认是无污染农田，稻作生态环境质量评价符合 NY/T 391—2013《绿色食品　产地环境质量》要求，没有污染源和潜在污染源，相关产品基地必须通过国家认定后方可组织生产；其次要有集中连片的稻田，土壤肥沃，旱涝保收，保证周边环境无污染源。

根据 NY/T 391—2013 规定，绿色稻米生产对土壤的要求如表 9-2 所示，根据土壤 pH 的高低分为 pH <6.5、pH=6.5～7.5 和 pH>7.5 三种情况。

表 9-2　NY/T 391—2013 绿色食品土壤质量要求

项目	旱田			水田			检测方法
	pH<6.5	6.5≤pH≤7.5	pH>7.5	pH<6.5	6.5≤pH≤7.5	pH>7.5	
总镉（mg/kg）	≤0.3	≤0.30	≤0.40	≤0.30	≤0.30	≤0.40	GB/T 17141—1997
总汞（mg/kg）	≤0.25	≤0.30	≤0.35	≤0.30	≤0.40	≤0.40	GB/T 22105.1—2008
总砷（mg/kg）	≤25	≤20	≤20	≤20	≤20	≤15	GB/T 22105.2—2008
总铅（mg/kg）	≤50	≤50	≤50	≤50	≤50	≤50	GB/T 17141—1997
总铬（mg/kg）	≤120	≤120	≤120	≤120	≤120	≤120	HJ 491—2019
总铜（mg/kg）	≤50	≤60	≤60	≤50	≤60	≤60	GB/T 17138—1997

注：果园土壤中铜限量值为旱地中铜限量值的 2 倍。水旱轮作的限量值取严不取宽。底泥按照水田标准执行

为了促进生产者增施有机肥，提高土壤肥力，生产 AA 级绿色食品时，转化后的耕地土壤肥力要达到土壤肥力Ⅰ、Ⅱ级标准（表 9-3）。生产 A 级绿色食品时，

应达到土壤肥力III级标准。

表 9-3 土壤肥力分级标准

项目	级别	旱地	水田	菜地	园地	牧地	检测方法
有机质（g/kg）	I	>15	>25	>30	>20	>20	GB 9834—88
	II	10～15	20～25	20～30	15～20	15～20	
	III	<10	<20	<20	<15	<15	
全氮（g/kg）	I	>1.0	>1.0	>1.0	>1.2	—	NY/T 53—1987
	II	0.8～1.0	0.8～1.0	0.8～1.0	1.0～1.2	—	
	III	<0.8	<0.8	<0.8	<1.0	—	
有效磷（g/kg）	I	>10	>15	>40	>10	>10	LY/T 1233—1999
	II	5～10	10～15	20～40	5～10	5～10	
	III	<5	<10	<20	<5	<5	
有效钾（g/kg）	I	>120	>100	>150	>100	—	LY/T 1236—1999
	II	80～120	50～100	100～150	50～100	—	
	III	<80	<50	<100	<50	—	
阳离子交换量 [cmol（+）/kg]	I	>20	>20	>20	>20	—	LY/T 1243—1999
	II	15～20	15～20	15～20	15～20	—	
	III	<15	<15	<15	<15	—	

注：底泥、食用菌基质不做土壤肥力测定

9.3.2 稻田养殖用水水质要求

水质对于稻田种养绿色食品生产至关重要，一方面要求水体无污染，符合水稻、水产等绿色食品生产的水质标准；另一方面要求水体生物群落结构合理、多样性好，能有效控制有害病原菌，促进水产动物健康生长。

首先，必须符合 NY 5051—2001《无公害食品 淡水养殖用水水质》，表 9-4 是可参照的无公害淡水养殖用水水质要求，其常用的测定方法见表 9-5。

表 9-4 淡水养殖用水水质要求

序号	项目	标准值
1	色、臭、味	不得使养殖水体带有异色、异臭、异味
2	总大肠菌群（个/L）	≤5000
3	汞（mg/L）	≤0.0005
4	镉（mg/L）	≤0.005
5	铬（mg/L）	≤0.05
6	铅（mg/L）	≤0.1
7	铜（mg/L）	≤0.01
8	锌（mg/L）	≤0.1
9	砷（mg/L）	≤0.01
10	氟化物（mg/L）	≤0.05
11	石油类（mg/L）	≤1

续表

序号	项目	标准值
12	挥发性酚（mg/L）	≤0.05
13	甲基对硫磷（mg/L）	≤0.005
14	马拉硫磷（mg/L）	≤0.0005
15	乐果（mg/L）	≤0.005
16	六六六（丙体）（mg/L）	≤0.002
17	DDT（mg/L）	0.001

表 9-5　淡水养殖用水水质测定方法

序号	项目	测定方法	测定方法标准编号	检测下限（mg/L ）
1	色、臭、味	感官法	GB/T 5750.1—2006	不得使养殖水体带有异色、异臭、异味
2	总大肠菌群（个/L）	（1）多管发酵法；（2）滤膜法	GB/T 5750.1—2006	
3	汞	（1）原子荧光光度法 （2）冷原子吸收分光光度法 （3）高锰酸钾-过硫酸钾消解法双硫腙分光光度法	GB/T 8538—2016 GB/T 7468—1987 GB/T 7459—1987	0.000 05 0.000 05 0.002
4	镉	（1）原子吸收分光光度法 （2）双硫腙分光光度法	GB/T 7475—1987 GB/T 7471—1987	0.001 0.001
5	铅	（1）原子吸收分光光度法 A 原子吸收分光光度法 B （2）双硫腙分光光度法	GB/T 7475—1987	0.01
6	铬	二苯碳酰二肼分光光度法（高锰酸盐氧化法）	GB/T 7466—1987	0.2
7	砷	（1）原子荧光光度法 （2）二乙基二硫代氨基甲酸银分光光度法	GB/T 8538—2016 GB/T 7485—1987	0.01 0.000 04
8	铜	（1）原子吸收分光光度法 A 原子吸收分光光度法 B （2）二乙基二硫代氨基甲酸钠分光光度法 （3）2,9-二甲基-1,10-菲啰啉分光光度法	GB/T 7475—1987 GB/T 7470—1987 GB/T 7473—1987	0.007 0.001 0.05 0.01
9	锌	（1）原子吸收分光光度法 （2）双硫腙分光光度法	GB/T 7475—1987 GB/T 7472—1987	0.06 0.005
10	氟化物	（1）茜素磺酸锆目视比色法 （2）氟试剂分光光度法 （3）离子选择电极法	GB/T 7482—1987 GB/T 7483—1987 GB/T 7484—1987	0.05 0.5 0.05
11	石油类	（1）红外分光光度法 （2）非分散红外光度法 （3）紫外分光光度法	HJ 637—2018	0.05 0.01 0.02
12	挥发性酚	（1）蒸馏后 4-氨基安替比林分光光度法 （2）蒸馏后溴化容量法	GB/T 7490—1987 GB/T 7491—1987	0.05 0.002

续表

序号	项目	测定方法	测定方法标准编号	检测下限（mg/L ）
13	甲基对硫磷	气相色谱法	GB/T 13192—1991	0.000 42
14	马拉硫磷	气相色谱法	GB/T 13192—1991	0.000 64
15	乐果	气相色谱法	GB/T 13192—1991	0.000 57
16	六六六	气相色谱法	GB/T 13192—1991	0.000 004
17	DDT	气相色谱法	GB/T 13192—1991	0.002

9.3.3 稻田水稻灌溉用水水质要求

稻田种养的灌溉用水必须符合 NY/T 391—2013《绿色食品　产地环境质量》中关于农田灌溉用水水质的要求，相关水质指标见表 9-6。

表 9-6　农田灌溉用水水质要求

项目	指标	检测方法
pH	5.5～8.5	GB/T 6920—1986
总汞（mg/L）	≤0.001	HJ 597—2011
总镉（mg/L）	≤0.005	GB/T 7475—1987
总砷（mg/L）	≤0.05	GB/T 7485—1987
总铅（mg/L）	≤0.1	GB/T 7475—1987
六价铬（mg/L）	≤0.1	GB/T 7467—1987
氟化物（mg/L）	≤2.0	GB/T 7484—1987
化学需氧量（COD_{Cr}）（mg/L）	≤60	GB 11914—1989
石油类（mg/L）	≤1.0	HJ 637—2018
粪大肠菌群*（个/L）	≤1000	SL 355—2006

* 灌溉蔬菜瓜类和草本水果的地表水需测粪大肠菌群，其他情况不测粪大肠菌群

稻田种养的水产动物生产目标是绿色无公害食品或有机食品，因此，必须符合绿色食品产地渔业水质的要求，绿色食品产地渔业用水中各项污染物含量不应超过表 9-7 所列的浓度值。

表 9-7　渔业用水中各项污染物的浓度限值

项目	指标		检测方法
	淡水	海水	
色、臭、味	不应具有异色、异臭、异味		GB/T 5750.4—2006
pH	6.5～9.0		GB/T 6920—1986
溶氧量（mg/L）	≥5		GB/T 7489—1987

续表

项目	指标		检测方法
	淡水	海水	
五日生化需氧量（BOD_5）（mg/L）	≤5	≤3	HJ 505—2009
总大肠菌群（MPN/100ml）	≤500（贝类 50）		GB/T 5750.12—2006
总汞（mg/L）	≤0.0005	≤0.0002	HJ 597—2011
总镉（mg/L）	≤0.005		GB/T 7475—1987
总铅（mg/L）	≤0.05	≤0.005	GB/T 7475—1987
总铜（mg/L）	≤0.01		GB/T 7475—1987
总砷（mg/L）	≤0.05	≤0.03	GB/T 7485—1987
六价铬（mg/L）	≤0.1	≤0.01	GB/T 7467—1987
挥发酚（mg/L）	≤0.005		HJ 503—2009
石油类（mg/L）	≤0.05		HJ 637—2018
活性磷酸盐（以 P 计）	—	≤0.03	GB/T 12763.4—2007

注：水中漂浮物质需要满足水面不应出现浮沫要求

9.3.4 稻田水质的调控

稻田综合种养模式的成功与否，受多方面条件的影响，其中，种养稻田的水质条件优劣起到至关重要的作用，而水质的好坏一方面与水源直接相关，另一方面则是以田间配套工程的改造和建设为基础，种养过程中水、肥运筹和动物饲喂方法为手段，合理规划、科学操作，协调水稻生长与水产动物生长之间的关系，以达到水稻和鱼类产品的产量提高、品质提升，最终达到社会效益、生态效益和经济效益多赢的目的。

在水质调控上主要依据水质颜色深浅和透明度、水体溶解氧含量、水体 pH 大小、碱度值高低变化，采用相应方法调节到适宜范围。

9.3.4.1 根据水体透明度进行调节

稻田里鱼凼或鱼沟中水体的透明度为 25～30cm 时，不用施肥。透明度小于 25cm 时则应通过加水，稀释过浓的水质，让其透明度回到 25～30cm 的正常范围。若水质变黑、白、灰色时采用换水的方法改良水质，换水后补施生物有机肥，培肥水质、促进水稻生长。水的颜色过淡、透明度达 40cm 及以上时，说明稻田水中的肥力不足，施肥方法为少量多次，以稀肥为主，避免污染水体，对鱼、对稻生长不利。

9.3.4.2 pH 的调控

水稻适合偏酸性条件下生长，稻田养殖的水产动物的适宜 pH 大多在 6.5～8.5，水体处于过低 pH 环境对水产动物生长不利，过高 pH 环境对水稻和水产动物均不利。在高产养殖田块，一般易产生水体 pH 偏低现象，这种过酸的养殖稻田常采用施生石灰的方法调节水质，且兼有减少病虫害的作用。水体 pH 过低与缺氧、有机物过多、水质过肥有关，因此，可根据水体中以上三方面的实际状况进行调节。种植一定数量的水生植物既可增加水体中的氧含量，还可以减少水体中的二氧化碳含量，这些都可以提高水体的 pH、改善水质。

9.3.4.3 水体溶解氧调节

水体溶解氧过高对水产动物不利，溶解氧过低则对水稻和水产动物均有不利的影响，水产动物最适的溶解氧含量为 2.5～4.5mg/L。水体溶解氧过低可以通过有计划地种植一定数量的水生植物，如绿萍等解决，应急性增氧则可通过立即注水、换水的方法解决。

9.3.4.4 保持水体适宜的碱度

水体适宜碱度是保持 pH 稳定的关键性因子，适宜的碱度还可降低水体中重金属污染的毒害作用，养殖用水的正常碱度值为 1～3mmol/L。过低的碱度虽然对鱼类无毒害作用，但不利于鱼类生长，不能高产，撒施生石灰是增加水体碱度的简单有效措施；过高的碱度对鱼类具有毒害作用，可以种植水生藻类，通过其光合作用不断消耗水体中的钙磷镁碳等营养盐类来降低水体碱度。

9.3.4.5 撒施消毒剂

消毒剂是杀灭水体病原菌的有效方法，具有防止养殖水产动物病害的作用。

9.3.4.6 施用水质改良剂

一些水质改良剂含有多种复合生物酶、益生菌类、维生素、微量元素、矿质增效剂及盐类，通过生物和化学方法，联合作用于养殖水体后，能显著改善因高温炎热而引发的残饵与粪便等有机质导致的恶劣水质和底质。例如，沸石粉可快速降解水中残饵、鱼虾排泄物等有机污物，吸附消除有毒重金属离子，降低氨态氮、硫化氢浓度，调节水体酸碱度。

9.4 投入品及小龙虾产品质量标准

9.4.1 肥料标准及使用准则

肥料质量及来源对于水稻绿色生产至关重要，使用时必须购置符合相关标准和要求的肥料。无公害水稻生产的肥料标准和使用按 NY/T 5117—2002《无公害

食品　水稻生产技术规程》执行；绿色稻米生产的肥料标准和使用按 NY/T 394—2013《绿色食品　肥料使用准则》执行；有机稻米生产不可使用化学肥料，生产按照 NY/T 2410—2013《有机水稻生产质量控制技术规范》执行。具体使用过程中还应关注相关肥料的营养成分及杂质含量，表 9-8 是三种主要无机肥料的杂质指标控制要求。

表 9-8　三种主要无机肥料的杂质指标控制要求

肥料	营养成分	杂质控制指标
煅烧磷酸盐碱	有效 P_2O_5≥12%	每含 1% P_2O_5，As≤0.004%、Pd≤0.01%、Pb≤0.002%
硫酸钾	含 K_2O 50%	每含 1% K_2O，As≤0.004%、Cl≤3%、H_2SO_4≤0.5%
腐殖酸叶面肥	腐殖酸 8% 微量元素≥6.0%（Fe、Mn、Cu、Zn、Mo、B）	Pd≤0.01%、As≤0.002%、Pb≤0.02%

9.4.2　农家肥使用要求及卫生标准

农家肥是有机肥料，包括生物物质、动植物残体、排泄物、生物废物等积制而成的，如堆肥、沤肥、厩肥、沼气肥、绿肥、作物秸秆肥、泥肥、饼肥等。农家肥的使用在无公害特别是绿色稻米生产中是必不可少的，其使用按 NY/T 394—2013《绿色食品　肥料使用准则》执行。不同农家肥在积制过程中，还应注意控制相关的卫生标准，如高温堆肥要保证有害生物能被杀死。表 9-9、表 9-10 分别是高温堆肥和沼气肥的卫生标准。

表 9-9　高温堆肥卫生标准

编号	项目	卫生标准及要求
1	堆肥温度	最高低温达 50～55℃，持续 5～7 天
2	蛔虫卵死亡率	95%～100%
3	粪大肠菌值 g（ml）/个	10^{-2}～10^{-1}
4	苍蝇	有效地控制苍蝇滋生，堆肥周围没有活的蛆、蛹或新羽化的成蝇

表 9-10　沼气肥卫生标准

编号	项目	卫生标准及要求
1	密封贮存期	30 天以上
2	高温沼气发酵温度	（53±2）℃持续 2 天
3	寄生虫卵沉降率	95%以上
4	血吸虫卵和钩虫卵	在使用粪液中不得检出活的血吸虫卵和钩虫卵
5	粪大肠菌值 g（ml）/个	普通沼气发酵 10^{-4}～10^{-2}
6	蚊子、苍蝇	有效地控制蚊蝇滋生，粪液中无蚊蝇卵，池的周围无活的蛆、蛹或新羽化的成蝇
7	沼气池残渣	经无害化处理后方可用作农肥

9.4.3 绿色施肥技术及方法

在稻田综合种养技术体系中，由于水稻种与水产动物为共作或连作关系，水稻施肥除满足高产、优质的基本要求外，还应考虑施肥过程对水产动物的影响，它包括直接影响和施肥影响水质后对水产动物产生的间接影响。故在施肥使用方面应采用以有机肥施用为中心、基肥为主的肥料运筹技术。施肥量应从田间土壤肥力状况、养殖过程投放饲料可能的残留量、动物排泄的粪便量及计划稻谷产量的需肥量综合考虑、计算确定。

9.4.4 病虫草防控原则及绿色防控标准

按照“三不一精准”原则，水稻病虫草害的防控不用农药，相关绿色防控依据《绿色食品　农药使用准则》（NY/T 393—2013）执行。

1）NY/T 393—2013 引用的农药使用标准：GB 4285—1989《农药安全使用标准》、GB/T 8321.1—2000《农药合理使用准则（一）》、GB/T 8321.2—2000《农药合理使用准则（二）》、GB/T 8321.3—2000《农药合理使用准则（三）》、GB/T 8321.4—2006《农药合理使用准则（四）》、GB/T 8321.5—1997《农药合理使用准则（五）》、GB/T 8321.6—2000《农药合理使用准则（六）》、NY/T 391—2013《绿色食品　产地环境质量》。

2）标准中使用的药物种类和主要品种：生物源农药、微生物源农药、矿物源农药、有机合成农药、农用抗生素（灭瘟素、春雷霉素、多抗霉素、井冈霉素、农抗 120、中生菌素、浏阳霉素、华光霉素）、活体微生物农药真菌剂（蜡蚧轮枝菌、苏云金杆菌、蜡质芽孢杆菌、昆虫病原线虫、微孢子、核多角体病毒）、动物源农药（昆虫信息素）、捕食性的天敌动物及植物源农药（除虫菊素、烟碱、植物油乳剂、大蒜素、印楝素、苦楝油、川楝素、芝麻素）、矿物源农药（硫悬浮剂、可湿性硫、石硫合剂等、硫酸铜、氢氧化铜、波尔多液）、矿物油乳剂等以及符合绿色标准的有机合成农药。

3）优先采用农业防控：通过选用抗病抗虫品种、非化学药剂种子处理、培育壮苗、加强栽培管理、中耕除草、秋季深翻晒土、清洁田园、轮作倒茬、间作套种等一系列措施起到防治病虫草害的作用。

4）其他防控手段：灯光、色彩诱杀害虫，机械捕捉害虫，机械和人工除草等。

9.4.5 克氏原螯虾配合饲料

9.4.5.1 饲料产品相关标准

克氏原螯虾配合饲料的产品分类、技术要求、试验方法、检验规则以及标签、包装、运输和贮存等严格执行相关标准。其最新版本适用于下列标准。

GB/T 5918—2008 《饲料产品混合均匀度的测定》

GB/T 6432—2018 《饲料中粗蛋白测定方法》(GB/T 6432—1994，ISO 5983：1979)

GB/T 6433—2006 《饲料中粗脂肪的测定》(GB/T 6433—2006，ISO 6492：1999，IDT)

GB/T 6434—2006 《饲料中粗纤维的含量测定 过滤法》(GB/T 6434—2006，ISO 6865：2000，IDT)

GB/T 6435—2014 《饲料中水分的测定》(GB/T 6435—2014，ISO 6496：1999，IDT)

GB/T 6436—2018 《饲料中钙的测定》

GB/T 6437—2018 《饲料中总磷的测定 分光光度法》

GB/T 6438—2007 《饲料中粗灰分的测定》

GB 9969.1—1998 《工业产品使用说明书 总则》

GB 10648—2013 《饲料标签》

GB 13078—2017 《饲料卫生标准》

GB/T 14699.1—2005 《饲料 采样》(GB/T 14699.1—2005，ISO 6497：2002，IDT)

GB/T 16765—1997 《颗粒饲料通用技术条件》

GB/T 18246—2019 《饲料中氨基酸的测定》

GB/T 18823—2010 《饲料检测结果判定的允许误差》

NY 5072—2002 《无公害食品 渔用配合饲料安全限量》

SC/T 2002—2002 《对虾配合饲料》

JJF 1070—2019 《定量包装商品净含量计量检验规则》

9.4.5.2 饲料加工相关标准

将克氏原螯虾配合饲料产品分成幼虾饲料、中虾饲料、成虾饲料 3 种，产品规格应符合克氏原螯虾不同生长阶段的食性要求。

原料与添加剂要求：饲料原料与添加剂均应符合相关饲料原料和添加剂的国家标准或行业标准的质量指标要求。卫生指标应符合 GB 13078—2017 和 NY 5072—2002 的规定。

感官要求：色泽一致，无发霉，无异味，无杂物，无结块，无虫害。

加工质量标准：应符合表 9-11 要求。

表 9-11 克氏原螯虾配合饲料加工质量指标

项目		指标
水中稳定性（散失率）（%）	幼虾料	≤18.0
	中虾/成虾料	≤16.0
混合均匀度（CV）（%）		≤7.0
粉化率（%）		≤3.0

9.4.5.3 营养指标

克氏原螯虾配合饲料主要营养指标应符合表 9-12 规定。

表 9-12 克氏原螯虾配合饲料主要营养指标

营养成分	幼虾料	中虾料	成虾料
粗蛋白（%）	≥34	≥30	≥26
粗脂肪（%）		≥4.0	
粗纤维（%）		≤5.0	
水分（%）		≤12.0	
粗灰分（%）		≤15.0	
钙（%）		1.00～3.00	
总磷（%）		0.90～1.45	
赖氨酸（%）	≥1.6	≥1.4	≥1.2
蛋氨酸（%）	≥1.1	≥1.0	≥0.9

9.4.5.4 卫生指标

卫生指标应符合 NY 5072—2002 的规定。

9.4.6 “双水双绿”虾稻小龙虾产品质量标准

本小节规定了无公害食品“双水双绿”虾稻小龙虾（*Procambarus clarkii*）的产品质量要求、试验方法、检验规则、标志、包装、运输、贮存。

9.4.6.1 检测标准

凡是注日期的引用文件，其随后所有的修改单（不包括勘误内容）或修订版不适用于本标准。凡是不注日期的引用文件，其最新版本适用于本标准。

GB/T 5009.11 《食品中总砷及无机砷的测定》

GB/T 5009.12—2003 《食品中铅的测定》

GB/T 5009.15—2014 《食品中镉的测定》

GB/T 5009.17—2014 《食品中总汞及有机汞的测定》

NY 5051—2001 《无公害食品 淡水养殖用水水质》

SC/T 3015—2002 《水产品中土霉素、四环素、金霉素残留量的测定》

SC/T 3016—2004 《水产品抽样方法》

9.4.6.2 活虾

活虾具有本身正常的体色（深红色、红色、褐色、青色），体表干净有光泽，无附着物；体态匀称，附肢齐全，体形正常；活动敏捷，无病态。规格分为以下三个等级。

极品：“双水双绿”虾稻小龙虾极品，规格≥60g。

精品：“双水双绿”虾稻小龙虾精品，规格≥40g。

优品：“双水双绿”虾稻小龙虾优品，规格≥30g。

9.4.6.3 鲜虾

鲜虾感官应符合表 9-13 要求。

表 9-13 鲜虾感官要求

项目	标准要求
外观形态	虾体颜色正常 虾体完整、外观鲜亮 虾体表无病灶，无附着物 腹部白洁、干净
气味	气味正常，无异味
腹部肌肉组织	肉质紧密有弹性
水煮实验	水煮后，具有虾固有鲜味，口感肌肉组织紧密有弹性

注：当形态、气味、肌肉组织不能判定产品质量时，进行水煮实验

9.4.6.4 安全指标

鲜虾安全指标应符合表 9-14 要求。

表 9-14 鲜虾安全指标

序号	检测项目	限量（mg/kg）	执行依据	检测方法
1	氯霉素（chloramphenicol）	不得检出（0.0003）*	农业部 235 号公告	GB/T 20756—2006 《可食动物肌肉、肝脏和水产品中氯霉素、甲砜霉素和氟苯尼考残留量的测定 液相色谱-串联质谱法》

续表

序号	检测项目	限量（mg/kg）	执行依据	检测方法
2	孔雀石绿（malachite green）	不得检出（0.001）*	GB 31650—2019	GB/T 19857—2005《水产品中孔雀石绿和结晶紫残留量的测定》(液相色谱-串联质谱法）
3	硝基呋喃类（nitrofurans）[以 3-氨基-2-噁唑烷基酮（AOZ）、5-吗啉甲基-3-氨基-2-噁唑烷基酮（AMOZ）、1-氨基-乙内酰脲（AHD）、氨基脲（SEM）计]	不得检出（0.001）*	GB 31650—2019	农业部 783 号公告-1—2006《水产品中硝基呋喃类代谢物残留量的测定　液相色谱-串联质谱法》
4	五氯酚钠（pentachlorophenol sodium）	不得检出（0.001）*	GB 31650—2019	SC/T 3030—2006《水产品中五氯苯酚及其钠盐残留量的测定　气相色谱法》
5	恩诺沙星（恩诺沙星+环丙沙星）	0.1	GB 31650—2019	农业部 783 号公告-2—2006《水产品中诺氟沙星、盐酸环丙沙星、恩诺沙星残留量的测定　液相色谱法》
6	土霉素（oxytetracycline）/金霉素（chlortetracycline）/四环素（tetracycline）(单个或复合物）	0.1	GB 31650—2019	SC/T 3015—2002《水产品中土霉素、四环素、金霉素残留量的测定》
7	磺胺类（sulfonamides）(以总量计）至少应包括磺胺嘧啶、磺胺甲基嘧啶、磺胺二甲基嘧啶、磺胺甲基异噁唑、磺胺多辛、磺胺异噁唑	0.1	GB 31650—2019	农业部 958 号公告-12—2007《水产品中磺胺类药物残留量的测定　液相色谱法》
8	无机砷（以 As 计）	0.5	GB 2762—2012	GB/T 5009.11—2014《食品中总砷及无机砷的测定》
9	镉（以 Cd 计）	0.5	GB 2762—2012	GB/T 5009.15—2014《食品中镉的测定》
10	铅（以 Pb 计）	0.5	GB/T 5009.12—2010	GB/T 5009.12—2017《食品中铅的测定》
11	甲基汞（以 Hg 计）	0.5	GB 2762—2012	GB/T 5009.17—2014《食品中总汞及有机汞的测定》

注：其他农药、兽药按国家有关规定执行

*表示若检测值小于括号中的值，即表示已经达到“不得检出”的标准

参考文献

江洋, 汪金平, 曹凑贵. 2020. 稻田种养绿色发展技术. 作物杂志, (2): 200-204.

农业农村部渔业渔政管理局, 全国水产技术推广总站, 中国水产学会, 等. 2020. 中国稻渔综合种养产业发展报告(2019). 中国水产, (1): 16-22.

全国水产技术推广总站, 中国水产学会, 上海海洋大学. 2018. 中国稻渔综合种养产业发展报告(2018). 重庆水产, (4): 9-19.

第 10 章 “双水双绿”产业发展的支撑及保障体系

摘要：“双水双绿”产业发展是一个综合的系统工程，既需要产业链相关要素的优化配置，又需要各利益相关方的协同合作；既需要企业主体的积极作为，又需要相关政策与制度的支撑保障。基于此，本章以问题为导向，将理论与实践相结合，主要从“生产要素产业链—政策制度—产业经营—文化振兴”4 个维度系统地分析了促进“双水双绿”产业发展的支撑与保障体系，首先，分析了“双水双绿”产业的要素体系和生态产业链体系；其次，分析了“双水双绿”产业的政策与制度支撑体系；再次，分析了“双水双绿”产业的经营体系；最后，分析了“双水双绿”产业的文化振兴体系。

“双水双绿”产业的发展需要以生产要素资源禀赋为支撑，以消费者市场需求为导向，以经济效益和生态效益为中心，以科技创新和龙头企业为引领，以农产品加工基地为基础，以发达的交易市场和物流为纽带，以绿色产业链发展政策为激励。对“双水双绿”产业实行区域化布局、专业化生产、产业化经营、品牌化营销，才能促进“双水双绿”的产前、产中、产后等一二三产业链环节的协同发展。“双水双绿”产业化这种发展模式，符合绿色发展新理念，在我国具有巨大的发展前景。促进“双水双绿”产业的发展，解决其发展过程中存在的问题，找到问题的症结所在，并采取相应的对策作为支撑和保障，将会有力促进“双水双绿”产业更快、更好地发展。

10.1 “双水双绿”产业要素与产业链

10.1.1 “双水双绿”产业要素

“双水双绿”共作模式，使稻田向优质、高效、生态、循环的绿色生产模式转变，所生产出来的“虾稻米”和“稻虾”品质更加优良，更受消费者喜爱。我国长江中下游地区是发展稻虾共作“双水双绿”模式的主要产区，该区域农田水利资源丰富，产业基础条件良好，交易市场便利，且市场主体积极性较高。

10.1.1.1 自然条件和资源禀赋的支撑

“双水双绿”模式首先需要良好的自然条件作为保障。长江中下游地区水土资源丰富，河网密布，农业生产条件较好，是重要的稻米及水产生产基地。水源充沛，土壤肥沃，资源丰富，优越的自然环境条件十分适宜种植水稻和从事水产养殖。其中，在“双水双绿”农产品小龙虾产量中，湖北、安徽、江苏、湖南、江西等 5 个主产省的产量占全国产量的 95%左右（张胜金戈等，2018）。目前，“双水双绿”模式主要分布于长江中下游地区。但是，除长江中下游这些优越的地区外，还有一些地区也适宜“双水双绿”发展模式。据统计，中国适宜稻虾综合种养的低湖田、冷浸田和冬闲田目前有多半尚未开发利用（唐建清，2017）。全国适宜稻虾综合种养的稻田面积占现有稻田面积的 15%左右。而国家统计局 2016 年的数据显示，当年全国水稻播种面积达 $3.02\times10^7\text{hm}^2$，按照 15%的比例计算，适合稻虾综合种养的稻田面积高达 $4.53\times10^6\text{hm}^2$，养殖空间有很大扩展余地。

10.1.1.2 土地流转与适度规模经营的条件保障

“双水双绿”的产业化特性决定了需要规模化生产经营。农业产业化模式及其技术的应用需要一定的经营规模来形成规模经济效益，如大规模农户采用稻田病虫害防治物理方式集中歼灭害虫，而小农户难以达成一致。并且稻田种养产业化模式生产出来的农产品需要具有信任品特性，单个稻田小规模种养生产者面临着信息不对称、高额的交易成本，因此，实现规模化经营需要政策的支撑。

随着农业劳动力的逐渐转移、土地流转政策的不断完善和土地流转平台的建立，土地流转速度加快，这为农户实现“双水双绿”适度规模经营和获取规模经济效益提供了条件。新型农业经营主体的日益壮大为稻虾共作产业发展提供了组织保障基础。经过土地流转形成规模化经营，进行田间基础工程建设和改造，形成从农田到市场的便利化连接，就能形成一定的规模效应和集聚效应。“双水双绿”种养需要投入相应的固定资产，规模化生产过程中，便于采用先进的标准化技术和机械化作业，有效分摊成本，提高经营效率，创造更多的经济效益。当前，在稻虾田的土地流转形式上，各地创新了多种不同的土地流转形式，为稻虾田适度规模经营创造了条件，形成了农户自发，以村委会、镇政府、县政府为主导的土地流转平台，企业集中土地进行统一改造再“返租倒包”给农户的流转形式。通过土地流转、股份合作等多种形式，因地制宜地把分散土地组织起来，统一规划管理，从而不断扩大生产经营规模，促进“双水双绿”向产业化、规模化方向发展。

10.1.1.3 资金来源与政策资金的支持

“双水双绿”产业经营需要较大的资金投入与金融资源的支持。种养共作模式的成本构成中，对于经营规模相对较大的农户而言，土地流转费、种虾（虾苗）购置费、雇工费、饲料费是主要构成方面。而对于经营规模相对较小的农户来说，土地流转费、种虾（虾苗）购置费、饲料费是其主要构成方面。除农户自身积累资金以及家庭非农劳动力务工收入对农业的支持和转移外，各地政府也有出台不同的配套项目资金以支持“双水双绿”种养共作模式发展。

在财政项目资金支持方面，2017年，江西省全省累计投入财政资金5亿元；湖北省30多个县（市、区）发文明确稻虾综合种养财政支持政策；湖南省通过项目支持，用于稻渔综合种养的资金超过3.5亿元；江苏省将小龙虾养殖基地建设纳入省高效设施渔业建设项目，同时将涉农项目资金进行整合用于支持小龙虾产业发展，全年省级财政累计支持资金达8000余万元；安徽省设立渔业三进工程，把小龙虾养殖列为省财政扶持专项，将财政补贴资金切块用于稻虾综合种养；河南省通过省级财政农业结构调整项目、国家及省财政农业综合开发项目为稻渔产业提供苗种繁育资金500余万元。

在金融支持方面，以专项贷款和保险补贴为主。江苏省开展稻田养殖小龙虾互助保险，发放小龙虾养殖专项贷款；湖南省鼓励支持种养户购买“稻虾种养保险”，对新发展的种养基地统一投保，保费由政府承担50%；湖北省潜江市金融机构为小龙虾量身打造了“欣农贷”产品，为小龙虾散养户提供贷款，通山县将小龙虾养殖纳入农业保险范畴，县财政安排专项作为保险补助经费。

10.1.1.4 多元主体多方位技术的支撑

“双水双绿”是技术密集型产业。种养技术的内容主要包括田块选择、田间工程准备、水稻品种选择与小龙虾苗种选择和投放、养殖管理、水质调控、病虫害防治、产品捕捞等（刘闯等，2018）。这些新技术与传统稻作模式有较大的区别，需要技术学习与扩散。当前，在苗种繁育、成虾养殖、病虫害控制等技术上，通过公益性、经营性、互助性等多元个体和组织为“双水双绿”种养共作模式提供有效技术支撑，主要采取“政府引导、企业带动、示范推动、大户联动、农户参与”的发展思路，为相关农户参与和发展“双水双绿”种养共作模式提供技术支持。种养技术在探索中逐渐发展，种养共作模式也不断创新，种养收益不断增加。

培养技术人才与成立专业协会，为产业发展提供技术保障。2017年，“十三五”国家现代农业产业技术体系新增了克氏原螯虾种质资源与品种改良、淡水虾营养需求与饲料、寄生虫病防控及虾生态系统养殖等岗位的科学家；全国水产技术推广总站牵头组建了“中国稻田综合种养产业技术创新战略联盟”。从稻虾综合种养的基础理论构建、技术模式创新、配套技术研发、技术规程制订等方面开展攻关，在小龙虾种苗规模化繁育、成虾生态养殖、疫病生态防控上取得了一批实用技术成果（中国水产技术推广总站，2018）。

在种苗繁育上，通过创建集研发、培训、示范、推广于一体的示范基地/区，将产学研用推融为一体，推进标准化生产、规模化开发、产业化经营和品牌化运作。产学研结合紧密，摸索总结出了一整套稻虾生态种养绿色高产创建集成技术，示范推广了"稻虾生态种养"绿色水稻栽培技术。2017 年，在"产学研推"战略的推动下，江苏省通过熟化完善池塘结构、亲虾选购、水质调控、水草设置、孵化方式优化等关键技术，有效提高了池塘小龙虾种苗繁育的质量和产量。湖北省在重点推广"小龙虾稻田生态繁育""小龙虾土池繁殖养殖一体化"等技术模式的基础上，在稻田小龙虾亲本强化培育技术和小龙虾温棚规模化繁育技术研发中取得重大突破，小龙虾种苗年生产能力达到 10 万 t 以上。种苗繁育的改善和发展，提高了"双水双绿"种养共作模式的经济效应，保障了产业有序、良好发展。

在成虾养殖技术上，近年来，各地针对稻渔综合种养产业发展需要，重点研发与集成了资源节约、环境友好型稻虾生态种养新技术，通过构建稻虾连作与共作系统，发挥系统生态学效应，减少了稻田除草等劳动力的投入和农药化肥的使用，有效减缓了农业面源污染，实现了一地双业、一水双用、一田双收，促进稻渔的绿色、高效、生态发展。2017 年农业部公布的 33 个国家级稻渔综合种养示范区中，以稻虾为主的稻渔综合种养示范区有 12 个，占总示范区的三分之一以上，示范面积 5000hm^2。开展农业送科技下乡等活动，利用新型职业农民培育和各级水产技术培训，培育推广骨干和生产示范户。建立示范基地和树立典型农户，带动农户发展和帮助农户解决技术难题，为农户提供坚强的技术保障，以推动产业的可持续发展。

在疫病防控技术上，随着小龙虾养殖集约化水平和养殖密度的提高，种苗流通空间拓展，养殖过程中小龙虾疫病日益严重。白斑综合征是实际生产中危害较大的病害，2017 年，湖北省组织技术力量，对小龙虾白斑综合征发生规律及中草药防控进行了系统研究，在解析其流行病学、筛选最优复方植物提取物组方上取得了重大进展，解决了实际种养过程中的技术难题，保障了产业发展的可延续性。

10.1.2 "双水双绿"产业融合与产业链

"双水双绿"产业发展需要消费带动生产，一二三产业链协同。进入 21 世纪后，小龙虾成为餐饮业的热门菜肴和消费时尚。2018 年，以小龙虾餐饮为主的第三产业产值达到 2726 亿元，同比增长 36.3%，占三大产业总产值的 73.9%，占据了绝对主导地位（中国水产技术推广总站，2019）。中国小龙虾产业从最初的"捕捞+餐饮”起步，稻田养殖小龙虾则在发挥食物保障、原料供给、提供就业等传统功能基础上，增加了生态保护、休闲、文化传承等新功能，逐步形成了集种苗繁育、健康养殖、加工出口、精深加工、物流餐饮、文化节庆于一体的完整产业链，为粮食增产、农业增效、农民增收开辟了新渠道，极大地调动了农渔民的养殖积极性。总之，小龙虾一二三产业仍处在大有可为的发展阶段，小龙虾产业发展正经历产业化推进打造优势主导产业阶段，逐渐形成了生产—加工—流通—餐饮—文旅的产业链条。

小龙虾加工业受到资本市场青睐，电商全面介入物流和餐饮，交易市场的继续扩大，冷链物流和物流体系的逐渐完善，提高了运输效率，市场价格整体同比继续攀升。根据农业农村部发布的《小龙虾产业发展报告（2019）》，2018 年小龙虾产业总产值达 3690 亿元，同比增长 37.5%（未包括香港特别行政区、澳门特别行政区、台湾省的统计，下同）。其中，第一产业产值 680 亿元，占比 18%。以加工业为主的第二产业产值 284 亿元，占比仅为 8%（图 10-1）。小龙虾一二产业产值分别同比增长 40.6%、41.8%。在小龙虾养殖方式上，小龙虾稻田养殖占比最大，其产量达 118.56 万 t，养殖面积 1261 万亩。近年来，稻田养虾不仅在小龙虾产量上有增加，养殖面积也呈“井喷式”发展。综合一二三产业结构特点看，小龙虾产业是典型的以餐饮服务等第三产业发展为主要驱动力的产业。从中长期来看，产业总体供求关系将渐趋平衡，产业结构将日趋成熟，产业链进一步延伸，发展方式从主要依赖规模扩张转变为高质量绿色发展。

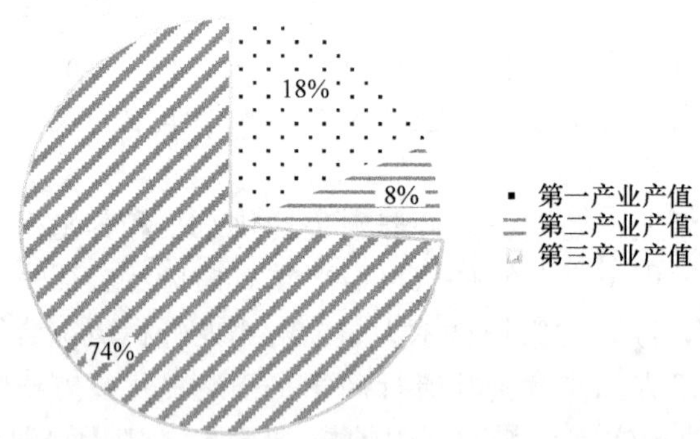

图 10-1　2018 年小龙虾三大产业产值占比图

数据来源：小龙虾产业发展报告（2019）

10.1.2.1　农户端生产环节的专业化

围绕“双水双绿”种养共作模式，形成了完整的产业链，促进了农户生产的专业化。在产前土地流转上，形成了农户间自发流转，以村委会、镇政府、县政府为主导的土地流转平台，企业集中土地进行统一改造再“返租倒包”给农户的流转形式。产中育秧工厂的秧苗培育，增加了小龙虾的生长时间。产中的公益性和经营性主体的技术服务与指导，解决了农户专业生产问题，增加了产业标准化生产衔接度。相较于传统稻作模式，“双水双绿”模式种养结合由于小龙虾对农药、化肥较为敏感，因此需要使用低毒的生物农药和有机肥以减少小龙虾的死亡，提高产出的稻米和小龙虾的品质。不少经营规模稍大的农户选择与农资厂家直接对接，或与一些企业联合生产，以减少经营成本。而一些经营规模相对较小的农户，依然选择通过村庄农资店等零散销售渠道获得农资产品。在产后销售上，专业合作社通过招商引资，与实力强大的集体公司进行联合，建立多级联动的订单农业模式，延长产业链条，降低农业经营风险。而大部分的小规模经营稻虾种养模式的农户，则通过较为初级的农贸市场或村庄小贩进行销售。

10.1.2.2　企业端加工环节的延伸

随着市场对小龙虾的需求日益旺盛，以及对虾稻米绿色健康农产品认识的提高，以小龙虾深加工（如小龙虾食品加工、小龙虾虾壳药物提炼等）、以虾稻米为基础的稻米加工，延伸了传统稻作模式的产业链并提高了稻米的产品附加值。经过进一步扩展小龙虾加工产品使得品种趋于多样化和特色化。据统计，2017 年，全国小龙虾规模以上加工企业近 100 家，年加工能力达 90 万 t，实际加工量为 22.5 万 t，年加工总产值达 200 亿元（中国水产技术推广总站，2018）。

另外，克氏原螯虾属甲壳动物，其甲壳内含有丰富的磷、钙、铁等营养元素，被广泛应用于食品、药品、养殖业，能够带来巨大的经济效益（张胜金戈等，2018）。小龙虾在食用过程中的可食用部分只占身体总体重的 15%，另外产生的 85%都是虾壳之类的废弃物。相关的统计数据显示，每年有 20 万 t 类似废弃物产生，将不可食用的虾壳“废物利用”，从中提取的甲壳素具有多种生理调节功能，被广泛应用于食品、医药、保健等领域。其中湖北潜江建成甲壳素深加工产业集群，每年生产甲壳素 4000t，形成高附加值产品 3500t，销售收入近 30 亿元（中国水产技术推广总站，2019），创造了巨大的经济效益和生态效益。加工过程的延伸，打破了传统小龙虾餐饮市场对小龙虾的充分利用，保证了产品的多样性，打造了一套完整的生态型产业链（张胜金戈等，2018）。

10.1.2.3　线上线下流通环节的逐渐完善

在流通环节，线上交易的建立，拓宽了销售渠道，扩大了产业规模。将“互联网+克氏原螯虾”的产业结合在一起，通过第三方，如京东商城、淘宝店铺、微电商服务平台，利用 O2O 模式大力推广线上交易、线下提货模式，从根本上拓宽了市场销售渠道。2017 年，仅湖北省电商平台交易额就达 5 亿元，其中潜江市“虾谷 360”垂直电商平台的“互联网+小龙虾”运营模式，吸纳的采购大户和交易商户达 300 多家，小龙虾物流配送辐射全国 300 多个城市、3000 多个客户终端，年小龙虾交易额达 3.59 亿元。由本地区局限性销售变成销往全国各地，小龙虾通过最新的销售运营模式加工后，极大地节约了资源成本，获得了更多经济利益；从农业可持续发展的角度来看不但节约了劳动成本和资源成本，而且运用产业与网络相互协作的模式推动了小龙虾产业生态集群的进一步发展（张胜金戈等，2018）。

线下交易中，小龙虾交易市场建设进一步完善，长江中下游地区是小龙虾的主产地，如湖北省的武汉、荆州、鄂州、潜江，湖南省的长沙、岳阳、南县，江西省的九江，江苏省的盱眙、金湖、兴化等地区，都建设了小龙虾批发市场或者小龙虾专营店。冷链配送与物流体系建设快速成长，通过开通货运物流、客运专线物流及航空物流，实现了 24 小时内送达全国各地，保障了小龙虾运输成活率和品质。通过行业协会开展多种形式的产销对接活动，如产销交流会、对接大会，与农产品电商、物流企业形成战略合作关系，加强了产业协作与对接。

小龙虾线上线下消费渠道继续扩张，线下小龙虾门店数量猛增 14 万余家，增长近 70%，并涌现出具有地域特色的小龙虾餐饮行业，如湖北省的“油焖大虾”等。线上外卖市场份额明显提高。最重要的是，消费者对小龙虾的喜爱，进一步提高了市场需求和小龙虾的价格，不仅增加了农民的收益，更有效带动了第三产业就业。此外，以小龙虾为主题，包含生态旅游、争霸比赛、美食评鉴、生产体验等各种活动的文化节庆，在越来越多的地方举办，并成为当地的一项民俗节庆和地方特色。“双水双绿”种养共作模式延长了产业链，促进了产业融合。

10.1.2.4 区域品牌的整合与打造

在品牌建设上，推动省级农业品牌资源整合，注重打造升级核心大品牌，形成区域公共品牌，提高品牌影响力和中高端消费市场的影响力；规范品牌管理，形成鲜活产品到加工产品的品牌产品标准，指定从准入到退出的品牌管理办法，形成完整的管理与共享机制，以获得品牌优势，推动产业长远发展。加强品牌宣传，在主流媒体上，通过多元化形式投放广告，并结合国内外热门活动扩大品牌认知度和影响力。

10.1.3 “双水双绿”产业要素与产业链上的不足

10.1.3.1 农户重虾轻稻与产业设施不够完善

农户生产端重视小龙虾产量，轻视水稻产出，养殖配套设施有待继续完善和规范。水稻播种、插秧、收割、管理等环节较为繁杂，与小龙虾带来的效益相比较为低下，导致农户不愿意种植或者不重视水稻的管理，有的甚至只是为了养虾而种稻，利用稻田养虾不种植水稻的现象较为普遍，致使“稻虾共作”中水稻的品质与产量日趋下降。这种重虾轻稻、虾强稻弱的现象也使得该模式失去了共生、稳增粮效的意义。甚至，农户开始不顾生产条件盲目跟风，在未经技术指导的前提下，将各类旱地改水田、池塘改水田，导致无序发展，缺乏长远发展的战略性规划，不利于产业的长远发展。田间工程及农事操作还不能与机械化作业有效衔接，制约了生产的轻简化、规模化。并且稻田综合种养主要在低湖田、冷浸田开展，一般地处偏远，水电路渠等基础建设难以跟上，种养基地建设水平落后（程建平等，2017），且资源供给保证和供给安全不足，以及用电需求增加，制约了产业的进一步发展。

10.1.3.2 产业融合度与衔接度不高

水稻专业化管理、小龙虾种苗提供、信息支撑体系及服务体系不配套等一系列社会化服务建设相对滞后，无法满足产业结构调整需要（黄钻华等，2018）。稻虾产业种养、加工、物流、营销等一体化的产业发展机制、技术支撑体系和产业服务体系建设都不完善，一二三产业融合度还不高（严岳华等，2019），具体如下。

在生产环节中，种植业与养殖业缺少有效融合。农户稻虾种养历史不长、经验技术不足、防范风险能力薄弱、应急能力差，尤其是在遇到小概率恶性事件的时候更是手足无措（熊颖，2019）。稻田种养技术需要农业与渔业相互合作和支持，需要作物栽培与水产养殖的融合和渗透，但目前对于田间管理的耦合技术、种养生态系统变化规律等研究较少，科研走在生产后面影响技术推广普及速度和效率。综合种养部分技术还停留在经验积累上，相关的技术参数、关键技术以及基础理论研究仍然滞后，在一定程度上制约了产业的发展。产业科技水平不高，适宜稻田综合种养的优质水稻品种及其配套的丰产高效栽培关键技术、水稻绿色防控技术、水产动物种苗繁育技术、优质安全高效饲养技术有待集成创新（程建平等，2017）。

在农业社会化服务支持上，相关主体技术服务不到位，大部分农户及基层农技推广人员都是“种水稻的不懂水产养殖，会水产养殖的不会种水稻”，仍处于摸索和积累经验阶段，导致生产管理粗放、经济效益不高（黄钻华等，2018）。农机社会化服务水平不高，即稻虾种养全程机械社会化服务水平未能跟上机械水平的发展速度，从而导致社会化服务水平滞后，稻虾户标准化生产速度较慢，农户缺乏标准化生产意识（刘松华，2019）。在营销服务上，缺乏一二三产业融合，一家一户或者单个合作社和企业经营，不但生产规模小，缺乏规模效益，而且分散经营，容易导致一哄而上，同时产品同质化严重，产品竞争上市，市场价格波动大，影响了产业健康发展。此外，市场营销不配套、销售渠道单一，绝大多数农户将综合种养的优质稻谷直接卖给米商，价格与普通稻谷相当，优质优价得不到体现

（黄钻华等，2018）。大部分种养户将收获的龙虾和水稻直接出售，销售渠道层次不高，产品销售半径不大，主打稻虾品牌不明显。虽然部分种养户已注册稻米和小龙虾品牌，但是没有很好地进行稻虾品牌宣传，品牌带动效应不显著，影响了优势品牌的打造。因为没有品牌的带动，当地有特色的虾稻米和优质、无公害的小龙虾得不到消费者的认可，品牌附加值体现不足（高业根，2019）。此外，企业参与的大面积联动承包模式导致大多数本地农户失去了农作的机会，只能选择外出就业或在家待业，该生产模式降低了原农户的工作稳定性，同时也带来了一些社会问题（邓颖，2018）。

在加工环节上，加工业发展水平相对滞后。由于小龙虾生产供给的强季节性，季节性的供需矛盾突出，但小龙虾的低加工比例，导致小龙虾产业快速生产与加工的不匹配。加工企业数量少、规模小，缺乏综合开发能力，缺乏相应的龙头企业，对产业的带动能力小。小龙虾产品多停留在餐饮食用和粗加工层面，产品的精深加工和开发力度不够，综合利用率低，二次增值产品少，品牌优势难以充分显现（徐长春和陈少愚，2018）。在销售环节上，市场价格波动大，不同地区与时节价格差别非常突出，种养农户收入差距明显。中介环节服务不稳定，导致市场供给不稳定，小龙虾价格波动大，缺乏相应的价格波动风险缓解机制。

10.1.3.3　区域品牌优势发挥不明显

注重农产品品牌建设，走农业高质量发展之路，是实现农业增效、农民增收的重要途径。目前“双水双绿”种养共作模式仍然存在品牌效应发挥不明显、区域公共品牌建设力度不足、高档优质产品开发不够等问题。一方面，农民、合作社和企业受到传统农业生产经营理念的影响和传统销售模式及销售渠道的制约，导致品牌开发积极性不足。另一方面，已有的品牌档次不够，产品区分度不强，稻虾综合种养共作模式下优质水产品和稻米产品的品牌效应尚未充分显现。专业小龙虾市场不健全，市场信息不对称，稻虾延伸的品牌、产品扩张效应不明显。生态虾稻米虽产量大，但宣传力度不够、宣传形式单一和宣传范围较小等，导致虾稻米被当作普通大米出售，经济价值未充分实现，既降低了市场竞争力，又减少了稻虾户的收益。

10.2 “双水双绿”产业的政策、制度支撑体系

“双水双绿”产业是现代农业产业的发展趋势，是我国现代农业产业发展的必然选择。产业要发展，必须有相关政策和制度为其保驾护航，便于其披荆斩棘、开疆拓土。发达国家发展现代农业产业的历史悠久，在促进绿色产业壮大过程中积累了许多政策和制度方面的经验。我国大力发展“双水双绿”产业，亟须借鉴

发达国家促进绿色产业发展的相关政策取向和制度框架，在立足本土实际的基础上，构建我国扶持“双水双绿”产业的政策和制度体系。

10.2.1 发达国家绿色产业发展的相关政策与制度

“双水双绿”表象为具体的绿色农产品，本质追求是农产品的绿色化。发达国家最早使用现代科技手段尤其是运用多种工业科技和化学生物手段促进农业生产，取得了显著成效，但也最早在这一促进过程中深受其害。为扭转运用工业科技和化学生物手段促进农业生产过程中出现的负面影响与严重危害，解决农产品安全健康及可持续发展问题，发达国家较早尝试推进绿色有机农业发展，积累了诸多相关政策和制度方面的经验。

10.2.1.1 推进科研的相关政策和制度

瑞典虽然可耕地面积仅占全国面积的 5.49%，农业人口仅为全国人口的 3.8%，但农作物单产量和农产品自给率均居于欧洲前列，2016 年农产品整体自给率达到 82%，超过中国 10 多个百分点，农业成为支撑其国民经济建设与发展的重要产业（陈新忠和王地，2018）。第二次世界大战后，瑞典农业结构转型和现代化进程较快，农业现代化指数排名一直位居世界前列，1970～1980 年位居世界首位（何传启，2012）。2001 年，在瑞典政府拨款资助下，瑞典农业科学大学启动绿色有机农业研究专项，致力于解决绿色有机农业生产过程中的各种瓶颈问题。2007～2013 年，瑞典政府大幅增加相关科研投入，累计投入 1103 亿克朗用于科研创新，重点资助生命科学领域研究，高校科研投入更是以年均 40%以上的速度递增，农业科研经费充足。以瑞典农业科学大学为代表的瑞典高等农业院校承担了国家多项绿色有机农业重大前沿核心技术攻关任务，包括食品安全、生物多样性、有机农业、可持续发展等，拥有雄厚的科研力量和世界先进的农业成果，是重要的农业科技创新基地和示范园区，有力促进了传统农业产业的改造升级。科研投入政策的出台、稳定、持续极大地推动了瑞典绿色有机农业的发展进程，1994～2013 年瑞典绿色有机农业耕作面积从占全国耕地面积的 1.8%增长到 20%（陈新忠和陈焕春，2019）。

10.2.1.2 强化培养的相关政策和制度

以强大工业闻名于世的德国是世界上第三大农产品出口国，猪肉、奶酪、糖果和农业技术出口量居世界第一，农业收入的 25%以上源于农产品出口[①]。德国

① 数据来源于 https://www.bmel.de/EN/Agriculture/Market-Trade-Export/_Texte/Zahlen-Fakten-Agrarexport.html?nn=529300

农业的巨大成就离不开以霍恩海姆大学为代表的农业高校为本国农业现代化提供的良好人才及科技支撑，也与德国的农业人才培养政策和制度密切相关。为在有机农业发展中赢得技术和产品优势，德国积极支持霍恩海姆大学先后建立了有机农业和食品安全研究中心、专业及课程，积极开展相关技术攻关和人才培养活动（陈新忠和张亮，2018）。霍恩海姆大学早在 1973 年就以政府投资兴建的有机农业实验研究站为平台，为有机农业发展培养专业人才。2005 年，德国政府与霍恩海姆大学协商，在霍恩海姆大学开设两年制硕士专业“有机农业和食品系统”，这是欧洲第一个侧重于有机农业中食品系统管理的专业。为使该专业人才不但掌握系统理论知识，而且能够在社会生产实践中应用知识，政府持续投资扶持霍恩海姆大学建立了设备齐全、功能清晰和空间充裕的农业科研教学试验基地。目前，霍恩海姆大学拥有德国最大的农业试验基地，面积达到 $717hm^2$，其中校内试验站有 $234hm^2$，校外试验站达 $483hm^2$，有机农业试验站占地约 $60hm^2$①，有力保障了学生在试验基地体会真实的农业生产环境，亲自动手栽培作物、饲养动物，更好地学习、理解和运用有机农业知识，切实提升实践动手能力。此外，德国政府还出台相关政策，便于霍恩海姆大学拓展国内外社会关系网络，与有机农业领域的国内和国际企业、各种组织及协会建立合作关系与学生实习基地，为学生学习、科研和就业创造大量机会（陈新忠和陈焕春，2019）。

10.2.1.3 招揽人才的相关政策和制度

作为世界农业最发达的国家之一，美国通过多种政策和制度招揽最优秀的农业科技人才。首先，美国以稳定而高薪的岗位招揽高学历人才进入农业推广队伍。美国通过联邦拨款（35%左右）、州政府拨款（45%左右）、县政府拨款（20%左右）和社会捐助（5%左右）的制度保证了农业推广事业与人员的稳定，吸引了大批高学历人才竞相入职。20 世纪 70 年代，州农业推广人员 53.7%具有博士学位，37.3%具有硕士学位，9%具有学士学位；县农业推广人员 1.3%具有博士学位，43.3%具有硕士学位，55.4%具有学士学位（陈新忠，2014）。其次，美国通过搭建最先进的科研平台招揽优秀人才从事相关科研。针对当前世界农业生产者和消费者均面临着第二、第三产业迅速发展带来的巨大冲击与挑战，美国政府联合康奈尔大学，将目光放眼于世界有机农业研发，提出了农业科学全球项目——CALS International Programs，致力于解决全球发展和食品安全问题等方面的基础性挑战，建立了遍布全世界六大洲多达近 100 个国家和地区的科研点网络，吸引了全球众多农业科技精英加盟②。

---

① 数据来源于 https://www.uni-hohenheim.de/fileadmin/uni_hohenheim/Universitaet/Profil/Zahlen-Fakten/Jahresbericht/Jahresbericht-2016.pdf

② 资料来源于 https://cals.cornell.edu/about

10.2.1.4 促进服务的相关政策和制度

产业要想发展，持续高水平的科技服务最为关键。美国为促进农业科技服务农业产业，除 1862 年的《莫里尔法案》之外，还于 1890 年颁布了《第二莫里尔法案》(*Second Morrill Act*)，并在 19 世纪下半叶至 20 世纪初先后颁布了 1887 年《海奇法案》(*Hatch Act*)、1907 年《纳尔逊修正案》(*Nelson Amendment*)、1914 年《史密斯-利弗法案》(*Smith Lever Act*) 等一系列资助与加强赠地学院发展的法案（陈新忠和王地，2019）。其中，1862 年《莫里尔法案》规定，政府根据各州参议员和国会议员的人数，以每人 3 万英亩的标准，将 1743 万英亩公有土地划分到各州，各州可以直接利用所拨公地或出售土地所得建立永久性基金，创建或资助赠地学院，发展农工教育（Mcdowell，2001）。为帮助赠地学院农业科学摆脱困境，联邦政府 1887 年颁布了《海奇法案》(又称《农业试验站法》)，规定联邦政府每年向各州农业试验站提供拨款（Rawson，2018）；1890 年《第二莫里尔法案》规定国库向各州拨款 15 000 美元，以后每年增加 1000 美元，直到达到 25 000 美元。联邦政府对农工学院直接捐赠现金，为农业科学发展提供了充裕的经济来源。在完备法律的保护下，美国形成了以农科院校为主体的农业推广模式。近年来，美国政府依然保持着农科院校发展有机农业的较大拨款力度，2009～2014 年，康奈尔大学对农业研发的总投资中 50%以上资助来源于联邦农业部，仅康奈尔大学农业科学试验站一年就获得 600 万美元的政府拨款①。

10.2.1.5 发展产业的相关政策和制度

为推动有机农业发展，德国政府将有机农业列为国家可持续发展战略的重要组成部分，1989 年设立了专门促进有机农业发展的公共资金，鼓励农牧业和相关企业向有机农业转型。2001 年，德国率先启用有机产品专用标识 Bio。2002 年，德国出台《生态农业法》，发布《联邦有机农业计划》，为有机农业及相关产业链的发展制定标准并搭建起良好框架（陈新忠和张亮，2018）。同样，20 世纪 80 年代末，针对全球农产品污染严重的危机，瑞典政府接受农业院校多位专家的倡议实施有机农业计划。1989 年，瑞典农业部发布决议，在瑞典农业科学大学中设立有机农业专业，聘请 3 位教授为有机农业顾问。从此，发展有机农业成为瑞典的基本农业政策之一，瑞典农业科学大学成为全国有机农业研究基地。瑞典生态食品认证中心统计数据表明，瑞典生态耕地已从 20 世纪 90 年代中期的不足 5 万 hm^2 增加到现在的近 50 万 hm^2（陈新忠和陈焕春，2019）。在荷兰，从 20 世纪 60 年代开始，有机农业就在政府产业投入和科研投入持续双增的支持下蓬勃发展，形

---

① 资料来源于 https://cuaes.cals.cornell.edu

成了如今的高科技农业面貌，农产品出口仅次于美国，排名世界第二，其中鲜花、奶酪和马铃薯种子的出口量居世界第一（陈新忠和陈焕春，2019）。

10.2.2 我国“双水双绿”产业发展的相关政策支持

借鉴发达国家发展绿色有机农业的相关政策经验，我国促进“双水双绿”产业发展，必须有相关政策的引领与支持。针对我国“双水双绿”产业发展现状及问题，立足我国三农及现有政策实际，建议如下。

10.2.2.1 技术与质量保障

为保证“双水双绿”产品达到统一的高质量水平，政府要制定“双水双绿”产品的质量标准，对“双水双绿”产品严格分级销售；制定“双水双绿”产品的生产技术规程，严把生产技术关；控制“双水双绿”产品的种源，从源头上把好“双水双绿”产品质量关。为保障技术供给，政府要以政策持续支持“双水双绿”产业的技术团队。同时，政府要稳定支持第三方评价，以第三方全程跟踪评价和反馈来促进“双水双绿”产品质量持续改进。

10.2.2.2 稳健扩大产业规模

“双水双绿”产业是当下的朝阳产业，也理应是未来的永恒产业。政府应稳步扩大“双水双绿”产业的规模。一方面，政府要充分考虑“双水双绿”产品的质量、稳定程度、国内外市场需求和生产供给者收益等，慎重推进“双水双绿”产品的进一步规模化生产；另一方面，政府也要科学展望“双水双绿”产品对消费者健康的影响、消费者的内在需要、产品的综合效益和产业链延伸后的潜在市场等，稳步推动“双水双绿”产品适度规模生产。

10.2.2.3 订单生产以保障收益

“双水双绿”产业是精细化产业，也是更高层次的科技化产业。因此，“双水双绿”产品具有较高的附加值，种养农户应该得到较高的种养回报，实现勤劳致富。在“双水双绿”产品质量得到保障的前提下，如果“双水双绿”产品不能优质优价，必然会挫伤种养农户的积极性。因此，政府应明确规定，“双水双绿”产业要以订单生产为主，保证产品得到回收，确保种养农户利益。

10.2.2.4 品牌化生产以提高效益

为了与普通农产品有所区别，也为了“双水双绿”产品实现优质优价，“双水双绿”产品必须做成品牌。政府应支持“双水双绿”产业根据地域或技术带来的产品差异，做成几个富有特色的响亮品牌，名字上让消费者记得住，价格上让消费者能接受，让人民群众吃上放心食品，也使“双水双绿”产品物有所值，使“双水双绿”产品种养农户获得较高的经济收益。

10.2.2.5 链条化生产以形成产业

目前，“双水双绿”产品大多以初级农产品销售，农产品价值还未得到充分体现。为顺应一二三产业融合趋势，提高“双水双绿”产品附加值，“双水双绿”产业要加强链条化生产。政府要支持“双水双绿”产业形成种养、加工和销售的一条龙生产流水线，真正形成现代社会大产业，尤其要在精加工、深加工上下功夫，开发出更多“双水双绿”初级农产品的延伸产品。

10.2.3 我国“双水双绿”产业发展的相关制度设计

相对于政策而言，制度更具有长期性和制约力。我国促进“双水双绿”产业发展，既需要政策的引领与支持，又需要制度的设计和安排。

10.2.3.1 农科教结合制度

当前，农科院校参与农业产业属于义务行为，没有法律或制度约束，农科教师服务农业产业完全凭自愿，可去亦可不去。为促进农科院校深度参与和真正引领农业产业发展，我国政府应建立健全以农科院校为主导、以政府农技推广网络为主体，以涉农龙头企业、农业专业大户和农民合作社为主要对象的农业产业服务体系，探索农科院校协同科研院所服务国家及地方农业产业的新模式（陈新忠和陈焕春，2019）。只有如此，由农科院校发起的“双水双绿”产业才能在湖北乃至全国大范围发展起来。

10.2.3.2 资金专项支持制度

“双水双绿”产业的生产标准高，人力投入多，科技含量也高，需要大量的资金投入。国家及省、市、县政府应设立“双水双绿”产业支持专项，制度化地支持“双水双绿”产业发展。政府可以设立专项支持资金，以项目形式向具有一定规模的“双水双绿”产业进行补助；也可以通过政策形式，对“双水双绿”产业种养过程中涉及的投入进行补贴。

10.2.3.3 产业研发试验推广制度

“双水双绿”产业是新兴事物，是对传统水稻和小龙虾产业的改造升级。因此，“双水双绿”产业要有一个产业研发、试验、推广的过程及相关制度，不能想当然地制定标准，混淆是非。政府要制度化地规定“双水双绿”产品产业化的研发、试验、推广条件、项目、规格和标准，支持有条件的组织或团队开展相关的“双水双绿”产品的研发、试验和推广。

10.3 创新“双水双绿”产业经营体系

10.3.1 创新“双水双绿”产业经营体系新商业逻辑

10.3.1.1 商业逻辑正在以加速度方式发生前所未有之变化

党的十八大提出要构建集约化、专业化、组织化、社会化相结合的新型农业经营体系，战略措施主要有：健全农村土地承包经营权登记制度、鼓励土地流转集中，加快新型农业经营主体尤其是龙头企业的培育，完善新型农业专业化社会化服务体系，加快农产品品牌和现代购销网络建设，完善行业协会服务，鼓励工商资本进入农村等。

近年来，商业逻辑正在以加速度方式发生前所未有的变化：市场结构从买方市场走向卖方市场；市场需求从数量型消费走向质量型消费；传播方式从二维三维广而告之走向指数型裂变传播；消费习惯从功能性消费走向文化体验型消费；消费途径从线下走向线上；获客方式从直接营销走向心智占领；营销方式从雇佣销售人员到超级个体、意见领袖带货；行业组织方式从管理型走向协同型……商业系统正在发生颠覆式的变化。

我国农业历来商品化程度低，传统商业惯性小，因而更容易快速融入上述新商业逻辑体系中。正所谓一张白纸好做最新最美的画卷。

10.3.1.2 创建“双水双绿”“五高”产业经营体系

中国农村，悠久深沉，广袤厚重，其浩瀚能孕育五千年文明；中国农民，质朴勤劳，聪明坚韧，其智慧可创造种种神奇。

40 年前，当农村生产关系严重束缚生产力、严重影响生产积极性时，安徽小岗村十八位农民以血书气魄率先包干到户，后来得到了学术界和政府的肯定，从而拉开了中国农村以联产承包责任制为核心的一系列改革。

当中国的工业化进程不断加快，中国农村面临种地不赚钱、农残超标、污染严重、文化衰落、后继乏人的严重局面时，稻渔综合种养共作模式被中国农民率先创造出来，用以破解上述困局、发展生产力。

近 20 年来，稻渔综合种养尤其是稻虾综合种养红遍大江南北，蜚声国内国外，目前行业产值已达 3000 亿元，综合种养面积已超 3000 万亩，且每年以 30%的速度扩容，预计 5 年左右的时间稻渔综合产业产值将突破 1 万亿元，成为对症解决农民增收、扶贫攻坚、农产品质量提升、环境改善、乡村振兴的有力抓手，似有引领第二次中国农村改革之气势！

但在快速发展中，稻渔综合种养也存在稻渔种质质量不高、从业者专业素质不高、种养技术不规范不标准、产业化和市场化程度低、经营主体过度离散、经济效益低、重渔轻稻等问题，而且从根本上存在产业发展规划缺乏、产业市场化规模化组织化程度低、产业融合度不高、基础理论研究不足等深层次的问题，这在较大程度上制约着稻渔综合种养正向效应的释放和发挥。

有鉴于此，我国科学家在深刻洞察农民稻渔综合种养实践的巨大意义以及利弊互见状况后，提出了“双水双绿”的发展理念，旨在在目前稻渔综合种养实践基础上，内造阴阳生克之机理，外建生态平衡之表形，并导入现代生物科技和现代经营管理，大大降低肥料、饲料等投入品使用量，显著减少农药使用量，并大大提升农产品品质。而且，进一步让每一次的种养过程同时成为对环境的洁净和修复过程。

可以预计，农民自发创造的稻渔综合种养的伟大实践，与“双水双绿”理念、模式和科学发展体系，这两股潮流力量的汇合，不但能将稻渔种养产业推向新的高度，而且能以此为契机开创品质农业和绿色发展的新时代！

“双水双绿”产业经营体系应承担相应使命，就是从上面两股潮流的汇合中，以及与新的营商环境、商业逻辑的融合中建立起来的，我们应当构建起与“双水双绿”科学发展体系相适应和相匹配的经营体系。一方面，有利于解决稻渔综合种养行业小生产与大市场不协调的矛盾，增强新型农业经营主体的活力，推动各类农业生产要素有机重组和优化配置，促进农民增加收入，保障农产品有效供给；另一方面，有利于引进现代经营理念、先进科学技术和优质生产要素，提高农业创新力、竞争力、生产效率、比较效益和生态效益。我们把这个体系概括为“双水双绿”“五高”产业经营体系，即高品质、高收益、高品牌、高标准水土生态治理、高智慧产业生态圈。这个经营体系是对现代农业经营体系的先进性、领航性的探索，其特色是理论性和实践性相结合、创新性和继承性相结合、公平性与效率性相结合。

现阶段我们主要从创新“双水双绿”内置金融体系、创新“双水双绿”区块链+的信息化体系、创新“双水双绿”品牌营销体系三个具体创新点，着力推进“双水双绿”产业经营体系的发展。

10.3.2 创新“双水双绿”内置金融体系

金融业作为现代经济的核心，在农村经济发展中扮演着极其重要的角色。资金是农户和农业经营主体从事经营活动的首发要素与关键要素。

10.3.2.1 新型农业经营主体发展中的金融匮乏

长期以来农业领域成了投资人的沼泽地。经营主体是经济体系的基本细胞，经营主体的质量和活力从根本上决定了经济体系的质量与活力。十八大所提出的农业规模化、集约化、专业化、组织化、社会化发展模式要求培育新型农业经营主体。目前农业经营主体的类型主要有 5 种组织形式：一是家庭农场；二是专业大户；三是农民专业合作社；四是农业企业；五是农业协会。相对于半自给自足的家庭农户经营，新型农业经营主体一般强调经营主体的规模和商品化程度，强调经营过程的企业化，依赖较高的经营管理水平和物质技术装备水平，追求经营规模、产出效益等，更趋于适应现代商品化发展的要求。

多年以来从中央到地方各级政府使出“浑身解数”，倾巨资大力发展新型农业经营主体，旨在逐步形成以家庭承包经营为基础，以专业大户、家庭农场、农民专业合作社、农业产业化龙头企业为骨干，以其他组织形式为补充的新型农业经营体系，实际效果却普遍差强人意。同时许多形形色色、大大小小的个人及工商资本也很积极地投向农业，最后绝大部分项目因资金链不继或长期效益不足或农村营商环境中的种种矛盾铩羽而归，农业领域成了投资人的沼泽地。因而新型的农业经营主体的培育总是步履维艰。

10.3.2.2 农村金融体制的现状

绝大多数农业经营主体尚不具有独立的信用人格，农村金融处在低效的外置金融抑制状态。资金的生命和价值在于快速流动，只有流动才能增值，同时资本追求“四两拨千斤”的杠杆效应。但现实情况刚好相反：资金一到农业领域，一般马上就会降低流动性，有的甚至从活钱变成了死钱，失去了流动性；加之农业生产周期长、不确定性因素多、收益低。在这种外源性和外援型资金中，政府的资金就成了输血，浪费大；社会资金效率低，且容易被套牢。

更为重要的是，作为农村经济压倒性数量主体的家庭农户和经营主体从来就不是独立自主的“经济人”，因为其拥有的土地、房屋、农具等不能成为银行、信用社、保险公司等现有金融机构的抵押物，所以在现有金融机构眼中是“无资产”，既然无财产那么就没有承担风险的能力，就是“无信用能力”。无资产、无信用能力就不具备经营主体的基本属性和核心条件，换言之就不是能承担经济责任的经营主体或是不完全的经营主体，因而就不是经济人，就没有动力、活力和能力承担经济活动的职能与责任。

近年来，农村金融体制商业化改革加快，商业银行为降低经营风险，贷款审批制度和贷款抵押制度更趋严格。农业发展银行作为政策性银行，主要从事粮棉油购销贷款的供应和管理，贷款对象主要是国有粮棉油储备及购销企业；农业银行从成本收益的角度考虑大量撤并农村地区机构网点，大部分乡镇仅有农村信用社一家提供信贷服务；而作为农村金融主力军的农村信用社由于历史包袱沉重，资产质量不高，加之小额农贷业务成本较高、贷款逾期率高，影响了农村信用社发放小额农贷的积极性。农户资金需求金额本来就较小，面对银行苛刻的贷款条件和繁杂的贷款手续，一般农户不得已通过民间借贷获得资金。由于手续繁杂和缺少抵押品，农户、农村企业通常很难从银行业金融机构获取贷款。

10.3.2.3 “双水双绿”体系下的内置金融机制创新

导入“双水双绿”科学发展体系和建立内置金融机制，双管齐下才是激活农业经营主体内生动力的治本之策。与上述外置金融相对应，内置金融是指在土地农民集体所有和农户承包经营制度下，配套建立村社金融合作社，这种合作金融是村社组织的内部金融，是农民主导的金融，利息等金融性收益归农民。内置金融是相对于村社外部金融而言的，是农民村社组织的一部分，以村社为边界，主权属于村社成员，为村社成员服务，收益归村社成员共享，可弥补外置金融的不足。外置金融模式即国家政府鼓励银行将资金贷给农业，旨在通过外部干预解决农村贷款问题。受条件限制，虽有国家政策支持，外置金融方案的落实一直严重不足，无法满足有想法、有技术、愿行动的人的贷款需求。但内置金融方案从自身出发，通过在村社内部建立内置金融合作社，有效解决了信息不对称、信用担保、抵押物处置等问题。内置金融合作社只要通过有效的风控，保证贷款及时偿还，就有利可图。内置金融的运营抓住乡邻之间对称信息的优势降低贷款风险，可以实现赢利的契机。

内置金融合作社的建立不但通过合作社内部筹集启动资金，而且其获得的利润也由合作社股东分享。如有未分配利润，也会用于村内建设，使内部资金变成村社发展的内生动力。它可以实现农民土地等产权金融资产化，我国有数十亿亩土地和水面，有数百亿亩山地和待耕地，通过内置金融让这些静态的生产要素能够变成的流动性金融资产，农民每年就可以获得足额的资金实现自我发展，也有助于农民有偿退出村社，实现市民化。内置金融村社是村社党支部领导下的新型基层组织模式，可产生巨大的社会效益，推动农村深层次的社会变革需要从以下方面展开：①增强农民组织自主权，提升农民组织化程度。②巩固集体所有制，完善双层经营体制，壮大集体经济。③获得农产品市场份额收益及定价权收益。④推动产业整合、并购。⑤扶持养老合作，孝敬老人，尊重和发挥长者社会价值，增进长者福祉，促进社区和谐，服务日趋步入老龄化的农村社会。⑥改善党的领导和乡村治理。⑦为三农政策性金融和保险服务提供组织与机制保障。

10.3.2.4 邵阳县易家村“双水双绿”内置金融合作社发展实践

第一，设立村级“双水双绿”混合制平台公司。易家村位于资江上游、湖南省邵阳县黄亭市镇内，古宝庆府至武冈州的官道要冲，水陆码头交汇处，始建于明朝洪武七年，曾因道光皇帝巡游驻驿于此又名道光村。这里曾有明清建筑群上百座，承载着丰富的历史荣耀记忆和深厚的南方水系农耕文明。

我们试图以“双水双绿”的科学发展体系让这个古村落再次焕发出青春，并在这里把“双水双绿”的发展推向纵深、推向新的高度。不仅要建立起种养结合的“双水双绿”，还要建立起金融的“双水双绿”、三产融合的“双水双绿”。

设立村级“双水双绿”混合制平台公司的要点如下：①以计划机制与市场机制相结合的混合制形式设立村级经济发展平台公司。具体由三方共同参与：村集体、村乡贤委员会、社会专业经营团队。强调广泛发动一切力量参与、最大程度调动全民积极性，强调村集体留成，强调“七统一”，即“统一三产规划、统一土地流转、统一政策对接、统一村级品牌、统一内置金融、统一双绿技工贸服务、统一信息化平台”。②以“双水双绿”发展理念和“双水双绿”科学发展体系为主题思想进行顶层设计。③在混合制平台公司“七统一”之下，设立若干个自主发展的项目开发公司。④将混合制平台公司作为示范推广。易家村的混合制平台公司已成为邵阳县改革试点单位，正在成为湖南省改革试点单位。以易家村为中心，首期联合毗邻四周的烟山村、青草村和三联村等三个村，进而推广到全镇，甚至全县。

第二，制定易家村“双水双绿”内置金融合作社发展方案（图 10-2）。内置金融合作社是村两委主导、村民资金再组织的一种方式方法，能从根本上激活农户活力，并能培养出真正具有独立自主经济人格的新型农业经营主体和充满活力的村社经济。

“双水双绿”内置金融合作社应发挥以下功能。①资金互助及存储借贷：及时帮助农户解决资金保值难和发展贷款难问题。②抵押贷款：集体成员权、承包权、财产权等抵押贷款功能。农民的集体成员权、农户承包权及家庭财产权在外置金融中无法用于抵押贷款，在内置金融中完全可以。这样能大大提升农民的主体性，实现自主权。③股权化：在内置金融合作社，村社成员的资金、土地承包权、自留地、闲置宅基地和房屋等都可以股权化，按股分享收益。④土地银行及信托：村社成员可以将其承包地、宅基地、房屋、农产品等作为存款存入村社内置金融合作社，实现统一集约经营，分享长期存款收益；也可将承包地、宅基地、房屋、农产品信托给村社内置金融合作社统一经营，分享信托产品收益。⑤流转变现：支撑村社成员的土地、房屋等流转交易功能。村社成员如果离开村社（城市化），可以随时通过内置金融完成流转变现交易。⑥农业保险：村社内置金融合作社由于内部信息对称，可以为成员提供农业合作保险业务。⑦村社内部结算和余额增值功能：村社内部成员在内置金融体系内都可以设立账户，统一销售和统一采购后，通过内置金融结算到个人账户，账户内余额可通过购买理财产品实现增值。

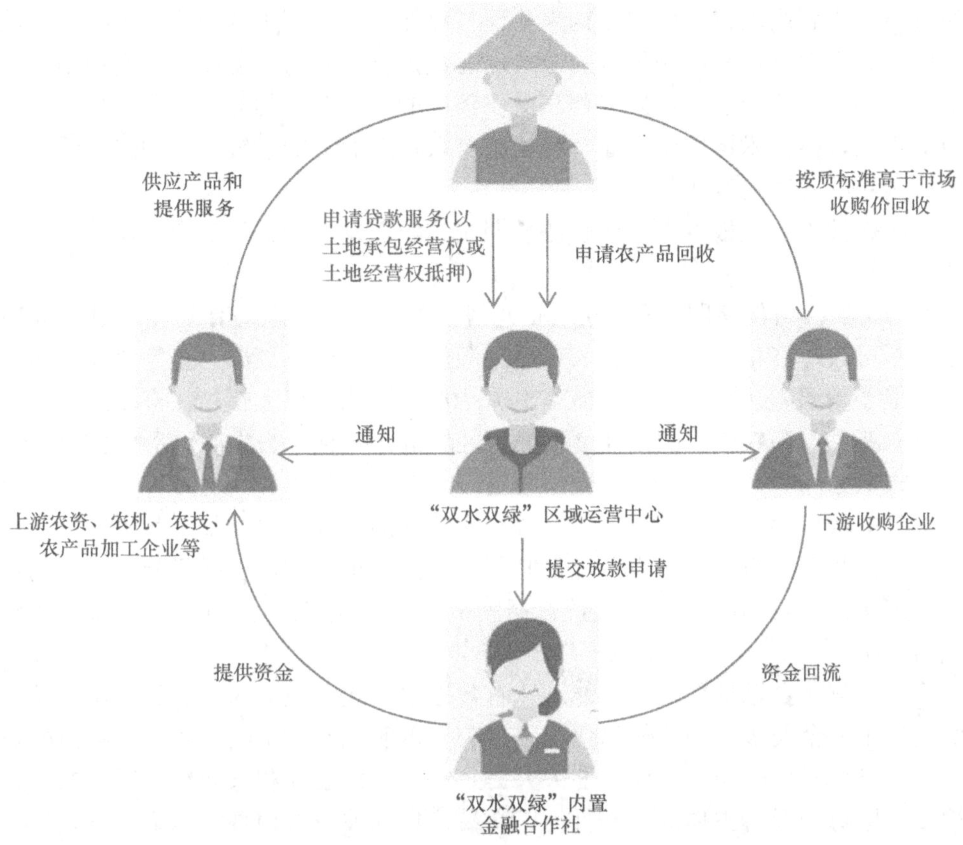

图 10-2 “双水双绿”内置金融合作社图

⑧大数据采集和利用：内置金融合作社是村社成员之间互助合作的基石和内部各种“交易”的结算平台（中心）。

10.3.3 创新“双水双绿”区块链+技术的信息化体系

与其他任何行业的经济系统相比较，农业经济系统是涵盖要素最多的经济系统，具有最复杂、最脆弱、最不确定性的天然局限，这些天然局限长期以来成为制约农业经济发展的“基因”性、本质性原因。作为继大型机、个人电脑、互联网、移动社交之后出现的第五次计算机发展范式，区块链+技术恰好能对症、有效地从根本上解决上述问题，成为与“双水双绿”战略天然契合的信息化技术。

10.3.3.1 “区块链+”能对症、有效地解决农业深层次痛点

工业和信息化部发布的《中国区块链技术和应用发展白皮书（2016）》指出，

区块链技术是利用块链式数据结构来验证与存储数据，利用分布式节点共识算法来生成和更新数据，利用密码学的方式保证数据传输和访问的安全，利用由自动化脚本代码组成的智能合约来编程和操作数据的一种全新的分布式基础架构与计算范式。区块链技术运用到农业，将使整个农业产业链的运转方式和产业经济体系发展产生颠覆性的改变。

区块链技术能从根本上有效解决长期制约农业发展的如下三个深层次的痛点问题。

第一，解决信任问题：通过实现信息资源的实时“民建民治民享”，建立起不可逆、不可改、真正值得信赖的农产品溯源体系。农产品溯源一直是农业的一个痛点，很多溯源方式因容易作假而基本流于形式，从原理上就存在许多漏洞，消费者对农业生产和农产品的信任度很低。区块链是一种“去中心化”“去中介化”的分布式数据库，在这种分布式数据库里人人都可成为中心，是一种全产业链上全民参与的数据存储方式，每一笔、每一次数据的录入和储存都是不可逆、不可篡改的，而且每个节点会同步共享复制整个数据，也随时可以相互验证，受到每个人的监督。所以区块链是完善的“数据民主制度”，随时随地实现数据资源的“民建民治民享”。

第二，解决金融信用问题：能迅速有效地建立起真正的农村金融信用体系。区块链技术的全民参与的全信息化记录、公开透明、不可篡改的属性，不但能解决农产品安全和信任问题，而且能大大提升农业经营主体和农业经营行为的金融信用度，即每个经营主体的交易行为、交易信息都被完整地真实地记录下来，主体之间即使依然是陌生人，但这种“陌生”也被编织在一张网状的信任关系里，人和人变成了互为“增信”的节点，通过大数据分析，建立种养户、采购商的信用评级，使得金融机构的贷款风险大大减低。

第三，解决不确定性大和总成本高的问题：大大减少农业生产经营的不确定性和农业产业运行总成本，并提高产业经济效益。农业领域生产方与需求方历来存在信息不透明、不对称、不完整等一系列问题，使农业生产经营存在很大的盲目性。一旦区块链技术应用于农业，将农民、经销人、加工商、分销商、监管机构、零售商和消费者纳入其雷达范围的数据管理系统，所有参与者都放在了同等的位置上，大家都是信息的贡献与拥有者，信息便会充分、透明、完整、对称。在此基础上，利用智能合约保证种养户、加工厂和采购商之间的公平交易。同时通过大数据分析，提高农产品买卖双方的契约精神，促进农业在信息、资金、人才、征信等方面更大规模的互联互通，保障生产要素在区域内的有序高效流动，大大减少农业生产经营的不确定性和风险，进一步降低生产成本、流通交易成本、管理成本等，从而降低运营总成本。

10.3.3.2 “双水双绿”区块链平台定位及系统架构

“双水双绿”区块链平台是基于区块链技术及物联网技术，所创立的有关“双水双绿”稻渔农产品种养、技术、加工、交易、商贸、金融、溯源、联盟等全产业链的电子经营和发展平台，平台定位是做一个领先的“双水双绿”产业的区块链技术应用综合服务商。系统整体主要分为三层：感知层（sensing layer）、数据储存层（data storage layer），以及应用层（application layer）。

感知层是指智能物联网 IOT 模块，“双水双绿”区块链生态农业平台的智能物联网组件包含二维码、电子标签（EPC 标签）、FRID 读写器（PDA）、各种智能传感器等。智能传感器是自主研发的硬件产品，可根据客户实际需求进行个性化定制。二维码采用无序性设计，难以复制和复用。EPC 标签采用防撕设计，避免供应过程的调换货，且有利于供应过程的盘点。“双水双绿”区块链平台在 NB-IOT[窄带蜂窝通信低功耗广域网（LPWAN）技术]应用上进行了布局，易于实现无线通信模式至 NB-IOT 的平滑演进，将在传感设备功耗和组网通信上有很大的改进，成本也得到了有效降低。

“双水双绿”区块链平台物联网模块设计了外联通用网关功能，可以支持与智慧农业物联网络、智慧社会物联网络等外部系统进行对接，实现“双水双绿”区块链生态农业平台系统与客户自有系统的无缝集成。

“双水双绿”区块链数据存储层，是分布式数据存储、点对点传输、共识机制、加密算法等计算机技术的新型应用模式，是一种去中心的稳定、可信、安全和高效的数字技术。其中，共识机制是区块链网络中实现不同节点（提供存储服务）之间建立信任、获取权益（实现存储数据的收益和目的）的一种数学算法，确保了网络的稳定与有序发展。

“双水双绿”区块链生态农业平台是在开源的区块链框架 Ethereum 基础上设计了自己的数据存储系统，主要对传感器上传的数据进行自动封装和解析等操作，然后将数据写入区块链，同时针对交易数据，我们会针对性地进行安全保护，并配合辅助数据存储必要数据信息，提高了数据读取效率，创新了文件系统数据的存储策略。采用基于哈希（HASH）的双链存储策略，在单点文件系统数据库出现故障或出现数据缺失时，可利用区块链上 HASH 数据实现对区块的快速编辑。

10.3.3.3 “双水双绿”区块链平台应用层解决方案

“双水双绿”区块链平台能为“双水双绿”产业生态系统内每一位客户提供量身定制的精准服务。该平台可针对客户属性不同，提供如下解决方案。

第一，创新“双水双绿”农产品及农业投入品溯源方式。我们把“双水双绿”农产品及各种投入品从种植、生产、加工、销售环节都加入到基于区块链的溯源体系中来，依靠区块链数据库去中心化、不对称加密和数学算法的先进科技，从根本上保证数据的完整性和安全性，大大提升“双水双绿”各个经营环节和农产品的安全性。同时，为社会提供可信的食品安全风险控制系统方案，为食药监系统提供可信的食品非现场监管方案，为连锁超市及农贸市场（“菜篮子”“米袋子”工程）提供一体化食品溯源管理方案，为食品企业的产品提供全球销售追踪与质量提升的系统方案，从而提高消费者的信任度和购买的意愿。

第二，创新“双水双绿”金融及保险方式。在缺乏有效抵押物的情况下，农业经营主体是很难获得贷款的，但纳入“双水双绿”区块链平台的新型农业经营主体，在申请贷款时不再依赖银行和征信公司等中介机构提供的信用证明（这种信用证明往往存在信息不完整、数据不准确、使用成本高等问题），贷款机构只需通过调取计算机里区块链系统中依靠程序算法自动记录的信息数据即可判断经营主体的经营状况。该方式不仅效率高，准确率也高，而且因信息的全面、真实和完善所形成的区块链的信用，能在较大程度上替代抵押物的功能（如前文所提及的农村“内置金融”功能）。再如农业保险品种少、覆盖范围低、理赔周期长，将区块链与农业保险结合后，可在农业保险领域使用智能合约，能极大地简化农业保险流程，让农业保险赔付智能化。一旦检测到农业灾害，就会自动启动赔付流程，赔付准确率、赔付效率大大提高。

第三，建立基于区块链的“双水双绿”分布式电商。在“双水双绿”区块链平台的APP上增设分布式数字电商商城，满足对农产品品质有较高要求的消费者可以随时随地选购“双水双绿”优质食材的要求。同时，让高安全高品质的生产者可以获得一个高附加值的销售通道，增加他们的收益，甚至可为县域经济打造限量版、高附加值的品牌特产销售渠道。商城采用分布式的撮合机制和第三方信用仲裁机制，降低交易成本，有效确保买卖双方的利益。

第四，建立起可靠、高效的“双水双绿”智慧供应链。随着“双水双绿”产业的深化发展，供应链涉及的范围更加广泛，有的供应链环节甚至达到了上百个流程，对供应链的管理形成了巨大的挑战。而且农业生产、流通、消费三大环节中，生产者和消费者过于分散、弱小，双方无法实现信息对称，无法直接对接，无法决定价格。从供给侧看，很多农产品销路不畅，有产品无市场；从需求侧看，消费者苦于买不到安全食品，有需求无供给。

“双水双绿”区块链技术可在整个供应链条上自动形成一个完整且流畅的信息流，这可确保参与“双水双绿”产业链的各方能自主及时地发现并把握供应链系统运行过程中存在的问题，“双水双绿”区块链平台可自动提升供应链条上各主体间的匹配度和协调度，避免各主体之间的纠纷，有助于大大提升供应链管理效率，提升管理的智能化、精准化水平。

10.3.4 创新“双水双绿”品牌营销体系

品牌就是商品的知名度和美誉度，在产业经营体系中具有举足轻重的地位和作用。未来属于品牌，唯有运用品牌、操作品牌，才能赢得市场。可口可乐公司前董事长伍德鲁夫有一句著名的论断：假使有一天，我一无所有，但我只要有可口可乐这个牌子，我就能重新发展与之相同的另外一个可口可乐公司。2016 年我国《国务院办公厅关于发挥品牌引领作用推动供需结构升级的意见》明确指出：“品牌是企业乃至国家竞争力的综合体现，代表着供给结构和需求结构的升级方向。”

所谓品牌营销，就是以品牌为核心整合各种经济要素，带动经济整体有效运营的一种经济行为，它是企业经营的高级形态，也是市场经济发展的高级阶段，同时是一种高度的经济文明。企业要想不断获得并保持竞争优势，必须采取高品位的品牌营销方式，品牌营销是企业长期发展的必要途径。

10.3.4.1 “双水双绿”品牌定位和品牌策略

第一，“双水双绿”品牌定位。品牌定位是提炼对目标人群最具吸引力的优势价值点和竞争点，然后通过一定的手段传达给消费者，并转化为消费者的心理认同。强大的品牌号召力首先取决于准确的品牌定位。成功的品牌都有一个特征，就是以始终如一的形式将品牌的功能和价值与消费者的心理需要连接起来。

“双水双绿”是基于 20 多年以来广泛深入的农民稻渔综合种养实践，代表了现代农业绿色化、品质化的发展方向，代表了先进的农业生产力，因而具有强大的号召力和使命感，加之目前农业领域存在绿色领导品牌的缺位，“双水双绿”品牌完全有条件、有能力定位为绿色农业、品质农业领域的领导品牌。

从辐射区域看，“双水双绿”品牌应逐步从地区性拓展到全国性、全球性。从产业链看，“双水双绿”品牌涵盖了科研、生产、加工、流通、交易、消费等各个环节，是全产业链品牌。依据品牌类别看，“双水双绿”品牌涵盖了产品品牌、企业品牌、产业品牌、模式品牌等。

第二，“双水双绿”品牌营销策略。“双水双绿”品牌营销策略可依据声浪传播理论构建原点区、发声区、回声区、无声区及无声崇拜“五步曲”，它们各自成环，又环环相扣，形成“双水双绿”品牌传播的全知视角和全新体系。暨南大学朱磊进教授将声浪传播的精髓归结为如下三点：其一，要倾听消费者的声音，然后消费者才能听到你的声音，这是一种基本态度。其二，学会发声，首先要回到原点，说出初心；然后学会思考，发出文化之声、生命之声。其三，要在互联网发声，联系群众一起发声，制造声量；借力高端人群发声，制造回声；让朋友一起发声，营造口碑。最后，就可以“润物细无声”，用一种精神，让消费者发出共鸣之声；用一种力量，让品牌、消费者和社会共奏天籁之声。

“双水双绿”品牌的创建应从如下几个关键点着手。

第一，必须明确表达出“双水双绿”理念、价值观、愿景、使命等独特的内涵意义，并以此深远地牵引、凝聚和激励“双水双绿”内外的共识力量为之奋斗。按照声浪传播理论，做品牌就像用圆规画圆，有了明确而又坚定有力的原点，才能画得好。双水双绿研究院就是“双水双绿”品牌坚定有力的原点。

第二，必须建立起对“双水双绿”品牌的激情与信仰。“品牌”这个词来源于古斯堪的纳维亚语 brandr，本意是“燃烧”，是四溅的激情！品牌的创建需要激情与信仰，一个人无法做成连自己都不相信的事情。现代管理学奠基人彼得·德鲁克（Peter F. Drucker）指出，信仰是经历严肃的思考和学习、严格的训练、完全的清醒与节制、谦卑，将自我服从于一个更高的绝对意愿的结果，每个人都可能获得信仰。信仰让组织有了灵魂，使得管理更加非凡。正因为每个组织拥有了信仰，才能使得品牌营销朝着一致的方向前行，让品牌的发展高效有序。管理在左，信仰在右，左右协同，阔步前进。“双水双绿”品牌的建设过程就是对“双水双绿”信仰的传递过程。

第三，需打造出各级能深刻理解“双水双绿”文化内涵、承担“双水双绿”使命的硬核团队，做“双水双绿”先行者、探索者和布道者。“双水双绿”品牌打造需要发动稻渔行业从业者、消费者广泛参与。

第四，必须建立一套符合科学和美学原理的企业形象识别系统（corporate identity system）。“双水双绿”品牌设计应具有高度的文化艺术水平：造型美观，构思新颖，表现出“双水双绿”特色，所使用的文字、图案、符号简洁大气，这样的品牌不但能够给人一种美的享受，易于传播，而且能使顾客产生信任感。

10.3.4.2 “双水双绿”品牌营销实践

第一，项目背景。中国是全球最大的大米生产国及消费国，湖北省监利县的水稻种植面积和稻谷产量全国第一，小龙虾产量全国第一，且稻渔综合种养面积全国第一。然而监利大米虽获国家地理标志，但无品牌优势，监利大米仍在低端市场流通。

从消费趋势来看，目前中产人群崛起，2030 年我国中产阶层将达 8 亿人以上，市场需求发生本质变化：对健康、安全、个性化需求更加关注，绿色、安全、好吃成为消费者对大米的主要诉求，且市场规模潜力巨大。

第二，监利大米品牌愿景规划。我们将监利大米品牌愿景的顶层规划分为三个阶段。

1）第一阶段，“自古好米出监利”：2020～2021 年通过挖掘监利历史和现状中的特色与优势点，把监利大米品牌创建成为湖北省内知名品牌。监利县地处江汉平原腹地，是名副其实的鱼米之乡。这里“土卑沃，广陂泽”“地富鱼稻，吴设卡派官监收鱼稻之利”，粮食质量优良，过去皇帝都爱吃监利米，清代慈禧太后曾赏赐监利进贡米以“福寿米”称号。新中国成立后，监利大米曾获中华人民共和国粮食单产第一、湖北省县级粮食总产九连冠的殊荣，2009 年、2010 年农业部授予监利县“全国粮食生产标兵县”。可见，几千年来监利大米为中华民族做出了巨大贡献。

2）第二阶段，“监利双绿稻，好米风向标”：2022～2023 年通过在监利建立起无可争议的“双水双绿”科技产业权威，助力监利大米成为中国南部区域知名品牌，与北部五常大米齐名。监利县是湖北省“双水双绿”稻渔种养共作模式试点县，全面开启了与华中农业大学的合作，华中农业大学“双水双绿”首个科研基地和中试基地就落地于监利。在强大的理论、科研和产业支撑下，监利可成为全省甚至全国“双水双绿”模式发展的风向标。这些源头性的有利条件，极有利于支撑起监利大米品牌的核心优势。开展品牌运作，如同有源之水，有根之木。

3）第三阶段，“监利大米，品质中国”：从 2024 年起监利大米逐渐成为全国知名品牌和中国的大米名片。随着“双水双绿”模式在全国落地，可分阶段地与监利县主导发布“双水双绿”各种企业联合标准、行业标准、国家标准等，以整合营销传播的方式大力推广，让监利大米品牌一直牢牢站稳优势地位，走出湖北，走出中国，填补中国大米的品牌缺位，迈向全球市场。

第三，创建监利大米品牌的战略性举措。

1）明确并统一大米产品定位。将监利大米划定为“稻渔之华”“稻渔之光”“稻渔之尊”三个产品系列（图 10-3），分别对应“三星”“四星”“五星”品质级别和价格级别。稻渔之华是绿色安全米，瞄准的是基础口粮、储备粮市场；稻渔之光的目标定位是健康美味米，目标对象是追求个性化品质生活的中产阶级人群，也可作为大众礼品米；稻渔之尊则是高档美味营养米，是“酒中茅台”，瞄准的是高档消费市场。价格策略一律是“同等品质下价格最低；同等价格下品质最高”。

产品系列	调产能	普绿色	保安全	美食味	特营养
稻渔之华	★	★	★		
稻渔之光	★	★	★	★	
稻渔之尊	★	★	★	★	★

图 10-3 监利大米品牌定位

2）在监利县试行“双水双绿·大米大师”职业荣誉体系。借鉴日本米谷零售商业组合联合会为在大米领域有专业知识的人颁发荣誉称号，把大米卖成一种时尚的做法，在监利可尝试开展大米大师职业标准制定、组织培训、考核认证、引导奖励等系列活动。

3）设立“双水双绿·监利大米”讲坛、专刊。联合华中农业大学组建“双水双绿·监利大米”讲坛的骨干讲师团队，并建立相应的运行机制。首先在武汉高校进行“双水双绿·监利大米”巡回宣讲，同时在成熟的巡讲高校和示范社区建立监利大米线下品牌体验店。利用传统媒体和新媒体，同步开辟监利大米专栏专刊。

4）建立监利大米博物馆和举办监利大米节，把监利大米节作为监利县农民丰收节的主题内容，将监利大米设计成监利县的卡通形象代表。

5）参与发起成立“双水双绿”论坛和“双水双绿”产业联盟，参与“双水双绿”大米标准化体系建设。华中农业大学作为“双水双绿”理论和战略发源地，将组织“双水双绿”年度论坛和“双水双绿”产业联盟，监利县作为“双水双绿”产业试点大县，可以作为论坛主办方之一参与发起，有利于提高监利大米的品牌号召力。同时，监利可以联合华中农业大学双水双绿研究院共同形成监利大米的绿色种植生产规程和监利大米的产品标准，一年内形成企业联合标准，三年内形成行业标准，五年左右争取形成国家标准。

6）健全监利大米品牌营销的组织保障。监利大米要想成为中国知名品牌，唯有集中优势资源抱团出击，才能在市场上占有一席之地。这需要有组织、有计划、步调一致的行动。由政府相关部门（如农业农村局或二级单位）主导，联合监利县稻米经营主体成立监利大米供应链管理有限公司，负责整体统筹监利大米的种植生产、加工、储运等工作。并在武汉设立监利大米品牌运营公司，负责监利大米的市场化运作，包括监利大米品牌运营及销售，首先专门针对武汉市的100多所高校、中高端社区展开营销活动，在武汉市场有较好突破之后再辐射全国稻米市场。

10.4 “双水双绿”产业文化振兴研究

10.4.1 “双水双绿”产业文化建设的对策和目标

优秀传统农耕文化是实现乡村经济发展、产业兴旺、生活富裕的重要动力，也是实现乡风文明、生态宜居、治理有效的基本保障（夏红莉，2019）。振兴乡村是“五位一体”的系统工程，文化建设有着独特的重要作用，在“繁荣兴盛农村文化，焕发乡风文明新气象”要求下，挖掘优秀传统农耕文化成为主要工作（田丰，2018）。在绿色生态的发展理念下，实现稻田种养文化协同创新发展，以产业发展为推手，以优秀文化传承为内核，引导乡村传统农耕仪式的重建，重塑新乡贤文化，为乡村文明的保护和传承提供源头活水，实现乡村文化复兴。中国科学院院士、华中农业大学张启发教授于 2018 年以此精神提出重视营造稻田种养文化，以“双水双绿”重塑“鱼米之乡”，建设美丽富饶的社会主义新农村的科学理念，这是乡村又一次发展科技创新、产业创新、文化传承创新的发展主张。

10.4.2 绿色农业产业文化发展的现状与问题

长江中下游平原和珠江三角洲平原不仅仅有着良好的生态环境与地理环境，还拥有丰富的历史文化、人文景观、非物质文化遗产，如红色文化、屈原文化、道教文化、稻作文化、民族文化等。但近几年当地政府和相关企业还存在对这些文化资源价值认识不足，文化资源利用挖掘不充分，和绿色农业、旅游产业融合不够，从业人员人才匮乏等问题，具体表现为以下几点。

10.4.2.1 文化资源整合意识不强，文化产业融合程度不高

目前各级政府在推进绿色产业建设的工作中，对农业生产、加工、销售，包括农产品品牌管理、品牌维护等硬实力建设重视程度比较高，而对关乎农业文化内涵发展的软实力建设却重视不足，远落后于硬实力的建设步伐，特别是缺乏相应的政策指导致使产业的文化建设工作发展缓慢，成效不足。在构筑农业与其他产业融合的系统工作中，针对产业的发展和文化的多样发展不够，方法单一，融合程度有限。例如，近年来遍地开花的乡村旅游，就暴露出没有发挥文化在产业中的精神引导、文化构建、价值认同的核心作用，还停留在农家乐和休闲度假时代，文化企事业单位、文创从业人员在农业中所发挥的作用十分有限。农产品品牌建设涉及农业生产、产品销售、市场营销、品牌宣传、产品形象包装与设计、文化产业等诸多环节，而多数地区仅依靠当地农业主管部门的单一力量推动，没有集合宣传、文化、旅游、教育、财政、金融等各政府部门展开通力合作，导致农产品品牌建设难以突破第一产业范畴，三大产业始终无法真正融合。

10.4.2.2 产业文化含量不足，产品低档运营

目前一方面水稻水产种养成本逐年增加，另一方面水稻水产等农产品品牌文化内涵欠缺，产品包装设计简陋且不美观，缺乏创意，共同导致经济效益不高。虽然有一些和农产品相关的个体服务业经营者，试图利用地域文化资源提升产业的文化内涵和附加值，例如，潜江一些餐厅试图将小龙虾特色餐饮与本地特色文化和旅游相结合，但从业者对相关专业知识和运行机制的了解匮乏，导致好的想

法落地十分艰难，文化资源得不到充分发挥。

10.4.2.3 涉农文化从业人才严重匮乏

通过调研，国内专门面向农业领域的知名品牌策划公司、营销团队、文化创意企业严重匮乏，涉农的专业设计人才寥寥无几，更谈不上高端创意人才。虽然全国大多数高校已开办设计专业，但面向“三农”领域培养的设计人才较少。此类人才数量稀缺，严重制约了现代农业的文化内涵建设和推广营销。例如，高质量的农产品品牌系统化设计需经过长期田野调查、深入扎根乡村生产生活获得，且方案还需随着市场变化不断迭代。非涉农策划设计团队由于专业化程度不高与农业结合不紧密，产品的文化开发深度不足。

10.4.2.4 产业文化传播方式落后、手段单一

目前很多地方官方广告传播仍以电视等传统媒体为主要传播渠道，以在央视播放宣传片为重点目标。而当代社会大量年轻群体已把关注重点放在社交软件等新媒体、新平台上，不仅对电视媒体关注力度大大降低，而且电视广告相对而言互动性差，影响持续力低，消费目标细分度缺乏。

10.4.3 “双水双绿”文化产业融合发展的举措

10.4.3.1 构建“双水双绿”产业文化体系，推动乡村特色产业升级

文化产业的高技术含量、低能耗、生态影响小的绿色特征适用于中国新时期绿色发展目标（黄娟，2016），也是“双水双绿”绿色产业发展的基础。“文化+”正为绿色农业和地方经济的发展带来了新的契机。党的十八大明确指出，要促进文化和科技融合发展新型文化业态，提高文化产业规模化、集约化、专业化水平。让文化成果帮助农业提档升级，也让文化产业在促进消费升级中发挥明显优势。文化产业作为一种新兴产业，具有高附加值、低资源能耗等绿色特性（刘杰，2013）。文化产业，虽然内涵是文化，但外在表现形态却是产业，产业融合是其本质特征之一。文化产业的繁荣是推动产业文化发展的重要保障。产业与文化的融合为绿色产业可持续性发展指明了方向，也是经济社会发展对文化建设提出的迫切要求。

现代农业的文化建设，涉及农业、文化、教育、宣传等众多领域，不仅仅是农业主管部门的责任，文化产业的推动力主要来源于政府，所以需要政府统筹安排，科学规划，协调好地方文化建设、经济建设、生态文明建设。地方政府要围绕当地具体的特色文化资源从政策、资金、组织机构、人才等方面直接对地方文化产业进行扶持、引导和倾斜，明确相关文化产业的内容，制定发展规划及产业政策，引进投资和管理经验，提供支持与服务；推动和开展挖掘传统农业体系的文

化价值研究，促进遗产保护传承利用、提升公共文化服务效能、提高全社会对农业文化的重视。各地基层在文化建设工作推进中要向村民多宣传多引导，扩大文化旅游消费、推进文农旅产业深度融合，使文化产业走上绿色发展之路，促进农村经济发展，实现乡村振兴。

10.4.3.2 为“双水双绿”产业注入文化灵魂，塑造产业独特 IP

文化是乡村之魂，农业与文化是乡村生产生态的重要载体。正如农史学家游修龄（2010）在他的《中国稻作文化史》中就着重突出稻作文化与农业文化在我国古代文明中的地位，他指出了稻作文化对中国人物质及精神生活的影响是重大的，这包括稻米的食用方式、神话传说、民风民俗等。一个地区没有文化就没有能留住人继续发展的根基，因此，文化是乡村振兴的铸魂工程，如素有“鱼米之乡”的湖北农村，经过数千年的发展演变形成了特有的“鳜鱼肥稻花香”乡村美景，一种农耕时代文化的记忆，鱼米之乡也不再仅仅视为局限于出产水产和稻谷的一方水土，而是早已升华为一种特色文化、一种品牌，具有了社会价值、经济价值、生态价值，还有更重要的文化价值。例如，大江大湖、水乡韵景、湿地风光等自然环境资源，造就了云梦故地独特的旅游文化品质，土地革命战争时期，纵横交错的河湖港汊、繁茂成荫的芦苇荡，燃起了土地革命战争时期的燎原之火；楚文化、三国文化、民俗文化等风土人情资源也与水有着千丝万缕的联系，还有得天独厚的自然条件孕育出令人垂涎的舌尖文化。例如，湖北境内的江汉平原十纵九横，遍布了大大小小的湖泊，这里盛产稻米、莲藕、小龙虾、螃蟹、泥鳅、黄鳝等水产，所以湖北人爱吃的东西基本都跟湖泊的产出有关，形成了“鱼米之乡”特有美食文化。这些丰富的文化遗产是“双水双绿”产业文化建设最得天独厚的资源和取之不尽的源泉。

因此当地政府应加大培育有利于乡村文化生产力的要素，推动文化科技、文化企业、文化金融进入乡村文化产业，不断催生新型文化业态（向勇，2018）。建立政府主导、社会参与的保护机制，加快对诗词、典籍、民间艺术、传统戏目、民俗活动、红色文物资源、特色美食文化等文化遗产的发掘保护，如在江汉平原，挖掘“鱼米之乡”水稻水产背后的地域文化价值，构建“鱼米之乡”的优秀文化传承体系。建议各地区域定位，调查及了解历史文化资源、非物质文化遗产资源及文化品牌现状，充分挖掘上述文化资源，尤其是注重发掘文化背后有益的思想、精神内核、文化底蕴和表现符号；建立目录和大数据库，进行数字化保存和网络文艺创作传播；探索产业的文化根源，将“鱼米之乡”文化资源与水稻、水产产业文化建设相结合，以便捷高效的步伐全方位拓展产业文化内容，使之成为文化产业发展的生产力要素。构建文化产业链，通过主题凝练、重构，将地域文化资源设计为动漫、视频、歌舞、社交表情、活动策划等民众喜闻乐见的形式，利用各种文化节庆精心组织围绕稻虾产业的文化交流、经贸洽谈、学术研讨等活动，再通过网络等新媒体渠道进行传播，不断扩大对外文化交流，逐步打造成“双水双绿”独特的文化 IP 体系，用现代农业科技和文化创意，一起讲好“民以食为天”的故事，缔造更多深入人心的“鱼米之乡”的文化符号；这样优质文化资源转换为“双水双绿”农产品品牌建设的原动力，同时绿色产业成为文化传承的载体。例如，对“鱼米之乡”传统美食文化的传承创新，利用文化资源进行文化创意，开发 IP 带来的衍生价值，做出特色，形成产业集群发展态势，可以实现产业文化跨界跨行业的优化整合，增加稻渔综合种养产业的文化内涵，助力绿色稻米、绿色小龙虾品牌建设，扩大绿色稻米、绿色小龙虾区域品牌的影响力。以品牌为抓手促进特色产业发展，乡村特色文化因绿色产业的发展也充满了活力。用文化引领稻渔综合种养产业，不仅提升产业竞争力，还有效推动“双水双绿”产业朝着高质量方向可持续发展。

10.4.3.3 加强文化创意人才培养，为产业文化高质量发展提供支撑

推动产业文化发展，人才是关键。相对于发达国家，我国文化创意产业人才严重不足，严重制约了我国文化产业的发展。发挥高校人才资源优势，大力培养三农领域设计人才，出台吸引文化创意类人才赴农村工作的优惠政策，为绿色产业进行精准设计服务。鼓励高校、科研院所参与乡村产业文化和农产品品牌建设工作，为乡村基层文化设计、文化创意类企业提供人才；当地政府部门应出台优惠政策吸引从事文化资本运营、文化经纪代理、文化旅游开发和产业经营管理等方面的优秀人才，鼓励乡村基层文化创意企业培育人才，为基层文化人才提供培训学习和展示的平台，从而避免一味依靠外来设计企业的现象。

10.4.3.4 重塑乡村风貌，提升美好生活品质

近几十年来，随着日益严重的环境污染问题、人口膨胀、工作就业压力大，越来越多的人希望到大自然中去释放压力、寻找平静的快乐。据《中华人民共和国文化和旅游部 2018 年文化和旅游发展统计公报》，全年国内旅游人数达到 55.39 亿人次，增长 10.8%，乡村旅游持续升温，乡村旅游设施建设、人文环境和美食文化都是旅游人群考虑的重要因素。2019 年农业农村部就启动建设了一批设施完备、功能多样的休闲观光园区、乡村民宿、森林人家和康养基地，结合美景和当地人文特色培育了一批美丽休闲乡村、乡村旅游重点村，建设了一批休闲农业示范县以满足人们日益旺盛的需求[①]，乡村旅游业也越来越呈现产业融合的新特点。“双水双绿”应借势挖掘乡村多元价值，探索大地景观与特色产业结合模式，催生

① 资料来源于作者对前瞻产业研究院（https://bg.qianzhan.com/）数据的整理

水稻小龙虾创意农业、教育农园、农业科普等新业态以满足度假式深度体验游新消费模式。充分利用特色旅游这个文化的载体和传播渠道，加快休闲农业和乡村旅游发展，打造绿色农业展示平台，结合当地的自然生态环境建设水稻水产特色小镇、绿色生态走廊、特色旅游景区，让游客获得良好的乡村旅游体验。满足人们的消费升级需求和个性化需求的增加，加快乡村现代公共文化体系建设，在乡村经济活动中依托各地独特的文化资源，推进“鱼米之乡”的乡村新风貌塑造。在有文化条件和经济条件的村镇做好传统村落、传统建筑、民间文化的保护与传承，推动实施乡村风貌塑造计划。设计建造可以对视觉、社会、经济、环境特征及乡村生活价值产生积极影响的建筑物，在农业规划、乡村景观设计思考过程中，用一种创新方式审视乡村特征，让建筑的造型、材料和理念都能反映历史的传统，可以延续乡村文化的肌理和文化记忆，让乡村田园景观、小城镇、建筑设施和乡村文化共同形成感性的精神纽带。如果我们希望看到一个有品质的让我们魂牵梦绕的乡村，那应该是“杏帘招客饮，在望有山庄。菱荇鹅儿水，桑榆燕子梁。一畦春韭绿，十里稻花香”的模样（图 10-4）。

图 10-4 乡村风貌（李建银提供）

10.5 小结与展望

本章以问题为导向，把理论与实践相结合，主要从“生产要素产业链—政策制度—产业经营—文化振兴”4 个维度系统分析了促进“双水双绿”产业发展的支撑与保障体系。第一，分析了“双水双绿”产业要素体系和生态产业链体系。其中，“双水双绿”产业要素体系主要包括 4 个方面，分别是：①自然条件和资源禀赋的支撑；②土地流转与适度规模经营的条件保障；③资金来源与政策资金的支持；④多元主体多方位技术的支撑。“双水双绿”生态产业链体系主要包括：①农户端生产环节的专业化；②企业端加工环节的延伸；③线上线下流通环节的逐渐完善；④区域品牌的整合与打造。然后，分析了“双水双绿”产业的政策与制度支撑体系。其中，首先分析了发达国家绿色产业的相关政策与制度，主要包括：①推进科研的相关政策和制度；②强化培养的相关政策和制度；③招揽人才的相关政策和制度；④促进服务的相关政策和制度；⑤发展产业的相关政策和制度。第二，对我国“双水双绿”产业发展的相关政策支持进行了分析，主要包括：①技术与质量保障；②稳健扩大产业规模；③订单生产以保障收益；④品牌化生产以提高效益；⑤链条化生产以形成产业。第三，分析了“双水双绿”产业经营体系，主要从创新“双水双绿”内置金融体系、创新“双水双绿”区块链+的信息化体系、创新“双水双绿”品牌营销体系三个具体角度进行了分析，着力推进“双水双绿”产业经营体系的发展。第四，分析了“双水双绿”产业发展的文化振兴体系。其中，首先分析了制约“双水双绿”产业发展的文化振兴体系因素，主要包括 4 个方面：①文化资源整合意识不强，文化产业融合程度不高；②产业文化含量不足，产品低档运营；③涉农文化从业人才严重匮乏；④产业文化传播方式落后、手段单一。接着，分析了“双水双绿”产业文化振兴体系的对策措施，主要包括：①构建“双水双绿”产业文化体系，推动乡村特色产业升级；②为“双水双绿”产业注入文化灵魂，塑造产业独特 IP；③加强文化创意人才培养，为产业文化高质量发展提供支撑；④重塑乡村风貌，提升美好生活品质。

总之，“双水双绿”产业发展是一个综合的系统工程，既需要以生产要素资源禀赋作为支撑，优化资源配置，又需要调动利益相关者协同合作的积极性；既需要农民与企业主体的积极作为，又需要政府相关政策与制度的支撑保障。促进“双水双绿”的产前、产中、产后等一二三产业链环节的协同发展，让相关利益者把生产链、供应链、价值链进行融合，促进从田间到餐桌的全产业链打通，促进产品流、信息流、资金流的高效流通，实现生产、生活、生态的多赢。“双水双绿”产业化发展模式，符合绿色发展新理念，在我国具有巨大的发展前景。

参考文献

陈新忠，陈焕春. 2019. 新常态下中国高等农业教育发展战略研究. 北京：高等教育出版社.

陈新忠，王地. 2018. 瑞典高等农业教育促进农业现代化的经验与启示. 高等农业教育，(1): 6-11.

陈新忠，王地. 2019. 世界一流农科发展规律及启示——以康奈尔大学农科为例. 现代教育管理，(3): 26-31.

陈新忠，张亮. 2018. 德国一流农科专业建设与人才培养的经验与启示. 高教探索，(6): 74-80.

陈新忠. 2014. 多元化农业技术推广服务体系建设研究. 北京：科学出版社.

程建平, 汪本福, 张枝盛, 等. 2017. 湖北省稻田综合种养现状和技术创新与产业化发展思考. 湖北农业科学, 56(22): 4217-4220.
邓颖. 2018. 潜江市稻虾生态农业模式的发展困境及对策. 山西农业科学, 46(8): 1396-1398, 1420.
高业根. 2019. 肥东县稻虾综合种养生态循环模式发展趋势. 基层农技推广, (1): 42.
何传启. 2012. 中国现代化报告 2012——农业现代化研究. 北京: 北京大学出版社.
黄娟. 2016. 我国文化产业绿色发展探析. 中原文化研究, 4(1): 49-55.
黄钻华, 刘玉明, 王永超, 等. 2018. 新一轮稻田综合种养发展现状与建议. 基层农技推广, 6(3): 78-80.
刘闯, 朱兵, 唐建清, 等. 2018. 泗洪县龙集稻虾综合种养现状、存在问题及对策. 水产养殖, 39(8): 9-21.
刘杰. 2013. 文化产业化发展反思. 人民论坛, (14): 82-83.
刘松华. 2019. 稻虾种养全程机械化发展现状. 南方农业, (5): 83.
唐建清. 2017. 稻虾综合种养模式技术分析、存在问题与发展趋势. 科学养鱼, (10): 1-3.
田丰. 2018. 承传优秀农耕文化. 岭南文史, (1): 3.
夏红莉. 2019. 优秀传统农耕文化与新时代乡村振兴. 湖南省社会主义学院学报, 20(2): 69-72.
向勇. 2018. 乡村振兴战略下的文化创新与创意营造. 中国文化报, (5): 3-17.
熊颖. 2019 . 南县“稻虾共生”产业模式存在的问题及对策. 农村经济与科技, (7): 30.
徐长春, 陈少愚. 2018. 湖北省稻虾综合种养发展浅析. 中国水产, (10): 52-54.
严岳华, 盛建华, 周锋, 等. 2019. 南县稻虾产业化发展现状与思路. 农业开发与装备, (5): 7, 17.
游修龄. 2010. 中国稻作文化史. 上海: 上海人民出版社.
张启发. 2018. 以“双水双绿”重塑“鱼米之乡”. 湖北日报, (15): 6-13.
张胜金戈, 刘佩, 文志安, 等. 2018. 基于“稻虾共作”模式的 SWOT 分析及可持续发展战略研究. 中国水产, (2): 57-61.
中国水产技术推广总站. 2018. 中国小龙虾产业发展报告(2018). 盱眙: 中国水产技术推广总站.
中国水产技术推广总站. 2019. 中国小龙虾产业发展报告(2019). 盱眙: 中国水产技术推广总站.
中华人民共和国国家统计局. 2016. 中国统计年鉴. 北京: 中国统计出版社.
Mcdowell G R. 2001. Land-Grant Universities and Extension into the 21st Century: Renegotiating or Abandoning a Social Contract. Ames: Iowa State University Press.
Rawson J M. 2018. CRS report for congress agricultural research, education and extension: issues and background. http: //ag. purdue. edu/oap/pages/honorsprogram. asp[2018-3-19].

第 11 章　我国稻田综合种养产业发展趋势

摘要：本章主要从稻田综合种养技术的兴起与发展，稻虾综合种养产业现状，小龙虾生产、加工及消费，优质稻米生产、小龙虾养殖主产县市分布，小龙虾销售价格变动及原因分析，政府支持稻虾产业发展的办法与措施，促进稻虾产业可持续发展建议等方面探讨我国稻田综合种养产业发展趋势及存在的问题。实证调研了潜江市稻田综合种养的生产与发展、监利县“双水双绿”实践与试点等案例，旨在从县域“双水双绿”产业发展及农业绿色产品开发经营的角度，探讨稻田综合种养产品生产及产业发展趋势。

中国是亚洲栽培稻的起源中心之一。我国稻的栽培历史可追溯到 16 000 年至 12 000 年前的中国湖南道县玉蟾岩。亚洲栽培稻按其植物学分类可以分为籼稻和粳稻，按栽培生态型可分为早稻、中稻和晚稻，按胚乳淀粉质地又可分为糯稻和非糯稻等。长江流域是水稻的重要产区，占中国水稻生产种植面积的 60%以上。长江中游的湖北省是中国水稻生产重要省份之一，年种植水稻面积 3100 多万亩（门玉英等，2010），其中中稻的生产面积占全年水稻生产面积的 70%以上。

小龙虾学名克氏原螯虾，为典型的外来物种。中国养殖的小龙虾均为源自北美墨西哥北部和美国南部的克氏原螯虾，1918 年由美国引入日本，20 世纪 30 年代从日本传入我国南京附近（万方浩等，2009）。随后由于多种原因，逐渐向中国其他地区扩散，中国绝大部分地区均有养殖的或野生的小龙虾存在。目前全国稻田综合种养面积近 2000 万亩，湖北省占全国稻田综合种养总面积的近 35%（张从义等，2018），是中国稻田综合种养的主要生产区域。

11.1　稻田综合种养技术的兴起与发展

11.1.1　稻田综合种养技术起源地及兴起原因

稻田综合种养技术是 10 年前江汉平原地区的农民为了提高农业生产比较效

益，通过长期的生产实践，经种养殖户农民、有关专家共同探索归纳总结出来的一种新型的农业生产模式，即在过去单一种水稻的田块里，既种植水稻又养殖小龙虾，随后又衍生出了一季稻一季虾、一季稻两季虾，江汉平原少量的农业生产区域还开展了种植一季水稻养殖三季小龙虾的综合种养生产模式。目前，湖北省稻田综合种养面积约 700 万亩（张从义等，2018），是优质小龙虾苗种主要供应基地，也是小龙虾鲜货市场主要供应来源地。

稻田综合种养技术的快速兴起与应用，显著地提高了农业生产比较效益。过去单一种植水稻的田块，好的年份亩收入千元以上，年成不好的时候，亩收入则只有几百元，甚至出现种稻亏本的现象。现在推广稻田综合种养技术，在一块水田里既种稻又养小龙虾，经济效益明显增加。生产水平较高的地区或农户，稻田综合种养生产区年均亩产直接经济效益可达 3000～5000 元，相比单一种水稻，稻田综合种养经济效益增加显著（河北省农业农村厅，2019）。

11.1.2　稻田综合种养产业现状

以湖北为例，湖北省 2018 年粮食总产达到 567.89 亿斤，连续 6 年稳定在 500 亿斤以上，2018 年湖北省全省优质水稻占比超过 77%（胡琼瑶，2019），预计 2020 年该省优质稻生产种植面积会继续增加。种优质水稻，产出品质优、食味性好的优质大米已成为该区干部、群众的共识。在湖北江汉平原地区，优质稻谷价格比一般水稻的价格高出 20%以上，优质稻米价格高出 30%以上甚至更多。养殖小龙虾的生产田块栽种水稻，因有小龙虾的存在，水稻生长期间不能喷施化学农药，也不能施用较多的化肥，这些生产技术要求为产出优质绿色大米提供了前提条件。种优质稻、卖优质米已成为水稻生产时尚。

2019 年 8 月，农业农村部渔业渔政管理局和全国水产技术推广总站、中国水产学会联合发布《中国小龙虾产业发展报告（2019）》（以下简称《报告》），据该报告测算，2018 年中国小龙虾产业总产值达 3690 亿元，同比增长 37.5%。其中，养殖业产值 680 亿元，以加工业为主的第二产业产值 284 亿元，以餐饮业为主的第三产业产值 2726 亿元。国内全年小龙虾总产量达 163.87 万 t，养殖总面积达 1680 万亩。其中，小龙虾稻田养殖占比最大，产量 118.65 万 t，养殖面积 1261 万亩，分别占总产量和总面积的 72.4%和 75.1%。产量排名前 5 位的省份分别为：湖北 81.24 万 t、湖南 23.76 万 t、安徽 21.75 万 t、江苏 16.68 万 t、江西 11.02 万 t，其中湖北产量约占全国总产量的一半（49.58%）。

11.1.3　小龙虾生产、加工及消费

种稻养虾、稻虾连作、稻虾共生农业生产方式历史时间较短，相对公认的稻

虾综合种养生产模式的起源地是湖北省的潜江市，该地目前稻虾综合种养技术水平相对较高，生产效益相对比较稳定。该市为促进稻虾产业发展，出台了多项激励政策，并建立了全国独家小龙虾学院，教授稻虾综合种养技术、小龙虾加工生产技术、烹饪技术以及优质稻米、小龙虾产品电商物流技术等。潜江市现有华山水产食品有限公司、潜江市莱克水产食品有限公司等重点小龙虾加工企业 10 余家。笔者通过调研潜江市潜网小龙虾交易中心，查阅相关小龙虾物流及销售信息得知，小龙虾传统消费市场主要集中在华东、华中、华北、华南等地区，西南、西北、东北地区消费量也逐年上升。随着养殖数量增加，小龙虾消费也在快速增长，但价格时有波动。2018 年中国小龙虾批发市场活虾价格依然呈现波浪形发展态势，与往年相比，2018 年小龙虾上市偏早，初期上市阶段和集中上市期价格偏高，上市期中后阶段价格出现了小的波动；2019 年小龙虾苗种价格相对较高，成虾上市初期价格与 2018 年相比差距不大，上市期中后阶段鲜食小龙虾价格下降明显，9 月末 10 月初呈回升态势，但回升速度较慢，全年鲜食小龙虾价格波动较大，整体价格水平偏低（涂桂萍等，2019）。

11.1.4 全国养殖小龙虾较多的县市分布

《报告》显示，2018 年全国小龙虾养殖产量前 30 名的县（市、区）中，湖北 15 个、湖南 5 个、安徽 4 个、江苏 3 个、山东 1 个、江西 1 个、河南 1 个。其中，山东、河南等省的部分县（市、区）首次入围县级 30 强，尤其是山东省鱼台县排名高居全国第 12 名。30 个县（市、区）的小龙虾养殖总产量为 101.28 万 t，占全国养殖总产量的 61.81%。其中，小龙虾养殖产量超过 10 万 t 的县（市）有 2 个，分别是湖北省监利县（13.06 万 t）和洪湖市（10.55 万 t）。另外，共有 8 个县（市、区）首次入围全国前 30 强，分别是山东省鱼台县（第 12 名）、江苏省泗洪县（第 15 名）、湖南省君山区（第 20 名）、安徽省全椒县（第 21 名）、江西省都昌县（第 23 名）、湖北省仙桃市（第 26 名）、河南省潢川县（第 28 名）和湖北省沙市区（第 29 名）。

11.1.5 近两年小龙虾销售价格下降原因

2019 年小龙虾的市场价格与 2018 年相比较，鲜食小龙虾销售价格低于 2018 年。笔者通过对小龙虾集中产区湖北荆州市部分县市农业生产合作社、专业养殖户以及武汉市主要集贸市场的调研得知，造成 2019 年小龙虾价格总体偏低的原因有以下几方面，一是稻田综合种养面积上升过快，有一定数量的商业资本投入稻田综合种养产业，如某知名房地产公司在 2018～2019 年，从江汉平原的两个县市流转稻田面积达数万亩，虾稻共作生产面积相对扩大是导致其价格下降的原因之一。二是国内小龙虾加工兼出口企业因受到外贸影响，尤其是中美双方贸易战，对小龙虾加工企业影响较大，企业加工货量下降幅度明显。因加工出口受阻等，小龙虾养殖农户过去由加工企业收购的小规格龙虾或次品小龙虾全部挤压到鲜货市场，是导致 2019 年价格下降的原因之二。三是国内消费市场出现了低迷期，再加上大中城镇对街面上的卫生管理工作力度加大，夜市大排档餐饮店数量下降明显等，综合拉低了小龙虾鲜食价格。但小龙虾毕竟是大众喜爱尤其是年轻朋友特别青睐的夜市消费品。从发展的角度判断，中国小龙虾产业总体上将会保持稳中有进的发展态势，但增幅将有所回落，产业总体供求关系将渐趋平衡（涂桂萍等，2019）。

11.2　政府支持稻虾产业发展

11.2.1　出台鼓励扶持措施，规范产业良性发展

2018 年湖北省委一号文件多次提到“发展稻田综合种养”，湖北省人民政府 3 次召开虾稻连作、稻渔综合种养以及小龙虾产业发展推进会，出台了《湖北省推广“虾稻共作稻渔种养”模式三年行动方案》（湖北省人民政府办公厅，2018）。为规范省域内稻田综合种业产业有序发展，湖北省提出要科学划定水稻小龙虾综合种养适宜区和非适宜区，优先开发低湖田、冷浸田、冬闲田。湖北省邻近的安徽省也提出了要坚持以粮为本，严格遵循稻渔综合种养田块边沟、鱼凼面积不超过 10%比例的红线，禁止过度开发，杜绝稻田生产非粮化行为。多个小龙虾生产主要县（市、区）也出台了多种激励措施，促进和推动当地稻田综合种养产业发展。

2020 年 3 月，湖北省荆门市掇刀区出台小龙虾产业奖补实施方案，促进小龙虾养殖产业在疫情后快速恢复。该区为鼓励和引导小龙虾综合种养企业、专业合作社积极开展小龙虾养殖、收购工作，带动贫困户增收脱贫，掇刀区政府决定，在 2020 年 3～8 月，全区将对符合条件的小龙虾养殖企业、经营主体，根据产出和收购数量，每吨补贴 200 元，补贴最高可达 2 万元（掇刀区人民政府，2020）。

11.2.2　明确支持重点，促进产业社会效益共同提升

全国各地，特别是长江流域相关省区，明确稻田综合种养重点支持范围是优质稻米生产、优质小龙虾养殖，以及以水稻、小龙虾为主要加工原料的加工产业发展。强调稻田综合种养技术的推广与示范应用，力促一水两用、一田双收，渔稻互促、稳粮增收、绿色发展。湖北省、安徽省、江苏省等小龙虾产业发展较快

的省份，也相继在促进品牌培育建设（包括区域公共品牌、餐饮连锁和节庆活动）、加工企业/交易中心扶持、特色龙虾小镇/公园建设等方面提出了具体扶持政策。

11.2.3 支持方式呈现多样化，扶持力度逐步增加

为推进稻田综合种养产业发展，2018 年湖北省财政拿出 2.5 亿元专项资金支持虾稻共作、稻渔种养示范区和品牌建设。湖北省稻虾主产区还通过吸引社会资本踊跃投入，各类经营主体年投入资金超过 50 亿元。在金融支持方面，全国各地以专项贷款和对保险进行补贴为主。例如，江苏省盱眙县试水互联网金融，开发的“都粮 E 贷”，线上即可办理 30 万元以下贷款；开发的“虾稻（莲）致富贷”，贷款范围覆盖生产、加工、流通、销售和餐饮，对小龙虾产业链给予了全方位金融支持。湖北、江苏、湖南等省为小龙虾养殖提供政策性保险的市县持续增加，财政补贴保费最低 30%，最高可达 80%。

11.2.4 更加注重技术创新，充分发挥科技的支撑作用

近年来，全国各地尤其是长江流域沿线省区市高度重视发挥科技在稳粮、提质、增效方面的作用，将产学研用推融为一体，推进稻田综合种养标准化生产、规模化开发、产业化经营和品牌化运作。在科技创新活动的支持方向上，更加重视种养模式创新、小龙虾良种繁育与疾病防控等。在稻虾品种方面，湖北、安徽、江苏等省均对小龙虾良种繁育及优质水稻品种筛选进行了部署。稻田综合种养的重点省份湖北、安徽均提出了要构建育繁推一体化的商业化小龙虾种业体系。

11.3 县域“双水双绿”产业发展：以潜江市为例

潜江市地处湖北省中南部、江汉平原腹地。全市总面积 2004km^2，户籍人口 101 万，辖 1 个国家高新技术产业开发区、2 个省级经济开发区、6 个国有农场、16 个镇，素有“曹禺故里、江汉油城、水乡园林、龙虾之乡”的美誉，荣获国家卫生城市、国家园林城市、国家绿化模范城市、全国水生态文明城市，是全国县域经济百强县级市。潜江水资源丰富、土壤肥沃，境内有长江水系、汉江水系两大水系，河网密度为 245m/km^2，有湖泊 5 个，正常水位时湖水面积 32.36km^2。境内地表水、地下水资源总量为 462.45 亿 m^3，为农业生产提供了丰富的灌溉水资源。全市现有水域面积 2.67 万 hm^2，宜渔低湖田 1.33 万 hm^2，耕地面积 7.2 万 hm^2（陈坤等，2016）。北亚热带季风性湿润气候和独特的土壤水质环境给予了潜江市发展“双水双绿”产业得天独厚的优势。综合分析，潜江“双水双绿”产业发展具有以下特点。

11.3.1　首创我国“虾稻连作”模式

20 世纪 90 年代初期潜江兴起的“五七油焖大虾”是武汉市乃至全国夜市大排档最具特色的美食，在炎热的夏季夜晚小龙虾配啤酒尤为火爆。彼时小龙虾主要产自河流、沟渠、湖泊的天然生产，少量来源于池塘养殖。随着市场需求的剧增，自然生长的小龙虾很难满足需求。21 世纪初，潜江市积玉口镇的农民开始利用低洼冷浸田养殖小龙虾，发明了虾稻连作种养技术（孟建人等，2018）。早期的虾稻连作技术主要是解决野生小龙虾稻田寄养的问题，将高峰期捕捞的小龙虾寄养在低洼稻田，第二年春末上市。该技术的主要特点是每年的 6 月上旬，按水稻栽培技术进行中稻栽插、管理，9～10 月投放虾种，投放虾种后按照小龙虾养殖技术进行管理，翌年 4～5 月收获小龙虾，即种植一季中稻、养殖一季小龙虾。

虾稻连作种养技术将水稻种植与小龙虾养殖有机结合，使得水稻和小龙虾在同一空间内互利共生，同时也解决了低洼冷浸中稻田冬春两季闲置的问题，实现钱、粮双增效益（焦淏嵩等，2011）。2002 年，潜江市全面推广“虾稻连作”经验。2006 年，湖北省委把“虾稻连作”模式写进“一号文件”，在全省大力推广下，湖北一跃成为世界小龙虾养殖中心，并成就了“世界龙虾看潜江”的美誉（钟欣闻，2015）。至 2008 年，潜江市虾稻连作模式种养面积达到 15 万亩，小龙虾产业创产值达 10 亿元，外贸出口创汇 6500 万美元（占全省出口总额的 60%），成为全省经济出口的支柱产业（罗茂文，2008）。

11.3.2　科技创新“虾稻共作”模式

“虾稻连作”模式极大地发展了小龙虾产业，改变了小龙虾养殖的生态，但是其模式上的缺陷也限制了产业进一步的发展。2010 年 4 月，由于持续低温阴雨，许多小龙虾规格不达标，但是马上要插播水稻，虾农不得已只能低价甩卖，“虾”与“稻”的岔口矛盾凸显（钟欣闻，2015）。“虾稻连作”模式下小龙虾供应周期短，市场对小龙虾需求难以得到满足的缺点进一步显现。为了更好地挖掘虾稻田的潜力，充分发挥稻田养虾的效益，潜江市委、市政府鼓励基层科技推广人员大胆创新，成立了潜江小龙虾创新团队，从 2010 年开始研究和探索，历时 3 年，创新出了“虾稻共作”生态种养模式（陶忠虎等，2013）。

“虾稻共作”生态种养模式是在“虾稻连作”基础上发展而来的，“虾稻共生”变过去的“一稻一虾”为“一稻两虾”（陶忠虎等，2013），延长了小龙虾在稻田的生长周期，实现了一季双收，在很大程度上提高了养殖产量和效益，增加了土地和水资源的利用效率。此外，“虾稻共作”模式还有很大的发展空间，如

“虾鳖稻”“虾蟹稻”“虾鳅稻”等养殖模式（陶忠虎等，2013）。“虾稻共作”模式不但提高了复种指数，增加了单位产出，而且拓宽了农民增收渠道，是一种更先进的养殖模式。虾稻共生是指利用稻田种一季中稻、全程养虾的种养结合的生态高效养殖模式，即每年的8月至9月中稻收割前投放亲虾，或9～10月中稻收割后投放幼虾，第二年的4月中旬至5月下旬收获成虾，同时补投幼虾，5月底6月初整田、插秧，8月、9月收获亲虾或商品虾，如此循环轮替（图11-1）（陶忠虎等，2013）。

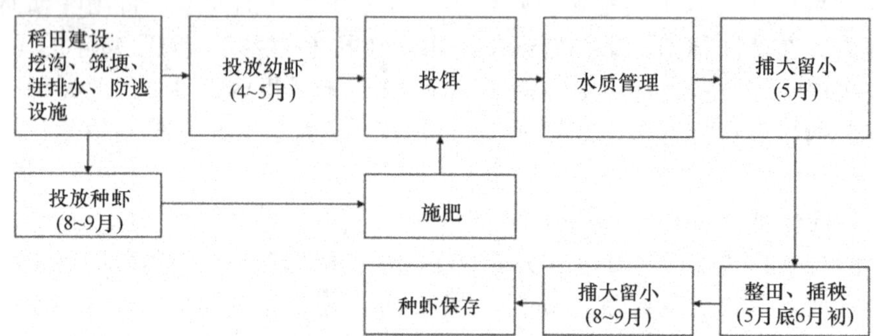

图11-1　潜江市“虾稻共作”生态种养模式技术方案流程图（陶忠虎等，2013）

2013年，潜江市经过对赵脑村1.2万亩土地整体流转，对其中7550亩耕地进行土地整理后，有效的耕地面积达到729.46hm^2，新增226hm^2，净增加的耕地44.9%。除育秧工厂、虾苗繁育等用地外，“虾稻共作”模式面积可达到620hm^2，亩平均纯收入也由600元提升至6000元以上（秦尊文，2016）。2015年，潜江市“虾稻共作”模式年均小龙虾产量达到3000kg/hm^2、水稻产量9390kg/hm^2，净收入6万元/hm^{2}以上，比单一种植中稻增加4.5万元/hm^{2}以上，比“虾稻连作”模式增加2.7万元/hm^{2}以上，小龙虾养殖带动农民人均年增收近千元（陈坤等，2016）。

11.3.3　政策促动，壮大经营主体规模

潜江市政府重视农业发展，支持新型农业主体发展虾稻产业。为了大力发展虾稻共作生态种养，2013年，市政府根据全市水和稻田的资源条件，科学规划，合理布局，集中连片，规模经营，同时出台了各种支持政策，对新发展“虾稻共作”生态种养模式的养殖户按照每亩40元的标准予以补贴，2014年，又对新发展的千亩连片基地每亩给予40元的补贴。2017年7月，潜江市审时度势，提出决战虾—稻产业800亿行动，决心在2021年实现虾—稻产业综合产值800亿元，把潜江建成全国最大的虾—稻良种选育繁育基地、最强的虾—稻精深加工基地、最便捷的虾—稻电商交易及物流仓储中心、最好的虾—稻文化创意中心、最齐备

的虾—稻云数据中心，建成虾—稻完备产业链条，打造全国虾—稻产业第一市（苏章锋，2019）。2018 年，潜江市安排 20 105 万元资金实施优质粮食工程，其中本市统筹整合资金 16 805 万元发展优质虾稻生产，安排专项资金 310 万元鼓励虾稻营销体系建设、580 万元扶持虾稻产业链建设、720 万元支持“潜江虾稻”品牌培育宣传，为促进全市虾稻产业发展奠定了坚实基础（李可，2019）。

2018 年年底，全市虾稻产业综合产值突破 320 亿元，带动 15 万人致富、2 万人脱贫、3000 人回乡创业，全市虾稻共作面积已达 75 万亩，潜江龙虾产量近 13.5 万 t，养殖产值（含苗种产值）54 亿元，建成了 13 个万亩和 60 个千亩集中连片虾稻共作标准化生态种养基地，形成了布局合理、集中连片、产销功能齐全的潜江龙虾养殖新格局（苏章锋，2019）。

11.3.4　潜江市“双水双绿”产业开发的经验与启示

（1）土地规模流转，推进农村改革

潜江市在虾稻共作生态养殖模式的推广中创造出一条土地经营权流转和村镇建设的新路，实行土地“三权”分离，即土地流转后所有权属于村集体，承包权属于农民，经营权租赁给企业，农民承包地租金归农民，宅基地复垦和土耕地平整后多出的耕地租金归村集体（农业部渔业渔政管理局调研组，2015）。潜江市熊口镇小龙虾加工企业华山水产食品有限公司与赵脑村农民签订了“迁村腾地、整体流转”协议，土地流转后，赵脑村 420 多户村民整体迁入统一规划建设的华山综合社区，实现就近就地城镇化（湖北省水产局，2017）。同时农民还可以通过“反租倒包”从事“双水双绿”综合种养。耕种的农民成为企业完整生产链条的一环，得到了获得高效农业收益的机会。土地流转出去的农民除获得每亩 800 元的土地租金外，还获得了就近到企业务工的打工收入（秦尊文，2016）

此外，由于实行土地流转，农民的实际耕地面积普遍提高，获得要素收入的能力进一步增强；同时，村集体经济因为经营性土地增加和参与企业发展，实力也得到增强，农民作为村集体经济所有者又相应增加了收入。生产方式改变和收入增加，改变了农民生活方式，提高了农村城镇化发展水平。目前，潜江市 3 万多人成为城镇居民，促进了城镇化发展（秦尊文，2016）。

（2）科技支撑，积极推进标准化养殖技术

潜江是全国率先攻克小龙虾苗种人工繁育技术（罗茂文，2008）、率先开展虾—稻专用品种培育的县级市（苏章锋，2019）。人工繁育优质小龙虾苗种替代了原先野外捕捞苗种的模式，有效缓解了虾苗供应不足的矛盾，保障了稻田综合种养模式的大规模推广。以龙头企业为抓手，潜江市建立了全国最大的小龙虾工厂化育苗基地、小龙虾苗种选育和繁育中心。2018 年，小龙虾良种扩繁基地达 4 万亩，选育繁育小龙虾苗种 70 亿尾（苏章锋，2019）。

潜江是全国稻田综合种养示范市，在龙虾养殖、繁育、加工、餐饮技术上形成了 18 项标准，其中《潜江龙虾虾稻共作养殖技术规程》1 项国家级行业标准；《潜江龙虾虾稻轮作养殖技术规程》《虾稻共作养殖技术规程》《虾莲（藕）共作养殖技术规程》《虾蟹鳜混养技术规程》等多项湖北省地方标准；《潜江虾稻米》《潜江龙虾鲜活产品标准》《小龙虾配合饲料》等多项潜江市地方标准，形成涵盖了一二三全产业链的小龙虾标准体系。在技术扶持上，结合国家农业标准化生产有关规定和质量要求标准，制订和完善了《水产养殖用药管理实施方案》，以多种形式开展科技入户工作，并建立了水产养殖登记制度、处方制度、用药记录制度、休药期制度、渔药准入制度等 3 项制度。

（3）严格管理，健全质量追溯体系

目前，潜江“双水双绿”养殖基地坚持标准化生产，基地均通过了农业农村部无公害产地认定和产品认证，潜江是全国小龙虾标准化养殖示范县。华山水产食品有限公司、莱克水产食品有限公司等公司均已建立了危害分析和关键控制点（HACCP）质量监控体系，生产出口的小龙虾产品通过了美国食品药品监督管理局（FDA）、欧洲经济委员会（EEC）、ISO9001 和英国零售商协会认证，在欧美多次“苛刻”的检测中，无一例超标（杨必洪和杨雪，2016）。为严把潜江虾稻产品质量安全关，潜江市建立健全了水产品质量安全可追溯体系，建成了 68 个虾稻产品质量监测点和 1 个中心监控平台，平台集小龙虾产品质量安全追溯、渔业环境监控、水质在线监管和水生动物病害远程诊疗功能“四位一体”（陈凤等，2019），有效地遏制了食品安全问题的发生。

（4）企业主体，龙头企业带动“双水双绿”产业发展

为获得稳定优质的虾源，潜江市各地支持企业和农户发展养殖基地。华山水产食品有限公司、莱克水产食品股份有限公司等分别投资创办龙虾养殖示范基地，形成“公司+合作社+基地+农户”的经营模式（陈坤和杜艳华，2019）。依托龙头企业，辐射带动全市农民开展龙虾养殖。一些下岗职工、捕虾及运虾农民纷纷开始养殖龙虾，龙虾养殖规模不断扩大（罗茂文，2008）。目前潜江市国家现代农业产业园区内标准化虾稻共作基地面积达到 1.2 万 hm^2，其中集中连片和规模经营基地面积达到 85%（陈坤和杜艳华，2019）。

（5）平台构建，形成全国小龙虾交易中心

潜江市大力推进“互联网+小龙虾”行动计划，构建区域一体化、内外一体化、线上线下融合发展的小龙虾产业发展新格局，建立了虾谷 360、京东潜江馆、牛牛网、翼之虾等网上交易平台，潜江龙虾每年互联网销售过 10 亿元。依托潜网龙虾贸易有限公司，建成了目前全国最大的小龙虾专业交易市场——潜网小龙虾交易中心，已开通物流直达专线到全国所有省会城市，18 小时内可将鲜活潜江龙虾供应到

全国 300 多个城市，有效解决了农户、合作社等与外界的联系，及时将养殖的小龙虾发往全国各地。交易中心在高峰期日均交易量可达 600～800t，2018 年销售鲜活小龙虾 13 万 t，销售额达 48 亿元，强化了龙头企业、市场与农户的利益联结关系，带动了企业增效和农民增收，被评为全国农业农村信息化示范基地（陈凤等，2019）。

（6）品牌打造，提升产品内涵

潜江市政府聘请专业品牌策划公司谋划出台《打造“潜江龙虾”区域公用品牌行动方案》，出台“黄金 30 条”，推动“潜江龙虾”区域公用品牌可持续发展（陈凤等，2019）。潜江市注册了“潜江龙虾”“潜江虾稻”国家地理标志证明商标，2012 年“潜江龙虾”地理标志证明商标在国家工商行政管理总局注册成功；2013 年“潜江龙虾”获得农业部农产品地理标志认证，“虾乡稻”大米获第十一届中国优质稻米博览会“金奖大米”，并通过绿色食品认证（陈坤等，2016）。开发潜江龙虾 APP，开通“潜江龙虾”“潜江虾稻”微信公众号，潜江市成功建成潜江虾-稻品牌信息服务平台，设计并推广了“潜江龙虾”“潜江虾稻”二维码（陈凤等，2019）。

随着产业规模的扩大，潜江市内塑质量、外树形象，通过举办 10 多年的“中国潜江龙虾节”活动，围绕“展示虾-稻成果，促进乡村振兴；传播虾-稻文化，提升生活品质”的宗旨，不断加强品牌的培育、认定、宣传、保护和推广，打造“双水双绿”的品牌内涵和美誉度，培育了一系列国内外市场叫得响、过得硬、市场占有率高的精品小龙虾品牌，如“良仁”“楚江红”等中国驰名商标和“虾乡稻”“水乡园林”“水乡虾稻”“长格”等湖北著名商标。潜江市获“中国绿色产品”“湖北省名牌产品”称号的产品达 30 个（苏章锋，2019），是名副其实的“中国小龙虾之乡”。

11.4　监利县“双水双绿”实践与试点

11.4.1　监利县资源条件与发展优势

资源条件优越。监利县位于湖北省中南部、荆州北岸、江汉平原腹地。境内地势平坦，属河湖冲积平原；地处东北亚热带东部季风区中心和北纬 30°黄金气候带上，光温资源充足、雨热同期、土壤肥沃、水资源极其丰富；境内耕地面积 264.5 万亩，水田面积 222.39 万亩，适合稻田小龙虾养殖的低湖田面积约 100 万亩，具有良好的资源优势和生态优势，是中国水稻生产种植面积第一大县，享有“鱼稻之利”，是“鱼米之乡”的典型代表。

产业基础雄厚。监利县属于典型农业大县，农业总产值达 180 多亿，规模以上企业农产品加工业产值 183.06 亿元，城镇常住居民人均可支配收入 26 730 元，农村常住居民人均可支配收入 15 520 元；省级以上水产龙头企业 3 家，省部级水产健康养殖示范基地 28 家，渔业合作联社 5 家，专业合作社 500 家，家庭农场超过 500 家，小龙虾规模以上加工企业 8 家；同时监利县年产水稻 130 万 t、年产小龙虾 13 万 t，原料供应基础雄厚，具有“监利大米”和“监利龙虾”双水产业品牌。

11.4.2 “双水双绿”模式的兴起

2018 年 3 月 19～20 日，湖北省副省长周先旺到荆州市监利县调研春耕备耕，并在现场召开“双水双绿”专题研讨会，听取农民专业合作社、种养大户、专家教授代表的意见。他指出，推进“双水双绿”种养体系，是贯彻落实习近平总书记“三农”思想的具体体现，是实施乡村振兴战略的重要抓手，是农业供给侧结构性改革的必然选择，是生态建设的刚性要求。要求在适宜地区大力推进“双水双绿”种养体系，以绿色水稻、绿色水产为抓手，实现农业绿色发展，有效地推动监利县“双水双绿”模式的试点示范。2018 年监利县被确立为湖北省“双水双绿”产业发展先行区，并就“双水双绿”模式研究和示范与华中农业大学建立了校县合作关系；监利县以稻田养虾为主体的“双水双绿”种养产业进入发展快车道，产业面积规模快速扩张，2019 年“双水双绿”模式面积规模已经达到 116 万亩，监利县小龙虾产量年年攀升，多年位于全国县级第一。

11.4.3 发展现状与主要成效

产业规模得到扩大。监利县立足水稻和水产两大主导产业，水稻种植面积常年稳定在 230 万亩左右，近年来不断调减双季稻面积，增加中稻面积，大力发展再生稻和稻田养虾，大力推广优质稻品种，再生稻发展面积已经达 30 万亩以上，稻田养虾面积突破 100 万亩，年产优质水稻 130 万 t；水产养殖面积 96 万亩，总产 24.91 万 t，近年来监利县发挥资源优势，立足市场需求导向，调优水产结构，初步形成了以黄鳝、河蟹、小龙虾为主体的三大特色水产品，其中年产小龙虾 13 万 t，连续八年稳居全国第一。

经营主体不断壮大。形成的农民专业合作社、家庭农场分别达到 1407 家、3030 家，科技型家庭农场 100 多家，各类农业科技示范户 2000 多户，从事稻田养虾 50 亩以上的种养大户共有 5623 户，其中 500 亩以上的 660 户，1000 亩以上的 98 户，10 000 亩以上的 12 户，小龙虾领域已经形成了以监利县星兴湖水产养殖专业合作社、监利县天健小龙虾养殖专业合作社等为典型代表的产购销一体化大型合作社；建成育秧工厂 48 家、测土配方施肥服务站 12 家、统防统治专业队 33 家、粮食烘干工厂 50 家、农机综合服务组织 100 多家；形成了“企业+合作社+基地+

农户”的产业化网格经营模式。监利县拥有粮食加工企业 90 多家、粮食加工农业产业重点龙头企业 7 家，其中国家级 1 家、省级 2 家，形成龙头企业带动的粮食加工产业集群，建成监利县新沟镇粮食深加工产业园和新沟镇稻虾产业园；拥有 8 家小龙虾规模以上加工企业，年加工能力 9 万 t，形成以天宏水产有限公司、新宏食品有限公司、桐梓湖食品有限公司为龙头的水产加工产业集群，建成监利县朱河镇水产深加工产业园区和冷链物流水产产业园，与全国最大零售商京东集团签订战略合作协议，实现了监利小龙虾线上销售。

品牌文化效果显著。监利县已经形成“监利大米”和“监利龙虾”两大地理标志性农产品品牌，水稻方面涌现出“好福米”“富硒大米”“虾稻香米”“再生香米”等多类型稻米品牌；水产方面涌现出的有机河蟹、荆江黄鳝、桐梓湖清水龙虾和越盛牌加工品等 4 个商标上榜湖北省著名商标，餐饮方面涌现出“一号虾铺”等代表性品牌，先后推出了“十三香、麻辣型、怪味型、浓香型、滋补型、磁化型、酱骨型、冰镇型、红烧型和蒜泥型”等 10 种系列风味的小龙虾。

11.4.4　监利县“双水双绿”产业实践

“双水双绿”产业体系。以水稻和水产两大主导产业，坚持供给侧结构性改革为主线，努力构建“双水双绿”产业体系，推动结构转型升级，促进农业高质量发展，实现由农业大县向农业强县的转变。从区域布局优化角度看，调减双季稻，增加中稻，大力推广再生稻和稻田种养新模式，绿色水稻面积不断增加、布局不断优化；绿色水产也形成了“一带三廊四板块”产业布局；从产品结构优化角度看，坚持以市场需求为导向，把绿色优质农产品摆在突出位置，大力发展绿色水稻和绿色水产，构建全产业链产品质量体系，形成了“监利大米”和“监利龙虾”两大品牌；从产业结构优化角度看，按照“做强一产、做优二产、做活三产、三产融合”的发展思路，坚持水稻水产双轮驱动，不断延伸产业链，初步形成了集科研示范、品种繁育、绿色种养、加工出口、餐饮物流、节庆文化等于一体的绿色水稻和绿色水产产业链。

“双水双绿”生产体系。以稻虾种养模式为重点，强化物质装备基础，按技术标准统一规划整改，不断完善水电路等基础设施，打造“双水双绿”产业基地，推动生产区域化、规模化、机械化；依托华中农业大学双水双绿研究院，开展“双水双绿”专用水稻品种筛选、小龙虾良种选育，制定并完善“双水双绿”模式生产技术体系，推动生产良种化、标准化、绿色化；政府部门大力开展生态健康养殖行动，建立严格外来投入品管理制度，推动绿色清洁生产。

“双水双绿”经营体系。认识到稻虾种养模式属于劳动密集型农业，充分发挥小农生产优势鼓励适度规模经营，大力推广“企业+合作社+基地+农户”产业网格经营模式，完善利益联结机制，实现小农户与大市场对接；健全“双水双绿”人才培养体系，依托华中农业大学和双水双绿研究院，不断引进高端人才，大力培育新型经营主体和职业农民；大力发展中介协会和农业生产社会化服务组织，推动经营标准化、专业化、品牌化。

11.4.5 “双水双绿”产业链建设

绿色水稻产业链。监利县按照“转方式、调结构、降成本、增效益”思路努力构建完善从“一粒种”到“一袋粮”的绿色水稻全产业链，不断促进水稻产业高质量发展。从品种角度看，实行水稻主导品种制度，水稻品种优质率已经达到98%，目前正在积极开展适合“双水双绿”模式的绿色水稻专用品种筛选；构建“企业+合作社+基地+农户”网络体系，实行订单化生产，推动“研（科研单位）—产（生产合作社）—销（米业、虾业）”一体化；积极推进批次烘干、批次仓储、批次加工、批次销售，形成了稻米生产、糙米卷及副产物综合利用的初加工和精深加工格局。从品牌培育角度，建立健全绿色水稻全产业链质量体系，开创了“监利大米”地理标志品牌，开发了“再生稻米”“虾乡稻”“富硒稻米”等专业化品牌，促进了绿色水稻产业发展。

绿色小龙虾产业链。监利县正在积极构建绿色小龙虾全产业链，从品种角度看，建设小龙虾种质资源保护区，依托华中农业大学双水双绿研究院开展小龙虾品种改良选育，着力发展小龙虾稻田生态自然繁育模式；大力推广“稻虾连作”“稻虾共作”“虾蟹混养”等模式，形成了“以稻田生态养殖为主，池塘精养为辅”的养殖格局，制定并推广“双水双绿”模式技术生产体系，推动小龙虾绿色健康养殖；以合作社和协会为纽带，完善联结机制，建设交易中心，完善冷链物流，发展电子商务，制定产品标准，强化质量检测，发展现代快捷物流；建立了福娃稻虾产业园和朱河水产产业园，促进产业集聚发展；鼓励省市龙头企业依托科研高校院所加强科技产品创新，推动小龙虾由初加工向精深加工链条延伸，推动研产加销一体化融合发展；围绕小龙虾生产、加工、销售，正在构建标准生产体系、质量追溯体系、HACCP 食品质量管理体系等；开创“监利龙虾”地理标志品牌，举办监利稻虾文化节，“中国虾仓、监利诱惑”的品牌效应逐渐显现。

三产融合发展。监利县加快补齐产业融合发展短板，加快种植、养殖、加工的深度融合，城乡发展体系深度融合，工商资本与农业资本融合流通，城乡人才的有效联动促进了“三农”“三资”的有效提升。监利县探索了新型主体直投直营、新型主体自主投资后反租倒包、村集体出资投入改造后反租倒包、农户自主流转整理改造等经营模式发展虾稻产业。监利县小龙虾规模化加工企业有湖北越盛水产食品有限公司、监利桐梓湖水产食品开发总公司、满堂红食品有限公司等。国联水产开发股份有限公司与监利桐梓湖水产食品开发总公司合作，加工销售小龙虾，2019 年加工产值即突破 10 亿元，是监利桐梓湖水产食品开发总公司原来的 5 倍。支持小龙虾餐饮企业做大做强，以监利一号虾铺为代表的小龙虾餐饮企业已进驻北京，并在全国开设连锁店 16 家。新建规模化小龙虾交易市场 4 家，全县小龙虾产地交易市场达 60 多家，大米销售企业达 70 多家。

“双水双绿”产业文化建设。监利县已经连续成功举办三届监利县虾稻节，唱响了“监利龙虾红遍天下、监利大米香飘万家”的主题，规划建设了监利县虾稻文化馆，提升了监利绿色水稻和绿色小龙虾的文化内涵。同时，监利县规划打造小龙虾餐饮一条街，正在积极开展招商引资。近两年来，鱼米之乡监利以小龙虾、黄鳝和包子为主角，连办美食文化盛宴，吸粉无数。更经由媒体宣传，让监利“好味道”享誉荆楚、香飘万家。

11.4.6　主要做法及成功经验

监利县充分发挥水资源丰富的优势，按照“政策扶持、产业引导、龙头带动、市场运作、科技指导” 的工作思路，树立“创新、协调、绿色、开放、共享”的发展理念，加快转变农业发展方式，创新发展模式，形成自身发展特点。

协同发展。“双水双绿”立足稻田种养，强调通过水稻与水禽动物互惠互利，实现水稻、水产协同发展。监利县坚持“粮食优先、粮渔双赢，水稻立县、水产富民”的农业发展思路，把粮食安全始终作为“双水双绿”产业发展的立足点与出发点，坚持水稻种植与水产养殖并重，避免出现“重虾轻稻”及“只养虾不种稻”等问题，实现绿色水稻和绿色水产双轮驱动协同发展。

绿色发展。监利县始终将绿色发展理念贯穿到“双水双绿”产业发展整个过程当中，依靠科技创新研发绿色种养水稻和小龙虾新品种，制定“双水双绿”模式绿色生产技术体系，促进监利县农业发展方式转变，推动水稻绿色种植和水产健康养殖，实现产地环境绿色、生产过程绿色、生产产品绿色。

融合发展。监利县“双水双绿”不是稻田种养生产模式层面的简单升级，而是水稻和水产产业层面的升级。立足一产，做大做强产业基地，实现规模化、标准化、机械化、智能化生产；强化二产，延伸产业链，推进水稻和水产精深加工，建设稻虾产业园，实现产业集聚发展；激活三产，推动现代物流、电子商务、餐饮文化、乡村休闲、品牌建设发展，开拓农业新功能新业态，促进绿色水稻和绿色水产一二三产业融合发展。

高质量发展。监利县“双水双绿”坚持质量兴农、品牌强农，突出绿色化、优质化、特色化和品牌化，以农业供给侧结构性改革为主线把绿色水稻和绿色水产品供给摆在突出位置，建立全产业链绿色产品质量标准体系，树立“监利大米”和“监利龙虾”地理标志品牌，举办监利稻虾文化节，提升农业质量效益与竞争力。

品牌文化。监利县以“监利龙虾”和“监利大米”品牌为重点，培育区域公共品牌；积极构建农产品溯源及标准化体系以解决产品质量安全问题，为品牌培育奠定坚实基础；举办监利稻虾文化节，建设稻虾文化馆，丰富了稻虾文化内涵。

产学研结合。监利县县政府与华中农业大学创新县校深度合作体制机制，签订“1+4”战略合作框架协议，实行“研（科研单位）—产（生产合作社）—销（米业、虾业）”一体化，推动人才、项目和产业三个方面融合发展，开展资政服务、联合开展人才培养与交流、协同开展农业科技创新、协助推进产业融合发展等四个方面服务，着力解决制约产业融合发展的难题，构建起“产业驱动科研，创新引领市场”的新格局。

政策资金保障。监利县县委、县政府成立“双水双绿”产业发展领导小组和业务工作专班，明确部门责任分工与考核体系；深化农村改革，创新“三农”制度性供给；制定“双水双绿”产业财政奖补政策和产业保险政策，确保每年财政支持“双水双绿”产业发展资金实现 10%以上增长，近 3 年来省级和县级共投入 5000 万元左右资金。

11.5 促进“双水双绿”产业可持续发展的建议

11.5.1 进一步强化稻田综合种养产业科技创新

稻田综合种养科技创新至少包括两方面的内容，一是水稻品种和小龙虾品种技术创新。目前用于稻虾综合种养生产的水稻品种数量很多，但适宜于稻虾复合种养的优质水稻品种较少，特别是品质优、食味性好的水稻品种则更少，小龙虾生产用种均为源自北美的克氏原螯虾，原产地在墨西哥北部和美国南部，该品种传入中国已经有 80 多年的历史了（万方浩等，2009），存在近亲繁殖、种性退化问题。因此，加强适用于稻田综合种养生产的优质水稻品种及小龙虾品种技术创新已迫在眉睫。二是稻虾复合生产技术创新，稻田综合种养生产技术有别于传统的单一的水稻种植与单一的小龙虾养殖。稻虾综合种养需要在稻田开挖围沟，明确适宜的水稻播种期、适宜的小龙虾苗种投放期、小龙虾病害防控技术与施药方法及稻虾生产投入品，稻田土壤生境潜育化（周利军等，2016）等方面的问题均需要进行创新研究。

11.5.2 进一步规范稻虾综合种养生产方式

综合分析我国稻虾产业发展走向，结合对江汉平原稻虾主产区的潜江市、监利县、洪湖市、天门市、仙桃市等的发展情况调研得知，稻虾综合种养规模将会由 2018～2019 年的急速扩张转变为向稳中有升的方向发展，新的增量将主要集中在适宜发展稻虾综合种养的平原湖区或精养池塘的养殖上。尽管当下我国水稻总量供给相对富裕，但粮食安全始终是国家战略发展要求，稻虾综合种养的水稻品种应以优质稻米品种为主，强调稻米的食味性指标重要于产量指标。在保障粮食安全供给的前提下，稻虾综合种养规模以平稳为主，强化因地制宜地创新推广适时适地的综合种养技术模式，并将其进一步优化提升。结合 2018～2019 年两个年度的小龙虾上市价格波动因素，建议注重促进稻田养殖小龙虾尽可能地均衡上市，以及由“大养虾”向“养大虾”转变。将研发小龙虾苗种供应问题、种性退化问题以及病害防控问题确定为稻虾综合种养技术研发的主攻方向。

11.5.3 进一步加强市场监测、评估与指导

随着中美贸易战冲突的不断加剧，世界范围内贸易博弈将日趋紧张，中国小龙虾加工产品出口贸易将会受到较大的冲击，其结果将导致国内小龙虾加工生产量显著下降。针对上述现象和问题，我们应当进一步加强稻田综合种养背景下的稻米和小龙虾产品市场消费及销售价格的监测、评估与指导。鉴于小龙虾供期相对集中，可结合在集中供应期与夏季夜市消费旺季重合的特点，合理引导小龙虾品牌餐饮店建设，以及夜市大排档规范化管理工作。城市管理部门不可以因为大排档消费存在卫生等问题将其全部关闭，简单粗暴的管理方式影响城镇居民夜市文化生活，也不利于消费渠道的拓展。

11.5.4 进一步加强加工技术创新与销售体系建设

优质水稻品种栽种出来的稻谷虽然具备生产优质大米的基础，但如果加工技术使用不当，是不可能生产出优质大米的。因此，我们在做好优质稻谷生产的基础上，重点加强稻谷收获、贮藏及加工技术创新研究，确保优质稻谷生产出合格的优质大米，满足多元化的市场需求。在市场体系建设方面，“物流+电商”具有复合功能优势，在流通环节的占比将进一步加大。另外，尽管国际环境不利于小龙虾产品出口，但我们仍然需要积极拓展小龙虾加工产品的国际市场，在“一带一路”倡议的指引下，在遵守遵循相关法律法规的前提下，在确保生物安全性的基础上，我们可以利用沿线国家丰富的自然资源和庞大的国内外市场，将我国的

稻虾综合种养技术生产模式传播到世界各地。

11.5.5 进一步加强稻虾综合种养政策环境建设

国内外农业产品都兼备基础性、公益性、公共性的特点，中国也不例外。水稻生产涉及国家粮食安全，小龙虾生产涉及农田比较效益的提升，二者之间应当协调兼顾发展。与此同时，小龙虾产业兼具社会、生态和经济效益等功能，建议各级政府应当继续加大扶持力度支持稻虾产业健康与可持续发展。因稻虾综合种养生产出的稻米兼备生态、绿色、食味性好等优点，建议大力推行水稻生产优质优价，新开垦的养殖区域养殖的小龙虾产品以鲜食为主，小龙虾产业发展水平相对较高的县市区，建议加强对加工、流通、品牌和市场建设的扶持力度。

参 考 文 献

陈凤, 杜艳华, 陈坤, 等. 2019. 浅析潜江市以三产融合发展推动现代农业产业园建设的做法及成效. 农业开发与装备, (5): 5, 22.

陈坤, 曾君, 黄国海, 等. 2016. 潜江市发展小龙虾产业的探索与启示. 湖北农业科学, (11): 2955-2959.

陈坤, 杜艳华. 2019. 潜江市国家现代农业产业园创建方法和成效. 现代农业科技, 743(9): 240, 246.

掇刀区人民政府. 2020. 湖北省荆门市掇刀区出台奖补政策促进小龙虾产业“满血复活”. http://www.shuichan.cc/news_view-398887.html[2019-12-10].

胡琼瑶. 2019-9-6. 湖北粮食总产连续 6 年稳定在 500 亿斤以上. 湖北日报, (1).

湖北省农业农村厅. 2019. 省农业农村厅文件关于印发湖北省“虾稻共作稻渔种养”产业发展规划(2019—2022). http://nw.wuhan.gov.cn/newsDetails.htm?id=138a3f2e-9e93-4708-a91d-4e90a09b0231[2019-12-10].

湖北省人民政府办公厅. 2018. 湖北省推广“虾稻共作稻渔种养”模式三年行动方案. http://www.hubei.gov.cn/govfile/ezbf/201809/t20180929_1348018.shtml[2019-12-10].

湖北省水产局. 2017. 湖北潜江虾稻共作模式“四推进一稳定”效果显著. 中国水产, (4): 36-37.

焦淏嵩, 郭静然, 张津. 2011. “虾稻连作”农业生态系统综合评价——以潜江市为例. 农业经济, (7): 16-18.

李可. 2019. 潜江市: 优质粮食工程助推虾稻产业发展. 中国粮食经济, 329(4): 32-33.

罗茂文. 2008. 资源优势如何转化为产业优势——潜江市发展龙虾产业的启示. 学习月刊, (14): 84-85.

门玉英, 颜慧超, 盛建新, 等. 2010. 构建面向国家粮食安全保障的粮食科技创新体系——以湖北为例. 科技管理研究, 24: 69-72.

孟建人, 张玮, 甄伟琪, 等. 2018. 潜江市“虾稻共作”模式发展现状研究. 农村经济与科技, 29(19): 61-62.

农业部渔业渔政管理局调研组. 2015. 江汉稻田作出大文章潜江龙虾造就大产业——湖北省潜江市小龙虾产业发展情况调研报告. 中国水产, (7): 15-17.

农业农村部渔业渔政管理局, 全国水产技术推广总站, 中国水产学会. 2019. 小龙虾产业发展报告(2019). http://www.cappma.org/view.php?id=3669[2019-12-10].

秦尊文. 2016. 以“虾稻共作”模式为抓手推进体制机制创新——潜江市全国中小城市综合改革的观察与思考. 中国发展, (6): 51-56.

苏章锋. 2019. 潜江市虾稻产业发展现状与展望. 中国农技推广, 35(10): 35-36.

陶忠虎, 周浠, 周多勇, 等. 2013. 虾稻共生生态高效模式及技术. 中国水产, (7): 68-70.

涂桂萍, 李洪进, 郑国宝. 2019. 2019 年小龙虾价格行情走势对稻虾综合种养产业的影响. 科学养鱼, 9: 4-5.

万方浩, 郭建英, 张峰. 2009. 中国生物入侵研究. 北京: 科学出版社.

杨必洪, 杨雪. 2016. 基于产业集群理论的潜江市龙虾产业发展探讨. 现代农业科技, (10): 293-294.

张从义, 雷晓中, 朱勇夫, 等. 2018. 湖北稻田综合种养技术推广现状与发展对策. 科学养鱼, 5: 3-5.

钟欣闻. 2015. 农业现代化的创新典范——湖北潜江千亿级小龙虾产业调查. 决策与信息, (10): 36-39.

周利军, 叶会财, 李大明, 等. 2016. 配施有机肥对潜育化水稻土的培肥效果. 中国土壤与肥料, 1: 89-93.

第 12 章 “双水双绿”的效益分析

摘要：本章介绍了“双水双绿”的经济效益、生态效益和社会效益。从农产品品质和价值及投入产出比角度，比较和分析了水稻单作、小龙虾精养、虾稻共作及“双水双绿”种养的经济效益，突显了“双水双绿”的经济效益优势；从水稻、水产共作生态系统及农业绿色发展需求角度，阐述了“双水双绿”的“三不一精准”操作规程的必要性与重要性；从农业农村工作角度，“双水双绿”种养带动了高质量人才回流，带动了一二三产业协调发展，促进了农村就业，促进了新型市场主体的发展壮大。“双水双绿”能够实现经济效益、生态效益和社会效益的统一，是解决农村可持续发展和乡村振兴的一条行之有效的道路。

12.1 经济效益

2000 年以前，粮食增产不增收的困局使得生活在平原湖区的农民，尤其是生活在冷浸田和低洼田区域的大部分农民处于贫困水平。21 世纪初，潜江农民率先利用冷浸田和低洼田的冬闲时期养殖小龙虾，获得了较好收益，实现了脱贫致富。随后，多地政府将虾稻产业发展为精准扶贫产业，并推广示范，2018 年仅潜江一地，依靠虾稻产业就脱贫 8000 多人，占据潜江总脱贫人数的 60%（朱凤娇等，2019）。

12.1.1 水稻单作模式经济效益分析

水稻是中国最重要的粮食作物之一，2019 年种植面积和产量分别占全国粮食作物的 26%和 32%（国家统计局，2019）。水稻单作模式的生产成本主要由种子、农药化肥、机械租赁、人工费用、土地租金、基地运营费用等项目构成。2018 年水稻种植成本为 1223.64 元/亩，其中人工费用、土地租金、机械租赁、农药化肥是主要成本，分别占比为 38.72%、19.22%、17.64%、15.87%（表 12-1）。

表 12-1 水稻单作模式的成本构成

成本项目	金额（元/亩）	占总成本比例（%）
种子	63.4	5.18
农药化肥	194.17	15.87
机械租赁	215.88	17.64
人工费用	473.85	38.72
土地租金	235.12	19.22
基地运营费用	41.22	3.37
总成本	1223.64	100.00

数据来源：《全国农产品成本收益资料汇编（2019）》（国家发展和改革委员会价格司，2019）

水稻单作模式下年均每亩能产稻谷 491.88kg，年均产值为 1289.53 元/亩，刨去生产成本，2018 年水稻种植年均净利润为 65.89 元/亩，成本利润率 5.38%，产投比为 1∶1.05（表 12-2）。

表 12-2 水稻单作模式的收益情况

模式	产量（kg/亩）	产值（元/亩）	生产成本（元/亩）	净利润（元/亩）	成本利润率（%）	产投比
水稻单作	491.88	1289.53	1223.64	65.89	5.38	1.05

数据来源：《全国农产品成本收益资料汇编（2019）》（国家发展和改革委员会价格司，2019）

近年来稻米价格持续下滑，而生产成本又不断上升，导致水稻种植净利润断崖式下跌（图 12-1），已经从 2014 年最高的 204.83 元下降至 2018 年的 65.89 元，降幅接近 70%。农民收入水平大幅下降，长期在贫困线上下挣扎，引发一系列社会问题，荒田废地现象屡见不鲜（段亚明等，2018）。

12.1.2 小龙虾精养模式经济效益分析

小龙虾精养模式主要是指池塘或稻田单一养殖小龙虾，其成本由虾苗、饲料、渔药、土地租金、基地运营费用、固定资产折旧、人工费用等要素构成，精养模式的年均成本约为 3000 元/亩（表 12-3）。小龙虾养殖的成本主要集中在虾苗、饲料、土地租金上，这三项共占比 69.99%，此外人工费用也是支出的大头，占比 16.67%。实地测产验收表明，精养模式下小龙虾年产 160kg/亩，年产值为 5984 元/亩，除去生产成本后的年均净利润为 2984 元/亩，投入产出比（产投比）1∶1.99（表 12-4）。

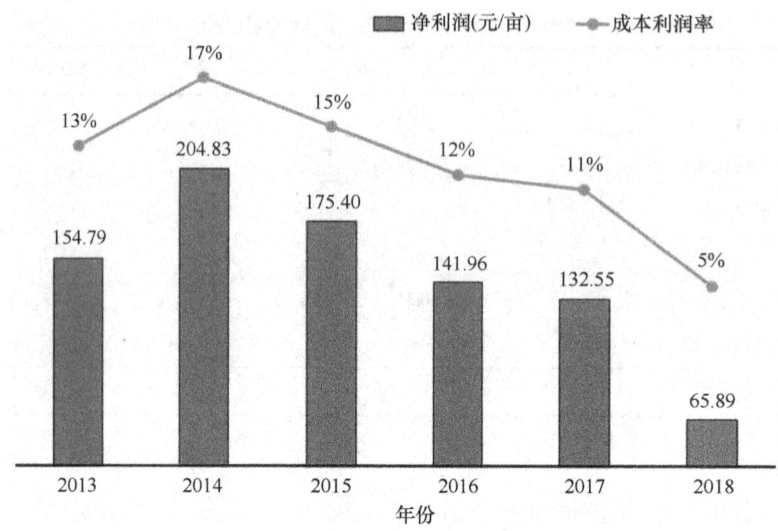

图 12-1　2013～2018 年水稻净利润变化图（国家发展和改革委员会价格司，2019）

表 12-3　小龙虾精养模式的成本构成

成本项目	金额（元/亩）	占总成本比例（%）
虾苗	700	23.33
饲料	700	23.33
渔药	200	6.67
土地租金	700	23.33
基地运营费用	100	3.33
固定资产折旧	100	3.33
人工费用	500	16.67
总成本	3000	100.00

注：新塘第一年田间工程等基础设施投资较大，成本将相应提升；数据来源于实际养殖数据计算

表 12-4　小龙虾精养模式的收益情况

模式	产量（kg/亩）	产值（元/亩）	生产成本（元/亩）	净利润（元/亩）	产投比
小龙虾精养	160	5984	3000	2984	1.99

数据来源：实际养殖数据计算

12.1.3　虾稻共作模式经济效益分析

1. 成本分析

实地测产验收表明，当前虾稻共作模式年均成本投入约为 3350 元/亩（表 12-5）。在成本要素的构成中，小龙虾养殖部分年均成本约为 1550 元/亩，占比约 46%；水稻种植部分年均成本约为 400 元/亩，占比约 12%；共享成本部分年均成本为

1400 元/亩，占比约 42%（图 12-2）。其中，虾苗、饲料、土地租金、人工费用四项是虾稻共作模式的主要成本，约占总成本的 78%。

表 12-5 虾稻共作模式的成本构成

成本项目		金额（元/亩）	占总成本比例（%）
小龙虾成本	虾苗	700	20.90
	饲料	700	20.90
	渔药	150	4.48
水稻成本	种子	100	2.98
	农药化肥	150	4.48
	机械租赁	150	4.48
共享成本	土地租金	700	20.90
	基地运营费用	100	2.98
	固定资产折旧	100	2.98
	人工费用	500	14.92
	总成本	3350	100.0

注：新塘第一年田间工程等基础设施投资较大，成本将相应提升；数据来源于实际养殖数据计算

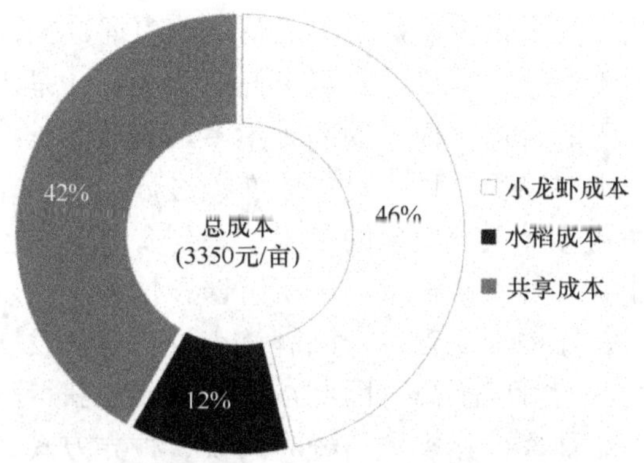

图 12-2 虾稻共作模式成本构成比例图

“一地两用”，虾稻共作模式共享了原本在小龙虾养殖和水稻种植中均需负担的土地租金、基地运营费用、固定资产折旧、人工费用等成本，对于土地的充分利用是虾稻共作模式成本下降的关键。

2. 收益分析

虾稻共作模式产出的产品为小龙虾和稻米，当前该模式下每年能产小龙虾约 150kg/亩，稻谷约 500kg/亩，折合成品稻米约 300kg/亩。结合近年来小龙虾价格与稻米价格，虾稻共作模式年产值约为 6900 元/亩（表 12-6），扣除生产成本，年净利润约为 3550 元/亩，投入产出比 1∶2.06。相比水稻单作模式的 1∶1.05、稻—油轮作模式的1∶1.49（钱炬炬等，2020）、小龙虾精养模式的1∶1.99，虾稻共作模式的投入产出比更高，投资回报率也高，经济效益更好，实现了“一田两收”的目标。

表 12-6 虾稻共作模式的收益情况

项目	产量（kg/亩）		产值（元/亩）			生产成本（元/亩）	净利润（元/亩）	产投比
	小龙虾	稻米	小龙虾	稻米	合计			
虾稻共作模式	150	300	5610	1290	6900	3350	3550	2.06

注：稻米价格根据2017年晚籼米价格计算（中国水稻研究所和国家水稻产业技研发中心，2018）；小龙虾价格根据实地养殖数据计算

与近几年小龙虾的火热市场不同，虾稻米的市场一直不温不火。实际生产中，虾稻种养模式的收入占比，小龙虾收益占81%，稻谷收益占19%（表12-6），小龙虾的经济效益是水稻的4倍多，因此在经济效益的驱动下，农民普遍存在“重虾轻稻”的观念（曹凑贵等，2017）。绝大多数农民选择虾稻共作的模式都是冲着养殖小龙虾的丰厚收益，而种稻是为了更好地养虾，虾稻米只是模式中的附属品。湖北省农业农村厅粗略统计，仅湖北省一年就有 40 多亿斤优质虾稻米被“贱卖”，有一半被当作普通稻谷卖给粮库，一半被加工成“虾稻米”售卖，但售价与普遍稻米相差无几，其市场价值被明显低估（胡琼瑶，2018）。

当前虾稻米市场价格不高，可能有以下几点原因：一是水稻品种不够优质。虾稻品种多且杂，真正适合虾稻模式的品种不多，品质参差不齐，绿色优质品种缺乏。二是生产过程不够绿色。种养过程中农民过分注重小龙虾的产量，投入过量的饲料、肥料和渔药等，生产出来的稻米达不到安全、绿色、美味的标准。三是虾稻米加工技术滞后。目前虾稻米的加工、储存技术与常规稻米一样处理，稻米品质难以提升。四是虾稻米缺乏统一品牌，市场产业化发展不够，缺乏龙头企业和统一品牌，消费者认可度不高。因此，虾稻米要想获得高价值、受消费者青睐，我们必须从水稻品种、种养模式、种养规模、种养方式、加工工艺及品牌打造等方面寻找答案。

12.1.4 “双水双绿”的经济效益

随着小龙虾养殖规模的扩大、单位面积产量的提升，小龙虾总产量大幅增加，市场供求关系逐步趋于稳定，市场价格趋于平稳。在未来的发展过程中，稻田单位面积内小龙虾经济效益的贡献将不会大幅增加，虾稻体系经济效益的提升需要靠稻米价值的提升来实现。

近年来，随着经济的快速发展和人民生活水平的提升，人们对食品安全的意识不断增强，消费者中选择绿色、健康、美味大米的群体在不断壮大，中高端稻

米的需求量逐渐增加。2007 年日本越光大米以 90 元/kg 的售价登陆中国，被中国消费者抢购一空，销量至今仍非常可观（楚叶，2015）。五常大米进入中高端市场，平均售价高出普通大米 2.4～3 元/kg，其中五优稻 4 号大米平均价格为 10.4 元/kg，五常高档大米的价格达到 80～100 元/kg（鲜于晓龙，2016）。2018 年我国高端有机大米的产量约 161.3 万 t，较 2011 年增加 118.4 万 t，年复合增长率为 21%左右（郑红明，2019），远超大米产业整体发展速度。2018 年我国有机大米的销售均价在 23.56 元/kg（杨召奎，2018），远高于同期普通大米销售价格。然而，我国有机稻米产量仅占稻谷总量的 1.08%（杨召奎，2018），高端大米处于供小于求的状态。五常大米的年产量为 65 万 t，但在全国市场的销售量却有 1000 万 t，因此，市场上 90%以上的五常大米可能是假冒的（杨召奎，2018），对高品质虾稻米来说，中高端大米的市场需求仍是一片蓝海。

“北有盘锦蟹稻米，南有潜江虾稻米”，蟹稻米和虾稻米一样，目前市场均价在 5～10 元/kg。虾稻米与现有的中高端大米，如五常大米、北大荒大米、盘锦大米相比，有着更独有的优势，一是清洁安全的种养模式，农药化肥的依赖度低，生态防控，产出的稻米无农药、重金属残留风险；二是与小龙虾捆绑销售，更容易打开市场，提高消费者的认可度。随着虾稻米产业链的进一步成熟，未来高品质虾稻米将在中高端市场占据一定市场份额，并且能够带动虾稻米产区的整体利润上浮。

“双水双绿”技术体系要求“不打农药、不施化肥、不用渔药、精准施用饲料”，虾稻体系中生产要素的循环原理被进一步揭示，生产技术进一步规范，生态效益有效转换为经济效益。因此，农药化肥、渔药、饲料的成本大幅下降，整体成本下降约 15%，年均成本控制在 2850 元/亩左右（表 12-7）。

表 12-7 “双水双绿”模式与现阶段虾稻共作模式成本对比

成本项目		现阶段		“双水双绿”模式阶段	
		金额（元/亩）	占总成本比例（%）	金额（元/亩）	占总成本比例（%）
小龙虾成本	虾苗	700	20.90	700	24.56
	饲料	700	20.90	500	17.54
	渔药	150	4.48	0	0.00
水稻成本	种子	100	2.98	100	3.51
	农药化肥	150	4.48	0	0.00
	机械租赁	150	4.48	150	5.27
共享成本	土地租金	700	20.90	700	24.56
	基地运营费用	100	2.98	100	3.51
	固定资产折旧	100	2.98	100	3.51
	人工费用	500	14.92	500	17.54
总成本		3350	100.00	2850	100.00

注：新塘第一年田间工程等基础设施投资较大，成本将相应提升；数据来源于实际养殖数据计算

小龙虾和稻米产业正在由数量驱动向品质驱动转型，根据品质驱动的发展前景，未来“双水双绿”模式将划分为 5 个发展阶段，分别为稳产能期、普绿色期、保安全期、美食味期、营养健康期。为保证绿色生态的种养环境，以及高品质的农产品产出，未来小龙虾和稻米产能会逐步降低，产品品质逐步提升，到达营养健康阶段，产能预计累计下降 33%，届时小龙虾年均亩产约 100kg/亩，稻米年均亩产约 200kg/亩（表 12-8）。

表 12-8 “双水双绿”产业各阶段年产值预期

阶段	年产量（kg/亩）		年产值（元/亩）			生产成本（元/亩）	净利润（元/亩）	产投比
	小龙虾	稻米	小龙虾	稻米	合计			
现阶段	150	300	5 610	1 290	6 900	3 350	3 550	2.06
稳产能期	130	250	6 500	5 000	11 500	2 850	8 650	4.04
普绿色期	120	250	7 000	7 500	14 500	2 850	11 650	5.09
保安全期	120	250	7 500	10 000	17 500	2 850	14 650	6.14
美食味期	110	250	8 500	15 000	23 500	2 850	20 650	8.25
营养健康期	100	200	10 000	20 000	30 000	2 850	27 150	10.53

稳产能、提品质会带来丰厚的经济效益，小龙虾和稻米的单价稳步上升（图 12-3），最终单价均有可能突破 50 元/斤。根据计算，年产值将从现阶段的 6900 元/亩提升至营养健康阶段的 30 000 元/亩，增长幅度达到 335%，各阶段产值均有 20%～30%涨幅（图 12-4）。最终“双水双绿”模式的年均净利润能够达到 27 150 元/亩，投入产出比为 1∶10.53（表 12-8）。“双水双绿”模式充分带动农户增收，获得丰厚的投资回报，与现阶段模式相比，年均收入增加 4000～5000 元/亩。

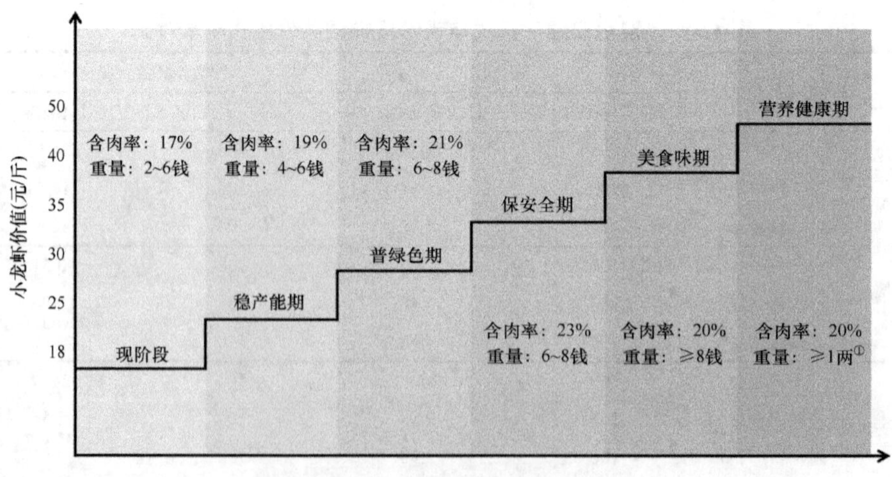

图 12-3 小龙虾增值路径的展望

① 1 两=50g

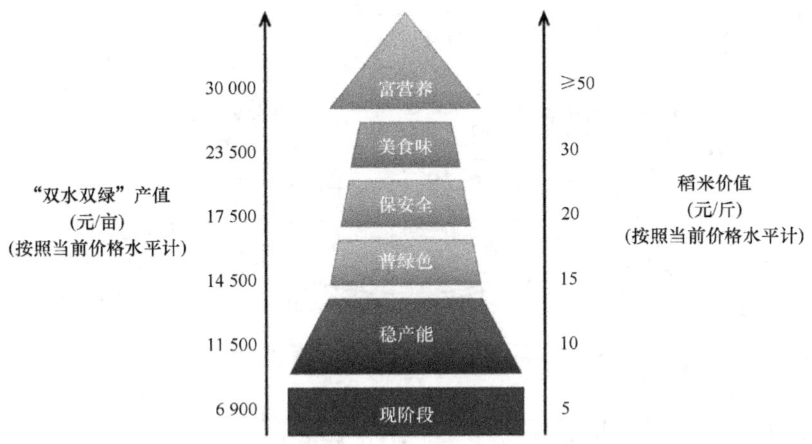

图 12-4 “双水双绿”产业发展及产值提升的展望

2018 年，全国虾稻养殖面积达到 1261 万亩，稻渔综合种养面积达到 3042 万亩①，且保持着高速的增长态势。“双水双绿”产业作为供给侧改革背景下的绿色生态农业，具有得天独厚的优势。2022 年，我国“双水双绿”种养面积将达到 2000 万亩，总产值达到 2500 亿元，初步构建起满足群众“绿色水稻”“绿色水产品”需求的产业体系，“双水双绿”产业达到“普绿色”阶段；2025 年，我国“双水双绿”种养面积将达到 3000 万亩，占据全国水稻种植面积的 7%，总产值达到 5000 亿元，年均复合增长 26%，其中 30%“双水双绿”面积的产品到达“美食味”阶段。绿色农产品安全可靠、营养美味，产品价值较现阶段提升 3～4 倍，基本达到发达国家平均水平，形成特色鲜明、布局合理、产业集聚的“双水双绿”产业体系；2030 年，我国“双水双绿”产业总产值将达到 8000 亿，“双水双绿”产业全面进入美食味阶段，30%“双水双绿”面积的产品进一步升级至富营养阶段，形成具有国际竞争力的绿色农产品产业，引领全国农产品，走在世界前列。

12.2 生 态 效 益

生态效益的提出，其目的在于提高人们对自然规律的关心程度以及对生态经济协调发展规律的认识，要求人类在经济发展中合理开发、利用、保护自然资源和生态环境这个人类赖以生活、生存乃至发展的自然物质基础（王效科等，2019a）。王效科等（2019b）在分析国内外相关生态系统评价方法的基础上，提出了生态效益评价框架（图 12-5），强调生态效益与经济效益和社会效益共同构成了人类社会的价值判断标准及决策依据，是经济效益和社会效益的基础，应该包括生态系统整体贡献，考虑与生态系统动态变化的关系。

---

① 数据来源：中国渔业统计年鉴，2019

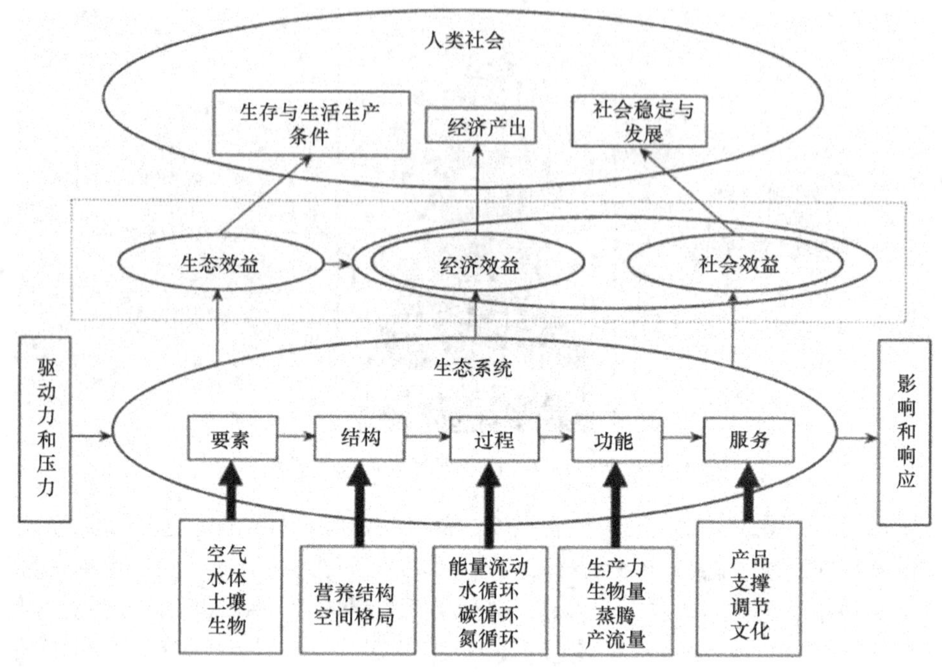

图 12-5 生态效益评价框架（王效科等，2019b）

“双水双绿”体系实施的“三不一精准”原则，将大大减少稻渔综合种养系统中农药和化肥的使用，产生显著的生态效应。

12.2.1 农药减施的生态效应

12.2.1.1 农药使用量的变化

“双水双绿”模式中，小龙虾等水产动物引进之后，一方面能够减轻水稻的病虫草害，另一方面小龙虾等水产动物具有较高的经济效益，农民担心农药对小龙虾等养殖动物产生不利影响，自觉减少了农药使用次数，即使必须进行应急防治的时候，也会选择高效、低毒的无公害农药和生物制剂。

有较多关于稻鱼模式对农药施用量影响的研究。浙江传统稻鱼种植区调查结果表明：与稻单田相比，稻鱼（瓯江彩鲤，*Cyprinus carpio* var. *color*，俗称田鱼）田农药施用次数减少 3.4 次，农药施用量下降了 68%左右，从年均（14.85±1.5）kg/hm^2 下降到（4.75±0.75）kg/hm^2，农药施用量与养鱼密度呈负相关（谢坚，2011；Xie et al.，2011）。Wan 等（2019）在上海崇明岛的田间定位试验结果表明，稻鱼（黄鳝与泥鳅）田农药使用次数降低 23%，农药使用量下降 31%。林孝丽和周应恒（2012）以江苏、浙江、安徽、江西、湖北、湖南、广东、广西、四川、云南等

10 个省（自治区）为研究区域，结合计量统计分析法、文献归纳法、实际调查法，分析了 2001～2009 年稻鱼种养对农药使用的减量化效应，结果表明：在稻鱼模式下，单位面积农药总使用量减少 40%；稻田化学防治的 3 种主打农药稻瘟灵、扑虱灵和甲胺磷分别降低了 40%、44%和 37%；除草剂使用量锐减，许多农户不再使用除草剂，杂草成为鱼的饲料，即使需要除草，也采取人工除草；稻鱼模式面积每增长 1%，农药的投入率减少约 1%。因此，稻鱼种养对农药使用减量化效应非常显著。对东南亚稻鱼模式的研究也得到相似的结果。Berg（2002）调查了越南湄公河三角洲 Go Cong Tay、Cai Be、O Mon 等 3 个稻区 120 个农户在不同耕作模式下农药的使用量。调查结果表明：稻鱼田杀菌剂施用量降低 50%，除草剂降低 35%，杀虫剂降低 44%，稻鱼田农药总施用量降低 44%。有趣的是：稻鱼田对农药使用量的减量化效应，与有害生物综合防理（IPM）的效应相当。这说明开展稻鱼模式后，农民自发降低农药的使用量。

稻虾模式下，农药使用量明显下降。湖北、安徽、江西、浙江等省的田间调查结果表明：稻虾模式下农药使用量比稻单田减少 66%（胡亮亮，2014）。2018～2019 年，华中农业大学双水双绿研究院在江汉平原的调查结果表明：稻虾模式下，农药使用次数比稻单田减少 40%，接近 1/3 的农户在水稻生长期不施任何化学农药（未发表数据）。

同样，稻蟹共生也显著降低农药用量。在江苏省兴化市 5 个乡镇随机调查 300 个农户，发现稻蟹共作田（以河蟹为主，搭配青虾和少量的鲢、鳜及银鲫等）农药总使用量比常规稻麦轮作稻单田下降 48%，其中杀虫剂/杀菌剂使用量降低 44%，除草剂用量降低 89%（杨勇，2004）。

12.2.1.2 稻田生境生物多样性

水产动物引进稻田之后，稻田的生态体系也随之改变。例如，稻田中要加入沟或渠，沟渠的旁边要起垄，水面下要种植水草增加水体溶氧量，肥料与化肥用量减少。与稻单田相比，稻渔综合种养有利于水体环境生物多样性的保护，稻田生物种类数量会随之增加（Lu and Li，2006；李学军等，2001；卢兵友等，2001）。

稻鱼模式是我国历史最悠久的稻渔综合种养模式，关于稻鱼模式对稻田生物多样性影响的报道很多，研究也非常深入和系统。稻鱼田生物种类主要包括水稻、鱼、草、浮游生物、光合细菌、水生昆虫、底栖生物、以水稻为寄主的节肢动物及微生物、老鼠、水蛇、鸟、土壤微生物、水生细菌、两栖动物等（李学军等，2001；卢兵友等，2001）。下面以稻鱼模式为例，介绍稻渔综合种养在保持稻田生境生物多样性中的功能。

1. 稻渔综合种养模式有利于保持水稻品种的多样性

稻鱼系统中，对水稻品种的要求与稻单田不同，如要求水稻具有茎秆粗大、叶片大、抗倒伏能力强、生育期长、对肥料不敏感、抗病虫能力强等农艺性状。因此，稻鱼系统需要水稻品种保持更高的多样性（Lu and Li，2006）。

浙江大学陈欣团队系统研究了贵州从江县“稻鱼鸭系统”中水稻品种的多样性。千百年来，当地农民在梯田里开展“种植一季稻、放养一批鱼、饲养一群鸭”的特色生产方式，2011 年，“稻鱼鸭系统”被列入全球重要农业文化遗产。在这种模式中，水稻主要是当地的糯稻品种，俗称糯禾。研究者选取从江县 10 个镇的 13 个村，从每个村随机选取 2～10 个农户，调查稻鱼田栽种的水稻品种，并收集水稻种子，利用 SSR 分子标记及形态标记，分析“稻鱼鸭系统”中水稻品种的遗传多样性和遗传结构。结果表明：①该区域水稻品种很多，13 个村有 107 个水稻品种。②检测到水稻等位基因 97 个，每个位点等位基因为 2～15 个，平均有效等位基因数为 2.305 个，遗传基因平均多样性指数达 0.837，杂合度达 0.493，等位基因变异频率高，变异范围为 0.0029～0.6971，且高频率变异的等位基因（≥0.05）占 62.86%。③水稻品种表型多样性高，性状平均多样性指数达 1.8447，且品种间性状分化程度高（平均 0.3941）；谷粒形态有阔卵短芒、长卵无芒、椭圆长芒、椭圆中芒等 4 种，芒长变异非常大，变异系数达 265%，株高、剑叶长、倒二叶长等变异相对较小，变异系数为 4.52%～15.73%（唐露，2018）。

2. 稻渔综合种养模式有利于保持鱼的多样性

中国稻鱼模式中常见的鱼有草鱼、鲤、鲫、罗非鱼、青鱼、鲢、泥鳅等。鲤杂食性，卵的孵化对环境要求低，活动能力强，在池塘和湖里广泛分布，容易获得，因此，鲤适合在稻田饲养，是稻鱼系统里的主要鱼类（Lu and Li，2006）。

稻鱼系统有利于保持鱼的多样性。浙江省青田县、永嘉县、瑞安市和景宁畲族自治县等地开展稻鱼种养有 1200 年的历史，该地的“稻鱼系统”已经被列入全球重要农业文化遗产。通过分子标记、形态分析，Ren 等（2018）发现该区域稻鱼系统中的田鱼具有高度遗传多样性。①基于线粒体 D 环（D-loop）基因序列构建的系统进化树及利用 8 个性状进行的形态学聚类分析，发现田鱼与其他 5 种在中国广泛分布的非稻田鲤品系之间有较大的遗传距离。②田鱼进化出红色、红黑色、黑色型，每种体色又有不同类型的体型。③微卫星标记分析表明，田鱼的杂合度高于非稻田生活的野鲤和家养鲤，非稻田生活的野鲤和家养鲤的杂合度没有显著差异；田鱼的等位基因数目与野鲤无差异，但是显著高于家养鲤。④田鱼种群内（村庄内）遗传变异最大（93%），其次为区域间（如不同乡镇）遗传变异（4%），种群间遗传变异最小（3%）。⑤农户之间通过高频率的亲本筛选与鱼苗交换，使田鱼保持很高的杂合度；农民习惯将 3 种色型的田鱼混合放养（混合放养能够提高鱼的产量），因此使具有不同特点的土著田鱼得以长期延续，保持遗传多样性。

3. 稻渔综合种养模式对其他生物多样性的影响

稻田生境可用于繁衍濒临灭绝的物种。在柬埔寨洞里萨河（Tonlé Sap）附近的深水稻田系统中，稻田周围的水草及水生灌木，是包括孟加拉鸨在内的鸟类栖息地。孟加拉鸨目前仅存两个种群，濒临灭绝（Smith，2001）。此外，因为版纳鱼螈（*Ichthyophis bannanicus*）具有药用价值，所以农民自愿在稻田中大范围养殖，间接保护了版纳鱼螈这种濒临灭绝的物种（Halwart，2006）。

12.2.1.3 水产动物与水稻的互惠关系

1. 水产动物可作为水稻有害生物的生防因子

稻渔综合种养中引进的水产动物能够捕食或惊扰稻田有害生物，可作为天敌控制稻田有害生物，如小龙虾能够捕食水生昆虫与杂草（Correia，2002，2003），显著降低稻田飞虱种群数量（肖求清，2017；强润等，2016），降低杂草的数量与生物量（徐大兵等，2015）。鱼对稻田有害生物的控制效果更为明显。杂食性、活动能力强的瓯江彩鲤，能够惊扰生活在水稻基部的稻飞虱，使稻飞虱种群数量降低 44%，杂草数量及生物量降低 60%～90%（Xie et al.，2011；谢坚，2011）。捕食性的鱼类如鲈，可以直接捕食稻茎上的稻飞虱（Quoc et al.，2012）。稻田引入蟹、鳖之后，稻飞虱、稻纵卷叶螟及杂草的数量也显著下降（沈建庆等，2013；吕东锋等，2011；杨勇，2004；杨勇等，2004）。

2. 水稻为水产动物提供适宜的生活环境

浙江青田稻鱼系统为田鱼提供了更好的栖息环境，表现在：①夏天水稻可为鱼遮蔽阳光，降低水温，提供阴凉环境。夏天最热的时段（12：00～14：00），稻鱼田水面温度比田鱼单养田低 2.6℃，光照强度比田鱼单养田降低 1820～2800μmol(m^2·s)。②稻鱼田水体中氨氮含量显著低于田鱼单养田。③田鱼单养田土壤总 N 含量显著高于稻鱼田。④稻鱼田中氮利用效率高于田鱼单养田，排放到环境中的氮减少。投入稻鱼田和田鱼单养田的饲料，其中分别只有 11%和 14%的氮被鱼吸收。在稻鱼田中，水稻可以利用饲料中多余的氮，水稻生物量中 31%的氮来源于鱼饲料。⑤就水体溶氧量而言，稻鱼田最高，田鱼单养田次之，稻单田最低（Xie et al.，2011；王寒，2006）。

正因为稻田水体环境的改善，鱼在稻鱼田里的活动性明显高于田鱼单养田，在炎炎夏日的中午（12：00～14：00），田鱼单养田的田鱼基本不摄食、不游动，但是稻鱼田的田鱼仍然活动频繁（Xie et al.，2011；王寒，2006）。在田鱼单养田，鱼的主要活动区域在进水口附近。在稻鱼田，鱼的活动范围扩大到整个稻田，鱼的分布多样性和均匀度分别是田鱼单养田的 2.85 倍和 2.11 倍，与鱼摄食时间呈正相关的参数增加了 41%（胡亮亮，2014）。

胡亮亮（2014）在我国湖北、湖南、江西、安徽、贵州、福建、浙江、四川、辽宁、吉林、黑龙江、宁夏等稻渔种养开展得比较成功的省（自治区），通过田间调查、农户调查、定位田间实验和中宇宙生态系统模拟的研究方法，研究了稻鱼、稻虾、稻鳅、稻蟹、稻鳖等稻渔模式中水稻与水产动物之间的互惠性。与稻鱼模式相似，稻虾、稻蟹、稻鳖、稻鳅模式下的稻田水体环境均有利于水产动物的生长。

12.2.1.4 节肢动物捕食性天敌数量增多

上海崇明岛稻鱼（黄鳝+泥鳅）种养田间试验结果表明：稻鱼模式显著提高了捕食性天敌的种群密度，与稻单田相比，稻鱼田捕食性天敌种群密度增加 19%（Wan et al.，2019）。2015～2016 年，肖求清（2017）在潜江关山白鹭湖农场、后湖农场、积玉口镇，通过区域调查及小区控制试验，采用吸虫器法调查了稻田常见捕食性天敌如蜘蛛与蜻蜓的发生情况。结果表明：稻虾田主要捕食性天敌蜘蛛与蜻蜓、寄生性昆虫的种群密度与稻单田相比，稻虾模式开展 1～2 年时，呈下降趋势；开展 5 年时，持平或者略有上升；开展 9～10 年时，明显升高。但是，Frei 等（2007）的研究并没有发现稻鱼系统可提高捕食性天敌的数量：稻单田双翅目昆虫的数量显著高于稻鱼田，其他节肢动物（包括瓢虫、豆娘、步甲、黑肩绿盲蝽、蜘蛛、膜翅目寄生蜂）在稻单田和稻鱼田之间没有显著差异。

稻渔综合种养模式下，农药的使用量显著降低甚至不施农药，天敌的种群受到农药的影响较小，天敌种群数量可能呈上升的趋势。但是稻渔系统中，水产动物的引入会降低害虫的数量，猎物或寄主数量的降低又会间接影响天敌数量。因此，这两个因素共同影响天敌的数量。与稻单田相比，稻渔种养田天敌数量上升、下降或持平皆为正常现象。总之，目前对于稻渔综合种养对稻田天敌群落的影响还缺乏大尺度、系统性、长期性的研究，有待于进一步深入研究。

12.2.2 化肥减施的生态效应

化肥作为农业生产最重要的基础物质之一，对保障粮食生产安全和农业高效高产具有重要作用。但是耕作中常年施用化肥，特别是盲目且过量的施用，逐渐引发了一系列生态环境污染问题，如不合理施用化肥会显著改变耕作土壤理化性状，导致重金属污染、土壤酸化和土壤板结等；由淋失、径流和土壤侵蚀作用引起的化肥氮、磷素损失可导致地表水与地下水的严重污染；同时，由化肥施用引起的 NH_3、NO_x、N_2O 排放也会加速温室效应和臭氧层破坏的进程。

12.2.2.1 化肥减施对土壤环境的影响

土壤环境恶化主要包括土壤侵蚀、盐渍化、沙化和荒漠化、化学性质恶化及污染等（龚子同等，2000）。长期不合理施用化肥会引起土壤酸化和板结，导致土壤肥力下降（黄国勤等，2004）。开展化肥投入减量是推进农用地土壤污染治理的重要途径，也是实现农业高质量发展的必然要求。实施化肥减量与合理利用，本质上是调整农业要素投入禀赋结构，是从“增量增产”到“减量增效”的关键转换。

“双水双绿”稻田综合种养体系不但实现了化肥的减量，而且可以改善土壤养分状况、土壤物理化学性质。吴本丽等（2018）试验结果显示，稻虾共作模式下土壤有机质、全磷、阳离子交换量明显高于稻田单作模式，说明稻虾共作模式有助于保持稻田土壤肥力。陈万明等（2019）测试分析发现，稻虾种养体系增加了土壤养分，表层 0～25cm 土壤有机质、全氮、全磷、全钾含量及 pH 均有一定程度的提高；两种模式下土壤中重金属含量变化不明显。稻虾种养体系有利于改善耕层土壤结构，降低土壤 0～20cm 和 20～40cm 土层的容重并提高其非毛管孔隙度、毛管孔隙度和总孔隙度，增强土壤缓冲能力（蔡晨等，2019）。养殖动物的爬行、扰动以及捕食等活动能够增加土壤孔隙度，使水稻表面土壤疏松，有利于改善根系土壤的微生物环境，使氮、磷等营养成分更易被水稻根系土壤的固氮菌固定利用（刘其根等，2018）。同时，养殖动物对土壤的扰动作用，也有利于植物残体进入营养层，补充了土壤有机质库（李娜娜，2013）。

12.2.2.2 化肥减施对地表水和地下水环境的影响

化肥中的氮、磷元素随地表径流进入河流、湖泊，使水体内氮、磷等营养元素富集，造成水体富营养化。研究表明，农田氮、磷流失是引起水体富营养化的重要原因，而磷是水体富营养化的主要限制因子（Abrams and Jarrell，1995；Penn and Sims，2002）。农田径流（主要为化肥使用量和流失量）、城镇地表径流、农村生活污水及生活垃圾污染、水土流失、分散式禽畜养殖等五大类非点源污染负荷对总氮、总磷入河总量的贡献比例分别高达 67%和 63%（周怀东等，2004）。化肥已成为我国地表水体中氮、磷的主要来源，在部分地区其贡献率已接近甚至超过来自城市生活污水和工业的点源排放，是引起我国地表水富营养化的主要因素（张晓楠和邱国玉，2019）。

研究表明，各类氮肥将最终转化成硝酸盐，硝酸根离子（NO_3^-）是其主要形式（巨晓棠，2002）。由于 NO_3^-带负电荷难以和带负电荷的土壤颗粒相结合，因而在土壤中的移动性较高，易于淋失到地下水和地表水中。地下水硝酸盐 $\delta^{15}N$ 的稳定同位素溯源分析表明，化肥是地下水硝酸盐的主要来源（徐春英等，2011）。张维理等（1995）的调查显示，凡是年施氮量超过 500kg/hm^2 而作物氮素吸收量与施氮量之比低于 40%的地区，地下水硝酸盐含量基本上超标。

“双水双绿”稻田综合种养体系由于养殖动物的存在，改变了养分的循环，减少了养分向地表和地下的损失。李成芳等（2008）试验结果显示，稻鸭与稻鱼系统中肥料氮潜在淋失率分别为 2.72%和 2.58%，比常规稻作处理低 2.99%，表明稻鸭、稻鱼共作可以减少施入氮肥潜在的下渗淋失，同时稻鱼共作减少氮肥淋失的效果好于稻鸭共作。余翔等（2009）研究认为，稻鸭共作生态系统在氮素输出方面比常规栽培减少了 19.3kg/hm^2 的氮素径流损失和 1.2kg/hm^2 的氮素渗漏损失。

12.2.2.3 化肥减施对大气环境的影响

化肥对大气环境的影响主要集中在氮肥上，氨挥发及 NO_x 的释放等会使大气中氮含量增加而带来一系列的影响（黄国勤等，2004）。氨挥发是稻田氮肥损失的主要途径之一（蔡贵信和朱兆良，1995）。氨挥发至大气并与酸性物质结合，会导致酸雨、地下水富营养化等环境问题。Frei 和 Becker（2005）报道，由于鱼类食草等，稻田的光合作用减弱，因此原本该类生物光合活动所需的 CO_2 被保留，鱼的存在导致平均 pH 增加，从而使 NH_3 挥发降低。Yuan 等（2012）试验表明，与水稻单作相比，稻鸭和稻鱼共作系统中通过 NH_3 挥发损失的氮显著减少。杨亚男等（2015）研究指出，氮肥减少 32%的情况下，稻田综合种养模式和常规种植氨累积挥发量分别为 8.91kg/hm^2 和 21.54kg/hm^2。

CH_4 和 N_2O 是仅次于 CO_2 的重要温室气体。中华人民共和国国家发展和改革委员会（2004）通报的数据显示，来源于稻田排放的 CH_4 的量为 615 万 t，是仅次于畜牧业的重要来源，约占中国 CH_4 排放总量的 17.93%。由于中国大多数地区稻田水分管理方式由传统的淹水灌溉转向中期晒田和湿润灌溉（Li et al.，2004），在减少稻田 CH_4 排放的同时不可避免地增加 N_2O 排放。据估计，稻田排放的 N_2O 占中国农田总排放的 7%～11%（Zou et al.，2007）。对稻田采取适宜的减排措施，可为减缓气候变暖做出贡献，是目前需要解决的重要问题。

“双水双绿”稻田综合种养体系不但减少了化肥的使用，而且虾、鱼、鸭等动物的活动改变了稻田生态系统环境，减少了稻田温室气体的排放和全球增温潜势。Xu 等（2017）试验结果显示，较常规稻作稻鸭共作系统溶氧和土壤氧化还原电位得到提高，土壤还原性物质总量下降；提高了田面水氮素含量、土壤铵态氮含量、土壤活性有机碳组分含量及土壤脲酶活性，根系泌氧速率提升，使稻田甲烷排放总量减少 8.80%～16.68%。此外，鸭子觅食田间杂草及浮游生物等，控制了杂草等对溶氧的消耗，提高了甲烷氧化菌的活性，CH_4 在排放到大气之前就被氧化，从而降低了 CH_4 的排放量（Teng et al.，2016）。徐祥玉等（2017）试验结果表明，在水稻秸秆还田条件下，养殖小龙虾稻田 CH_4 排放量比不养殖小龙虾的稻田减少 35.1%，比无稻草还田、不养殖小龙虾的稻田减少 6.6%。

Datta 等（2009）研究发现，与常规稻作相比，稻鱼系统 N_2O 排放量降低。稻虾/蟹共作与稻鱼共作相似，也同样减少了稻田 N_2O 排放。徐祥玉等（2017）研究表明，在稻草还田条件下，养虾稻田比不养虾的 N_2O 排放量降低 7.5%。稻田养虾、蟹除需深水灌溉导致的田间水体溶解氧含量不足之外，还要种植水草，如伊乐藻、轮叶黑藻等，而藻类生长也消耗了水中的溶解氧，反硝化作用加强，N_2O 生成量减少；另外，稻田种养施用生石灰消毒，使水体 pH 升高，而 pH 与 N_2O 排放呈显著负相关，这可能是降低 N_2O 排放的重要原因（Datta et al.，2009）。

“双水双绿”稻田综合种养体系由于稻田养殖生物在稻田生态系统中添加生态位、延长食物链的作用，通过其持续运动、觅食活动等，不同程度地影响稻田温室气体的排放量和全球增温潜势，总体呈现出减缓温室效应的趋势。

农业生产的环境成本核算是学界研究的重点，其包括了土地利用、水土流失、灌溉、农药、化肥、化石燃料等多因素的影响。赖力等（2009）借助能值分析手段，采取剂量影响法对化肥施用环境成本进行了估算（图 12-6）：我国化肥施用的环境影响比较显著，2005 年全国化肥施用环境成本共计 188 亿元，约占当年农业增加值的 1.5%；1990～2005 年全国化肥施用环境成本年均增长 7.1%，并在 21 世纪以来呈明显的增速下降趋势；化肥施用的生态环境影响呈现显著的东强西弱空间格局，经济发达区土地要素更加稀缺，化肥施用量较大，因此化肥环境成本负荷相应较大。

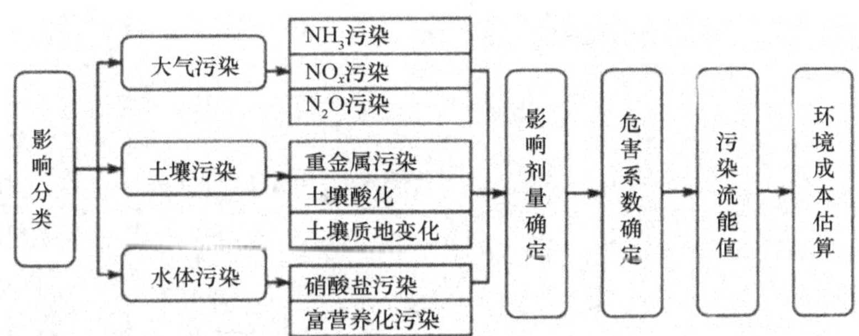

图 12-6 化肥施用的环境成本估算路线图（赖力等，2009）

由于化肥施用的环境成本主要由化肥施用量决定，赵志坚和胡小娟（2013）以化肥施用的环境成本为被解释变量，以化肥施用量为解释变量做回归，为消除异方差性的影响，考虑取对数后的模型：

$$\log(hjcb_t) = \alpha_0 + \alpha_1 \log(hfsyl_t) + \omega_t$$

式中，$hjcb_t$ 为我国化肥施用的环境成本（单位：亿元）；$hfsyl_t$ 为化肥施用量（单位：10^4t）；α_0 表示常数；ω_t 为随机误差项；α_1 为在其他条件不变的情况下，化肥施用量每变化一个百分点，环境成本变化的百分点，$\alpha_1 \geqslant 0$。

由模型可知，从平均意义上来说，在其他条件不变的情况下，化肥施用量每增加一个百分点，我国化肥施用的环境成本增加 1.74 个百分点。

“双水双绿”体系实施的“三不一精准”原则，将大大减少稻田综合种养体系化肥的使用，其产生的生态环境效益则有待于进一步研究。

12.3 社 会 效 益

12.3.1 带动一二三产业链协调发展

中国水产流通与加工协会发布的《中国小龙虾产业发展报告（2019）》显示：近年来，我国小龙虾养殖面积和小龙虾产量稳步增长，截至2018年，全国小龙虾养殖面积达到1680万亩，2003～2018年，小龙虾产量由5.16万t增加至163.87万t（图12-7），且2018年小龙虾产量增幅为历年最高，增长幅度高达45.1%[①]。小龙虾产业的快速发展刺激消费市场也越来越火爆（农业农村部渔业渔政管理局等，2019）。同时，小龙虾产业从最初的“养殖+消费”模式逐渐向小龙虾食品、小龙虾文化节、加工出口等一体化服务发展，并且形成了完整的从生产到加工再到消费的一二三产业链条，由此带动整个“双水双绿”产业链的协同发展。

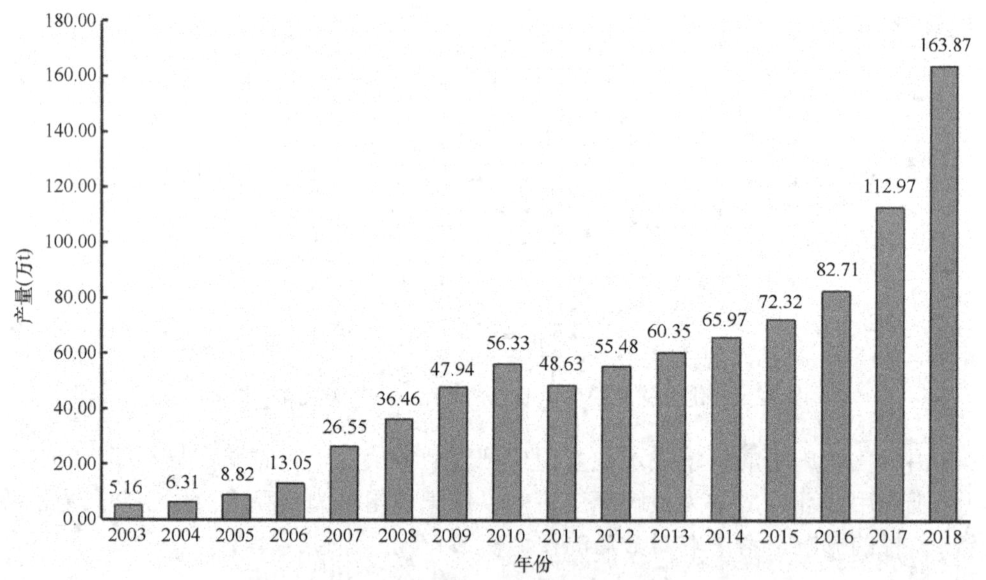

图12-7　2003～2018年全国小龙虾养殖情况[①]

在整个产业链中，第一产业以水稻和养殖小龙虾为主，从事该产业的主要有普通农户、家庭农场、农业合作社等新型农业经营主体，由于可观的经济效益，通过稻虾共作示范户激励带动周边普通农户返乡就业，从事农业相关生产，例如，湖北省武汉市新洲区徐古街扁担山村，通过从事稻虾共作技术，不仅由“贫困户”转变为“小老板”，让身边普通农户看到了希望，而且通过流转土地集中经营，

① 中国渔业统计年鉴，2003-2018

农户当年获得土地流转资金 30 万元，带动农村就业人数 203 人，精准扶贫户人均年收入增加 4000 元，因此，一只小龙虾，一袋大米，稻虾共作模式成为产业扶贫的重要途径，让武汉市扶贫发展有了鲜活的案例（骆露露等，2019）。第二产业以小龙虾加工业为主，包括小龙虾食品加工、物流配送以及其他配套设备加工等方面的企业，通过从事小龙虾相关加工和配套服务，带动食品加工业、冷链物流业发展。以湖北省潜江市熊口镇赵脑村为例，全村 615 户村民将 8900 亩土地流转给当地龙头企业，通过集中整理土地，改造成虾稻田并实行标准化经营，以此成为潜江市虾稻产业发展的重要榜样（何红卫和乐明凯，2018）。第三产业主要以小龙虾为发展基础，延伸相关配套服务，包括餐饮服务、小龙虾文化节、小龙虾品牌推广等。例如，潜江市每年举办龙虾节，推广“潜江龙虾”区域公共品牌，发展潜江虾稻产业，并且该活动也得到了当地省政府的大力支持（魏昊星和王本伦，2019）。从一二三产业发展特征来看（图 12-8），目前小龙虾产业以第三产业为主要发展驱动力，第一产业产值次之，第二产业产值相对较低。但第一产业是基础，第二产业是深化，第三产业是结果，一二三产业联动，既促进了产业链体系的不断发展，切实解决了农民增产增收增就业，又不断丰富和满足了人民对绿色食品和生活的向往与追求。

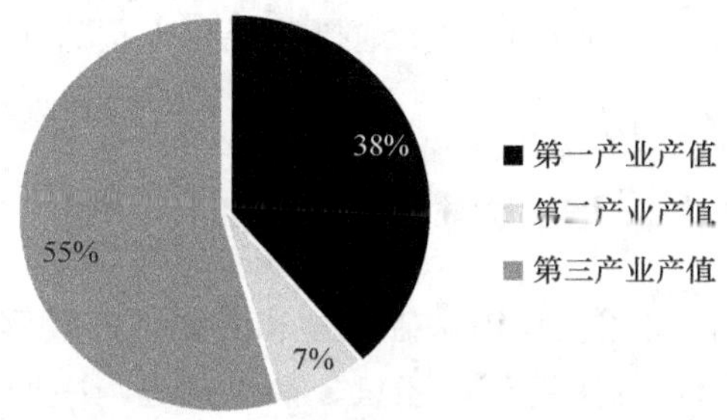

图 12-8 小龙虾一二三产业产值比例（农业部渔业渔政管理局和全国水产技术推广总站，2017）

具体来看，首先，小龙虾加工业的发展不仅带动了农村劳动力就业，还促进了农村中小企业的发展。小龙虾加工除传统的加工虾尾、虾仁之外，根据不同区域消费者特征，加工不同风味的小龙虾食品，如麻辣虾、蒜蓉虾、十三香虾等各种口味的小龙虾食品，并利用最新储藏技术延长了小龙虾的消费时间，实现了跨季消费，带动了冷链物流企业等全面协调发展。此外，小龙虾深加工也得到了稳步发展，例如，用虾壳提取甲壳素，并将提取的壳聚糖等衍生产品用于医学药品中，为医药发展提供生产原料。其次，小龙虾在进行线下批发销售的同时，也开始通过网络电商平台进行推广销售，在 2017 年，全国小龙虾通过电商销售已突破 5 亿元。潜江“虾谷”以“互联网+小龙虾”模式正式运营，物流配送覆盖全国 300 多个城市，全年通过“虾谷”交易的小龙虾产品达到 3.59 亿元（马达文和汤亚斌，

2018），线上线下完美结合，成为小龙虾产业发展的强劲动力。最后，随着消费群体的发展壮大，小龙虾也逐渐从大排档、小餐馆走向了高档酒店的餐桌，成为餐饮行业的热门菜肴，这样既扩大了小龙虾的消费市场，也吸引了更多的高档酒店加工小龙虾食品，实现了小龙虾产品由小餐桌到高档酒店的飞跃。

小龙虾产品加工主要集中在湖北、湖南、安徽、江苏，2018 年，4 省的加工量近 32 万 t。其中，湖北规模以上的加工厂 20 家，加工量超过 20 万 t，产值 186.89 亿元（表 12-9）。

表 12-9　2018 年长江中下游小龙虾加工情况

省份	加工厂数量（家）	加工量（万 t）
湖北	20	20.46
湖南	12	7.3
安徽	14	3
江苏	10	1

数据来源：《小龙虾产业发展报告（2019）》

“双水双绿”稻虾种养模式促进农村一二三产业的有效融合，带动了农民就业，也更好地分享了各环节产生的利润，增加了农民从事农业生产的信心，避免了由于单纯种粮经济效益低而出现的土地撂荒现象，促进了粮食安全生产的稳定和农业生产力的发展。

12.3.2　促进生产力发展，增加优质农产品供给

“双水双绿”种养模式需要稻田基础设施和各种生产要素的投入，如田间工程改造、工作房构建，以及购买地笼、船只、抽水泵等，中期需要进行饲料投入，后期需要农户进行捕捞、上市、流通、销售、加工等，因此，稻虾共作模式需要较大的劳动力、物力作为支撑条件（徐辉等，2018）。基于此，从短期来看，推广稻虾共作模式带动了农民就业，带来了农村生产力的发展。从长期来看，发展稻虾共作模式能够有效地推动农业生产方式转型，促使农民从传统农业模式转向优质、高效的生态农业模式，最终实现生态农业模式的长足发展。

“双水双绿”种养模式通过低污染、少消耗、管理模式改进和自然生物链的有机结合改善了农业生产方式，对促进粮食安全与稳定有一定积极作用。随着当代人民生活水平的提高，粮食不仅仅是为了满足人民温饱，优质、高效、绿色的农产品已成为新的选择与需求。此外，物以稀为贵，当前我们不难发现，农产品的优质优价在市场上具有明显优势，这不仅反映了广大消费者的需求，也体现了农民增产增收的出路。生产市场需要的优质、高效、安全的农产品是农产品稳定发展的基础，而“双水双绿”种养模式为消费者和生产者提供了绿色健康的农产品，

因此该模式是促进农产品质量提升的重要途径。

12.3.3 促进农村就业，提高劳动生产率

近年来，随着农业技术创新发展，农业社会化服务替代人力资本生产速度加剧，农村劳动力就业问题日益突出。同时，随着城镇化的不断推进，农民外出就业的机会增多，从事传统农业生产的比较收益下降，机会成本增加，农户种粮积极性下降，对农业也缺乏长远的收益预期（程名望，2015；侯麟科，2010）。农村劳动力外出务工虽然在短期内解决了农民的就业问题，增加了家庭经济收入，但是，大量青壮年劳动力的外出，一方面将子女留给老人照看，不利于农村留守儿童的教育和健康成长，也难以尽到赡养老人的义务；另一方面造成大量老年人从事农业生产，不利于农业新技术的吸收学习和应用创新，阻碍了农业的长效发展（丁忠甫，2020）。因此，农民外出务工无法从根本上解决农村劳动力就业问题（孙战文和杨学成，2013）。稻虾共作模式被誉为稳粮增收的“稳定器”（张胜金戈等，2018），在一定程度上缓解了“回不去的农村、融不进的城市”这样一种两难困境。

“双水双绿”种养模式需要稻田基础建设等农业配套生产方式，并且需要大量的劳动力确保各生产环节顺利进行。因此，“双水双绿”种养需要较高的人力资本和物质资本投入。此外，“双水双绿”种养模式操作管理过程较为复杂，为了确保各生产环节顺利进行，仅仅依靠家庭劳动力难以实现，因此需要雇佣一定的劳动力共同完成。这样首先保证了家庭内部劳动力能够有稳定的工作，解决年轻劳动力就业问题。其次为了在稻、虾方面获得较高经济收入，还需要雇佣一定数量的长期工和短期工来共同实现，这样既降低了农村劳动力外出务工比例，也带动了整个村集体农民就业，这与党的十九大报告提出的支持和鼓励农民就业创业、拓宽增收渠道相契合，因此，“双水双绿”种养模式能够促进农民返乡就业创业、实现农业产业化和农民收入的增加。

最后，“双水双绿”种养模式能够改变传统农业发展方式，降低农业生产给农村环境带来的破坏，提高农民对农村生活环境的认同：一边从事现代农业生产，一边又能更好地照顾家里老人和孩子，可以更好地提高农民的获得感、幸福感和安全感。这样，既促进了生态农业模式的发展创新，也促进了农村劳动力的充分就业、农村经济的全面发展和农村生态文明建设（赵爱栋等，2016）。因此，“双水双绿”种养模式能有效实现经济效益、社会效益和生态效益的统一。

12.3.4 促进农业高质量发展，乡村全面振兴

虽然我国综合国力取得了长足发展，但面临的问题依然严峻，农业生产方式落后，城乡收入差距较大，生态环境破坏，农业面源污染问题始终未得到有效改

善。这也体现出城乡发展不平衡、农业发展不充分的问题。为此，党的十九大报告提出的乡村振兴战略对此做出了明确指示，在生态农业转型的关键时期，农村农业向生态友好型发展，走生态发展道路，对促进农业增产、农民增收、农村现代化建设和国家长远发展意义重大(朱俊杰等,2019)。乡村振兴战略是新时代“三农”工作的重要指示方针，是针对我国社会主要矛盾做出的重大战略决策，是促进城乡发展及农业现代化建设的必然选择，更是决胜全面建成小康社会的一项重大战略任务（郭晓鸣等，2018）。因此，生态农业模式为促进农业农村现代化发展，促农增收、适应新时期城乡关系变化，以及实现乡村振兴战略做出了重大贡献。

从现实情况来看，我国农业生态环境问题面临的形势严峻，主要体现在耕地数量的减少和质量的下降，农业生产依然依靠增加物质要素投入来提高产出。据此，不少学者研究指出，我国农业农药、化肥用量长期高于国际标准，远远超过经济意义上的最佳农药、化肥用量，由此带来农业资源的低效率、不合理和生态环境问题等压力。与此同时，传统农业粗放型的生产方式带来农业比较收益的不断下降，造成农户生产积极性不高，对农业和农村发展也缺乏长远预期。因此，实现传统农业向生态农业转型势在必行，这是改善农业生产中高消耗、高污染、低效率的农业生产方式，对促进资源有效整合和优化、提高农业资源利用率、增加农民收益意义重大。

生态农业着眼于农村农业中发展不平衡、不充分问题，通过要素聚集优化配置，实现产业升级，承担着经济、生态、文化等多重功能。“双水双绿”种养模式依托当地农业自然资源禀赋，基于现代生态原理，依赖科技进步、通过改进管理模式和自然生物链的有机结合来改善农业生产，实现保护农业生物多样性和发挥农业系统多重服务功能（蔡军和王彬彬，2016）。“双水双绿”种养模式不仅可以缓解当前资源环境约束趋紧的矛盾，保护农村生态环境，还能提供优质、高效、绿色的农产品，是实现农产品价值增值、缓解农业比较收益较低现状、增强农户对农业收入预期的有效动力。从长远来看，“双水双绿”种养模式有利于我国的食品安全、粮食安全、国家安全获得基本保障，最终使农业生态系统的综合功能得到充分发挥。此外，“双水双绿”种养模式高度契合了城乡关系演变规律，是把握城市与乡村、政府与市场、发展与保护的关系的有效突破口。“双水双绿”种养模式通过无污染、少消耗，不仅确保了国家粮食安全，也为城市提供了绿色环保的农业产品，在政府支持、市场激励的协同作用下，以优势特色产业为支撑，提升要素集聚力、促进城乡融合，形成与城市良好的供给循环、互惠共生和安全共融。

12.3.5 未来发展前景

“双水双绿”种养模式促进了资源的有效整合和优化，提高了农业资源的利用效率，对增加农民收益、提高农业产出、促进乡村振兴以及保护生态环境等意义重大。但在推行区域选择、措施及路径选择上还有待进一步优化，主要体现在以下几个方面。

第一，要以抓人才、激活要素为关键。加强农村基层工作就要培育一批懂农业、爱农民、惜乡村的技术“担纲者”（李伟，2017)。“双水双绿”种养模式采纳门槛较高，对技术水平、资金投入要求较高，单纯依靠农户自身摸索难以全面掌握，由此带来较高的“试错成本”，使得不少农户“望而却步”。同时，受限于农民平均受教育年限、文化素质等因素，以及农民自身资源信息获取能力、吸收利用能力以及技术创新能力有限等诸多情境，政府在推广稻虾模式上面临着一定的瓶颈（张予等，2015)，据此，要激活人才要素、土地要素以及资本要素。可鼓励大学生下乡创业，青壮年农民工返乡务农，进而推进农村产业优化发展。推动农村土地规模化经营，提高要素配置效率和劳动作业效率，实现不同层面、不同渠道的支农资金整合后统筹使用。同时，农业技术推广扩散还应该把握农户差异化需求，找寻新的技术亲和力群体作为突破口，实现农业技术技“宿”乡土间，推动农业生产方式转型（桑坤，2020)。

第二，政府应当构建多渠道信息交流平台，扩大农户信息交流范围。这是因为农户之间的信息交流多是基于亲缘、地缘和业缘之间的交流，这虽然减少了信息沟通的距离和成本，但交流的信息同质性高，不利于多元化、高质量、异质性信息的获取，也阻碍了农户的技术创新。另外，在路径选择上，推进城乡融合发展为根本途径。发展“双水双绿”种养模式的根本目的是缩小农户城乡差距，振兴乡村文明，而城乡融合是乡村振兴的根本途径，原因在于，其一，完善农村基础设施，要促进农村与城市结合，必须进一步促进城市基础设施向农村延伸，强化乡村道路、农田水利、电力、通信等基础设施建设，发挥“互联网+小龙虾”产业融合新模式，拓宽市场销售渠道，使得农产品有路可销，有地方可销，在产后阶段打消农户顾虑。做到与乡村布局、新村建设和产业的统筹协调，夯实乡村振兴发展基础。其二，要完善相关政策制度。加快建立健全与城乡人口变化规律相适应的财政分配制度，促进社会公平，推进“双水双绿”种养模式不仅能增加农民收入，还有利于提高农民整体素质。这就必须加快农村教育、文化、卫生事业的发展，全面深化社会保障制度改革，建立城乡无差异、缴费和待遇标准多层次的发展方式。

第三，要从小农发展为大农，即建立多种形式、多种渠道的集体经济开发模式，不断壮大农村集体经济。通过鼓励集体经济入股分红，充分调动小农户的参与积极性，从而使农村土地、劳动力、基础设施等产业链得以充分调动和发展，实现提高农民获得感和幸福感的目标。

参 考 文 献

蔡晨, 李谷, 朱建强, 等. 2019. 稻虾轮作模式下江汉平原土壤理化性状特征研究. 土壤学报, 56(1): 217-226.

蔡贵信, 朱兆良. 1995. 稻田中化肥氮的气态损失. 土壤学报, 32(S): 128-135.

蔡军, 王彬彬. 2016. 我国生态农业经营模式创新. 农村经济, (8): 35-39.

曹凑贵, 江洋, 汪金平, 等. 2017. 稻虾共作模式的“双刃性”及可持续发展策略. 中国生态农业学报, 25(9): 1245-1253.

陈万明, 郝慧娟, 廖中建, 等. 2019. 稻虾养殖生态模式对产地环境及农产品质量安全风险的影响. 湖南农业科学, (4): 64-69.

程名望, 黄甜甜, 刘雅娟. 2015. 农村劳动力外流对粮食生产的影响: 来自中国的证据. 中国农村观察, (6): 15-21, 46, 94.

楚叶. 2015. 国产大米的品牌挣扎. 农经, (5): 47-49.

丁忠甫. 2020. 农民工政治认同的形成机理. 云南行政学院学报, (2): 114-120.

段亚明, 周洪, 刘秀华, 等. 2018. 中国耕地撂荒的研究进展与展望. 江苏农业科学, 46(13): 13-17.

龚子同, 陈鸿昭, 骆国保. 2000. 人为作用对土壤环境质量的影响及对策. 土壤与环境, (1): 7-10.

郭晓鸣, 张克俊, 虞洪, 等. 2018. 实施乡村振兴战略的系统认识与道路选择. 农村经济, (1): 11-20.

国家发展和改革委员会价格司. 2019. 全国农产品成本收益资料汇编(2019). 北京: 中国统计出版社.

国家统计局. 2019. 国家统计局关于 2019 年粮食产量数据的公告. http://www.stats.gov.cn/tjsj/zxfb/ 201912/t20191206_1715827.html[2020-4-2].

何红卫, 乐明凯. 2018-4-11. 赵脑村: 虾稻共作成“完美搭配”. 农民日报, (4).

侯麟科. 2010. 农村劳动力大规模转移背景下的中国农村社会分层分析. 中国农村观察, (1): 41-49, 95.

胡亮亮. 2014. 农业生物种间互惠的生态系统功能. 杭州: 浙江大学博士学位论文.

胡琼瑶. 2018-2-18. 虾稻共作, 小龙虾火了, 生态稻却鲜为人识——惜哉! 40 亿斤“虾稻”被贱卖. 湖北日报, (1).

黄国勤, 王兴祥, 钱海燕, 等. 2004. 施用化肥对农业生态环境的负面影响及对策. 生态环境, (4): 656-660.

巨晓棠, 刘学军, 邹国元, 等. 2002. 冬小麦/夏玉米轮作体系中氮素的损失途径分析. 中国农业科学, 35(12): 1493-1499.

赖力, 黄贤金, 王辉, 等. 2009. 中国化肥施用的环境成本估算. 土壤学报, 46(1): 63-69.

李成芳, 曹凑贵, 汪金平, 等. 2008. 稻鸭、稻鱼共作生态系统中稻田田面水的 N 素动态变化及淋溶损失. 环境科学学报, 28(10): 2125-2132.

李娜娜. 2013. 中国主要稻田种养模式生态分析. 杭州: 浙江大学博士学位论文.

李伟. 2017. 乡村振兴计划关键要抓住人、地、钱. 农村工作通讯, (21): 12.

李学军, 乔志刚, 聂国兴. 2001. 稻-鱼-蛙立体农业生态效益的研究. 生态学杂志, 20(2): 37-40.

林孝丽, 周应恒. 2012. 稻田种养结合循环农业模式生态环境效应实证分析——以南方稻区稻-鱼模式为例. 中国人口·资源与环境, 22(3): 37-42.

刘其根, 李丰, 罗衡, 等. 2018. 引入养殖鳖对稻田土壤固氮菌的影响. 应用与环境生物学报, 24(3): 483-492.

卢兵友, 王如松, 张壬午. 2001. 农田生态系统种群结构多样性与系统微环境的关系-对几种多样性农田生态系统的分析评价. 生态学杂志, 20(2): 5-7.

陆林, 任以胜, 朱道才, 等. 2019. 乡村旅游引导乡村振兴的研究框架与展望. 地理研究, 38(1): 102-118.

骆露露, 张二永, 王璐. 2019-8-10. 武汉市“稻虾共作”蹚出产业扶贫新路. 农民日报, (4).

吕东锋, 王武, 马旭洲, 等. 2011. 稻蟹共生对稻田杂草的生态防控试验研究. 湖北农业科学, 50(8): 1574-1578.

马达文, 汤亚斌. 2018. 2017 年度湖北省小龙虾产业发展情况.

农业部渔业渔政管理局, 全国水产技术推广总站. 2017. 中国小龙虾产业发展报告(2017). 中国水产, (7): 8-17.

农业农村部渔业渔政管理局, 全国水产技术推广总站, 中国水产学会, 等. 2019. 中国小龙虾产业发展报告(2019). 中国水产, (9): 12-19.

钱炬炬, 刘小燕, 刘贝, 等. 2020. 稻虾共生生态种养模式效益评价. 湖南农业科学, (1): 90-93.

钱文荣, 郑黎义. 2011. 劳动力外出务工对农户农业生产的影响: 研究现状与展望. 中国农村观察, (1): 31-38, 95, 97.

强润, 洪猛, 王家彬, 等. 2016. 几种种养模式对水稻主要病虫草害的影响. 农业灾害研究, 6(5): 7-9, 50.

桑坤. 2020. 技“宿”乡土间；农业技术与农民关系嬗变——基于华北一个村庄的经验研究. 中国农业大学学报(社会科学版), (3): 25-37.

沈建庆, 方志峰, 程勤海, 等. 2013. 机插稻田稻鳖共生生态控草技术. 浙江农业科学, (6): 698-699.

孙战文, 杨学成. 2013. 农民工家庭成员市民化的影响因素分析: 基于山东省 1334 个城乡户调查数据的 Logistic 分析. 中国农村观察, (1): 59-68, 92.

唐露. 2018. 重要传统农业贵州从江稻鱼鸭系统的水稻遗传多样性. 杭州: 浙江大学硕士学位论文.

王寒. 2006. 农田系统中物种间相互作用的生态学效应——以传统稻鱼系统为研究范例. 杭州: 浙江大学硕士学位论文.

王效科, 杨宁, 吴凡, 等. 2019a. 生态效益及其特性. 生态学报, 39(15): 5433-5441.

王效科, 杨宁, 吴凡, 等. 2019b. 生态效益评价内容和评价指标筛选. 生态学报, 39(15): 5442-5449.

魏昊星, 王本伦. 2019-6-17. 湖北潜江: 打造小龙虾产业核心竞争力. 中国经济时报, (7).

吴本丽, 陈贵生, 赵慧敏, 等. 2018. 巢湖地区稻虾共作模式对稻田土壤肥力的影响. 安徽农业大学学报, 45(1): 96-100.

鲜于晓龙. 2016. 黑龙江省五常大米产业发展战略研究. 延吉: 延边大学硕士学位论文.

肖求清. 2017. 稻虾共作对稻田生物多样性的影响. 武汉: 华中农业大学硕士学位论文.

谢坚. 2011. 农田物种间相互作用的生态系统功能——以全球重要农业文化遗产稻鱼系统为研

究范例. 杭州: 浙江大学博士学位论文.
徐春英, 李玉中, 李巧珍, 等. 2011. 山东潍坊地下水硝酸盐污染现状及 δ^{15}N 溯源. 生态学报, 31(21): 6579-6587.
徐大兵, 贾平安, 彭成林, 等. 2015. 稻虾共作模式下稻田杂草生长和群落多样性的调查. 湖北农业科学, 54(22): 5599-5602.
徐辉, 张业成, 胡定志, 等. 2018. 浅议“稻田综合种养”技术模式与应用. 创新创业理论研究与实践, (3): 103-105.
徐祥玉, 张敏敏, 彭成林, 等. 2017. 稻虾共作对秸秆还田后稻田温室气体排放的影响. 中国生态农业学报, 25(11): 1591-1603.
杨亚男, 张晓惠, 陈红, 等. 2015. 我国北方立体种养殖稻田氮素利用率研究. 中国生态农业学报, 23(7): 812-822.
杨勇, 胡小军, 张洪程, 等. 2004. 稻渔(蟹)共作系统中水稻安全优质高效栽培的研究——病虫草发生特点与无公害防治. 江苏农业科学, (6): 21-26.
杨勇. 2004. 稻渔共作生态特征与安全优质高效生产技术研究. 扬州: 扬州大学博士学位论文.
杨召奎. 2018-8-30. 你吃的“五常大米”是真的吗？工人日报, 4.
余翔, 王强盛, 王夏雯, 等. 2009. 机插稻鸭共作系统氮素基蘖肥用量对水稻群体质量与氮素利用的影响. 植物营养与肥料学报, 15(3): 529-536.
张胜金戈, 刘佩, 文志安, 等. 2018. 基于“稻虾共作”模式的 SWOT 分析及可持续发展战略研究. 中国水产, (2): 57-61.
张维理, 田哲旭, 张宁, 等. 1995. 我国北方农用氮肥造成地下水硝酸盐污染的调查. 植物营养与肥料学报, 1(2): 82-89.
张晓楠, 邱国玉. 2019. 化肥对我国水环境安全的影响及过量施用的成因分析. 南水北调与水利科技, 17(4): 104-114.
张予, 林惠凤, 李文华. 2015. 生态农业: 农村经济可持续发展的重要途径. 农村经济, (7): 95-99.
赵爱栋, 许实, 曾薇, 等. 2016. 不稳定耕地利用困境: 基于粮食安全、农民收入和生态安全间的权衡——以甘肃省景泰县为例. 资源科学, 38(10): 1883-1892.
赵志坚, 胡小娟. 2013. 我国粮食生产中化肥投入的环境成本研究. 湖南大学学报(社会科学版), 27(6): 52-56.
郑红明. 2019-10-29. 2019 年中国稻谷(大米)产业报告. 粮油市场报, T18.
中国水稻研究所, 国家水稻产业技研发中心. 2018. 2018 年中国水稻产业发展报告. 北京: 中国农业科学技术出版社.
中华人民共和国国家发展和改革委员会. 2004. 中华人民共和国气候变化初始国家信息通报. 北京: 中国计划出版社.
周怀东, 彭文启, 杜霞, 等. 2004. 中国地表水水质评价. 中国水利水电科学研究院学报, (4): 21-30.
朱凤娇, 车斌, 孙琛, 等. 2019. 潜江市小龙虾养殖成本收益分析及助力精准扶贫对策研究. 中国渔业经济, 37(5): 112-119.
朱俊杰, 祝文涛, 何南君. 2019. 乡村振兴视角下农业科技发展的战略路径与实施对策. 农业经济, (2): 80-82.
Abrams M M, Jarrell W M. 1995. Soil phosphorus as a potential nonpoint source for elevated stream

phosphorus levels. J Environ Qual, 24(1): 132-138.

Berg H. 2002. Rice monoculture and integrated rice-fish farming in the Mekong Delta, Vietnam-economic and ecological considerations. Ecol Econ, 41(1): 95-107.

Correia A M. 2002. Niche breadth and trophic diversity: feeding behavior of the red swamp crayfish (*Procambarus clarkii*) towards environmental availability of aquatic macroinvertebrates in a rice field (Portugal). Acta Oecol, 23(6): 421-429.

Correia A M. 2003. Food choice by the introduced crayfish *Procambarus clarkii*. Ann Zool Fennici, 40(6): 517-528.

Datta A, Nayak D, Sinhababu D P, et al. 2009. Methane and nitrous oxide emissions from an integrated rainfed rice-fish farming system of Eastern India. Agr Ecosyst Environ, 129(1): 228-237.

Frei M, Becker K. 2005. Integrated rice-fish production and methane emission under greenhouse conditions. Agr Ecosyst Environ, 107(1): 51-56.

Frei M, Khan M A M, Razzak M A, et al. 2007. Effects of a mixed culture of common carp, *Cyprinus carpio* L. , and *Nile tilapia*, *Oreochromis niloticus* (L.), on terrestrial arthropod population, benthic fauna, and weed biomass in rice fields in Bangladesh. Biol Control, 41(2): 207-213.

Halwart M. 2006. Biodiversity and nutrition in rice-based aquatic ecosystems. J Food Compost Anal, 19 (6-7): 747-751.

Li C S, Frolking S, Xiao X M, et al. 2004. Modeling impacts of farming management alternatives on greenhouse gas emissions: a case study for rice agriculture of China. Global Biogeochemical Cycles, 19(3): 119-133.

Lu J B, Li X. 2006. Review of rice-fish-farming systems in China—One of the globally important ingenious agricultural heritage systems (GIAHS). Aquaculture, 260(1-4): 106-113.

Penn C J, Sims J T. 2002. Phosphorus forms in biosolids-amended soils and losses in runoff. J Environ Qual, 31(4): 1349-1361.

Quoc N C, Vromant N, Thanh B T, et al. 2012. Investigation of the predation potential of different fish species on brown planthopper (*Nilaparvata lugens* (Stål)) in experimental rice-fish aquariums and tanks. Crop Prot, 38: 95-102.

Ren W, Hu L, Guo L, et al. 2018. Preservation of the genetic diversity of a local common carp in the agricultural heritage rice-fish system. Proc Natl Acad Sci USA, 115(3): E546-E554.

Smith J D. 2001. Biodiversity, the Life of Cambodia: Cambodian Biodiversity Status Report 2001. Phnom Penh: Cambodia Biodiversity Enabling Activity.

Teng Q, Hu X F, Cheng C, et al. 2016. Ecological effects of rice-duck integrated farming on soil fertility and weed and pest control. J Soil Sediment, 16(10): 2395-2407.

Wan N F, Li S X, Li T, et al. 2019. Ecological intensification of rice production through rice-fish co-culture. J Clean Prod, 234: 1002-1012.

Xie J, Hu L L, Tang J J, et al. 2011. Ecological mechanisms underlying the sustainability of the agricultural heritage rice-fish coculture system. Proc Natl Acad Sci USA, 108(50): E1381-E1387.

Xu G C, Liu X, Wang Q S, et al. 2017. Integrated rice-duck farming mitigates the global warming potential in rice season. Sci Total Environ, 575: 58-66.

Yuan W L, Cao C G, Xing D Y, et al. 2012. Economic valuation associated with nitrogen losses from wetland rice-duck and rice-fish ecological system. J Food Agric Environ, 10: 1271-1278.

Zou J W, Huang Y, Zheng X H, et al. 2007. Quantifying direct N_2O emissions in paddy fields during rice growing season in mainland China: dependence on water regime. Atmos Environ, 41(37): 8030-8042.

第 13 章　展望：以“双水双绿”重塑鱼米之乡

摘要：本章从人民生活水平的提高和社会经济发展需求的维度，从质量和数量两个方面，重点展望了“双水双绿”所涉及的两大核心产业（稻米和小龙虾）的发展趋势。这些产业健康发展所产生的经济效益、环境效益和社会效益，必将改变相关地区的农业面貌，推动新农村的建设，实现农民富庶、乡村美丽的目标，塑造新型鱼米之乡。

“双水双绿”正在重新塑造水稻水产及其相关产业，对于像江汉平原这样自古以来以稻–鱼为主业的平原湖区水乡，其鱼米之乡的产业内涵和乡村景观正在发生深刻的变化。

13.1　“双水双绿”与新时期的稻之道

13.1.1　我国稻米产业正在由数量驱动向品质驱动转型

粮食安全问题，从总体上讲，首先要满足人口增加和生活水平提高对粮食总量的需求。这个需求包括粮棉油、肉蛋奶、果蔬茶、鱼虾蟹等各种农产品。但是目前在我国，粮食生产与需求间的结构性矛盾非常突出。一方面，多种大宗农产品需要大量进口，以弥补不足；另一方面，一些大宗农产品的产能又严重过剩，其中焦点之一就是稻米生产。

资料显示（国家水稻产业技术体系，2017），自 20 世纪 80 年代后期以来，随着人民生活水平的提高，我国人民的实际稻米消费量大幅度下降。1990 年我国人均稻米消费量 130kg，到 2011 年降为 81kg。同样以稻米为主食的日本，1961 年人均稻米消费量为 113.5kg，到 2009 年降至 55.1kg。由此发展轨迹推测，我国的人均稻米消费量还会进一步下降。另外，根据联合国人口司的预测（United Nations，2019），2019 年我国人口为 14.34 亿，在未来的 30 年，人口总量将经历一个少许增长到逐渐减少的变化，预计 2050 年为 14.02 亿。该报告还进一步预测，到 21 世纪末，我国的人口将降至 10.65 亿，低于世界人口总数（109 亿）的 10%。由此可见，无论根据人均需求，还是基于人口总量，也无论是从当前看还是从长远计，我国对稻米的量的需求都不会有明显的增加。

然而实际情况是，近年来我国稻谷总产量一直保持在 2.1 亿 t 左右，折合为精加工稻米约为 1.3 亿 t，即人均稻米约 94kg（中国水稻研究所和国家水稻产业技研发中心，2017）。其结果是，多年来，广大稻区普遍存在卖粮难、粮价低、稻农效益差的现象。可见，我国稻米产能过剩已现端倪。

另外，广大消费者对优质稻米的需求旺盛（郑红明，2019）。高价的进口优质稻米在市场上颇受青睐，迫切需要我国水稻产业由从追求数量向追求品质转型。这个转变的契机，为“双水双绿”的切入点提供了极好的机遇。

13.1.2　新时期稻米品质的“三观”：安全、美味、营养

在过去的几十年中，我国针对稻米品质先后推出了多个版本的国颁和部颁标准，这些标准的实施对我国水稻育种起到了较大的指导作用。但是由于认知的局限，这些标准所关注的主要指标，消费者似乎无感。最近，在我国品种审定办法中提出了“绿色优质”的概念，在理念上无疑是一个重要的进步，应该努力践行。为此，我们提出稻米品质“三观”的理念：安全、美味和营养，作为新时期稻米品质努力的方向。

安全。长期以来，稻米中的农药和重金属残留是困扰我国尤其是南方稻区的严峻问题（Zhao et al.，2015）。农药和重金属残留既是对生态环境的破坏，也是消费者甚为担忧的食品安全问题。优质稻米首先必须做到无农药残留、无重金属污染，否则优质便无从谈起。

农药残留一般可归因于病虫害防治农药的施用，尤其是在水稻生育后期的农药施用。因此，水稻生产中不打农药（包括除草剂）可从根本上避免稻米农药残留。重金属污染的情况比较复杂。以镉为例，造成稻米镉超标可归结为三个方面的原因（Zhao et al.，2015）：①南方土壤偏酸性，加上近几十年来过多施用氮肥，进一步导致土壤酸化，土壤中镉的有效性增加。以“镉大米”问题最为严重的湖南省为例，目前 40%的稻田土壤 pH 低于 5.5，在这种情况下，即使土壤镉含量符合国家标准（即<0.3ppm），稻米镉含量也仍然很可能超标。②南方水稻以籼稻为主，籼稻积累镉能力普遍高于粳稻。③部分稻田受周围的工矿污染。

美味。在近几年的调研中，笔者深深地感受到无论是消费者、农民，还是企业都对稻米食味有着非常强烈的共同追求。我们所到之处，总有人会问，稻米如何才能好吃？为回答这一问题，我们对大量稻米样品进行了品尝和分析，得到了一个非常简单的结论：稻米食味值与其粗蛋白含量高度负相关（图 13-1），粗蛋白

含量越高，米饭味道越差（食味值低）。这一结论被最近报道的研究结果所印证（Huang et al.，2020；石吕等，2019）。而稻米蛋白质含量与氮肥的施用量高度正相关。因此，减少氮肥的施用是稻米好吃的关键。

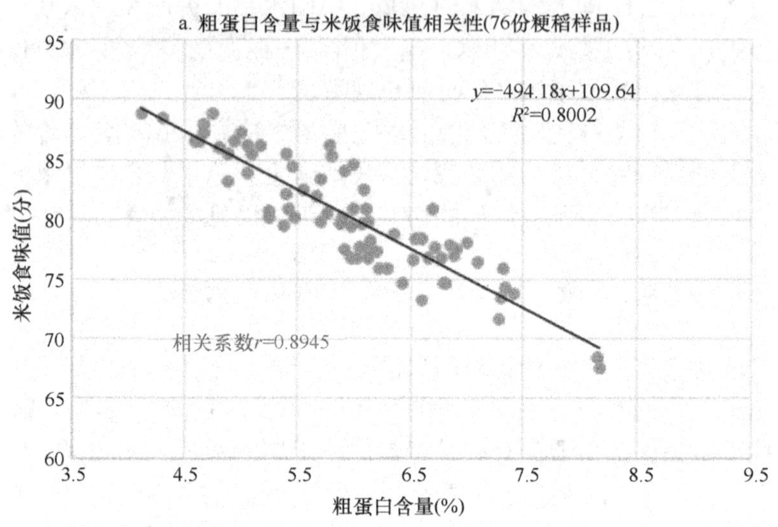

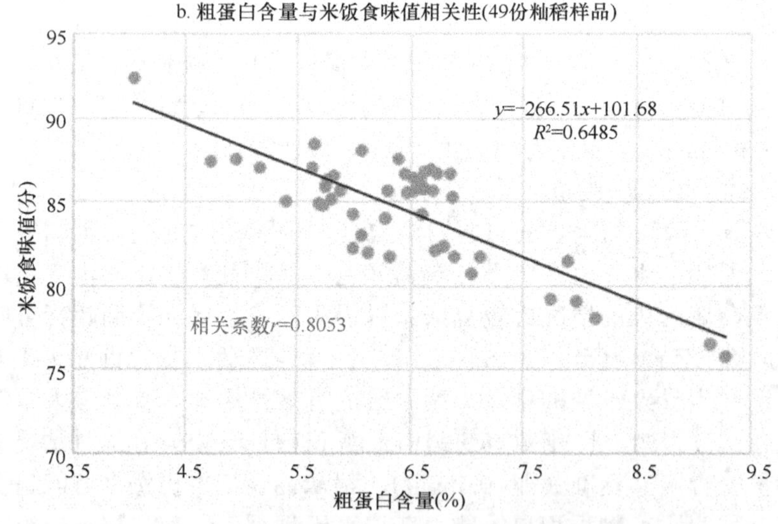

图 13-1 稻米食味值与其粗蛋白质含量的相关性

实验分析所用到的样品为来自全国各稻区种植的不同品种（数据由蔡义中、李艳华提供）

营养。经过精加工的稻米，主要成分为淀粉，还含有一定量（一般 5%～10%）的蛋白质，其他营养成分含量较低。可见，稻米作为主食，为人类提供的主要是能量，而营养物质很有限。其结果，在世界上很多以稻米为主食的地区，营养不良是一个常见的问题，影响生长发育，导致各种疾病的发生，甚至危及生命（United Nations System Standing Committee on Nutrition，2004）。为改变这种状况，联合国粮农组织于 21 世纪初启动了一个营养强化（HarvestPlus）计划，选择铁、锌、维生素 A 为对象，应用生物技术和常规育种相结合，对水稻、玉米、小麦、木薯、红薯、菜豆进行品种改良，取得了很好的进展（Bouis and Saltzman，2017），培育出来的新品种的应用对改善目标地区人民的食品营养水平发挥了重要作用。过去几十年的研究还发现，植物中的很多次生代谢物质（如花青素等）具有保健功能（Martin et al.，2011），如果加以发掘，将有助于提高人类的健康水平。水稻中也不乏此类次生代谢物质，应该加以利用，赋予稻米提高人类营养水平和增进健康的功能，使稻米对人类做出更大的贡献。

一言以蔽之，稻米产业的发展应该在确保稻米安全的基础上，不但让人们享受美味食品，而且应该使稻米在提高营养水平、增进健康中发挥与其“主食”的地位相称的作用。

将稻米产业品质驱动的发展前景与其可能创造的经济效益相联系，我们提出稻米产业发展的路径，归纳为 15 个字：稳产能、普绿色、保安全、美食味、富营养（图 13-2）。

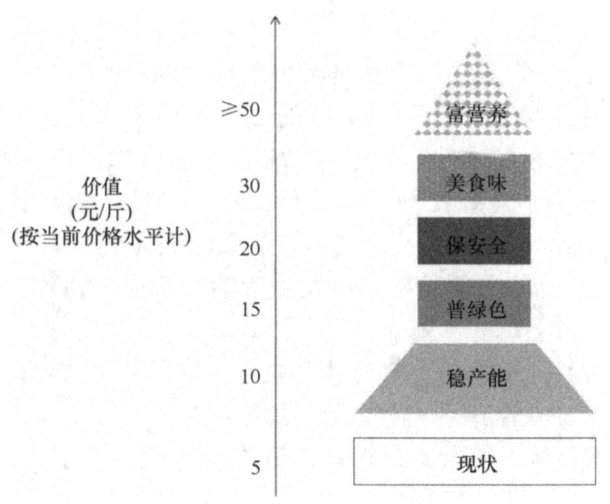

图 13-2　对稻米产业发展及稻米增值路径的展望

简单地讲，通过适当调减总产量目标，摒弃片面追求高产的习惯思维和种植方式，采取适当的田间管理和防控措施，逐步降低农药化肥的施用，降低稻米及农田生态环境的污染物水平，从而使稻米价值有所提升；随着对绿色农业理念认知度的提高和绿色超级稻品种及其相关技术的广泛应用，农药化肥及其他化学物质的投入会进一步减少，生产的稻米有望很好地解决农药残留和重金属污染问题，为稻米食品提供安全保障，从而显著提升稻米的价值；在安全的基础上，选用食味优良的水稻品种，通过绿色栽培和绿色防控，全面改善稻田土壤和水资源环境，降低稻米蛋白质含量，提高食味，有望进一步大幅度提升稻米价值。此外，迄今为止，稻米的营养价值和健康效益还远未被认识和利用，发掘和利用这些潜力造福人类，将有可能转换为巨大的市场价值。

13.1.3 “双水双绿”：新时期稻之道的一个范例

对于实现图 13-2 所描绘的路径，“双水双绿”体系有其独特的优势。

以稻—虾体系为例，“双水双绿”稻田种养，一般会以约 10%的稻田面积开成围沟，作为小龙虾活动场所，将稻田的水稻种植面积部分转换成小龙虾的养殖面积，将水稻产能转变成为小龙虾的产能。

“双水双绿”体系的稻田中，常年维持较高的水保有量，水土的 pH 近中性，相比单纯的稻田和养殖池塘的水土环境有较大的改善；“双水双绿”技术体系要求“不打农药、不施化肥、不用渔药、精准施用饲料”（三不一精准），全生产过程只有适量的饲料投入，不给稻田环境以物质残留，让生产过程净化水源。采用绿色栽培措施，推行绿色防控技术，使所生产的稻米无农药残留、无重金属污染，为安全提供保障。

“双水双绿”的种养体系，尤其是减少肥料的施用，为生产食味佳的优质稻米提供了基本条件。培育和选用食味佳的优质品种，确定适度的产量目标，选取适当的生育期和耕作制度，利用最佳的生长季节（如江汉平原之一季晚稻），科学合理搭配水稻和小龙虾比例，系统优化田间管理、收获及产后加工模式，以取得稻米食味的最佳效果。还要进一步加强相关方面的科学研究，培育适合“双水双绿”养殖系统的水稻品种，研发相应的栽培管理和防控技术，在美味的基础上提高产量。

稻米能够为人类提供营养及其可能产生健康效益的潜力目前远未被认识。要改变这个局面，需要多管齐下。一方面要探索稻米中潜在的特殊营养物质如次生代谢产物及矿质元素等，发掘具有特殊价值的稻种资源，用于培育适合“双水双绿”体系种植的优良品种，应用于生产，同时要加强上述各方面的基础研究及技术开发；另一方面，要研究稻米中这些元素和物质对人类及其他动物的营养价值与健康功能，并向营养学和健康与医学方面延伸，在更广阔的领域积极探讨稻米的功能。稻米的营养和健康价值的提升，不仅将进一步稳固稻米的主食地位，而且会极大地提高稻米的市场价值，同时还将为稻米产业开辟全新的前景，对人类营养和健康水平的提高发挥极大的作用。

13.2 虾 之 道

13.2.1 小龙虾在我国从“入侵物种”到“网红美食”

小龙虾在我国最早被认为是一种“入侵物种”，是侵害农田、水利工程，影响农作物生长的“害虫”，早期人们采取了很多措施希望能够杀灭和清除小龙虾，但其掘洞躲藏的生物特性，使得小龙虾始终能生活在我国淮河以南的湖泊、沟渠、池塘和稻田（唐鑫生，2001）。直到 20 世纪 90 年代初，“宜城大虾”和“五七油焖大虾”的出现，使小龙虾的身份实现了华丽转身，“入侵物种”爬上了人们的餐桌。

小龙虾在爬上人们的餐桌后也表现出了极强的“入侵性”，从最早的湖北到江苏，再到北京、上海等大型城市，很快席卷了全国，成为人们争相消费的佳肴，出现在各大餐饮酒店，很多酒店将小龙虾作为招揽顾客的“头牌菜”。小龙虾是消费品中最具社交属性的单品，很好地满足了消费者的社交需求。在小龙虾食用过程中顾客直接用手处理，最大程度上限制了就餐过程中手机的使用，为消费者提供了更多面对面交流的社交环境，提高了餐饮作为社交活动的价值（声屏世界：广告人编辑部，2017）。

小龙虾的消费受众以 20～39 岁的年轻群体为主，老年消费群体相对较少。其中外卖小龙虾以 20 世纪 80 年代、90 年代出生的年轻人为主流消费群。从消费渠道来看，80%的小龙虾通过堂食渠道售卖，20%的小龙虾则通过互联网渠道售卖。年轻化同样是小龙虾线上购物消费的趋势。各类白领是主要消费人群，占比达到 94%。根据 2018 年京东大数据，在下单购买小龙虾的用户中，16～25 岁的用户同比增长的幅度最大，达到 209%，1995 年后出生的年轻人成为购买主力。26～35 岁同比增长幅度为 142%，年轻人一直是小龙虾的消费支柱。在未来的社会中，2000 年后出生的年轻人很快成长起来，一部分已经加入小龙虾消费队伍中来。同时，年轻人的作息习惯发生变化，越来越多的人养成吃夜宵的习惯，夜市文化逐渐成形。“小龙虾+啤酒”成为很多年轻人夜生活的标配。夜市文化成就了小龙虾，小龙虾也反哺了夜宵大排档。小龙虾的平均客单价在 100 元左右，浮动价格在 100～200 元，远高于火锅、烧烤、西餐，是当之无愧的单品之王，是名副其实的“网红美食”。

13.2.2 新时期小龙虾品质四大需求：个大、美味、营养、健康

党的十九大报告强调，中国特色社会主义进入了新时代，我国社会主要矛盾已经转化为人民日益增长的美好生活需要和不平衡不充分的发展之间的矛盾。从

餐饮方面来说，人们对美好生活的需求已经从追求“吃饱”向“吃好”再向“好吃”的转变，人们对食物的追求已经从“肚子”上升到“舌尖”，美味、营养、健康的食物成为人们追求的时尚，而小龙虾的横空出世正好符合了这些需求，成为新时代“红”遍中国的美食之一，促使“小龙虾”形成了“大产业”。

个大。小龙虾从塘头的养殖端到餐桌的消费端，都是以个体大小论档次、论价格的。养殖端的分类方法主要为 2～4 钱、4～6 钱、6～8 钱、9 钱以上 4 个档次，每个档次的价格差异较大，以 6～8 钱和 9 钱为例，2018 年 5 月 6～8 钱的塘头均价是 19.2 元/斤，9 钱以上的均价是 35 元/斤；在餐饮端二者的价位差异更大，一般餐饮端 6～8 钱的虾一盘价位是 198～228 元，9 钱以上的是 398 元。从流通与消费端来看，个体越大的虾基本不会滞销，不仅流通商贩愿意出价购买，而且食客也更喜欢和愿意消费。然而，目前的养殖模式下，大部分养殖户追求产量，投放密度容易过大，虾的整体个体难以提升，一般 9 钱以上的虾占总产量不到 10%。“双水双绿”种养模式下，通过稻的耕作后，虾苗的密度可以有效控制，精准投喂后，能有效提升大虾产出比例，增加养殖户收入，同时满足消费端对大虾的需求。

美味。小龙虾的“红色诱惑”给食客们带来绝佳的味觉盛宴，舌尖上的感受远远大于胃部的需求。据不完全统计，小龙虾的风味达到 40 多种，从油焖、蒜蓉、清蒸、十三香，到卤虾、冰镇、麻辣、生煎，再到榴梿小龙虾、咸蛋黄小龙虾和咖喱小龙虾等，各种创新、各种味道，应有尽有，能够满足全国各地不同消费者的口味需求，成为消费者最爱的单品品类之一。同时小龙虾的风味也在不断创新，以期满足不同消费者需求。湖北省、江苏省每年举办小龙虾烹饪大赛，聚集了全国烹饪大师相互切磋，促进了新口味的研发。各大经营品牌不断推出创意菜品，满足消费需求，一些举措促使小龙虾向品质餐饮迈进。

营养。“好吃不胖”是很多食客、老饕（指对美食有狂热追求的人）对小龙虾美食的评价。“好吃不胖”的背后是小龙虾高蛋白质低脂肪的特征。国外有研究报道，小龙虾蛋白质和粗脂肪的含量分别为 13.88%和 1.76%（Zaglol and Eltadawy，2009）。徐晨等（2019）分析了采自江苏省三地的小龙虾营养组成，粗蛋白含量为 13.35%～15.86%，粗脂肪含量为 0.66%～1.46%。小龙虾中氨基酸种类较多，肌肉蛋白质中氨基酸总量（TAA）为 16.59%，必需氨基酸（EAA）为 7.21%，EAA/TAA 为 43.46%，EAA/NEAA[①]为 76.88%，根据 FAO/WHO 理想模式，优质蛋白的 EAA/TAA 在 40%左右，EAA/NEAA 应达到 60%以上，小龙虾肌肉属于优质蛋白（唐黎等，2018）。根据味道强度值（taste active value，TAV）的计算，小龙虾的滋味以鲜味为主，并掺杂了些许甜味，小龙虾肌肉中

① NEAA. 非必需氨基酸

呈味氨基酸占总氨基酸的比例为 34.75%～36.70%，高于南美白对虾、日本沼虾、南极拟扇虾等常见虾类（刘永涛等，2019）。小龙虾脂肪含量低，但含有 18 种脂肪酸，其中不饱和脂肪酸有 12 种，占比 67%，其中人体必需的亚油酸、亚麻酸、二十二碳六烯酸（DHA）等含量相对较高（徐晨等，2019）。这些营养元素共同构成了小龙虾肉质紧实、味道鲜甜的特征，相比其他虾类，小龙虾具有更高的营养价值和保健价值，不仅满足了食客“舌尖”需求，也满足了营养需求。

健康。消费者对水产品质量安全问题的关注度逐年提升。李祥洲等（2017）分析显示，消费者对农产品违禁农兽渔药及农兽渔药残留问题、传言谣言问题以及科普宣传高度关注。小龙虾的消费市场是“信心市场”，质量安全事件发生概率小。余军楠等（2020）调查江苏小龙虾养殖区发现，小龙虾养殖水体抗生素污染水平较低，沉积物中仅有微量抗生素残留。王华全和沈伊亮（2014）分析了湖北省包括武汉、荆州、仙桃、枝江等地 37 个出口淡水小龙虾养殖备案基地的水域水样、底部沉积物及小龙虾原料样本中的重金属汞、铅、砷、镉、铬等元素。结果表明，所有监测水域的水质和底部沉积物样本中汞、铅、砷、镉、铬的检测值均符合国家标准要求；小龙虾样本中汞、铅、砷、镉、铬的残留水平也均未超过我国和其他国家及组织规定的最大允许残留量。张振燕等（2012）调查江苏淮安地区小龙虾重金属污染发现，人工养殖小龙虾 As、Hg、Pb、Cd 均未超出安全限定范围，没有受到重金属污染。可以推测，在“双水双绿”模式下，农药、化肥、渔药投入量均下降，小龙虾的安全能够得到更好的保障。只要小龙虾来源正规，并经过常规烹饪的加热程序后，消费者能够放心食用，总体安全状况良好。

13.2.3　我国小龙虾产业正在由产量驱动向品质驱动转型

小龙虾消费需求的迅猛增长促进了养殖业的快速发展。小龙虾稻田养殖从 20 世纪 90 年代末期，由湖北潜江首创，然后推广到全省，随后到江汉平原、洞庭湖平原、鄱阳湖平原等湖泊平原地区，再北到黑龙江、西到新疆、南到海南、东至上海，具备稻田和水资源的地方都有养殖，养殖面积从 21 世纪初的几十亩发展到 2018 年的 1680 万亩（农业农村部渔业渔政管理局等，2019），2019 年预计突破 2000 万亩。我国小龙虾的养殖产量也呈现持续快速增长。2011～2018 年，小龙虾产量从 48.63 万 t 增加到 163.87 万 t，增长了 237%。其中 2017～2018 年涨幅最大，达 45.06%。2019 年产量突破 200 万 t，再创历史新高（图 13-3）。近年来小龙虾亩均产量维持在 190 斤/亩的水平，在亩均产量基本不变的情况下，养殖面积的增长直接推动了小龙虾总产量的提高。

图 13-3 2011～2019 年全国小龙虾养殖产量（数据来源：中国渔业统计年鉴，2011-2019）

小龙虾全年的价格呈显著的季节性波动（图 13-4），即 3～4 月和 7～8 月价格高，5～6 月价格低，其价格峰值与低谷振幅超过 100%。这种现象是小龙虾自身的生产规律所致，每年 5～6 月均是稻田养殖小龙虾集中出货的时期，而其他月份仅有少量小龙虾出货。这是一种极不健康的市场模式，因此改进养殖模式，研究

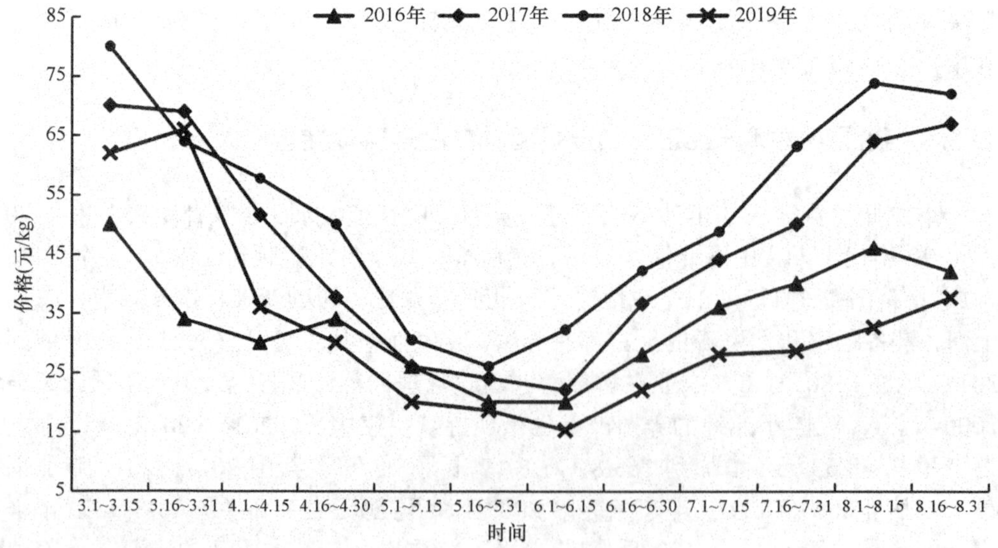

图 13-4 2016～2019 年小龙虾全年出塘价格波动图（数据来源：湖北地区实际塘口价格）

夏季、冬季小龙虾存塘技术，进一步推进加工企业作为小龙虾贮存与消费的“蓄水池”作用，最终实现“削峰填谷”，突破行业困境，让小龙虾消费旺季延伸至全年，我国小龙虾的消费才能够更上一步台阶。

任何产业都有天花板，当供给远超需求的时候，商品的价值必然滑落。2015～2019 年是小龙虾养殖的暴发期，面积呈现倍数增长，我们分析发现 2016～2018 年在产量不断增加的情况下，年均价格仍然是连续上涨，2018 年的年均价呈现历史最高，超过了 20.1 元/斤（图 13-5），而且在旺季一度出现了供不应求的局面。2018 年小龙虾量价同涨是节庆文化、世界杯、新社交、夜市经济、餐饮巨头进军、电商巨头进军等多因素共同推动的结果。价格的上涨诱使更多企业或农民“进军”小龙虾养殖，2018 年下半年，长江中下游稻田新挖面积急剧上升，而新增面积导致了小龙虾苗种价格飙升，2019 年 3 月苗种价格达到历史最高（40 元/斤）。然而，2019 年的小龙虾养殖行业遭遇了“滑铁卢”，成虾出塘均价跌至 10 元/斤左右（图 13-4），尤其 5～6 月小龙虾集中上市高峰期价格跌到最低 5～7 元/斤，而往年行情火热的 7 月和 8 月，虾价也未见大幅回升（图 13-4）。高价苗、低价虾导致养殖户利益受到损伤。

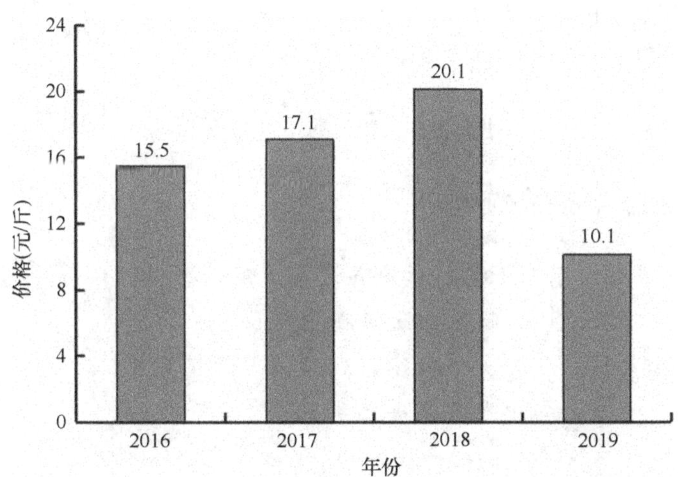

图 13-5　2016～2019 年小龙虾年均出塘价变化图（顾泽茂、徐智威提供）
数据来源：湖北地区实际塘口价格

与 2018 年相比，2019 年为何出现如此大的反差？究其原因，这是由市场供求关系决定的。2019 年小龙虾总产量超过 200 万 t，但实际需求量与 2018 年持平或低于 2018 年，剩余的部分积压在加工厂的仓库。供需平衡的破裂导致了 2019 年小龙虾价格腰斩。通常，加工厂可作为小龙虾养殖与流通的“蓄水池”以调剂余缺。2019 年很多加工厂提前停收库虾（体重小于 20g 的虾，加工厂收购处理后存于仓库，俗称库虾），也从侧面反映了产能过剩的事实。2019 年的卖虾难、价格低、虾农经济效益不好的现象表明我国小龙虾产能在某种程度上已经出现过剩端倪。

另外，受国际贸易形势及国内原料市场变化等因素的影响，我国小龙虾的出口量逐年下降，而进口量节节攀升。据统计，2018 年我国小龙虾出口量下降至 10 801t，较 2017 年下滑 43.5%；2018 年我国小龙虾进口量 2394.13t，较 2017 年增长 66.73%，2012 年到 2018 年这 7 年里我国小龙虾进口量猛增，2018 年进口量是 2012 年的 741 倍（农业农村部渔业渔政管理局等，2019），而出口量骤降，也是影响我国小龙虾价格下降的因素之一。2014 年至 2018 年间，中国 80%的进口小龙虾来自埃及（农业农村部渔业渔政管理局等，2019），我国进口小龙虾的主要原因是进口虾个体大、肉质饱满、价格便宜，受消费者喜爱。

综上分析，人们对小龙虾的消费趋于理性，消费需求已经从数量转向品质，我国小龙虾产业总体供求关系已经渐趋平衡。但是，这并不意味着小龙虾的热度就此消散，小龙虾有着强劲的市场"刚需"，消费习惯已经形成。未来五年，小龙虾可能复制坚果行业的发展路线，从奢侈走向日常。根据供需关系，我国的消费量预估在 190 万 t 左右，若突破小龙虾季节限制，全年供应鲜虾，消费量在现有基础上有可能提升 40%，超过 190 万 t。小龙虾的养殖业，也会从"大养虾"向"养大虾"转变，从数量向品质迈进。

13.3 鱼米之乡

13.3.1 多产业融合促进产业兴旺

"洪湖水呀浪呀嘛浪打浪啊，洪湖岸边是呀嘛是家乡啊，
清早船儿去呀去撒网，晚上回来鱼满舱啊。
四处野鸭和菱藕，秋收满畈稻谷香，
人人都说天堂美，怎比我洪湖鱼米乡……"

《洪湖水浪打浪》这首歌于 20 世纪 60 年代风靡全国并至今仍然流行，真实地反映了湖北江汉平原曾经的蓝天碧水的田园风光。长江中下游地区是中国最重要的商品粮基地之一。这里凭着"楚有江汉川泽山林之饶，而江南地广"[①]的良好自然生态条件与适宜人居和农耕的气候，加上湖泊交错，土地肥沃而物产丰富，被誉为"鱼米之乡"。长期以来，江汉平原的稻米和淡水养殖水产品的产量在全国具有重要地位。

① 引自班固（汉代）《汉书·地理志》

然而实现乡村振兴，仅仅依靠单一的第一产业是不够的，还需要大力发展“鱼米之乡”农业多种功能，优化种养体系和模式，促进多产业融合，才能推动稻田种养产业和其他产业的可持续快速发展。例如，江汉平原有着丰富多彩、底蕴深厚的文化资源，具有极大的经济价值，因此可以利用当地的乡土文化助力虾-稻产业和文化创意、旅游、科技、商贸、加工、服务等产业深度融合，提升“双水双绿”产业功能、丰富稻田种养产业的文化生态圈层，不断完善和延伸产业的产业链发展，通过产业间的紧密联合，可以让资源得到高效率的综合利用（文化和旅游部，2019）。

提倡用绿色生态理念来引导消费者健康的生活方式，转变消费者的消费观念，推动稻米和水产的就地消费。通过建设成综合性的农旅平台，结合农业、旅游，为农业产业服务，为科研包括农业可持续发展提供未来的方向。通过打造“双水双绿”产业集群，提升产业的竞争优势，使其成为鱼米之乡的产业支柱。

13.3.2　挖掘稻-虾产业盈利点，增加农民经济收入

乡村振兴的目标是农民生活富庶，让经济发展成果惠及亿万农民。《全国乡村旅游发展监测报告（2019 年上半年）》显示（文化和旅游部，2019），2019 年上半年我国乡村旅游人数 15.1 亿人，同比增加 10.2%；总收入 0.86 万亿元，同比增加 11.7%。随着乡村旅游热潮的到来，各地不断提升旅游品质和服务来满足消费需求，增加探索多种农业盈利模式、挖掘农业每一个环节的盈利点，发展乡村文化创意产业，为农民增加收入。例如，稻田画等创意农业如今也成为很多乡村振兴地方经济和观光旅游的资源，探索乡村养老模式，吸引城市人口退休以后到乡下居住养老，这样也能够创造很多新的服务经济；围绕稻田种养主产区对特有的地标性资源进行整合，发展农旅结合产业经济，为当地农民提供进入第三产业服务业就业的机会。培育扶持一批水稻、水产加工龙头企业，这里农业产业中“二产”指的不仅仅是传统上的加工业。从农产品深加工到原材料、保鲜存放、深加工成各种营养熟食品、速食食品，还需要考虑到经营成本、消费者体验等要素，所以需要具备一整列复杂的综合系统的支撑，不断推进加工企业技术改造升级，在品质监控、食品安全管理认证、市场推广上为品牌创建提供坚实的支持。今天的中国已经进入移动互联网时代，根据线上消费数据统计，中国的消费发展更多呈现出对“质”的追求，通过满足消费者的个性化需求可以获得比标志化农产品更高的利润（任小璋，2018）。“双水双绿”农产品要围绕安全、美味、营养等消费者需求，强化营养、方便、安全意识。稻-虾除了作为日常餐桌上的美食，还可以不断对大米、小龙虾等原材料进行产品的创意开发、加工来挖掘产品的利用价值满足现代消费者需求，如有地方美食特色又方便快捷的速食食品、保健品、年轻人喜

欢的休闲零食、美容产品、军备粮食等衍生产品以满足现代人们生活的多元需求。加工剩余的原料还可以变成饲料，这些可以极大地拓展和延伸产业链。只有高品质的农产品才能为二三产业的发展奠定基础，形成一二三产业集群发展态势。大力营造围绕稻田种养的相关产业集群的发展环境和氛围。通过农业与加工、流通、餐饮、旅游等产业的联动发展，发展观光体验式农业，农业产业结合进“稻虾田园综合体”和虾稻生产基地，形成产学研的平台。

不断创新“稻虾田园综合体”和虾稻生产基地体验旅游项目（图 13-6)：以水稻水产要素为主体和题材，辅以花园、果园、池塘、菜园等农业生态环境，大力发展稻田种养体验生产的第三产业，为游客提供农事活动体验、参与体验式劳动、自己动手的手工加工活动。例如，在稻虾产地开设美食体验店和稻虾直营店，设计文化创意农业景观，增加康养保健项目，体验文化创意、传统民俗节事活动等农业项目，让游客通过插秧、垂钓等体验活动能够亲自到稻虾田，近距离地来了解稻田生态循环种养模式，体验种植和养殖的乐趣，满足民众对田园生活的憧憬的同时也使其成为绿色生态理念的拥护者和稻虾共作文化的传播者。实现当地生产、当地转化、当地消费的全产业链形成，这样农文旅融合既能促进旅游业发展，也能实现农业产业链的高附加值，还能为科研包括农业发展提供未来的方向，打造综合性的农旅平台（任小璋，2018)。

图 13-6　稻虾田园综合体（李明灏、李琳）

农民要增收，除了提高绿色水稻和绿色水产的品质，创建品牌也是获得消费者认同和信赖的关键因素。发挥以农民为主体的多元化销售渠道作用，以社交平台等可交互的新媒体为主要传播渠道来吸引消费者的消费欲望，还可以通过网络建立以电子商务为载体的水稻水产原产地的直销平台，通过视频影像、图片、直播等多种媒体传播形式让消费者可以直观地感受到“双水双绿”种养体系下气候环境、灌溉水质、土壤、空气、种养管理等情况，通过运用直观生动的场景展现，良好的网页用户体验设计，可以大大提高消费者对“双水双绿”产品品牌的认知需求并提升品牌的知名度。在包装设计上，注重凸显“双水双绿”产品特色和功能的包装设计，是体现农产品品质和提升农产品价格的重要手段。根据市场定位与线上线下用户需求来精心设计满足环保要求的“双水双绿”产品包装规格和外观，给消费者留下美好印象，提升水稻和水产品的附加值。通过线上线下结合，利用物联网销售平台，凭借完善、快捷的物流和服务，可以让“双水双绿”农产品快速走上老百姓的餐桌。总之，把最营养最美味最安全的产品通过新技术包装保持最好的风味，提供最人性化、最体贴的服务，才能更好地体现出“双水双绿”产品独特的价值。

13.3.3 “双水双绿”生态体系是实现绿水青山的重要途径和保障

乡村是人与自然接触最多的地方，曾经的乡村有着蓝天、白云、洁净的湖水、色彩氤氲的荷塘，犹如截取了山峦云霞的变幻，还有那香远益清的荷花，红色的妩媚艳丽，白色的飘逸灵气。在波光粼粼的水面上，成群的野鸭在湖面觅食，穿梭在荷叶深处的小船上；在老一辈人记忆中，最深刻的就是从不为喝水发愁，曾经农村所有的水塘的水都能喝，回到家，总要到水缸里舀一瓢水解渴，那水清凉、甘甜，他们极少喝开水。但是随着中国农业的发展，肥料及农药的不合理使用、不合理的种植及耕作措施等农业污染导致了乡村的水质污染，农村环境污染问题日益突出。《乡村振兴战略规划（2018—2020 年）》中提出的乡村生态振兴，是对农村生态文明建设质的提升，体现了广大人民对绿水青山的追求和生活在乡村美好空间的向往。因此“让农业生产过程来洁净水源，优化环境”（张启发，2018）是农村生态文明建设的重要任务。只有环境改善了，才能重现美丽乡村的基调，才能看到光与影的变化、水与山的映射、人与景的互动、吃与游的享受，使我们乡村整个地域空间染上现代乡土风情的浓郁色彩（图 13-7）。

中国农业历经了坐在田埂边“子兴视夜，明星有烂”①的过程，观察到“万物并育而不相害，道并行而不相悖”②作为其核心理念，经历了两千多年的探索。秉承中国传统农业文化精神，现代农业科技工作者通过几十年的努力，综合运用现代农业生物技术、信息技术和机械装备，必将用“双水双绿”理念践行中国农业的核心价值观，重塑“鱼米之乡”。

① 引自先秦《诗经》
② 引自孔子（先秦）《礼记·中庸》

图 13-7 以“双水双绿”重塑鱼米之乡（李明灏，李琳绘制）

参 考 文 献

费孝通. 2018. 江村经济. 上海: 华东师范大学出版社.

国家水稻产业技术体系. 2017. 中国现代农业产业可持续发展战略研究 水稻分册. 北京: 中国农业出版社.

李祥洲, 钱永忠, 邓玉, 等. 2017. 2016 年我国农产品质量安全网络舆情监测与分析. 科学通报, 62(11): 1095-1102.

李勇军, 王庆生. 2016. 乡村文化与旅游产业融合发展研究. 财经理论与实践, 37(3): 128-133.

刘永涛, 董靖, 夏京津, 等. 2019. 不同饲料对稻田养殖克氏原螯虾肌肉质构特性和营养品质的影响. 浙江农业学报, 31(12): 1996-2004.

农业农村部渔业渔政管理局, 全国水产技术推广总站, 中国水产学会, 等. 2019. 2019 中国小龙虾产业发展报告. 中国水产, (9): 12-19.

任小璋. 2018-1-2. “乡村振兴”正当时, 如何让农民收入大增两三倍. 第一财经日报.

任小璋. 2018-1-3. 乡村振兴正当时: 社资进入投资洼地 规模或达千亿. 第一财经日报.

声屏世界: 广告人编辑部. 2017. 必胜客&今日头条将麻辣小龙虾比萨定义成共享型社交关系产品. 声屏世界: 广告人, (10): 85-87.

石吕, 张新月, 孙惠艳, 等. 2019. 不同类型水稻品种稻米蛋白质含量与蒸煮食味品质的关系及后期氮肥的效应. 中国水稻科学, 33(6): 541-552.

唐黎, 杨家军, 林艳红, 等. 2018. 贵州稻田养殖克氏原螯虾肌肉营养成分分析. 河北渔业, (9): 15-19, 45.

唐鑫生. 2001. 克氏原螯虾. 生物学通报, 36(9): 19-20.

王华全, 沈伊亮. 2014. 湖北出口淡水小龙虾重金属污染监测与分析. 湖北农业科学, 53(9): 2140-2142.

文化和旅游部. 2019. 全国乡村旅游发展监测报告(2019 年上半年).

熊剑平, 余瑞林, 刘美华. 2019. 湖北乡村旅游发展研究. 北京: 旅游教育出版社.

徐晨, 葛庆丰, 诸永志, 等. 2019. 不同地区小龙虾营养价值和品质的比较研究. 肉类研究, 33(8): 7-11.

余军楠, 方昊, 胡建林, 等. 2020. 江苏四个典型克氏原螯虾养殖区抗生素污染特征与生态风险评估. 农业环境科学学报, 39(2): 386-393.

张启发. 2018-6-13. 以“双水双绿”重塑“鱼米之乡”. 湖北日报, 15.

张振燕, 张美琴, 吴光红, 等. 2012. 江苏淮安地区克氏原螯虾的重金属污染调查与分析. 食品安全质量检测学报, 3(4): 317-321.

郑红明. 2019-10-26. 2019 年中国稻谷(大米)产业报告. 粮油市场报.

中国水稻研究所, 国家水稻产业技术研发中心. 2017. 2017 年中国水稻产业发展报告. 北京: 中国农业科学技术出版社.

Bouis H E, Saltzman A. 2017. Improving nutrition through biofortification: a review of evidence from HarvestPlus, 2003 through 2016. Glob Food Sec, 12: 49-58.

Huang S, Zhao C, Zhu Z, et al. 2020. Characterization of eating quality and starch properties of two *Wx* alleles japonica rice cultivars under different nitrogen treatments. J Integrative Agric 2020, 19(4): 988-998.

Martin C, Butelli E, Petroni K, et al. 2011. How can research on plants contribute to promoting human health? Plant Cell, 23: 1685-1699.

Nestel P, Bouis H E, Meenakshi J V, et al. 2006. Biofortification of staple food crops. J Nutr, 136: 1064-1067.

United Nations System Standing Committee on Nutrition (SCN). 2004. 5th Report on the World Nutrition Situation Nutrition for Improved Development Outcomes. Geneva: SCN.

United Nations, Department of Economic and Social Affairs, Population Division. 2019. World Population Prospects 2019: Highlights (ST/ESA/SER. A/423).

Zaglol N F, Eltadawy F. 2009. Study on chemical quality and nutrition value of fresh water crayfish (*Procambarus clarkii*). J Arabian Aquacult Soc, 4(1): 1-18.

Zhao F J, Ma Y, Zhu Y, et al. 2015. Soil contamination in China: current status and mitigation strategies. Environ Sci Technol, 49: 750-759.

第 14 章　结论、展望与建议

摘要：从“绿色超级稻”“两型农业”到“双水双绿”，从单一作物生产到大农业产业模式，旨在推动农业绿色发展，从理论到实践引领农业生产方式的变革。“双水双绿”作为农业产业发展升级的模式和目标，为践行“两型农业”提供了实践路径。为促进稻田种养产业迈上新台阶，实现可持续发展，扩大并充分释放其潜在经济效益和社会效益，我们建议要结合乡村振兴及生态文明建设，建设和丰富“双水双绿”的理论体系，大力推进“双水双绿”技术体系、产业体系及生态文化体系。

党的十九大报告中强调坚定不移贯彻新发展理念，实施乡村振兴战略，为我国农业农村的未来发展描绘了宏伟蓝图。近年来，湖北省等地兴起了模式多样的稻田种养，对绿色农业及其发展方式的转变进行了有益的探索。以“双水双绿”模式，即充分利用平原湖区稻田和水资源优势，在稻田种养中协同发展“绿色水稻”和“绿色水产”，做大做强水稻、水产“双水产业”，落实“绿水青山就是金山银山”，实现农业繁荣、农民富庶、农村美丽的目标，具有较强的现实性和战略意义。

14.1　坚持不懈积极探索绿色农业发展之路

14.1.1　从绿色超级稻到两型农业

长期以来，为保障粮食供应，我国水稻等农作物主要将增加产量放在首位，以矮秆、抗倒和耐肥品种的培育与应用为基础，以增加化肥、农药和水资源的用量为手段，以提高单位面积产量为目的，形成了“高投入、高产出、高污染、低效益”的农业生产模式。21 世纪初，我国在占世界 8%的耕地上施用了 35%以上的农药、化肥，虽然为保障粮食的供给做出了巨大贡献，但也导致农田、池塘、水库、湖泊、河流的大范围污染，资源环境的负担沉重；由于生产资料和劳动力成本逐年上升，农作物种植效益逐年降低（彭少兵，2016），可持续生产面临重大挑战。

同样，长期以来水产养殖对环境资源等要素也存在严重依赖。其后果是恶性循环，一方面生态环境恶化已成为制约水产养殖业发展的重要因素，外部水资源紧缺和污染制约了水产养殖；另一方面水产养殖排污又影响了外部环境（董双林，2011）。化肥、农药、兽药、生长调节剂等农用化学品的无序使用，严重影响了水产品的质量安全。

为突破困局，张启发院士于 2005 年提出了“绿色超级稻”的理念，倡导以功能基因组研究的新成果为基础，培育“少打农药、少施化肥、节水抗旱、优质高产”的“绿色超级稻”品种，促进农业的绿色发展，并于 2009 年撰写了《绿色超级稻的构想与实践》（已出版）。2010 年以来，“绿色超级稻”项目在国家的重点支持下，取得了较大进展，培育出了一批具备绿色性状的品种，并推广应用。同时我们积极建言，提出建设“资源节约型、环境友好型”（两型）的农业生产体系（张启发，2015），得到了政府的高度重视。近年来，资源节约、保护环境、绿色发展已经成为我国的基本国策。2017 年，国家农作物品种审定委员会修订了《主要农作物品种审定标准》，首次提出“绿色优质品种”，是保障农业绿色发展的重大举措。2019 年，农业农村部颁发水稻、玉米、小麦、大豆绿色品种指标体系，明确了“少打农药、少施化肥、节水抗旱、优质高产”是我国主要农作物今后的育种目标和方向[①]。目前，农业绿色发展的氛围和共识已在我国形成。

14.1.2 稻渔综合种养的蓬勃发展

改革开放以来，我国稻田种养特别是稻田养鱼迅速恢复并获得长足的发展。1983 年在四川省成都市召开了全国第一次稻田养鱼经验交流会以后，全国稻田种养面积为 44.067 万 hm^2，到 2000 年全国稻田种养面积为 153.24 万 hm^2，比 1985 年的 64.866 万 hm^2，增加 136.2%。2000 年以来，我国稻田养殖产量占淡水养殖总产量的比例一直保持在 5%左右（农业农村渔业渔政管理局等，2019）。2012 年，农业部在全国范围开展了新一轮稻田综合种养技术示范，各地根据自身的自然条件，结合劳动力、资金和技术储备等生产要素，探索出具有地方特色的稻田养殖模式。2001 年，湖北省率先开展了稻田养殖小龙虾，近年来更涌现了“稻—虾”“稻—鱼”“稻—鳖”“稻—蟹”“稻—鳅”等多种稻田种养模式。2017 年湖北省稻田种养面积达到 33.48 万 hm^2（农业农村渔业渔政管理局，2019），目前仍在快速增长之中，尤其是稻虾共作发展迅速，无论是面积，还是组织化程度都走在全国前列。其结果是既稳定了水稻生产，有效减少了水田抛荒，又发展了水产业，稻田实现一水两用、一田多产，稳粮增收，大大地提高了农业生产的效益。稻田

① http://www.zys.moa.gov.cn/gzdt/201905/t20190516_6313618.htm

种养产业的快速发展，促进了"种养、加工、流通"一二三产业的快速融合，并迅速借助互联网发展了"农业互联网+"。近年来，稻田种养在我国其他地区也发展迅速，我国开展稻田种养面积超过 210 万 $hm^2$①，如举措得当，有望成为可持续发展的战略性重大产业。

14.1.3 "双水双绿"是资源节约型、环境友好型农业实践的典型之一

稻田种养不仅提高了农业的经济效益，也为农业的绿色可持续发展提供了巨大的机遇和潜力。例如，在"稻-虾"系统中，广阔的稻田为虾提供活动空间，使虾生长健壮；稻谷收获后冬季田间淹水，稻秆可以为虾苗提供栖息场所，对虾苗孵化具有保温作用；稻秆腐烂促进水体浮游生物生长，既为虾提供食物，同时也有效地解决了秸秆还田矛盾；既有利于对稻秆的消化利用，又杀灭了残存害虫，减少次年虫源，降低虫害；虾的排泄物为稻提供有机肥料；虾的存在制约了农药化肥的施用。可见，这种"稻-虾"互利共生体系能有效地实现资源节约、环境友好、生态平衡，具有引领农业生产模式变革的巨大潜力。

为促进稻田种养产业迈上新台阶，实现可持续发展，扩大并充分释放其潜在效益，2018 年张启发院士提出了"双水双绿"理念，作为产业发展升级的模式和目标。"双水双绿"就是要充分利用平原湖区稻田和水资源的优势实行稻田种养，使"绿色水稻"和"绿色水产"协同发展，做大做强水稻、水产"双水"产业，做优做特绿色稻米、绿色小龙虾等"双绿"产品，让生产过程来洁净水源、优化环境，实现产业兴旺、农民富庶、乡村美丽的目标。

14.2 发展"双水双绿"产业亟待解决的问题

在现阶段的快速发展中，由于理论和技术落后于生产实际，对稻田种养缺乏科学指导；同时，还因为片面追求规模和效益，对优质品种、产品质量和绿色生产技术重视不够，缺乏规范，偏离绿色可持续发展方向的问题较为突出。以稻田养虾为例，主要表现在如下方面。

14.2.1 重虾轻稻现象普遍存在，稻虾互作理念及其价值尚待开发

由于目前小龙虾市场价格相对较高，而稻谷（米）价格较低，生产者普遍出现重虾轻稻的现象。产生这种现象的原因是稻米的潜在价值远未发掘出来，稻虾互作优势的潜在价值也远未形成。随着我国温饱问题的解决和人民生活水平的提

---

① 中国稻渔综合种养产业发展报告（2019）

高，人们更加注重食品的安全和营养成分。要发挥好稻虾互利共生的优势，必须种好水稻。当前急需培育适合稻虾种养专用型水稻品种，大幅度提升稻米品质，全面采用绿色生产技术，保障食品安全，形成高档稻米品牌以跃升价值。在此基础上，在食味和营养上做出特色，通过精深加工和延长产业链进一步拓宽市场，全方位提高稻米价值。与此同时，还应进一步发掘和释放稻虾-虾稻“双水双绿”理念的潜在效益，将其转化为双水产品的市场价值。

14.2.2　水产品种尚未形成，品种品质和养殖健康水平需要提升

目前稻田小龙虾养殖的一个普遍问题是小龙虾种质单一，品质有待提高，养殖过程中病害频发，对绿色养殖威胁较大。主要原因是我国小龙虾遗传基础单一，国内外关于小龙虾遗传育种的研究基础十分薄弱，尚未形成小龙虾品种改良的概念，有待建立种质资源、遗传学、品种（种苗）培育、产品生产与加工等整合全产业链的研发创新体系。因此，需要收集、发掘小龙虾种质资源，开展遗传改良研究，培育优质抗病小龙虾品种，还应建立病害早期诊断技术及防控预警体系，发展免疫及生态防控相结合的绿色健康养殖体系。

14.2.3　稻田种养的相关共性技术需要进一步规范

从理论上讲，稻田种养充分利用了稻田水面、土壤和生物资源，稻虾共作可实现水稻、小龙虾共赢。但实际生产中，由于涉及水稻种植和动物养殖两大产业，常有相矛盾的地方，如虾稻接茬时间差异、虾稻二者争地争水等问题。为协调矛盾、实现双赢，保障稻田种养体系的可持续发展，需要通过学科交叉与整合，将水稻和小龙虾作为一个完整体系，加强稻虾互作的生态理论研究，建立和规范使稻田种养经济效益与生态效应最优的耕作制度、田间布局，提高绿色种养和病虫害防控技术。

14.3　推进“双水双绿”产业发展的建议

目前我国水稻总体产能过剩而小龙虾等水产品需求旺盛，为我国水稻主要产区，特别是长江流域产区的农业产业结构调整提供了难得的机遇。“双水双绿”不是简单的稻田种养模式升级，而是一种产业发展模式、理念和目标，也是稻田种养等生产模式可持续发展的根本保障。要利用稻田资源，采用绿色新技术和新品种，通过水稻与水禽动物互惠互利，实现水稻、水产协同发展（双水），生产绿色稻米、绿色水产品（双绿），让生产过程来洁净水源、优化环境，实现产业兴旺、农民富庶、乡村美丽的目标。为了推进“双水双绿”产业健康发展，我们提出以

下 4 个方面的建议：①做好顶层设计，科学布局，推行“双水双绿”模式的技术规程，促进稻田种养健康发展；②加强理论和技术体系研究，建立稻虾互作的理论基础体系，研发绿色优质品种和绿色调控技术，建立绿色技术规程与标准，提升产品的科技含量，保障绿色生产可持续发展；③创新体制机制，以市场为导向，促进产学研一体化，形成良好的产业联盟，加强农业人才培养和人员培训，建设“双水双绿”技术推广体系和健全产业服务体系，延伸产业链，促进产业升级；④因地制宜地利用稻田和水资源的优势，实践三产融合，营造乡村生产、生活、生态的丰富功能，加强乡村景观及文化建设，实现乡村振兴。

14.3.1 加强顶层设计，强化“双水双绿”体系建设，促进稻田种养健康发展

围绕“双水双绿”产业发展的绿色水稻、水产品种，绿色种养技术、共生互利关系等相关科学问题，增加科技投入，做好顶层设计，组织“双水双绿”产业体系队伍，加强“双水双绿”理论与技术体系研发，促进产业升级。

充分发挥各级强政府对“双水双绿”的引领和保障作用，重新规划调整平原湖区稻田耕作制度，在水源充足的平原湖区大力发展“双水双绿”种养模式。建立扶持与约束相结合的政策体系，支持农田基本建设和基础设施建设，限制稻田种养体系中投入品（农药化肥）的用量。在有基础的地方鼓励因地制宜地开展稻田养虾及其他水产品种（鱼、蟹、鳖、蛙等）等多种模式。在此过程中，根据模式类型，规范田间工程，养殖沟面积不超过 10%；应根据不同区域自然资源特点，如降水资源、水利条件、地下水位、土壤类型、地形地貌及田块大小等选择不同的稻养模式；根据自身资源特点，建立适度规模标准化基地，推广和强化“双水双绿”种养技术规程，引导区域建立相应的“双水双绿”种养体系纠正偏离“双水双绿”的倾向，培育稻田产业新业态，促进农业生产快速转型与提档升级。

14.3.2 加强“双水双绿”技术与理论体系研发

1）绿色种养种质资源创新和品种选育。加强“双水双绿”产业的品种培育、共性技术研发，为稻田综合种养多种模式发展提供技术支撑。针对稻田种养体系缺乏特色优质水稻及养殖动物品种等问题，重视开展绿色种养种质资源创新。利用水稻核心种质基因组变异信息数据库和水稻全基因组育种技术平台，加强绿色性状基因的挖掘与创新利用，开展适合“双水双绿”种养体系的绿色优质品种选育和特色专用新品系的创制与应用。收集小龙虾等水产动物种质资源，开展小龙虾等水产动物的基因组及遗传育种研究，解决小龙虾种质衰退（头大尾小、肉质

松散）等问题。加强绿色技术标准及技术规程的制定，建立种植养殖模式和绿色防控技术体系。

2）互利共生关系及相关科学问题研究。针对稻田种养模式种稻效益、农产品质量安全、大面积耕作改制及农艺变革的生态影响及可持续发展等问题，开展稻田种养系统生物多样性及重要生态过程的研究。研究水稻与养殖动物的互作关系，探索水稻特殊品质形成的影响机制；研究稻田种养对土壤理化特性、土壤结构、温室气体排放及土壤肥力的影响机制；研究稻田种养系统中镉、砷、汞等重金属元素的转化特征、沿食物链传递的机制以及对食品安全的影响。

3）长期定位及基础数据积累。结合科学问题的基础研究，开展长期定位试验；结合区域示范，开展区域环境及田间环境质量监测，积累基础数据，包括：①农产品质量，如品质、营养、农药残留、重金属含量等；②病虫草害，如害虫（主要是螟虫、飞虱）、病原（来自稻瘟病、秸秆、土壤）；③水土环境，如土壤酸碱度、重金属、矿质元素指标，以及田间水生生物、土壤微生物及生物多样性指标等变化数据，探讨大面积稻田耕作改制对区域湿地生态功能及生态过程的影响机制。

4）建立与推广“双水双绿”技术体系。围绕“双水双绿”模式生产的绿色田间工程、绿色品种、水稻清洁生产、动物健康养殖等相关的资源节约型、环境友好型技术开展试验研究与示范，加强共性技术的研发，制定绿色技术标准及技术规程，建立“双水双绿”模式的技术体系，为稻田综合种养多种模式发展提供技术支撑。建立清洁生产及技术标准。把清洁生产的思想运用到水稻种植业，对水稻全生命周期进行控制，从源头消减污染，提高资源利用率，最终实现节能、增效和减少面源污染，同时保证水稻优质、安全。制定严格的生产标准和技术规程，控制生产投入、保障投入品符合生产标准生产要求，倡导与践行优质栽培、清洁生产的理念和“三不一精准”原则，实现全程不打农药、不施用或少施化肥、不用虾药、精准投饲、清洁水质的目标，确保食品安全。建立健康养殖及技术标准。针对稻田水体特点，发挥稻田生物多样性的优势，利用种养互利共生关系，为养殖水产动物营造一个良好、有利于快速生长的生态环境，提供充足的全价营养的饲料，使其在生长发育期间最大限度地减少疾病的发生；减少饲料、避免渔药、控制投入，使生产的食用产品无污染、个体健康、肉质鲜嫩、营养丰富，与天然鲜品相当。

14.3.3　创新体制机制，做大做强“双水双绿”产业

“双水双绿”是一种新型的产业模式和目标，其目的是促进农业生产由数量驱动向品质驱动转型，推动产业绿色发展。政府、企业、学校、科研机构等与产业

相互配合，发挥各自优势，形成强大的研究、开发、生产一体化的产业体系，才能充分发挥其现实性和战略意义。

1）产业联盟建立。创新合作机制，构建“双水双绿”产业联盟，搭建“双水双绿”产业平台，实行“研（科研单位）–产（生产合作社）–销（米业、虾业）”一体化，实现科研驱动产业，支持“双水双绿”专用品种以及绿色技术的成果转化与应用，创新引领市场的新格局，着力解决制约产业融合发展的难题，推动研产销一体化；采取“龙头企业＋合作社＋农户”经营方式，完善利益联结机制，延长产业链，保障供应链，提升价值链，完善生态链。

2）产业链延伸。依托区域产业基地实施种、养、加、游结合，绿色品种、绿色种养技术的研发与应用示范基地以新型农业合作社为载体，拓展产品的内涵，配套产品深加工技术，建立绿色产业体系，形成绿色产业链。

3）品牌创建。培育适合稻田种养的专用系列品种，大幅度提升稻米品质，以绿色生产技术为支撑，建立行业标准，践行优质栽培、优质养殖的理念，保障食品安全，形成高档稻米品牌，实施质量战略和品牌战略，全面提升绿色稻米、绿色水产品品质。形成“安全、美味、营养健康”的新型品质观，引导健康主食的消费观。建立一批地理标志的绿色稻米、绿色小龙虾品牌。

4）健全产业技术推广体系。加强农业人才培养和人员培训，建设“双水双绿”技术推广体系和健全产业服务体系，培育一批具有绿色发展理念、掌握绿色生产技术、致力于“双水双绿”产业发展的新型人才。

14.3.4 以“双水双绿”践行乡村振兴实施计划

“双水双绿”产业模式是实施乡村振兴战略的重要举措。通过“双水双绿”产业，助力构建生态文明体系，营造稻田种养文化，开拓农业多种功能和三产融合，建立乡村文明、生态文明，实现产业兴旺、农民富庶、乡村美丽的目标。

1）生态田园。建立乡村景观的整体设计理念，结合稻田种养，强化稻田基础设施、环境美化、景观文化等的建设；田间设施专业化、标准化建设，实行渠、田、林、路和村庄综合治理，桥、涵、闸、房统一配套；因地制宜地提出更大尺度的景观规划和改造，建设稻田公园、田园综合体。

2）三产融合。重视营造节庆文化，开拓农业生产、生活、生态、科教、观光、康养等功能，结合“稻虾田园综合体”“稻虾文化城”“稻田公园”等，推动乡村休闲旅游活动，促进三产融合。

3）以“双水双绿”重塑鱼米之乡。发掘稻作文化及其丰富内涵，重视发展稻鱼文化，改变生产生活方式，构建文明乡村，建设资源节约、环境友好、田园风光、环境优美、生态文明、美丽富饶的乡村。

参 考 文 献

董双林. 2011. 高效低碳——中国水产养殖业发展的必由之路. 水产学报, 35: 1595-1600.

彭少兵. 2016. 转型时期杂交水稻的困境与出路. 作物学报, 42: 313-319.

张启发. 2005. 绿色超级稻培育的设想. 分子植物育种, 3: 601-602.

张启发. 2009. 绿色超级稻的构想与实践. 北京: 科学出版社: 1-5.

张启发. 2015. 资源节约型、环境友好型农业生产体系的理论与实践. 北京: 科学出版社: 186-187.

张启发. 2018-6-13. 以“双水双绿”重塑“鱼米之乡”. 湖北日报, 15.